# 新中国成立以来
# 高等教育元政策

（1949—2016）

范跃进 编

中国社会科学出版社

图书在版编目(CIP)数据

新中国成立以来高等教育元政策：1949—2016/范跃进编．—北京：中国社会科学出版社，2017.8
ISBN 978-7-5203-0520-4

Ⅰ.①新… Ⅱ.①范… Ⅲ.①高等教育—研究—中国—1949—2016
Ⅳ.①G649.2

中国版本图书馆CIP数据核字(2017)第135660号

| | |
|---|---|
| 出 版 人 | 赵剑英 |
| 责任编辑 | 张 湉 |
| 责任校对 | 周 昊 |
| 责任印制 | 李寡寡 |

| | |
|---|---|
| 出　　版 | 中国社会科学出版社 |
| 社　　址 | 北京鼓楼西大街甲158号 |
| 邮　　编 | 100720 |
| 网　　址 | http://www.csspw.cn |
| 发 行 部 | 010-84083685 |
| 门 市 部 | 010-84029450 |
| 经　　销 | 新华书店及其他书店 |
| 印刷装订 | 北京君升印刷有限公司 |
| 版　　次 | 2017年8月第1版 |
| 印　　次 | 2017年8月第1次印刷 |
| 开　　本 | 710×1000 1/16 |
| 印　　张 | 39.5 |
| 插　　页 | 2 |
| 字　　数 | 640千字 |
| 定　　价 | 158.00元 |

凡购买中国社会科学出版社图书，如有质量问题请与本社营销中心联系调换
电话：010-84083683
版权所有　侵权必究

# 目 录

序言 经国之大业,不朽之盛事 ……………………………… (1)

## 第一部分

中国人民政治协商会议共同纲领(摘录) ………………… (3)
中共中央关于中央人民政府成立后党的文化教育工作
    问题的指示 …………………………………………… (5)
中华人民共和国发展国民经济的第一个五年计划(摘录) ……… (7)
中国共产党第八次全国代表大会关于发展国民经济的第二个五年
    计划的建议(摘录) …………………………………… (11)
中央文教小组关于1961年和今后一个时期文化教育工作
    安排的报告 …………………………………………… (12)
第三个五年计划的初步设想(摘录) ……………………… (20)
中国共产党中央委员会关于无产阶级文化大革命的
    决定(摘录) …………………………………………… (21)
1976—1985年发展国民经济十年规划纲要草案(摘录) ………… (22)
中国共产党中央委员会关于建国以来党的若干历史问题的
    决议(摘录) …………………………………………… (23)
中华人民共和国国民经济和社会发展第六个五年计划(摘录) … (24)
中华人民共和国国民经济和社会发展第七个五年计划(摘录) … (26)
中华人民共和国国民经济和社会发展十年规划和第八个五年
    计划纲要(摘录) ……………………………………… (28)
中华人民共和国国民经济和社会发展"九五"计划和2010年远景

目标纲要(摘录) ……………………………………………… (30)
中华人民共和国国民经济和社会发展第十个五年计划
　　纲要(摘录) ……………………………………………… (32)
中华人民共和国国民经济和社会发展第十一个五年规划
　　纲要(摘录) ……………………………………………… (34)
中华人民共和国国民经济和社会发展第十二个五年规划
　　纲要(摘录) ……………………………………………… (36)
中共中央关于全面深化改革若干重大问题的决定(摘录) ……… (39)
中国国民经济和社会发展第十三个五年规划纲要(摘录) ……… (41)

## 第二部分

中央人民政府教育部关于一九五零年全国教育工作总结和
　　一九五一年全国教育工作的方针和任务的报告 …………… (47)
政务院关于改革学制的决定 ……………………………………… (55)
十二年国民教育事业规划纲要(草稿) …………………………… (60)
中共中央、国务院关于教育工作的指示 ………………………… (64)
中国共产党中央委员会、国务院关于教育事业管理权力下放
　　问题的规定 ……………………………………………………… (71)
教育部党组关于进一步调整教育事业和精减学校
　　教职工的报告 …………………………………………………… (74)
全国教育工作会议纪要 …………………………………………… (87)
教育科学发展规划纲要(草案)(摘录) ………………………… (100)
中共中央关于教育体制改革的决定 …………………………… (105)
中国教育改革和发展纲要 ……………………………………… (116)
中华人民共和国教师法 ………………………………………… (136)
中华人民共和国教育法 ………………………………………… (143)
全国教育事业"九五"计划和2010年发展规划 ……………… (154)
面向21世纪教育振兴行动计划 ………………………………… (167)
全国教育事业第十个五年计划 ………………………………… (182)
2003—2007年教育振兴行动计划 ……………………………… (197)

中共中央、国务院关于深化教育改革全面推进素质
　　教育的决定 …………………………………………（215）
国家教育事业发展"十一五"规划纲要 ………………（227）
国家中长期教育改革和发展规划纲要(2010—2020年) …（249）
国家教育事业发展"十二五"规划纲要 ………………（285）
教育部关于2013年深化教育领域综合改革的意见 …（338）
中西部高等教育振兴计划(2012—2020年) …………（346）
教育部关于印发《依法治教实施纲要(2016—
　　2020年)》的通知 …………………………………（356）
教育部　国务院学位委员会　国家语委关于宣布失效一批
　　规范性文件的通知 ………………………………（367）

## 第三部分

中央教育部高等学校暂行规程 ………………………（397）
中央教育部专科学校暂行规程 ………………………（402）
全国工学院调整方案 …………………………………（406）
教育部关于全国高等学校1952年的调整设置方案 …（409）
国务院转发教育部关于恢复和办好全国重点高等学校的
　　报告的通知 ………………………………………（419）
国务院学位委员会关于审定学位授予单位的原则和办法 …（426）
普通高等学校设置暂行条例 …………………………（430）
国务院批转国家教委关于加快改革和积极发展普通高等教育
　　意见的通知 ………………………………………（435）
教育部关于全面提高高等教育质量的若干意见 ……（445）
高等教育专题规划 ……………………………………（457）

## 第四部分

各大行政区高等学校管理暂行办法 …………………（483）
私立高等学校管理暂行办法 …………………………（484）

教育部关于加强对学校政治思想教育的领导的指示 …………（486）
关于高等学校领导关系的决定 ……………………………………（488）
中央人民政府教育部关于实施高等学校课程改革的决定 ………（490）
教育部关于全国高等学校马克思列宁主义、毛泽东思想
　　课程的指示 ……………………………………………………（492）
政务院关于修订高等学校领导关系的决定 ………………………（494）
高等教育部关于发布高等学校培养研究生暂行办法
　　（草案）的通知 ………………………………………………（496）
中共中央关于讨论和试行教育部直属高等学校暂行工作条例
　　（草案）的指示 ………………………………………………（499）
中共中央、国务院关于加强高等学校统一领导、分级管理的
　　决定（试行草案）………………………………………………（521）
中共中央、国务院决定改革高等学校招生考试办法，并决定将
　　一九六六年高等学校招生工作推迟半年进行的通知 ………（524）
中共中央、国务院关于改革高等学校招生工作的通知 …………（525）
国务院转批教育部关于1977年高等学校招生工作的意见 ……（528）
教育部关于讨论和试行《全国重点高等学校暂行工作条例》
　　（试行草案）的通知 …………………………………………（537）
关于在部分全国高等重点院校试办研究生院的几点意见 ………（559）
国务院学位委员会授权部分学位授予单位审批硕士学位授权
　　学科、专业的试行办法 ………………………………………（561）
普通高等学校定向招生、定向就业暂行规定 ……………………（564）
国家教委关于印发《关于重点建设一批高等学校和重点学科点的
　　若干意见》的通知 ……………………………………………（568）
关于新形势下加强和改进高等学校党的建设和思想政治工作的
　　若干意见 ………………………………………………………（573）
研究生院设置暂行规定 ……………………………………………（581）
关于深化高等教育体制改革的若干意见 …………………………（584）
中华人民共和国学位条例 …………………………………………（592）
教育部关于印发《关于进一步加强高等学校本科教学工作的若干

意见》的通知 …………………………………………（595）
教育部关于组织申报国家教育体制改革试点的通知 …………（601）
高等学校章程制定暂行办法 ……………………………………（607）
教育部　财政部关于实施高等学校创新能力提升
　　计划的意见 ……………………………………………（613）

# 序言　经国之大业，不朽之盛事

按照学界普遍采用的纵向分类方法，政策分为元政策、基本政策和具体政策三类。[①] 元政策也称总政策，是用于指导和规范政府政策行为的一套理论和方法的总称，是政策体系中统率或具有统摄性的政策，对其他各项政策起指导和规范的作用，是其他各项政策的出发点和基本依据。[②]

纵观世界高等教育发展史，在特定的历史时期或关键阶段，对一个国家高等教育事业发挥重要导向作用的往往是为数不多的元政策，而正是这些元政策架构起了政策意义上的高等教育史。我们看到，正是在《莫雷尔法案》《退伍军人法案》等核心政策的综合作用、接力推动下，美国迅速奠定并巩固了世界高等教育强国地位。高等教育元政策从一定意义上说，就是一个国家高等教育改革发展的历史缩影，也是高等学校在不同历史时期最重要的外部发展环境，因此，国家高等教育元政策受到了高等学校管理者和高等教育研究者的高度关注。

那么，对于我国而言，元政策如何影响高等教育改革发展？哪些元政策改变了高等教育的历史历程？如何改变了高等教育的历史进程？都是一些需要认真研究，有些甚至是需要认真反思的问题。

近年来，在我国从高等教育大国向高等教育强国跨越的关键时间节点上，党中央、国务院着眼于实现中华民族伟大复兴的宏伟目标，

---

① 陶学荣、崔运武：《公共政策分析》，华中科技大学出版社2008年版，第46页。
② http://baike.so.com/doc/6707607-6921621.html.

制定推出了综合改革、"双一流"建设等一系列推动高等教育加快发展的重要政策。要更好地理解国家层面的高等教育综合改革重大举措，急需我们对中国高等教育政策、尤其是元政策的演变进行深入的梳理与研究。2015年7月，我从济南大学调至青岛大学担任党委书记、校长，有感于政策研究对学校改革发展的深远指导意义，组建成立了高等教育政策研究室。该机构成立以来，着手开展了大量的政策研究工作，尤其是对中华人民共和国成立以来的高等教育政策分门别类进行了梳理。本书所涉及文件资料的搜集，原本目的是为校党委提供决策参考，后因各种文件杂乱无章、翻阅麻烦、查找困难，因此择要整理以便参阅。同时，我也想到，既然我们搜集整理如此麻烦，那么广大教育管理工作者、教育学科师生及科学研究人员等业界同人要逐一搜集亦必困难，因此产生编辑成册为各位同人参考之念。

我们感到，梳理过程本身就是一个对我国高等教育历史方位认识不断深化的过程，我们看到的仿佛不是一个个文件，而是文件本身及文件背景共同勾勒出的一幅中国高等教育波澜壮阔的历史长卷。1949年9月中国人民政治协商会议第一次全体会议审议通过了《中国人民政治协商会议共同纲领》，在第五章"文化教育政策"中精辟概括了新民主主义文化教育的性质和任务，奠定了新中国教育的总基调。1950年8月14日，中央教育部同时发布《中央教育部高等学校暂行规程》《中央教育部专科学校暂行规程》两个重要文件，标志着高等教育政策正式走上新中国的历史舞台。在近七十年的光辉历程中，高等教育政策可以说卷帙浩繁，对促进中国高等教育改革发展居功至伟。而高等教育元政策可谓"经国之大业，不朽之盛事"，作为改变我国高等教育发展进程的转折点或关键环节，永远镌刻在了中国高等教育的历史丰碑上，展现着中国高等教育的不懈探索和勇敢实践。

在浩如烟海的高等教育政策当中梳理出元政策，殊为不易。为确保通过元政策来呈现一部简洁、实用的政策意义上的中华人民共和国高等教育史，我们仅选择以法规或文件形式呈现的政策文献，领导人重要讲话和重要文稿精神在相关文件中均有体现，因此不在本书选择范围之内。与元政策相配套的实施意见、实施办法等文件也不再列入。

否则，就难免成为比较全面的文件汇编，而失去元政策之意义。如：新中国成立以来高等学校先后实行过多种领导体制，出台过《关于高等学校试行设立校务委员会的通知》（中央教育部党组，1984年12月19日）、《关于高等学校逐步实行校长负责制的意见》（国家教委，1988年4月27日）、《关于坚持和完善普通高等学校党委领导下的校长负责制的实施意见》（中央办公厅，2014年10月15日）等多个具体政策，这些具体政策虽然都很重要，但这些具体政策依据的是《中央教育部高等学校暂行规程》《中共中央关于教育体制改革的决定》《国家中长期教育改革和发展规划纲要（2010—2020年）》等元政策，没有必要再将之一一列入。基于以上认识，我在政策选择方面确定了以下四个原则：

一是在国家大政方针中提到的决定高等教育改革发展走向的相关重要内容。新中国成立以来，历代中央领导集体均高度重视教育工作，从1956年党的八大把科学和教育作为国民经济发展的战略重点之一，到1996年《中华人民共和国国民经济和社会发展"九五"计划和2010年远景目标纲要》正式提出"科教兴国"战略，再到党的十八大提出"教育是民族振兴、社会进步的基石"，教育在整个国民经济社会发展的地位日益清晰重要，而高等教育又承担研究高深学问、培养硕学闳才之重任，因此在重要大政方针中屡有涉及。如前文提到的《中国人民政治协商会议共同纲领》之"文化教育政策"，于新中国成立初期在一定程度上起到了教育法的作用，至为重要。《中国共产党中央委员会关于建国以来党的若干历史问题的决议》之"社会主义必须有高度的精神文明"，明确提出："要坚决扫除长期间存在而在'文化大革命'期间登峰造极的那种轻视教育科学文化和歧视知识分子的完全错误的观念，努力提高教育科学文化在现代化建设中的地位和作用"，对于教育领域拨乱反正起到了至关重要的引领作用。党的十八届三中全会审议通过的《中共中央关于全面深化改革若干重大问题的决定》第十二章第42条"教育领域综合改革"，虽然只有短短720字，但指明了今后一个时期内高等教育改革发展的方向，是高等教育领域综合改革的纲领性文件。对于此类文件，为控制本书篇幅，体现实用性，仅将类似上述文件及历次五年规划之相关部分列入。

二是以教育为主题、对高等教育改革发展具有重大意义的文件。我们都知道，新中国成立以来，高等教育的改革始终在进行，而这些改革内容往往在教育类文件中首先发布，然后才能够出台高等教育领域相应的具体举措。如1958年出台的《中共中央、国务院关于教育工作的指示》，系统总结了新中国成立9年来教育领域出台的成绩，明确了教育方针、教育目的等等，提出"以十五年左右的时间来普及高等教育，然后再以十五年左右的时间来从事提高的工作"，成为高等教育事业发展的重要遵循，对此后相当长时期内的高等教育工作产生了重大影响。1985年颁布的《中共中央关于教育体制改革的决定》是恢复高考之后教育改革思想的大汇总，非常客观地总结了新中国成立以来教育事业正反两方面经验，正确处理了教育事业与"四化"建设全局的关系，提出"教育必须为社会主义建设服务，社会主义建设必须依靠教育"的指导思想，提出了高等教育发展的战略，提出了扩大高等学校办学自主权等一系列重大改革举措，对指导高等教育事业健康快速发展发挥了至关重要的影响。1993年，中共中央、国务院正式颁布了《中国教育改革和发展规划纲要》，不仅对整个教育工作，也对整个社会主义现代化建设都具有很重要的意义，是我国20世纪90年代教育发展的蓝图，是指导整个教育事业工作的纲领性文件。《中华人民共和国教育法》《面向21世纪教育振兴行动计划》《国家中长期教育改革和发展规划纲要（2010—2020年）》《教育部关于2013年深化教育领域综合改革的意见》等重要文件对于促进依法治教、高等教育大众化、教育事业科学发展、全面提高国民素质、加快社会主义现代化进程，起到了重要的推动作用。此类文件难以像第一类文件一样部分摘出，因此全文列入。

三是以高等教育为主题、事关高等教育改革发展全局的核心文件。与前两类文件不同，此类文件是专门指向高等教育改革发展全局的文件，并且对整个高等教育事业的发展产生了至关重要的影响。如前文提到的《高等学校暂行规程》《专科学校暂行规程》，明确了高等学校的宗旨、具体任务、学校分类、入学、课程、考试、毕业、行政组织、社团等事务的运行规则，确定了高等学校的管理体制，对进行高等教育的社会主义改造、建设新中国的高等教育体系、规范办学秩序等等起到了非常重要的推动作用。教育部于1951年、1952年连续发布《全国工学院调整方案》《全国高等学校院系调整计划（草案）》，大规模调整了全国高等学校的院系设置，把"中华民国"时期效仿英、美构建的高校体系改造成效仿苏联的高校体系，大力发展独立建制的工科院校，私立高校退出历史舞台，教会大学拆分合并至其他院校。这场教育体制改革，涉及全国四分之三的高校，史称"院系调整"，应该如何评价这次"院系调整"我们暂且不去讨论，毋庸置疑的是，20世纪后半叶中国高等教育系统的基本格局正是由此奠定。此外，《中华人民共和国高等教育法》《教育部关于全面提高高等教育质量的若干意见》（简称"高教三十条"）、《中西部高等教育振兴计划（2012—2020年）》等文件对于依法治教、推动高等教育质量整体提升发挥了重要作用，因此全文列入。

  四是关于高等教育事业某一领域的重要专题文件。本汇编对于专题文件的选取，重点把握新中国成立初、"文化大革命"前、恢复高考、高校扩招和高等教育综合改革等关键时间节点的重要方针政策，以免杂乱无章、无所适从。1961年，中共中央推出《关于讨论和试行教育部直属高等学校暂行工作条例（草案）的指示》，非常客观地总结了新中国成立以来高等教育取得成绩和存在的问题，尤其是提出"至于在这些学校中，是否试行，如何试行，由各省、市、自治区和中央各部委自己决定，并且报告中央，中央暂不作统一规定"，体现了中央宏观调控、地方自主执行的思想，在当时的条件下还是非常超前的，对非教育部直属高校的改革发展也起到了重要的牵引作用。同时推出的《中华人民共和国教育部直属高等学校暂行工作条例（草案）》（简称"高教六十条"）进一步明确并细化了高等学校的基本任务，同时在国家层面首次提出"必须加强党的领导，加强党和非党的团结合作"等重要内容。1977年修订之后重新发布，相当长时期内的一系列高等教育改革发展举措均源于该文件可见其重要性，本书一并列出，以便比较参阅。1977年10月国务院批转了教育部《关于1977

年高等学校招生工作的意见》，其中的政审条件，是邓小平同志亲自修改的，他说："政审，主要看本人的政治表现。政治历史清楚，热爱社会主义，热爱劳动，遵守纪律，决心为革命学习，有这几条，就可以了。总之，招生主要抓两条：第一是本人表现好，第二是择优录取。"[①] 在当时做出这样的调整，需要巨大的政治勇气，使得高考全面恢复并逐渐走上正常轨道。1995年，国务院办公厅转发了国家教委《关于深化高等教育体制改革的若干意见》，总结了高等教育体制改革的意见，提出了高等教育管理体制改革的基本思路和五种探索途径及机制。该文件对于推动高等学校转制、共建、合作、合并、社会参与发挥了至关重要的作用，促使高等学校开展了多种形式的合作办学，国务院和省级人民政府两级管理、以省为主、分工负责的管理体制基本形成。另外，《中华人民共和国学位条例》《高等学校章程制定暂行办法》（教育部令第31号）、《教育部 财政部关于实施高等学校创新能力提升计划的意见》（教技〔2012〕6号）、《国务院关于印发统筹推进世界一流大学和一流学科建设总体方案的通知》（国发〔2015〕64号）等对于推动高等学校完善治理结构、提升治理能力，加快建设高等教育强国方面发挥了重要作用，因此择要全文列入。

以上列举诸文件，只是为了便于业界同人理解本书的编辑思路和编辑过程，并没有对本书所辑各项政策进行全面解读和归类，也没有注重所列举各文件之间的逻辑关系，还望各位读者、研究者明鉴。

在编排顺序上，按照以上四大原则将辑录文件分为四个部分，每部分的文件以时间为序排列，以便于读者同人按图索骥，寻找元政策之外的基本政策和具体政策，使其发挥"纲"的引领作用。

最后，不得不说，进行这些政策梳理是一项比较庞大的工程，任务繁重，有的文件经多方查阅才得成全。也正因为如此，更感到出版之必要，以免除其他同人搜集之苦。本书取材力求公正，但以政策范围之广，或有偏颇，或有遗漏，心中不免忐忑。对于很多重要文件，

---

① 赵铁：《春风重度玉门关——邓小平和恢复高考》，http://edu.sina.com.cn/l/2004-08-04/78199.html。

也是忍痛割爱,不得不因为"元政策"已经作为政策依据存在而舍弃。所谓"仁者见仁、智者见智",每个人对元政策都有不同的理解,采录与否只是出于拙见,竭诚欢迎各位不吝赐教。我们将根据反馈意见再行补充或修正,或在第二版中补录,也许这种方式对于我们共同做好高等教育政策的研究工作更有意义。因此,我们在青岛大学政策研究网站(http://zcyj.qdu.edu.cn/)设有检索通道、反馈平台,一方面及时整理各位研究者提出的补充意见,另一方面方便大家检索、下载和使用。

本书所有材料均为编者随时搜集整理,参考了《中华人民共和国重要教育文献》《建国以来国民经济和社会发展五年计划重要文件汇编》等重要资料。承蒙刘恩贤、马林刚、矫怡程、孙建华等同志倾力相助,录入、编辑等工作得以顺利进行。编辑出版过程中,得到了中国社会科学出版社编辑张湉同志的大力帮助,在此一并致谢。

**范跃进**

2017年1月17日于青岛大学

# 第一部分

# 中国人民政治协商会议共同纲领(摘录)

(1949年9月29日,中国人民政治协商会议第一届全体会议审议通过)

### 第五章 文化教育政策

第四十一条 中华人民共和国的文化教育为新民主主义的,即民族的、科学的、大众的文化教育。人民政府的文化教育工作,应以提高人民文化水平、培养国家建设人才、肃清封建的、买办的、法西斯主义的思想、发展为人民服务的思想为主要任务。

第四十二条 提倡爱祖国、爱人民、爱劳动、爱科学、爱护公共财物为中华人民共和国全体国民的公德。

第四十三条 努力发展自然科学,以服务于工业农业和国防的建设。奖励科学的发现和发明,普及科学知识。

第四十四条 提倡用科学的历史观点,研究和解释历史、经济、政治、文化及国际事务。奖励优秀的社会科学著作。

第四十五条 提倡文学艺术为人民服务,启发人民的政治觉悟,鼓励人民的劳动热情。奖励优秀的文学艺术作品。发展人民的戏剧电影事业。

第四十六条 中华人民共和国的教育方法为理论与实际一致。人民政府应有计划有步骤地改革旧的教育制度、教育内容和教学法。

第四十七条 有计划有步骤地实行普及教育,加强中等教育和高等教育,注重技术教育,加强劳动者的业余教育和在职干部教育,给青年知识分子和旧知识分子以革命的政治教育,以应革命工作和国家建设工作的广泛需要。

第四十八条  提倡国民体育。推广卫生医药事业,并注意保护母亲、婴儿和儿童和健康。

第四十九条  保护报道真实新闻的自由。禁止利用新闻以进行诽谤,破坏国家人民的利益和煽动世界战争。发展人民广播事业。发展人民出版事业,并注重出版有益于人民的通俗书报。

# 中共中央关于中央人民政府成立后党的文化教育工作问题的指示

(1949年12月5日)

在中央政府未成立以前，党的中央宣传部不得不实际上暂时代替中央政府的文教机关，管理国家的文化教育工作。为了便利工作的进行，在中央宣传部领导下，近一年来，还组织了中央广播事业管理处、中央出版委员会、中央电影管理局等机构。在过去中央政府还未成立的情况下，这是完全必要的。

现在，中央政府已经成立，管理全国文化教育事务的中央人民政府政务院文化教育委员会及其所属之各部、院、署亦已先后成立。原本部所属之新华通讯社已改为国家通讯社，广播事业管理处已改为广播事业局，均隶属于新闻总署。本部所属之电影管理处，已改为电影局，隶属于文化部。在出版总署下成立了出版局，原本部所属之出版委员会及其地方组织，应即取消。新华书店改为国家书店，受出版总署的领导。除了上述组织已改属政府之外，全国的文化教育的行政工作，此后均应经由中央政府文教部门来管理。各地区有关文化教育行政的工作，此后均应经由各地政府及军管会之文教组织（其组织办法最近即将由政务院通过）向中央政府文化教育委员会或适当部门报告和请示。所以需要这样做，目的在于中央政府文化教育委员会及其所属各部门，在党（通过政府党组）的领导和党外民主人士的参与下负起管理全国文化教育行政的任务，以便党的中央宣传部和各级宣传部能够摆脱行政事务，集中注意于党内外的思想斗争、党的宣传鼓动工作的领导和党的文化教育政策的制定。而这些方面的工作，中央宣传部和各级宣传部长期间是作得非常薄弱,必须坚决加强的。

至于文化教育方面之重大问题,各地区仍须依照1948年1月7日中央关于建立报告制度的指示,1948年3月25日中央关于建立报告制度的补充指示,1948年6月5日中央关于宣传工作中请示与报告制度的决定,以及1948年9月中央政治局通过的关于各中央局、分局、军区、军委分委及前委员会向中央请示报告制度的决议等文件的规定,经过党的系统,向中央报告和请示。

# 中华人民共和国发展国民经济的第一个五年计划（摘录）

（1955年7月5日，第一届全国人民代表大会第二次会议审议通过）

### 第一章　第一个五年计划的任务

九　发展文化教育和科学研究事业，提高科学技术水平，积极地培养为国家建设特别是工业建设所必需的人才。

### 第二章　第一个五年计划的投资分配和生产指标

为着保证第一个五年计划的实现，五年内国家对于经济事业和文化教育事业的支出总数为16.4亿元（其中国家财政拨款为741.3亿元，由中央各经济部门和各省市动员的内部资金为25.1亿元）。其分配和百分比如下：

文化、教育和卫生部门为142.7亿元，占18.6%。（其他略）

各部门基本建设投资427.4亿元，其分配和百分比如下：

文化、教育和卫生部门为30.8亿元，占7.2%。（其他略）

### 第八章　培养建设干部，加强科学研究工作

五年内，国民经济各部门和国家机关需要补充的各类高等和中等学校毕业的专门人才共约100万人……为适应这五年内的需要，并为第二个五年计划进行必要的准备，国家将有计划地调整、扩大和开办各类高等和中等的专业学校，并充分利用该企业和机关的有利条件，训练培养各项建设人才，提高在职干部的理论、政策、业务、文化、技术的水平。

## 第一节　培养干部

### （一）高等教育

五年内，高等教育以发展高等工科学校和综合大学的理科为重点，同时适当地发展农林、师范、卫生和其他各类学校。国家将调整和扩大现有的各类高等学校，并新设置高等学校60所（包括综合大学1所，工科院校15所，农林气象院校4所，财经院校2所，政法院校3所，师范院校19所，医药院校6所，语文院校2所，体育院校4所，艺术院校4所）。1957年，我国将共有高等学校208所，其中：综合性的15所，工科方面的47所，农林方面的29所，财经方面的5所，政法方面的5所，师范方面的43所，医药方面的32所，语文方面的8所，体育方面的6所，艺术方面的14所，其他方面的4所。在上述各类高等学校中，转为少数民族设置的有6所。

五年内，高等学校本科和专修科的招收新生人数、毕业生人数、1957年在校学生人数及其百分比将如下表：

| 科别 | 五年内招收新生数 | 各类学生的百分比 | 五年内毕业学生数 | 各类学生的百分比 | 1957年在校学生数 | 各类学生的百分比 | 1957年为1952年的百分比 |
| --- | --- | --- | --- | --- | --- | --- | --- |
| 合计 | 5433000 | 100.0 | 283000 | 100.0 | 434600 | 100.0 | 137.6 |
| 工科 | 214600 | 39.5 | 94900 | 33.6 | 177600 | 40.9 | 266.8 |
| 农林 | 41800 | 7.7 | 18800 | 6.6 | 37200 | 8.6 | 240.7 |
| 财经 | 16400 | 3.0 | 25500 | 9.0 | 12700 | 2.9 | 57.9 |
| 政法 | 10600 | 2.0 | 4800 | 1.7 | 9300 | 2.1 | 242.3 |
| 卫生 | 57600 | 10.6 | 26600 | 9.4 | 54800 | 12.6 | 221.4 |
| 体育 | 6000 | 1.1 | 2800 | 1.0 | 3600 | 0.8 | 1107.7 |
| 理科 | 32600 | 6.0 | 13800 | 4.9 | 27100 | 6.2 | 283.4 |
| 文科 | 29300 | 5.4 | 21600 | 7.6 | 20400 | 4.7 | 150.9 |
| 师范 | 130700 | 24.0 | 70400 | 24.9 | 89000 | 20.5 | 282.0 |
| 技术 | 3700 | 0.7 | 3800 | 1.3 | 2900 | 0.7 | 79.3 |

为着使各类工科高等学校的毕业学生能够逐步地符合各业务部门的具体需要，应该在查明各业务部门的第二个五年计划干部需要的情况后，在年度计划中适当地调整工科高等学校的院系，调整本科和专修科、高级和中级在校学生的比例，并适当地设置各种门类的专业。

在专业的设置和发展中，一般地应该以机器制造、土木建筑、地质勘探、矿藏开采、动力、冶金等为重点。

上表所列工科的高等学校的学生数，按十三类专业，分配如下：

| 类别 | 五年内招收新生数 | 各类学生的百分比 | 五年内毕业学生数 | 各类学生的百分比 | 1957年在校学生数 | 各类学生的百分比 | 1957年为1952年的百分比 |
|---|---|---|---|---|---|---|---|
| 合计 | 214600 | 100.0 | 94900 | 100.0 | 100.0 | 177600 | 266.8 |
| 地质和勘探 | 17500 | 8.1 | 10000 | 10.5 | 3500 | 7.1 | 219.2 |
| 矿藏的开采和经营 | 16000 | 7.4 | 7600 | 8.0 | 3400 | 7.0 | 258.2 |
| 动力 | 15500 | 7.2 | 7500 | 7.9 | 13300 | 7.5 | 232.2 |
| 冶金 | 10000 | 4.7 | 3200 | 3.4 | 8900 | 5.0 | 398.4 |
| 机器制造和工具制造 | 54100 | 25.2 | 19300 | 20.4 | 46100 | 26.0 | 395.2 |
| 电机制造和电气耗材制造 | 9400 | 4.4 | 1700 | 1.8 | 8800 | 5.0 | 870.2 |
| 化学工艺学 | 10600 | 5.0 | 5100 | 5.4 | 9100 | 5.1 | 219.3 |
| 造纸工业、森林采伐和木材加工 | 700 | 0.3 | 600 | 0.6 | 600 | 0.3 | 37.1 |
| 轻工业 | 4400 | 2.0 | 3300 | 3.4 | 3600 | 2.0 | 183.0 |
| 测量、绘图、气象、水文 | 4600 | 2.2 | 2100 | 2.3 | 3500 | 1.9 | 273.0 |
| 建筑和市政工程 | 37400 | 17.4 | 25100 | 26.4 | 28200 | 15.9 | 163.5 |
| 运输和邮电 | 9600 | 4.5 | 4700 | 5.0 | 8500 | 4.8 | 200.5 |
| 其他 | 24800 | 2.6 | 4700 | 4.9 | 22100 | 3.4 | 406.2 |

上述工科各类专业学生人数还不能完全切合需要，应该在年度计划中适当地调整各类学生的发展比例。

为着完成发展高等教育的任务，并提高教学质量，应该注意以下问题：

（1）高等教育建设必须符合社会主义建设的要求，必须同国民经济的发展计划相配合。学校的设置分布应该避免过分集中，学校的发展规模一般不宜过大。工科高等学校应该逐步地同工业基地相结合。

（2）大力地培养新的师资，团结和提高现有的师资，充分地发挥他们的作用；同时，组织科学研究人员、厂矿技术人员和有关部门的专业干部在高等学校兼任授课。为着保证高等教育发展所需要的师资，五年内高等学校共留助教、研究生（包括留学苏联的研究生）3.4万人，其中工科1.1万人。

（3）积极地学习苏联的先进教学经验，根据中国的具体情况，推行教学改革，制定和修订教学计划、教学大纲，编译教材，并改进教学方法。

（4）贯彻生产实习制度，加强对生产学习的领导，逐步地推行工业、农业、财经等院校同厂矿、农场和有关企业的联系制度；充实高等学校的实验室、实习工厂或实验农场中的设备，并充分地利用这些设备来增强教学效果。

（5）根据目前的和长远的需要，以及教育工作的发展，稳步地改进学制，并提高本科的招生比例，逐步地取消专修科。

（6）充实高等学校中的领导干部，加强政治思想工作的领导，加强教员、职员、学员对马克思列宁主义和国家政策的学习。

此外，应该积极地和有系统地举办业余高等学校、夜大学和函授学校，吸收在职干部、技术人员和熟练工人入校学习。

（二）中等专业教育（略）

（三）留学生和出国

派遣留学生和出国实习生是提高我国科学技术水平和企业管理水平的重要措施。

五年内，派遣留学生10100人，其中到苏联9400人，到各人民民主国家及其他国家的700人。

各年派遣数如下：1953年，700人；1954年，1500人；1955年，2400人；1956年，2600人；1957年，2900人。

五年内，学成归国的为900人。到1957年在国外学习的学生人数将为9900人，约为1952年的15倍。

为着保证留学生的派遣，留苏预备部五年内共招生12800人左右。必须保证出国留学生的数量和质量。

五年内，派到苏联和各人民民主国家的实习生共11300人左右，绝大多数可以实习完毕。出国实习生应该根据主要建设单位的规模和进度，及时地成套地派遣。

# 中国共产党第八次全国代表大会关于发展国民经济的第二个五年计划的建议(摘录)

(1956年9月27日,中国共产党第八次全国代表大会通过)

第二个五年计划期间,应该大力地培养建设干部,努力发展高等教育和中等专业教育,继续派遣高等学校毕业生和教师到国外去学习我们缺乏的学科,有计划、有步骤地发展业余的高等教育和中等专业教育,以便更多地培养国家建设所需要的各类专门人才,同时注意发展工人技术学校,并且采取各种方式,努力培养技术工人。

高等教育应该以发展工科和理科为重点,并且积极地发展师范和农林科,适当地发展其他学科。五年内,高等学校毕业生要求达到50万人左右,比第一个五年计划大约增长80%左右。1962年高等学校在校学生要求达到85万人左右,比1957年计划大约增加一倍左右。

为了满足高等学校、中等专业学校招生的需要,和适当地满足各部门、各厂矿培养专业干部和技术工人的需要,应该积极地发展高级中学和初级中学。

# 中央文教小组关于1961年和今后一个时期文化教育工作安排的报告

(1961年2月7日，中共中央批转)

（一）

新中国成立以来，特别是1958年大跃进以来，文化教育工作在党的领导下，取得了巨大的成绩。由于贯彻执行了一条同我国实际相结合的马克思列宁主义的文化教育路线，贯彻执行了教育为无产阶级政治服务、教育与生产劳动相结合和百花齐放百家争鸣的方针，并且采取了两条腿走路、普及和提高相结合、群众和专家相结合的方法，发挥了广大群众的积极性和创造性，我国的文化教育工作和文化教育队伍的面貌因而有了根本的改变，文化教育事业发展的规模和速度都是空前的质量也有显著的提高。

高等学校学生从1957的44万人发展到现在的98万人，增长1.2倍，如同1949年的12万人比较，则增长7.4倍。高等学校设置的专业，1957年有320多种，现在已经接近700多种。从1957年到1960年，普通中学学生从628万人发展到1048万人；中等专业学校学生从77.8万人发展到153万多人；农业中学从无到有，学生已经达到231万人；小学生从6427.9万人发展到9680万人。业余教育发展极快。青壮年中的文盲大大减少。

文化事业有很大发展。文学、戏剧、电影及其他艺术方面，都创作了不少优秀作品。电影放映单位已经达到16000多个，比1957年增长60%。新闻、出版、广播事业和图书馆、博物馆事业都发展很大。

卫生事业和群众卫生运动也有很大发展。四害已经大为减少，防治危害人民最严重的疾病取得了显著的成效。目前全国卫生机构共45万余个，其中公社医院、产院和医疗保健所31.9万多个，全国医院正规病床60万张，比1957年的29.47万张增加一倍多；还有简易病床86万余张。以公社为中心的医疗保障网已经初步形成。中西医结合在医疗和科学研究方面，都取得了良好的成绩。

群众性体育运动广泛开展。有一些体育项目创造了世界纪录。

文化教育工作基本上适应了经济基础和生产力发展的需要，适应了工农业大跃进的形势。但是，也还有一些不相适应的地方，工作中还存在着不少问题和缺点：

一　文化教育事业多占用了农村一部分劳动力。几年来，文化教育事业工作为经济事业提供了大量的有社会主义觉悟的有文化的劳动者，相当地满足了工业化对技术人才的需要。但是，由于对国民经济必须以农业为基础的方针认识不深，对现阶段城乡文化教育事业的发展仍须有一定的差别注意不够，致使文化教育工作过多地占用了农村一部分劳动力，以及一部分物力和财力。据1960年年底估算，小学和初中超龄生虽然经过初步压缩，16岁以上的在校学生还有850万人左右，约占全国劳动力的2.8%（农村约占2.35%，城市约占6.6%）。城乡学生毕业后一般又都不到农村或不留在农村。同时，农村中有些文化教育活动，未能很好地坚持群众的需要和自愿的原则，也往往过多地占用了一部分劳动力和劳动时间。所有这些，都不能不在一定程度上影响了农业生产。

二　由于文化教育事业发展快，战线长，对集中力量，保证重点，提高科学、技术、文化水平注意不够，以致文化教育质量的提高跟不上数量的发展。1960年暑期高等学校招生原定28万人，结果招收了34万人，其中有一部分不合格的学生。各级各类学校大发展，师资力量严重缺乏，政治和业务水平不能符合要求。在文化教育领域中，虽然进行了政治战、思想战线上的社会主义革命和批评资产阶级思想的各种运动，但是，资产阶级思想、现代修正主义观点、封建思想和旧社会的习惯势力还有一定的市场。文化教育工作干部对于思想革命和整个社会改造的长期性和艰巨性认识还不深刻。另一方面，在学术文化领域中，对百花齐放、百家争鸣的政策贯彻执行得不够，简单粗暴、片面性的现象有所滋长。群众中和青年中的思想政治工作，做得不够细致。这些，都是不利于社会主义经济基础的巩固和发展的。

三　文化教育工作中也程度不同地存在着"五风""五气"等错误作风，并且通过报刊等宣传工具传播过不少"共产风"、浮夸风。文化教育工作干部中全局观点、群众观点和求实精神都不够，工作中有时就产生本位主义，甚至发展到"为文化教育而文化教育"，同时又由于在工作中贪多贪大，追求形式，讲究排场，产生一些盲目急躁情绪和不切实际的做法，以至有些事业超过经济发展的可能，违反群众的需要和利益。文化教育工作中，瞎指挥风不少。这些都必须坚决改正。

四　在某些文化教育单位中，组织不纯的情况还相当严重，党的领导权问题还没有解决。在这些单位中，必须坚决整顿，把党的领导权确立起来。

（二）

当前文化教育工作必须贯彻执行调整、巩固、充实、提高的方针。这是一条完全正确的、积极的方针。执行这条方针是为了更好地适应整个国民经济特别是农业发展形势的需要，同时也是为了适应文化教育事业大发展后必须整顿、巩固、充实、提高的需要。

文化教育事业为了配合生产，不妨碍生产，在数量的发展方面有的时候应该适当控制，但是，在质量方面，特别是思想政治方面和科学、艺术水平方面，任何时候都应该不断提高。在文化教育事业的数量已经有了一个大发展以后，必须自觉地运用波浪式前进的客观规律，对事业发展的规模和速度进行适当的控制和调整，以巩固大跃进的成果，着重充实内容，大力提高质量，适当控制发展数量，全面地实现多快好省的要求。

1961年和今后一个时期文化教育工作初步安排：

一　节约劳动力，支援农业生产。在今后三五年内，农村16岁以上的在校学生占农村全部劳动力的比率，一般控制在2%左右。继续处理小学和初中的超龄生。中学和小学一般都不应该招收超龄生。中学和农业中学的在校人数，应该加以控制。农村学校的学习、劳动和假期，要适应农事的需要和忙闲。在目前情况下，农村全日制中学和高小可以根据当地劳动力的需要情况，全部或者一部改为每年一半时间学习、一半时间回生产队劳动。农业中学应该改为业余学校，或者利用农闲季节一年学习三个月到五个月，其余的时间回生产队劳动。农村中各类学校的教学计划和教材要力求适合农村的特点。扫盲、业余教育和业余文化、体育活动，必须不影响群众的生产和休息，农闲多办农忙少办，大忙不办。公社、厂矿、学校一律不建立专业文工团，专、县以下和厂矿、学校一律不建立专业体育队，现有不符合规定的一切脱产的、半脱产的、变相脱产的文工团、体育队一律取消。

农业中学和农村中的中学、高小应该为农村培养农业和农业机械的技术人员。加强业余的农业技术教育。农业中学的毕业生应当留在农村，归公社或生产队分配工作。农村普通中学和小学的毕业生绝大部分也应当回到农村生产中去或在农村升学，同时要有一小部分到城市升学或参加工业生产。城市中等专业学校和高等学校的毕业生，主要是农、医、师范院校和技术学校的毕业生，也要有计划地输送一部分到农村中去，实现城乡学生相互交流。

城乡文化教育事业要合理布局。在今后几年内，大城市一般不要再新建高等学校和中等专业学校，新建学校要尽可能多安排一些在农村和中、小城市，专业学校一般要接近生产基地。

二　在普通教育工作方面，要区别城乡和根据各地区的不同情况，有计划地积极地普及适龄儿童的小学教育；通过多种形式逐步发展中等学校；积极地又有控制地办好业余教育，继续扫除青年和壮年中的文盲；加强业余的农业技术教育；办好幼儿教育，解放妇女劳动力。

普通教育要着重全面提高教育质量。全日制中、小学教学改革要有计划地继续进行。在学制改革方面，准备在十年至二十年的时间内，分期分批将现行学制改为中小学十年制。这种学制可以十年一贯，也可以分为：小学五年，初中三年，高中二年。目前进行试验，必须选择条件较好的学校，并要经过省市委批准。试验的面不宜过大，试验的学校必须加强领导，试验成熟再逐步推广。凡不试行新学制的学校，仍旧采用现行中小学十二年制。在教学内容改革方面。当前主要抓修订教学计划、教学大纲的工作，并要求中央教育部吸收各地所编教科书的优点，1961年编写出试行新学制的新教科书。十年制教科书以大体保持现在十二年制的程度为原则，一般不要再提高程度，今后不再进行九年一贯制的试验，并停止春季招生。

提高教育质量的关键在于师资，必须改进教师的进修和培养工作。努力办好各级师范学校。

三 高等教育要把提高教学质量摆到第一位，高等学校的科学研究工作，应该配合教学的需要，战线不要拉得过长。

新建的高等学校必须调整。现有的1197所高等学校中，1960年新建的356所，其中很多条件很差，应由教育部、中央有关部门、各中央局和省市委根据需要和条件，分别加以保留、充实、合并或者撤销，并在1961年上半年完成这项工作。

集中力量办好全国64所重点高等学校。

中央教育部应当积极组织力量，在较短的时间内，在教育革命和学术批判的基础上，修订各主要科系的教学计划，编好主要教材。注意提高师资和培养研究生的工作。并且保证教师由充裕的进修和备课的时间和条件。

改进和加强高等学校的政治思想工作。健全党的领导。

四 鉴于目前已从各级各类学校中压缩大量劳动力充实农业第一线，农村中一部分全日制学校改为半日制，半日制的学校改为业余学校，因此，现有全日制学校必须切实保证教学时间，劳动时间应有所控制。在城市，高等学校每年的全部生产劳动时间，一般定为二、三个月。初中生一般规定每周六小时，最多不得超过八小时，每年最多不超过一个半月。高中八小时，最多不得超过十小时，每年不得超过二个月。九岁以上的小学生参加一些力所能及的劳动，一般每周的劳动时间为四小时，最多不得超过六小时。对于学生。要首先保证学习时间、劳动时间和睡眠时间，然后安排课余活动的时间。教师参加体力劳动的时间不宜过多，以不妨碍教学为原则。

严格执行中央关于保证师生健康的指示，切实做到劳逸结合，保护年青一代的健康。必须认真办好学校伙食。目前要适当减轻学习、教学和科学研究任务，增加睡眠和休息时间。今春一般不再安排学生参加课外义务劳动，学生参加体力劳动的时间和强度要适当减少和减轻。特别要注意保护女学生和女教师的健康。

五 1961年各类学校的招收数字拟定如下：

高等学校招生25万人，比1960年减少9.4万人；中等专业学校招生50万人，比1960年减少11万人；普通中学招生335万人（其中高中55万人），比1960年减少99万人。

小学招生不提指标，由各地自订。

六 科学研究工作。科学研究机关、高等学校和实际工作部门，应该协同一致，分工合作，在总结我国经验和吸收世界优秀科学成果的基础上，积极开展自然科学和哲学社会科学的研究。鼓励科学工作者积极参加我国社会主义建设，努力创造发明，写出有学术价值的著作。力争在较短时期内，培养出一支强大的能够掌握现代科学的科学技术队伍和具有较高水平的马克思列宁主义理论队伍。在学术工作中，要认真贯彻百花齐放、百家争鸣政策，鼓励各种学术见解和不同学派的自由争论。在党的领导下，各种学派应当相互尊重，相互学习，相互合作。树立高度的革命精神和严格的科学精神相结合的学风。整顿和充实科学研究机关。积极开展各种学会的工作。认真办好学术刊物。

七 文化艺术工作，必须继续贯彻执行为工农兵服务、为社会主义事业服务的方向和百花齐放、百家争鸣的方针，努力促进创作，扩大题材范围，提倡艺术实践，发展多种多样的艺术形式和风格，提高思想水平和艺术水平。有计划地培养各类创作人才，使他们有充裕的时间深入群众，深入实际，提高修养，进行创作。

提高各类影片质量。1961年摄制故事片50部左右，今后一个时期内，大体保持这个数字。各类艺术表演团体要加以整顿、巩固，要创作一定数量的优秀节目，同时要不断提高保留节目的演出水平。大力提高报刊图书的质量，严格控制并适当减少数量，保证重点。继续整顿出版社，今后五年内一般不建立新的出版社。专区（自治州除外)和县一律不办出版社。继续整顿和充实图书馆和博物馆。根据群众的需要和自愿,开展群众业余文化活动。

八　医药卫生工作,当前应摆到重要的地位。在生产救灾与安排生活的基础上,搞好以治病防病为中心的群众卫生运动,积极保护劳动力,保证人民健康。卫生部门必须积极组织医药力量,投入治病防病运动;力争在短时期内,治愈大部分的浮肿病、妇女子宫脱垂病和小儿营养不良病,严防季节性传染病发生和流行。大力贯彻预防为主的方针,控制疾病发生和发展。大力加强中西药品医疗器械的生产供应,提高质量,增加品种;积极贯彻中西医团结合作的方针,开展医药科学研究工作,提高治病防病的科学技术水平,进一步结合生产、生活,开展除四害讲卫生运动,逐步消灭四害和主要疾病。妥善解决基层医务人员的生活待遇问题。

九　体育工作要继续贯彻为生产建设和国防建设服务的方针。因人、因地、因时制宜地开展简单易行、小型分散的群众体育活动。活动的内容和形式要更加切合生产劳动、工作、学习的需要,更加有利于劳逸结合,以利逐步增强人民体质。努力提高运动员的政治思想水平和技术水平,适当控制专业体育队的发展,保证质量,注意劳逸结合,克服锦标主义,以利于培养又红又专的优秀运动员,争取创造更多新纪录。加强国防体育俱乐部的领导,提高工作质量。

十　勤俭办文化教育事业。1961年文化教育基本建设投资定为4.62亿(为1960年预计8亿元的58%)。安排教育部门投资3.52亿元,卫生部门投资7500万元,科学、文化、广播体育等部门共投资3000万元,其他一律不给投资。市、县以下的公立小学投资,应该由地方自筹资金中适当解决,社办教育仍应在财政预算中给予适当的补助。

部分高等学校承担国防尖端的科学研究工作,所需材料和设备要在可能条件下给以适当安排。

边远地区和少数民族地区的文化教育卫生工作,应该予以重视。

十一　整顿文化教育队伍,提高领导水平。在一、二年内,把文化教育队伍中各种有严重政治问题的分子和坏分子坚决地加以清理,个别控制使用。抽调、下放和提拔一批党员干部去充实薄弱单位。努力建党，争取三五年内在全部中学和绝大部分小学和其他各种文化单位中都有党员和党的组织。

采取检查工作、总结经验、展开批评和自我批评的整风方法来改进领导作风，克服"五风""五气"，加强全局观点、群众观点和实事求是的精神，加强调查研究工作。文化教育干部，特别是领导干部，必须努力学习马克思列宁主义和毛泽东同志的著作，努力提高政治觉悟和理论水平，为争取文化教育工作的更大成就而努力。

# 第三个五年计划的初步设想(摘录)

(1964年4月30日,国家计划委员会党组)

(二)第三个五年计划的基本任务和主要指标的初步设想

六 教育

初步设想,到1970年,高等学校的空白专业和学科基本上设置齐全,在校学生数由1965年的六十四万七千人增加到80万人以上。适当扩大中等专业学校和职业学校,把一部分初中改为职业学校,使中等专业学校的在校学生数由1965年的50万人左右增加到270万人左右。普通中学的在校学生数基本不增加,着重提高质量。有步骤地提高适龄儿童的入学率,1964年为61%,1970年提高到82%。城市高小毕业生的升学率,1970年大约为79%左右。

(三)第三个五年的财政收支和基本建设

一 财政收支的试算方案

根据第三个五年计划的基本任务和2800亿元左右的财政收入,对第三个五年财政支出的安排作如下设想:

社会文教费325亿元,约占11.5%(其他略)。

二 基本建设投资的试算方案

初步设想第三个五年的基本建设投资为1000亿元左右。

文教、科学45亿元左右,站4.5%(其他略)。

# 中国共产党中央委员会关于无产阶级文化大革命的决定(摘录)

(1966年8月8日,中共八届十一中全会审议通过)

**十　教学改革**

改革旧的教育制度,改革旧的教育方针和方法,是这场无产阶级文化大革命的一个极其重要的任务。

在这场文化大革命中,必须彻底改变资产阶级知识分子统治我们学校的现象。

在各类学校中,必须彻底贯彻执行毛泽东同志提出的教育为无产阶级政治服务、教育与生产劳动相结合的方针,使受教育者在德育、智育、体育几方面都得到发展,成为有社会主义觉悟的有文化的劳动者。

学制要缩短。课程设置要精简。教材要彻底改革,有的首先删繁就简。学生以学为主,兼学别样。也就是不但要学文,也要学工、学农、学军,也要随时参加批判资产阶级的文化革命的斗争。

# 1976—1985年发展国民经济十年规划纲要草案(摘录)

(1975年12月拟定,1977年12月修订)

**二 十年规划的奋斗目标**

建立发达的科学技术和文教卫生体育事业。大力提高整个中华民族的科学文化水平。壮大科学技术力量,努力突破经济和国防建设中的重大科学技术问题,在若干重要的科学技术领域接近、赶上或超过世界先进水平。城市基本普及十年教育,农村基本普及八年教育。发展各种形式的高等教育和技术培训,十年内培养和造就几百万具有大专水平的专门人才。建成城乡防治结合、平战结合的医疗卫生网。

**十四 迅速发展科学技术,繁荣文教卫生事业**

继续搞好教育革命,培养有社会主义觉悟的有文化的劳动者,造就一支宏大的无产阶级的技术队伍和理论队伍。加强师资培训工作,狠抓教材建设。认真办好普通高等学校、中等专业学校、技工学校和普通中小学,特别要切实办好一批重点学校,努力提高教学质量。办好七·二一工人大学、共大、五·七大学和农业中学,广泛开展夜校、函授、广播、电视等多种形式的业余教育,不断提高工农群众的政治觉悟和文化、技术水平。

# 中国共产党中央委员会关于建国以来党的若干历史问题的决议（摘录）

（1981年6月27日，中国共产党第十一届中央委员会第六次全体会议一致通过）

社会主义必须有高度的精神文明。要坚决扫除长期存在而在"文化大革命"期间登峰造极的那种轻视教育科学文化和歧视知识分子的完全错误的观念，努力提高教育科学文化在现代化建设中的地位和作用，明确肯定知识分子同工人、农民一样是社会主义事业的依靠力量，没有文化和知识分子是不可能建设社会主义的。要在全党大大加强对马克思主义理论的研究，对中外历史和现状的研究，对各门社会科学和自然科学的研究。要加强和改善思想政治工作，用马克思主义世界观和共产主义道德教育人民和青年，坚持德智体全面发展、又红又专、知识分子与工人农民相结合、脑力劳动与体力劳动相结合的教育方针，抵制腐朽的资产阶级思想和封建残余思想的影响，克服小资产阶级思想的影响，发扬祖国利益高于一切的爱国主义精神和为现代化建设贡献一切的艰苦创业精神。

# 中华人民共和国国民经济和社会发展第六个五年计划(摘录)

(1982年12月10日,第五届全国人民代表大会第五次会议批准)

## 第二十八章 高等和中等专业教育

### 第一节 普通高等学校

**一 大学本科和专科**

1985年,普通高等学校本科和专科招生40万人;在校学生达到130万人,比1980年的114.4万人增长13.6%。五年大学毕业生共150万人。

切实改进和搞好专门人才的预测,制订十年和二十年的专门人才的预测和培养规划。

调整科类结构、专业布局和专业内容。提高大学专科的比重。试办一批花钱少、见效快、酌收学费、学生尽可能走读、毕业生择优录用的专科学校和短期职业大学。适当扩大急需专业的培养规模,压缩长线专业的招生人数。根据经济与文化建设的需要、科学技术发展的趋势以及学校具体条件,适当加宽某些专业培养内容,增强学生毕业后对工作的适应性。

加强教学实验设施的建设和管理。国家以7亿元专款,为一批重点院校新建和扩建一批实验中心,包括计算机科学及其应用中心、分析测试中心、电子学实验中心、力学实验中心、生物化学实验中心等。

**二 研究生**

1985年招收研究生2万人,比1980年增长4.5倍;在校生达到5万人,比1980年增加28400人,五年毕业45000人。

研究生的招生制度,要进行必要的改革,逐步提高招生工作两年以上的大学毕业生和具有同等学力的职工的比例。计划部门和教育部门要组织学校、科研单位与用人单位共同制订招生计划和培养计划。要试办研究生院。

**三　出国留学生**

争取五年内派出 15000 人，平均每年派出 3000 人；五年学生回国的共 11000 人。出国学习的专业，要以自然科学和工程技术为主，并把重点放在我国目前比较薄弱或者需要开拓的学科和领域上。同时，也要派出一定数量的人员考察和研究外国的政治、经济、法律、教育和语言等。

### 第二节　中等专业学校

中等专业学校 1985 年招生 50 万人，在校学生数达到 125 万人。五年中专毕业生共 230 万人。适当扩大财经、政法、管理、轻工、纺织、建筑等专业的招生人数。

### 第三节　成人高等和中等专业教育

分期分批地组织干部轮训，并逐步形成经常化、正规化的干部轮训制度。机关干部，每三年离职学习半年。逐步发展高等学校的干部专修科，培养培训中青年领导骨干。1985 年高等学校干部专修科的招生人数达到 15000 人。

分期分批地培训具有中等文化程度的职工。五年内，对现有高中或中专毕业程度的工人，要组织他们学习政治，学习文化，学习技术理论、工艺规程和操作技术，使相当一部分人达到大专毕业水平。对企业管理人员，组织他们学习经营管理和专业技术知识，使之逐步成为经济工作的内行。大中型工厂的厂长，要基本达到《国营工厂厂长暂行条例》中的标准，即具有中等以上文化科学知识、熟悉本行业生产经营业务，懂得有关经济法规，善于经营管理。对工程技术人员，要组织和鼓励他们进修提高，不断掌握国内外先进科学技术，充实专业知识。

发展广播电视大学、函授大学、夜大学、职工大学、农民大学，提倡和鼓励自学成材。参加各类大学和自学的人员，经过国家统一的毕业考试，合格后，承认其相应的学历。

# 中华人民共和国国民经济和社会发展第七个五年计划(摘录)

(1986年4月12日,经全国人大六届四次会议审议批准)

## 五 教育发展及其政策

### 第三十章 普通高等教育

继续调整高等教育专业科类和层次结构,着力充实现有学校的办学条件,大力提高教育质量。1990年,全国普通高等学校各类全日制本、专科招生75万人,比1985年增长21%;招收研究生5.5万人,比1985年增长17%。五年内,大学毕业生260多万人,毕业研究生18万人。

在搞好教育体制改革的同时,国家重点建设7所大学,加强一批重点学科专业,装备一批实验室和研究试验基地。各部门和地方也要重点加强一批所属院校和专业点的建设。努力把一批教学和科研基础较好、重点学科相对集中的学校,办成既是教育中心,又是科学研究中心。

### 第三十一章 成人教育

五年内,各类成人高等学校共为国家培养具有专科以上水平的专门人才210万人,比"六五"期间增长1.5倍。成人中等职业技术教育也将有较大的发展。

各类成人高等教育要坚持学用一致,讲求实效,避免不讲质量,片面追求"高层次"和文凭、学历的形式主义倾向。

### 第三十二章 发展教育事业的主要政策措施

要简政放权,改变国家对各级各类学校管得过多过死的状况。经过试点，逐步推行以中心城市管理高等学校的管理体制。加强教育立法，逐步建立系统的教育评价和监督制度。严格控制学校的不合理升格。加强教师队伍的建设，认真办好各级师范教育。中央和地方政府教育拨款的增长要高于财政经常性收入的增长，并使按在校学生人数平均的教育费用逐步增长。广泛推行广播电视教学形式。各级各类学校都要加强思想政治工作，贯彻德育、智育、体育、美育全面发展的方针，把学生培养成为有理想、有道德、有文化、有纪律的社会主义建设人才。

# 中华人民共和国国民经济和社会发展十年规划和第八个五年计划纲要(摘录)

(1991年4月9日,第七届全国人民代表大会第四次会议通过)

**五 "八五"期间科学技术、教育发展的任务和政策**

(二) 教育事业的发展

各级各类教育要进一步端正办学指导思想,把坚定正确的政治方向放在首位。工作的重点,要放在优化教育结构、改革教育内容和教学方法、提高教育质量上。

——普通高等教育。要合理调整结构,大力提高教育质量和办学效益。"八五"期间,研究生教育和本科教育要在基本稳定现有规模的基础上,进行适当充实、配套和加强。努力办好一批重点大学。对少数不合格的高等学校限期进行整顿,对不符合办学标准的,要予以撤并。积极进行专业结构调整,适当发展专科教育,着力建设高等学校的一些重点学科。继续执行和完善出国留学生政策,认真做好学成归来留学人员的工作和安排,促进国际教育交流与合作。1995年,研究生招生3.5万人,在校生达到9万多人;普通本专科招生65万人,在校生达到210万人。

——成人教育。继续采取多种途径、多种力量、多种形式办学,大力开展岗位培训。加强专业技术人员的继续教育工作。努力办好农民文化技术学校。进一步整顿和调整现有成人高等学历教育,切实提高教育水平和质量,鼓励自学成才。积极抓好扫除青壮年文盲工作。

促进教育事业发展的主要措施是:中央和地方各级政府要逐步

增加对教育的投入，继续多方面、多渠道地筹措教育资金，提倡和支持社会办学，逐步充实和改善办学条件，并努力提高教育资金的使用效益；继续深入开展教育体制改革，逐步完善各类教育的管理体制和办法；加强师资队伍建设，努力提高教师的思想政治素质和业务素质。

# 中华人民共和国国民经济和社会发展"九五"计划和2010年远景目标纲要(摘录)

(1996年3月17日,第八届全国人民代表大会第四次会议批准)

**五 实施科教兴国战略**

(二) 优先发展教育

重点普及义务教育,积极发展职业教育和成人教育,适度发展高等教育,优化教育结构。2000年,全国基本普及九年义务教育,基本扫除青壮年文盲。小学学龄儿童入学率达到99%以上,初中入学率达到85%左右,青壮年文盲率降到5%左右。各级政府要依法治教,增加教育投入。

1. 加强城乡义务教育。"九五"期间,在占总人口85%的地区普及九年义务教育,在占总人口95%以上的地区普及5—6年小学教育,其余地区普及3—4年小学教育。重点加强农村特别是贫困地区的义务教育。在经费、师资和教学手段上加强对贫困地区的支持。农村的义务教育要与扫除青壮年文盲和提高劳动技能相结合,适时注入社会需要的职业教育内容。重视发展少数民族教育、特殊教育及幼儿教育。

2. 大力发展职业教育和成人教育。重点做好初中后的中等职业教育,2000年,各类中等职业技术学校招生数和在校生数占高中阶段招生数和在校生数的比例,分别达到60%左右。积极发展高中后的职业教育,使高中毕业生除进入普通高校以外,逐步接受多种形式的学历教育和职业培训。积极发展电视教育、函授教育、业余进修和自学辅导等多种办学形式。成人教育重点放在岗位培训和继续教育上,发展多种形式的职前、职后和转岗培训教育。

3. 改善高等教育结构，提高教育质量。重点提高本科教育质量，适度扩大专科教育规模，调整本、专科专业结构，促进各类高等学校的合理分工。分层次、分期分批、有步骤地实施"211"工程。

4. 加快教育体制改革。积极探索与现阶段我国改革和发展相适应的办学机制和办学模式。逐步形成政府办学为主与社会各界参与办学相结合的新体制。提倡多种形式的联合办学，优化配置和充分利用现有教育资源。高等教育实行中央和省两级管理、以省为主的体制。非义务教育阶段逐步实行缴费上学、择业自主，同时完善奖学金、贷学金和特困生补助等制度。

5. 积极推进教学改革。改革人才培养模式，由"应试教育"向全面素质教育转变。改革教学内容和课程设置，加强学生综合素质的培养。按照教学规律组织教学过程，改进教学手段和方法，积极采用电化教学的手段。改革考试评估和教学管理制度。加强和改进德育工作，按照不同年龄学生的特点，加强理想、道德、纪律、法制、国防和民族团结教育。

6. 加强师资队伍建设，提高教师政治、业务素质，提高教师的社会地位，改善教师的工作、学习和生活条件。

# 中华人民共和国国民经济和社会发展第十个五年计划纲要(摘录)

(2001年3月15日，第九届全国人民代表大会第四次会议批准)

### 第三篇 科技、教育和人才
#### 第十一章 加快教育发展，提高全民素质

教育是提高全民素质、培养人才的基础，要面向现代化、面向世界、面向未来，适度超前发展，走改革创新之路。

第一节 发展各级各类教育着力推进素质教育，重视培养创新精神和实践能力，促进学生德智体美全面发展。把加强基础教育放在重要位置，继续提高国民教育普及程度。基本普及九年义务教育的地区要巩固成果，提高水平，尚未普及的地区要进一步扩大九年义务教育的人口覆盖范围。重点推进西部贫困地区和少数民族地区的义务教育，实施贫困地区义务教育二期工程。扩大高中阶段教育规模，有步骤地在大中城市和经济发达地区普及高中阶段教育。采取多种形式，积极发展高等教育，扩大培养规模，保证教育质量。继续实施"211工程"，重点加强一批高水平大学和学科的建设。大力发展职业教育和职业培训，发展成人教育和其他继续教育，逐步形成大众化、社会化的终身教育体系。重视发展儿童早期教育。推行弹性学习制度，放宽入学年龄限制，允许分阶段完成学业。大力发展现代远程教育，提高教育现代化、信息化水平。加强教师队伍建设，提高教师思想和业务素质。加强和改进学校思想政治工作。根据世界经济与科技发展趋势及国内经济结构调整对人才的需求，大力调整教育结构和布局，并在

优化学科和专业结构，更新教材，改革考试制度和教学方法等方面取得实质性进展。

第二节　深化教育体制改革加快办学体制改革，积极鼓励、支持和规范社会力量以多种形式办学，基本形成政府办学为主，公办学校和民办学校共同发展的格局。深化教育管理体制改革，进一步转变管理方式，依法落实高等学校办学自主权，推进高校后勤服务社会化改革。建立职业教育与普通教育相互沟通的教育体系。采取多种措施突破教育投入瓶颈，增加国家对教育的投入，加大中央和省级人民政府对义务教育的支持力度，加强县级人民政府对基础教育的统筹。完善政府对义务教育经费特别是教师工资的保障机制。深化与毕业生就业相关的劳动人事制度改革。健全奖学金、助学金和助学贷款等制度。

# 中华人民共和国国民经济和社会发展第十一个五年规划纲要(摘录)

(2006年3月14日,第十届全国人民代表大会第四次会议批准)

### 第七篇　　实施科教兴国战略和人才强国战略
#### 第二十八章　　优先发展教育

全面实施素质教育,着力完成"普及、发展、提高"三大任务,加快教育结构调整,促进教育全面协调发展,建设学习型社会。

##### 第三节　提高高等教育质量

把高等教育发展的重点放在提高质量和优化结构上,加强研究与实践,培养学生的创新精神和实践能力。稳步提高高等教育大众化水平,稳步发展普通本专科和研究生教育,提高高层次人才培养质量。有重点地加强高水平大学和重点学科建设,推动各类高等院校协调发展。继续发展各类成人教育。

##### 第四节　加大教育投入

保证财政性教育经费的增长幅度明显高于财政经常性收入的增长幅度,逐步使财政性教育经费占国内生产总值的比例达到4%。强化政府对义务教育的保障责任,加大中央和省级政府对财政困难县义务教育经费的转移支付力度。促进教育公平,公共教育资源要向农村、中西部地区、贫困地区、民族地区以及薄弱学校、贫困家庭学生倾斜。各级政府要增加职业教育投入,重点支持面向农村学生的中等职业学校。支持设立资助贫困家庭学生就学的民间慈善基金组织,鼓励社会各界捐资助教。继续实行助学贷款,健全面向各阶段学生的资助制度,完善贫困家庭学生助学体系。扩大彩票公益金收益用于特殊教育的份额。

### 第五节 深化教育体制改革

明确各级政府提供公共教育职责，制定和完善学校的设置标准，支持民办教育发展，形成公办教育与民办教育共同发展的办学格局。形成多元化的教育投入体制，义务教育由政府负全责，高中阶段教育以政府投入为主，职业教育和高等教育实行政府投入与社会投入相互补充。规范教育收费，建立严格的教育收费公示制度。形成适应素质教育要求的教学体制，改革招生考试制度，推进教学课程改革，减轻中小学生过重的课业负担，健全评价制度。形成权责明确的教育管理体制，在学科、专业和课程设置以及招生规模、人才聘用等方面给学校更多自主权，培育并发挥学校的优势和特色。进一步加强教师队伍建设。

专栏15　　　　　　　　　教育发展重点工程

> 西部地区农村寄宿制学校建设▶2004—2007年国家安排资金100亿元，重点支持尚未实现"两基"的西部农村地区，新建和改扩建7700所农村寄宿制学校。
> 农村中小学现代远程教育▶2003—2007年中央和地方政府共同安排资金100亿元，为中西部地区3.75万所农村初中建设计算机教室、为38.4万所农村小学配备卫星教学接收设备、为万个小学教学点配备教学光盘播放设备和成套教学光盘。
> 中西部农村初中改造▶推动未纳入"两基"攻坚计划实施范围的中西部地区农村初中校舍改造，改善办学条件，提高学生巩固率和寄宿率。
> 职业教育基础能力建设▶支持1000所县级职教中心、1000所中等职业学校和100所示范性高等职业学院改善办学条件，形成一批职业教育骨干基地。
> 高等教育"211"和"985"工程▶继续加强高水平大学和重点学科建设，形成一批处于学术前沿的新兴和交叉学科，部分学科接近或达到国标先进水平。

# 中华人民共和国国民经济和社会发展第十二个五年规划纲要(摘录)

(2011年3月14日,第十一届全国人民代表大会第四次会议批准)

## 第七篇 创新驱动 实施科教兴国战略和人才强国战略

全面落实国家中长期科技、教育、人才规划纲要,大力提高科技创新能力,加快教育改革发展,发挥人才资源优势,推进创新型国家建设。

### 第二十八章 加快教育改革发展

全面贯彻党的教育方针,保障公民依法享有受教育的权利,办好人民满意的教育。按照优先发展、育人为本、改革创新、促进公平、提高质量的要求,推动教育事业科学发展,提高教育现代化水平。

#### 第一节 统筹发展各级各类教育

积极发展学前教育,学前一年毛入园率提高到85%。巩固九年义务教育普及成果,全面提高质量和水平。基本普及高中阶段教育,推动普通高中多样化发展。大力发展职业教育,加快发展面向农村的职业教育。全面提高高等教育质量,加快世界一流大学、高水平大学和重点学科建设,扩大应用型、复合型、技能型人才培养规模。重视和支持民族教育发展,推进"双语教学"。关心和支持特殊教育。加快发展继续教育,建设全民学习、终身学习的学习型社会。

#### 第二节 大力促进教育公平

合理配置公共教育资源,重点向农村、边远、贫困、民族地区倾斜,加快缩小教育差距。促进义务教育均衡发展,统筹规划学校布局,推进义务教育学校标准化建设。实行县（市）域内城乡中小学教师编制和工资待遇同一标准，以及教师和校长交流制度。取消义务教育阶段重点校和重点班。新增高校招生计划向中西部倾斜，扩大东部高校在中西部地区招生规模，创新东西部高校校际合作机制。改善特殊教育学校办学条件，逐步实行残疾学生高中阶段免费教育。健全国家资助制度，扶助经济困难家庭学生完成学业。

### 第三节 全面实施素质教育

遵循教育规律和学生身心发展规律，坚持德育为先、能力为重，改革教学内容、方法和评价制度，促进学生德智体美全面发展。建立国家义务教育质量基本标准和监测制度，切实减轻中小学生课业负担。全面实施高中学业水平考试和综合素质评价，克服应试教育倾向。实行工学结合、校企合作、顶岗实习的职业教育培养模式，提高学生就业的技能和本领。全面实施高校本科教学质量和教学改革工程，健全教学质量保障体系。完善研究生培养机制。严格教师资质，加强师德师风建设，提高校长和教师专业化水平，鼓励优秀人才终身从教。

### 第四节 深化教育体制改革

改进考试招生办法，逐步形成分类考试、综合评价、多元录取的制度。加快建设现代学校制度，推进政校分开、管办分离。落实和扩大学校办学自主权。进一步明确中央和地方责任，加强省级政府教育统筹。鼓励引导社会力量兴办教育，落实民办学校与公办学校平等的法律地位，规范办学秩序。扩大教育开放，加强国际交流合作和引进优质教育资源。健全以政府投入为主、多渠道筹集教育经费的体制，2012年财政性教育经费支出占国内生产总值比例达到4%。

专栏15　　　　　　　　教育发展重点工程

| | |
|---|---|
| 01 | 义务教育学校标准化建设<br>改造义务教育阶段薄弱学校，实现城乡中小学校舍、师资、设备、图书、体育场地基本达标 |
| 02 | 义务教育教师队伍建设<br>实施农村义务教育学校教师特设岗位计划，加强教师全员培训和农村学校薄弱学科教师队伍建设。建设边远艰苦地区教师周转宿舍 |
| 03 | 农村学前教育推进<br>重点支持中西部贫困地区乡村幼儿园建设，基本普及学前一年教育 |

续表

| | | |
|---|---|---|
| 04 | 职业教育基础能力建设<br>支持职业教育实训基地、中高等职教示范学校建设，加强"双师型"教师队伍建设 | |
| 05 | 高等教育质量提升<br>继续实施"985"工程和"211"工程。实施中西部高等教育振兴计划 | |
| 06 | 民族教育发展<br>支持边境县和民族自治地方贫困县高中阶段学校建设。加强民族地区双语教师培训。支持民族院校建设 | |
| 07 | 特殊教育学校建设<br>新建、改扩建一批特殊教育学校，配备必要的教学生活、康复训练设施 | |
| 08 | 经济困难家庭学生资助<br>改善民族地区、贫困地区农村小学生营养状况，提高农村经济困难寄宿生生活补助标准，完善助学体系 | |
| 09 | 教育信息化建设<br>支持农村学校信息基础设施建设，建设国家数字化教学资源库和公共服务平台 | |
| 10 | 教育国际交流合作<br>实施留学中国计划。办好一批示范性中外合作学校和研究机构。鼓励海外办学。支持孔子学院建设 | |

# 中共中央关于全面深化改革若干重大问题的决定(摘录)

(2013年11月12日,中国共产党第十八届中央委员会第三次全体会议通过)

(42)深化教育领域综合改革。全面贯彻党的教育方针,坚持立德树人,加强社会主义核心价值体系教育,完善中华优秀传统文化教育,形成爱学习、爱劳动、爱祖国活动的有效形式和长效机制,增强学生社会责任感、创新精神、实践能力。强化体育课和课外锻炼,促进青少年身心健康、体魄强健。改进美育教学,提高学生审美和人文素养。大力促进教育公平,健全家庭经济困难学生资助体系,构建利用信息化手段扩大优质教育资源覆盖面的有效机制,逐步缩小区域、城乡、校际差距。统筹城乡义务教育资源均衡配置,实行公办学校标准化建设和校长教师交流轮岗,不设重点学校重点班,破解择校难题,标本兼治减轻学生课业负担。加快现代职业教育体系建设,深化产教融合、校企合作,培养高素质劳动者和技能型人才。创新高校人才培养机制,促进高校办出特色争创一流。推进学前教育、特殊教育、继续教育改革发展。

推进考试招生制度改革,探索招生和考试相对分离、学生考试多次选择、学校依法自主招生、专业机构组织实施、政府宏观管理、社会参与监督的运行机制,从根本上解决一考定终身的弊端。义务教育免试就近入学,试行学区制和九年一贯对口招生。推行初高中学业水平考试和综合素质评价。加快推进职业院校分类招考或注册入学。逐步推行普通高校基于统一高考和高中学业水平考试成绩的综合评价多元录取机制。探索全国统考减少科目、不分文理科、外语等科目社会化考试一年多考。试行普通高校、高职院校、成人高校之间学分转换，拓宽终身学习通道。

深入推进管办评分离，扩大省级政府教育统筹权和学校办学自主权，完善学校内部治理结构。强化国家教育督导，委托社会组织开展教育评估监测。健全政府补贴、政府购买服务、助学贷款、基金奖励、捐资激励等制度，鼓励社会力量兴办教育。

# 中国国民经济和社会发展第十三个五年规划纲要(摘录)

(2016年3月17日,十二届全国人大四次会议通过)

### 第十四篇 提升全民教育和健康水平

把提升人的发展能力放在突出重要位置,全面提高教育、医疗卫生水平,着力增强人民科学文化和健康素质,加快建设人力资本强国。

### 第五十九章 推进教育现代化

全面贯彻党的教育方针,坚持教育优先发展,加快完善现代教育体系,全面提高教育质量,促进教育公平,培养德智体美全面发展的社会主义建设者和接班人。

#### 第一节 加快基本公共教育均衡发展

建立城乡统一、重在农村的义务教育经费保障机制,加大公共教育投入向中西部和民族边远贫困地区的倾斜力度。科学推进城乡义务教育公办学校标准化建设,改善薄弱学校和寄宿制学校办学条件,优化教育布局,努力消除城镇学校"大班额",基本实现县域校际资源均衡配置,义务教育巩固率提高到95%。加强教师队伍特别是乡村教师队伍建设,落实乡村教师支持计划,通过政府购买岗位等方式,解决结构性、阶段性、区域性教师短缺问题。改善乡村教学环境。鼓励普惠性幼儿园发展,加强农村普惠性学前教育,实施学前教育三年行动计划,学前三年毛入园率提高到85%。普及高中阶段教育,率先从建档立卡的家庭经济困难学生实施普通高中免除学杂费,高中阶段教育毛入学率达到90%以上。提升残疾人群特殊教育普及水平、条件保障和教育质量。积极推进民族教育发展，科学稳妥推行双语教育，加大双语教师培训力度。

### 第二节 推进职业教育产教融合

完善现代职业教育体系，加强职业教育基础能力建设。推动具备条件的普通本科高校向应用型转变。推行产教融合、校企合作的应用型人才和技术技能人才培养模式，促进职业学校教师和企业技术人才双向交流。推动专业设置、课程内容、教学方式与生产实践对接。促进职业教育与普通教育双向互认、纵向流动。逐步分类推进中等职业教育免除学杂费，实行国家基本职业培训包制度。

### 第三节 提升大学创新人才培养能力

推进现代大学制度建设，完善学校内部治理结构。建设一流师资队伍，用新理论、新知识、新技术更新教学内容。完善高等教育质量保障体系。推进高等教育分类管理和高等学校综合改革，优化学科专业布局，改革人才培养机制，实行学术人才和应用人才分类、通识教育和专业教育相结合的培养制度，强化实践教学，着力培养学生创意创新创业能力。深入实施中西部高等教育振兴计划，扩大重点高校对中西部和农村地区招生规模。全面提高高校创新能力，统筹推进世界一流大学和一流学科建设。

### 第四节 加快学习型社会建设

大力发展继续教育，构建惠及全民的终身教育培训体系。推动各类学习资源开放共享，办好开放大学，发展在线教育和远程教育，整合各类数字教育资源向全社会提供服务。建立个人学习账号和学分累计制度，畅通继续教育、终身学习通道，制定国家资历框架，推进非学历教育学习成果、职业技能等级学分转换互认。发展老年教育。

### 第五节 增强教育改革发展活力

深化教育改革，增强学生社会责任感、法治意识、创新精神、实践能力，全面加强体育卫生、心理健康、艺术审美教育，培养创新兴趣和科学素养。深化考试招生制度和教育教学改革。推行初高中学业水平考试和综合素质评价。全面推开中小学教师职称制度改革，改善教师待遇。推动现代信息技术与教育教学深度融合。依法保障教育投入。实行管办评分离，扩大学校办学自主权，完善教育督导，加强社会监督。建立分类管理、差异化扶持的政策体系，鼓励社会力量和民间资本提供多样化教育服务。完善资助体系，实现家庭经济困难学生资助全覆盖。

---

**专栏20　　　　　　　　　教育现代化重大工程**

（一）义务教育学校标准化
　　实施加快中西部教育发展行动计划，逐步实现未达标城乡义务教育公办学校的师资标准化配置和校舍、场地标准化。
（二）高中阶段教育普及攻坚计划
　　增加中西部贫困地区尤其是集中连片特殊困难地区高中阶段教育资源，使中西部贫困地区未升入普通高中的初中毕业生基本进入中等职业学校就读。
（三）普惠性幼儿园建设
　　加强普惠性幼儿园建设，重点保障中西部农村适龄儿童和实施全面两孩政策城镇新增适龄儿童入园需求。
（四）产教融合发展
　　支持百所高职院校和千所中职学校加强校企合作，共建职业教育实习实训设施；支持本科高校改善教学实验实训设施等基本办学条件；建设一批高水平应用型本科高校。支持校企合作方式建设服务现代产业的新兴学科专业集群。
（五）世界一流大学和一流学科建设
　　重点支持若干所高校和一批学科进入世界一流行列，若干学科进入世界一流学科前列。继续推进高等学校创新能力提升计划。
（六）发展继续教育
　　支持高等学校和职业院校为进城定居农民工、现代职业农民、现代产业工人和退役军人提供继续教育培训。建立个人学习账号和学分认证平台。
（七）教师队伍建设
　　支持师范教育发展，实施高素质教育人才培养工程。补充民族地区双语教师和贫困地区中职教师。每年安排农村教师"特岗计划"逐步扩大到10万人。建设乡村教师周转宿舍。实施中西部中小学首席教师岗位计划和高校高水平教师引进计划。加大特教教师培养力度。
（八）教育信息化
　　加快实施"三通两平台"建设工程，继续支持农村中小学信息化基础设施建设。通过购买服务建设国家级优质教育资源平台。以职业教育和应用型高等教育为重点，发展现代远程教育和在线教育。
（九）教育国际交流合作
　　推进共建"一带一路"教育行动，实施留学行动计划。继续办好孔子学院。

# 第二部分

# 中央人民政府教育部关于一九五零年全国教育工作总结和一九五一年全国教育工作的方针和任务的报告

(1951 年 5 月 18 日政务院第八十五次政务会议批准)

**一 一九五零年全国教育工作的总结**

一九五零年全国的教育工作,开始在中央统一领导下有计划、有步骤地进行。我们根据当时有关教育工作的各种基本情况确定了有计划、有步骤、有重点地稳步前进的工作方针。

一年来,在上述方针下,全国教育工作有下列的主要收获:

(一)明确规定统一的方针政策:本部于一九四九年十二月召开了第一次全国教育工作会议,确定了全面教育工作的总方针,强调指出教育必须为国家建设服务,学校必须为工农开门;明确了改革旧教育的方针和步骤与发展新教育的方向。去年六月召开了第一次全国高等教育会议,为高等教育的改革规定了正确的方向。九月召开了第一次全国工农教育会议,确定了现阶段工农教育的方针和实施办法。这样就使得全国教育工作者对自己的工作有了明确和统一的方针政策,有了一致的努力方向。一年以来,新区学校着重恢复与安定,并开始实行整顿和改造:全国现有小学校三十九万五千多所,学生二千九百三十余万人。中等学校共五千一百余所,学生一百五十七万余人。在老区,如东北区、华北区及华东的山东等地均有新的发展。中、小学学生中,工农子女不论城市与农村均有显著的增加,老区中小学,工农子女已占学生总数百分之八十以上。全国高等学校现共有公私立二零一校,在校学生十二万八千余人,较一九五零年暑假前约增加一万人。

（二）在全国范围内实行旧教育的改革：我们本着有计划、有步骤和谨慎地进行改革的方针，注意防止急躁、粗暴与拖延不改的两种偏向。其步骤为先从改革教育内容着手，开始进行改革课程、改编教材、改进教学方法、改变教学组织等一系列的工作。首先开展了革命的政治思想教育，取消了反动的课程；进而力求课程内容适合国家建设需要，并设法精简不必要的课程与教材。在高等教育方面，公布了高等学校课程改革的决定，并拟定了文法学院九个系、理工学院十一个系、农学院四个系及专修科五十四种的课程草案。为改革全国师范教育，首先开始进行北京师范大学的改造，该校在行政领导、院系调整、课程教材教法方面，都进行了初步改革，并取得了成绩。全国中、小学的课程教材在语文、政治、史地方面有初步改善。

（三）发展和提高工农教育：首先是创办了中国人民大学，采用苏联经验和中国实际情况结合的方法，培养工农高等知识分子。该校已招收工农干部及知识青年二千九百八十一人入学，分设本科和专修科，并开办了夜大学。一年来该校在教学制度、组织及教学方法上已经取得一定的良好经验。第一次全国工农教育会议，确定了举办工农速成中学、工农干部文化补习学校及加强在职工农干部文化教育及工农业余教育的实施办法与计划。现已经创办工农速成中学二十二所，学生达三千七百余人。在职工农干部入业余文化补习学校的，已有十三万五千余人。工农业余教育有了很大的开展，一九五零年底，全国已有一百万零五千职工参加业余学校学习。一九四九年冬季，农民入冬学的人数达一千三百余万人，一九五零年冬估计达二千五百万人；一九五零年农民坚持常年学习的有三百四十八万人。

（四）在全国范围内实行了革命的政治思想教育：全国教育机关，配合各方面，普遍地对学生对群众进行了政治思想教育；各大行政区举办人民革命大学，进行了团结改造知识分子的工作。这一工作使全国教师、学生及其他知识分子以及全国人民在政治思想上提高了一步，崇美、恐美的错误思想，大大提高了民族自尊心和自信心。

（五）开始实行教育事业中的公私兼顾政策：对私立学校一般地采取了积极维持、加强领导、逐步改造的方针，使之逐渐适合国家建设的需要，并实行在城市奖励私人入学，在农村鼓励群众办学的政策。因而不仅大批私立学校维持下来，且大大提高了群众办学的积极性。如在东北，据统计，共有农民举办的村学2858所，学生205696名。现全国私立高等学校有七十余所，私立中等学校约一千五百多所，私立小学为数更多，其中有不少办理较好的学校，得到了政府的补助，并有了新的发展。

（六）为国防、经济、政法、文教建设事业供应了大批人才：一九五零年全国高等学校毕业生一万七千五百余人，第一次开始做有计划的统筹分配，百分之八十以上的学生按预定要求，走上各项建设的岗位。抗美援朝运动发动后，在深入爱国主义教育的基础上，动员了大、中学校学生四万余人参加了军事干部学校。

以上就是一九五零年全国教育工作的主要收获。

另一方面，全国教育工作有下列主要的缺点和偏向：

（一）改革旧教育的工作，基本上是进行得正确的，但在不少场合存在着拖延不改的现象，同时也存在着急躁的偏向。学校中的思想政治教育工作，一般是进行了，但还有一部分学校至今不重视政治教育，强调单纯技术观点，政治教育的质量一般不高；同时则有少数学校在思想政治教育工作上犯急性病，不适当地采用过左的办法。争取团结和改造知识分子的工作是有成绩的，在积极设法使知识分子与实际结合的工作方面，找出了像组织他们参加土地改革的工作等很有效的办法，凡实行这种办法的都得到好的成绩。但这样的工作亦还做得不够，在个别地区，曾有大批开除教员，和把思想上有毛病的教员当作地主斗争的现象。在教育方法方面，不少教师继续实行"填鸭式"教学，亦有轻视课堂学习，强调自主辅导，随便实行"民主评定"学习成绩等等。以上偏向虽经中央和地方先后纠正，但各地仍未完全克服，须继续注意纠正。

（二）"普及与提高正确结合"，在全国教育工作会议上虽已强调提出，但一年来我们在实际工作中对中等教育和初等教育的重视是不够的，特别是初等教育方面有些迫切需要解决的问题，如经费问题和教师待遇等，未能及时做适当的解决和改善。

（三）在教育事业中贯彻公私兼顾的方针做得还不够。有一个时期，在若干新解放区曾发生私立中、小学校大批停办，导致教师失业、学生失学人数增加，对社会的安定与国家的建设发生不良影响。后来经毛主席、周总理的指示，在政务院文教委员会指导下进行了失业知识分子与私立学校的调查，才加以注意并开始予以适当的解决。但各地对私立学校的领导和帮助仍是不够的。

（四）对学生健康问题重视不够，对于课程过重，社会活动和会议过多，以及学校忽视伙食管理，忽视体育卫生等损害学生健康的现象，未及时规定有效的办法加以改进。

（五）对少数民族教育注意得很不够。一九五零年对少数民族地区的教育情况未作调查研究。有些地方的干部对少数民族学校，不研究其风俗习惯与历史情况，曾机械地搬用汉族地区的工作经验，轻率地进行改革或合并学校，使工作受到损失。

这就是一九五零年我们工作中的主要缺点与偏向。这些缺点和偏向，虽已注意纠正与克服，并有了很大的转变，但工作已受到损失。产生这些缺点和偏向的主要原因，乃是我们掌握方针政策不够，调查研究、了解情况不够，工作作风上存在着官僚主义尤其是事务主义的毛病，今后必须大力克服。

## 二 一九五一年全国教育工作的方针和任务

甲、一九五一年全国教育工作的方针：

（一）大力开展抗美援朝的爱国主义教育，彻底肃清帝国主义，首先是美帝国主义在中国的文化侵略影响。

（二）继续贯彻教育为国家建设服务的方针，与经济、国防、政法、文化等建设事业密切配合，培养各种建设人才，首先是经济建设人才；坚持教育为工农兵教育服务，各级学校为工农开门的方针；切实实行教育事业中的公私兼顾与城乡兼顾的原则。

（三）着重进行各级学校的调整、统一、整顿、巩固的工作，为今后的发展准备条件。

（四）取切实有效的步骤，贯彻毛主席"健康第一"的方针，增进学生健康，并在现有基础上适当改善中、小学教师的待遇。

乙、一九五一年全国教育工作的任务：

（一）开展抗美援朝爱国主义教育

（1）各级和各类学校通过各科教学，并配合各种课外活动，普遍进行抗美援朝爱国主义教育。同时，通过各级和各类学校的学员对全国广大群众进行宣传，协同各方完成使每一处每一人都受到这种教育的任务。

（2）在上述思想教育的基础上，完成在全国范围内号召一批青年学生自觉地参加国防建设的任务。

（3）正确地、慎重地处理接受美国津贴的各级学校及其他教育事业。

（二）确定中华人民共和国的新学制。组织学制改革委员会，搜集各方面意见，制订方案，报请政务院转中央人民政府委员会核定公布施行。

（三）高等教育

（1）配合国家建设的需要，适当的、有步骤的充实和调整原有高等学校的院系。首先调整工学院院系，或增设新系，此项工作先从华北或华东做起；调整航空系；与政法委员会配合，举办政法干部训练班，整顿与加强各高等学校的政治、法律等系。以各大学校现有的师范学院、教育学院、教育系和个别的文理学院为基础，加以调整，向着每一大行政区办一所师范学院，每一省或两三个省办一所师范专科学校的方向发展分别培养初高级中等学校师资。

（2）大力加强中国人民大学，哈尔滨工业大学和北京师范大学的工作，并及时总结并推广其经验。

（3）配合建设需要的轻重缓急，今年暑假有计划、有重点地招收新生。全国高等学校（包括大学学院、专科学校与专修科）共拟招生三万五千名。在招生时注意吸收会长期从事革命工作的知识分子干部、工厂干部和产业工人入学。

（4）与各有关部门合作，修订工学院、农学院、理学院的若干系的课程草案，并拟确定各系的课程标准；修订政法学系的课程草案；草拟财经学院、师范学院及医学院各系的课程草案。严格督促和检查各高等学校实施课程改革，纠正拖延不改的偏向。

（5）从各高等学院选派财经、理工科的教师各100名，分别到中国人民大学进修，加强大学的科学研究工作，招生研究生300名，加紧培养新师资。派遣一定数量的留学生出国留学，争取在资本主义国家的一部分留学生回国。

（四）中等教育

（1）整顿和积极发展中等技术学校，大量培养中级技术干部：六月召开技术教育会议，研究确定各种中等技术学校的方针、任务、学制、教学计划、课程教材及调整发展的具体办法。协同业务部门整顿和充实现有的五百余所中等技术学校，并有计划地创办各种中等技术学校或技术训练班；有重点地在高级小学附设技术训练班；尽量设法使全国高小毕业生、初中毕业生，除升入一般初中及高中或直接就业者外，能进入各类学徒学校、技术学校或训练班，培养他们成为初级中级技术人员，为国家建设服务。

（2）整顿、巩固全国公私立中学，在老解放区并做适当的、巩固的发展：三月召开全国中等教育会议，确定中等教育方针、任务、普通中学的宗旨、教育目标、教学计划及课程标准，制定中学暂行规程。按时执行，取得经验，逐步推广。对私立中学则积极领导，加以改革、奖励私人办学，同时给以必要的帮助，解决其困难。

（3）坚持向工业开门的方针：中等学校招生时应按地区分别规定工业子女的名额比例。工业速成中学在校学生发展到七、八百名，工业干部文化补习学校招收一万八千工业干部入学。

（4）整顿、巩固并适当发展师范教育：召开师范教育会议，确定各级师范学校的方针和任务，改定教学计划和课程标准，制定师范学校暂行规程。整顿并适当扩充现有师范学校，增办初级师范学校，改进教学方法。加强对在职教师学习的领导，举办短期师资训练班，巩固专业思想，提高教师的水平。

（五）初等教育

召开全国初等教育会议，确定初等教育的方针和任务、教学计划，制定小学暂行规程，解决其课程、教材、教师进修办法等问题，采取有效方法和步骤，着手解决初等教育经费及改善教师待遇问题。全国各地应通过各级人民代表会议，发动和支持企业办学。全国小学以整顿、巩固为主，老区可作适当的和巩固的发展，新区则着重恢复，争取在一九五一年全国小学和小学教师能在基本上安定和巩固下来。

（六）社会教育

（1）成立全国职工业余教育委员会，推动职工业余教育，提高产量，加以巩固，扩大入学人数到一百五十万人，特别注意发动工人干部及积极分子参加学习，正确地结合文化学习与政治、技术的学习，克服不学文化和单学文化的两种偏向：并出版【学文化】半月刊，作为职工学习文化的辅助读物。

（2）继续开展市民业余教育，争取冬学入学人数达到三千万人。并在冬学的基础上发展常年性的市民业余学校，争取入学人数发展到五百万人，特别注意吸收村干部及积极分子入学，加紧爱国主义教育与文化学习。

（3）指导办好机关在职干部业余文化补习学校，建立正规的学习制度与教学计划，争取二十万名在职干部入机关业余学校学习。

（4）成立中国文字改革研究委员会，选定常用字、简体字及确定注音方案，为开展工业识字运动做准备。

（七）注意和发展少数民族教育。与民族事务委员会密切配合，了解少数民族教育状况，指导和协助各民族地区整顿与发展教育事业，着重实施爱国主义教育，加强祖国观念，培养知识分子。举行少数民族教育会议，指定方案，逐步解决经费、教师和教科书等问题；协助民族事务委员会办好中央民族学院及其分院。

（八）与华侨事务委员会密切配合，成立华侨教育中央领导机构，有效地改善华侨子女的教育。

（九）大力编印各级学校的教科书。根据新定学制，重编小学及中学教科书，首先着手编辑政治常识、语文、历史、地理教科书。其次，参考苏联教科书，改编数学、物理、化学、生物等自然科学教科书，编辑师范学校的教育学、教材教法等教科书。同时编辑工业速成中学、工厂业余学校的课本。组队教授专家编辑高等学校教科书。并开始组队编订小学教师的参考用书。

（十）成立体育委员会，指导各级学校切实实行"健康第一"的方针，减轻学生的课业及课外活动的负担，提倡体育文娱，加强卫生教育，改善卫生环境及医药准备，加强伙食管理工作。提倡与推进国民体育术生运动，增强国民健康。

（十一）中央和地方有计划地组成假期讲习会、教师代表会议、在职学习、教授、并动员教师参加土改及其他运动，以提高教师的思想政治和业务水平。对失业知识分子，应继续注意，使他们有学习和参加教育工作的机会。

为了完成以上任务，我们要逐步提高健全各级教育行政领导机构，合理地调整和充实省、市、县、区教育行政机构，确定其编制，配备各级教育行政机关的主要干部。特别要加强调查统计研究工作和视察工作，充分掌握情况，检查各项政策、方针、决定执行的情形，及时加以指导。及时地总结和推广经验，纠正偏向和缺点，严格实行教育工作的请示报告制度和奖罚制度。办好《人民教育》月刊，并指导各地调查与改进教育刊物，使其互相配合充分发挥对教育业务的指导作用。

# 政务院关于改革学制的决定

(1951年8月10日政务院第97次政务会议通过,
1951年10月1日政务院命令颁布)

我国原有学制（即各级各类学校的系统）有许多缺少，其中最重要的，是工人、农民的干部学校和各种补习学校和训练班，在学校系统中没有应有的地位；初等学校修业六年并分为初高两级的办法，使广大的劳动人民子女难于受到完全的初等教育；技术学校没有一定的制度，不能适应培养国家建设人才的要求。这些缺点亟待改正，但是确定原有的和新创的各类学校的适当地位，改革各种不合理的年限与制度，并使不同程度的学校互相衔接，以利于广大劳动人民文化水平的提高，工农干部的深造和国家建设事业的促进，却是必要的可能的。兹规定我国目前时期的学制如下：

（一）幼儿教育

实施幼儿教育的组织为幼儿园。幼儿园收三足岁到七足岁的幼儿，使他们的身心在入小学前获得健全的发育。

幼儿园应在有条件的城市中首先设立，然后逐步推广。

（二）初等教育

初等教育包括儿童的初等教育和青年、成人的初等教育。对儿童实施初等教育的学校为小学，应给儿童以全面的基础教育。对自幼失学的青年和成人实施初等教育的学校为工农速成初等学校、业余初等学校和识字学校（冬学、识字班）。

甲、小学：

小学的修业年限为五年，实行一贯制，取消初、高两级的分段制。

入学年龄以七足岁为标准。毕业后，得经过考试升入中心或其他中等学校。

为使不能升学的小学毕业生得继续受到适当的教育，小学得附设各种补习班或专业训练班。受过这种补习班或训练班教育的学生得经过考试插入中等学校的适当班次。

乙、青年和成人的初等学校：

1. 工农速成初等学校，修业年限为二年至三年，招收工农干部和其他失学劳动者，施以相当于小学程度的教育。毕业后，得经过考试升入工农速成中学或其他中等学校。

2. 业余初等学校，招收工农劳动者和其他青年与成人，施以相当于小学程度的业余教育；修业年限暂不规定以学完规定的课程为毕业。毕业后，得经过考试升入业余中学或其他中等学校。

3. 识字学校（冬学、识字班），以扫除文盲为目的，修业年限不定。

（三）中等教育

实施中等教育的学校为各种中等学校，即中学、工农速成中学、业余中学和中等专业学校。中学、工农速成中学和业余中学应给学生以全面的普通的文化知识教育；中等专业学校按照国家建设需要，实施各类的中等专业教育。

甲、中学

中学的修业年限为六年，分初、高两级。修业年限各为三年，均得单独设立。教学内容采取一贯制的精神，同时照顾到分段的需要。

初级中学，招收小学毕业生或具有同等学力者，入学年龄以十二足岁为标准；毕业后，得经过考试升入高级中学或其他同等的中等专业学校。

高级中学，招收初级中学毕业生或具有同等学力者，入学年龄以十五足岁为标准；毕业后，得经过考试升入各种高等学校。

初级和高级中学的毕业生之不升学者，应在政府指导之下就业。

乙、工农速成中学

工农速成中学，修业年限为三年至四年，招收参加革命斗争和生产工作达规定年限并具有相当于小学毕业程度的工农干部和产业工人，施以相当于中学程度的教育；毕业后，得经过考试升入各种高等学校。

丙、业余中学

业余中学分初、高两级，修业年限各为三年至四年，均得单独设立，分别招收业余初等学校或业余初级中学的毕业生，或具有同等学力者，施以相当于初级中学或高级中学程度的业余教育。入学年龄不作统一规定。

业余初级中学的毕业生，得经过考试升入高级中学、业余高级中学或同等的中等专业学校；业余高级中学的毕业生，得经过考试升入各种高等学校。

丁、中等专业学校

1. 技术学校（工业、农业、交通、运输等）。

技术学校，修业年限为二年至四年，招收初级中学毕业生或具有同等学力者。入学年龄不作统一规定。

初级技术学校，修业年限为二年至四年，招收小学毕业生或具有同等学力者。入学年龄不作统一规定。

初级技术学校和技术学校的毕业生，应在生产部门服务；在服务满规定年限后，得经过考试，分别升入技术学校、高级中学或各种高等学校。

各类技术学校得附设短期技术训练班或技术补习班。

2. 师范学校。

师范学校，修业年限为三年，招收初级中学毕业生或具有同等学力者。入学年龄不做统一规定。

初级师范学校，修业年限为三年至四年，招收小学毕业生或具有同等学力者。入学年龄不做统一规定。

师范学校和初级师范学校均得附设师范速成班，修业一年，招收初级中学毕业生或具有同等学力者；并得附设小学教师进修班吸收在职小学教师加以训练。

幼儿师范学校，修业年限和招生条件相当于师范学校。师范学校和初级师范学校均得附设幼儿师范科。

初级师范学校、师范学校和幼儿师范学校的毕业生，应在小学或幼儿园服务；在服务满规定年限后，得经过考试，分别升入师范学校、高级中学、师范学院或其他高等学校。

3. 医药及其他中等专业学校（贸易、银行、合作、艺术等），其修业年限，招生条件等，参照技术学校之规定。

（四）高等教育

实施高等教育的学校为各种高等学校，即大学、专门学院和专科学校。高等学校应在全面的普通的文化知识教育的基础上给学生以高级的专门教育，为国家培养具有高级专门知识的建设人才。

大学和专门学院修包年限以三年至五年为原则（师范学院修业年限为四年），招收高级中学及同等学校毕业生或具有同等学力者，入学年龄不做统一规定。

专科学校修业年限为二年至三年，招收高级中学及同等学校毕业生或具有同等学力者。入学年龄不做统一规定。

各种高等学校得附设专修科，修业年限为一年至二年，招收高级中学及同等学校毕业生或具有同等学力者。入学年龄不做统一规定。

大学和专门学院得设研究部，修业年限为二年以上，招收大学及旁门学院毕业生或具有同等学力者，与中国科学院及其他研究机构配合，培养高等学校的师资和科学研究人才。

各种高等学校得附设先修班或补习班，以便利工农干部、少数民族学生及华侨子女等入学。

高等学校毕业生之工作由政府分配。

（五）各级政治学校和政治训练班

## 附　中华人民共和国学校系统图

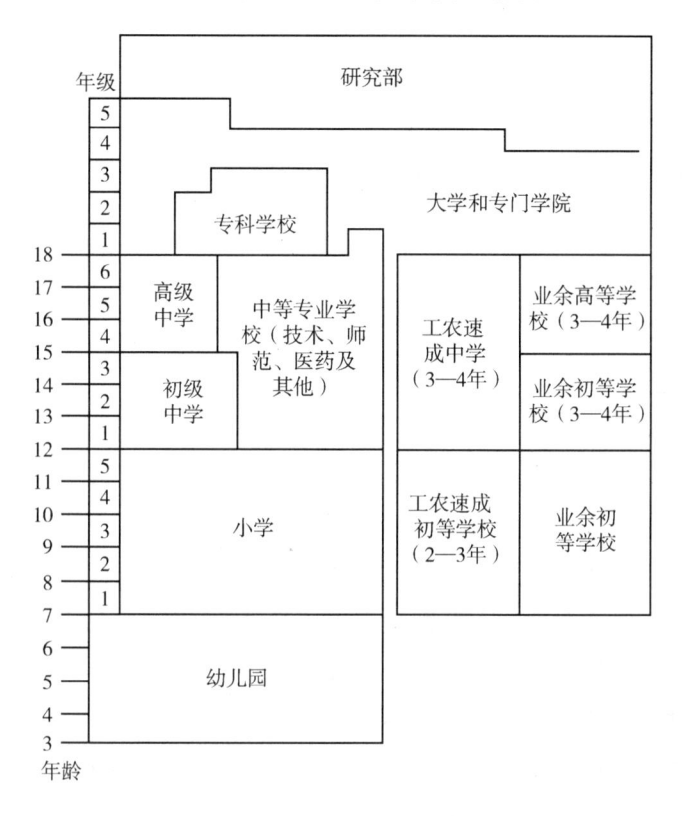

| 年级 | | | | | |
|---|---|---|---|---|---|
| 5 | 研究部 | | | | |
| 4 | | | | | |
| 3 | 专科学校 | | 大学和专门学院 | | |
| 2 | | | | | |
| 1 | | | | | |

（年龄）

| 年龄 | 年级 | | | | | |
|---|---|---|---|---|---|---|
| 18 | 1 | | | | | |
| 17 | 6 | 高级中学 | 中等专业学校（技术、师范、医药及其他） | 工农速成中学（3—4年） | 业余高等学校（3—4年） |
| 16 | 5 | | | | |
| 15 | 4 | | | | |
| 15 | 3 | 初级中学 | | | 业余初等学校（3—4年） |
| 14 | 2 | | | | |
| 13 | 1 | | | | |
| 12 | 5 | 小学 | | 工农速成初等学校（2—3年） | 业余初等学校 |
| 11 | 4 | | | | |
| 10 | 3 | | | | |
| 9 | 2 | | | | |
| 8 | 1 | | | | |
| 7 | | | | | |
| 6 | | 幼儿园 | | | |
| 5 | | | | | |
| 4 | | | | | |
| 3 | | | | | |

各级政治学校和政治训练班，给青年知识分子和旧知识分子以革命的政治教育。其学校等级、修业年限、招生条件等另行规定之。

除上述各类学校外，各级人民政府为适应广泛的政治学习和业务学习之需要，得设立各级各类补习学校和函授学校。各级人民政府并应设立聋哑、盲目等特种学校，对生理上有缺陷的儿童、青年和成人，施以教育。

中央人民政府教育部应根据本决定并参酌各地实际情况，特别是少数民族地区的特点，制订学制的实施计划及各种学校的规程，经中央人民政府政务院批准施行。

# 十二年国民教育事业规划纲要(草稿)

(1956年1月11日教育部印发)

我国过渡时期的国民教育工作,必须适应社会主义的社会主义革命发展的要求,完成文化革命,使全国各族人民不分男女老幼都受到社会主义教育,摆脱无文化状态,成为有社会主义思想有文化有教养的人,也就是社会主义国家的积极的自觉的建设者和保卫者。

为了达到这个目的,国民教育工作必须完成下列任务:

第一,扫除文盲,并且在识字教育的基础上大量举办正规的工农业余小学和中学,以提高工农的政治、文化水平。

第二,普及义务教育,使新生一代人人受到国民必须受的教育,成为社会主义社会全面发展的成员,同时在普及义务教育的基础上大力发展中学,以进一步提高青年一代的文化水平。

第三,大量培养社会主义教育的师资。

根据上述任务,提出下列的12年国民教育事业规划:

(一)7年内基本上扫除文盲。2年内扫除机关团体干部中的文盲,3年内扫除职工中的文盲,7年内基本上扫除农民和市民中的文盲。识字标准:工人和市民2000个字左右,农民1500个字左右。

(二)7年内,乡、区机关团体中的干部和近代产业工人大部分达到业余小学毕业程度;县以上机关团体中的干部和近代产业中的部分技术工人、青年工人达到业余初中毕业程度。在第三个五年计划期内,各行各业的工人和农民中的青壮年大部分达到业余小学毕业程度;乡以上机关团体中不及初中毕业程度的干部、近代产业工人和农业、手工业合作社的主要干部、拖拉机手等大部分达到业余初中毕业程度;

专署以上机关团体中不及高中毕业程度的部分干部、县级机关的部分干部和近代产业中的部分干部、技术工人达到业余高中毕业程度。

（三）7年内在全国基本上普及义务教育：在一般城镇和条件较好的农村普及完全小学教育，在条件较差的农村先普及初级小学教育，在直辖市、省会和主要工业城市基本普及初中教育。要求1962年全国高小毕业生平均有40%以上升入初级中学。在第三个五年计划期内，在一般地区普及完全小学教育。在全国大中城市和工业城市普及初中教育，要求1967年全国高小毕业生有60%以上升入初级中学。

（四）7年内，大力发展高级中学，1962年在校学生数达到1955年在校学生数的4.8倍，1967年在校学生数为1955年在校学生数的10.5倍。

（五）在一般民族地区，7年内基本上普及小学义务教育，9年内扫除文盲；12年内本民族师资比重逐步增大，做到小学师资基本上为本民族的，中等学校师资大部分为本民族的。

（六）7年内要求厂矿、企业、机关、团体和国营农场的工作人员的幼儿大部分都受到幼儿园教育、在农村和城市中要发展适合于群众生活水平和生产工作需要的多种多样的幼儿教育组织，并做到每个县或市区能办三五个正规的示范性的幼儿园。

（七）12年，盲聋哑学龄儿童基本上能上学。

（八）7年内，高级中等学校的师资基本上以高等师范学校本科毕业生供应；初级中等学校的师资大部分以师范专科学校毕业生供应，小部分以速成师范专科学校的毕业生供应；小学高年级师资全部以师范学校毕业生供应；低中年级师资以速成师范学校和初级师范学校毕业生，小部分以师范学校毕业生供应（主要是大中城市和工业城市的学校）。将不及师专毕业程度的中等学校教师大部分提高到师专毕业程度；不及初师毕业程度的小学教师基本上提高到初师毕业程度；将部分初师程度的小学教师提高到师范学校毕业程度。在第三个五年计划期内，高级中等学校的师资全部以高等师范本科毕业生供应；初级中等学校的师资大部分以师范专科学校（包括函授学校和速成师范专科学校）毕业生供应，小部分以高等师范学校本科毕业生供应；小学师资全部以师范学校毕业生供应。要求中等和初等学校所有教师在质量上基本上合格。

（九）7年内高级中等学校领导干部的教育科学知识水平基本上提高到相当于师范学校毕业程度；将初级中等学校领导干部的教育科学知识水平基本上提高到相当于师范专科毕业程度；将小学和幼儿园的领导干部的教育科学知识水平普遍提高到相当于师范毕业程度。

（十）1956年内完成中学和师范学校的教学计划的修订工作。两年内基本上完成小学、中学、师范学校（幼儿师范除外）和工农业余小学的各科新的教学大纲、教科书，大部分学科的教学参考书和高等师范学校各科新的教学大纲的编辑出版工作。第二个五年计划期内，将1956年、1957年两年未完成的师范学校、工农业余小学的部分教学大纲、教科书和教学参考书全部编辑出版齐全。同时完成高等师范学校各科新的教科书的编辑出版工作。并进一步修改1955—1957年编印的小学、中学、师范和工农业余学院教学大纲、教科书和教学参考书。三五年内完成民族小学、中学、师范学校的教学大纲和教材的编译工作。

（十一）7年内，各级各类学校教师具有初中以上文化程度的都要学完政府规定的政治思想理论课程，同时结合教学研究工作和教学检查，批判资产阶级思想，首先是批判唯心主义思想，并且努力学习运用马克思列宁主义的立场、观点和方法来授课。

（十二）2年内完成中学、师范和小学中的肃反工作。

（十三）一两年内总结总、小学、师范和幼儿园实施全面发展教育各方面的经验，提出改进的办法，1956年着重总结政治思想教育的经验，同时着手实施基本生产技术教育。

（十四）在中、小学和师范学校中，7年内要语文课教师完全用正确的普通话进行教学；12年内要各科教师都能用普通话进行教学。

（十五）二三年内完成修改和制定各级各类学校各项基本的规章、制度的工作，并颁布实行。

（十六）1年内着手建立教育科学研究机构，在12年内逐步加强和充实。12年内培养博士1508人，硕士（即副博士）2000人。

（十七）7年内在大中城市和工业区建立校外教育机构网。

（十八）7年内，科学仪器生产的数量与质量要完全符合教学需要。

（十九）2年内完成私营教育事业和企业的社会主义改造。

（二十）加速1956年和1957年普通教育和师范教育专业的发展速度，提前和超额完成第一个五年计划，扫盲、业余中小学教育事业和小学、初中、师范和高等师范教育事业，4年内完成五年计划；高级中学教育事业，超额完成五年计划。

# 中共中央、国务院关于教育工作的指示

(1958年9月19日)

（一）经济战线上的社会主义革命已经取得了基本胜利，政治战线上和思想战线上的社会主义革命已经取得了决定性的胜利，社会主义建设在工农业生产方面已经出现了大跃进的形势。为了彻底完成社会主义革命，为了适应社会主义建设的需要，为了实现共产主义的远大目标，必须"在继续进行经济战线、政治战线和思想战线上的社会主义革命的同时，积极地进行技术革命和文化革命"。（中国共产党第八届代表大会第二次会议的决议）随着工农业生产的大跃进，文化革命已经开始进入高潮，这主要表现在全国扫盲运动、教育事业和各种文化事业的迅速发展，正确地领导教育工作，坚持党的教育工作的方针，反对右倾思想和教条主义，调动一切积极因素，鼓足干劲、力争上游，多快好省地扫除文盲，普及教育，培养出一支数以千万计的又红又专的工人阶级知识分子的队伍，是全党和全国人民的巨大的历史任务之一。

（二）全国解放九年以来，我国教育工作在党的领导之下取得了巨大的成绩。这些成绩是：从帝国主义者手里收回了教育主权；妥善地接收了全国的学校；取消了国民党反动派对学校的法西斯管理制度和对学生的法西斯教育和特务统治；建立起社会主义的教育制度；基本上肃清了隐藏在教育界的反革命分子和其他坏分子；在学校中开设了马克思列宁主义的课程；在教师和学生中进行了思想改造；进行了院系调整和教学改革；进行了反对资产阶级右派的斗争；高等学校、中等学校和小学的在校学生都增加几倍；扫盲运动和业余的文化技术教育有了很大的发展；在学校中开始普遍地实行了勤工俭学；在教育工作者的队伍中建立了党的组织；为社会主义建设培养了大量的干部。在教育工作岗位上，绝大多数的同志是努力执行了党的指示的。成绩是主要的，但是，教育工作在一定的时期内曾经犯过教育脱离生产劳动、脱离实际，并且在一定程度上忽视政治、忽视党的领导的错误。九年的工作，使我们得到了经验，并且使我们有可能更加明确地和系统地提出党和国家的教育工作方针，以便团结全党和一切可能团结的教育工作者，克服教育工作中的右倾思想和教条主义思想，更好地为发展社会主义的教育事业而奋斗。

（三）党的教育工作方针，是教育为无产阶级的政治服务，教育与生产劳动结合。为了实现这个方针，教育工作必须由党来领导。没有党的领导，社会主义的教育是不能设想的。教育是改造旧社会和建设新社会的强有力的工具之一。教育工作必须在党的领导之下，才能很好地为社会主义革命和社会主义建设服务，为消灭一切剥削阶级和一切剥削制度的残余服务，为建设消灭城市与乡村的差别和消灭脑力劳动与体力劳动的差别的共产主义社会服务。共产主义社会的全面发展的新人，就是既有政治觉悟又有文化的、既能从事脑力劳动又能从事体力劳动的人，而不是旧社会的只专不红，脱离生产劳动的资产阶级知识分子。党所提出的"培养有社会主义觉悟的有文化的劳动者"的口号，正确地解释了"全面发展"的含义。必须在党的领导之下，团结全国的工农劳动群众和广大的知识分子，同"为教育而教育""劳心与劳力分离"和"教育只能由专家领导"的资产阶级思想进行坚决的斗争。党的教育工作方针同资产阶级教育工作方针之间的斗争，按其性质来说，是社会主义道路和资本主义道路两条道路之间的斗争。

在一切学校中，必须进行马克思列宁主义的政治教育和思想教育，培养教师和学生的工人阶级的阶级观点（同资产阶级进行斗争），群众观点和集体观点（同个人主义观点进行斗争），劳动观点即脑力劳动与体力劳动结合的观点（同轻视体力劳动和体力劳动者、主张劳心劳力分离的观点进行斗争），辩证唯物主义的观点（同唯心主义和形而上学的观点进行斗争）。必须改变政治教育中脱离我国社会主义革命和社会主义建设的实际、脱离具体教育对象的教条主义的教学方法。评判学生学习成绩的时候，应当把学生的政治觉悟放在重要的地位，并且应当以学生的实际行动来衡量学生的政治觉悟的程度。轻视政治思想工作和拒绝在学校中设政治课，不论用什么借口，都是错误的。

在一切学校中，必须把生产劳动列为正式课程。每个学生必须依照规定参加一定时间的劳动。现在勤工俭学的运动已经普遍开展起来了，事实证明，只要领导得好，参加生产劳动对学生来说，不论在德育、智育或体育方面都有好处，这是培养全面发展的新人的一条正确道路。今后的方向，是学校办工厂和农场，工厂和农业合作社办学校。学校办工厂和农场，可以自己办，也可以协助工厂和农业合作社办。学生可以在学校自办的工厂和农场中劳动，也可以到校外的工厂和农业合作社去参加劳动。学校办工厂和农场，要尽可能注意同教学结合。学校也要协助工厂和农业合作社开办学校。地方党委和政府，应当把学校所办的工厂和农场，纳入地方的生产计划和商业销售计划，对它们供给原料和推销它们的产品，派技术工人去传授生产技术，并注意指导和组织他们的生产。工厂和农业合作社办学校，可以训练工厂和农业合作社自己所需要的人才，也应该为其他工业部门或农业部门训练人才；应该注意办技术学校，也应该注意办普通学校来提高所有人员的文化水平，因为这是实现文化革命所必需的，是实现共产主义的远大目标所必需的。这种学校也应该纳入地方的教育计划，地方党委和政府要注意领导这种学校，帮助他们逐步解决师资方面的困难，特别是解决基础课程的师资的困难。在缺乏劳动的学校里强调劳动，在缺乏基础课程的学校里强调基础课程，便两种学校都向自己所缺乏的方面发展，逐步向理论与实际的更完善的结合前进。为了训练大量称职的师资，县以上的各级党委和人民委员会都必须发展师范教育。

一切教育行政机关和一切学校，应该受党委的领导；党委应该注意在学校师生中发展党和青年团的组织。中央人民政府各部门所属的学校，在政治上应该受当地党委的领导。在一切高等学校中，应当实行学校党委领导下的校务委员会负责制；一长制容易脱离党委领导，所以是不妥当的。学校党委，应当配备党员去领导级和班的工作、配备党员去做政治思想工作、学校的行政工作和生产管理工作，党委书记和委员力求担任政治课的教学、研究工作。学校党委应当在教师中经常注意进行思想改造的工作，注意培养新生力量。在提拔师资的时候，要首先注意政治思想条件、学识水平和解决实际问题的能力，资历应当放在次要的地位。在鉴定学生的时候，要首先注意政治觉悟的程度，解决实际问题的能力，同时也注意课内学习的成绩。一切中等学校和初等学校，也应该放在党委的领导之下。为了加强党在教育事业中的领导，各级党委要输送一批干部到教育机关和学校中去。

（四）为了多快好省地发展教育事业，必须动员一切积极因素，既要有中央的积极性，又要有地方的积极性和厂矿、企业、农业合作社、学校和广大群众的积极性，为此必须采取统一性与多样性相结合，普及与提高相结合，全面规划与地方分权相结合的原则：

甲、教育的目的，是培养有社会主义觉悟的有文化的劳动者，这是全国统一的，违反这个统一性，就破坏社会主义教育的根本原则。但是，在这个统一的目标下，办学的形式应该是多样性的，即国家办学与厂矿、企业、农业合作社办学并举，普通教育与职业（技术）教育并举，成人教育与儿童教育并举，全日制学校与半工半读、业余学校并举，学校教育与自学（包括函授学校、广播学校）并举，免费的教育与不免费的教育并举。这就是说，全国将有三类主要的学校：第一类是全日制的学校，第二类是半工半读的学校，第三类是各种形式的业余学习的学校。

乙、三类学校中，有一部分要担负提高的任务。这部分学校必须有完备的课程，注意提高自己的教学工作和科学研究工作的质量，提高各门学科的水平。这些学校应该在不损害原有水平的情况下，努力帮助建设新校的工作，但降低这些学校的水平，对整个教育事业来说是不好的。为了很快地普及教育，应当大量发展业余的文化技术学校和半工半读的学校，因为这种学校可以全部或者大部解决自己的经费，很少需要或者不需要政府的帮助，因为这种学校可以按照"能者为师"的原则就地找到师资。现在用大量发展业余的文化技术学校和半工半读的学校的形式来普及教育，对于提高工业和农业生产的技术水平，和提高广大人民的政治觉悟和文化水平，有极其重要的意义；这种学校将要逐渐成为在课程、设备、师资等方面日益完备的学校。业余学校在将来有远大的前途，随着工业和农业生产技术的提高，随着工、农业生产的发展，劳动时间将会缩短，这时候，业余学校和半工半读的学校就没有区别了。随着生产的发展和公共积累的增多，收费的学校也将变为免费的学校。我们的原则，是在普及的基础上提高，在提高的指导下普及，是"两条腿走路"，不是"一条腿走路"。

丙、为了在教育工作中既能发挥中央人民政府各部门的积极性，又能发挥地方的积极性，全部的小学中学和大部分的高等学校、中等专业学校、技工学校，已经下放给省、市、自治区管理；仍属中央各部的中等专业学校和技工学校，也应当由各部下放给各部所直接领导的厂矿、企业、农场管理。

各大协作区应该根据自己的实际情况和需要，建立起一个完整的教育体系。各省、市、自治区也应该逐渐建立起这种比较完整的教育体系。然后，每个专区，每个县也应该这样做。各省、市、自治区有责任满足中央各部所属学校的招生任务，教育事业发达的地区有帮助教育事业落后的地区的责任，教育事业落后的地区要尽力在三年至五年内做到不向别的省、市、自治区招生。中央教育部负责全国教育事业的综合规划和平衡。

现行的学制是需要积极地和妥当地加以改革的，各省、市、自治区的党委和政府有权对新的学制积极进行典型试验，并报告中央教育部。经过典型试验取得充分的经验之后，应当规定全国通行的新学制。

高等学校的教材，应该在党委领导下采取党委、教师、学生"三结合"的方法，经过大鸣大放大争大辩，认真予以修订。中小学教科书，由各省、市、自治区组织力量编写，编写时应当结合当地具体情况。中央教育部应召开各种教材的专门会议，交流经验，推荐较好的教材，确定全国应该通用的那一部分教材，确定各类学校的最低限度和最高限度的科目。

全国高等学校招生的日期，是七月下半月和八月上半月。在这个统一规定下，各省、市、自治区有权依照当地的情况规定本地区的学历，报告中央教育部。废除全国统一的学历。

地方党委应当组织学校同工业、农业、商业、文化事业、科学研究事业等各方面的协作。

关于职权下放后中央与地方的分工协作问题，依照中共中央和国务院1958年8月4日"关于教育事业管理权力下放问题的规定"办理。

少数民族地区教育中的特殊问题，由省、市、自治区做出决定，报告中央教育部。

（五）教育是人民群众的事业。人民群众是为了社会主义革命和社会主义建设而需要教育事业的。办教育需要依靠专门的队伍，没有强大的专门队伍是不行的。但是，教育工作的专门的队伍必须与群众结合，办教育更必须依靠群众。把教育工作神秘化，以为只有专家才能办教育，"外行不能领导内行"，"党委不懂教育"，"群众不懂教育"，"学生不能批评先生"，那就是错误的。这种迷信，只能妨碍教育成为人民群众的事业，妨碍教育工作为我国的社会主义革命和社会主义建设服务，因而也妨碍教育工作的发展和进步。办教育应当在党委领导之下，把专业的教育工作者同群众结合起来，采取从群众中来，到群众中去的群众路线的方法，贯彻全党全民办学。

在学校内部，在政治工作、管理工作、教学工作、研究工作等方面，也应该贯彻党委领导下的群众路线的工作方法：

1. 大鸣大放，大字报，应当成为一切高等学校和中等学校提高师生政治觉悟、改进教学方法和教育管理工作、提高教学质量，加强师生团结的普遍和经常采用的方法。

2. 制订学校教育计划；制定教学大纲的时候，应当采取党委领导之下教师与学生结合的方法。

3. 对学生进行鉴定、评定学生助学金等的时候，也应当采取在党委领导下，师生结合的方法。

4. 教授课程必须贯彻执行理论与实际联系的原则，应当在党委领导之下，尽可能采取聘请有实际经验的人（干部、模范工作者、劳动英雄、（土）专家）同专业教师共同授课的方法。

5. 学校领导人员要尽可能在生活和劳动中同学生打成一片。党和团的工作者、政治课教师，应当同学生同吃、同住、同劳动。学校的财政、建设计划等，应该向全体师生员工公开，使师生员工能参加管理工作。

6. 应当在教师与学生之间建立民主的平等的关系。教师应该接近学生，经常了解学生的情况，针对实际情况施行教育，要把"全面发展"与"因材施教"结合起来。

科学研究，应当实行"百家争鸣"的方针。在高等学校社会科学各系的高年级中，应当设立一些介绍或批判资产阶级学说的课程，树立对立面。

必须坚持勤俭办学的原则。把学校的经费用于教学，用于生产，尽量减少用于对改善教学工作和增加与生产无关的项目的经费。

（六）全国应在三年到五年的时间内，基本上完成扫除文盲、普及小学教育、农业合作社社社有中学和使学龄前儿童大多数都能入托儿所和幼儿园的任务。应当大力发展中等教育和高等教育，争取在十五年左右的时间内，基本上做到使全国青年和成年，凡是有条件的和自愿的，都可以受到高等教育。我们将以十五年左右的时间来普及高等教育，然后再以十五年左右的时间来从事提高的工作。中共中央和国务院，号召全党、全国人民和全体教育工作者，为完成这个文化革命的光荣任务而努力。各省、市、自治区党委和人民委员会，应当根据自己的实际情况，做出具体规划。

# 中国共产党中央委员会、国务院关于教育事业管理权力下放问题的规定

(1958年8月4日)

为了充分地发挥各省、市、自治区举办教育事业的主动性和积极性，并且加强协作区的工作，实行全党、全民办学，加速实现文化革命和技术革命，今后对教育事业的领导，必须改变过去条条为主的管理体制根据中央集权和地方分权相结合的原则，加强地方对教育事业的领导管理。为此，特做如下规定：

一　今后教育部和中央各主管部门，应该集中主要精力研究和贯彻执行中央的教育方针和政策；综合平衡全国的教育事业发展规划；在中央领导下协助地方党委进行政治思想工作；指导教学和科学研究工作；组织编写通用的基本教材、教科书；拟定必要的全国通用教育规章、制度；对高等学校教师进行必要的调配；及时总结交流经验。并且应该办好直接管理的学校。

二　小学、普通中学、职业中学、一般中等专业学校和各级业余学校的设置与发展，无论公办或民办，由地方自行决定。

新建高等学校和中等工科技术学校，凡能自力更生解决问题的，地方可自行决定；需要协作区内各省、市、自治区合作筹建的，由协作区协商决定。以上新建的高等学校无论公办或民办，由省、市、自治区政府报中央教育部备案即可。需要中央教育部或其他部门支援的新建高等学校，须事先报中央教育部和主管业务部门批准。

三　各地区的招生计划，由省、市、自治区和协作区初步汇总和平衡；然后由中央进行全国范围的汇总和必要的平衡。

关于各类学校招生地区和学生来源，主要为省、市、自治区和主要为协作区培养人才的学校，由省、市、自治区和协作区调剂平衡。中央各部学校的招生和各协作区间招生的平衡，由中央教育部会同有关部门统筹安排。

高等学校招生时，各省、市、自治区首先应该保证中央各部学校的招生任务；其次保证经过协商确定的外地学校的招生任务；然后，完成本省、市、自治区学校的招生任务。

四 所有学校的政治思想工作及各种社会活动，都归地方党委领导。

五 各地方根据因地制宜、因校制宜的原则，可以对教育部和中央各主管部门颁发的各级各类学校的指导性教学计划、教学大纲和通用的教材、教科书，领导学校进行修订补充，也可以自编教材和教科书。并供给学校必需的参考资料和组织各校的生产实习工作。

六 所有学校勤工俭学的生产计划，都由地方审查批准，纳入地方的生产计划。并组织各方面的协作，帮助解决原材料供应和产品推销问题。

七 国务院科学规划委员会和中央各部分配给地方学校的科学研究任务，地方应该督促学校设法完成；地方分配给中央各部学校的科学研究任务，中央各部应该督促学校设法完成。地方应注意组织学校、科学研究机关、生产企业之间在科学研究工作方面的协作，并帮助解决科学研究工作的条件。

八 地方学校的干部和教师，全部规划地方管理。地方并应协助管理中央管理的干部。地方学校的干部和教师，中央如有需要，可以与地方协商抽调。中央各部学校的干部和教师，地方如有需要，商得主管部门的同意，也可以调用。协作区内各省、市、自治区调干部、教师的调剂，由协作区协商解决，必要时可以商定相互支援培养师资的计划。

所有学校教职员工工资的调整评议工作，都由地方统一领导和审查批准。

过去国务院或教育部颁发的全国通用的教育规章、制度，地方可以结合当前工作发展情况，因地制宜、因事制宜地决定存、废、修订，或者另行制定适合于地方情况的制度（包括各项定额标准和执行办法）。

九　关于高等和中等专业学校毕业生的分配，国家经济委员会和中央各部只统筹分配中央各部学校的毕业生和归中央抽成分配的毕业生。其余由各省、市、自治区自行分配；必要时，协作区可在本协作区内进行适当调剂。

十　关于派遣出国留学生，接受来华留学生，邀请国外教师来华工作、讲学、访问，以及派遣教师出国工作、讲学、访问等事项，由中央各主管部门统筹安排。分配给地方的任务，地方应设法完成。关于分配回国留学生的工作，由国家经济委员会负责。

# 教育部党组关于进一步调整教育事业
# 和精减学校教职工的报告

(1962年5月25日，中共中央批转)

为了进一步调整教育事业和精减各级学校教职工，我部于今年4月下旬到5月中旬召开了全国教育会议。现将会议讨论的意见报告如下：

## 一 1961年全国教育事业调整的情况

1958年以来，我国教育事业有了很大的发展，成绩是显著的。但是，由于发展过快，规模过大，特别是1960年，各级学校的校数和学生数大幅度增长，使教育事业的发展规模超过了国民经济的负担能力，特别是超过了农业生产水平，也影响了教育事业质量的提高。1961年根据调整、巩固、充实、提高的方针，进行了两次调整，情况得到了一定的改善；1960年高等学校为1289所，在校学生96.2万人，1961年调整为845所，学生94.7万人；中等专业学校1960年为6225所，在校学生221.6万人，1961年调整为2724所，学生108.3万人；中、小学学校校数和学生数也有所减少。全国中等以上学校吃商品粮的学生人数，由1960年的1340万人减少为940万人，减少了400万人；16周岁以上学生占全国劳动力的比例，由1960年的3.03%降低到2.06%。

但是，1961年调整以后，和1957年相比，教育事业的规模，特别是高等学校和中等专业学校的校数仍然过多，规模仍然过大。1957年高等学校为229所，在校学生为44万人，1961年调整后，仍有845所，比1957年增长了2.7倍，在校学生94.7万人，比1957年增长了

1.1 倍；中等专业学校 1957 年 1320 所，在校学生为 77 万人，1961 年调整后，仍有 2724 所，比 1957 年增长了 1.1 倍，在校学生 108.3 万人，比 1957 年增长了 39%（见附表一、二）。

在教育事业本身来看，高等学校和中等专业学校保持这样大的规模，也是不适当的。不但新建学校一般条件很差，而且原有老校也由于不适当地扩大规模，分散了力量，在教学和生活上都造成了很多困难。如果继续维持这种情况，就势必难于集中力量把学校办好。

在教育事业的某些方面，国家包得过多，对有些人民自己能够举办的事业和能够解决的问题，积极地提倡和帮助不够，妨碍了群众积极性的发挥，加重了国家的负担。

因此，必须根据中央关于增产节约、精兵简政的方针和减少城市人口的指示，进一步对教育事业坚决地进行调整。

**二 进一步调整教育事业的意见**

会议认为，这次的调整工作，应该根据以调整为中心的八字方针。坚决从当前经济形势出发，适当照顾今后发展的需要，本着办少些、办好些的精神，压缩公办教育事业的规模，适当调整各级各类学校的比重和布局，集中力量，提高质量；同时，还必须提倡人民举办各类教育事业，并且要加强领导，积极扶植。

（一）大幅度裁并高等学校，特别是专科学校。1958 年以来，专科学校急剧增长，到 1960 年达到 620 所，经过 1961 年的调整仍有 343 所。这些学校大多数是由中等学校戴帽子办起来的，条件一般很差。所以，这次在高等学校的调整中，对专科学校裁并较多。对本科学校，主张裁并 1958 年以后设立的条件太差的和不必要重复设置的新校。会议提出的方案是：高等学校保留 400 所，减少 445 所，其中本科保留 354 所，占现有本科校数得 70.5%，减少 148 所，占 29.5%；专科保留 46 所，占现有专科校数得 13.4%，减少 297 所，占 86.6%。

这个方案，估计各地在进一步摸清情况后，还可能有所减少。但是，由于对有些学校停办是否合适。把握不大，还需要再看看；同时学校一下子停办得过多，需要处理的学生数量过大，会更增加处理的困难。所以，会议基本上同意这个方案。

这次会议对保留学校的专业设置也进行了讨论，提出了初步调整方案。由于专业的调整问题比较复杂，还需要进一步摸清情况，才能加以解决。

会议认为，对保留的学校要逐步缩小规模。今年高等学校招生12万人，毕业17.8万人，裁并学校的学生，除了3万人左右可以转学和并入保留学校外，需要安置的约有9万人左右。这样，暑假后在校学生将由94.7万人，降到80万人。预计今后几年每年招生平均以13万人计，由于招生少、毕业多。这就有利于不断改善学校的教学和生活质量，集中力量，提高质量。

（二）大幅度裁并中等专业学校。1961年调整后，保留下来的中等专业学校的校数和学生数仍然过多，超过了国家建设的实际需要。但是，由于现有的学校中将近半数是1957年以前设立的学校，师资和设备条件较好，拆散了以后再办得很不容易，所以这次大量裁并的是1958年以后设立的条件很差的新校和少数布局不够合理、设置重复的老校。会议提出的方案是：保留1265所，占原有校数得46.4%，减少1459所，占53.6%。

这个方案，大体上相当于1957年的水平。保留的学校今后5年内基本上停止招生，主张采取内招的办法，进行轮训。这样，今年中等专业学校毕业34.9万人，裁并学校的学生，除了10万人左右可以转学和并入保留学校外，需要安置的有20万人左右，暑假后在校学生将由108.3万人降到55万人左右。由于在校学生数减少，这些学校应该多精减一般人员，把优秀教师保留下来，切实办好；在特别困难的地区，有些学校还可以暂时放假，待条件允许时再行复课。

所有保留的中等专业学校（包括中等技术学校和中等师范学校），在今后5年内，改变过去的招生办法，即实行内招。内招的办法，就是在中央各有关部分和省、市、自治区统一安排下，例如，工科学校可以内招家在城市的厂矿在职职工，进行技术训练，训练完毕后回到原厂矿工作；农科学校可以由人民公社保送社员，进行训练，培养农业所需要的各种技术人员，训练完毕后回到原农村人民公社工作；师范学校可以举办轮训班，提高现有中、小教师的水平。到将来农业有了发展,农业和文教事业做好了调整,需要发展的时候,再考虑是否恢复外招的办法。

凡是有条件的学校,都可以举办夜校和函授部,积极开展业余教育,应先吸收裁撤学校的学生,也可以吸收不能升学的初中毕业生继续学习,将来需要时可以择优录用。

(三)中、小学应该进行必要的调整。中、小学教育除了要为高等学校和中等专业学校培养合格的新生以外,还要适当满足人民群众子女入学的要求,为国家建设事业培养劳动后备力量。对全日制中、小学的调整,既要适当压缩规模,提高质量;又要注意调整学校布局,便利学生就近上学。对于高级中学应该适当减少在校学生,着重提高质量;对大、中城市的初级中学,可以基本上保持现有规模,小学还可稍有发展;县镇和农村,有条件的地方,可以将一部分公办初级中学和小学改为民办公助。

高级中学今年招生36万人,毕业47.7万人,暑假后在校学生将由152万人左右,降到138万人。预计今后几年每年招生维持这个水平,在校学生数将降到110万人左右。初级中学今年招生186万人,毕业167.4万人,暑假后在校学生除去自然流动数和公办转为民办公助以外,将由680万人左右,降到640万人左右。预计今后几年每年招生200万—220万人,在校学生数将降到600万人左右。公办小学今年招生900万人,毕业700万人,暑假后在校学生将达到6300万人左右。

会议认为,为了减轻国家负担,发挥人民办学的积极性,在这次调整中,对县镇和农村中的中、小学应该采取以下几种办法:

第一,农村公办小学部分的改为民办公助。各地可以因地制宜,有些地区可以多改一些,有些地区办小学比重已经较大的,可以少改或不改,有些地区农村小学停办过多,现有学校一般可以不改。公办学校改为民办公助应该注意:(1)必须人民自愿,不准强迫命令;(2)中心小学不要改;(3)教师的现有生活水平一般不要降低;(4)对改为民办公助的学校要加强领导和帮助,使之巩固下来。

第二,全日制初级中学设置偏多的地方,可以根据不同条件将少数改为半日制。

第三，农村公办小学，如当地经济条件允许，人民自愿，可以酌量增收杂费，增收部分每人每年以不超过二元为宜，困难户的子女可以免收。

第四，在有条件的地方，农村公办小学一般分教职工的口粮，经人民政府同意和省、市、自治区人民委员会批准，可以改由公社或生产大队按照国家销售价格供应，不再吃国家的商品粮。原口粮标准不要降低，如有差额，由国家补助。

第五，灾区公办学校难于维持下去的，可以暂时放假，需要保留的教职工，能够回乡生产的，可以按规定减发工资，动员他们回乡参加生产；少数年老体弱不能参加生产的教师，可以调到其他学校任教或安排其他工作，原工资照发。

（四）会议认为，这次调整工作必须切实达到提高教育质量的要求。提高教育质量的关键，是提高师资质量。目前许多学校教师水平较低，难于胜任教学工作。必须在这次调整工作中，经过考核，把多余的优秀教师用来顶替那些不合格的教师。逐步加强，以提高各级学校的师资质量。目前许多学校的教学和生活条件较差，必须把这次裁并学校的校舍、图书、仪器、设备用来充实保留的学校。为了改变平均使用力量的现象，还必须认真办好一批重点学校。除中央已经确定的全国重点高等学校外，还要从全日制中、小学中选定一批学校，作为重点（具体办法另定），将裁并学校较强的领导干部、优秀教师以及校舍、图书、仪器、设备等，尽先加强这些学校，踏踏实实把它们办好。

（五）为了适应改变国家对教育事业包得过多的状况，必须进一步贯彻执行两条腿走路的方针，提倡人民举办各类教育事业，允许形式多种多样。今后高等学校应该基本上由国家举办，少数性质特殊的学校，如宗教、国画、中医等，经过批准，也可以由人民团体或个人举办。中、小学和一般技术、工艺学校，可以以公办为主，民办为辅，也可以允许个人开办。幼婴保育应该以家庭为主，民办为辅，公办为补充。各地教育行政部门对集体或个人举办教育事业，应该统筹安排，并制定登记、批准手续和具体管理办法，加强领导和监督，支持他们办好，但不要干涉过多，要求过高，以致实际上办不下去。

### 三　必须负责地妥善地安置裁并学校的学生

这次裁并的高等学校和中等专业学校的学生，除今年毕业生另行处理以外，需要安置的学生共有44万多人。其中高等学校学生12万人左右，中等技术学校学生20万人左右，中等师范学校学生12万人左右。安排好这批学生的出路，是一项严肃而艰巨的政治任务。经过会议讨论，提出以下几项安置办法：

第一，决定合并的高等学校和中等专业学校的学生，一般应该并入保留的学校继续学习。

第二，决定裁撤的高等学校的本科三、四年级学生，可以经过编级测验，转入保留的高等学校继续学习或者转入业余的高等学校（夜校或函授学校）学习；有条件的学校，经过批准，可以办到毕业为止。一、二年级学生，有的可以经过短期训练，可以吸收参加财贸工作和其他工作。

第三，专科学校和中等专业学校的学生，除少数可以并入保留学校继续学习或进过批准办到毕业为止外，凡是家在农村的，应该尽可能地动员他们回乡生产；家在城市的，有条件的地区可以组织他们到厂矿企业参加生产，顶替家在农村的职工回乡；有的根据需要，可以经过短期训练，分配做财贸工作和其他工作。

第四，动员一部分家在城市的高等学校和中等专业学校的学生，特别是农科的学生有组织地上山下乡，集体参加生产；有条件的还可以由干部和教师带领，成建制地参加农场劳动或开荒生产，一面生产，一面学习。

第五，按照国家征兵规定，在自愿的原则下，动员一部分合乎条件的高等学校和中等专业学校的学生参军。

第六，对华侨学生，应该尽可能地安排他们转入适当的学校继续学习；华侨学生多的城市，可以鼓励华侨投资办学，利用个别停办的高等学校或中等专业学校，吸收华侨学生继续学习。

第七，为了使裁撤学校的学生有继续学习的机会，各地教育行政部门必须加强现有的函授学校和夜校，适当扩大招收名额；同时，教育部门要会同有关部门,利用一部分停办的学校,积极地举办函授学校和夜校。这些学校的编制和经费,应该统筹安排,切实予以解决。有条件的城市,也可以有计划地举办一些广播学校和组织青年自学。

第八,各地应该鼓励和提出人民举办各种形式的学校,吸收裁撤学校的学生特别是家在城市的学生,到这些学校继续学习。

第九,对于参军、参军生产或其他工作以及回家的学生,都要发给肄业证书去参加业余高等学校;以后如果有愿意重新报考学校的,也可以报考。

第十,中央各部所属裁撤学校的学生,应该由中央各该主管部门负责在所属的厂矿企业内安置,地方应该给予协助。地方所属裁撤学校的学生,应该由省、市、自治区负责安置。

### 四 进一步精减各级学校教职工的意见

几年来,随着教育事业的发展,学校教职工的数量有了很大的增加,超过了当前的实际需要;同时,由于没有严格执行用人制度,不但对过去包下来的不合格的人员没有及时地加以处理,而且又新吸收了许多不合格的人员。其中特别是有些中等学校机构重叠,人浮于事,官僚主义有所增长,按照编制标准(见附表三、四)把多余的人员坚决精减下来,又必须进一步改进领导作风,克服官僚主义,提高工作效率,把学校办得更好。会议提出的精减方案是:中等以上各级学校精减教职工34万人,其中教师7.3万人;加上公办小学和初级中学改为民办公助的教职工11万—16万人,共计为45万—50万人。

按照这个方案,各级学校教职工的编制,除中等专业学校由于大量减少招生,教职工人数仍超过编制标准外,其他各级学校的教职工人数,大致符合编制标准。

对于编余的教职工,应该遵照中央关于精减职工的指示,区别不同情况,妥善处理。此外,再补充以下几点意见:

第一,高等学校和中等专业学校编余的领导干部和教师,适合于继续在学校工作的,首先应当充实和加强同级学校;其次充实和加强下一级学校,但不要降低他们的工资。

第二,教师退休退职的连续工龄,按国务院规定,是从解放后参加公立小学工作之日起计算的。建议改为：解放以前和解放以后在公立和私立学校连续担任教学工作的时间，都计算在连续工龄之内（具体办法另定）。

第三，高等学校中全部或大部分丧失教学工作能力的，年老体弱而不符合退休条件的教师，可以列为编外。列为编外的人员，要按国务院规定，经过一定的批准手续，但一般不应超过编制人数的3%。中等学校和小学的这一部分人员，可以暂列编外，等待处理。

第四，对于高等学校有真才实学和富有教学经验的年老体弱不能担负教学工作的教师，可以安排他们指导教学、带徒弟或从事著作。这一部分人员可以列入编内，具体名单应该由学校提出，分别由省、市、自治区教育行政部门或中央主管部门审核，报教育部专案批转（具体办法另定）。

第五，长期被借调出去的教师和行政干部，学校需要的应该限期调回，不需要的即转入有关单位，不再列入学校编制。

第六，凡是其他部门编余的人员，如果需要安排在学校做教师的，必须确实胜任教学工作，而且只能顶替不合格的教师。中等以上学校须经省、市、自治区教育行政部门审批；小学须经专区教育行政部门审批，必须注意，不论高等学校或中学小学，都不要把合格的教师顶替掉，以致削弱了教育工作。

第七，教育部直属学校和中央其他民办主管学校的编余人员，一般职工原则上由当地负责安排处理；教师和领导骨干由各主管部门和地方协商，可以在本系统内调剂安排，也可以由地方安排处理。全国重点高等学校讲师以上的教师，由学校提出处理意见，征求当地和中央主管部门的意见，报教育部统一安排处理；助教由学校提出处理意见，以中央主管部门为主，会同地方教育行政部门安排处理，并报教育部备案。

第八，中央各部为了充实和加强所属的保留学校，对其所属裁并学校的领导干部和教师，可以在省、市、自治区之间进行调剂。

五　必须妥善处理裁并学校的校舍、图书和仪器设备

裁并学校的图书、仪器、设备，按学校管理关系，分别由中央主

管部门或省、市、自治区教育行政部门负责管理和调剂使用；这些学校的校舍，由省、市、自治区教育行政部门统一管理。调剂使用中央各部所属学校的校舍，应和中央有关部门协商决定。这些学校的校舍、图书、仪器、设备，主要应该用来充实保留的学校，其他单位不得随意占用。学校必须对师生员工进行爱护公共财物的教育，并定出有效的保管办法，指定专人负责，切实防止分散、破坏和浪费。

**六 切实加强对调整和精简工作的领导**

会议认为，这次调整教育事业和精减人员的工作涉及的面很广，特别是几十万教职工和学生需要妥善安置，处理不好，会造成政治上的不良后果，各级教育行政部门必须根据中央的方针政策，在各级党委的统一领导下，有计划有步骤地、深入细致地进行这项工作，对裁并学校的学生和编余的教职工，必须负责到底，妥善安置，争取不闹事情或少闹事情。为此，应该做好以下几项工作：

（一）首先要做好学校领导干部的思想政治工作，向他们讲清形势，说明任务，交代政策，使他们真正了解做好这次调整和精简工作的重要意义，积极负责，克服困难，做好工作。

（二）要做好师生员工的思想工作，向他们反复说明当前的经济形势，讲清困难，指出光明的前途，交代政策和办法，以取得广大师生员工的支持。

（三）必须积极协同有关部门充分做好师生员工的安置工作，要千方百计地为他们安排出路。安排好一批，送走一批，严肃认真，负责到底。凡是安置没有落实的，宁肯延长处理时间，也绝不要操之过急，草率从事。凡是没有充分地做好思想工作和组织工作的学校，一律不得向师生员工宣布调整和精简方案。

（四）各地区各部门除了对于目前能够处理的学校超编人员应该尽速加以处理外，必须制订调整学校和精减人员的具体方案，至迟在6月底以前报上级批准，7月份开始有步骤地进行处理工作。个别决定裁并的学校，确实已经做好准备工作的，按照规定的批准手续，经过批准，可以提前进行处理。

（五）加强集中统一领导。建议省、市、自治区人民委员会组织有关单位成立专门的委员会,设立办公室,具体领导调整工作;并按照以下审批手续逐级审批调整方案:(1)关于中、小学由公办改为民办公助和裁撤学校的方案,由省、市、自治区教育行政部门审定,报省、市、自治区人民委员会批准,并报教育部备案。(2)关于中等专业学校的调整方案,属于地方的,经省、市、自治区人民委员会审定,由教育行政部门报教育部批准;属于中央各部的,由主管部门和地方协商后报教育部批准,并由教育部报国务院备案。(3)关于高等学校的调整方案,属于地方的,经省、市、自治区人民委员会审定,由教育行政部门报教育部核报国务院批准;属于中央各部得,由主管部门报教育部核报国务院批准。保留的高等学校如需长期放假,由省、市、自治区教育行政部门或中央主管部门报教育部批准,并由教育部报国务院备案。

关于各级学校教职工精简方案的审批手续,应根据中央精简小组的规定办理。

为了使高等学校和中等专业学校在较长的时期内基本上稳定下来,对于学校的设置和变更,必须严加控制。本科高等学校的设置和变更,必须由中央主管部门或省、市、自治区教育行政部门报教育部核转国务院批转,其专业设置和变更,必须报教育部批准;专科学校和中等专业学校的设置和变更,必须由中央主管部门或省、市、自治区教育行政部门报教育部批准,并由教育部报国务院备案。

会议认为,这次调整教育事业和精减教职工的任务虽然是艰巨复杂的,但是,在党中央、国务院和各地党委、政府的领导下,只要切实按照中央的方针政策办事,坚决依靠广大群众,实事求是地做好工作,是一定能够胜利完成的。

以上报告如认为可行,请批转国务院各有关部门和各省、市、自治区参照办理。

教育部

1962 年 5 月 19 日

**附表一　　　　　1952—1961 年全国各级学校数**

|  | 1952 年 | 1957 年 | 1960 年 | 1961 年 | 1962 年调整后保留数 | 1962 年比1961 年减少数 |
|---|---|---|---|---|---|---|
| 高等学校 | 201 | 229 | 1289 | 845 | 400 | 445 |
| 本科 |  | 200 | 669 | 502 | 354 | 148 |
| 专科 |  | 29 | 620 | 343 | 46 | 297 |
| 中等技术学校 | 794 | 728 | 4261 | 1672 | 803 | 869 |
| 其中：中级 |  | 728 | 3444 | 1672 | 803 | 869 |
| 初级 |  |  | 817 |  |  |  |
| 中等师范学校 | 916 | 592 | 1964 | 1052 | 462 | 590 |
| 其中：中级 | 334 | 492 | 1289 | 1052 | 462 | 590 |
| 初级 | 572 | 100 | 675 |  |  |  |
| 高中 | 1181 | 2184 | 4690 | 4353 |  |  |
| 初中 | 3117 | 8911 | 17111 | 11661 |  |  |
| 小学 | 527000 | 547000 | 725000 |  |  |  |

注：(1) 高中、初中及小学 1962 年调整后的校数，因各地无调整后材料，故未列入。(2) 1952 年中等技术学校，中、初级校数分不开，故缺。

**附表二　　　　　1952—1962 年全国各级学校学生数**

|  | 学生数（万人） ||||| 
|---|---|---|---|---|---|
|  | 1952 年 | 1957 年 | 1960 年 | 1961 年 | 1962 年暑假后预计 |
| 高等学校 | 19.1 | 44.1 | 96.2 | 94.7 | 80.0 |
| 本科 | 13.1 | 39.3 | 77.5 | 80.8 | 74.5 |
| 专科 | 6.0 | 4.8 | 18.7 | 13.9 | 5.5 |
| 中等专业学校 | 63.6 | 77.8 | 221.6 | 108.3 | 55.0 |
| 其中：中级 | 30.7 | 72.5 | 154.2 | 108.3 | 55.0 |
| 初级 | 32.9 | 5.3 | 67.4 |  |  |
| 中等技术学校 | 29.1 | 48.2 | 137.7 | 69.7 | 38.0 |
| 其中：中级 | 21.4 | 48.0 | 105.0 | 69.7 | 38.0 |
| 初级 | 7.7 | 0.2 | 32.7 |  |  |
| 中等师范学校 | 34.5 | 29.6 | 83.9 | 38.6 | 17.0 |
| 其中：中级 | 9.3 | 24.5 | 49.2 | 38.6 | 17.0 |
| 初级 | 25.2 | 5.1 | 34.7 |  |  |
| 高中 | 26.0 | 90.4 | 167.5 | 152.0 | 138.0 |

续表

| 学校类别 | 学生数（万人） | | | | |
|---|---|---|---|---|---|
| | 1952 年 | 1957 年 | 1960 年 | 1961 年 | 1962 年暑假后预计 |
| 初中 | 223.0 | 537.7 | 858.5 | 680.0 | 640.0 |
| 其中：民办 | 40.0 | 53.8 | 42.0 | 20.5 | |
| 小学 | 5110.0 | 6428.0 | 9375.0 | 7654.0 | 6300.0 |
| 其中：民办 | 246.8 | 500.0 | 2343.0 | 1200.0 | |

注：（1）1962 年暑假后预计学生数均已扣除了流动数。（2）1962 年暑假后预计初中、小学学生数，均系公办学生数，为扣除可能转为民办的学生数。

**附表三　全国各级全日制学校教职工编制标准修订表**

| 学校类别 | 1961 年 4 月规定的编制标准 | | 1961 年 7 月调整会议规定的教师编制标准 | 修订意见 | |
|---|---|---|---|---|---|
| | 教职工与学生比 | 其中：教师与学生比 | | 教职工与学生比 | 其中：教师与学生比 |
| 高等学校 | | | 1：6.5 - 7.0 | | |
| 全国重点学校 | 1：3.4 - 3.8 | 1：7.4 - 7.8 | | 1：3.0 - 3.4 | 1：6.0 - 6.5 |
| 一般学校 | 1：3.6 - 4.2 | 1：8.0 - 9.7 | | 1：3.3 - 3.6 | 1：6.5 - 7.0 |
| 中等技术学校 | 1：8.2 - 9.0 | 1：15.3 - 16.1 | 1：14 - 14.5 | 1：6.0 - 7.0 | 1：12 |
| 中等师范学校 | 1：11.1（每班 3.95） | 1：20（每班 2.25） | 1：18 | 1：9.5（每班 4.7） | 1：15（每班 3 人） |
| 普通中学 | | | | | |
| 高中 | 每班 3.25 | 每班 2.25 | 1：18（每班 2.5） | 每班 3.6 | 每班 2.6 |
| 重点高中 | 每班 3.0 人 | 每班 2.0 人 | | 每班 4.0 人 | 每班 3.25 人 |
| 初中 | 每班 1.3 人 | 每班 1.2 人 | 1：20（每班 2.5 人） | 每班 3.25 人 | |
| 重点初中 | | | | 每班 3.5 人 | 每班 2.5 人 |
| 小学 | | | | 每班 1.32 人 | 每班 1.22 人 |
| 重点小学 | | | | 每班 1.7 人 | 每班 1.5 人 |

注：（1）上述各级学校编制标准，是全国总平均比例，各地各部门在具体执行中应根据学校性质、规模大小、重点和一般、城市和乡村、平原和山区等不同情况，制定不同的标准，进行具体安排。（2）全国重点高等学校，一般科研任务需要的专职人员，应该包括在编制以内。有的学校如果因承担国家委托的科学研究任务，需要单独设立科研机构另列编制的，必须报教育部批准。

**附表四**　　全国高等学校（理、工、农、林）和中等技术学校
（工科）实习工厂编制标准修订表

|  | 原编制标准<br>（占学生人数的百分比） | 修订意见<br>（占学生人数的百分比） |
| --- | --- | --- |
| 高等学校 |  |  |
| 全国重点学校 | 7% | 1%—3% |
| 一般学校 | 5% | 1%—3% |
| 中等技术学校 |  |  |
| 机械、动力、冶金类 | 5.5% | 5% |
| 轻工、化工等类 | 2% | 2% |
| 地质、建筑、水利、运输类 | 1% | 1% |

注：（1）各校按修订后的编制标准配备的人员，由国家支付工资。如因承担生产任务需要超过编制标准的，必须由各主管部门商得当地同意，并应自负盈亏。（2）个别全国重点高等学校因特殊情况需要超过3%，由国家支付工资的，最高也不超过5%，并须报经教育部批准。

# 全国教育工作会议纪要

中发〔1971〕44号

伟大领袖毛主席亲自批准召开的全国教育工作会议，四月十五日到七月三十一日在北京举行。这是无产阶级文化大革命的伟大胜利，是毛主席无产阶级教育路线的伟大胜利。

参加会议的有各省、市、自治区，国务院有关部、委、军委、各总部，各军、兵种主管教育的同志和一百九十八所高等院校（包括军队系统院校）的代表，共六百三十一人。

会议遵照毛主席关于"进行一次思想和政治路线方面的教育"的教导，认真读马、列的书，读毛主席的书，批修整风。与会同志怀着极大的愤慨，揭发、批判了刘少奇一伙的滔天罪行，批判了他们散布的唯心论的先验论、反动的唯生产力论、地主资产阶级的人性论和阶级斗争熄灭论。学习了马、列主义关于教育革命的论述和《毛主席论教育革命》，批判了刘少奇一伙长期推行的反革命修正主义教育路线，总结了教育领域两条路线斗争的历史经验。这次会议，着重对大学教育革命中的问题，进行了讨论，交流了经验，也初步讨论了中小学教育革命的若干问题。

同志们一致认为，这次会开得好。进一步分清了什么是毛主席的无产阶级教育路线，什么是反革命修正主义教育路线，增强了识别真假马克思主义的能力，提高了执行毛主席无产阶级教育路线的自觉性。会议将有力地推动教育革命胜利发展。

（一）

会议分析了当前教育战线的形势。一致认为，毛主席亲自发动和领导的无产阶级文化大革命，摧毁了刘少奇资产阶级司令部在教育战线的反革命专政，粉碎了他们长期推行的反革命修正主义路线，夺回了教育战线上被他们窃取的那一部分权力。开始从根本上改变了资产阶级知识分子统治我们学校的现象。伟大领袖毛主席对教育革命发表了一系列新的光辉指示，亲自抓清华大学、北京大学的斗、批、改，为教育革命树立了样板。在毛主席教育革命路线指引下，全国各地工人，人民解放军毛泽东思想宣传队领导广大革命师生，活学活用毛泽东思想，开展革命大批判，建立三结合的权力机构，清队，整党建党，使斗、批、改的群众运动不断深入发展。大学开始招生，出现了工农兵学员上大学，管大学，用毛泽东思想改造大学的新局面。原来干部和教师到三大革命运动的实践中锻炼，接受工农兵的再教育，阶级斗争和路线斗争觉悟得到程度不同的提高，精神面貌发生了很大变化。无产阶级知识分子的队伍正在成长。全国各地广大群众沿着《五·七指示》的道路，创办各种类型的社会主义学校，积累了许多生动活泼的经验。毛主席"教育要革命"的伟大思想已经在全党各级领导和广大人民的心坎里生根。崭新的无产阶级教育制度通过各种试验，正在逐步建立和巩固起来。

  会议认为，无产阶级教育革命的大好形势，得来不易。是毛主席的革命路线同刘少奇一伙反革命修正主义路线长期斗争取得的胜利。

  长期以来，在教育战线上，始终存在着两个阶级、两条路线的激烈斗争，即无产阶级和资产阶级争夺教育战线领导权的斗争。这个斗争不是孤立地进行的。它是整个社会阶级斗争的一个重要组成部分。在我国新民主主义革命取得基本胜利，在全国范围内建立了无产阶级专政，开始了社会主义历史阶段以后，这条战线上的斗争更加尖锐起来。

  伟大领袖毛主席历来重视教育战线上的斗争。毛主席不但为我们党制定了各个历史阶段的总路线、总政策，而且制定了一整套无产阶级教育革命的路线和政策，并且亲自领导了教育战线无产阶级对资产阶级的许多重大斗争。在党的七届二中全会上，毛主席指出，社会主义时期国内的主要矛盾是"工人阶级和资产阶级的矛盾"。毛主席并且提出了包括教育在内的整个思想文化战线的任务。解放初期，遵照毛主席关于以老解放区的教育经验为基础，"有步骤地谨慎地进行旧有学校教育事业和旧有社会主义事业的改革工作"的指示，对旧学校进行了一些改革，办了一些抗大式的学校，知识分子的思想改造也收到了积极的效果。毛主席发动对电影《武训传》、对《红楼梦研究》、对胡适、对胡风反革命集团等的批判，在教育战线发生了深刻的影响。这个时期，一贯反对走社会主义道路的刘少奇一伙，在教育方面，提出学校应当"基本照旧"，就是说不要触动国民党的教育制度，又照抄照搬苏联的一套，妄图把中国的教育制度变成封、资、修的混合物，为他们复辟资本主义服务。

一九五七年，毛主席发表了《关于正确处理人民内部矛盾的问题》和《在中国共产党全国宣传工作会议上的讲话》这两篇光辉著作，系统地提出了无产阶级专政下继续革命的理论，并且批驳了刘少奇一伙的修正主义谬论，规定了"我们的教育方针，应该使受教育者在德育、智育、体育几方面都得到发展，成为有社会主义觉悟的有文化的劳动者。"一九五七年反对资产阶级右派斗争的胜利，使教育战线的资产阶级势力受到一次沉重的打击。一九五八年，毛主席号召："教育必须为无产阶级政治服务，必须同生产劳动相结合。"广大革命群众和革命干部在党的总路线的指引下，掀起了一场教育革命，许多革命的社会主义的新生事物，冲破了刘少奇修正主义路线的压迫和破坏，蓬蓬勃勃地生长出来，但是，由于当时无产阶级对教育部门的领导权还没有从根本上解决，这场革命刚刚起来就被刘少奇一伙破坏了。他们诬蔑这场革命是"乱、糟、偏"，疯狂地反攻倒算。一九六一年，又通过制定高教"六十条"，使"教授治校"，"智育第一""业务挂帅"等黑货更加系统化，加紧推行修正主义教育路线，达到十分猖狂的程度。一九六二年党的八届十中全会上，毛主席及时发出了"千万不要忘记阶级斗争"的号召，更加完整地提出了党在社会主义历史阶段的基本路线。这一时期，毛主席对教育革命问题做了一系列指示，并且尖锐地指出："旧教学制度摧残人才，摧残青年，我很不赞成。"刘少奇一伙竭力封锁、抵制毛主席的指示，利用他们窃取的权力，到处推行资产阶级的"两种教育制度",妄图继续霸占住教育阵地,对无产阶级专政。

历史事实证明,解放后十七年,在毛主席革命路线照耀下,教育战线的广大共产党员、共青团员、革命干部和革命知识分子对刘少奇修正主义教育路线,对旧教育制度进行了多次抵制和斗争,教育方面,也有一些进步。但是,由于刘少奇一伙网罗一小撮叛徒、特务、走资派,把持教育部门的领导权,疯狂推行反革命修正主义教育路线,毛主席的无产阶级教育路线基本上没有得到贯彻执行,教育制度、教学方针和方法几乎全是旧的一套。从这些学校出来的学生,有些人由于各种原因(这些原因大概是:或本人比较好,或教师比较好,或受了家庭、亲戚、朋友的影响,而主要的是受社会的影响)能同工农兵结合,为工农兵服务,有一些人则不能。甚至有的工农子弟,进了大学,受到资产阶级的腐蚀,"一年土,二年洋,三年不认爹和娘",变得同工农兵格格不入。在无产阶级专政的国家内,在教育战线上,这种资产阶级专了无产阶级的政的严重现象,引起了全国广大工农兵的强烈不满。一九六六年,毛主席在《五·七指示》中一针见血地指出:"学制要缩短,教育要革命,资产阶级知识分子统治我们学校的现象,再也不能继续下去了。"毛主席亲自发动和领导的无产阶级文化大革命,从文化教育阵地开刀,是非常及时的,完全必要的。

无产阶级文化大革命中,教育战线上的阶级斗争仍然是尖锐、曲折的。在毛主席革命路线指引下,广大红卫兵小将和革命教职工奋起造了刘少奇资产阶级反动路线的反,造了旧教育制度的反,夺了走资派的权。一小撮阶级敌人不甘心失败,他们极力煽动右的和形"左"实右的反动思潮,疯狂破坏毛主席的伟大战略部署,操纵"五·一六"反革命阴谋集团,插手学校,挑动武斗,镇压群众运动,造成了学校长期"一不斗,二不批,三不改"的严重局面。一九六八年七月二十七日起,在毛主席"工人阶级必须领导一切"的号令下,工人阶级和它的巩固的同盟军贫下中农配合人民解放军战士,组织工人、人民解放军毛泽东思想宣传队,浩浩荡荡开进学校,打破了资产阶级知识分子独霸的一统天下。这是一个伟大的革命创举。为工人阶级掌握教育阵地的领导权，用毛泽东思想从根本上改造教育阵地创造了条件。

历史的经验值得注意。二十二年的斗争充分说明，在无产阶级专政下，教育仍然是无产阶级同资产阶级生死斗争的一条重要战线。由于无产阶级还没有自己的宏大的知识分子队伍，而资产阶级在这方面还比较有力量，他们就竭力使学校成为培养资产阶级知识分子的场所，成为破坏无产阶级专政，复辟资本主义的工具。无产阶级要战胜资产阶级，就必须"在上层建筑其中包括各个领域中对资产阶级实行全面的专政"。无产阶级文化大革命已经取得的胜利，使教育战线的形势开始发生根本变化，但是，斗争仍然是长期的，艰巨的。需要我们坚持不懈的努力。谁如果不认识这一点，谁就不可能真正理解毛主席的无产阶级革命路线，也就不可能坚持地百折不回地把教育战线上的社会主义革命进行到底。

（二）

毛主席早在一九五七年反对资产阶级右派的斗争取得伟大胜利的时候，就总结了无产阶级专政的历史经验，教导我们："为了建设社会主义，工人阶级必须有自己的技术干部的队伍，必须有自己的教授、教员、科学家、新闻记者、文学家、艺术家和马克思主要理论家的队伍。这是一个宏大的队伍，人少了是不成的。""共产党员、青年团员和全体人民，人人都要懂得这个任务，人人都要努力学习。有条件的，要努力学技术，学业务，学理论，造成工人阶级知识分子的新部队（这个新部队，包含从旧社会过来的真正经过改造站稳了工人阶级立场的一切知识分子）。这是历史向我们提出的伟大任务。在这个工人阶级知识分子宏大部队没有造成以前，工人阶级的革命事业是不会充分巩固的。"会议认为，造成这个新部队要靠全党全军和全国人民在各个战线上共同努力。但是，应当指出，搞好教育革命，办好大学，使有实践经验的工农兵和革命干部在正确路线领导下得到学习提高的机会，是造成这个新部队的一个重要条件。应当从巩固无产阶级专政这个伟大的历史任务，去深刻地认识办好社会主义大学的重要性，正确处理教育革命过程中遇到的新问题。在当前教育革命斗、批、改深入发展的大好形势下，必须进一步贯彻执行毛主席的无产阶级教育路线、方针、政策，着重抓好以下几个方面的问题。

一　实现无产阶级教育革命，必须有工人阶级领导。这是无产阶级把文化教育阵地牢固地占领下来，用毛泽东思想把它们改造过来，彻底摧毁剥削阶级教育制度，建立社会主义教育制度的根本保证。

无产阶级的领导作用，就是通过共产党的领导来实现的。巩固工人阶级在教育阵地的领导权，必须加强党的建设，首先要建立一个思想上、组织上革命化的党委领导班子。现在，有些学校领导班子很不健全，应当加强，特别要注意配备得力的主要领导干部。有些干部缺乏办学经验，又受到资产阶级散布的教育工作"危险"论的毒害，因而不敢大胆领导，这是不对的。没有经验可以从实践中取得经验。无产阶级不能巩固地占领教育阵地才是真正的危险。只要我们"认真看书学习，弄通马克思主义"，深刻领会毛主席的教育革命思想，又能坚持走群众路线，遇事同群众商量，谦虚谨慎，多做调查研究，抓好典型，不断总结经验，我们一定能够逐步学会领导学校工作。党委要坚持民主集中制，实行党的一元化领导。毛泽东思想宣传队要长期留下去，在党委统一领导下充分发挥政治作用。校、系两级领导班子要有宣传队员参加。革委会是党委领导下的权力机构，实行军干群、老中青三结合。要继续认真落实党的干部政策，充分发挥学校原有革命干部的作用，并大力培养新干部。要加强党对共青团的领导。

领导首先是政治领导，领导工作就是政治工作。要学习中国人民解放军，在一切工作中突出无产阶级政治，大力开展活学活用毛泽东思想的群众运动，贯彻两个"决议"，坚持四个第一，大兴三八作风，开展四好连队运动，用毛泽东思想建校育人。

工人阶级也应当在斗争中不断提高自己的政治觉悟。宣传队要经常开展批评与自我批评，发扬成绩，纠正错误，始终保持无产阶级旺盛的革命意志，防止资产阶级思想的侵蚀。应当记取无产阶级派到文教战线去的人，在不长的时间内被资产阶级腐蚀的许多历史教训。要克服"临时"观点，树立牢固占领、彻底改造教育阵地的决心。宣传队员轮换不要频繁。结合进领导班子的要相对稳定，对这一部分人的调动，要经地方上级党委批准。各省、市、自治区要加强对宣传队的统一领导、管理，派出单位要保证宣传队员的质量和一定数量，关心他们的思想、工作和生活。

二　坚持《五·七指示》的道路。毛主席指出："学生也是这样，以学为主，兼学别样，即不但学文，也要学工、学农、学军，也要批判资产阶级。"在"七·二一"指示中又指出："要无产阶级政治挂帅，走上海机床厂从工人中培养技术人员的道路。要从有实践经验的工人农民中间选拔学生、到学校学几年以后，又回到生产实践中去。"各地的实践证明，毛主席指示的这条道路，是彻底破除脱离无产阶级政治、脱离生产劳动、脱离工农兵群众的旧教育制度，把教育同阶级斗争、生产斗争和科学实验三大革命实践紧密结合起来，避免修正主义和教条主义，培养无产阶级革命事业接班人的正确道路。教育必须突出无产阶级政治，用政治统帅业务，把转变学生的思想放在首位，要坚持以学为主的原则，上好政治课和社会主义文化课，保证教学时间和质量。要把学文和兼学别样结合起来，坚持理论和实践的统一。工农兵学员在学校过程中仍要参加实践，在实践的基础上着重向理论方面学习。要重视基础理论课教学。反对单纯学理论和轻视理论学习的两种偏向。要发扬艰苦奋斗的作风，继承抗大的革命传统。

建立教学、生产劳动、科学研究三结合的新体制。教育同三大革命实践结合，应以厂（社）校挂钩为主，多种形式，开门办学。"文科要把整个社会作为自己的工厂。""农业大学要统统搬到农村去。"医药院校应坚定地把重点面向农村。各级领导和有关单位要统筹规划，组织好厂（社）校挂钩，使学校与社会互相促进。校办工厂（农林院校的农场）应把培养人放在第一位，贯彻自力更生、艰苦奋斗的方针，结合教学和科研，以小型为主，既有一定批量生产，又要搞研究试制。防止贪大求全、片面追求科研生产指标的倾向。各省、市、自治区和有关部门应把校办工厂的供、产、销纳入国家计划，配备一定数量的固定工人，并认真解决劳保福利等问题。要重视实验室的改造和建设，开展科学研究。

遵照毛主席"提高警惕，保卫祖国"的号召，学校要加强战备教育，组织师生学军，进行野营训练，开展民兵活动。发展体育运动。

各地遵照《五·七指示》和"七·二一"指示，已陆续创建了一些厂办工人大学，遵照毛主席给江西共产主义劳动大学指示信中关于"半工半读，勤工俭学，不要国家一分钱，小学、中学、大学都有，分散在全省各个山头，少数在平地"的教导，在农村创建了一批"五·七"大学或"五·七"学校。这些学校已经多、快、好、省地为当地培养了一批人才，受到群众欢迎。各省、市、自治区要抓好典型，总结经验，逐步推广。同时要大力办好各种业余教育。

三　要批判资产阶级。教育阵地过去被剥削阶级长期垄断，封、资、修的流毒年深日久，资产阶级的偏见和它的传统势力十分顽固。它渗透到各个学科领域里，形成了根深蒂固的旧体系。剥削阶级遗留下来的这些旧思想，总是以新的形式顽强地表现出来，阻碍教育革命的深入。因此，我们必须遵照毛主席关于"不破不立"的教导，深入持久地批判资产阶级。

现在，摆在我们面前的一项重要任务就是开展批修整风，这是毛主席的伟大战略部署。要结合教育战线上两条路线斗争的实际，深入批判刘少奇一类政治骗子所鼓吹的唯心论的先验论、反动的唯生产力论、地主资产阶级的人性论和阶级斗争熄灭论。这些反动谬论是修正主义教育路线的理论基础。"全民教育""天才教学""智育第一""洋奴哲学""知识私有""个人奋斗""读书做官""读书无用"等等就是它的突出表现。在各个学科的资产阶级理论中，这些谬论更是普遍。这是资产阶级统治学校的精神支柱，只有用马克思主义、列宁主义、毛泽东思想的精神武器把它彻底摧毁，才能为无产阶级教育革命不断开辟前进的道路。

要加强对革命大批判的领导，深入发动群众，克服那种认为革命大批判搞得"差不多"的思想和"走过场""一阵风"的错误倾向。领导要亲自动手，调查研究，紧跟国内外阶级斗争新形势，密切结合教育革命实践，联系师生的思想实际，有计划地开展对资产阶级的批判。要批判右的和极"左"的反动思潮。要重视对各个学科领域中反动思想体系的批判。批判要深入，就要进一步学好马克思主义、列宁主义、毛泽东思想，善于对事物进行辩证唯物主义的分析。

四　教改的问题，主要是教员问题。工农兵、革命技术人员和原有教师三结合，建立一支无产阶级教师队伍，是创建社会主义学校的重要任务。

工农兵教师是三结合教师队伍的骨干力量。要采用多种形式广泛吸收工农兵参加教学活动，主要是就地聘请。要从工厂、农村、部队选调一批工农兵和同工农兵结合较好的革命技术人员充实教师队伍，也可以选留工农兵毕业生担任教师。各级领导和有关单位要积极支持选送教师的工作。

对原有教师队伍要继续坚持团结、教育、改造的方针，认真落实党的知识分子政策。原有教师队伍中，比较熟悉马克思主义，并且站稳无产阶级立场的，是少数；大多数是拥护社会主义，愿意为人民服务的，但是世界观基本上是资产阶级的；对我们的国家抱着敌对情绪的知识分子是极少数。经过无产阶级文化大革命，知识分子的大多数在政治上，思想上有了不同程度的进步，涌现出一批决心把无产阶级教育革命进行到底的积极分子。因此，必须继续抓紧对原有教师的再教育，引导他们走同工农兵相结合的道路，自觉地改造世界观，着重解决为谁服务和怎样服务的问题。防止只使用不改造和只讲改造不敢使用的两种倾向。要正确区别和处理两类不同性质的矛盾。对原有的教师队伍中凡属人民内部矛盾，包括有一般政治历史问题的人，都应重在教育，加以团结和任用。凡是敌我矛盾按人民内部矛盾处理的，就要严格按人民内部矛盾正确对待，在使用中继续考察、教育和改造。对于资产阶级反动学术权威，或一批二看，或一批二用，或一批二养，总之，批判思想，给以出路。对顽固坚持反党反社会主义立场的资产阶级右派分子，要坚决予以揭露，批倒批臭，作为反面教员，教育群众。对极少数坚决的反革命分子，则应根据党的政策适当处置。

知识分子的问题首先是思想问题。他们在教育革命的实践中暴露出一些旧思想是正常现象，"只能用讨论的方法、批评的方法、说服教育的方法去解决"。要耐心帮助他们纠正错误，继续大胆实践。要贯彻百花齐放，百家争鸣的方针，对科学中的是非问题，要通过讨论和实践去解决。在教育革命中要提倡各种不同意见的讨论，允许不同方案的试验和比较。

要两点论，不要一点论。在注意到一种倾向的时候，也要注意可能掩盖的另一种倾向。在强调对知识分子改造的时候，要注意防止"左"的倾向；在强调团结的时候，要注意防止右的倾向。

要创造条件，让原有教师分期分批到工厂、农村、部队，政治上接受再教育，业务上进行再学习，尽快地适应教育革命的要求。年老体弱的，可分配他们力所能及的工作，需要退职、退休的，应根据国务院规定妥善安置。

五 工农兵学员是教育革命的生力军。要充分发挥他们上大学，管大学，用毛泽东思想改造大学的作用。遵照毛主席关于"学校一切工作都是为了转变学生的思想"的教导，工农兵学员要认真读马、列的书，读毛主席的书，坚持以阶级斗争为主课，始终把坚定正确的政治方向放在第一位。

要坚决地改革旧的教学方法。学员和教员都要执行毛主席指示，"把精力集中在培养分析问题和解决问题的能力上"。是充分发挥工农兵学员的主动性、创造性，还是把学员当敌人那样管起来？是培养一批善于分析问题和解决问题的人，还是培养一批书呆子？这绝不是小事。教学方法不改革，一批生动活泼的工农子弟仍然有学用脱节或者啥也没真正学会，身体搞垮了的危险。因此，必须废止注入式，采用启发的、研究的、实验的方法。开展"官教兵、兵教官、兵教兵的群众练兵运动"，教师应发讲义或讲授提纲，提倡自学。

根据初步的经验，大专院校招生的主要对象是具有二至三年以上实践经验的优秀的工农兵，年龄在二十岁左右，身体健康，一般是未婚的，一般应有相应于初中以上文化程度。有丰富实践经验的老工人、贫下中农和革命干部入学，可以根据情况放宽年龄和文化程度的限制。选拔工农兵学员要严格坚持自愿报名，群众推荐，领导批准，学校复审，坚决反对草率从事和"走后门"。五年以上工龄的工人或者学制在一年左右的进修班、短训办学员，学习期间工资照发，其他学员发生活费，家庭生活困难的，由原单位给以适当补助。

大学学制暂以二或三年试行，进修班为一年左右。学员毕业后，一般返回原单位、原地区工作；特殊需要的由国家统一分配，待遇由国家另行规定。

六　教材要彻底改革。这是教育革命的一个重要方面。

要积极编写新教材。应当深入实际，学习和总结工农兵在三大革命运动中的丰富实践经验和发明创造，使教材适应社会主义革命和社会主义建设发展的需要。大破唯心论、形而上学，坚持政治和业务、理论和实际的统一。教材内容要少而精，要便于学员自学。

对原来教材要根据不同情况，加以分析、批判、改造，推陈出新。适应选编一些反面材料，供批判用。要办好图书馆。

对改革教材的工作，必须加强组织领导，坚持群众路线，有工农兵参加。教材由各地编写和交流。

七　高等院校调整和管理体制问题。

根据社会主义革命、社会主义建设和加强战备的需要，经各省、市、自治区和中央有关部门协商，对全国原有高等院校（不包括艺术院校）提出了调整方案，会后继续试行。要逐步改变院校布局不合理状况，撤销专业要慎重。

根据中央指示精神，多数院校由地方领导；部分院校由地方和中央部门双重领导，以地方为主；少数院校由中央部门直接领导。原部属院校下放后，在中央统一计划下，实行以"块块为主"的管理体制。地方党委应加强对学校的一元化领导，中央有关部门应积极协助地方把学校办好，既要反对"条条专政"，又不要撒手不管。充分发挥两个积极性。

八　会议就中小学教育革命中的若干问题作了研究。认为我国中小学教育革命同样取得了很大成绩，形势很好。

为了使学生"在德、智、体诸方面生动活泼地主动地得到发展"，必须全面落实毛主席关于"以学为主，兼学别样"的指示。要组织学生学习毛泽东思想，学习社会主义文化科学知识，保证上文化课的时间，打好基础。要让学生学工、学农、学军，批判资产阶级，参加三大革命运动。青少年正是长身体的时期，要注意他们的身体健康，课程和作业不应太重，生产劳动要安排适当，社会活动也不要搞得过多。

要加强中小学教师队伍的改造和建设。采取多种形式提高原有教师的政治思想和业务水平。教师任务过重的单位，应适当增加公办教师的指标和民办教师的数量。要选调优秀的工农兵担任教师。借调作其他工作的教师应调回。要清除中小学教师队伍中的反革命分子、坏分子。对道德败坏、不宜留校的人，要坚决调出另作处理。

"除了国家办学以外，必须大力提倡群众集体办学"，大力普及教育，扫除文盲。争取在第四个五年计划期间，农村普及小学五年教育，有条件的地区，普及七年教育。要采取多种形式办学，把学校办到家门口，让"农民子女就近上学方便"。城市要进一步搞好厂矿、企业和街道办学。民办公助的学校和民办教师，国家补助应是主要的。

随着教育事业的发展，教育经费要相应增加。今后，国家专拨一定数量的经费，以保证普及农村小学教育，各级计划、财政、教育部门应共同协商，提出分配方案下发，不得挪用。对于少数民族地区和经济困难地区，要特别注意加以帮助。

"学制要缩短"。中小学学制，暂不统一规定，各地可以继续按当地情况进行试验。

九　中等专业学校和技工学校是我国普及科学技术、文化教育的一支重要力量，必须认真办好。

十　军队院校的教育革命，根据全国教育工作会议精神结合军队院校的具体情况贯彻执行。

（三）

教育革命是巩固无产阶级专政的一件大事。大、中、小学学生占我国人口的五分之一左右，用毛泽东思想把他们培养成无产阶级革命事业接班人，是关系到我们党和国家永不变色的百年大计。林副主席在党的"九大"政治报告中说："毛主席非常重视这方面的工作，亲自抓典型，为我们树立了光辉的榜样。我们一定要克服某些同志轻视思想文教战线的错误倾向，紧跟毛主席，做持久的艰苦细致的工作。"特别是当前教育革命的斗、批、改，许多问题要在实践过程中逐步解决。各级党委必须重视教育战线的工作。"省、地、县委三级第一书记要管教育，不管教育的现象是不能容许的。"要把教育革命列入党委议事日程，切实地抓好典型，总结经验，解决教育战线上出现的路线和政策问题。教育革命是一场深刻的社会革命，各条战线，特别是有关部门都要经常关心和积极支持。

伟大领袖毛主席教导我们："中国应当对于人类有较大的贡献。"当前，国内外形势一片大好。同志们坚定地相信，不管还要克服多少困难，毛主席"教育要革命"的号召一定会完全实现。大家信心百倍，鼓足干劲，决心不辜负毛主席的期望，忠诚党的教育事业，高举毛泽东思想伟大红旗，将无产阶级教育革命进行到底。团结起来，争取更大的胜利。

1971 年 7 月 27 日

# 教育科学发展规划纲要（草案）（摘录）

(1979年3月)

中国社会科学院规划办公室于1978年2月开始，邀请有关方面的代表，先后在北京召开了教育科学的报告会、座谈会；在集中意见的基础上，曾整理成"教育科学发展纲要（草稿）"，并征求部分师范学院的意见，对"草稿"进行了修改。1978年11月，在中国社会科学院和中华人民共和国教育部得领导下，成立了教育科学规划小组、教育科学规划办公室；并派出五个调查组携带原"草稿"和"关于教育科学发展纲要（草稿）的补充意见"，分赴华东、中南、西南、西北、东北、华北六个大区的部分省、市、自治区，征求修改意见，协商承担研究任务、了解各地的研究机构和专职的、兼职的，社会上的研究力量的状况。1979年1月，我们根据"中国共产党第十一届中央委员会第三次全体会议公报"的指导精神，结合各地教育科学研究的实际状况，参考各地提的修改意见，对"草稿"进行了进一步修改和补充，形成现在的"草案"，提请全国教育科学发展规划会议审议。

**一　加强教育科学研究的迫切性和重要性**

中华人民共和国成立后，在毛主席为首的党中央领导下，我国教育事业蓬勃发展，教育科学研究工作也取得了一定的成绩：以马列主义、毛泽东思想为指导，编写了教育学、教育史、各科教材教法、普通心理学、教育心理学（讨论稿）和儿童心理学等教材；批判了胡适等实用主义教育思想和其他的资产阶级教育思想；进行了若干教育问题的实验，也总结一些教育和教学的先进经验；搜集和编辑了从土地革命时期到解放战争时期革命根据地的教育资料；还写了不少专著和论文。我国的高师院校培养了一批教育科学专业人员和各教育学科的教学人员。这些对于改革旧教育，建设社会主义的教育，都起了相当大的作用。教育研究机构也从无到有地建立起来，据不完全统计，在60年代初期，全国设有教育研究机构15个，专业研究人员月300人，各高等师范院校从事教育学科教学的兼职研究人员月1500人。

但是，在文化大革命以前的17年中，由于1956年制订的教育科学发展规划未能贯彻实行；在一定时期内又发生过"拔白旗，插红旗"，"红专辩论"，用"人海战术"搞科研，用行政机关办法领导科研等一系列违背科研发展规律的做法；1958年以后，在教育科学研究上没有彻底摆脱"左"的影响，致使教育科学研究进展迟缓；有时是处于停滞不前的状态。特别在文化大革命中，遭受到林彪、"四人帮"反革命修正主义路线的摧残和破坏是极其严重的：他们非法撤销了全部的教育科学研究机构；解散了专业的研究队伍；停办了许多高师院校的教育系和教育学科的教研室；迫使大批教育科学专职的和兼职的研究人员转业转行。他们污蔑教育是"修正主义教育路线的思想基础"、中外教育史是"贩卖封资修黑货"、普通心理学和教育心理学是"伪科学"，搞臭了教育科学的各门类；批斗和迫害了大批教育科学的专家、学者。他们打着"教育革命"的旗号，肆意篡改和歪曲马列主义、毛泽东思想关于教育的著作和言论，把他们篡改的"私货"当成打人的"棍子"；致使许多教育上的重大理论和实际问题，是非颠倒，混乱不堪。凡此种种，使教育科学研究部门成了"重灾区"，使本来就进展迟缓的教育科学研究，又进一步陷于长期的停止、倒退的状况，严重影响着我国教育事业的发展。

党中央在粉碎"四人帮"之后，经过两年多的揭、批、查运动后，取得了伟大的胜利，出现了"安定团结"的大好局面，为教育科学研究创造了前所未有的有利条件。党的十一届三中全会做出了重大决策，从1978年起，把全党工作的重点转移到社会主义现代化建设上来。我国的教育事业必须适应这种形势的需要，积极地转移到为四个现代化服务的轨道上来。同时，教育科学研究也必须为实现社会主义现代化建设，为我国教育事业的健康发展，做出积极的重要的贡献。

## 二 教育科学研究的任务和要求

我国的教育科学研究是以马克思列宁主义、毛泽东思想为指导的；以提高整个中华民族的科学文化水平，为社会主义现代化建设服务为总任务。我们的指导原则是实事求是，"理论和实践统一"、坚持实践是检验真理的唯一标准，坚持真理，修正错误，不断地发展和丰富教育科学。

在8年（1978—1985）中的主要任务，由下列几项：

1. 系统地深入研究马、列、毛主席的教育思想，结合各革命阶段的教育实践，完整地准确地阐述马、列、毛主席的教育思想，以指导为四个现代化建设服务的教育实践；并继续从理论上批判林彪、"四人帮"对马、列、毛主席教育思想的篡改和歪曲、澄清是非、肃清流毒，为教育建设扫清前进道路上的障碍。

2. 用"实践是检验真理的唯一标准"的辩证唯物主义的认识路线，研究建国30年来教育上的重大理论和实际问题，解放思想，破除迷信、打破"禁区"，以尊重科学、实事求是的态度，从正反两方面，总结经验教训，探索我国教育发展的客观规律，为教育建设事业服务。

3. 深入研究我国几个五年计划中，国民经济发展与教育发展的关系；从正反两方面研究教育事业和国民经济的发展相互适应的情况和存在的矛盾；探讨培养人才与提高劳动力生产率的关系，并以此与世界各工业先进国家国民经济发展与教育发展相互作用的规律做比较分析，提出科学论据和数据，为有关的各部门根据教育的客观规律办教育提供参考。

4. 对我国的现行教育体制进行深入地调查研究，探讨教育制度与四个现代化需要是否适应，揭露矛盾和问题；总结我国近代和现代教育制度改革的历史经验；研究外国教育制度改革的经验；提出改革教育制度的实验方案；从几方面探讨国民教育制度与社会制度、政治制度以及生产力发展水平的相互关系的规律，克服改革教育制度的盲目性。

5. 研究各级各类学校管理的体制、制度和经验；总结管理上经济有效的先进经验；揭露其中的小生产方式、官僚主义作风和靠"长官意志"办事等问题；并研究世界工业化国家学校管理体制和制度，进行比较分析；提出我国学校管理合理化的改革建议，为编制教育法规、学校管理的规章制度做参考。

6. 深入地研究我国各级各类学校的教学内容、教学方法和思想政治教育，总结经验，发现矛盾，为提高教育质量服务。研究我国教学工具改革的经验；研究外国教学现代化的设备、效率和经验；安排教学现代化的实验基地；逐步推广先进设备和建立这门教育科学的基础。

7. 加强教育科学各门类基础理论的研究，为编写教育学、教育心理学、中外教育史、各科教材教法、幼儿教育学等打下科学基础；并为研究各种教育的实际问题，提供基础理论的指导。在一段时期内各高师院校的教育科学研究，以解决教育学科教材的关键问题为主。

从我国30年教育科学走的曲折过程看，为了完成规划规定的任务，有必要提出以下要求：

必须贯彻"百花齐放，百家争鸣"的方针。历史经验告诉我们：双百方针贯彻好的时候，也是教育科学研究出产品、出人才成绩大的时候，反之就陷于停滞，甚至发生混乱。一定要按"在人民内部的思想政治生活中，只能实行民主方法，不能采取压制、打击手段。要重申不抓辫子、不扣帽子、不打棍子的'三不主义'"的精神，实行科研民主。

要求各领导教育科学研究的部门按照科学发展的规律领导教育科学研究，依照科研的规章制度办理教育科学事业，防止用行政机关的领导方法管理教育科学研究，把教育科研人员当成行政秘书使用，使出产品，出人才的任务落空。

教育科学要实行"古为今用"，"洋为中用"，研究和批判地继承教育的历史遗产、研究和批判地吸收对我们有用的外国教育经验。

在"理论和实践一致"的原则指导下，把加强基础理论的研究和实际问题的研究辩证地统一起来，既反对"无的放矢"的教条主义，又反对狭隘、爬行的实用主义研究观点。

在研究方法方面，提出调查研究，种教育科学"实验田"，进行科学实验；提倡用教育统计法进行研究，从数量和质量关系上阐明问题。

要求把长远的研究课题同目前急需解决的问题适当地结合起来；按研究课题的内在联系排列研究程序，循序渐进；防止再度发生大轰大嗡，以鼓噪代替脑力劳动，鼓虚劲，不务实际等倾向。

三　主要门类和项目（略）

# 中共中央关于教育体制改革的决定

(1985 年 5 月 27 日)

**一 教育体制改革的根本目的是提高民族素质，多出人才、出好人才**

党的十二届三中全会关于经济体制改革的决定，为我国社会生产力的大发展、为我国社会主义物质文明和精神文明的大提高，开辟了广阔的道路。今后事情成败的一个重要关键在于人才，而要解决人才问题，就必须使教育事业在经济发展的基础上有一个大的发展。

教育必须为社会主义建设服务，社会主义建设必须依靠教育。社会主义现代化建设的宏伟任务，要求我们不但必须放手使用和努力提高现有的人才，而且必须极大地提高全党对教育工作的认识，面向现代化、面向世界、面向未来，为 20 世纪 90 年代以至 21 世纪初叶我国经济和社会的发展，大规模地准备新的能够坚持社会主义方向的各级各类合格人才。要造就数以亿计的工业、农业、商业等各行各业有文化、懂技术、业务熟练的劳动者。要造就数以千万计的具有现代科学技术和经营管理知识，具有开拓能力的厂长、经理、工程师、农艺师、经济师、会计师、统计师和其他经济、技术工作人员。还要造就数以千万计的能够适应现代科学文化发展和新技术革命要求的教育工作者、科学工作者、医务工作者、理论工作者、文化工作者、新闻和编辑出版工作者、法律工作者、外事工作者、军事工作者和各方面党政工作者。所有这些人才，都应该有理想、有道德、有文化、有纪律，热爱社会主义祖国和社会主义事业，具有为国家富强和人民富裕而艰苦奋斗的献身精神，都应该不断追求新知，具有实事求是、独立思考、勇于创造的科学精神。这就向我国教育事业的发展和教育体制的改革，提出了伟大而又艰巨的任务。

新中国成立以来，我国教育事业的发展走过了曲折的道路。经过解放初期的接管改造和以高等学校院系调整为中心的教育改革，我们把旧中国的半殖民地半封建教育事业转变成为社会主义教育事业。三十几年来，依靠广大教育工作者的辛勤努力，教育事业取得了中国历史上从来没有过的巨大的发展，成绩是显著的。今天战斗在我国各条战线上的广大有文化的劳动者和各方面工作的骨干力量，绝大部分都是建国以后培养出来的。但是，另外，从20世纪50年代后期开始，由于全党工作重点一直没有转移到经济建设上来，由于"阶级斗争为纲"的"左"的思想的影响，教育事业不但长期没有放到应有的重要地位，而且受到"左"的政治运动的频繁冲击。"文化大革命"更使这种"左"的错误走到否定知识、取消教育的极端，从而使教育事业遭到严重破坏，广大教育工作者遭受严重摧残，耽误了整整一代青少年的成长，并且使我国教育事业同世界发达国家之间在许多方面本来已经缩小的差距又拉大起来。

十一届三中全会以后，经过指导思想的拨乱反正，党中央对教育工作做出了一系列新的论断和决策，我国教育事业得到了恢复，开始走上了蓬勃发展的道路。但是，轻视教育、轻视知识、轻视人才的错误思想仍然存在，教育工作方面的"左"的思想影响还没有完全克服，教育工作不适应社会主义现代化建设需要的局面还没有根本扭转。特别是面对着我国对外开放、对内搞活，经济体制改革全面展开的形势，面对着世界范围的新技术革命正在兴起的形势，我国教育事业的落后和教育体制的弊端就更加突出了。现在的主要问题是：

（一）在教育事业管理权限的划分上，政府有关部门对学校主要是对高等学校统得过死，使学校缺乏应有的活力；而政府应该加以管理的事情，又没有很好地管起来。

（二）在教育结构上，基础教育薄弱，学校数量不足、质量不高、合格的师资和必要的设备严重缺乏，经济建设大量急需的职业和技术教育没有得到应有的发展，高等教育内部的科系、层次比例失调。

（三）在教育思想、教育内容、教育方法上，从小培养学生独立生活和思考的能力很不够，发扬立志为祖国富强而献身的精神很不够，生动活泼地用马克思主义思想教育学生很不够，不少课程内容陈旧，教学方法死板，实践环节不被重视，专业设置过于狭窄，不同程度地脱离了经济和社会发展的需要，落后于当代科学文化的发展。

中央认为，要从根本上改变这种状况，必须从教育体制入手，有系统地进行改革。改革管理体制，在加强宏观管理的同时，坚决实行简政放权，扩大学校的办学自主权；调整教育结构，相应地改革劳动人事制度；还要改革同社会主义现代化不相适应的教育思想、教育内容、教育方法。经过改革，要开创教育工作的新局面，使基础教育得到切实的加强，职业技术教育得到广泛的发展，高等学校的潜力和活力得到充分的发挥，学校教育和学校外、学校后的教育并举，各级各类教育能够主动适应经济和社会发展的多方面需要。

发展教育事业不增加投资是不行的。在今后一定时期内，中央和地方政府的教育拨款的增长要高于财政经常性收入的增长，并使按在校学生人数平均的教育费用逐步增长。现在，各级都有一些领导干部，宁肯把钱花在并非必要的方面，对于各种严重浪费也不感到痛心，唯独不肯为发展教育而花一点钱，这种状况必须改变。但是同时必须认识到，国家对教育的投资毕竟要受经济发展水平的制约，当前办学经费困难和教师待遇较低的状况只能逐步改善。因此，现在的问题就是如何在有限的财力物力条件下，把教育搞上去，满足社会主义现代化建设的迫切需要。这就要求我们通过改革来更好地调动各级政府、广大师生员工和社会各方面的积极性，团结一致，同心同德，多想办法，发挥各方面的潜力，使教育事业一年比一年更好地向前发展。要下真功夫，才能做到这一点。全党同志和全国人民应该为此而努力。

**二 把发展基础教育的责任交给地方，有步骤地实行九年制义务教育**

实行九年制义务教育，实行基础教育由地方负责、分级管理的原则，是发展我国教育事业、改革我国教育体制的基础一环。义务教育，即依法律规定适龄儿童和青少年都必须接受，国家、社会、家庭必须予以保证的国民教育，为现代生产发展和现代社会生活所必需，是现代文明的一个标志。我国基础教育还很落后，这同我国人民建设富强、民主、文明的现代化社会主义国家的迫切要求之间，存在着尖锐矛盾，决不能任其继续。现在，我们完全有必要也有可能把实行九年制义务教育当作关系民族素质提高和国家兴旺发达的一件大事，突出地提出来，动员全党、全社会和全国各族人民，用最大的努力，积极地、有步骤地予以实施。为此，需要制订义务教育法，经全国人民代表大会审议通过后颁行。

由于我国幅员广大，经济文化发展很不平衡，义务教育的要求和内容应该因地制宜，有所不同。

全国可以大致划分为三类地区：

一是约占全国人口四分之一的城市、沿海各省中的经济发达地区和内地少数发达地区。在这类地区，相当一部分已经普及初级中学，其余部分应该抓紧按质按量普及初级中学，在1990年左右完成。

二是约占全国人口一半的中等发展程度的镇和农村。在这类地区，首先抓紧按质按量普及小学教育，同时积极准备条件。在1995年左右普及初中阶段的普通教育或职业和技术教育。

三是约占全国人口四分之一的经济落后地区。在这类地区，要随着经济的发展，采取各种形式积极进行不同程度的普及基础教育工作。对这类地区教育的发展，国家尽力给予支援。

国家还要帮助少数民族地区加速发展教育事业。

地方各级人民代表大会根据本地区的情况，制订本地区的义务教育条例，确定本地区推行九年制义务教育的步骤、办法和年限。

在实行九年制义务教育的同时，还要努力发展幼儿教育，发展盲、聋、哑、残人和弱智儿童的特殊教育。

建立一支有足够数量的、合格而稳定的师资队伍，是实行义务教育、提高基础教育水平的根本大计。为此，要采取特定的措施提高中小学教师和幼儿教师的社会地位和生活待遇，鼓励他们终身从事教育事业。与此同时，必须对现有的教师进行认真的培训和考核，把发展师范教育和培训在职教师作为发展教育事业的战略措施。要大力提倡和鼓励教师密切结合教学进行自学和互教；要为在职教师举办函授和广播电视讲座；要切实办好教师进修院校，并且利用现有设施，分期分批轮训教师；还要有计划地动员、挑选和组织高等学校的一部分教员和高年级学生、研究机构的一部分研究人员和党政机关的一部分具备条件的干部，参加帮助培训中小学教师的工作。总之，要争取在5年或者更长一点的时间内使绝大多数教师能够胜任教学工作。在此之后，只有具备合格学历或有考核合格证书的，才能担任教师。从幼儿师范到高等师范的各级师范教育，都必须大力发展和加强。师范院校要坚持为初等和中等教育服务的办学思想，毕业生都要分配到学校任教，其他高等学校毕业生也应有一部分分配到学校任教。任何机关、单位不得抽调中小学合格教师改任其他工作。

基础教育管理权属于地方。除大政方针和宏观规划由中央决定外，具体政策、制度、计划的制定和实施，以及对学校的领导、管理和检查，责任和权力都交给地方。省、市（地）、县、乡分级管理的职责如何划分，由省、自治区、直辖市决定。为了保证地方发展教育事业，除了国家拨款以外，地方机动财力中应有适当比例用于教育，乡财政收入应主要用于教育。地方可以征收教育费附加，此项收入首先用于改善基础教育的教学设施，不得挪作他用。地方要鼓励和指导国营企业、社会团体和个人办学，并在自愿的基础上，鼓励单位、集体和个人捐资助学，但不得强迫摊派。同时严格控制各方面向学校征收费用，减轻学校的经济负担。

### 三  调整中等教育结构，大力发展职业技术教育

社会主义现代化建设不但需要高级科学技术专家，而且迫切需要千百万受过良好职业技术教育的中、初级技术人员、管理人员、技工和其他受过良好职业培训的城乡劳动者。没有这样一支劳动技术大军，先进的科学技术和先进的设备就不能成为现实的社会生产力。但是，职业技术教育恰恰是当前我国整个教育事业最薄弱的环节。一定要采取切实有效的措施改变这种状况，力争职业技术教育有一个大的发展。

职业技术教育问题已经强调多年，局面没有真正打开，重要原因在于长期以来对就业者的政治文化技术准备缺乏应有的要求，在于历

史遗留的鄙薄职业技术教育的陈腐观念根深蒂固。因此，要在全党和全社会进行教育，树立行行光荣、行行出状元的观念，树立劳动就业必须有一定的政治、文化和技能准备的观念，并且在改革教育体制的同时改革有关的劳动人事制度，实行"先培训，后就业"的原则。今后各单位招工，必须首先从各种职业技术学校毕业生中择优录取。一切从业人员，首先是专业性技术性较强行业的从业人员，都要像汽车司机经过考试合格取得驾驶证才许开车那样，必须取得考核合格证书才能走上工作岗位。有关部门应该制定法规，逐步实行这种制度。

根据大力发展职业技术教育的要求，我国广大青少年一般应从中学阶段开始分流：初中毕业生一部分升入普通高中，一部分接受高中阶段的职业技术教育；高中毕业生一部分升入普通大学，一部分接受高等职业技术教育。在小学毕业后接受过初中阶段的职业技术教育的，可以就业，也可以升学。凡是没有升入普通高中、普通大学和职业技术学校的学生，可以经过短期职业技术培训，然后就业。要充分发掘现有中等专业学校和技工学校的潜力，扩大招生，并且有计划地将一批普通高中改为职业高中，或者增设职业班，加上新办的这类学校，力争在5年左右，使大多数地区的各类高中阶段的职业技术学校招生数相当于普通高中的招生数，扭转目前中等教育结构不合理的状况。

发展职业技术教育要以中等职业技术教育为重点，发挥中等专业学校的骨干作用，同时积极发展高等职业技术院校，优先对口招收中等职业技术学校毕业生以及有本专业实践经验、成绩合格的在职人员入学，逐步建立起一个从初级到高级、行业配套、结构合理又能与普通教育相互沟通的职业技术教育体系。

中等职业技术教育要同经济和社会发展的需要密切结合起来，在城市要适应提高企业的技术、管理水平和发展第三产业的需要，在农村要适应调整产业结构和农民劳动致富的需要。要着重职业技能的训练，训练的范围不要太窄，基础教育也要适当配合，以适应长期广泛就业、进行技术革新和继续进修的需要；同时还要重视职业道德和职业纪律的教育。

发展职业技术教育，要充分调动企事业单位和业务部门的积性，并且鼓励集体、个人和其他社会力量办学。要提倡各单位和部门自办、联办或与教育部门合办各种职业技术学校。这些学校除了为本单位和部门培训人才外，还可以接受委托为其他单位培训人才并招收自费学生。

师资严重不足，是当前发展中等职业技术教育的突出矛盾。各单位和部门办的学校，要首先依靠自身力量解决专业技术师资问题，同时可以聘请外单位的教师、科学技术人员兼任教师，还可以请专业技师、能工巧匠来传授技艺。要建立若干职业技术师范院校，有关大专院校、研究机构都要担负培训职业技术教育师资的任务，使专业师资有一个稳定的来源。中等职业技术教育主要由地方负责。中央各部门办的这类学校，地方也要予以协调和配合。

**四　改革高等学校的招生计划和毕业生分配制度，扩大高等学校办学自主权**

高等学校担负着培养高级专门人才和发展科学技术文化的重大任务。我国高等教育发展的战略目标是：到本世纪末，建成科类齐全，层次、比例合理的体系，总规模达到与我国经济实力相当的水平；高级专门人才的培养基本上立足于国内；能为自主地进行科学技术开发和解决社会主义现代化建设中重大理论问题和实际问题作出较大贡献。为了实现这个目标，当前高等教育体制改革的关键，就是改变政府对高等学校统得过多的管理体制。在国家统一的教育方针和计划的指导下，扩大高等学校的办学自主权，加强高等学校同生产、科研和社会其他各方面的联系，使高等学校具有主动适应经济和社会发展需要的积极性和能力。

要改革大学招生的计划制度和毕业生分配制度。改变高等学校全部按国家计划统一招生，毕业生全部由国家包下来分配的办法，实行以下三种办法：

（一）国家计划招生。要做好发展高等教育的总体规划和人才需求的中长期预测，切实改进招生计划工作，努力克服招生计划同国家远期和近期需要脱节的状况。这部分学生的毕业分配，实行在国家计划指导下，由本人选报志愿、学校推荐、用人单位择优录用的制度。

为了保证边远地区及工作环境比较艰苦的行业能分配到一定数量的毕业生，应按国家招生计划的一定比例实行定向招生，到这些地方工作的毕业生待遇从优。为了保证国防的需要，要为人民解放军培养一定数量的毕业生。

（二）用人单位委托招生。为了鼓励学校挖掘潜力多招学生，为了更好满足社会对人才的需求，近年来行之有效的用人单位委托学校培养学生的制度，要继续推行和逐步扩大，使之成为国家招生计划的重要补充。委托单位要按议定的合同向学校交纳一定数量的培养费，毕业生应按合同规定到委托单位工作。

（三）还可以在国家计划外招收少数自费生。学生应交纳一定数量的培养费，毕业后可以由学校推荐就业，也可以自谋职业。

不论哪类学生，都必须经过国家考试合格，由学校录取。

要改革人民助学金制度。师范和一些毕业后工作环境特别艰苦的专业的学生，国家供给膳宿并免收学杂费。对学习成绩优异的学生实行奖学金制度，对确有经济困难的学生给以必要的补助。现已在校的学生，仍按原来的规定办理。

要扩大高等学校的办学自主权。在执行国家的政策、法令、计划的前提下，高等学校有权在计划外接受委托培养学生和招收自费生；有权调整专业的服务方向，制订教学计划和教学大纲，编写和选用教材；有权接受委托或与外单位合作，进行科学研究和技术开发，建立教学、科研、生产联合体；有权提名任免副校长和任免其他各级干部；有权具体安排国家拨发的基建投资和经费；有权利用自筹资金，开展国际的教育和学术交流，等等。对不同的高等学校，国家还可以根据情况，赋予其他的权力。与此同时，国家及其教育管理部门要加强对高等教育的宏观指导和管理。教育管理部门还要组织教育界、知识界和用人部门定期对高等学校的办学水平进行评估，对成绩卓著的学校给予荣誉和物质上的重点支持，办得不好的学校要整顿以至停办。

为了调动各级政府办学的积极性，实行中央、省（自治区、直辖市）、中心城市三级办学的体制。中央部门和地方办的高等学校，要优先满足主办部门和地方培养人才的需要，同时要发挥潜力，接受委托，为其他部门和单位培养学生，积极倡导部门、地方之间的联合办学。

高等教育的结构，要根据经济建设、社会发展和科技进步的需要进行调整和改革。改变高等教育科类比例不合理的状况，加快财经、政法、管理等类薄弱系科和专业的发展，扶持新兴、边缘学科的成长。改变专科、本科比例不合理的状况，着重加快高等专科教育的发展。大学本科主要通过改革、扩建和各种形式的联合，充分发挥潜力，近期内一般不建新校。

要根据中央关于科学技术体制改革的决定，发挥高等学校学科门类比较齐全，拥有众多教师、研究生和高年级学生的优势，使高等学校在发展科学技术方面做出更大贡献。为了增强科学研究的能力，培养高质量的专门人才，要改进和完善研究生培养制度，并且根据同行评议、择优扶植的原则，有计划地建设一批重点学科。重点学科比较集中的学校，将自然形成既是教育中心，又是科学研究中心。

在高等教育体制改革的同时，按照理论联系实际的原则，在辩证唯物主义和历史唯物主义的思想指导下，改革教学内容，教学方法、教学制度，提高教学质量，是一项十分重要而迫切的任务。要针对现存的弊端，积极进行教学改革的各种试验，例如改变专业过于狭窄的状况，精简和更新教学内容，增加实践环节，减少必修课，增加选修课，实行学分制和双学位制，增加自学时间和课外学习活动，有指导地开展勤工助学活动等等。为了提高教师的教学和学术水平，有条件的学校，教学任务较重的副教授以上的教师今后每 5 年中应有 1 年时间供他们专门用来进修、从事科学研究和进行学术交流。要尽可能改善教学的物质条件，增添现代化的教学手段，更新和充实试验室、图书馆。

高等学校后勤服务工作的改革，对于保证教育改革的顺利进行，极为重要。改革的方向是实行社会化。学校所在地方的党政领导机关要把解决好这个问题的责任担当起来。

五 加强领导，调动各方面积极因素，保证教育体制改革的顺利进行

在教育体制改革中，必须尊重教育工作的规律和特点，坚持实事求是，一切从实际出发。大政方针必须集中统一，具体办法应该灵活多

样，决不可一哄而起，强制推行。改革既要坚决，又要谨慎，注重试验。涉及全局和广大范围的改革措施，要经上级批准。在整个教育体制改革的过程中，必须牢牢记住改革的根本目的是提高民族素质，多出人才、出好人才。衡量任何学校工作的根本标准不是经济收益的多少，而是培养人才的数量和质量。紧紧掌握这一条，改革就不会迷失方向。

为了加强党和政府对教育工作的领导，成立国家教育委员会负责掌握教育的大政方针，统筹整个教育事业的发展，协调各部门有关教育的工作，统一部署和指导教育体制的改革。在简政放权的同时，必须加强教育立法工作。今后地方发展教育事业的权力和责任更大了，各级党委和政府都要按照党的十二大的决策，把教育摆到战略重点的地位，把发展教育事业作为自己的主要任务之一，上级考查下级都要以此作为考绩的主要内容之一。应该特别提出，农村实行农业生产责任制以后，党的农村基层组织应该把更多的精力放到党员和群众的思想政治教育和文化技术教育上来，放到办好本村本乡的教育事业上来。中央认为，在新的经济和教育体制之下，各地将有充分的可能发挥自己的经济和文化潜力，加快教育事业的发展。不仅要承认全国各省市区之间经济文化发展的不平衡性，而且要承认在一个省、一个市、一个县范围内的发展也是不平衡的，所以必须鼓励一部分地区先发展起来，同时鼓励先发展起来的地区帮助后进地区，达到共同的提高。

改革教育体制要调动各方面的积极性，最重要的是要调动教师的积极性。我国已有近千万人的教师队伍，长时间来，他们中的绝大多数人，无论生活如何清苦，无论经历什么政治风雨，都始终不渝地坚信党、热爱社会主义祖国、忠于人民的教育事业，不愧为人师表。在教育体制改革中，必须紧紧地依靠教师，认真听取他们的意见，充分发挥他们的作用，有关学校自身的重大改革都必须经过教师充分讨论。随着国民经济的发展和国家财力的增强，各级政府和有关部门今后每年都要为教师切实地解决一些问题。要在全社会范围内，大力树立和发扬尊重各级各类教师的良好风尚，使教师工作成为最受人尊重的职业之一。在改革中还要充分注意调动学校思想政治工作人员、行政管理人员、后勤工作人员和其他工作人员的积极性。要根据他们的成绩和贡献，给予合理的待遇和应有的鼓励。

学校逐步实行校长负责制，有条件的学校要设立由校长主持的、人数不多的、有威信的校务委员会，作为审议机构。要建立和健全以教师为主体的教职工代表大会制度，加强民主管理和民主监督。学校中的党组织要从过去那种包揽一切的状态中解脱出来，把自己的精力集中到加强党的建设和加强思想政治工作上来；要团结广大师生，大力支持校长履行职权，保证和监督党的各项方针政策的落实和国家教育计划的实现；要坚持用马克思主义教育广大师生，激励他们立志为祖国的富强奋勇进取、建功立业，保证学生德智体的全面发展，使学校真正成为抵御资本主义和其他腐朽思想的侵蚀，建设社会主义精神文明的坚强阵地。

要动员和教育全党、全社会和全国人民关心和支持教育体制改革，发展教育事业。鼓励各民主党派、人民团体、社会组织、离休退休干部和知识分子、集体经济单位和个人，遵照党和政府的方针政策，采取多种形式和办法，积极地自愿地为发展教育贡献力量。

教育体制改革要总结我们自己历史的和现实的经验，同时也要注意借鉴国外发展教育事业的正反两方面的经验。特别是在新技术革命条件下，一系列新的科学技术成果的产生，新的科学技术领域的开辟，以及新的信息传递手段和认识工具的出现，对教育产生了重大的影响，发达国家在这方面的经验尤其值得注意。要通过各种可能的途径，加强对外交流，使我们的教育事业建立在当代世界文明成果的基础之上。

本决定着重解决的是学校教育体制改革的问题。有关干部、职工、农民的成人教育和广播电视教育是我国教育事业极为重要的组成部分，国家教育委员会应就改进和加强这方面工作，作出专门的决定。

军事系统学校的改革问题，由中央军委决定。

中央相信，只要各级党委和政府加强领导，坚持正确方针，经过全党、全社会和全国各族人民的共同努力，教育体制改革必将获得成功，具有中国特色的社会主义教育事业必将空前繁荣，从而强有力地推动我国的社会主义现代化建设，把全民族的文化科学素质和精神境界提高到一个崭新的水平。

# 中国教育改革和发展纲要

中发〔1993〕3号

中国共产党第十四次全国代表大会在建设有中国特色社会主义理论的指导下，确定了20世纪90年代我国改革和建设的主要任务，明确提出"必须把教育摆在优先发展的战略地位，努力提高全民族的思想道德和科学文化水平，这是实现我国现代化的根本大计"。为了实现党的十四大所确定的战略任务，指导90年代乃至21世纪初教育的改革和发展，使教育更好地为社会主义现代化建设服务，特制定本纲要。

## 一 教育面临的形势和任务

（1）当前，我国改革开放和现代化建设事业进入了一个新阶段。建立社会主义市场经济体制，加快改革开放和现代化建设步伐，进一步解放和发展生产力，使国民经济整体素质和综合国力都迈上一个新台阶。这对教育工作既是难得的机遇，又提出了新的任务和要求。在新的形势下，教育工作的任务是：遵循党的十四大精神，以建设有中国特色的社会主义理论为指导，坚持党的基本路线，全面贯彻教育方针，面向现代化，面向世界，面向未来，加快教育的改革和发展，进一步提高劳动者素质，培养大批人才，建立适应社会主义市场经济体制和政治、科技体制改革需要的教育体制，更好地为社会主义现代化建设服务。

（2）新中国成立40多年来，我国教育工作取得了显著成就。社会主义教育制度已经基本确立，教育事业有了很大发展，为社会主义建设培养了大批人才，形成了上千万人的教师队伍，办学的物质条件程度不同地有所改善。特别是党的十一届三中全会以来，教育改革逐步展开：九年义务教育开始有计划、分阶段地实施，全国已有百分之九十一人口的地区普及了小学教育；职业和技术教育得到相当程度的发展，中等职业技术学校招生和在校学生人数占高中阶段学生人数的比例，均已超过百分之五十，改变了中等教育结构单一化的局面；高等教育发展较快，普通高等学校和成人高等学校在校学生已达到376万人，初步形成了多种层次、多种形式、学科门类基本齐全的体系；形式多样的成人教育和民族教育也得到很大发展；农村基础教育实行地方负责、分级管理的体制取得了明显效果；教育同科技、农业的统筹结合开始显示出生命力；涌现出一批尊师重教并取得较大成绩的地区、部门和单位；国际教育交流和合作也得到广泛开展。我国教育工作取得的成就是坚持改革开放的结果，体现了社会主义制度的优越性，是我国教育进一步改革和发展的基础。

同时，必须看到，我国教育在总体上还比较落后，不能适应加快改革开放和现代化建设的需要。教育的战略地位在实际工作中还没有完全落实：教育投入不足，教师待遇偏低，办学条件较差；教育思想、教学内容和教学方法不同程度地脱离实际；学校思想政治工作还需要进一步加强和改进；教育体制和运行机制不适应日益深化的经济、政治、科技体制改革的需要。对教育工作中存在的这些问题，必须随着经济的发展和改革的深化，认真加以解决。

（3）新中国成立40多年来，我国教育经历了曲折的发展历程，为发展社会主义教育事业积累了宝贵经验。初步明确了建设有中国特色社会主义教育体系的主要原则：第一，教育是社会主义现代化建的基础，必须坚持把教育摆在优先发展的战略地位。第二，必须坚持党对教育工作的领导，坚持教育的社会主义方向，培养德智体全面发展的建设者和接班人。第三，必须坚持教育为社会主义现代化建设服务，与生产劳动相结合，自觉地服从和服务于经济建设这个中心，促进社会的全面进步。第四，必须坚持教育的改革开放，努力改革教育体制、教育结构、教学内容和方法，大胆吸收和借鉴人类社会的一切文明成果，勇于创新，敢于试验，不断发展和完善社会主义教育制度。第五，必须全面贯彻党和国家的教育方针，遵循教育规律，全面提高教育质量和办学效益。第六，必须依靠广大教师，不断提高教师政治和业务素质，努力改善他们的工作、学习和生活条件。第七，必须充分发挥各级政府、社会各方面和人民群众的办学积极性，坚持以财政拨款为主、多渠道筹措教育经费政策。第八，必须从我国国情出发，根据统一性和多样性相结合的原则，实行多种形式办学，培养多种规格人才，走出符合我国和各地区实际的发展教育的路子。这些主要原则，需要在今后的实践中进一步丰富和发展。

（4）邓小平同志指出，实现四个现代化，科学技术是关键，基础在教育。为了完成党的十四大确定的20世纪90年代的主要任务，必须把经济建设转到依靠科技进步和提高劳动者素质的轨道上来。我国企业经济效益低、产品缺乏竞争能力的状况之所以长期得不到改变，农业科学技术之所以得不到普遍推广，宝贵的资源和生态环境之所以不能得到充分利用和保护，人口增长之所以不能得到有效的控制，一些不良的社会风气之所以屡禁不止，原因固然很多，但一个重要的原因是劳动者素质低。发展教育事业，提高全民族的素质，把沉重的人口负担转化为人力资源优势，这是我国实现社会主义现代化的一条必由之路。

当今世界政治风云变幻，国际竞争日趋激烈，科学技术发展迅速，世界范围的经济竞争、综合国力竞争，实质上是科学技术的竞争和民族素质的竞争。从这个意义上说，谁掌握了面向21世纪的教育，谁就能在21世纪的国际竞争中处于战略主动地位。为此，必须高瞻远瞩，及早筹划我国教育事业的大计，迎接21世纪的挑战。

面对加快改革开放和现代化建设的新形势，各级政府、广大教育工作者和全社会，必须对教育的改革和发展具有紧迫感，真正树立社会主义建设必须依靠教育和"百年大计，教育为本"的思想，采取切实有力措施，落实教育的战略地位，加快教育的改革和发展，开创教育事业的新局面。

## 二 教育事业发展的目标、战略和指导方针

（5）根据我国社会主义现代化建设"三步走"的战略部署，到20

世纪末，我国教育发展的总目标是：全民受教育水平有明显提高；城乡劳动者的职前、职后教育有较大发展；各类专门人才的拥有量基本满足现代化建设的需要；形成具有中国特色的、面向21世纪的社会主义教育体系的基本框架。再经过几十年的努力，建立起比较成熟和完善的社会主义教育体系，实现教育的现代化。

20世纪90年代，在保证必要的教育投入和办学条件的前提下，各级各类教育发展的具体目标是：

——全国基本普及九年义务教育（包括初中阶段的职业技术教育）；大城市市区和沿海经济发达地区积极普及高中阶段教育。大中城市基本满足幼儿接受教育的要求，广大农村积极发展学前一年教育。

——高中阶段职业技术学校在校学生人数有较大幅度的增加，未升学的初中和高中毕业生普遍接受不同年限的职业技术培训，使城乡新增劳动力上岗前都能得到必需的职业技术训练。

——高等学校培养的专门人才适应经济、科技和社会发展的需求，集中力量办好一批重点大学和重点学科，高层次专门人才的培养基本上立足于国内，教育质量、科学技术水平和办学效益有明显提高。

——全国基本扫除青壮年文盲，使青壮年中的文盲率降到百分之五以下。通过岗位培训、继续教育和在职学历教育，提高广大从业人员的思想文化素质和职业技能。

各地区、各部门根据实际情况，制定本地区本行业的分阶段教育发展目标和任务。

（6）为了实现上述目标，应采取深化教育改革，坚持协调发展，增加教育投入，提高教师素质，提高教育质量，注重办学效益，实行分区规划，加强社会参与的发展战略。

——在教育事业发展上，不仅教育的规模要有较大发展，而且要把教育质量和办学效益提高到一个新的水平。

——在结构选择上，以九年义务教育为基础，大力加强基础教育，积极发展职业技术教育、成人教育和高等教育，把提高劳动者素质，培养初、中级人才摆到突出的位置。

——在地区发展格局上，从各地经济、文化发展不平衡的实际出发。因地制宜，分类指导。鼓励经济、文化发达地区率先达到中等发达国家80年代末的教育发展水平，积极支持贫困地区和民族地区发展教育。

（7）基础教育是提高民族素质的奠基工程，必须大力加强。各级政府要认真贯彻执行《中华人民共和国义务教育法》及其实施细则，以积极进取的精神，从本地区的实际出发，把普及九年义务教育的目标落到实处。要建立检查、监督和奖惩制度，确保义务教育法的贯彻执行。政府、社会、家长要认真履行自己的义务，保证适龄儿童入学，制止学生辍学。对招用学龄儿童和少年就业的组织和个人，必须坚决依法制裁。

发展基础教育，必须继续改善办学条件，逐步实现标准化。中小学要由"应试教育"转向全面提高国民素质的轨道，面向全体学生，全面提高学生的思想道德、文化科学、劳动技能和身体心理素质，促进学生生动活泼地发展。办出各自的特色。普通高中的办学体制和办学模式要多样化。

（8）职业技术教育是现代教育的重要组成部分，是工业化和生产社会化、现代化的重要支柱。各级政府要高度重视，统筹规划，贯彻积极发展的方针，充分调动各部门、企事业单位和社会各界的积极性，形成全社会兴办多种形式、多层次职业技术教育的局面。到本世纪末，中心城市的各个行业和每个县，都应当办好一、两所示范性骨干学校或培训中心，同大量形式多样的短期培训相结合，形成职业技术教育的网络。

发展职业技术教育要与当地经济发展的需要相适应。基本普及九年义务教育的地区，应以发展初中后职业技术教育为重点；尚未普及九年义务教育的地区，对不能升入初中的小学毕业生应实行职业技术培训；各地要积极发展多样化的高中后教育，对未升入高等学校的普通高中毕业生进行职业技术培训。普通中学也要分别不同情况，适当开设职业技术教育课程。

各级各类职业技术学校都要主动适应当地建设和社会主义市场经济的需要。要在政府的指导下，提倡联合办学，走产教结合的路子，更多地利用贷款发展校办产业，增强学校自我发展的能力，逐步做到以厂（场）养校。

要认真实行"先培训、后就业"的制度。优先保障职业技术教育和培训的学生就业，专业性、技术性较强的岗位，应在获得岗位资格证书后上岗。对未经培训已就业的，要进行岗前培训。

（9）高等教育担负着培养高级专门人才、发展科学技术文化和促进现代化建设的重大任务。20世纪90年代，高等教育要适应加快改革开放和现代化建设的需要，积极探索发展的新路子，使规模有较大发展，结构更加合理，质量和效益明显提高。

高等教育的发展，要坚持走内涵发展为主的道路，努力提高办学效益。要区别不同地区、科类和学校，确定发展目标和重点。制定高等学校分类标准和相应的政策措施，使各种类型的学校合理分工，在各自的层次上办出特色。要大力加强和发展地区性的专科教育。特别注重发展面向广大农村、中小企业、乡镇企业和第三产业的专科教育，努力扩大研究生的培养数量。要基本稳定基础学科的规模，适当发展新兴和边缘学科，重点发展应用学科。为了迎接世界新技术革命的挑战，要集中中央和地方等各方面的力量办好100所左右的重点大学和一批重点学科、专业，力争在21世纪初，有一批高等学校和学科、专业，在教育质量、科学研究和管理方面，达到世界较高水平。

高等学校科学技术工作要认真贯彻国家对科学技术工作的方针，坚持"科学技术是第一生产力"的思想，坚持面向经济建设，坚持同教学相结合。要根据不同条件，大力开展技术开发、推广应用和咨询服务，兴办科技产业，使科技成果尽快转化为现实生产力。要加强基础科学和应用科学的研究，组织精干力量承担国家科技攻关项目和发展高新技术任务。要有计划地建成一批国家重点实验室和工程研究中心，促进相关学科的科研水平进入世界先进行列。

哲学社会科学的教学与科学研究，必须以马克思主义和建设有中国特色社会主义的理论为指导，紧密联系实际，努力研究和解决社会主义现代化建设中的理论和实际问题，为繁荣哲学社会科学，建设有中国特色的社会主义作出贡献。

（10）成人教育是传统学校教育向终生教育发展的一种新型教育制度，对不断提高全民族素质，促进经济和社会发展具有重要作用。90年代，要适应经济建设、社会发展和从业人员的实际需要，积极发展。要本着学用结合、按需施教和注重实效的原则，把大力开展岗位培训和继续教育作为重点。重视从业人员的知识更新。国家建立和完善岗位培训制度、证书制度、资格考试和考核制度、继续教育制度。

大力发展农村成人教育，积极办好乡镇成人文化技术学校。全面提高农村从业人员的素质。抓紧扫除青壮年文盲，坚持标准、讲求实效，把文化教育和职业技术教育结合起来。各级政府要增加扫盲拨款，设立扫盲基金，并加强领导，把扫盲任务落实到乡、村。

成人学历教育要加强和普通学校的联系与合作，努力体现成人教育的特色，注重提高质量。不具备颁发学历文凭资格的各种成人教育机构，可以发给毕业生写实性学习证书；毕业生要取得国家承认的学历文凭，可以参加国家组织的文凭考试或自学考试。要完善和发展自学考试制度，鼓励自学成才。

（11）重视和扶持少数民族教育事业。中央和地方要逐步增加少数民族教育经费。对有特殊困难的少数民族地区，要采取倾斜政策和措施。在国家安排的少数民族地区各项补助费及其他扶贫资金中，要划出一定比例的经费用于发展民族教育。对志愿到边疆少数民族地区工作的大中专毕业生的待遇，各地要制定优惠政策。认真组织和落实内地省、市对民族地区教育的对口支援。各民族地区要积极探索适合当地实际的发展教育的路子。

（12）重视和支持残疾人教育事业。各级政府要把残疾人教育作为教育事业的组成部分，采取单独举办残疾人学校或普通学校招收残疾人入学等多种形式，发展残疾人教育事业。逐步增加特殊教育经费，并鼓励社会力量办学、捐资助学。要对残疾人学校及其校办产业给予扶持和优惠。

（13）积极发展广播电视教育和学校电化教学推广运用现代化教学手段。要抓好教育卫生电视接收和播放网点的建设，到20世纪末，基本建成全国电教网络，覆盖大多数乡镇和边远地区。

（14）进一步扩大教育对外开放，加强国家教育交流与合作。大胆吸收和借鉴世界各国发展和管理教育的成功经验。出国留学人员是国家的宝贵财富，国家要给予重视和信任。根据"支持留学，鼓励回国，来去自由"的方针，继续扩大派遣留学生；认真贯彻国家关于在外留学人员的有关规定，支持留学人员在外学习研究，鼓励他们学成归来，或采用多种方式为祖国社会主义现代化建设作出贡献。改革来华留学生的招生和管理办法，加强我国高等学校同外国高等学校的交流与合作，开展与国外学校或专家联合培养人才、联合开展科学研究。大力加强对外汉语教学工作。

### 三 教育体制改革

（15）党的十四大确定我国经济体制改革的目标是建立社会主义市场经济体制。在20世纪90年代，随着经济体制、政治体制和科技体制改革的深化，教育体制改革要采取综合配套、分步推进的方针，加快步伐，改革包得过多、统得过死的体制，初步建立起与社会主义市场经济体制和政治体制、科技体制改革相适应的教育新体制。只有这样，才能增强主动适应经济和社会发展的活力，走出教育发展的新路子，为建立具有中国特色的社会主义教育体系奠定基础。教育体制改革要有利于坚持教育的社会主义方向，培养德智体全面发展的建设者和接班人；有利于调动各级政府、全社会和广大师生员工的积极性，提高教育质量、科研水平和办学效益；有利于促进教育更好地为社会主义现代化建设服务。

（16）改革办学体制。改变政府包揽办学的格局，逐步建立以政府办学为主体、社会各界共同办学的体制。在现阶段，基础教育应以地方政府办学为主；高等教育要逐步形成以中央、省（自治区、直辖市）两级政府办学为主、社会各界参与办学的新格局；职业技术教育和成人教育主要依靠行业、企业、事业单位办学和社会各方面联合办学。

国家对社会团体和公民个人依法办学，采取积极鼓励、大力支持、正确引导、加强管理的方针。国家欢迎港、澳、台同胞，海外侨胞和外国友好人士捐资助学。在国家有关法律和法规的范围内进行国际合作办学。举办具有颁发国家承认的学历文凭资格的各类学校，应按国家有关规定办理审批手续。

（17）深化中等及以下教育体制改革，继续完善分级办学、分级管理的体制

——中等及中等以下教育，由地方政府在中央大政方针的指导下，实行统筹和管理。国家颁发基本学制、课程设置和课程标准、学校人员编制标准、教师资格和教职工基本工资标准等规定，省、自治区、直辖市政府有权确定本地区的学制、年度招生规模，确定教学计划，选用教材和审定省编教材，确定教师职务限额和工资水平等。省以下各级政府的权限，由省、自治区、直辖市政府确定。

——积极推进农村教育、城市教育和企业教育综合改革，促进教育同经济、科技的密切结合。县、乡两级政府要把教育纳入当地经济、社会发展的整体规划，分级统筹管理基础教育、职业技术教育、成人教育，统筹规划经济、科技、教育的发展，促进"燎原计划"与"星火计划"、"丰收计划"的有机结合，落实科教兴农战略。要积极推进城市教育综合改革，探索城市教育管理的新体制。

——中等及中等以下各类学校实行校长负责制。校长要全面贯彻国家的教育方针和政策，依靠教职员工办好学校。

——支持和鼓励中小学同附近的企业事业单位、街道或村民委员会建立社区教育组织，吸引社会各界支持学校建设，参与学校管理，优化育人环境，探索出符合中小学特点的教育与社会结合的形式。

（18）深化高等教育体制改革。进行高等教育体制改革，主要是解决政府与高等学校、中央与地方、国家教委与中央各业务部门之间的关系，逐步建立政府宏观管理、学校面向社会自主办学的体制。

——在政府与学校的关系上，要按照政事分开的原则，通过立法，明确高等学校的权利和义务，使高等学校真正成为面向社会自主办学的法人实体。要在招生、专业调整、机构设置、干部任免、经费使用、职称评定、工资分配和国际合作交流等方面，分别不同情况，进一步扩大高等学校的办学自主权。学校要善于行使自己的权力，承担应负的责任，建立起主动适应经济建设和社会发展需要的自我发展、自我

约束的运行机制。

政府要转变职能，由对学校的直接行政管理，转变为运用立法、拨款、规划、信息服务、政策指导和必要的行政手段，进行宏观管理。要重视和加强决策研究工作，建立有教育和社会各界专家参加的咨询、审议、评估等机构，对高等教育方针政策、发展战略和规划等提出咨询建议，形成民主的、科学的决策程序。

——在中央与地方的关系上，进一步确立中央与省（自治区、直辖市）分级管理、分级负责的教育管理体制。中央直接管理一部分关系国家经济、社会发展全局并在高等教育中起示范作用的骨干学校和少数行业性强、地方不便管理的学校。在中央大政方针和宏观规划指导下，对地方举办的高等教育的领导和管理，责任和权力都交给省（自治区、直辖市）。按照这个精神中央要进一步简政放权，扩大省（自治区、直辖市）的教育决策权和包括对中央部门所属学校的统筹权。省（自治区、直辖市）在充分论证、严格审议程序，自选解决办学经费，以及统筹中央和地方所属高校毕业生就业去向的条件下，有权决定地方高等学校招生规模和专业设置。设置高等学校，由全国高等学校设置评议委员会评议，国家教委审批。

——在国家教委与中央业务部门的关系上，国家教委负责统筹规划、政策指导、组织协调、监督检查、提供服务。中央业务部门要加强对本行业的人才预测和规划，协助国家教委指导本行业的人才培养工作，负责管理其所属学校，包括在国家宏观指导下，决定所属学校的招生规模、专业设置、经费筹措、学生就业等。随着中央业务部门职能的转变和政企分开，中央业务部门所属学校要面向社会，其办学体制和管理体制分别不同情况，采取继续由中央部门办、中央部门和地方政府联合办、交给地方政府办、企业集团参与和管理等不同办法。目前先进行改革试点，逐步到位。

（19）改革高等学校的招生和毕业生就业制度

——改变全部按国家统一计划招生的体制，实行国家任务计划和调节性计划相结合。在现阶段，国家仍要提出指导性的宏观调控的招生总量目标，并通过国家任务计划重点保证：国家重点建设项目、国防建设、文化教育、基础学科、边远地区和某些艰苦行业所需要的专门人才。在保证完成国家任务计划的前提下，逐步扩大招收委托培养和自费生的比重，这部分调节性计划由学校及其主管部门根据社会需求和办学条件确定。

——改革学生上大学由国家包下来的做法，逐步实行收费制度。高等教育是非义务教育，学生上大学原则上均应缴费。设立贷学金，对家庭经济有困难的学生提供帮助；国家、企事业单位、社会团体和学校均可设立奖学金，对品学兼优的学生和报考国家重点保证的、特殊的、条件艰苦的专业的学生给予奖励。

——改革高等毕业生"统包统分"和"包当干部"的就业制度，实行少数毕业生由国家安排就业，多数由学生"自主择业"的就业制度。近期内，国家任务计划招收的学生原则上仍由国家负责在一定范围内安排就业，实行学校与用人单位"供需见面"，落实毕业生就业方案，并逐步推行毕业生与用人单位"双向选择"的办法；委托和定向培养的学生按合同就业；自费生自主择业。随着社会主义市场经济体制的建立和劳动人事制度的改革，除对师范学科和某些艰苦行业、边远地区的毕业生，实行在一定范围内定向就业外，大部分毕业生实行在国家方针政策指导下，通过人才劳务市场，采取"自主择业"的就业办法。与此相配套，建立人才需求信息、就业咨询指导、职业介绍等社会中介组织，为毕业生就业提供服务。

（20）完善研究生培养和学位制度。通过试点，改进硕士学位授权点和博士生导师的审核办法，同时加强质量监督和评估制度。在培养教学、科研岗位所需人才的同时，大力培养经济建设和社会发展所需的应用性人才。鼓励有实践经验的优秀在职人员采用多种形式攻读硕士、博士学位。研究生学习期间，实行兼任教学、研究和管理等辅助工作的制度，其待遇视学校内部管理体制改革的进展、所兼工作的实绩，参照在职人员的水平，由学校确定。

（21）改革对高等学校的财政拨款机制，充分发挥拨款手段的宏观调控作用。对于不同层次和科类的学校，拨款标准和拨款方法应有所区别。改革按学生人数拨款的方法，逐步实行基金制，在国家和地方预算下达的教育经费之外，学校可依法筹集资金。

（22）参照高等学校招生、毕业生就业制度改革的精神，加快改革中专、技校招生、毕业生就业制度。根据国家有关政策，由地方人民政府或主管部门制定具体办法。通过联合办学和委托培养、自费等形式，使毕业生面向城乡多种所有制单位就业。中等专业教育和技工教育的重大方针政策，由国家制定，地方政府负责统筹规划和指导。

（23）积极推进以人事制度和分配制度改革为重点的学校内部管理体制改革。在合理定编的基础上，对教职工实行岗位责任制和聘任制，在分配上按照工作实绩拉开差距。改革的核心在于，运用正确的政策导向、思想教育和物质激励手段，打破平均主义，调动广大教职工积极性，转换学校内部运行机制，提高办学水平和效益。

学校的后勤工作，应通过改革逐步实现社会化。

（24）深化人事劳动制度改革，同教育体制改革相配套。

——建立和完善高等学校毕业生的考核录用制度，推行学历文凭、技术等级证书、岗位资格证书并重的制度，扭转升学、文凭、职称对于教育运行的片面导向作用。逐步建立职业岗位资格考核机构，实施各种岗位的资格考试和资格证书制度。

——改革高等学校职称评定和职务聘任制度。评定职称既要重视学术水平，又要重视有实用价值的研究成果和教学工作、技术推广应用的实绩。高等学校教师实行聘任制。中小学逐步实行教师资格制度和职务等级制度。

——动用劳动工资等政策杠杆，推动教育体制改革。大、中专学校毕业生的起点工资，用人部门可以按照实际水平和实际表现拉开档次。为鼓励各级各类学校毕业生到农村、边远地区、艰苦行业工作，各地要制定津贴和奖励政策。

（25）加快教育法制建设，建立和完善执法监督系统，逐步走上依法治教的轨道。制订教育法律、法规，要注意综合配套，逐步完善。要抓紧草拟基本的教育法律、法规和当前急需的教育法律、法规，争取到本世纪末，初步建立起教育法律、法规体系的框架。地方要从各自的实际出发，加快制定地方性的教育法规。

（26）加强教育和发展的理论研究和试验。各级政府和教育行政部门要把教育科学研究和教育管理信息工作摆到十分重要的地位。社会主义市场经济体制的建立，对教育的改革和发展提出了许多新的课题。教育理论工作者和实际工作者，要以马克思主义为指导，研究和回答建设有中国特色的社会主义教育体系的理论问题和实际问题。要积极开展教育决策咨询研究，密切教育科研同教育决策、教育实践的联系，发挥教育科研对教育改革和发展的促进作用。鼓励和支持学校、教师和教育研究工作者积极进行教育改革试验。

**四 全面贯彻教育方针，全面提高教育质量**

（27）教育改革和发展的根本目的是提高民族素质，多出人才，出好人才。各级各类学校要认真贯彻"教育必须为社会主义现代化建设服务，必须与生产劳动相结合，培养德、智、体全面发展的建设者和接班人"的方针，努力使教育质量在20世纪90年代上一个新台阶。

（28）用马列主义、毛泽东思想和建设有中国特色的社会主义理论教育学生，把坚定正确的政治方向摆在首位，培养有理想、有道德、有文化、有纪律的社会主义新人，是学校德育即思想政治和品德教育的根本任务。要进一步加强和改进德育工作，在实践中不断创造改革开放条件下学校德育工作的新经验，把德育工作提高到一个新水平。

对广大青少年要加强党的基本路线教育，爱国主义、集体主义和社会主义思想教育，近代史、现代史教育和国情教育，引导学生运用马克思主义的立场、观点、方法认识现实问题，走与工农结合、与实践结合的成长道路，促进学生逐步树立科学的世界观和为人民服务的人生观，增强学生抵制资产阶级自由化和一切剥削腐朽思想的能力，坚定建设有中国特色的社会主义的信念。要重视对学生进行中国优秀文化传统教育。对中小学生还要注重进行文明行为的养成教育。

要从各级各类学校的实际出发，分层次地确定德育工作的任务和要求，改进德育教材和德育方法，注重实效，使德育落到实处。

（29）重视和加强德育队伍的建设。加强德育工作是全体教师的共同职责。教师应当把德育贯穿和渗透到教育教学的全过程中，并以自己的楷模作用，促进学生的全面成长。

高等学校要建设好一支以精干的专职人员为骨干、专兼职结合的思想政治工作队伍。中小学要充分发挥思想品德课和思想政治课教师、班主任及共青团、少先队干部的作用。对从事思想政治工作的人员要进行培训，不断提高他们的思想政治素质和政策、业务水平，并采取实际措施解决他们的待遇问题。

（30）完善政策导向，加强学校管理。在招生、毕业生就业、评奖评优、教师职务评聘、工资晋级和出国留学等方面，坚持德才兼备的原则。教师从事德育工作和参加社会实践的成绩，应与其他业务工作成绩同等对待。

要严格执行校规、校纪，教育学生遵守行为规范，建设健康的、生动的校园文化，树立良好的校风、学风，使学校成为建设社会主义精神文明的重要阵地。

（31）进一步转变教育思想，改革教学内容和教学方法，克服学校教育不同程度存在的脱离经济建设和社会发展需要的现象。要按照现代科学技术文化发展的新成果和社会主义现代化建设的实际需要，更新教学内容，调整课程结构。加强基本知识、基础理论、基本技能的培养和训练，重视培养学生分析问题和解决问题的能力，注意发现和培养有特长的学生。中小学要切实采取措施减轻学生过重的课业负担。职业技术学校要注重职业道德和实际能力的培养。高等教育要进一步改变专业设置偏窄的状况，拓宽专业范围，加强实践环节的教学和训练，发展同社会实际工作部门的合作培养，促进教学、科研、生产三结合。

要逐步改革和完善升学考试制度，稳步推进小学毕业生就近入学、初中毕业生升学考试、高中毕业会考和高考制度的改革。

（32）建立各级各类教育的质量标准和评估指标体系。各地教育部门要把检查评估学校教育质量作为一项经常性的任务。要加强督导队伍，完善督导制度，加强对中小学学校工作和教育质量的检查和指导。对职业技术教育和高等教育，要采取领导、专家和社会用人部门相结合的办法，通过多种形式进行质量评估和检查。各类学校都要重视了解用人单位对毕业生质量的评估。

（33）学校教材要反映中国和世界的优秀文明成果以及当代科学技术文化的最新发展。中小学教材要在统一基本要求的前提下实行多样化。提倡各地编写适应农村中小学需要的教材。职业技术学校要逐步形成配套的教材系列。高等学校教材要在积极扩大种类的同时，不断提高质量，加强理论与实际的联系，力求思想性与科学性统一。

（34）进一步加强和改善学校体育卫生工作，动员社会各方面和家长关心学生的体质和健康。各级政府要积极创造条件，切实解决师资、经费、体育场地、设施问题，逐步做到按教学计划上好体育与健康教育课。

重视国防教育，增加国防观念。继续组织高等学校、中等专业学校和高级中学学生参加多种形式的军事训练。各级教育部门、军事部门和学校要统筹安排，认真组织实施。

（35）美育对于培养学生健康的审美观念和审美能力，陶冶高尚的道德情操，培养全面发展的人才，具有重要作用。要提高认识，发挥美育在教育教学中的作用。根据各级各类学校的不同情况，开展形式多样的美育活动。

（36）加强劳动观点和劳动技能的教育，是实现学校培养目标的重要途径和内容。各级各类学校都要把劳动教育列入教学计划，逐步做到制度化、系列化。社会各方面要积极为学校进行劳动教育提供场所和条件。

（37）全社会都要关心和保护青少年的健康成长，形成社会教育、家庭教育同学校教育密切结合的局面。家长应当对社会负责，对后代负责，讲究教育方法，培养女子具有良好的品德和行为习惯。新闻出版、广播影视、文化艺术等部门，要把提供有益于青少年身心发展的、丰富多彩的精神产品作为义不容辞的责任。在城镇建设中，要注意兴建科学馆、博物馆、图书馆、体育馆和青少年之家等设施，要制定和完善公共文化设施对学生开放和减免收费的制度。各级政府要认真贯彻《未成年人保护法》，采取严来历措施，查禁淫秽书刊、音像制品，打击教唆、残害青少年的犯罪活动，优化育人环境。

（38）坚持党对学校的领导，加强学校党的建设，是全面贯彻教育方针，加强教育改革和发展，全面提高教育质量的根本保证。学校党组织要认真贯彻党的十四大精神，用建设有中国特色的社会主义理论教育全体党员和师生员工，深入研究学校改革和发展中的重大问题，坚持改革的正确方向。要加强党的基层组织建设，发挥党员的先锋模范作用，密切党员和群众的联系，带动群众推进改革。实行党委领导下的校长负责制的高等学校，党委对重大问题进行讨论并作出决定，同时保证行政领导人充分行使自己的职权。实行校长负责制的中小学和其他学校，党的组织发挥政治核心作用。

**五　教师队伍建设**

（39）振兴民族的希望在教育，振兴教育的希望在教师。建设一支具有良好政治业务素质、结构合理、相对稳定的教师队伍，是教育改革和发展的根本大计。要下决心，采取重大政策和措施，提高教师社会地位，大力改善教师的工作、学习和生活条件，努力使教师成为最受人尊重的职业。

（40）教育的改革和发展对教师提出了新的更高的要求。教师是人类灵魂的工程师，必须努力提高自己的思想政治素质和业务水平；热爱教育事业，教书育人，为人师表；精心组织教学，积极参加教育改革，不断提高教学质量。

（41）进一步加强师资培养培训工作。师范教育是培养中小学师资的工作母机，各级政府要努力增加投入，大力办好师范教育，鼓励优秀中学毕业生报考师范院校。进一步扩大师范院校定向招生的比例，建立师范毕业生服务期制度，保证毕业生到中小学任教。其他高等院校也要积极承担培养中小学和职业技术学校师资的任务。要制定教师培训计划，促进教师特别是中青年教师不断进修提高，使绝大多数中小学教师更好地胜任教育教学工作。到本世纪末，通过师资补充和在职培训，绝大多数中小学教师要达到国家规定的合格学历标准，小学和初中教师中具有专科和本科学历者的比重逐年提高。

高等学校师资培养培训工作要坚持立足国内、在职为主、加强实践、多种形式并举的原则。要充分发挥教学科研力量较强的高等学校在师资培训中的骨干作用。采取多种形式促进教师和社会的密切联系，聘请实际工作部门有较高水平的专家到校任教，加强高等学校之间教师的相互交流。要建立扶持和培养中青年骨干教师使中青年学术带头人脱颖而出的制度。

（42）改革教育系统工资制度，提高教师工资待遇，逐步使教师的工资水平与全民所有制企业同类人员大体持平。"八五"期间，教育系统平均工资要高于当地全民所有制职工平均水平，在国民经济十二个行业中居中等偏上水平，其中高等学校平均工资高于全民所有制企业职工平均水平。

要建立符合教育特点的工资制度和正常的工资增长机制，切实保证教师的工资水平随国民收入的增长逐步提高。要贯彻按劳分配原则，克服平均主义、论资排辈的倾向，使贡献大的、教学质量高的教师有更高的工资收入。改革过于集中统一的工资管理体制，在国家宏观调控的前提下，使地方、部门和学校享有自主权。国家规定教育系统工资制度的基本原则和基本工资标准，由各省、自治区、直辖市政府和中央主管部门，在不低于基本工资标准的前提下确定具体工资标准，不搞全国"一刀切"。学校具有调整内部工资关系、增加工资和学校基金分配的自主权。

（43）精简机构和人员，提高办学效益。适应面向21世纪的需要，必须走建设一支人员精干、素质优良、待遇较高的师资队伍的路子。要制订合理的学校人员编制标准，严格考核，精减人员，提高每个教师负担的学生人数。对超编人员，各级人事、劳动、教育部门和学校，要在政府统筹下，通过多种就业渠道妥善安置，使其各得其所，发挥所长。

（44）在住房和其他社会福利方面实行优待教师的政策。各级政府要制订切实可行的计划，尽快使城市教职工家庭人均住房面积达到当地居民的平均水平。在住房制度改革中，要对教职工住房的建设、分配、销售或租赁，实行优先、优惠政策，逐步社会化。教职工住房建设的责任在地方政府和主管部门，基建投资实行多渠道筹集的办法。地方政府和主管部门要增加对教职工住房建设的投资。"八五"期间，力争使学校教职工住房条件有明显改善。

各地逐步建立医疗、退休保险等方面的教师保障制度。

（45）进一步改善民办教师工作。目前农村学校存在大量的民办教师，是历史形成的。各地要改进民办教师工资管理体制和统筹办法，增加民办教师补助费，改善民办教师待遇，逐步使民办教师与公办教师同工同酬。对离职民办教师，给予生活补助，有条件的地方要逐步建立民办教师保险福利基金。师范院校要定向招收部分民办教师入学深造。各地要根据当地的实际情况，每年划拨一定数量的劳动指标，从优秀民办教师中选招公办教师。通过多种途径，逐步减少民办教师的比重。

（46）各级政府和学校，对优秀教师和教育工作者，要进行精神物质的奖励，对有突出贡献的教师要给予特殊津贴或奖励。并形成制度。提倡和鼓励各级政府、社会团体、企业和个人建立教师奖励基金。

## 六　教育经费

（47）改革和完善教育投资体制，增加教育经费。目前教育经费相当紧缺，不仅不能适应加快改革开放和现代化建设对人才的需求，而且也难以满足现有教育事业发展的基本需要。增加教育投资是落实教育战略地位的根本措施，各级政府、社会各方面和个人都要努力增加对教育的投入，确保教育事业优先发展。要逐步建立以国家财政拨款为主，辅之以征收用于教育的税费、收取非义务教育阶段学生学杂费、校办产业收入、社会捐资集资和设立教育基金等多种渠道筹措教育经费的体制。通过立法，保证教育经费的稳定来源和增长。

（48）筹措教育经费的主要措施：

——逐步提高国家财政性教育经费支出（包括：各级财政对教育的拨款，城乡教育费附加，企业用于举办中小学的经费，校办产业减免税部分）占国民生产总值的比例，本世纪末达到百分之四，达到发展中国家20世纪80年代的平均水平。计划、财政、税务等部门要制定相应的政策措施，认真加以落实。

——各级政府必须认真贯彻《中共中央关于教育体制改革的决定》所规定的"中央和地方政府教育拨款的增长要高于财政经常性收入的增长，并使按在校学生人数平均的教育费用逐步增长"的原则，切实保证教师工资和生均公用经费逐年有所增长。要提高各级财政支出中教育经费所占的比例，"八五"期间逐步提高到全国平均不低于百分之十五。省（自治区、直辖市）本级财政、县（市）级财政支出中教育经费所占比例，由各省、自治区、直辖市政府确定。乡（镇）财政收入主要用于发展教育。

——进一步完善城乡教育费附加征收办法。凡缴纳产品税、增值税、营业税的单位和个人，按"三税"的百分之二至百分之三计征城市教育费附加；农村教育费附加征收办法和计征比例，由各省、自治区、直辖市政府制定。上述所征款主要用于普及九年义务教育。地方政府还可根据当地教育发展的实际需要、经济状况和群众承受能力，开片其他用于教育的附加费。

——提高非义务教育阶段学生学费标准，同时按不同情况确定义务教育阶段学校杂费收费标准。学费和杂费收取标准和办法，由省、自治区、直辖市政府和直接管理学校的中央业务部门考虑群众承受能力确定。要加强收费管理，严禁乱收费。要创造条件，鼓励和支持学生参加勤工俭学，对家庭确有困难的学生，可减免学杂费或提供贷学金。

——继续大力发展校办产业和社会服务，逐步建立支持教育改革和发展的服务体系，各级政府和有关部门要给予优惠政策。

——鼓励和提倡厂矿企业、事业单位、社会团体和个人根据自愿、量力原则捐资助学、集资办学，不计征税。欢迎港、澳、台同胞、海外侨胞，外籍团体和友好人士对教育提供资助和捐赠。各级政府要加强对集资工作的统筹管理。

——运用金融、信贷手段，融通教育资金，支持校办产业、高新科技企业以及勤工俭学的发展，开办教育储蓄和贷学金等业务。具体办法由国家教委会同有关部门制定。积极开展教师退休养老基金、医疗保险基金等项工作。

（49）重视解决各级各类学校，特别是中小学、职业技术学校仪器设备、教科书和图书资料短缺的问题，增加用于购置仪器设备和图书资料的资金。各级政府对教科书及教学用图书资料的出版发行和教学仪器设备的生产、供应，实行优先、优惠的政策。

继续加强学校危房改造工作，凡属危房不得使用，由当地政府负责限期解决。学校房屋倒塌造成师生伤亡事故的，要追究当地政府主要负责人的责任。坚决禁止占用学校校舍和运动场地，保证学校活动正常进行。

（50）各级教育部门和学校必须努力提高教育经费的使用效益。要合理规划教育事业的规模，调整教育结构和布局，避免结构性浪费；要坚持艰苦奋斗、勤俭办学的方针，建立健全财务规章制度，加强财会队伍建设。各级财政和审计部门要加强财务监督和审计，共同把教育经费管好用好。

# 中华人民共和国教师法

中华人民共和国主席令第 15 号

《中华人民共和国教师法》已由中华人民共和国第八届全国人民代表大会常务委员会第四次会议于 1993 年 10 月 31 日通过，现予公布，自 1994 年 1 月 1 日起施行。

中华人民共和国主席　江泽民
1993 年 10 月 31 日

## 第一章　总则

第一条　为了保障教师的合法权益，建设具有良好思想品德修养和业务素质的教师队伍，促进社会主义教育事业的发展，制定本法。

第二条　本法适用于在各级各类学校和其他教育机构中专门从事教育教学工作的教师。

第三条　教师是履行教育教学职责的专业人员，承担教书育人，培养社会主义事业建设者和接班人、提高民族素质的使命。教师应当忠诚于人民的教育事业。

第四条　各级人民政府应当采取措施，加强教师的思想政治教育和业务培训，改善教师的工作条件和生活条件，保障教师的合法权益，提高教师的社会地位。

全社会都应当尊重教师。

第五条　国务院教育行政部门主管全国的教师工作。

国务院有关部门在各自职权范围内负责有关的教师工作。

学校和其他教育机构根据国家规定，自主进行教师管理工作。

第六条　每年九月十日为教师节。

## 第二章　权利和义务

第七条　教师享有下列权利：

（一）进行教育教学活动，开展教育教学改革和实验；

（二）从事科学研究、学术交流，参加专业的学术团体，在学术活动中充分发表意见；

（三）指导学生的学习和发展，评定学生的品行和学业成绩；

（四）按时获取工资报酬，享受国家规定的福利待遇以及寒暑假期的带薪休假；

（五）对学校教育教学、管理工作和教育行政部门的工作提出意见和建议，通过教职工代表大会或者其他形式，参与学校的民主管理；

（六）参加进修或者其他方式的培训。

第八条　教师应当履行下列义务：

（一）遵守宪法、法律和职业道德，为人师表；

（二）贯彻国家的教育方针，遵守规章制度，执行学校的教学计划，履行教师聘约，完成教育教学工作任务；

（三）对学生进行宪法所确定的基本原则的教育和爱国主义、民族团结的教育，法制教育以及思想品德、文化、科学技术教育，组织、带领学生开展有益的社会活动；

（四）关心、爱护全体学生，尊重学生人格，促进学生在品德、智力、体质等方面全面发展；

（五）制止有害于学生的行为或者其他侵犯学生合法权益的行为，批评和抵制有害于学生健康成长的现象；

（六）不断提高思想政治觉悟和教育教学业务水平。

第九条　为保障教师完成教育教学任务，各级人民政府、教育行政部门、有关部门、学校和其他教育机构应当履行下列职责：

（一）提供符合国家安全标准的教育教学设施和设备；

（二）提供必需的图书、资料及其他教育教学用品；

（三）对教师在教育教学、科学研究中的创造性工作给以鼓励和帮助；

（四）支持教师制止有害于学生的行为或者其他侵犯学生合法权益的行为。

第三章 资格和任用

第十条 国家实行教师资格制度。

中国公民凡遵守宪法和法律，热爱教育事业，具有良好的思想品德，具备本法规定的学历或者经国家教师资格考试合格，有教育教学能力，经认定合格的，可以取得教师资格。

第十一条 取得教师资格应当具备的相应学历是：

（一）取得幼儿园教师资格，应当具备幼儿师范学校毕业及其以上学历；

（二）取得小学教师资格，应当具备中等师范学校毕业及其以上学历；

（三）取得初级中学教师，初级职业学校文化、专业课教师资格，应当具备高等师范专科学校或者其他大学专科毕业及其以上学历；

（四）取得高级中学教师资格和中等专业学校、技工学校、职业高中文化课、专业课教师资格，应当具备高等师范院校本科或者其他大学本科毕业及其以上学历；取得中等专业学校、技工学校和职业高中学生实习指导教师资格应当具备的学历，由国务院教育行政部门规定；

（五）取得高等学校教师资格，应当具备研究生或者大学本科毕业学历；

（六）取得成人教育教师资格，应当按照成人教育的层次、类别，分别具备高等、中等学校毕业及其以上学历。

不具备本法规定的教师资格学历的公民，申请获取教师资格，必须通过国家教师资格考试。国家教师资格考试制度由国务院规定。

第十二条 本法实施前已经在学校或者其他教育机构中任教的教师，未具备本法规定学历的，由国务院教育行政部门规定教师资格过渡办法。

第十三条 中小学教师资格由县级以上地方人民政府教育行政

部门认定。中等专业学校、技工学校的教师资格由县级以上地方人民政府教育行政部门组织有关主管部门认定。普通高等学校的教师资格由国务院或者省、自治区、直辖市教育行政部门或者由其委托的学校认定。

具备本法规定的学历或者经国家教师资格考试合格的公民,要求有关部门认定其教师资格的,有关部门应当依照本法规定的条件予以认定。

取得教师资格的人员首次任教时,应当有试用期。

第十四条 受到剥夺政治权利或者故意犯罪受到有期徒刑以上刑事处罚的,不能取得教师资格;已经取得教师资格的,丧失教师资格。

第十五条 各级师范学校毕业生,应当按照国家有关规定从事教育教学工作。

国家鼓励非师范高等学校毕业生到中小学或者职业学校任教。

第十六条 国家实行教师职务制度,具体办法由国务院规定。

第十七条 学校和其他教育机构应当逐步实行教师聘任制。教师的聘任应当遵循双方地位平等的原则,由学校和教师签订聘任合同,明确规定双方的权利、义务和责任。

实施教师聘任制的步骤、办法由国务院教育行政部门规定。

## 第四章 培养和培训

第十八条 各级人民政府和有关部门应当办好师范教育,并采取措施,鼓励优秀青年进入各级师范学校学习。各级教师进修学校承担培训中小学教师的任务。

非师范学校应当承担培养和培训中小学教师的任务。

各级师范学校学生享受专业奖学金。

第十九条 各级人民政府教育行政部门、学校主管部门和学校应当制定教师培训规划,对教师进行多种形式的思想政治、业务培训。

第二十条 国家机关、企业事业单位和其他社会组织应当为教师的社会调查和社会实践提供方便,给予协助。

第二十一条 各级人民政府应当采取措施,为少数民族地区和边远贫困地区培养、培训教师。

## 第五章　考核

**第二十二条**　学校或者其他教育机构应当对教师的政治思想、业务水平、工作态度和工作成绩进行考核。

教育行政部门对教师的考核工作进行指导、监督。

**第二十三条**　考核应当客观、公正、准确，充分听取教师本人、其他教师以及学生的意见。

**第二十四条**　教师考核结果是受聘任教、晋升工资、实施奖惩的依据。

## 第六章　待遇

**第二十五条**　教师的平均工资水平应当不低于或者高于国家公务员的平均工资水平，并逐步提高。建立正常晋级增薪制度，具体办法由国务院规定。

**第二十六条**　中小学教师和职业学校教师享受教龄津贴和其他津贴，具体办法由国务院教育行政部门会同有关部门制定。

**第二十七条**　地方各级人民政府对教师以及具有中专以上学历的毕业生到少数民族地区和边远贫困地区从事教育教学工作的，应当予以补贴。

**第二十八条**　地方各级人民政府和国务院有关部门，对城市教师住房的建设、租赁、出售实行优先、优惠。

县、乡两级人民政府应当为农村中小学教师解决住房提供方便。

**第二十九条**　教师的医疗同当地国家公务员享受同等的待遇；定期对教师进行身体健康检查，并因地制宜安排教师进行休养。

医疗机构应当对当地教师的医疗提供方便。

**第三十条**　教师退休或者退职后，享受国家规定的退休或者退职待遇。

县级以上地方人民政府可以适当提高长期从事教育教学工作的中小学退休教师的退休金比例。

**第三十一条**　各级人民政府应当采取措施，改善国家补助、集体支付工资的中小学教师的待遇，逐步做到在工资收入上与国家支付工资的教师同工同酬，具体办法由地方各级人民政府根据本地区的实际情况规定。

第三十二条 社会力量所办学校的教师的待遇,由举办者自行确定并予以保障。

## 第七章 奖励

第三十三条 教师在教育教学、培养人才、科学研究、教学改革、学校建设、社会服务、勤工俭学等方面成绩优异的,由所在学校予以表彰、奖励。

国务院和地方各级人民政府及其有关部门对有突出贡献的教师,应当予以表彰、奖励。

对有重大贡献的教师,依照国家有关规定授予荣誉称号。

第三十四条 国家支持和鼓励社会组织或者个人向依法成立的奖励教师的基金组织捐助资金,对教师进行奖励。

## 第八章 法律责任

第三十五条 侮辱、殴打教师的,根据不同情况,分别给予行政处分或者行政处罚;造成损害的,责令赔偿损失;情节严重,构成犯罪的,依法追究刑事责任。

第三十六条 对依法提出申诉、控告、检举的教师进行打击报复的,由其所在单位或者上级机关责令改正;情节严重的,可以根据具体情况给予行政处分。

国家工作人员对教师打击报复构成犯罪的,依照刑法第一百四十六条的规定追究刑事责任。

第三十七条 教师有下列情形之一的,由所在学校、其他教育机构或者教育行政部门给予行政处分或者解聘:

(一) 故意不完成教育教学任务给教育教学工作造成损失的;

(二) 体罚学生,经教育不改的;

(三) 品行不良、侮辱学生,影响恶劣的。

教师有前款第(二)项、第(三)项所列情形之一,情节严重,构成犯罪的,依法追究刑事责任。

第三十八条 地方人民政府对违反本法规定,拖欠教师工资或者侵犯教师其他合法权益的,应当责令其限期改正。违反国家财政制度、财务制度，挪用国家财政用于教育的经费，严重妨碍教育教学工作，拖欠教师工资，损害教师合法权益的，由上级机关责令限期归还被挪用的经费，并对直接责任人员给予行政处分；情节严重，构成犯罪的，依法追究刑事责任。

第三十九条 教师对学校或者其他教育机构侵犯其合法权益的，或者对学校或者其他教育机构作出的处理不服的，可以向教育行政部门提出申诉，教育行政部门应当在接到申诉的三十日内，作出处理。

教师认为当地人民政府有关行政部门侵犯其根据本法规定享有的权利的，可以向同级人民政府或者上一级人民政府有关部门提出申诉，同级人民政府或者上一级人民政府有关部门应当作出处理。

## 第九章 附则

第四十条 本法下列用语的含义是：

（一）各级各类学校，是指实施学前教育、普通初等教育、普通中等教育、职业教育、普通高等教育以及特殊教育、成人教育的学校。

（二）其他教育机构，是指少年宫以及地方教研室、电化教育机构等。

（三）中小学教师，是指幼儿园、特殊教育机构、普通中小学、成人初等中等教育机构、职业中学以及其他教育机构的教师。

第四十一条 学校和其他教育机构中的教育教学辅助人员，其他类型的学校的教师和教育教学辅助人员，可以根据实际情况参照本法的有关规定执行。

军队所属院校的教师和教育教学辅助人员，由中央军事委员会依照本法制定有关规定。

第四十二条 外籍教师的聘任办法由国务院教育行政部门规定。

第四十三条 本法自1994年1月1日起施行

# 中华人民共和国教育法

中华人民共和国主席令第 45 号

(1995 年 3 月 18 日第八届全国人民代表大会第三次会议通过)

## 第一章 总则

第一条 为了发展教育事业，提高全民族的素质，促进社会主义物质文明和精神文明建设，根据宪法，制定本法。

第二条 在中华人民共和国境内的各级各类教育，适用本法。

第三条 国家坚持以马克思列宁主义、毛泽东思想和建设有中国特色社会主义理论为指导，遵循宪法确定的基本原则，发展社会主义的教育事业。

第四条 教育是社会主义现代化建设的基础，国家保障教育事业优先发展。全社会应当关心和支持教育事业的发展。全社会应当尊重教师。

第五条 教育必须为社会主义现代化建设服务，必须与生产劳动相结合，培养德、智、体等方面全面发展的社会主义事业的建设者和接班人。

第六条 国家在受教育者中进行爱国主义、集体主义、社会主义的教育，进行理想、道德、纪律、法制、国防和民族团结的教育。

第七条 教育应当继承和弘扬中华民族优秀的历史文化传统，吸收人类文明发展的一切优秀成果。

第八条 教育活动必须符合国家和社会公共利益。国家实行教育与宗教相分离。任何组织和个人不得利用宗教进行妨碍国家教育制度的活动。

第九条　中华人民共和国公民有受教育的权利和义务。公民不分民族、种族、性别、职业、财产状况、宗教信仰等，依法享有平等的受教育机会。

第十条　国家根据各少数民族的特点和需要，帮助各少数民族地区发展教育事业。国家扶持边远贫困地区发展教育事业。国家扶持和发展残疾人教育事业。

第十一条　国家适应社会主义市场经济发展和社会进步的需要，推进教育改革，促进各级各类教育协调发展，建立和完善终身教育体系。

国家支持、鼓励和组织教育科学研究，推广教育科学研究成果，促进教育质量提高。

第十二条　汉语言文字为学校及其他教育机构的基本教学语言文字。少数民族学生为主的学校及其他教育机构，可以使用本民族或者当地民族通用的语言文字进行教学。

学校及其他教育机构进行教学，应当推广使用全国通用的普通话和规范字。

第十三条　国家对发展教育事业做出突出贡献的组织和个人，给予奖励。

第十四条　国务院和地方各级人民政府根据分级管理、分工负责的原则，领导和管理教育工作。中等及中等以下教育在国务院领导下，由地方人民政府管理。高等教育由国务院和省、自治区、直辖市人民政府管理。

第十五条　国务院教育行政部门主管全国教育工作，统筹规划、协调管理全国的教育事业。

县级以上地方各级人民政府教育行政部门主管本行政区域内的教育工作。

县级以上各级人民政府其他有关部门在各自的职责范围内，负责有关的教育工作。

第十六条　国务院和县级以上地方各级人民政府应当向本级人民代表大会或者其常务委员会报告教育工作和教育经费预算、决算情况，接受监督。

## 第二章 教育基本制度

第十七条 国家实行学前教育、初等教育、中等教育、高等教育的学校教育制度。

国家建立科学的学制系统。学制系统内的学校和其他教育机构的设置、教育形式、修业年限、招生对象、培养目标等，由国务院或者由国务院授权教育行政部门规定。

第十八条 国家实行九年制义务教育制度。

各级人民政府采取各种措施保障适龄儿童、少年就学。适龄儿童、少年的父母或者其他监护人以及有关社会组织和个人有义务使适龄儿童、少年接受并完成规定年限的义务教育。

第十九条 国家实行职业教育制度和成人教育制度。

各级人民政府、有关行政部门以及企业事业组织应当采取措施，发展并保障公民接受职业学校教育或者各种形式的职业培训。

国家鼓励发展多种形式的成人教育，使公民接受适当形式的政治、经济、文化、科学、技术、业务教育和终身教育。

第二十条 国家实行国家教育考试制度。国家教育考试由国务院教育行政部门确定种类，并由国家批准的实施教育考试的机构承办。

第二十一条 国家实行学业证书制度。

经国家批准设立或者认可的学校及其他教育机构按照国家有关规定，颁发学历证书或者其他学业证书。

第二十二条 国家实行学位制度。

学位授予单位依法对达到一定学术水平或者专业技术水平的人员授予相应的学位，颁发学位证书。

第二十三条 各级人民政府、基层群众性自治组织和企业事业组织应当采取各种措施，开展扫除文盲的教育工作。按照国家规定具有接受扫除文盲教育能力的公民，应当接受扫除文盲的教育。

第二十四条 国家实行教育督导制度和学校及其他教育机构教育评估制度。

## 第三章　学校及其他教育机构

第二十五条　国家制定教育发展规划,并举办学校及其他教育机构。

国家鼓励企业事业组织、社会团体、其他社会组织及公民个人依法举办学校及其他教育机构。任何组织和个人不得以营利为目的举办学校及其他教育机构。

第二十六条　设立学校及其他教育机构,必须具备下列基本条件:

(一) 有组织机构和章程;

(二) 有合格的教师;

(三) 有符合规定标准的教学场所及设施、设备等;

(四) 有必备的办学资金和稳定的经费来源。

第二十七条　学校及其他教育机构的设立、变更和终止,应当按照国家有关规定办理审核、批准、注册或者备案手续。

第二十八条　学校及其他教育机构行使下列权利:

(一) 按照章程自主管理;

(二) 组织实施教育教学活动;

(三) 招收学生或者其他受教育者;

(四) 对受教育者进行学籍管理,实施奖励或者处分;

(五) 对受教育者颁发相应的学业证书;

(六) 聘任教师及其他职工,实施奖励或者处分;

(七) 管理、使用本单位的设施和经费;

(八) 拒绝任何组织和个人对教育教学活动的非法干涉;

(九) 法律、法规规定的其他权利。

国家保护学校及其他教育机构的合法权益不受侵犯。

第二十九条　学校及其他教育机构应当履行下列义务:

(一) 遵守法律、法规;

(二) 贯彻国家的教育方针,执行国家教育教学标准,保证教育教学质量;

(三) 维护受教育者、教师及其他职工的合法权益;

(四) 以适当方式为受教育者及其监护人了解受教育者的学业成

绩及其他有关情况提供便利；

（五）遵照国家有关规定收取费用并公开收费项目；

（六）依法接受监督。

第三十条 学校及其他教育机构的举办者按照国家有关规定，确定其所举办的学校或者其他教育机构的管理体制。

学校及其他教育机构的校长或者主要行政负责人必须由具有中华人民共和国国籍、在中国境内定居、并具备国家规定任职条件的公民担任，其任免按照国家有关规定办理。学校的教学及其他行政管理，由校长负责。

学校及其他教育机构应当按照国家有关规定，通过以教师为主体的教职工代表大会等组织形式，保障教职工参与民主管理和监督。

第三十一条 学校及其他教育机构具备法人条件的，自批准设立或者登记注册之日起取得法人资格。

学校及其他教育机构在民事活动中依法享有民事权利，承担民事责任。

学校及其他教育机构中的国有资产属于国家所有。

学校及其他教育机构兴办的校办产业独立承担民事责任。

## 第四章 教师和其他教育工作者

第三十二条 教师享有法律规定的权利，履行法律规定的义务，忠诚于人民的教育事业。

第三十三条 国家保护教师的合法权益，改善教师的工作条件和生活条件，提高教师的社会地位。教师的工资报酬、福利待遇，依照法律、法规的规定办理。

第三十四条 国家实行教师资格、职务、聘任制度，通过考核、奖励、培养和培训，提高教师素质，加强教师队伍建设。

第三十五条 学校及其他教育机构中的管理人员，实行教育职员制度。

学校及其他教育机构中的教学辅助人员和其他专业技术人员，实行专业技术职务聘任制度。

## 第五章　受教育者

第三十六条　受教育者在入学、升学、就业等方面依法享有平等权利。

学校和有关行政部门应当按照国家有关规定，保障女子在入学、升学、就业、授予学位、派出留学等方面享有同男子平等的权利。

第三十七条　国家、社会对符合入学条件、家庭经济困难的儿童、少年、青年，提供各种形式的资助。

第三十八条　国家、社会、学校及其他教育机构应当根据残疾人身心特性和需要实施教育，并为其提供帮助和便利。

第三十九条　国家、社会、家庭、学校及其他教育机构应当为有违法犯罪行为的未成年人接受教育创造条件。

第四十条　从业人员有依法接受职业培训和继续教育的权利和义务。

国家机关、企业事业组织和其他社会组织，应当为本单位职工的学习和培训提供条件和便利。

第四十一条　国家鼓励学校及其他教育机构、社会组织采取措施，为公民接受终身教育创造条件。

第四十二条　受教育者享有下列权利：

（一）参加教育教学计划安排的各种活动，使用教育教学设施、设备、图书资料；

（二）按照国家有关规定获得奖学金、贷学金、助学金；

（三）在学业成绩和品行上获得公正评价，完成规定的学业后获得相应的学业证书、学位证书；

（四）对学校给予的处分不服向有关部门提出申诉，对学校、教师侵犯其人身权、财产权等合法权益，提出申诉或者依法提起诉讼；

（五）法律、法规规定的其他权利。

第四十三条　受教育者应当履行下列义务：

（一）遵守法律、法规；

（二）遵守学生行为规范，尊敬师长，养成良好的思想品德和行为习惯；

（三）努力学习，完成规定的学习任务；

（四）遵守所在学校或者其他教育机构的管理制度。

第四十四条　教育、体育、卫生行政部门和学校及其他教育机构应当完善体育、卫生保健设施，保护学生的身心健康。

## 第六章　教育与社会

第四十五条　国家机关、军队、企业事业组织、社会团体及其他社会组织和个人，应当依法为儿童、少年、青年学生的身心健康成长创造良好的社会环境。

第四十六条　国家鼓励企业事业组织、社会团体及其他社会组织同高等学校、中等职业学校在教学、科研、技术开发和推广等方面进行多种形式的合作。

企业事业组织、社会团体及其他社会组织和个人，可以通过适当形式，支持学校的建设，参与学校管理。

第四十七条　国家机关、军队、企业事业组织及其他社会组织应当为学校组织的学生实习、社会实践活动提供帮助和便利。

第四十八条　学校及其他教育机构在不影响正常教育教学活动的前提下，应当积极参加当地的社会公益活动。

第四十九条　未成年人的父母或者其他监护人应当为其未成年子女或者其他被监护人受教育提供必要条件。

未成年人的父母或者其他监护人应当配合学校及其他教育机构，对其未成年子女或者其他被监护人进行教育。学校、教师可以对学生家长提供家庭教育指导。

第五十条　图书馆、博物馆、科技馆、文化馆、美术馆、体育馆（场）等社会公共文化体育设施，以及历史文化古迹和革命纪念馆（地），应当对教师、学生实行优待，为受教育者接受教育提供便利。

广播、电视台（站）应当开设教育节目，促进受教育者思想品德、文化和科学技术素质的提高。

第五十一条　国家、社会建立和发展对未成年人进行校外教育的设施。

学校及其他教育机构应当同基层群众性自治组织、企业事业组织、社会团体相互配合，加强对未成年人的校外教育工作。

第五十二条　国家鼓励社会团体、社会文化机构及其他社会组织和个人开展有益于受教育者身心健康的社会文化教育活动。

## 第七章　教育投入与条件保障

第五十三条　国家建立以财政拨款为主、其他多种渠道筹措教育经费为辅的体制，逐步增加对教育的投入，保证国家举办的学校教育经费的稳定来源。

企业事业组织、社会团体及其他社会组织和个人依法举办的学校及其他教育机构，办学经费由举办者负责筹措，各级人民政府可以给予适当支持。

第五十四条　国家财政性教育经费支出占国民生产总值的比例应当随着国民经济的发展和财政收入的增长逐步提高。具体比例和实施步骤由国务院规定。

全国各级财政支出总额中教育经费所占比例应当随着国民经济的发展逐步提高。

第五十五条　各级人民政府的教育经费支出，按照事权和财权相统一的原则，在财政预算中单独列项。

各级人民政府教育财政拨款的增长应当高于财政经常性收入的增长，并使按在校学生人数平均的教育费用逐步增长，保证教师工资和学生人均公用经费逐步增长。

第五十六条　国务院及县级以上地方各级人民政府应当设立教育专项资金，重点扶持边远贫困地区、少数民族地区实施义务教育。

第五十七条　税务机关依法足额征收教育费附加，由教育行政部门统筹管理，主要用于实施义务教育。

省、自治区、直辖市人民政府根据国务院的有关规定，可以决定开征用于教育的地方附加费，专款专用。

农村乡统筹中的教育费附加，由乡人民政府组织收取，由县级人民政府教育行政部门代为管理或者由乡人民政府管理，用于本乡范围内乡、村两级教育事业。农村教育费附加在乡统筹中所占具体比例和具体管理办法，由省、自治区、直辖市人民政府规定。

第五十八条　国家采取优惠措施，鼓励和扶持学校在不影响正常教育教学的前提下开展勤工俭学和社会服务，兴办校办产业。

第五十九条　经县级人民政府批准，乡、民族乡、镇的人民政府根据自愿、量力的原则，可以在本行政区域内集资办学，用于实施义务教育学校的危房改造和修缮、新建校舍，不得挪作他用。

第六十条　国家鼓励境内、境外社会组织和个人捐资助学。

第六十一条　国家财政性教育经费、社会组织和个人对教育的捐赠，必须用于教育，不得挪用、克扣。

第六十二条　国家鼓励运用金融、信贷手段，支持教育事业的发展。

第六十三条　各级人民政府及其教育行政部门应当加强对学校及其他教育机构教育经费的监督管理，提高教育投资效益。

第六十四条　地方各级人民政府及其有关行政部门必须把学校的基本建设纳入城乡建设规划，统筹安排学校的基本建设用地及所需物资，按照国家有关规定实行优先、优惠政策。

第六十五条　各级人民政府对教科书及教学用图书资料的出版发行，对教学仪器、设备的生产和供应，对用于学校教育教学和科学研究的图书资料、教学仪器、设备的进口，按照国家有关规定实行优先、优惠政策。

第六十六条　县级以上人民政府应当发展卫星电视教育和其他现代化教学手段，有关行政部门应当优先安排，给予扶持。

国家鼓励学校及其他教育机构推广运用现代化教学手段。

## 第八章　教育对外交流与合作

第六十七条　国家鼓励开展教育对外交流与合作。

教育对外交流与合作坚持独立自主、平等互利、相互尊重的原则，不得违反中国法律，不得损害国家主权、安全和社会公共利益。

第六十八条　中国境内公民出国留学、研究、进行学术交流或者任教，依照国家有关规定办理。

第六十九条　中国境外个人符合国家规定的条件并办理有关手续后，可以进入中国境内学校及其他教育机构学习、研究、进行学术交流或者任教，其合法权益受国家保护。

第七十条　中国对境外教育机构颁发的学位证书、学历证书及其他学业证书的承认，依照中华人民共和国缔结或者加入的国际条约办理，或者按照国家有关规定办理。

## 第九章　法律责任

第七十一条　违反国家有关规定，不按照预算核拨教育经费的，由同级人民政府限期核拨；情节严重的，对直接负责的主管人员和其他直接责任人员，依法给予行政处分。

违反国家财政制度、财务制度，挪用、克扣教育经费的，由上级机关责令限期归还被挪用、克扣的经费，并对直接负责的主管人员和其他直接责任人员，依法给予行政处分；构成犯罪的，依法追究刑事责任。

第七十二条　结伙斗殴，寻衅滋事，扰乱学校及其他教育机构教育教学秩序或者破坏校舍、场地及其他财产的，由公安机关给予治安管理处罚；构成犯罪的，依法追究刑事责任。

侵占学校及其他教育机构的校舍、场地及其他财产的，依法承担民事责任。

第七十三条　明知校舍或者教育教学设施有危险，而不采取措施，造成人员伤亡或者重大财产损失的，对直接负责的主管人员和其他直接责任人员，依法追究刑事责任。

第七十四条　违反国家有关规定，向学校或者其他教育机构收取费用的，由政府责令退还所收费用；对直接负责的主管人员和其他直接责任人员，依法给予行政处分。

第七十五条　违反国家有关规定，开办学校或者其他教育机构的，由教育行政部门予以撤销；有违法所得的，没收违法所得；对直接负责的主管人员和其他直接责任人员，依法给予行政处分。

第七十六条　违反国家有关规定招收学员的，由教育行政部门责令退回招收的学员，退还所收费用；对直接负责的主管人员和其他直接责任人员，依法给予行政处分。

第七十七条　在招收学生工作中徇私舞弊的，由教育行政部门责令退回招收的人员；对直接负责的主管人员和其他直接责任人员，依法给予行政处分；构成犯罪的，依法追究刑事责任。

第七十八条 学校及其他教育机构违反国家有关规定向受教育者收取费用的，由教育行政部门责令退还所收费用；对直接负责的主管人员和其他直接责任人员，依法给予行政处分。

第七十九条 在国家教育考试中作弊的，由教育行政部门宣布考试无效，对直接负责的主管人员和其他直接责任人员，依法给予行政处分。

非法举办国家教育考试的，由教育行政部门宣布考试无效；有违法所得的，没收违法所得；对直接负责的主管人员和其他直接责任人员，依法给予行政处分。

第八十条 违反本法规定，颁发学位证书、学历证书或者其他学业证书的，由教育行政部门宣布证书无效，责令收回或者予以没收；有违法所得的，没收违法所得；情节严重的，取消其颁发证书的资格。

第八十一条 违反本法规定，侵犯教师、受教育者、学校或者其他教育机构的合法权益，造成损失、损害的，应当依法承担民事责任。

## 第十章　附则

第八十二条 军事学校教育由中央军事委员会根据本法的原则规定。

宗教学校教育由国务院另行规定。

第八十三条 境外的组织和个人在中国境内办学和合作办学的办法，由国务院规定。

第八十四条 本法自1995年9月1日起施行。

# 全国教育事业"九五"计划和 2010 年发展规划

教计 [1996] 45 号

## 一 "八五"计划执行情况

"八五"期间，特别是实施《中国教育改革和发展纲要》以来，我国教育事业进一步发展，取得了显著成绩。

（一）九年义务教育正在有计划、有步骤地实施

1995 年，全国小学在校生达到 1.32 亿人，学龄儿童入学率（按不同地区学制和儿童入学起始年龄计算，下同）达到 98.5%，女性和男性、农村和城市、贫困地区和发达地区学龄儿童入学率的差距逐年缩小。全国初级中学（包括职业初中）在校生达到 4727.5 万人，毛入学率达到 78.4%，比 1990 年提高 11.8 个百分点。小学和初级中学教师合格率分别达到 97.6% 和 74.9%，比 1990 年各提高 23.7 和 18.0 个百分点，校舍危房率分别下降到 1.8% 和 1.7%。

（二）中等职业教育进一步发展，高中阶段教育结构过分单一的状况明显改善

1995 年，全国各类普通中等职业学校（指中等专业学校、技工学校和职业高中）在校生达到 939.3 万人，比 1990 年增长 55.3%，年递增率 9.2%。普通高中在校生 713.2 万人，比 1990 年减少 4.1 万人。各类职业学校在校生占整个高中阶段在校生的比重从 1990 年的 45.7% 提高到 56.8%，提高 11.1 个百分点。

（三）高等本、专科教育有较大发展，办学效益有所提高

1995 年，全国有高等学校 2210 所（其中，普通高校 1054 所，成

人高校1156所），在校本专科学生达到547.7万人，比1990年增长46.9%，年递增率达到8.0%。每10万人口在校大学生数达到457人，18—21岁学龄人口毛入学率达到6.5%。从1990年到1995年，普通高等学校本专科在校生平均规模从1919人增加到2759人，生师比从5.2∶1提高到7.3∶1（把研究生、留学生、进修生和夜大、函授生等其他学生按国家规定的当量折合为本专科，普通高等学校生师比从6.6∶1提高到8.9∶1）。

（四）科技工作比重加大，研究生培养能力进一步增强

"八五"期间，高等学校科技工作进一步发展，科研经费有较大增加，科技开发和科技成果转化工作进一步加强，一批科技成果受到国家和省、部级奖励，不少成果向社会转移后获得了巨大经济效益。"八五"期间国家继续投资，在高等学校建成101个国家重点实验室和58个专业实验室，对若干所学校进行了重点建设，一批较先进的科研和教育基地正在形成。研究生教育迅速发展，学位制度进一步完善。到1995年，培养博士、硕士学位研究生的学校分别达到219所和471所，学科点分别达到2000个和7400个。在校研究生总数达到14.5万人，比1990年增长55.7%，年递增率达到9.3%。

（五）扫盲工作、岗位培训和成人继续教育取得显著成绩

"八五"期间，全国每年扫除文盲保持在400万人以上，青壮年文盲率由1990年的9.3%下降到7%以下。在职人员岗位培训和继续教育有较大发展，约1.4亿人次职工参加了各种类型职业技术培训，3亿人次农民不同程度地受到各种形式的文化和实用技术培训。多层次、多形式的成人教育体系基本形成。

（六）教育体制改革取得明显进展

基础教育主要由地方负责，分级办学、分级管理的体制进一步完善，调动了各级政府和广大群众的办学积极性，加快了普及义务教育的进程。农村和城市教育综合改革深入开展，高等教育实行教学、科研、生产（社会应用）相结合等，进一步密切了教育和经济、科技的关系。高等学校管理体制和办学体制改革取得较大进展，已有一批高等学校实行部门与地方共建共管或以多种形式实行联合办学，长期存

在的条块分割、自我封闭、服务面向单一的状况有所改变。合作办学、社会力量办学进一步发展，以政府办学为主，社会各界共同参与办学的体制开始形成。高等学校、中等及中等以上职业学校招生和毕业生就业制度改革迈出了较大步伐。以政府拨款为主，多渠道筹措教育经费的格局正在形成。学校内部改革进一步深化，办学活力和主动适应社会需要的能力有所增强。国际交流进一步扩大，法制建设取得显著成绩，在加强宏观调控方面积累了一定经验。

当前教育事业发展的总体趋势是好的，但与中等发达国家相比还存在较大差距，与我国社会、经济、科技发展的需要还不相适应，在实际工作中还存在不少问题和困难。主要是：国民受教育总体水平较低，人口中文盲和半文盲比重较高且绝对数大，教育体制改革还不能很好适应社会主义市场经济和面向21世纪的需要。基础教育中片面追求升学率和学生学业负担过重的问题尚未根本解决。全社会兴办职业教育的机制还没有很好建立起来。高等学校布局和教育结构不合理，专业划分过细、重复设置，办学效益有待提高。教育投入不足，教师待遇偏低，住房困难，不能专心治教、施教，影响办学水平和教育质量的提高。

**二　今后十五年教育发展的基本指导思想**

今后15年教育发展的基本指导思想是：根据国民经济和社会发展规划和科教兴国战略，切实落实教育优先发展的战略地位，深入推进教育体制改革，优化教育结构，提高教育质量和办学效益，使教育发展与未来我国社会和经济发展需要相适应。

（一）切实落实教育优先发展的战略地位，使教育与经济和社会协调发展

今后15年，是我国建立社会主义市场经济体制，全面实现现代化建设第二步战略目标并向第三步目标迈进的关键时期。提高全民教育水平和人口素质，有效开发人力资源，培养大量专门人才，是实施科教兴国战略，加快经济建设和社会发展步伐的关键所在。在"九五"以至2010年以前，要根据《中华人民共和国教育法》《中国教育改革和发展纲要》和十四届五中全会精神，采取坚决有效措施，切实落实

教育优先发展的战略地位，依法加大教育投入，使教育与我国经济和社会协调发展。

（二）从"三个面向"出发，使教育事业适应未来需要

教育是一种适应未来需要的事业，必须坚持"面向现代化、面向世界、面向未来"的发展方针。要从"三个面向"出发，确定教育的发展战略、发展目标，使教育的体系结构、发展规模和发展速度与未来社会发展的需要相适应。要从"三个面向"出发，深入改革教育体系、课程体系、教学内容和教学方法，使国民素质的提高和专门人才培养的质量与未来社会发展的需要相适应。

（三）深化教育体制改革，加快教育发展步伐

面对经济体制由计划经济体制向社会主义市场经济体制转变和经济增长方式由粗放型向集约型转变的情况，只有深入进行教育体制改革，才能充分调动各级政府、社会和广大师生的积极性，加快教育发展。中共中央、国务院颁发的《中国教育改革和发展纲要》，针对计划经济体制下政府对教育包得过多、统得过死等弊端，提出了对办学体制、管理体制、教育投资体制、高等学校和中等专业学校招生、收费和毕业生就业制度、学校内部管理制度等进行改革的方向和途径。要把贯彻落实中国教育改革和发展，深入推进教育体制改革，建立与社会主义市场经济体制相适应的新型教育体制，作为今后教育工作一项重大而紧迫的任务。

（四）正确认识和处理规模速度与质量效益的关系

把提高教育质量和办学效益摆在突出位置，必须正确认识和处理数量和质量、速度与效益的辩证关系，坚持规模速度与质量效益相统一的发展方针。没有规模速度不行，没有质量效益也不行；规模扩大是发展，提高质量和效益也是发展。针对当前普遍存在的重数量而忽视质量、重速度而忽视效益的倾向，要把提高教育质量和办学效益摆在突出位置，促进教育发展方式从重视规模速度向着力提高质量效益转变。要据此选择发展战略，确定发展速度，通过计划和市场调节优化教育资源配置。

（五）坚持社会主义方向，全面贯彻党的教育方针

教育的根本任务是提高全民族素质，培养德、智、体等方面全面发展的社会主义事业的建设者和接班人。各级各类学校要全面贯彻党的教育方针，坚持社会主义方向，坚持以马列主义、毛泽东思想和建设有中国特色的社会主义理论教育学生。学生教育与生产劳动（社会应用）相结合，引导学生走与工农相结合的道路，增强对劳动人民的感情，逐步树立起科学的世界观和全心全意为人民服务的人生观。要结合不同阶段教育和学生年龄特点，不断加强和改进思想政治工作，加强国情教育、爱国主义、集体主义、社会主义教育、民族团结教育和对中小学学生注重进行文明行为的养成教育，把学生培养成有理想、有道德、有文化、有纪律的一代新人。

**三 教育事业发展目标**

"九五"期间，我国教育事业发展的总目标是：认真贯彻和全面落实《中国教育改革和发展纲要》、十四届五中全会提出的改革任务和发展目标，以普及九年义务教育和扫除青壮年文盲为重点，积极发展职业教育和成人教育，适度发展高等教育，优化教育结构，努力提高教育质量和办学效益，形成具有中国特色的、面向21世纪的社会主义教育体系的基本框架。各级各类教育发展的具体目标是：

（一）基本普及九年义务教育，基本扫除青壮年文盲

小学在校生达到1.35亿人，比1995年增加300万人，年递增率0.45%。初中在校生达到5500万人，比1995年增加770万人，年递增率3.1%，初中入学率达到85%左右。按省级政府制定的实施义务教育标准，在占85%的人口地区普及九年义务教育，在其余10%的人口地区普及5—6年小学教育，5%的人口地区普及3—4年初级小学教育。小学和初中学生辍学率分别降低到1%和3%以下，进一步缩小女童和男童、农村和城市、贫困地区和发达地区、少数民族聚居地区和其他地区学龄儿童入学率的差距。为残疾儿童、少年提供更多的学习机会。3—5周岁儿童毛入园（包括学前班）率达到45%以上，大中城市基本解决适龄幼儿入园问题，农村学前一年级幼儿入园（班）率达到60%以上。"九五"期间，重点扫除建国后出生的年龄在15周岁

以上的青壮年文盲。每年扫除文盲 400 万人以上，脱盲巩固率达到 95% 以上，青壮年文盲率降低到 5% 以下。

（二）积极发展职业教育，适度扩大普通高中教育规模

全国高中阶段各类在校生达到 2125 万人，年递增率为 5.2%。大城市和沿海经济发达地区努力普及高中阶段教育。普通高中随着高等教育规模的扩大适度发展，达到 850 万人左右，比 1995 年增加 136.8 万人，年递增率达到 3.6%。职业教育以初中后为重点，实行小学后、初中后和高中后三级分流。高中阶段各类职业学校在校生达到 1275 万人左右，比 1995 年增加 335.7 万人，年递增率达到 6.3%。全国各类高中阶段职业学校在校生占整个高中阶段在校生的比重提高到 60% 左右。

（三）适度扩大高等教育规模，优化结构，进一步提高教育质量和办学效益

高等教育在校生达到 650 万人左右，增加约 100 万人。每 10 万人口大学生数提高到约 500 人，18—21 周岁学龄人口毛入学率提高到 8% 左右。其中，本专科在校生达到 630 万人，年递增率达到 2.8%，研究生达到 20 万人，年递增率达到 6.6%；普通高等学校本专科在校生达到 350 万人，年递增率达到 3.8%；成人高等学校本专科在校生达到 280 万人，年递增率达到 1.7%。在层次结构上，重点发展高等专科层次教育，特别是面向广大农村、中小企业、乡镇企业、城镇第三产业的高等专科教育和专科层次的高等职业教育。各类专科教育在校生的总量达到 450 万人左右。在学科结构上，重点发展应用学科、有针对性的发展新兴学科和边缘学科，优先保证国家重点产业、教育和国防军工单位对人才的需求。认真组织实施"211 工程"，重点建设约 100 所高等学校和一批重点学科。

根据高等学校特点，积极开展自然科学、人文和社会科学研究。推动校际合作，组织科研攻关，努力为经济建设和社会发展解决一批重大问题。进一步加强科技开发，有选择的兴办高科技产业，促进科技成果转化，以多种形式为地方经济建设和社会发展服务。积极组织研究生和高年级大学生参加科研工作，加快科技成果向教学过程转移，

以多种方式为提高教育质量服务。

（四）大力加强职业培训

在办好各级学历教育的同时，积极发展各级各类非学历教育。加强县乡两级文化和职业培训中心建设，中等职业学校要面向社会需要积极开展职业培训，成人教育要以岗位培训和继续教育为重点。"九五"期间，通过职业培训机构和各级职业学校、成人学校，以及广播、卫星电视和函授教育，使职业培训和继续教育有较大发展。到20世纪末，农村和城市未继续升学的初中毕业生接受各种培训人数的比重分别达到50%和70%以上。

2010年教育事业发展主要目标是：全面普及九年义务教育，扫除青壮年文盲，职业教育和成人教育有更大发展，人口中接受高等教育的比重接近中等发达国家水平，各级各类学校办学条件有较大改善，质量和效益明显提高。具体发展目标是：青壮年文盲率降低到1%左右，成人识字率提高到90%以上，通过学文化和学技术相结合巩固扫盲成果。小学在校生保持在1.3亿人左右，初中达到6300万人，初中入学率达到95%左右，在占人口约95%的地区普及九年义务教育。3—5周岁幼儿毛入园（班）率达到55%。高中阶段各类学校在校生增加到3500万人左右，入学率达到50%以上。普通高中在校生达到1400万人，中等职业学校在校生达到2100万人。高等学校在校生增加到950万人左右，每10万人口在校生学生数达到700人，毛入学率达11%左右。研究生培养规模达到30万—35万人，每年授予硕士、博士学位人数达到10万人以上。进一步发展各种类型的职前、职后培训和继续教育，基本形成学历教育和非学历教育并重，不同层次教育相衔接，职业教育和普通教育相沟通的职业教育制度和体现终身教育特点的现代社会教育体系。

**四 教育体制改革的目标和步骤**

未来15年，教育体制改革的基本任务是：根据《中国教育改革和发展纲要》提出的改革方向和途径，深入推进各项改革，逐步形成与社会主义市场经济体制、政治体制和科技体制相适应的教育体制和运行机制。

办学体制改革。"九五"期间,加强社会力量办学的立法工作,以中等和中等以下教育,特别是各级职业教育为重点,积极发展各类民办学校。现有公办学校在条件具备时,也可酌情转为"公办民助"学校或"民办公助"学校。到2010年,基本形成以政府办学为主,社会各界共同参与的办学体制及公立学校和民办学校共同发展的格局。

高等学校管理体制改革。"九五"期间,以"共建"和"联合办学"为主要形式,扩大学校投资渠道和服务面向,淡化和改变学校单一的隶属关系。加强省级政府统筹和条块结合,推动有条件的学校进行实体合并,部分专业通用性强、地方建设需要的中央部门所属学校,可转由省级政府管理。到2010年,中央政府只管理少数有代表性的骨干学校和一些行业性强、地方政府不便管理的学校,较多的学校要转由地方政府管理或以地方为主管理。深化学校内部人事、分配等制度改革,推动生活后勤工作社会化,使学校办学活力显著增强,效益明显提高。

农村和城市教育综合改革。要在地方政府统一领导下,成立由计划、财税、科技、教育、劳动、人事等部门参加的统筹协调机构,对经济、科技、教育发展进行统筹规划。推进农科教结合、"三教统筹"以及"燎原计划"与"星火计划""丰收计划"的有机结合。根据当地经济社会发展的需要和各类教育的不同特点,积极进行社区教育试点,进一步推动城市教育综合改革,积极探索现代企业教育制度和城市教育管理的新体制。

运行机制改革。根据地区间发展不平衡的实际,国家在保证大政方针统一的前提下,对教育事业实行分区规划、分类指导。转变政府职能,由对学校的直接行政管理,转变为运用立法、规划、拨款、信息服务、政策指导和必要的行政手段等,进行宏观管理,确立和落实学校面向社会自主办学的法人实体地位。到2010年基本建成比较配套的教育法规体系和比较完备的教育决策咨询系统、信息系统、督导评估系统,逐步形成自我发展和自我约束的运行机制。

招生、收费和毕业生就业制度改革。"九五"期间,要积极推动高等学校和中等专业学校公费生和自费生并轨,普遍实行学生缴费上学制度，同时建立完善奖学金、贷学金、勤工俭学制度和对家庭经济困难学生实行减免学杂费制度。随着劳动人事制度改革和招生制度的完善，积极推动毕业生就业制度改革。近期内以实行"供需见面、双向选择"为主，到2010年前，除实行定向招生和享受定向、专项奖学金的学生按规定方向或合同就业外，其他毕业生基本实行在国家政策指导下自主择业的就业制度。

教学改革。进一步转变教育思想，改革教学内容和教学方法，克服学校教育不同程度存在的脱离经济建设和社会发展实际的现象。按照现代化建设的需要调整课程结构，用现代科学文化发展的新成果充实和更新教育内容，加强基本知识、基础理论和基本技能训练。高等教育要拓宽专业服务范围，加强实践环节教学和训练，促进教学、科研、生产（社会应用）三结合，提高学生分析问题和解决问题能力。改革和完善小学毕业生就近入学，初中毕业生升学考试，高中毕业生会考和高考制度，减轻学生过重的学习负担，使学生在德、智、体等方面全面发展。

**五　政策措施**

（一）认真落实"两基"的重中之重地位，确保"两基"任务按期完成

为了确保"两基"任务的按期完成，必须正确处理十四届五中全会提出的"重点是义务教育、积极发展职业教育和成人教育、适度发展高等教育"三者之间的关系，保证"两基"的投入，把"两基"的重中之重地位落到实处。国家按经济发展水平和教育基础，把全国省、直辖市、自治区划分为三片（即东部沿海地区、中部一般地区、西部贫困地区），实行分类指导。各省、直辖市、自治区要从各地实际出发，以县级规划为基础，通过省级、县级、乡级规划把"两基"目标落到实处。把普及九年义务教育和扫盲工作结合起来，按照"普六"—"普九"的顺序分步推进，按照"普六"—扫盲—"普九"的顺序组织验收。组织实施国家"贫困地区义务教育工程"，加大对贫困地区和民族地区"普九"工作的支持力度。贫困地区要树立实现"两基"的责任主要在地方的观念，发扬自力更生精神，把国家的支

持，国际组织贷款、境外友好人士的捐赠、发达省区的对口支援等和地方政府、当地人民群众的积极性结合起来，形成合力，加快"普九"和扫盲工作进度，进一步缩小与发达地区的差距。积极推进教育教学改革，调整教学内容，改进教学方法，抓好"双差生"教育，采取有力措施使长期存在的片面追求升学率和学生课业负担过重等问题得到有效解决。加强薄弱中学建设，淡化和逐步缩小非重点学校和重点学校的差距。有条件的地区要依法要把小学入学的起始年龄逐步向满6周岁过渡，实行小学加初中八年学制的地区，要把学制逐步向九年学制过渡。

（二）积极发展职业教育，稳定中等专业学校办学层次

职业教育要在政府统筹下，主要依靠行业、企业、事业单位办学和社会各方面联合办学。通过立法确立各方面的办学地位和责任。配合劳动部门和行业组织制定和实施各行业不同工种岗位技能等级标准，在全社会实行先培训、后上岗制度以及资格证书和学历文凭并重制度。职业教育要根据社会需要举办，努力提高针对性和适应性。进一步研究高等职业教育的内涵和特点，以现有高等学校为基础，深入进行教育教学改革，提高岗位适应性，积极发展高等职业教育。为了使中等专业学校根据所属性质、所处层次和服务面向，真正办出特色，不断提高质量，要相对稳定办学层次，使学校的层次和培养人才的规格相一致。

（三）调整高等学校布局，提高办学效益

我国高等学校的数量已经不少，只要适当扩大现有高校的办学规模，就可以实现本世纪末本专科在校生达到630万人的规划目标。因此，"九五"期间要通过严格控制中专、大专学校升格和另铺摊子增设新校；在统筹规划基础上，有计划、有步骤的推动高等学校布局结构调整；通过发展多种形式的联合办学和校际合作，努力提高办学效益。到20世纪末，要使省区内高等学校的总体布局进一步趋于合理，全国高等学校的总校数进一步减少，本科院校和高等专科学校的校均在校生规模、生师比、生员（教职员工）比进一步提高。

（四）建立有效的高等教育宏观调控机制

在社会主义市场经济体制形成和发育过程中，必须建立起与教育体制改革相适应的宏观管理体制，加强和改进教育宏观管理。要通过统筹规划、方针政策、信息引导、督导评估、经费拨付等手段的综合运用，建立有效的宏观调控机制，防止教育体系失衡和出现大起大落。突出规划的宏观性、战略性、政策性和规划目标的预测性、指导性，使基层单位和学校能够在国家宏观指导下，根据自己的实际情况，自主进行运作。随着经验的积累和宏观调控机制的完善，逐步扩大省级政府和学校的办学自主权。"八五"期间，高等教育发展较快，投入不足，办学条件已绷得很紧，"九五"前期要适当控制，后几年再根据投入和办学条件的改善情况适度发展。

（五）加强师资队伍建设

师资队伍的数量和质量，对教育发展具有决定性影响。"九五"期间，要按照《教育法》和《教师法》规定的学历标准，努力提高小学和中学教师学历合格率。进入下世纪后，通过增补高学历教师等方式，逐步提高骨干教师比重。要努力办好各级师范教育，提高师范院校毕业生到校任教比例。鼓励非师范院校毕业生到中学任教，为职业学校输送专业课师资。认真实施教师资格认定制度，完善教师考核、聘任、晋升办法，优化教师队伍结构，提高教师队伍的政治、业务素质。鼓励教师忠于职守、忠诚教育事业，树立良好的尊师爱生风尚。"九五"期间，要进一步提高教师待遇，切实解决拖欠教师工资问题和医疗方面的实际困难；通过关、转、招、辞、退等途径，基本解决民办教师问题；大力推动教职工住房建设，使城镇教职工人均住房面积达到或超过当地居民平均水平。

（六）有计划、有步骤地改善办学条件

今后一个时期，要集中一定的财力、物力，有计划、有步骤的改善办学条件，为全面提高教育质量奠定必要的物质基础。基础教育在实现"一无两有"之后，要进一步推进学校标准化建设，切实解决教具、实验仪器、图书资料短缺问题，保证民族教育教材的翻译出版和供应。高等学校和中等职业学校要加快实验室、实验基地、实习场所和图书馆建设，充实仪器设备和文献资料，按教学计划和教学大纲开出教学实验。要加强校际合作，实行资源共享，努力提高各种设备、设施的利用效率。各级政府和有关方面对教科书及教学用图书的出版发行和教学仪器设备的开发、生产、供应实行优先、优惠的政策。

（七）保证教育投入，提高投资效益

为了适应教育发展需要，在20世纪末要使财政性教育支出达到国民总产值的4%，到2010年进一步提高，达到一般中等发达国家水平。这是实现教育发展目标的基本条件。各级政府要从实施科教兴国战略目标出发，制定筹措教育经费的条例或办法，进一步增加教育投入，确保各级政府财政预算中的教育拨款高于财政经常性收入的增长，使在校生生均教育经费和生均公用经费逐步增长。进一步发展和完善以各级政府财政拨款为主，辅之以征收教育税费、收取非义务教育阶段学杂费、发展校办产业、鼓励社会捐资、集资和设立教育基金等多渠道筹措教育经费体制，使教育经费投入有较大增加。改革教育拨款办法，优化资源配置，使教育经费投向与教育发展战略的取向相一致，避免结构性浪费。要发扬艰苦奋斗、勤俭办学精神，建立健全财务制度，加强财务审计和监督，切实把教育经费管好用好。

（八）建立、健全教育法规体系，加强教育督导、评估工作

《义务教育法》《教师法》《教育法》的颁布实施，为依法治教奠定了良好基础。"九五"期间，对已颁布的法律、法规要广泛宣传，认真组织实施，使各级政府、社会各界和学校的行为符合法律、法规要求。要加快《职业教育法》《高等教育法》的出台和其他法律的论证、调研起草工作，争取出台一批教育改革与发展急需、条件又相对成熟的行政法规和部门规章，基本形成较为完备的教育法规体系的基本框架，使教育管理和运行有法可依。为保证教育方针的有效贯彻和教育质量、办学效益的稳步提高，对中小学教育和扫盲工作要加强督导检查，建立较为完备的督导检查制度，对高等教育和中等职业教育要逐步建立以教育质量、办学效益为重点的教育评估制度。

（九）加强规划后续工作

为了保证《全国教育事业"九五"计划和2010年发展规划》的

顺利实施，要进一步推动各省、自治区、直辖市和国务院有关部委制定相应的教育发展规划，把全国教育发展目标落到实处；充分发挥战略决策人员、管理人员和教育研究人员的积极性，对教育发展和规划实施中的重大问题进行跟踪研究，提出政策建议，供决策参考；建立规划实施进展情况监测制度，通过对教育发展情况和规划目标的对比分析，及时总结经验，采取对策。国家和省（自治区、直辖市）级教育部门，都要参照规划目标提出监测指标体系，结合教育统计采集数据，按年度提出监测报告。

# 面向 21 世纪教育振兴行动计划

(1998 年 12 月 24 日)

中国共产党第十五次全国代表大会提出了跨世纪社会现代化建设的宏伟目标与任务,对落实科教兴国战略做出了全面部署。为了实现党的十五大所确定的目标与任务,落实科教兴国战略,全面推进教育的改革和发展,提高全民族的素质和创新能力,特制定本行动计划。

在改革开放和现代化建设新时期,邓小平同志反复强调,实现社会主义现代化,科技是关键,教育是基础。在世纪之交的重要时刻,江泽民同志又深刻指出,"当今世界,以信息技术为主要标志的科技进步日新月异,高科技成果向现实生产力的转化越来越快,初见端倪的知识经济预示人类的经济社会生活将发生新的巨大变化。"在即将到来的 21 世纪,以高新技术为核心的知识经济将占主导地位,国家的综合国力和国际竞争能力将越来越取决于教育发展、科学技术和知识创新的水平,教育将始终处于优先发展的战略地位,现代信息技术在教育中广泛应用并导致教育系统发生深刻的变化,终身教育将是教育发展与社会进步的共同要求。当前,许多国家政府都把振兴教育作为面向新世纪的基本国策,这些动向预示未来教育将发生深刻的变革,我们应当及早准备,迎接新的挑战。

党的十一届三中全会以来,我国的教育事业取得了显著成就,普及九年义务教育和扫除青壮年文盲的工作取得历史性进展;职业教育和成人教育迅速发展;高等教育规模稳步扩大;教育体制和教学改革逐步深化,办学条件和教育质量有了提高;教育法规体系基本框架已初步形成,所有这些为 21 世纪教育事业的振兴奠定了坚实基础。但是，我国教育发展水平仍然偏低，教育结构和体制、教育观念和方法以及人才培养模式尚不能适应现代化建设的需要。在当前及今后一个时期，缺少具有国际领先水平的创造性人才，已经成为制约我国创新能力和竞争能力的主要因素之一。因此，顺应时代要求，振兴我国教育事业，是实现社会主义现代化目标和中华民族伟大复兴的客观需要。我们要高举邓小平理论伟大旗帜，认真遵循邓小平同志关于"教育要面向现代化，面向世界，面向未来"的战略指导方针，抓住机遇，深化改革，锐意进取，把充满生机活力的中国教育推向21世纪。

《面向21世纪教育振兴行动计划》，是在贯彻落实《教育法》及《中国教育改革和发展纲要》的基础上提出的跨世纪教育改革和发展的施工蓝图。要全面规划，突出重点，抓住关键，重在落实。行动计划的主要目标是：到2000年，全国基本普及九年义务教育，基本扫除青壮年文盲，大力推进素质教育；完善职业教育培训和继续教育制度，城乡新增劳动力和在职人员能够普遍接受各种层次和形式的教育与培训；积极稳步发展高等教育，高等教育入学率达到11%左右；瞄准国家创新体系的目标，培养造就一批高水平的具有创新能力的人才；加强科学研究并使高校高新技术产业为培育经济发展新的增长点做贡献；深化改革，建立起教育新体制的基本框架，主动适应经济社会发展。到2010年，在全面实现"两基"目标的基础上，城市和经济发达地区有步骤地普及高中阶段教育，全国人口受教育年限达到发展中国家的先进水平；高等教育规模有较大扩展，入学率接近15%，若干所高校和一批重点学科进入或接近世界一流水平；基本建立起终身学习体系，为国家知识创新体系以及现代化建设提供充足的人才支持和知识贡献。

### 一 实施"跨世纪素质教育工程"，提高国民素质

1. 2000年如期实现基本普及九年义务教育、基本扫除青壮年文盲的目标，是全国教育工作的"重中之重"。"两基"已进入攻坚阶段，要确保全国目标的实现。普及义务教育工作的重点和难点在中西部地区，在"十五"计划期间继续实施"国家贫困地区义务教育工程"，重点放在山区、牧区和边境地区。

进一步加强教育督导工作，健全督导机构，完善督导制度，保证

"两基"的质量和素质教育的顺利实施。

2. 实施"跨世纪素质教育工程",整体推进素质教育,全面提高国民素质和民族创新能力。改革课程体系和评价制度,2000年初步形成现代化基础教育课程框架和课程标准,改革教育内容和教学方法,推行新的评价制度,开展教师培训,启动新课程的实验。争取经过10年左右的实验,在全国推行21世纪基础教育课程教材体系。

3. 加强和改进学校的德育工作。继续加强爱国主义、集体主义、社会主义理想教育,遵纪守法和社会公德教育,进行中华民族优秀传统和革命传统教育,实施劳动技能教育以及心理健康教育,培养学生具有良好的道德、健康的心理和高尚的情操。

4. 体育和美育是素质教育的重要组成部分,要加强体育和美育工作。要使学生有强健体魄。美育不仅能培养学生有高尚情操,还能激发学生学习活力,促进智力的开发,培养学生创新能力。到2001年,通过颁布《学校艺术教育工作条例》、深化教育改革和器材配备等工作,初步建立大中小学相互衔接的、较为科学合理的体育、艺术教育体系,保证学校体育和艺术教育教师的数量和质量,提高教学水平。

5. 实施素质教育,要从幼儿阶段抓起,要用科学的方法启迪和开发幼儿的智力,培养幼儿健康的体质、良好的生活习惯、活泼开朗的性格与求知的欲望。

重视特殊教育,努力为广大残疾少年儿童提供受教育的机会,培养他们自主自强的精神和生存发展的能力。

6. 继续扩大内地学校培养少数民族学生的规模,促进各民族素质的共同提高。基础教育阶段,要继续办好内地为边疆少数民族举办的教学班(校),适当扩大培养规模。内地高等学校要为培养少数民族的优秀专门人才做出更多贡献。要重视加强民族地区"双语"教育教学和师资培养培训工作。

7. 建立和完善有关语言文字工作的法规体系,全面推进学校语言文字工作,各级各类学校特别是中小学、师范院校要继续把说好普通话、写好规范字、提高语言文字能力作为素质教育的重要内容。加强汉语言文字和少数民族语言文字信息处理的宏观管理,依法努力提高全社会的语言文字规范化意识，到2010年在全国实现文字应用基本规范化，使我国语言文字的应用更加适应社会主义经济、政治和文化建设的需要。

## 二 实施"跨世纪园丁工程"，大力提高教师队伍素质

8. 大力提高教师队伍的整体素质，特别要加强师德建设。3年内，以不同方式对现有中小学校长和专任教师进行全员培训和继续教育，巩固和完善中小学校长岗位培训和持证上岗制度。加强中小学教师继续教育的教材建设。中小学专任教师及师范学校在校生都要接受计算机基础知识培训。2010年前后，具备条件的地区力争使小学和初中专任教师的学历分别提升到专科和本科层次，经济发达地区高中专任教师和校长中获硕士学位者应达到一定比例。要加强和改革师范教育，提高新师资的培养质量。实力较强的高等学校要在新师资培养以及教师培训中做出贡献。

9. 重点加强中小学骨干教师队伍建设。1999年、2000年，在全国选培10万名中小学及职业学校骨干教师（其中1万名由教育部组织重点培训）。通过开展本校教学改革试验、巡回讲学、研讨培训和接受外校教师观摩进修等活动，发挥骨干教师在当地教学改革中的带动和辐射作用。

10. 实行教师聘任制和全员聘用制，加强考核，竞争上岗，优化教师队伍。2000年前后，要通过提高生师（包括职工）比、下岗、分流富余人员等途径，优化中小学教职工队伍，提高办学效益。同时，要拓宽教师来源渠道，向社会招聘具有教师资格的非师范类高等学校优秀毕业生到中小学任教，改善教师队伍结构。认真解决边远山区和贫困地区中小学教师短缺问题。要进一步完善师范毕业生的定期服务制度，对高校毕业生（包括非师范类）到边远贫困的农村地区任教，采取定期轮换制度，并享受国家规定的工资倾斜政策。鼓励各级政府机关公务员到中小学任教。

## 三 实施"高层次创造性人才工程"，加强高等学校科研工作，积极参与国家创新体系建设

11. 高等学校要跟踪国际学术发展前沿，成为知识创新和高层次创造性人才培养的基地。要重视培养高层次创造性人才的团结、协作和奉献的精神。要从国内外吸引一批能够领导本学科进入国际先进水

平的优秀学术带头人。按照"选到一个聘任一个"的原则，国家给予重点资助，学术带头人在国家政策允许的范围内享有人员聘用和经费使用的自主权。

12. 造就一批具有世界先进水平的中青年学术攻坚人才，使高等学校知识和技术创新基地尽快取得创新成果。从 1998 年起，在全国高等学校的重点学科中，设立一批特聘教授岗位，面向国内外公开招聘特别优秀的中青年学者进入岗位，设立专项奖金并鼓励地方政府和学校相应设岗奖励。

13. 全国高等学校以竞争选优方式分批精选万名骨干教师，采取国家拨款与自筹经费相结合的办法增强科研经费支持力度，提高科研、教学质量及设备装备水平。

设立高等学校优秀青年教师科研和教学奖励基金。从 1999 年起每年评选一百名 35 岁以下取得重大科研和教学成果的青年教师，连续 5 年加大支持其科研和教学工作的力度。

14. 高等学校实行国家重点实验室和开放实验室访问学者制度，实现重点学科的开放效益，提高师资队伍的整体水平。国家设立专项基金，用于实验室业务费用。

15. 进一步提高高等学校博士生培养质量，增设博士专项奖学金。从 1999 年开始，每年评选百篇具有创新水平的优秀博士论文。对于获奖后留在高等学校工作的博士，连续 5 年支持其科研、教学工作。要稳妥扩大高等学校博士后流动站的数量和规模。

16. 加强国际学术交流。除按现有留学基金制度继续派遣短期访问学者外，由国家资助，选拔大学系主任和研究所、实验室骨干作为高级访问学者，有针对性地到国外一流大学进行研修交流。邀请海外知名学者特别是世界一流大学的教授任国内大学客座教授，来华进行短期讲学和研究。还要采取各种措施，鼓励留学人员回国服务，或以其他方式为提高我国高等学校的教学质量和科学水平贡献力量。

四 继续并加快进行"211 工程"建设，大力提高高等学校的知识创新能力

17. 1995 年启动的"211 工程"，重点建设一批高等学校和一批学

科，已经为我国创新人才的培养和国家创新体系的建设奠定了重要基础。"九五"期间，进入实质性建设阶段。要保证 2000 年切实完成"211 工程"首期计划并在此基础上启动二期计划，以进一步提高高校知识创新能力和科学研究水平。

"211 工程"二期计划建设资金仍采取国家、部门、地方和高等学校共同筹集的方式。其中，中央专项投入部分的力度至少与首期计划持平，主要用于加大已立项的重点学科建设力度。同时加强项目管理，提高资金使用效益。

**五 创建若干所具有世界先进水平的一流大学和一批一流学科**

18. 建设世界一流大学，具有重大的战略意义。按照江泽民同志在北京大学百年校庆大会上讲话的精神，"为了实现现代化，我国要有若干所具有世界先进水平的一流大学。"经过长期的建设和积累，我国少数大学在少数学科和高新技术领域已达到和接近国际先进水平，拥有一批高水平的教授，尤其是本科生培养质量较高，为创建世界一流大学创造了条件。

19. 国际上一流大学都是经过长期的建设形成的。一流大学建设要有政府的支持、资金的投入，但更重要的是学校领导、教师、学生长年累月辛勤奋斗的结果。特别是学生毕业以后在国家的各个建设岗位上乃至在国际上体现出了公认的信誉。同时这种学校集中有一大批知名的学者教授。因此，办成一流的大学，需要有一定的历史过程，要经过社会实践的考验。对此，既要有雄心壮志，又必须脚踏实地。要相对集中国家有限财力，调动多方面积极性，从重点学科建设入手，加大投入力度，对于若干所高等学校和已经接近并有条件达到国际先进水平的学科进行重点建设。今后 10—20 年，争取若干所大学和一批重点学科进入世界一流水平。

**六 实施"现代远程教育工程"，形成开放式教育网络，构建终身学习体系**

20. 现代远程教育是随着现代信息技术的发展而产生的一种新型教育方式。它是构筑知识经济时代人们终身学习体系的主要手段。充分利用现代信息技术，在原有远程教育的基础上，实施"现代远程教育工程",可以有效地发挥现有各种教育资源的优势,符合世界科技教育发展的潮流,是在我国教育资源短缺的条件下办好大教育的战略措施,要作为重要的基础设施加大建设力度。

21. 以现有的中国教育科研网(CERNET)示范网和卫星视频传输系统为基础,提高主干网传输速率,充分利用国家已有的通信资源,进一步扩大中国教育科研网的传输容量和联网规模。2000年,全国全部本科高等学校和千所以上中等学校入网,并争取计算机网络进入5万名高校教授家中。利用中国教育科研网建立全国大学生招生远程录取、计算机学籍管理、毕业生远程就业服务一体化的信息系统。

22. 继续发挥卫星电视教育在现代远程教育中的作用,改造现有广播电视教育传输网络,建设中央站,并与中国教育科研网进行高速连接,进行部分远程办学点的联网改造。2000年,争取使全国农村绝大多数中小学都能收看教育电视节目。要运用优秀师资力量和现代教育手段,把教育电视节目办好,重点满足边远、海岛、深山、林牧等地区的教育需求。

23. 改变落后、低水平重复的远程教育软件开发制作模式,发挥政府宏观调控作用,利用各级各类学校教育资源的优势,通过竞争和市场运作机制,开发高质量的教育软件。要重点建设全国远程教育资源库和若干个教育软件开发生产基地。同时注意引进国外优秀现代远程教育软件。

24. 教育部对全国现代远程教育工作实行归口管理,负责组织制订全国"现代远程教育发展规划"并组织实施。"现代远程教育工程"将实行短期国家支持、长期自力运行的发展策略。采用先进的信息技术手段,结合中国的实际情况,不断提高现代远程教育的水平。

为推动现代远程教育的发展,按国际惯例对现代远程教育网络运行费用实行优惠,并依法对境外捐赠设备、进口设备的关税给予减免。

25. 建立和完善继续教育制度,适应终身学习和知识更新的需要。有条件的高等学校要开设继续教育课程,建设继续教育基地。要依托现代远程教育网络开设高质量的网络课程,组织全国一流水平的师资进行讲授,实现跨越时空的教育资源共享,向各行业的管理人员和专业人员提供多种继续教育课程。要发挥高等教育和中等专业教育自学考试制度的优势，不断扩大社会成员的受教育机会。

**七 实施"高校高新技术产业化工程"，带动国家高新技术产业的发展，为培育经济新的增长点做贡献**

26. 高等学校要在国家创新工程中充分发挥自身优势，努力推动知识创新和技术创新，加快技术开发，围绕经济建设中的共性关键技术开展科技攻关，为改造传统产业、调整产业结构、加强农业和农村工作、培育国家经济发展新的增长点服务。

加强产学研合作，鼓励高等学校与科研院所开展多种形式的联合、合作，优势互补，讲求实效。促进高等学校、科研院所和企业在技术创新和发展高科技产业中的结合。鼓励企业在高等学校建立工程研究中心、生产力促进中心等技术集成与扩散的示范中心，开发高新技术产品。鼓励高等学校向企业转让技术，或利用现有中小企业兴办高新技术企业，探索企业与高校从立项到投产"一条龙"的全面合作。

27. 在高校周围形成高新技术企业群已成为知识经济发展的成功经验。要创造条件在高等学校周围，特别是高等学校集中的地区建立高新技术产业化基地，发展科技园区，成为有目的地吸引国外高新技术企业、引进国外高新技术最新成果的窗口，并发挥科技开发"孵化器"的作用。加强对教师和学生的创业教育，采取措施鼓励他们自主创办高新技术企业。

28. 高等学校兴办高新技术企业，对于带动高新技术产业的发展，形成新的经济增长点，发挥了重要的动力和辐射源的作用，成为培养创新人才的实践基地，也为社会提供了新的就业机会。今后，要按照现代企业制度方式，组建一批以高校为依托的高科技产业集团。

29. 建立健全高等学校高新技术产业化的保障机制。教育部成立高校科技产业发展资助机构，用于资助高校有开发前景的重大科技项目。通过控股、参股和信贷等方式，重点支持包括高校在内的科技产业和科技开发活动。同时，尽快组建一批专门为高校科技成果转化服务的中介机构。允许技术生产要素参与收益分配，对科技成果转让的收益应依据国家有关规定提取一定部分，按贡献大小分配给有关研制开发人员。要研究建立创业投资基金，鼓励符合条件的高科技企业上市，促进高新技术产业的发展。

**八 贯彻《高等教育法》，积极稳步发展高等教育，加快高等教育改革步伐，提高教育质量和办学效益**

30. 切实落实《高等教育法》关于"高等学校应当面向社会，依法自主办学，实行民主管理。"的规定，扩大高校办学自主权。为使更多的高中毕业生有接受高等教育的机会，根据各地的需求和经费投入及师资条件的可能，在采用新的机制和模式的前提下，2000年高等教育本专科在校生总数将达到660万人。招生计划的增量将主要用于地方发展高等职业教育，研究生在校生规模应有较大的增长。高等教育入学率由1997年的9.1%（新口径），提高到2000年的11%左右。普通高等学校生师比由1997年的10：1提高到2000年的12：1，独立设置的普通高校平均在校生规模达到4000人左右。

31. 加快高等教育体制改革步伐，深化高等教育改革。继续实行"共建、调整、合作、合并"的方针，今后3—5年，基本形成中央和省级政府两级管理、分工负责，在国家宏观政策指导下，以省级政府统筹为主的条块有机结合的新体制。除少数关系国家发展全局以及行业性很强需由国家有关部门直接管理的高等学校外，其他绝大多数高等学校由省级政府管理或者以地方为主与国家共建。中央财政继续拨款鼓励和推进管理体制改革，调整和优化高等学校布局。鼓励和支持社会力量办学。

32. 积极发展高等职业教育，是提高国民科技文化素质、推迟就业以及发展国民经济的迫切要求。对于高等学历职业教育，除对现有高等专科学校、职业大学和独立设置的成人高校进行改革、改组和改制，并选择部分符合条件的中专改办（简称"三改一补"）发展高等职业教育之外，部分本科院校可以设立高等职业技术学院，基本不搞新建。挑选30所现有学校建设示范性职业技术学院。发展非高等学历职业教育，主要进行职业资格证书教育。要逐步研究建立普通高等教育与职业技术教育之间的立交桥，允许职业技术院校的毕业生经过考试接受高一级学历教育。

高等职业教育必须面向地区经济建设和社会发展，适应就业市场的实际需要，培养生产、服务、管理第一线需要的实用人才，真正办出特色。主动适应农村工作和农业发展的新形势，培养农村现代化需要的各类人才。要通过试点逐步把高等职业教育的招生计划、入学考试和文凭发放等方面的权责放给省级人民政府和学校，省级人民政府在国家宏观指导下，对本地区高等职业教育的现有资源进行统筹。加快发展高等职业教育的步伐，探索多种招生方法，中等职业学校毕业生中有一定比例（近期3%左右）可进入高等职业学校学习；普通高中毕业生除进入普通高等学校外，多数应接受多种形式的高等职业教育，提高素质。

33. 加大招生和毕业生就业制度改革力度，有计划、有步骤地推进高等学校招生考试制度的改革。要从有利于中小学实施素质教育、高等学校公平选拔合格人才、扩大高等学校办学自主权和社会稳定的原则出发，进行高考科目、内容、方法和制度的改革试点，增加对学生能力和综合素质的考核分量，探索适合不同地区和学校特点的高等学校招生、考试、评价的方法和制度。进行高等职业教育"学校面向市场自主办学，学生自谋职业"的试点。到2000年左右，建立起比较完善的由学校和有关部门推荐、学生和用人单位在国家政策指导下通过人才劳务市场双向选择、自主择业的毕业生就业制度。要通过多种形式对高校特困生给予资助，保证经高考录取和已在校的家境贫寒的学生不因经济困难而辍学。国家继续安排资金资助特困生，地方财政和学校相应配套资助。同时，积极开展高校学生贷学金等多种助学制度的试点工作，探索社会主义市场经济条件下资助经济困难学生的有效途径。

34. 积极推进高等学校的教学改革，改革教育思想、观念、内容和方法。要大力推进高等专科教育的人才培养模式的改革，特别是改革课程结构，加强实践教学基地和"双师"型教师队伍建设。本科教育要拓宽专业口径，增强适应性，今后3—5年，将专业由200多种调整到100多种。继续推进"面向21世纪教学内容和课程体系改革计划"，并建成200个文、理科基础性人才培养基地、100个各科类基础课程教学基地和 20 个大学生文化素质培养基地，使之成为具有国内先进水平的教学示范基地。积极稳步发展专业学位研究生教育，进一步完善专业学位体系，培养大批高层次应用型人才。

35. 大力推进高等学校内部管理体制改革。逐步推行聘任制，减少冗员，精简高校职工队伍，使学生与教职员工之比、学生与职工之比、专任教师与职工之比均有较大提高；加速学校后勤工作社会化改革，精简分流富余人员。高等学校招生计划的扩大要同学校后勤工作社会化的进度挂钩。选择若干条件较好的城市组建企业化经营管理的高校后勤生活服务集团公司，从事学生公寓物业管理以及学校后勤生活服务。争取 3—5 年内，大部分地区实现高校后勤工作社会化。

**九 积极发展职业教育和成人教育，培养大批高素质劳动者和初中级人才，尤其要加大教育为农业和农村工作服务的力度**

36. 依据《教育法》和《职业教育法》，要努力建立符合我国国情特点的职前与职后教育培训相互贯通的体系，使初等、中等和高等职业教育与培训相互衔接，并与普通教育、成人教育相互沟通、协调发展。设立职业教育课程改革和教材建设基金，实施课程改革和教材建设规划。依托普通高等学校和高等职业技术学院，重点建设 50 个职业教育专业教师和实习指导教师培养培训基地，地方也要加强职业教育师资培训基地建设。

继续实施初中后教育的分流，从各地实际出发，积极发展中等职业教育。全国高中阶段职业教育与普通教育之间应保持现有比例，努力达到《中国教育改革和发展纲要》提出的目标。极少数尚未普及九年义务教育的地区，对不能升入初中的小学毕业生应实行职业技术培训。高中阶段教育结构已基本合理的地区，要把职业教育工作重点放到提高质量和效益上来。经济比较发达的地区可发展部分综合高中，推迟到高三年级分流。要对中等职业教育的社会需求进行科学预测，按照"先培训，后上岗"的原则，对各类新就业人员进行时限和形式不同的职业教育和培训。中等职业教育要改革专业和课程结构，实行弹性选课制度，提高培养质量，使毕业生能够适应未来社会产业结构和就业市场变化的需要，努力在各地办出一批有较高社会声誉的职业技术学校。

37. 成人教育要以岗位培训和继续教育为重点，通过建立现代企业教育制度和职业资格证书制度，采取灵活多样的办学形式，使各类下岗和转岗人员都能接受不同层次和年限的职业培训或正规教育，为再就业工程服务，并使之规范化、制度化。积极为企业经营管理和财务管理人员进行在职培训。促进企业、学校与政府其他业务部门之间的合作。开展社区教育的实验工作，逐步建立和完善终身教育体系，努力提高全民素质。

根据不同学科、专业和行业发展趋势，加强专业技术人员继续教育工作，健全教育、考核、使用相结合的制度，建立继续教育基金，促进继续教育基地和网络的建设。还要加强公务员培训教育，健全培训机制，建设高素质的专业化的国家行政管理干部队伍。

38. 加大职业教育与成人教育办学体制、管理体制、运行机制及招生就业制度改革的力度。适应社会主义市场经济体制的建立和发展，鼓励社会力量在政府的指导下举办各种形式的职业教育和成人教育。职业教育和成人教育要走产教结合的道路，调整学校布局，优化资源配置，加强创业教育和职业道德教育，实行更加灵活的教学模式，努力办出特色，更好地为地区经济和社会发展服务。

认真贯彻党的十五届三中全会精神，深化农科教相结合和各类教育统筹的综合改革，促进农村普通教育、成人教育和职业教育的协调发展，充分发挥农村教育在农村现代化建设中的积极作用。扫盲工作要与农村实用技术培训相结合，切实巩固脱盲的成效，把脱盲与脱贫结合起来。今后3—5年，使全国大多数农村地区义务教育阶段的毕业生或肄业生能够在从业前后接受一定方式的职业技术培训，包括"绿色证书"培训，使一部分人掌握一两项生产致富的实用技术，适应农村经济社会发展和农民致富奔小康的需要，特别要采取多种教育和培训形式，为乡镇企业和农村产业升级提供充足的、适用的技术和管理人才。

**十　深化办学体制改革，调动各方面发展教育事业的积极性**

39. 认真贯彻国务院对于社会力量办学实行"积极鼓励，大力支持，正确引导，加强管理"的方针，今后3—5年，基本形成以政府办学为主体、社会各界共同参与、公办学校和民办学校共同发展的办学体制。

要制定有利于吸纳社会资金办教育和民办学校发展的优惠政策。民办学校的教师和学生，在评定职称、业务培训、升学考试、社会活动等方面享有与公办学校教师、学生的同等待遇。国家设立社会力量办学表彰奖励基金，对有突出贡献的集体和个人给予表彰。

40. 社会力量办学要纳入依法办学、依法管理的轨道。社会力量办学不以营利为目的，鼓励滚动发展。要完善法规建设，充实学校设置标准，健全管理体制，加强校容管理，严格财务审计，不断提高教育和管理水平，鼓励现有学校发挥规模效益。

要保证社会力量举办的教育机构自主办学的法人地位，高等教育机构可面向社会自主招生，依法自行颁发非学历教育学生的结业证书，也可组织学生参加国家举办的自学考试或学历文凭考试，取得国家承认的学历证书。

41. 公办学校办学体制改革，要在政府教育行政部门的指导下进行试点。基础教育阶段要与改造薄弱学校相结合，高等教育阶段主要以地方高校和成人高校为对象，探索多种形式的办学模式。在推进办学体制改革中，按照教育法律法规，学校产权必须明晰，国有教育设施不得挪作他用，国有和公有资产不得流失。

**十一 依法保证教育经费的"三个增长"，切实增加教育的有效投入**

42. 落实科教兴国战略，必须转变把教育投资作为消费性投资的观念，要切实把发展教育作为基础设施建设，把教育投资作为一种基础性的投资，千方百计增加教育投入。各级财政要认真落实已出台的筹措教育经费的各项法律规定和政策，特别是要保证做到《教育法》规定的教育经费的"三个增长"（即各级政府教育财政拨款的增长要高于同级财政经常性收入的增长，在校学生人均教育经费逐步增长，教师工资和学生人均公用经费逐步增长）。要按照《教育法》和《中国教育改革和发展纲要》的规定，逐步提高国家财政性教育经费占国民生产总值的比例，努力实现4%的目标。

逐步提高中央本级和省级财政支出中教育经费支出所占的比例。

自 1998 年起，中央本级财政按同口径每年提高 1 个百分点，2000 年，将此比例提高 3 个百分点左右，除按原有政策保留目前每年由中央安排的教育专项外，上述增量部分主要用于振兴行动计划中中央财政支持和资助的项目。同时，各省、自治区、直辖市财政支出中教育经费所占的比例，也应根据各地实际每年提高 1—2 个百分点。

认真贯彻《国务院办公厅转发财政部关于进一步做好教育科技经费预算安排和确保教师工资按时发放通知的通知》（国办发［1998］23 号）的精神，从 1998 年起，各级财政每年超收部分和财政预算外收入，应按不低于年初确定的教育经费占财政支出的比例用于教育。

加强对城、乡教育费附加的征管工作，以确保足额征收并由教育行政部门商财政部门统筹安排使用。积极支持勤工俭学、校办产业的发展，并对其继续实行税收优惠政策。

在中国中小学幼儿教师奖励基金会的基础上，建立中华教育发展基金会，多渠道筹集教育经费。

43. 加快高校筒子楼建设和危房的改造，争取到 2000 年基本解决高校青年教师住房困难。中央部委所属高校此项工程所需资金，中央财政予以专项支持，其余部分由学校及其主管部门分担，改造后的筒子楼作为高校的公寓和周转用房。

44. 利用银行贷款，进一步加快中央部委高校的教职工住房建设。为解决高校教师住房困难、稳定高校教师队伍，在 2000 年前建设银行基础设施贷款中，安排一部分用于中央部委所属高校住房建设，以支持利用学校自用土地，加快新建"经济适用型"住房，资金不足部分，应多渠道筹措解决。同时，要继续加强中小学教师的"安居工程"的建设。

45. 各级教育部门必须采取各种措施深化教育改革，完善拨款制度，精简机构和冗员，提高经费使用效益。同时，加强对教育经费的审计与监督。

**十二 高举邓小平理论的伟大旗帜，加强高等学校党的建设和思想政治工作，把高等学校建设成为社会主义精神文明建设的重要阵地**

46. 高等学校的德育工作要以马列主义、毛泽东思想和邓小平理论为指导，按照江泽民同志对全国青年和大学生提出的坚持"学习科学文化与加强思想修养的统一、学习书本知识与投身社会实践的统一、实现自身价值与服务祖国人民的统一、树立远大理想与进行艰苦奋斗的统一"的要求，贯彻落实《中共中央关于进一步加强和改进学校德育工作的若干意见》，坚持社会主义办学方向，完善德育工作体系，教育引导学生坚定政治信念，加强思想修养，树立远大理想，投身社会实践，自觉艰苦奋斗，立志振兴中华，把培养"四有"新人的战略任务落到实处。

47. 认真组织实施普通高等学校公共马克思主义理论课和思想品德课（简称"两课"）课程设置新方案，加快邓小平理论"进教材、进课堂、进学生头脑"工作的步伐，用邓小平理论武装大学生。要加强"两课"课程体系和教材建设的研究，把理论研究基地建设好。加强"两课"教师的培训工作，提高他们的政治和业务水平，提高思想理论教育的实效。

48. 加强高等学校中华民族优秀传统教育和革命传统教育、人文科学教育和艺术教育，通过增设选修课、举办专题讲座和各种知识性、文艺性业余活动等多种方式，提高学生的文化素质。

49. 加强高等学校的哲学社会科学研究。要在马克思列宁主义、毛泽东思想和邓小平理论的指导下，紧密结合国民经济和社会发展的重大理论和实践问题组织研究，发挥高等学校"思想库"、"人才库"的优势。要进一步加大高校哲学社会科学研究的投入，设立理论研究和教学优秀成果奖，提高高等学校哲学社会科学的研究水平和参与重大决策的能力。

加强教育科学研究。要统筹规划，突出重点，促进研究成果向实际应用的转化，为教育宏观决策科学化、民主化服务，为教育改革和发展的实践服务，为繁荣教育科学服务。

50. 高等学校党组织要切实加强党的建设，加强和改进党对思想政治工作的领导。要在党委的统一部署下，建立和完善校长及行政系统为主实施的德育管理体制，加强高等学校思想政治工作队伍的建设，使高等学校在社会主义精神文明建设，维护生动活泼、安定团结的政治局面中发挥重要作用。

# 全国教育事业第十个五年计划

教发〔2001〕33号

**一  改革开放以来教育改革与发展取得了历史性的伟大成就**

改革开放以来，在党中央、国务院的领导下，经过各级政府和全社会的共同努力，我国教育事业取得了历史性的伟大成就，为社会主义现代化建设前两步战略目标的实现，提供了强有力的人才支持和知识贡献。教育正在成为促进我国经济、社会发展，推动科技进步，增强综合国力的重要力量。二十多年教育改革与发展所取得的辉煌成就和积累的宝贵经验，为21世纪初我国教育事业的改革和发展打下了坚实的基础。

1. 教育事业的大力发展，极大地提高了全民族的科学文化水平。

基本普及九年义务教育和基本扫除青壮年文盲（以下简称"两基"）的目标初步实现，全国有2541个县（含县级行政区划单位）通过了国家组织的"两基"验收。学前教育和特殊教育取得长足发展。高中阶段教育发展迅速，在校生达到2500余万人，高中阶段学龄人口毛入学率提高到42%左右。职业技术教育、成人岗位培训和继续教育大力发展，为我国现代化建设培养了大批熟练劳动者和实用技术人才。高等教育规模显著扩大，到2000年，在学人数达到1100万人左右，毛入学率从80年代初的2%左右提高到11%左右。研究生在学人数由1980年的2.2万人增加到30.1万人，累计毕业近60万人。对外教育交流与合作不断扩大，派出留学人员和来华留学人员规模均得到较大发展。

教育事业的发展，使我国人均受教育年限由80年代初的4.5年提高到目前的 8 年左右，每万名从业人员中，专科以上毕业生由 80 人上升到 400 人左右，高中阶段教育毕业生由 1050 人上升到 1380 人，初中毕业生由 2600 人上升到 4000 人，文盲从 2800 人下降到 760 人。我国人口受教育程度和从业人员科学文化素质得到了较大提高。

2. 教育改革全面推进，教育质量和办学效益逐步提高。

教育管理体制改革取得决定性进展。中等及中等以下教育实行"地方负责、分级管理"的体制，取得了明显成效；国务院部门所属高等学校管理体制改革任务基本完成，布局结构调整实现重大突破，部门办学、条块分割的局面得到了根本性扭转。办学体制改革不断深化，社会力量办学得到迅速发展。学校办学自主权进一步扩大。学校内部管理体制改革向纵深发展，招生、收费、考试、毕业生就业制度改革不断深化。高等学校后勤社会化改革全面展开。课程改革已取得阶段性成果并正在抓紧进行。素质教育全面推进，教育质量和学生整体素质逐步得到提高。教育资源配置日趋合理，校均规模逐年扩大，办学效益不断提高。

3. 高等学校科学研究取得丰硕成果，为现代化建设作出了重大贡献。

高等学校在推动科技工作面向经济建设主战场，发展基础研究、应用研究、高新技术及其产业化等方面取得了显著成绩，成为推动科技进步的重要方面军。建成了一批国家级科研基地，取得了一系列重大科研成果，为国民经济建设解决了一批带有全局性的重大关键技术问题，科技成果转化和推广应用取得明显成效。近些年来，高等学校获得的国家发明奖、科技进步奖分别占全国的三分之一和四分之一左右，得到自然科学基金资助的科研项目达到二分之一左右。高等学校人文社会科学研究领域大大拓宽，完成了一批重大课题研究，在马列主义、毛泽东思想和邓小平理论研究与宣传方面取得了丰硕成果，为发展社会主义文化事业和学术繁荣作出了突出贡献。

4. 教育投入不断增加，办学条件得到一定改善。

以政府投入为主，多渠道筹措教育经费的体制基本形成。中央和地方财政对教育的支持力度不断加大，人民群众对教育投入了大量的人力、物力和财力，教育经费总量逐年增加。全国财政性教育经费支出从1990年的564亿元增加到2000年的2563亿元。同时，还适当使用了国内金融资金和世界银行贷款。各级各类学校的校舍、教学仪器设备、图书及体育设施等办学条件，均有不同程度的改善。

5. 教师队伍建设进一步加强。

通过各种形式，改进和加强了教师的培养、培训工作，教师队伍的整体素质不断提高。教师学历合格率大幅度上升。民办教师问题基本解决。教师生活待遇和社会地位有所提高，住房条件明显改善。教师正在逐步成为受人羡慕的职业。

6. 教育法制建设成就显著。

制定并颁布了《教育法》《义务教育法》《职业教育法》《高等教育法》《教师法》《学位条例》等重要法律，初步建立起以教育专门法和行政法规为骨干，以教育规章和地方性法规为补充的有中国特色的社会主义教育法律体系。教育督导制度不断完善。

## 二 "十五"期间教育改革与发展面临的形势

进入21世纪，国际竞争日趋激烈，竞争的焦点是人才的竞争，是全民素质的竞争。人力资源在国家综合国力的增强方面，发挥着越来越重要的作用，而人力资源的状况归根结底取决于教育发展的整体水平。综观世界教育现状和未来国际形势的发展，各国间人力资源素质的差距不但十分显著而且将长期存在，国际高层次人才争夺会进一步加剧。为此，各国政府都更加重视教育，采取各种措施，把建设高质量教育作为21世纪的基本国策。积极推进教育改革，提高人才培养质量，大力发展终身教育，积极构建终身教育体系，高度重视信息技术对教育产生的革命性影响，大力推进教育信息化，已经成为当今世界教育发展的主流。

"十五"期间到2010年前后，是我国经济和社会发展的重要时期。科学技术的迅猛发展，经济结构的战略性调整，社会主义市场经济体制的完善和对外开放的扩大，城镇化进程的加快，西部大开发战略的实施和加入世贸组织，对劳动者素质和人才结构的要求必将发生重大变化。21世纪，我国将实现社会主义现代化和中华民族的伟大复兴，教育更肩负着重要的历史使命。因此，今后5到10年，必须坚定不移地实施科教兴国战略，抓紧完成并不断深化各项重大教育改革，加速教育事业的发展，把人力资源作为国家资源的重要组成部分，全面提高国民素质，培养大量具有创新精神和实践能力的人才，千方百计缩小同一些发达国家的差距，为我国经济、社会的快速、持续、健康发展，作出应有的历史性贡献。

当前，我国教育事业的改革和发展还存在一些不容忽视的矛盾和困难。国民平均受教育水平仍然较低，高中阶段和高等教育规模偏小，从业人员中相当于高中文化程度的不到14%，大专以上学历人员仅占4%左右。近年来国家财政性教育经费支出虽在不断增长，但占GDP的比例一直处于不发达国家的水平，教育经费投入不足仍然是制约我国教育发展的一个重要因素。一些重大教育改革还有待不断推进和深化。现有教育体系的灵活性和开放性不强，人才成长的"立交桥"未能全面形成，尚未建成完整的终身教育体系。义务教育普及、巩固、提高的任务很重。学生的德育和思想政治工作需要进一步改进和加强。实施素质教育尚未取得突破性进展，现行的课程教材体系和考试评价制度不适应素质教育的需要。中小学教师的学历层次和综合素质有待尽快提高。办学条件急需改善，教育手段现代化和信息化程度较低。教育的外部大环境也须不断改善。对于这些困难和矛盾，我们要有清醒的认识，增强紧迫感和历史责任感，进一步采取措施，正确决策，逐步加以解决。

**三 "十五"期间教育改革与发展的指导思想、基本原则、战略要点与主要目标**

*（一）指导思想和基本原则*

"十五"期间，我国教育事业改革与发展的指导思想是：高举邓小平理论伟大旗帜，以邓小平同志"教育要面向现代化、面向世界、面向未来"和江泽民同志"三个代表"重要思想为指导，贯彻党的教育方针，落实党的十五大和十五届五中全会精神，按照《中共中央、国务院关于深化教育改革全面推进素质教育的决定》《国务院关于基础教育改革与发展的决定》以及《面向21世纪教育振兴行动计划》的要求，大力实施科教兴国战略，努力构建一个充满生机活力的、适应社会主义市场经济和社会全面进步需要的、有中国特色的社会主义教育体系,为实现我国现代化建设第三步战略目标奠定更加坚实的人才和知识基础。

基本原则是:

——建设高质量、高水平的教育,努力将沉重的人口负担转化为巨大的人力资源优势。

——发挥教育的先导性、全局性、基础性作用,加快教育发展,特别是对一些急需的专业和领域,实施适度超前和跨越式发展,促进教育与经济、社会发展和科技进步更加紧密结合。

——坚持社会主义办学方向,全面推进素质教育,改进并加强德育和思想政治工作。

——正确处理改革、发展、稳定的关系,坚持实事求是、因地制宜、分区规划、分类指导、分步实施的原则。

——坚持社会主义教育的公平与公正性原则,更加关注处境不利人群受教育问题。努力为公民提供终身教育的机会。

——正确处理普及与提高的关系。

——贯彻规模、结构、质量和效益相统一的方针,把提高质量和优化结构摆在突出位置。

——进一步解放思想,深化改革,扩大开放,加强制度创新。

——加快教育法制建设,努力实现依法治教。

(二) 战略要点

根据我国的基本国情和国际竞争日趋激烈的态势,"十五"期间,我国教育的发展,在战略上必须坚持下列几点:

1. 全面提高民族的基本素质,巩固、扩大普及九年义务教育和扫除青壮年文盲成果,确保其"重中之重"的地位。

2. 根据"发展是硬道理"的原则,努力满足国家和人民群众对教育的需求,积极扩大高中阶段和高等教育的规模。

3. 适应国民经济结构的战略性调整,进行人才培养结构的战略性调整,提高人才培养质量。

4. 面向未来的挑战,努力在构建终身教育体系、教育手段现代化和教育信息化、鼓励和支持社会力量办学、发展高等职业技术教育等方面实现重大突破。

(三) 2005年主要目标

1. 巩固、扩大"两基"成果。

在2000年初步实现"两基"的基础上,坚持将普及九年义务教育和扫除青壮年文盲作为教育工作的"重中之重",努力巩固并逐步提高"两基"的水平和质量,进一步扩大九年义务教育的人口覆盖率,使初中毛入学率达到90%以上,辍学率控制在3%以下,青壮年非文盲率保持在95%以上。大力支持贫困地区和少数民族地区实施义务教育。进一步加强流动人口子女与残疾儿童少年的义务教育。

2. 发展学前教育。

积极发展学前三年教育,重视发展儿童早期教育,努力使城乡儿童在入小学前能够接受多种形式的学前教育,城市地区基本满足学龄前儿童入园(学前班)需求。

3. 以多种形式大力发展高中阶段教育。

扩大各种形式的高中阶段教育和初中后职业培训在校生的规模,有步骤地在大中城市和经济发达地区普及高中阶段教育,努力争取使高中阶段毛入学率提高到60%左右,大中城市和经济发达地区的初中毕业生基本能够升入高中阶段的各类学校。促进高中阶段教育协调发展,使中等教育结构更趋合理,切合地方经济和社会发展的实际需要。鼓励有条件的地区实行完全中学的高、初中分离,鼓励发展普通教育与职业教育沟通的高级中学,支持已经普及九年义务教育的中西部农村地区发展高中阶段教育。

4. 采取各种措施积极扩大高等教育规模。

各类高等教育在学人数增加到1600万人左右,其中在学研究生规模达到60万人左右,高等教育毛入学率达到15%左右。继续加快高等职业技术教育的发展并进一步办出特色。派出留学人员和接收外国留学人员的规模稳步扩大。

5. 大幅度提高高等学校的教学科研水平和创新、服务能力。

努力缩小一些高等学校与世界一流高校的水平差距,一批重点学科的教学科研达到或接近国际先进水平，创造一批具有我国自主知识产权的技术创新成果，极大地提高高等学校在解决国家经济、社会发展重大理论和实践问题的能力。加快高校重点学科带头人、科研骨干和高新技术人才的培养。同时，采取各种切实可行的优惠政策，吸引优秀的海外人才回国从事科研、开发、科技成果转化，进行学术交流。

繁荣人文社会科学研究。推进学科基础理论建设。充分发挥高等学校在弘扬民族优秀文化、传播先进文化、促进社会文明进步方面的重要作用。

6. 基本形成适应素质教育需要的教师队伍。

教师队伍的整体素质和师德师风建设取得明显成效。各级各类学校的教师学历水平基本达到《教师法》规定标准，有条件的地区可进一步提高对教师学历的要求。职业学校"双师型"教师达到一定比例。高等学校专任教师中具有硕士和博士学位教师的比例有较大提高。各级各类学校专任教师的专业结构、职务结构和年龄结构更为合理。专任教师的数量、知识结构基本满足学校的规模发展和课程改革的需求。

7. 办学条件明显改善。

各级各类学校的校舍、图书、教学仪器设备、文体卫生设施均基本达到规定的标准，有条件的地方应进一步提高办学条件的标准。高等学校、职业学校具备专业要求的附属实训基地。

努力及时进行中小学危旧校舍的改造、维修工作，加快学校水、电、气及地下管道等基础设施的改造。

8. 健全、完善教育法律体系。

建议修改《学位条例》和《义务教育法》，制订《民办教育法》，调研、起草《终身教育法》，使教育法律体系进一步健全、完善。

（四）2010年目标

学前教育较好满足社会需求。特殊教育办学条件和水平显著提高。全国普及九年义务教育的人口覆盖率进一步提高，初中阶段毛入学率超过95%。高中阶段毛入学率有较大提高，在城市和发达地区普及高中阶段教育。各类高等教育在学人数达到2300万人左右，其中研究生在学人数接近 100 万人，高等教育毛入学率争取达到 20% 左右。高等学校创新和服务能力进一步增强。各项教育、教学改革进一步深化。教育信息化达到较高水平。部分地区基本实现教育现代化。全国教育布局结构更加合理。对外教育交流与合作更加广泛深入。全社会终身教育制度基本建立。

**四 "十五"期间教育改革与发展的主要政策措施**

为确保实现"十五"计划和 2010 年教育发展目标，必须采取切实可行的政策措施，重在深化改革、加强机制创新和法制建设，不断加大教育投入，着力实施六项工程。

1. 依法不断增加教育经费，提高使用效益，保证教育改革发展的基本需求。

——把对教育和人力资源开发作为国家基础设施建设的重点领域，切实予以保障。进一步完善以政府投入为主，多渠道筹措教育经费的教育投入保障制度。

——中央本级财政教育经费占本级财政支出比例的增加，建议仍坚持"九五"后三年的做法。2001 年和 2002 年每年继续提高一个百分点，同期，省级政府本级财政支出中教育经费的比例也应比照中央的做法不断增长。

——建议研究制定《教育经费保障法》，依法做到教育经费的"三个增长"，到 2005 年国家财政性教育经费支出占国内生产总值（GDP）的比例达到 4%，到 2010 年应进一步提高。

——确保对农村义务教育的投入。中央和省级人民政府要通过转移支付，加大对贫困地区和少数民族地区义务教育的扶持力度。省级和地（市）级人民政府在安排对下级转移支付资金时，要保证农村义务教育发展的需要。地方各级人民政府要确保原来用于农村教育的投入不能减少，而且应随着教育事业的发展逐年增加，保证教师工资的按时足额发放和中小学危房的及时改造。

——建立健全符合社会主义市场经济体制和政府公共财政体制的教育拨款政策和成本分担机制。地方各级政府要确保义务教育经费的投入并做到专款专用；非义务教育阶段，在坚持政府增加必要投入的同时，根据群众实际收入状况，合理调整学费在培养成本中的比例。

——适当运用财政、金融、信贷手段发展教育事业。合理利用银行贷款，继续争取世界银行贷款项目。积极开展教育储蓄、教育保险工作。建立完善有关教育发展基金制度。

——制定包括纳税率在内的有关法规和优惠政策，对纳税人通过非营利的社会团体和国家机关向农村义务教育的捐赠，在应纳税所得额中全额扣除。对勤工俭学、校办产业和为学校提供教学科研服务及后勤保障的产业，继续实行税收优惠政策。鼓励捐赠遗产用于办学。

——学校要发扬艰苦奋斗、勤俭办学的精神。要科学合理地使用教育经费，经费增量部分主要用在学校发展的关键项目（领域）及其配套项目上，要加强规划，防止结构性浪费，不断提高经费使用效益。

——完善教育经费的各项管理制度，建立、健全监督检查机制，建立各级教育投入的评估制度，加强审计工作。

——进一步完善并全面落实以"奖、贷、助、补、减"为主要内容的资助家庭困难学生的政策与制度。

2. 认真组织实施六项教育工程。

——素质教育工程

改进、加强学校的德育和思想政治工作，并将其融入学校工作的各个环节之中。培养学生树立正确的世界观、人生观和价值观，进一步加强学生的爱国主义、集体主义和社会主义教育，加强中华民族优良传统、革命传统教育和国防教育，加强促进民族团结和维护祖国统一的教育，加强社会公德和职业道德教育，倡导文明健康的生活方式。在加强科学文化基础知识教育的同时，普遍提高学生的思想道德品质、人文素养和科学素质。

端正教育思想，转变教育观念，更新教育模式，采取多种形式培养学生的创新意识、创新能力、创业精神和实践能力，促进学生德智体美等方面全面发展。

改革教学内容，构建面向21世纪的教育课程体系，确立符合素质教育要求的课程、内容、目标与标准，改革教学手段与方法。继续减轻中小学生过重的课业负担，尊重学生人格，遵循学生身心发展规律，保证学生身心健康成长。

按照素质教育的要求，采取各种措施，不断提高教师的思想与专业水平，使教师队伍的整体水平适应素质教育的需要。

改革教育质量评价和监督办法，增强教育质量评价和监督的客观性、公正性和科学性，建立符合素质教育要求的评价和监督机制。

——国家贫困地区义务教育工程

中央政府继续设立专项资金，实施"国家贫困地区义务教育工程"二期计划（2001—2005年）和三期计划（2006—2010年），进一步加大对贫困地区义务教育的扶持力度。

动员全社会以多种形式关心和支持贫困地区义务教育的普及工作，加强并认真组织实施教育对口支援工作，努力实现地区间教育事业的相对均衡发展。

——西部教育开发工程

配合国家西部大开发战略，加强对西部地区教育的规划、指导，在政策和经费方面对西部地区予以倾斜。支持西部地区发展基础教育和中等职业技术教育。在西部地区试办实用性强的二年制高等职业技术教育，培养当地"留得住、用得上"的人才。大力支持西部急需的高层次人才培养工作。中央设立专项经费支持西部每省（自治区、直辖市）重点办好一批中等职业学校和一所较高水平的大学。支持西部地区师范院校建设。

积极开展中央部门和东部地区对西部地区教育的对口支援工作，推动西部地区城市对农村和边远地区教育的对口支援，推动东、西部地区间开展多种形式的教育交流。

采取多种形式加强和扩大对西部教育行政领导干部、校长和教师的培训工作。同时，在西部大力推进现代远程教育，加快扩建中国教育科研网，提高西部地区对发达地区和全国优质教育资源的共享能力。采取措施积极吸引海外和东部地区优秀人才参与西部教育大开发。

——教育信息化工程

要把教育信息化工程列入国家重点建设工程，以信息化带动教育现代化。重点支持并加快以中国教育科研网和卫星视频系统为基础的现代远程教育网络建设。建成一批网络学校。完善高等学校的计算机网络建设，加快数字图书馆等公共服务体系建设，进一步改善高等教育的信息环境。提高初、中等学校的计算机配备水平。2005年，全部高等学校、高中阶段学校和部分初中、小学均能连接国际互联网。普及九年义务教育的地区，每所中小学都应设立计算机教室，全国农村绝大多数中小学能够收看教育电视节目。

推动各级各类学校普及计算机及网络知识教育。加强各层次计算机软件人才的培养和培训。2005年，全国初中及以上学校基本上均开设信息技术教育必修课。积极开发、共享教育信息资源，加强中小学信息技术课程与教材建设。加强对师范教育专业学生的信息技术教育，加强对中小学专任教师的计算机基础知识技能培训。建设一支适应教育信息化需要的师资队伍。推进各级各类学校充分利用现代信息技术，改进教学手段和方法，改进教育管理方式，提高教育教学及管理水平。

——一流大学及学科建设和"211工程"

实施二期"211工程"，工程的重点是在原有基础上，主要向高新技术学科倾斜，建设一批知识创新、科技开发基地和人文社会科学研究基地。重点支持若干所大学进入国际先进行列，重点建设一批能够达到国际先进水平的重点学科和人才培养基地，在国家经济发展和高新技术的关键领域，提高自主培养高层次人才的能力，加快造就一批真正能站在世界科学技术前沿的学术带头人和高水平的管理人才。

——高校高新技术产业化工程

加强产学研结合，促进高等学校、科研院所和产业界的合作。重点抓好15所大学科技园区的建设试点，发挥科技开发"孵化器"的作用。不断提高高等学校科研成果转化率，加快实用科技成果向市场的转移。继续支持有条件的高等学校，按照现代企业制度，在一些关键的高新技术领域，建立、扶持一批高校企业。

3. 努力深化教育、教学改革，不断增强办学活力。

全面完成高等教育管理体制改革和布局结构调整，建立、健全中央和省级人民政府两级管理、以省级人民政府管理为主的新体制。加大中央和省级人民政府对基础教育的支持力度，进一步完善农村义务教育管理体制，实行在国务院领导下，由地方政府负责、分级管理、以县为主的体制。以流入地区政府管理为主，依法保障流动人口子女接受义务教育。进一步理顺学校和政府的关系，依法落实和规范学校的办学自主权。加快校内管理体制改革步伐。完成高校后勤社会化改革。

深化办学体制改革，拓宽办学渠道，增加新的教育资源，以各种形式扩大办学规模。在国家宏观调控下，在保证基本教育质量和办学条件的前提下，根据各地经济社会发展的不同情况，进行多种模式、多种机制的高等教育办学试验。继续办好广播电视教育、函授、夜大教育、自学考试教育，大力推进网络教育，发展现代远程教育。积极鼓励支持各种民办教育尤其是民办高中阶段教育。对民办学校在招生、教师职务评聘、教研活动、表彰奖励等方面与公办学校一视同仁，在办学合法所得中，留足学校发展资金后，报经教育行政部门审核同意，可对学校举办者予以适当奖励。

改革考试评价和招生选拔制度，基本完成毕业生就业制度改革。深化考试内容和考试方式改革，加强对学生能力和素质的考查。放宽入学年龄限制。探索多次机会、双向选择、综合评价的高等学校招生选拔方式。允许学校根据条件实行弹性修业年限和更加灵活的学分制。允许学生分阶段完成学业。允许地方院校自主跨地区招生。尽快在不同类型教育之间，建立起一种能够按照一定条件相互衔接、相互融通的"立交桥"。

遵循教育规律，适当运用市场手段，引入竞争激励机制。学校应主动面向社会，不断改进内部管理，提高教育质量和办学效益，增强为社会服务的能力。

4. 不断加强教师队伍建设，努力提高教师和学校管理队伍的水平。

把教师和校长实施素质教育的能力和水平作为教师和校长培养、培训和考核的重点，不断加强教师和校长培养培训工作。改进并强化教师的思想政治工作和师德建设工作。改革师范教育。全面实施教师资格制度，严把教师入口关，拓宽师资来源渠道，优化教师结构，进一步完善教师职务聘任制度，积极推行教师聘任合同制。加强农村和薄弱学校教师队伍建设。进一步改善教师的住房条件和医疗待遇。

要努力造就适应素质教育需要的学校领导及管理干部队伍。积极试行教育职员制度。继续完善中小学校长任职资格培训和持证上岗制度,改革校长选拔任用制度,推行中小学校长聘任制,积极试行校长职级制。

5. 大力进行人才培养结构调整,深化用人制度改革。

调整人才培养的层次、科类和形式结构。面向今后国民经济和社会发展的需要,重点培养适应高新技术产业化的计算机、生物技术、新材料、电子通信技术、医药、自动化等专业技术人才,加快培养加入世界贸易组织急需的、具有国际竞争能力的法律、金融、贸易、工商管理、公共管理等方面的高层次管理人才。高等学校的专业设置与调整,要进一步适应人才市场的需求和国际的竞争与变化,职业教育必须进一步办出特色,增强适应性。基础教育和成人教育要进一步贯彻分类指导、分区规划的原则。

调整各类教育之间的比例结构。适应地区产业结构和就业结构变化的需要,把各种形式的职业教育与培训有机结合起来,切实落实学业证书和职业资格证书并重的制度,建立起职前和在职人员职业培训体系。进一步规范学校的基本学制,义务教育阶段实行"五三"学制的地区,要基本完成向"六三"学制的过渡。在确保"两基"巩固提高的基础上,逐步扩大高中阶段教育和高等教育在整个教育规模中所占的比例,大力发展成人继续教育,努力做到各类教育之间比较协调地发展。继续推进城市教育综合改革,扩大社区教育试点。大力推动农村教育综合改革,继续促进农村地区的农科教结合和基础教育、职业教育、成人教育的"三教统筹"。

调整学校布局结构,使人才在产业、地区的分布更加合理。适应城镇化进程和学龄人口波动的需要,按照小学就近入学、初中相对集中、优化教育资源配置的原则,合理规划和调整中、初等学校布局。依据"共建、调整、合作、合并"的方针,进一步对高等学校的布局结构进行合理调整,使其在服务面向、层次类型、学科分布等方面更加合理。在建设好一批综合性和多科性大学的同时,促进多功能社区性职业技术学院的发展,鼓励有条件的地区和市兴办以职业技术学院为主体的高等教育。

完善人才选拔和任用制度,深化人事制度改革,全面推行聘用制,破除职务终身制和人才单位所有制。加大学校内部分配制度的改革力度。鼓励自主创业,积极引进海外人才,鼓励各类人才参与西部开发。完善人才市场体系,鼓励人才合理流动,促进各级各类人才向国家重点发展的行业、地区、企业和农村转移,并使各类人才均能发挥作用,各尽其才。继续实行"支持留学、鼓励回国、来去自由"的方针,鼓励留学人员回国工作或以适当方式为祖国服务。

6. 努力营造有利于青少年健康成长的社会育人环境。

要进一步优化社会育人环境,保证青少年健康成长。社会各方面要为青少年提供优秀的精神文化产品,切实防止不良文化产品对青少年健康成长的影响。加强青少年活动场所等文化设施的投入和建设。制定有关政策,采取切实措施,保证各类文化场所和公益设施向学生免费或优惠开放。科研院所和企业要为学生参加社会实践提供便利条件。学校校园在课余时间和节假日应对学生开放。建立健全学校、社区和家庭相互沟通、协调配合的制度,形成共同促进青少年健康成长的良性机制。切实加强学校安全工作,加强对师生的安全教育,增强防范意识和自我保护能力。各有关部门要对学校周边环境进行经常性治理,杜绝社会不良风气对正常办学工作的干扰和冲击,严厉打击扰乱学校治安的违法犯罪活动,创造良好的校园和校园周边环境。

7. 进一步转变政府职能,完善教育法律体系,全面实施依法治教。

转变政府职能。今后政府主要运用立法、拨款、规划、评估、信息服务、政策指导、执法监督和必要的行政手段对教育进行宏观管理。政府部门的主要职责是创造教育健康发展的良好环境,保证国家教育方针的贯彻落实,保证学校正确的办学方向,规范各级各类学校办学条件标准和办学行为,保证教育的公正性和学生平等的受教育权,维护学校、教师和学生的合法权益。

加强教育宏观决策科学研究,提高教育决策的科学化、民主化水平。完善教育行政决策和管理制度,建设一支高素质的教育行政管理队伍，提高管理水平和依法行政水平。

不断加强教育法规建设，进一步健全完善教育法律体系。加强教育普法宣传，加大教育行政执法力度。进一步健全教育督导机构，完善教育督导制度，加强督导检查。

# 2003—2007年教育振兴行动计划

(2004年2月10日)

百年大计，教育为本。要实现全面建设小康社会和中华民族伟大复兴的宏伟目标，必须坚持实施科教兴国战略和人才强国战略，把教育摆在现代化建设优先发展的战略地位。近年来，在党中央、国务院的正确领导下，教育事业实现了跨越式发展，教育改革取得了突破性进展，国民受教育程度逐步提高。但是，教育面临的挑战依然十分严峻，整体水平离实现全面建设小康社会目标还有很大差距。为了贯彻党的十六大精神，在顺利实施《面向21世纪教育振兴行动计划》的基础上，特制定本行动计划。

今后几年，我们要高举邓小平理论伟大旗帜，以"三个代表"重要思想为指导，坚持教育为人民服务的宗旨，巩固成果，深化改革，提高质量，持续发展，办好让人民满意的教育。努力实现党的十六大提出的历史性任务，构建中国特色社会主义现代化教育体系，为建立全民学习、终身学习的学习型社会奠定基础；培养数以亿计的高素质劳动者、数以千万计的专门人才和一大批拔尖创新人才，把巨大的人口压力转化为丰富的人力资源优势；加强教育同科技与经济、同文化与社会的结合，为现代化建设提供更大的智力支持和知识贡献。

## 一　重点推进农村教育发展与改革

全面贯彻《国务院关于进一步加强农村教育工作的决定》（国发[2003]19号），坚持把农村教育摆在重中之重的地位，加快农村教育发展，深化农村教育改革，促进农村经济社会发展和城乡协调发展。

1. 努力提高普及九年义务教育的水平和质量，为2010年全面普及九年义务教育和全面提高义务教育质量打好基础。

实施国家西部地区"两基"攻坚计划。到2007年底,力争使西部地区普及九年义务教育人口覆盖率达到85%以上,青壮年文盲率下降到5%以下。以实施"农村寄宿制学校建设工程"为突破口,加强西部农村初中、小学建设。西部各省、自治区、直辖市及新疆生产建设兵团要分别实现各自的"两基"目标。要将"两基"攻坚作为西部大开发的一项重要任务,精心组织实施。继续实施"国家贫困地区义务教育工程"和"中小学危房改造工程"。中部地区未实现"两基"目标的县也要集中力量打好攻坚战。

已经实现"两基"目标的地区特别是中部和西部地区,要巩固成果、提高质量,千方百计改善学校的办学条件,全面提高教师和校长素质。经济发达的农村地区要实现高水平、高质量"普九"目标。

2. 深化农村教育改革,发展农村职业教育和成人教育,推进"三教统筹"和"农科教结合"。

加强新形势下的基础教育、职业教育和成人教育"三教统筹",有效整合教育资源,充分发挥农村学校的综合功能。继续开展"绿色证书"教育,积极推进农村中小学课程和教学改革,在实现国家规定的基础教育基本要求时,紧密联系农村实际,在农村初、高中适当增加职业教育内容。

大力发展农村职业教育。农村职业教育要以就业为导向,实行灵活的教学和学籍管理制度,方便工学交替、半工半读、城乡分段和职前职后分段完成学业。重点建设好地(市)、县级骨干职业学校和培训机构,面向农村扩大招生规模。实施"农村劳动力转移培训计划",对进城务工农民进行职业教育和培训。

开展农村成人教育,促进"农科教"结合。农村成人教育要以农民实用技术培训和农村实用人才培养为重点。充分发挥农村成人学校和培训机构的作用。农村中小学可实行一校挂两牌,日校办夜校,成为乡村基层的文化、科技和教育活动基地。充分发挥高等农林学校的作用,建设"高等学校农业科技教育网络联盟",推进"一村一名大学生计划",为农业科技推广、农村教育培训作出贡献。

3. 落实"以县为主"的农村义务教育管理体制，加大投入，完善保障机制。

进一步落实"在国务院领导下，由地方政府负责、分级管理、以县为主"的农村义务教育管理体制。县级政府要切实担负起对本地教育发展规划、经费安排使用、教师和校长人事等方面进行统筹管理的责任。明确各级政府保障农村义务教育投入的责任；中央、省和地（市）级政府通过增加转移支付，增强财政困难县义务教育经费的保障能力。建立和完善农村中小学投入保障机制，确保农村中小学教职工工资按时足额发放，确保农村中小学校舍的维护、改造和建设，确保维持学校正常运转的基本支出需要。

4. 建立和健全助学制度，扶持农村家庭经济困难学生接受义务教育。

继续设立中小学助学金，重点放在中西部农村地区；对家庭经济困难学生，逐步扩大免费发放教科书的范围，逐步免除杂费，为寄宿学生提供必要的生活补助；通过给学校划拨少量土地或提供劳动实践场所，帮助学生勤工助学并改善生活；广泛动员和鼓励机关、团体、企事业单位和公民捐资助学。到 2007 年，争取全国农村义务教育阶段家庭经济困难学生都能享受到"两免一补"（免杂费、免书本费、补助寄宿生生活费），努力做到不让学生因家庭经济困难而失学。

5. 加快推进农村中小学教师队伍建设。

加强农村中小学编制管理，全面推行教师聘任制，依法实施教师资格制度。严格掌握校长任职条件，积极推行校长聘任制。积极引导和鼓励教师及其他具备教师资格的人员到乡村中小学任教，建立城镇中小学教师到乡村任教服务期制度。加强农村教师和校长的教育培训工作。

6. 实施"农村中小学现代远程教育计划"。

按照"总体规划、先行试点、重点突破、分步实施"的原则，争取用五年左右时间，使农村初中基本具备计算机教室，农村小学基本具备数字电视教学收视系统，农村小学教学点具备教学光盘播放设备和光盘资源，并初步建立远程教育系统运行管理保障机制。农村中小学现代远程教育计划要以地方投入为主,多渠道筹集经费,中央对中西部地区重点支持。

加强农村中小学现代远程教育,要致力于提高教育质量和效益。初步形成农村教育信息化的环境,持续向农村中小学提供优质教育教学资源,不断加强教师培训;整合农村各类资源,发挥农村学校作为当地文化中心和信息传播中心的作用,为"三教统筹"、农村科技推广和农村党员干部现代远程教育服务。

## 二 重点推进高水平大学和重点学科建设

建设世界一流大学和高水平大学是党和国家的重大决策,对于增强高等教育综合实力,提高我国国际竞争力具有重要的战略意义。今后五年要充分集成各方面资源,统筹协调学科建设、人才培养、科技创新、队伍建设和国际合作等各方面工作,深化改革,开拓创新,使重点建设高等学校和重点学科的水平显著提高,带动全国高等教育持续健康协调快速发展。

7. 继续实施"985"工程和"211"工程,努力建设一批高水平大学和重点学科。

继续实施"985工程",努力建设若干所世界一流大学和一批国际知名的高水平研究型大学。紧密结合国家创新体系建设,集成优质资源,创建一批高水平、开放式、国际化的科技创新平台和人文社会科学研究基地,造就学术大师和创新团队,使之在国际上占有一席之地,促进资源共享,为国家现代化建设作出重大贡献,全面提高学校的整体水平和综合实力。

继续实施"211"工程,进一步以学科建设为核心,凝练学科方向,汇聚学科队伍,构筑学科基地。提高重点建设高等学校的人才培养质量、科学研究水平和社会服务能力,成为国家和地方解决经济、科技和社会发展重大问题的基地。在全国范围内逐步形成布局合理、各具特色和优势的重点学科体系,使一批重点学科尽快达到国际先进水平。

8. 加大实施"高层次创造性人才计划"力度。

以"长江学者奖励计划"和"高等学校创新团队计划"为重点,

实施"高层次创造型人才计划",扶持创新团队的建设,加大对中青年学科带头人和学术骨干的培养力度,鼓励和支持优秀人才和优秀群体健康成长、建功立业。要善于利用国际国内两种人才资源,特别要面向世界积极引进优秀拔尖人才。高等学校要大力推进"人才强校"战略,制定和完善人才建设计划;积极营造更加有利的政策环境,努力构建吸引、培养和用好高层次创新人才的支持体系;探索人才组织新模式,以学科带头人为核心凝聚学术队伍,紧密结合关键领域的前沿学科研究和国家重大现实问题研究,促进学科综合,开发配置人才资源。

9. 推进"研究生教育创新计划"。

推动研究生教育观念、体制和运行机制的创新,改革研究生选拔制度,推进学分制并调整修业年限,推行研究生培养导师负责制和研究生助研、助教和助管岗位制,推进培养成本分担制度改革。采取评选优秀博士学位论文、举办博士生学术论坛等各项措施,鼓励并资助研究生科研创新,促进研究生教育与生产劳动和社会实践紧密结合,提高研究生培养质量,促使拔尖创新人才脱颖而出。

10. 启动"高等学校科技创新计划"。

按照国家创新体系的总体布局,坚持面向科技前沿和现代化建设需要,加强科技创新平台建设。建设一批具有世界一流水平的国家实验室和国家技术创新中心,强化和新建一批重点实验室和军工科研基地。加大对重大科技项目的培植,加强自由探索和交叉学科研究。

坚持"发展高科技,实现产业化"的方针,强化和新建一批工程研究中心和高新技术产业化基地;完善大学科技园孵化功能及其支撑和服务体系;推进产学研紧密结合,增进高等学校与科研院所、企业的合作;着力解决关系国民经济、社会发展和国家安全的重大科技问题,加速科技成果向现实生产力的转化。

11. 实施"高等学校哲学社会科学繁荣计划"。

哲学社会科学研究对于建设社会主义物质文明、政治文明和精神文明具有重要意义。要加强新世纪学术带头人和学术新人的扶持培养。组织重大课题攻关,力争取得一批具有重大学术价值和社会影响的标志性成果。继续加强人文社会科学重点课程教材和研究基地建设。重点建设一批哲学社会科学实验室，积极培育学术精品和名刊，奖励具有重大学术价值和社会影响的基础研究成果和解决重大现实问题的应用研究成果。

### 三 实施"新世纪素质教育工程"

全面贯彻党的教育方针，以培养德智体美等全面发展的一代新人为根本宗旨，以培养学生的创新精神和实践能力为重点，继续全面实施素质教育。

12. 加强和改进学校德育工作。

要把弘扬和培育民族精神作为重要任务，纳入国民教育全过程。制定《弘扬和培育民族精神教育实施纲要》，深入开展爱国主义、集体主义和社会主义教育；贯彻《公民道德建设实施纲要》，加强诚信教育，落实中小学德育大纲、学生守则和日常行为规范。加强和改进中小学思想、政治、品德课程，促进学校教育、社会教育和家庭教育的有机结合，切实增强德育的实效性和感染力。加强维护国家统一和民族团结的教育，提高法制教育和国防教育的实效。加强各级各类学校的校园及周边环境综合治理，创建安全文明校园。

13. 深化基础教育课程改革。

基础教育课程改革是全面实施素质教育的核心环节。构建和完善新世纪基础教育课程体系，全面实施义务教育新课程，逐步推进普通高中新课程。深化中小学教学内容和教学方法改革，积极推进本校教研制度建设，加强中小学实验教学改革和技术课程实践基地的建设，充分发挥现代教育技术的作用；深化教材管理体制改革，完善中小学教材审查制度和教材选用监管制度；建立国家和省两级新课程的跟踪、监测、评估、反馈机制，加强对基础教育质量的监测。

14. 以全面推进素质教育为目标，加快考试评价制度改革。

完善小学升初中就近免试入学制度；积极探索以初中毕业生学业考试为基础、综合评价相结合的高中阶段招生办法改革；结合新课程的全面推进，深化高考内容改革；推进高考制度改革，进一步建立以统一考试为主、多元化考试和多样化选拔录取相结合，学校自我约束、政府宏观指导、社会有效监督的高等学校招生制度；完善高等学校招生网上远程录取系统和网上阅卷系统，建设招生信息化管理与服务平台。

15. 积极推进普通高中、学前教育和特殊教育的改革与发展。

多种形式积极发展普通高中教育，扩大规模，提高质量。加大对农村高中发展的支持力度，引导示范性高中建设，加快基础薄弱校的建设，扩大高中优质教育资源供给能力。

多渠道、多形式地发展幼儿教育，逐步建立以社区为基础的学前教育服务网络，加强幼儿教师队伍建设，提高幼儿教育质量。

积极发展特殊教育，切实依法保障残疾学龄人口的受教育权利。

16. 加强和改进学校体育和美育工作。

坚持健康第一的指导思想，在教育系统中广泛深入持久地开展群众性体育活动，大力增强青少年学生的体质、意志力和终生锻炼的自觉意识。推广《学生体质健康标准》，提高体育课程和课外活动的质量，建立学生体质健康监测体系。建立学校卫生安全责任制与监测机制，做好饮食卫生管理与卫生防病工作。切实加强心理健康教育和青春期健康教育，加强学生安全教育、预防艾滋病教育和毒品预防教育。大力加强学校美育工作，优化学校艺术教育环境，提高艺术教育课程开课率和教学质量。

17. 加强语言文字规范化工作，优化国家通用语言文字的应用环境。

建设面向现代教育体系和社会语言文字应用的语言文字规范标准，加快国家通用语言文字和少数民族语言文字规范标准的制订、修订和测查认证工作，搭建高水平的语言文字基础平台，加强语言文字生活监测和社会咨询服务。依法加强语言文字评估、测试和推广工作，推进学校和社会语言文字应用的规范化。加强重点方言地区的普通话推广普及，强化少数民族汉语师资培训，加大对西部地区国家通用语言文字培训工作的扶持力度。

## 四 实施"职业教育与培训创新工程"

18. 大力发展职业教育，大量培养高素质的技能型人才特别是高技能人才。

技能型人才是推动技术创新和实现科技成果转化的重要力量。要加强高等职业技术学院和中等职业技术学校的建设，广泛开展岗位技能培训。要适应走新型工业化道路的要求，实施"制造业和现代服务业技能型紧缺人才培养培训计划"，根据区域经济发展和劳动力市场的实际需要，促进产学紧密结合，共同建立技能型紧缺人才培养培训基地，加快培养大批现代化建设急需的技能型人才及软件产业实用型人才，特别是各级各类高技能人才。

19. 以就业为导向，大力推动职业教育转变办学模式。

以促进就业为目标，进一步转变高等职业技术学院和中等职业技术学校的办学指导思想，实行多样、灵活、开放的人才培养模式，把教育教学与生产实践、社会服务、技术推广结合起来，加强实践教学和就业能力的培养。加强与行业、企业、科研和技术推广单位的合作，推广"订单式""模块式"培养模式，探索针对岗位群需要的、以能力为本位的教学模式，面向市场，不断开发新专业，改革课程设置，调整教学内容，加强职业道德教育，大力加强"双师型"教师队伍建设，鼓励企事业单位专业技术、管理和有特殊技能的人员担任专兼职教师。推动就业准入制度和职业资格证书制度的实施，继续建设和培育一批示范性职业技术学校，建设大批实用高效的实习训练基地，开发大批精品专业和课程。

20. 大力发展多样化的成人教育和继续教育。

鼓励人们通过多种形式和渠道参与终身学习，加强学校教育和继续教育相互结合，进一步改革和发展成人教育，完善广覆盖、多层次的教育培训网络，逐步确立以学习者个人为主体、用人单位支持、政府予以必要资助的继续教育保障机制，建立对各种非全日制教育培训学分的认证及积累制度。

以更新知识和提高技能为重点，开展创建学习型企业、学习型组织、学习型社区和学习型城市的活动。充分发挥行业、企业的作用，加强从业人员、转岗和下岗人员的教育与培训。积极发展多样化的高中后和大学后继续教育，统筹各级各类资源，充分发挥普通高等学校、成人高等学校、广播电视大学和自学考试的作用，积极推进社区教育，形成终身学习的公共资源平台。大力发展现代远程教育，探索开放式的继续教育新模式。

**五 实施"高等学校教学质量与教学改革工程"**

21. 进一步深化高等学校的教学改革。

以提高高等教育人才培养质量为目的,进一步深化高等学校的培养模式、课程体系、教学内容和教学方法改革。改善高等学校基础课程教学,建设精品课程,改造和充实基础课教学实验室,进一步建设全国高等学校数字图书文献保障体系(CALIS)和全国高等学校实验设备与优质资源共享系统。鼓励名师讲授大学基础课程,评选表彰教学名师。建设一批示范教学基地和基础课程实验教学示范中心,强化生产实习、毕业设计等实践教学环节。高等学校应用学科专兼职教师队伍要更多地吸收具有实践经验的专家。改革大学公共英语教学,提高大学生的英语综合运用能力。以管理体制和学制改革为主线,提高我国高等医学教育的办学质量和培养层次。

22. 完善高等学校教学质量评估与保障机制。

健全高等学校教学质量保障体系,建立高等学校教学质量评估和咨询机构,实行以五年为一周期的全国高等学校教学质量评估制度。规范和改进学科专业教学质量评估,逐步建立与人才资格认证和职业准入制度挂钩的专业评估制度。加强高等学校教学质量评估信息系统建设,形成评估指标体系,建立教学状态数据统计、分析和定期发布制度。

**六 实施"促进毕业生就业工程"**

23. 健全毕业生就业工作的领导体制、运行机制、政策体系和服务体系。

进一步形成各级领导高度重视、中央有关部门通力合作、省级人民政府统筹协调、高等学校和中等职业技术学校目标责任明确的就业工作领导体制和运行机制。完善有利于毕业生就业和创业的政策框架体系,进一步拓宽就业渠道,推进毕业生就业市场与各类人才市场、劳动力市场的联网贯通,进一步发挥市场在毕业生人才配置中的基础性作用。大力加强毕业生就业服务体系建设,积极发挥社会中介组织的作用。全力建设和用好"就业网",加速实现毕业生就业服务信息化。建立起更加科学规范的毕业生就业率、待业率公布制度以及相应的就业状况监测制度。

24. 面向就业需求，深化教育系统内外的各项改革。

切实将高等学校布局、发展规划、学科专业结构、办学评估、经费投入等方面工作与毕业生就业状况紧密挂钩。把就业率和就业质量作为衡量高等学校办学水平的重要指标。使80%以上的职业学校毕业生能够取得相关的职业资格证书，推广东、中、西部地区之间的职业教育合作项目，使培养培训与定向定岗就业紧密相连。各类高等学校和中等职业技术学校都要加强实践教学环节，密切与行业、企业和有关部门的联系，建立一批长期稳定的就业、创业和创新基地。加强对学生的职业指导和就业创业教育，推动就业观念的转变。采取相关政策，积极鼓励毕业生到西部、基层和祖国最需要的地方去建功立业，引导毕业生到中小企业和民营企业就业以及自主创业。

**七 实施"教育信息化建设工程"**

25. 加快教育信息化基础设施、教育信息资源建设和人才培养。

构建教育信息化公共服务体系，建设硬件、软件共享的网络教育公共服务平台。加快中国教育和科研计算机网（CERNET）和中国教育卫星宽带传输网（CEBsat）的升级扩容工程建设，积极参与新一代互联网和网格（China GRID）的建设，强化资源整合，加强地区网络建设和管理，建立健全服务体系及运行机制。加强高等学校校园网建设，创建国家级教育信息化应用支撑平台。加大涵盖各级各类教育的信息资源开发，形成多层次、多功能、交互式的国家教育资源服务体系。大力加强信息技术应用型人才培养，着力改革信息化人才培养模式，扩大培养规模，提高培养质量。

26. 全面提高现代信息技术在教育系统的应用水平。

加强信息技术教育，普及信息技术在各级各类学校教学过程中的应用，为全面提高教学和科研水平提供技术支持。建立网络学习与其他学习形式相互沟通的体制，推动高等学校数字化校园建设，推动网络学院的发展。开展高等学校科研基地的信息化建设，研究开发学校数字化实验与虚拟实验系统，创建网上共享实验环境。建立高等学校在校生管理信息网络服务体系。

**八　实施"高素质教师和管理队伍建设工程"**

27. 全面推动教师教育创新，构建开放灵活的教师教育体系。

改革教师教育模式，将教师教育逐步纳入高等教育体系，构建以师范大学和其他举办教师教育的高水平大学为先导，专科、本科、研究生三个层次协调发展，职前职后教育相互沟通，学历与非学历教育并举，促进教师专业发展和终身学习的现代教师教育体系。起草《教师教育条例》，制定教师教育机构资质认证标准、课程标准和教师教育质量标准，建立教师教育质量保障制度。

28. 完善教师终身学习体系，加快提高教师和管理队伍素质。

实施"全国教师教育网络联盟计划"，促进"人网""天网""地网"及其他教育资源优化整合，发挥师范大学和其他举办教师教育高等学校的优势，共建共享优质教师教育课程资源，提高教师培训的质量水平。组织实施以新理念、新课程、新技术和师德教育为重点的新一轮教师全员培训，组织优秀教师高层次研修和骨干教师培训，不断提高在职教师的学历、学位层次和实施素质教育的能力。

强化学校管理人员培训，加快培养一大批高素质、高水平的中小学校长、高等学校管理骨干和教育行政领导，全面提高管理干部素质。将干部培训与终身教育结合起来，构建开放灵活的干部培训体系。

29. 进一步深化人事制度改革，积极推进全员聘任制度。

加强学校编制管理，按照"精干、高效"的要求，科学设置学校机构和岗位，实施教师资格制度。依照按需设岗、公开招聘、平等竞争、择优聘任、严格考核、合同管理的原则，推行中小学和中等职业学校教职工聘任制度，实行"资格准入、竞争上岗、全员聘任"。大力推进高等学校教师聘任制改革，提高新聘教师学历学位层次。深化学校内部分配制度改革，完善激励和约束机制。加强教师职业道德建设，将教师职业道德修养和教学实绩，作为选聘教师、评定专业技术职务资格和确定待遇的主要依据，实行优秀教师和优秀教学成果奖励制度。

在普通中小学和中等职业技术学校，全面推行校长聘任制和校长负责制，建立公开选拔、竞争上岗、择优聘任的校长选拔任用机制，健全校长考核、培训、激励、监督、流动等相关制度。在高等学校积极推进职员制度改革，建立管理人员职务职级系列，促进管理人员专业化。

**九 加强制度创新和依法治教**

30. 加强和改善教育立法工作，完善中国特色教育法律法规体系。

修订《义务教育法》《教育法》《教师法》《高等教育法》和《学位条例》，适时起草《学校法》《教育考试法》《教育投入法》和《终身学习法》，研究制定有关教育行政法规，全面清理、修订教育部部门规章和规范性文件，适时制定符合实践需要的部门规章，积极推动各地制定配套性的教育法规、规章，力争用五至十年的时间形成较为完善的中国特色教育法律法规体系。

31. 切实转变政府职能，强化依法行政，促进决策与管理的科学化和民主化。

贯彻《行政许可法》，加快政府职能转变，改革教育行政审批制度，清理教育行政许可项目，建设相关配套制度，建立公共教育管理与服务体系。规范教育行政部门在政策制定、宏观调控和监督指导方面的职能，依法保障地方教育行政部门的教育统筹权和学校办学自主权。推进政务公开工作，加强教育电子政务系统建设。

增强各级教育行政部门依法行政的能力，完善教育行政执法责任制度，加强教育行政执法力度。健全重大决策的规则和程序，加强预案研究、咨询论证、社会公示、公众听证及民主监督的制度化建设，建立科学民主决策机制。加强教育科学研究，为教育改革与发展服务。

32. 健全教育督导与评估体系，保障教育发展与改革目标的实现。

坚持督政与督学相结合，实施对不同类型地区教育的分类督导评估，全面推动中等及以下学校的督导评估工作，建立对县级人民政府教育工作的督导评估机制，并将督导评估结果作为考核政绩和表彰奖励的重要依据。加强督导机构与队伍建设，完善督导和监测手段。

33. 推进教育管理体制改革，为教育发展提供制度保障。

完善中央和省级人民政府两级管理、以省级人民政府管理为主的高等教育管理体制。继续发挥中央和省级两级政府的积极性，发挥行业和企业的积极性，加强高等学校共建工作，巩固结构调整的成果，促进学科的深度融合和优化发展。

逐步完善"在国务院领导下，分级管理、地方为主、政府统筹、社会参与"的职业教育管理体制，实行国务院领导下的职业教育工作部际联席会议制度，强化市（地）级人民政府的统筹责任，促进行业、企业和社会参与宏观管理。

深化和推进高等学校的后勤社会化改革，进一步完善和落实相关政策，理顺关系，强化管理，提高办学设施的使用效益。

34. 深化学校内部管理体制改革，探索建立现代学校制度。

继续深化学校内部管理体制改革，完善学校法人制度。高等学校要坚持和完善党委领导下的校长负责制，推进依法办学、民主治校、科学决策，健全学校的领导管理体制和民主监督机制。中小学要实行校长负责、党组织发挥政治核心作用、教代会参与管理与监督的制度。职业学校可建立由行业、企业代表组成的理（董）事会制度。积极推动社区、学生及家长对学校管理的参与和监督。

遵循"从严治教，规范管理"的原则，加强学校制度建设，逐步形成"自主管理、自主发展、自我约束、社会监督"的机制。建设"精简、高效"的学校管理机构，完善校务公开制度，深化人事制度和分配制度改革。

**十　大力支持和促进民办教育持续健康协调快速发展**

35. 认真贯彻《民办教育促进法》，积极鼓励和支持民办教育的发展。

民办教育是社会主义教育事业的组成部分，要遵循"积极鼓励、大力支持、正确引导、依法管理"的方针，依法保障民办学校权益；明确国家对于民办学校的扶持措施，落实相关优惠政策，加强政策引导；促进民办教育扩大办学规模，改善办学条件，提高办学质量，增强办学实力；表彰奖励成绩突出的民办学校和教育机构；营造有利于民办教育自主自律、健康发展的环境，形成公办学校和民办学校优势互补、公平竞争、共同发展的格局。

36. 注重体制改革和制度创新,多种形式发展民办教育。

按照"积极发展、规范管理、改革创新"的原则,积极探索民办教育的多种实现形式。加强民办教育的规范与管理,建立防范风险机制。鼓励社会力量与普通高等学校按民办机制合作举办独立学院,实现社会创新活力、资金资源与现有优质教育资源的有机结合,有效拓展民办高等教育的发展空间。积极推进各级各类教育的体制改革和制度创新,凡符合国家有关法律法规的办学模式,均可大胆试验,使民办教育发展迈出更大的步伐。

**十一 进一步扩大教育对外开放**

37. 加强全方位、高层次的教育国际合作与交流。

把扩大教育对外开放、加强国际合作与交流作为国家教育战略的关键环节。实行"政府与民间并举、双边与多边并行、兼顾战略平衡、保证重点、注重实效"的方针,推进教育国际合作与交流向全方位、多领域、高层次发展。完善教育涉外政策法规和监管体制。与有关国家建立稳定的工作磋商机制,促进与外国的学历学位互认。进一步推动与境外高水平大学强强合作、强项合作,尤其在科研和高层次人才培养方面的实质性合作,贯彻《中外合作办学条例》,积极引进境外优质教育资源,促进高等教育和职业教育方面的合作办学。继续加强与联合国教科文组织等国际组织的合作。

38. 深化留学工作制度改革,扩大国际高层次学生、学者交流。

进一步改革国家公派出国留学工作制度,紧密配合国家高等教育发展和科技创新,加强与国际上高水平高等学校和科研机构的合作,多方筹集留学基金,加大高层次创新人才和学术带头人的选派工作力度。进一步健全自费留学中介机构的资格认定、管理和监督措施,加强留学预警机制建设,加强对自费出国留学工作的引导和服务。加大"春晖计划"的实施力度,采取灵活多样的形式,吸引和支持优秀留学人才回国工作和为国服务。

实施中国教育品牌战略。按照"扩大规模、提高层次、保证质量、规范管理"的原则,积极创造条件,扩大来华留学生的规模。深化政府奖学金管理制度改革,完善外国留学生教学与生活管理制度。

39. 大力推广对外汉语教学，积极开拓国际教育服务市场。

积极实施"汉语桥工程"，加强境外"孔子中文学院"建设，大力推进网络和多媒体汉语教学项目，丰富对外汉语教学资源，全面推广汉语水平考试（HSK），培训对外汉语教学教师，推动各国教育机构开设汉语课程。加强其他中国特色学科和优势学科的对外教学工作，鼓励有条件的教育机构赴境外办学。

**十二　改革和完善教育投入体制**

40. 建立与公共财政体制相适应的教育财政制度，保证经费持续稳定增长。

教育是政府一项最重要的工作，教育投入是公共财政体制的重要内容，必须强化各级政府对教育投入的责任，以更大的精力、更多的财力发展教育。各级人民政府教育财政拨款的增长应当高于财政经常性收入的增长，并使按在校学生人数平均的教育费用逐步增长，保证教师工资和学生人均公用经费逐步增长。义务教育经费由政府承担，适当收取少量杂费；非义务教育的办学经费，以政府为主渠道，由政府、受教育者和社会共同分担。逐步形成与社会主义市场经济体制相适应的、满足公共教育需求的、稳定和可持续增长的教育投入机制。

41. 拓宽经费筹措渠道，建立社会投资、出资和捐资办学的有效激励机制。

在非义务教育阶段，要合理确定政府和受教育者分担办学成本的比例，收费标准要与居民家庭承受能力相适应。要完善企业及公民个人向教育捐赠的税收优惠政策，探索企业合理分担职业教育经费的办法。扶持发展各种形式的公益性教育基金和信托基金，扩大彩票收益用于支持教育的份额。鼓励和支持学校开展勤工俭学、发展校办产业。积极鼓励和引导社会、企业和公民个人捐资助学、出资和投资办学。

42. 完善国家和社会资助家庭经济困难学生的制度。

以政府投入为主，进一步健全对家庭经济困难学生的助学体系。对义务教育阶段家庭经济困难的学生，要进一步完善和落实助学政策与措施。在高等学校，切实贯彻国家制定的奖学金、学生贷款、勤工助学、学费减免、特殊困难补助等资助困难学生的政策，大力推进国家助学贷款工作。继续动员和鼓励社会团体和个人对家庭经济困难学生，开展多种形式的资助活动。

43. 严格管理，不断提高教育经费的使用效益。

牢固树立勤俭办教育事业的思想。建立科学、规范的教育经费管理制度，进一步完善、规范各级各类学校收费政策，加强对教育经费的审计与监督，提高使用效益。对于中央本级财政资助的重点建设项目，要强化项目管理制度，建立行政、专家和社会中介机构相结合的项目评价系统。在逐年评价督察的基础上，实行与项目实效挂钩的滚动拨款制度和相应的激励机制。完善地方教育财政拨款制度。

### 十三 加强党的建设和思想政治工作

44. 加强和改进学校党的建设工作。

努力建设一支忠诚于党的教育事业、德才兼备、结构合理、高素质的高等学校领导干部队伍。加强思想建设、组织建设和作风建设，把高等学校领导班子建设成为坚强的领导集体。深入开展党员先进性教育，加强基层党组织建设。切实加强和改进在高等学校学生和青年教师中发展党员工作。加强学校共青团和少先队的工作。

45. 实施高等学校马克思主义理论课和思想品德课建设计划。

提高大学生的理论修养，深入推动邓小平理论和"三个代表"重要思想进教材、进课堂、进学生头脑。组织开展普通高等学校马克思主义理论课和思想品德课教育教学状况调查研究，更新和完善课程体系、教学内容和方法。实施高等学校马克思主义理论课和思想品德课立体化教材建设、优秀拔尖人才培养和骨干教师培训、教学资料信息化建设、社会实践基地建设计划，不断提高教育教学的质量和水平。

46. 增强高等学校思想政治工作的针对性、实效性和吸引力、感染力。

扩大高等学校思想政治教育覆盖面，强化对学生课余活动和生活的引导和管理。推进思想政治工作进公寓、进社团、进网络。加强学生素质教育和校园文化建设，提高大学生的思想道德素质、人文素质、科学素质和身体心理素质。深入开展大学生社会实践活动，积极推进大学生文化科技卫生"三下乡"、青年志愿者和社会公益劳动等活动。

健全突发事件快速处置机制，维护高等学校稳定。

47. 抓好党风廉政及行风建设，保证教育事业持续健康发展。

认真执行党风廉政建设责任制，切实抓好教育系统党风廉政建设和反腐败各项任务的落实。坚持"标本兼治、综合治理"的方针，坚决查处违法违纪案件，逐步建立教育、制度、监督并重的预防和惩治腐败体系。努力加强教育系统行风建设，坚决治理教育乱收费，切实纠正招生、考试等方面的不正之风。

### 十四　构建和完善中国特色社会主义现代化教育体系

48. 努力建设和完善中国特色社会主义现代化教育体系。

中国特色社会主义现代化教育体系是现代国民教育体系和终身教育体系有机组成的整体。到2020年，要全面普及九年义务教育，基本普及高中阶段教育，积极发展各类高等教育，大力发展职业教育和成人教育，形成体系完整、布局合理、发展均衡的现代国民教育体系和终身教育体系。

各级各类学校要准确定位，因地制宜地制定学校发展战略规划、学科和师资队伍建设规划、校园规划。要统筹协调社会教育资源，优化结构，合理布局，不断拓宽学校教育的服务功能和范围，逐步完善有利于终身学习的教育培训制度，为全民学习、终身学习开辟多种途径，增强国民的就业能力、创新能力、创业能力。

49. 加大对西部地区、少数民族地区、革命老区和东北地区等老工业基地的教育支持力度，促进东、中、西部地区教育协调发展。

大力发展少数民族地区教育事业。实施少数民族高层次骨干人才培养计划，支持高等院校扩大定向招收少数民族学生和建设民族预科教育基地。加大经济发达地区和大城市对西部和少数民族地区教育的支援和支持力度，继续加大"双语"教学及其改革的力度，继续办好西藏中学班和内地新疆高中班。

在学校发展、财政投入、教师待遇、人才引进等方面向西部地区教育倾斜。继续支持西部每个省、自治区、直辖市重点办好一所较高水平大学，支持高层次人才向西部地区高等学校流动，进行合作交流。加强西部地区中小学师资队伍建设，组织实施"大学生志愿服务西部计划",鼓励其他地区的教师和志愿者到西部地区中小学任教和服务。制定并落实教育支持东北地区等老工业基地振兴的政策措施。增强中部地区教育持续发展的能力,支持东部发达地区率先实现教育现代化,努力实现东、中、西部地区教育协调发展。

50. 立足全面建设小康社会目标,研究制定《2020年中国教育发展纲要》。

从全面建设小康社会的奋斗目标出发,加强教育宏观思考和战略研究。研制《2020年中国教育发展纲要》,按照党的十六届三中全会提出的"五个统筹"和"五个坚持"的要求,结合教育发展和改革的实际,对重要战略机遇期的教育发展目标和改革趋势进行全局性、前瞻性的深入研究,勾画中国特色社会主义现代化教育体系的蓝图,努力做到发展要有新思路,改革要有新突破,开放要有新局面,各项工作要有新举措。

# 中共中央、国务院关于深化教育改革全面推进素质教育的决定

中发［1999］9号

当今世界，科学技术突飞猛进，知识经济已见端倪，国力竞争日趋激烈。教育在综合国力的形成中处于基础地位，国力的强弱越来越取决于劳动者的素质，取决于各类人才的质量和数量，这对于培养和造就我国21世纪的一代新人提出了更加迫切的要求。我国正处在建立社会主义市场经济体制和实现现代化建设战略目标的关键时期。新中国成立50年来特别是改革开放以来，教育事业的改革与发展取得了令人瞩目的巨大成就。但面对新的形势，由于主观和客观等方面的原因，我们的教育观念、教育体制、教育结构、人才培养模式、教育内容和教学方法相对滞后，影响了青少年的全面发展，不能适应提高国民素质的需要。全党、全社会必须从我国社会主义事业兴旺发达和中华民族伟大复兴的大局出发，以邓小平理论为指导，全面贯彻落实党的十五大精神，深化教育改革，全面推进素质教育，构建一个充满生机的有中国特色社会主义的教育体系，为实施科技兴国战略奠定坚实的人才和知识基础。

一　全面推进素质教育，培养适应21世纪现代化建设需要的社会主义新人

1. 实施素质教育，就是全面贯彻党的教育方针，以提高国民素质为根本宗旨，以培养学生的创新精神和实践能力为重点，造就"有理想、有道德、有文化、有纪律"的、德智体美等全面发展的社会主义事业建设者和接班人。

全面推进素质教育,要面向现代化、面向世界、面向未来,使受教育者坚持学习科学文化与加强思想修养的统一,坚持学习书本知识与投身社会实践的统一,坚持实现自身价值与服务祖国人民的统一,坚持树立远大理想与进行艰苦奋斗的统一。

全面推进素质教育,要坚持面向全体学生,为学生的全面发展创造相应的条件,依法保障适龄儿童和青少年学习的基本权利,尊重学生身心发展特点和教育规律,使学生生动活泼、积极主动地得到发展。

2. 实施素质教育应当贯串于幼儿教育、中小学教育、职业教育、成人教育、高等教育等各级各类教育,应当贯串于学校教育、家庭教育和社会教育等各个方面。在不同阶段和不同方面应当有不同的内容和重点,相互配合,全面推进。在不同地区还应体现地区特点,尤其是少数民族地区的特点。

实施素质教育,必须把德育、智育、体育、美育等有机地统一在教育活动的各个环节中。学校教育不仅要抓好智育,更要重视德育,还要加强体育、美育、劳动技术教育和社会实践,使诸方面教育相互渗透、协调发展,促进学生的全面发展和健康成长。

3. 各级各类学校必须更加重视德育工作,以马克思列宁主义、毛泽东思想和邓小平理论为指导,按照德育总体目标和学生成长规律,确定不同学龄阶段的德育内容和要求,在培养学生的思想品德和行为规范方面,要形成一定的目标递进层次。要加强辩证唯物主义和历史唯物主义教育,使学生树立科学的世界观和人生观。要有针对性地开展爱国主义、集体主义和社会主义教育,中华民族优秀文化传统和革命传统教育,理想、伦理道德以及文明习惯养成教育,中国近现代史、基本国情、国内外形势教育和民主法制教育。把发扬中华民族优良传统同积极学习世界上一切优秀文明成果结合起来。高等学校要进一步加强邓小平理论"进教材、进课堂、进学生头脑"工作。职业学校要加强职业道德教育。

进一步改进德育工作的方式方法,寓德育于各学科教学之中,加强学校德育与学生生活和社会实践的联系,讲究实际效果,克服形式主义倾向。针对新形势下青少年成长的特点,加强学生的心理健康教育，培养学生坚韧不拔的意志、艰苦奋斗的精神，增强青少年适应社会生活的能力。加强民族团结教育，规范国防教育，提高学生的国家安全意识，继续搞好军训工作并使之制度化。加强校园的精神文明建设，严禁一切封建迷信和其他有害于学生身心健康的活动及物品传入校园。加强共青团、少先队和学生会工作，在培养和提高学生素质方面发挥更大的作用。社会各方面要为青少年提供优秀的精神文化产品和德育活动基地，形成学校、家庭和社会共同参与德育工作的新格局。

4. 智育工作要转变教育观念，改革人才培养模式，积极实行启发式和讨论式教学，激发学生独立思考和创新的意识，切实提高教学质量。要让学生感受、理解知识产生和发展的过程，培养学生的科学精神和创新思维习惯，重视培养学生收集处理信息的能力、获取新知识的能力、分析和解决问题的能力、语言文字表达能力以及团结协作和社会活动的能力。

高等教育要重视培养大学生的创新能力、实践能力和创业精神，普遍提高大学生的人文素养和科学素质。职业教育和成人教育要使学生在掌握必需的文化知识的同时，具有熟练的职业技能和适应职业变化的能力。减轻中小学生课业负担已成为推行素质教育中刻不容缓的问题，要切实认真加以解决。各级政府都要建立健全减轻学生课业负担的监督检查机制。要重视婴幼儿的身体发育和智力开发，普及婴幼儿早期教育的科学知识和方法。

5. 健康体魄是青少年为祖国和人民服务的基本前提，是中华民族旺盛生命力的体现。学校教育要树立健康第一的指导思想，切实加强体育工作，使学生掌握基本的运动技能，养成坚持锻炼身体的良好习惯。确保学生体育课程和课外体育活动时间，不准挤占体育活动时间和场所。举办多种多样的群体性体育活动，培养学生的竞争意识、合作精神和坚强毅力。地方各级人民政府要统筹规划，为学校开展体育活动提供必要条件。培养学生的良好卫生习惯，了解科学营养知识。根据农村的实际条件和需要，有针对性地加强农村学校的体育和卫生工作。

6. 美育不仅能陶冶情操、提高素养，而且有助于开发智力，对于促进学生全面发展具有不可替代的作用。要尽快改变学校美育工作薄弱的状况，将美育融入学校教育全过程。中小学要加强音乐、美术课堂教学，高等学校应要求学生选修一定学时的包括艺术在内的人文学科课程。开展丰富多彩的课外文化艺术活动，增强学生的美感体验，培养学生欣赏美和创造美的能力。地方各级人民政府和各有关部门要为学校美育工作创造条件，继续完善文化经济政策，各类文化场所（博物馆、科技馆、文化馆、纪念馆等）要向学生免费或优惠开放，鼓励文化艺术团体到学校演出高雅健康的节目。农村中小学也要充分利用当地文化资源，因地制宜地开展美育活动。

7. 教育与生产劳动相结合是培养全面发展人才的重要途径。各级各类学校要从实际出发，加强和改进对学生的生产劳动和实践教育，使其接触自然、了解社会，培养热爱劳动的习惯和艰苦奋斗的精神。建立青少年参与社区服务和社区建设的制度。中小学要鼓励学生积极参加形式多样的课外实践活动，培养动手能力；职业学校要实行产教结合，鼓励学生在实践中掌握职业技能；高等学校要加强社会实践，组织学生参加科学研究、技术开发和推广活动以及社会服务活动。利用假期组织志愿者到城乡支工、支农、支医和支教。社会各方面要为学校开展生产劳动、科技活动和其他社会实践活动提供必要的条件，同时要加强学生校外劳动和社会实践基地的建设。

二 深化教育改革，为实施素质教育创造条件

8. 基本普及九年义务教育和基本扫除青壮年文盲（简称"两基"），是全面推进素质教育的基础。地方各级人民政府要继续将"两基"作为教育工作的"重中之重"，确保2000年"两基"目标的实现和达标后的巩固与提高。各地要从实际出发，改造薄弱学校，提高义务教育阶段的整体办学水平。2000年后要继续实施"国家贫困地区义务教育工程"，加大对贫困地区和少数民族地区的扶持力度，继续加强发达地区对少数民族贫困地区的教育对口支援工作，切实解决农村初中辍学率偏高的问题，同时大力提高义务教育阶段残疾儿童、少年的入学率。

9. 调整现有教育体系结构，扩大高中阶段教育和高等教育的规

模，拓宽人才成长的道路，减缓升学压力。通过多种形式积极发展高等教育，到2010年，我国同龄人口的高等教育入学率要从现在的9%提高到15%左右。要在确保"两基"的前提下，积极发展包括普通教育和职业教育在内的高中阶段教育，为初中毕业生提供多种形式的学习机会。在城市和经济发达地区要有步骤地普及高中阶段教育。

高等职业教育是高等教育的重要组成部分。要大力发展高等职业教育，培养一大批具有必要的理论知识和较强实践能力，生产、建设、管理、服务第一线和农村急需的专门人才。现有的职业大学、独立设置的成人高校和部分高等专科学校要通过改革、改组和改制，逐步调整为职业技术学院（或职业学院）。支持本科高等学校举办或与企业合作举办职业技术学院（或职业学院）。省、自治区、直辖市人民政府在对当地教育资源的统筹下，可以举办综合性、社区性的职业技术学院（或职业学院）。

10. 构建与社会主义市场经济体制和教育内在规律相适应、不同类型教育相互沟通相互衔接的教育体制，为学校毕业生提供继续学习深造的机会。职业技术学院（或职业学院）可采取多种方式招收普通高中毕业生和中等职业学校毕业生。职业技术学院（或职业学院）毕业生经过一定选拔程序可以进入本科高等学校继续学习。

高等学校和中等职业学校要创造条件实行弹性的学习制度，放宽招生和入学的年龄限制，允许分阶段完成学业。大力发展现代远程教育、职业资格证书教育和其他继续教育。完善自学考试制度，形成社会化、开放式的教育网络，为适应多层次、多形式的教育需求开辟更为广阔的途径，逐渐完善终身学习体系。

11. 进一步简政放权，加大省级人民政府发展和管理本地区教育的权力以及统筹力度，促进教育与当地经济社会发展紧密结合。今后三年，继续按照"共建、调整、合作、合并"的方式，基本完成高等教育管理体制和布局结构的调整，形成中央和省级人民政府两级管理、以省级人民政府管理为主的新体制，合理配置教育资源，提高教育质量和办学效益。经国务院授权，把发展高等职业教育和大部分高等专科教育的权力以及责任交给省级人民政府，省级人民政府依法管理职业技术学院（或职业学院）和高等专科学校。高等职业教育（包括高等专科学校）的招生计划改由省级人民政府制定，其招生考试事宜由省级人民政府自行确定。

继续完善基础教育主要由地方负责、分级管理的体制。根据各地实际，加大县级人民政府对教育经费、教师管理和校长任免等方面的统筹权。地方各级人民政府要加强对职业教育和成人教育的统筹。学历教育由教育行政部门负责管理。在高中及其以上教育的办学水平评估、人力资源预测和毕业生就业指导等方面，进一步发挥非政府的行业协会组织和社会中介机构的作用。

按照《中华人民共和国高等教育法》的规定，切实落实和扩大高等学校的办学自主权，增强学校适应当地经济社会发展的活力。加强对高等学校的监督和办学质量检查，逐步形成对学校办学行为和教育质量的社会监督机制以及评价体系，完善高等学校自我约束、自我管理机制。进一步扩大高等学校招生、专业设置等自主权，高等学校可以到外地合作办学。深化学校内部管理体制改革，进一步精简机构，减员增效。改革分配和奖励制度，实行多劳多得、优劳优酬。加大学校后勤改革力度，逐步剥离学校后勤系统，推动后勤工作社会化，鼓励社会力量为学校提供后勤服务，发展教育产业。

12. 进一步解放思想、转变观念，积极鼓励和支持社会力量以多种形式办学，满足人民群众日益增长的教育需求，形成以政府办学为主体、公办学校和民办学校共同发展的格局。凡符合国家有关法律法规的办学形式，均可大胆试验。在发展民办教育方面迈出更大的步伐。鼓励社会力量以各种方式举办高中阶段和高等职业教育。经国家教育行政主管部门批准，可以举办民办普通高等学校。在保证适龄儿童、少年均能就近进入公办小学和初中的前提下，可允许设立少数民办小学和初中，在这个范围内提供择校机会，但不搞"一校两制"。积极发展以社区为依托的、公办与民办相结合的幼儿教育。要因地制宜地制定优惠政策（如土地优惠使用、免征配套费等），支持社会力量办学。

各级人民政府要加强对民办教育的管理、引导和监督，国家要加快民办教育的立法，促进民办教育的健康发展。各级各类民办学校都要依法办学，不断提高办学水平。

13. 加快改革招生考试和评价制度，改变"一次考试定终身"的状况。改革高考制度是推进中小学全面实施素质教育的重要措施，按照有助于高等学校选拔人才、中小学实施素质教育和扩大高等学校办学自主权的原则，积极推进高考制度改革。进行每年举办两次高等学校招生考试的试点。高考科目设置和内容的改革应进一步突出对能力和综合素质的考查。鼓励有条件的省级人民政府进行多种形式的高考制度改革试验，扩大学校的招生自主权和考生的选择机会。逐步建立具有多种选择的、更加科学和公正的高等学校招生选拔制度。

在普及九年义务教育的地区，实行小学毕业生免试就近升学的办法。鼓励各地中小学自行组织毕业考试，采取多种形式改革高中阶段学校的招生办法，改革高中会考制度。建立符合素质教育要求的对学校、教师和学生的评价机制。地方各级人民政府不得下达升学指标，不得以升学率作为评价学校工作的标准。鼓励社会各界、家长和学生以适当方式参与对学校工作的评价。

14. 调整和改革课程体系、结构、内容，建立新的基础教育课程体系，试行国家课程、地方课程和学校课程。改变课程过分强调学科体系、脱离时代和社会发展以及学生实际的状况。抓紧建立更新教学内容的机制，加强课程的综合性和实践性，重视实验课教学，培养学生实际操作能力。要增强农村特别是贫困地区义务教育的课程、教材与当地经济社会发展的适应性。促进教材的多样化，进一步完善国家对基础教育教材的评审制度。积极推进教学改革，提高课堂教学的质量，国家和地方要奖励并推广符合素质教育要求的优秀教学成果。

职业教育要增强专业的适用性，开发和编写体现新知识、新技术、新工艺和新方法的具有职业教育特色的课程及教材。高等教育要加快课程改革和教学改革，继续调整专业结构和设置，使学生尽早地参与科技研究开发和创新活动，鼓励跨学科选修课程，培养基础扎实、知识面宽、具有创新能力的高素质专门人才。

15. 大力提高教育技术手段的现代化水平和教育信息化程度。国家支持建设以中国教育科研网和卫星视频系统为基础的现代远程教育网络，加强经济实用型终端平台系统和校园网络或局域网络的建设，充分利用现有资源和各种音像手段，继续搞好多样化的电化教育和计算机辅助教学。在高中阶段的学校和有条件的初中、小学普及计算机操作和信息技术教育，使教育科研网络进入全部高等学校和骨干中等职业学校，逐步进入中小学。采取有效措施，大力开发优秀的教育教学软件。运用现代远程教育网络为社会成员提供终身学习的机会，为农村和边远地区提供适合当地需要的教育。

16. 努力改变教育与经济、科技相脱节的状况，促进教育和经济、科技的密切结合。高等教育实施素质教育，要加强产学研结合，大力推进高等学校和产业界以及科研院所的合作，鼓励有条件的高等学校建立科技企业，企业在高等学校建立研究机构，高等学校在企业建立实习基地。采用多种形式，使高等学校科研机构进入企业，提高高等学校科技成果的转化率，加快实用科技成果向企业的转移，增强企业的技术创新能力，培育新的经济增长点。要创建若干所具有世界先进水平的一流大学和一批一流学科，在高等学校建设一批既出人才又出成果的基础研究和应用研究基地，为国家创新体系建设和现代化建设作出贡献。继续推进城市教育综合改革。职业教育和成人教育要通过多种方式，为加快提高劳动者素质，为转岗、分流、下岗职工再就业提供教育和培训。

进一步推进农科教结合，全面推进农村教育综合改革，促进农村普通教育、成人教育和职业教育的统筹协调发展，使农村教育切实转变到主要为农村经济和社会发展服务上来。要把文化知识教育和扫除青壮年文盲与实用生产技术培训结合起来，与农民脱贫致富结合起来。要采取灵活多样的教育培训形式，抓紧培养一大批农村急需的实用技术推广人才、乡镇企业管理人才和医疗卫生人才。

### 三 优化结构，建设全面推进素质教育的高质量的教师队伍

17. 建设高质量的教师队伍，是全面推进素质教育的基本保证。教师要热爱党，热爱社会主义祖国，忠诚于人民的教育事业；要树立正确的教育观、质量观和人才观，增强实施素质教育的自觉性；要不

断提高思想政治素质和业务素质，教书育人，为人师表，敬业爱生；要有宽广厚实的业务知识和终身学习的自觉性，掌握必要的现代教育技术手段；要遵循教育规律，积极参与教学科研，在工作中勇于探索创新；要与学生平等相处，尊重学生人格，因材施教，保护学生的合法权益。

18. 把提高教师实施素质教育的能力和水平作为师资培养、培训的重点。加强和改革师范教育，大力提高师资培养质量。调整师范学校的层次和布局，鼓励综合性高等学校和非师范类高等学校参与培养、培训中小学教师的工作，探索在有条件的综合性高等学校中试办师范学院。2010年前后，具备条件的地区力争使小学和初中阶段教育的专任教师的学历分别提升到专科和本科层次，经济发达地区高中阶段教育的专任教师和校长中获硕士学位者应达到一定比例。提高高等学校教师中博士学位教师的比例。开展以培训全体教师为目标、骨干教师为重点的继续教育，使中小学教师的整体素质明显提高。中小学专任教师以及师范学校在校生都要接受计算机基础知识和技能培训。注意吸收企业优秀工程技术和管理人员到职业学校任教，加快建设兼有教师资格和其他专业技术职务的"双师型"教师队伍。地方各级人民政府要多渠道筹资设立骨干教师专项资金，在大、中、小学培养一批高水平的学科带头人和有较大影响的教书育人专家，造就一支符合时代要求、能发挥示范作用的骨干教师队伍。

19. 建立优化教师队伍的有效机制，提高教师队伍的整体素质。全面实施教师资格制度，开展面向社会认定教师资格工作，拓宽教师来源渠道，引入竞争机制，完善教师职务聘任制，提高教育质量和办学效益。中小学根据学校编制聘用教师，可面向社会公开招聘，经县以上教育行政部门审批；高等学校依法自主聘任教师，吸引优秀人才从教。继续关心和改善教师的工作条件和生活待遇。加强编制管理，精简富余人员，富余人员原则上在教育系统内部进行培训和安排。各地要认真做好各级各类学校转岗教师的管理服务工作，进一步建立和完善人才流动的社会化服务体系，搞好人才供求信息的收集和发布工作，开展转岗前职业培训，协调和促进教师的合理流动。地方各级人民政府的人事、劳动和社会保障、财政部门要提供必要的政策指导和经费支持。

20. 合理配置教师资源。各地要制定政策，鼓励大中城市骨干教师到基础薄弱学校任教或兼职，中小城市（镇）学校教师以各种方式到农村缺编学校任教，加强农村与薄弱学校教师队伍建设。城镇中小学教师原则上要有一年以上在薄弱学校或农村学校任教经历，才可聘为高级教师职务。采取优惠政策，吸引和鼓励教师到经济不发达地区、边远地区和少数民族地区任教。经济发达地区和城市也要采取多种形式，帮助少数民族地区和农村提高教师队伍水平。

21. 努力造就能够带领广大教师和教育工作者积极实施素质教育的学校领导以及管理干部队伍。学校校长在推进素质教育中具有特殊作用，要率先转变教育观念，把领导教职工创造性地实施素质教育作为重要职责。要继续巩固和完善中小学校长岗位培训和持证上岗制度，试行校长职级制，逐步完善校长选拔和任用制度，鼓励优秀校长到薄弱学校任职。对于富余的学校管理人员要转岗分流。

**四　加强领导，全党、全社会共同努力开创素质教育的新局面**

22. 全面推进素质教育，必须切实加强党和政府的领导。邓小平同志指出："我们要千方百计，在别的方面忍耐一些，甚至于牺牲一点速度，把教育问题解决好。"各级党委和人民政府要切实落实教育优先发展的战略地位。全面推进素质教育是党和政府的重要职责，各级领导干部要转变观念，充分认识素质教育的重要性和紧迫性，把思想统一到中央的决定上来，认真贯彻落实。建立自上而下的素质教育评估检查体系，逐级考核省、市、县、乡各级党委和政府及其主要领导干部抓素质教育工作的情况。各级党委和政府及其有关部门要通力协作，为实施素质教育创造良好的政策环境，注意研究新情况和新问题，鼓励大胆实践，尊重群众的首创精神。重视和加强教育科学研究，提高政府决策和管理的科学性。

23. 全面推进素质教育，根本上要靠法治、靠制度保障。各级人民政府和各部门要切实做到依法行政，保证教育方针的全面贯彻执行。各级党政领导和广大教育工作者要深入进行教育法律法规的学习、宣传活动，提高法律意识，严格履行保护少年儿童和学生身心健康发展的法律职责，坚决制止侵犯学生合法权益的行为，抵制妨碍学生健康成长的各种社会不良影响。各地要依法保障教师的合法权益，不得拖欠教师工资。要整治校园内部和周边环境，维护学校正常秩序。

继续完善国家教育立法，加大教育执法力度，加强教育法制机构和队伍建设，完善教育行政执法监督机制。制定有关素质教育的制度和法规，逐步实现素质教育制度化、法制化。

进一步健全教育督导机构，完善教育督导制度，在继续进行"两基"督导检查的同时，把保障实施素质教育作为教育督导工作的重要任务。

24. 努力采取有效措施，切实加大教育投入，逐步实现国家财政性教育经费支出占国民生产总值4%的目标。各级人民政府必须按照《中华人民共和国教育法》的规定，确保教育经费有较大增长。中央决定，自1998年起至2002年的5年中，提高中央本级财政支出中教育经费所占的比例，每年提高1个百分点。各省、自治区、直辖市人民政府也要根据本地实际，增加本级财政中教育经费的支出。要进一步依法加强城乡教育费附加的征收和管理，农村教育费附加实行乡征、县管、乡用，确保完全用于教育。

进一步完善教育经费拨款办法，充分发挥教育拨款在宏观调控中的作用，不断提高教育经费的使用效益。政府的教育拨款主要用于保证普及义务教育和承担普通高等教育的大部分经费。地方各级人民政府要确保义务教育的资金投入并做到专款专用。在非义务教育阶段，要适当增加学费在培养成本中的比例，逐步建立符合社会主义市场经济体制以及政府公共财政体制的财政教育拨款政策和成本分担机制。加强教育经费的管理，严格禁止乱收费。认真组织实施教育储蓄、教育保险和助学贷款制度，完善奖学金制度。积极运用财政、金融和税收政策，继续鼓励社会、个人和企业投资办学和捐（集）资助学，不断完善多渠道筹措教育经费的体制。

25. 社会用人制度对于实施素质教育有着重要的导向作用，改革用人制度是全面推进素质教育的当务之急。要依法抓紧制定国家职业

（技能）标准，明确对各类劳动者的岗位要求，积极推行劳动预备制度，坚持实行"先培训、后上岗"的就业制度，继续改革大中专毕业生就业制度，使学生树立正确的择业观。地方政府教育部门要与人事、劳动和社会保障部门共同协调，在全社会实行学业证书、职业资格证书并重的制度。转变传统的人才观念，形成使用人才重素质、重实际能力的良好风气。

26. 全面推进素质教育，是我国教育事业的一场深刻变革，是一项事关全局、影响深远和涉及社会各方面的系统工程。要进一步加强学校党的工作，充分发挥党员在实施素质教育中的模范带头作用。要通过新闻媒体的正确舆论导向，深入动员社会各界关心、支持和投身素质教育。学校、家庭和社会要互相沟通、积极配合，共同开创素质教育工作的新局面。

要继续认真落实国务院批转的《面向二十一世纪教育振兴行动计划》全面推进素质教育，是党中央和国务院为加快实施科教兴国战略作出的又一重大决策，各级党委和人民政府要结合本地实际情况，创造性地把素质教育落到实处，在以江泽民同志为核心的党中央的领导下，高举邓小平理论伟大旗帜，为实现社会主义现代化建设宏伟目标和中华民族伟大复兴作出更大的贡献。

军队系统学校如何落实本文件精神，由中央军委作出决定。

中共中央办公厅<br>1999 年 6 月 13 日

# 国家教育事业发展"十一五"规划纲要

(2007年5月18日，国务院批转)

为全面落实科学发展观，坚持教育优先发展，充分发挥教育在现代化建设中的基础性、先导性、全局性作用，依据《中华人民共和国国民经济和社会发展第十一个五年规划纲要》，特制定本纲要。

## 一 教育事业发展面临的形势

（一）"十五"时期教育事业发展取得显著成就

到 2005 年，全国普及九年义务教育人口覆盖率和初中毛入学率均达到 95% 以上，进入全面普及的新阶段。西部地区"两基"攻坚取得重大进展，中西部地区农村义务教育普及程度和质量明显提高，农村教育面貌发生深刻变化。高中阶段教育规模继续增加，在校生达 4031 万人。职业教育在改革中加快发展。高等教育实现历史性跨越，毛入学率达 21%，进入大众化发展阶段，高水平大学和重点学科建设取得重大进展，高校科技创新能力增强，成为国家创新体系的重要组成部分。素质教育进一步推进，未成年人思想道德建设和大学生思想政治教育工作得到加强。教师队伍建设取得新进展，教育投入不断增长，办学条件得到改善，教育信息化建设成效明显，教育质量稳步提升，办学效益进一步提高。教育改革不断深化，教育开放进一步扩大，很多方面取得突破性进展。人民群众关心的教育问题得到高度重视并在逐步解决。各级各类教育稳步发展，国民受教育水平显著提升，15 岁以上人口平均受教育年限达到 8.5 年左右。教育发展为我国国民素质提高，为科技创新、经济增长和社会进步做出了重要贡献，也为"十一五"时期的进一步发展奠定了良好基础。

专栏1　　　　　　　教育事业"十五"时期主要成就

|  | 2000年 | 2005年 | 2005年比2000年提高 |
| --- | --- | --- | --- |
| 学前教育阶段： |  |  |  |
| 学前三年毛入园率（%） | 37.7 | 41.4 | 3.7 |
| 义务教育阶段： |  |  |  |
| 小学毕业生升学率（%） | 94.9 | 98.4 | 3.5 |
| 初中毛入学率（%） | 88.6 | 95 | 6.4 |
| 初中三年保留率（%） | 90.1 | 92.8 | 2.7 |
| 初中毕业生升学率（%） | 51.2 | 69.7 | 18.5 |
| 高中阶段： |  |  |  |
| 毛入学率（%） | 42.8 | 52.7 | 9.9 |
| 在校生（万人） | 2518 | 4031 | 1513 |
| 其中：普通高中 | 1201 | 2409 | 1208 |
| 中等职业教育 | 1284 | 1600 | 316 |
| 高等教育： |  |  |  |
| 毛入学率（%） | 12.5 | 21 | 8.5 |
| 在学总规模（万人） | 1230 | 2300 | 1070 |
| 其中：普通本专科 | 556 | 1562 | 1006 |
| 研究生 | 30 | 98 | 68 |
| 成人本专科 | 354 | 436 | 82 |
| 高校科技创新与服务 |  |  |  |
| 普通高校获得授权的专利数（项） | 1952 | 7399 | 5447 |
| 高校科技成果获国家奖数 | 53 | 143 | 90 |

（二）全面建设小康社会要求坚持教育优先发展

全面建设小康社会、构建社会主义和谐社会，教育肩负着重要的历史使命。走新型工业化道路，建设创新型国家，必须充分发挥人力资源优势。加快教育发展，是把我国巨大的人口压力转化为人力资源优势的根本途径。建设社会主义新农村，缩小城乡、区域发展差距，改善民生，促进社会公平正义，迫切要求推进教育公平，促进教育协调发展。弘扬社会主义思想道德，传承民族优秀文化，培养合格的社会主义建设者和接班人，迫切要求实施素质教育，促进人的全面发展。城镇化进程加快，城乡居民生活水平不断提高，教育人口的数量和结构发生明显变化,就业压力较大,对多样化、高质量的教育需求日益增长。新形势新任务对教育发展提出了新的更高的要求,也提供了难得的历史机遇。

我们清醒地看到,我国人均受教育水平仍然不高,从业人员平均受教育年限仍低于发达国家平均水平3年以上,创新型人才和高技能人才不足,杰出人才缺乏。城乡、区域、各级各类教育之间发展不平衡。实施素质教育尚未取得根本性突破,教师队伍的素质和水平需要进一步提高,人才培养模式需要进一步改进。教育投入不足,与教育事业持续健康发展的需求有较大差距,一些关系人民群众切身利益的教育问题还没有得到很好解决。

当今世界,知识成为提高综合国力和国际竞争力的决定性因素,人力资源成为推动经济社会发展的战略性资源,各国纷纷把发展教育作为国家发展的战略举措。能否培养和造就数以亿计的高素质劳动者、数以千万计的专门人才和一大批拔尖创新人才,关系到全面建设小康社会宏伟目标的实现,关系到我国社会主义现代化建设的全局,关系到党和国家的兴旺发达,关系到中华民族的前途命运。必须增强使命感、紧迫感和责任感,切实把教育摆在优先发展的战略地位,抓住机遇,振奋精神,以更大的精力、更多的财力,推进教育事业持续协调健康发展。

**二 指导思想、发展思路和主要目标**

(一)指导思想

"十一五"时期,教育事业的发展要以邓小平理论和"三个代表"重要思想为指导,以科学发展观统领全局,大力实施科教兴国战略和人才强国战略,坚持教育优先发展、促进教育公平,全面贯彻党的教育方针,坚持教育为社会主义现代化建设服务、为人民服务,全面实施素质教育,深化教育改革,提高教育质量,统筹城乡、区域教育,统筹各级各类教育,统筹教育发展的规模、结构、质量、效益,构建现代国民教育体系和终身教育体系,保障人民享有接受良好教育的机会,办好让人民群众满意的教育,为全面建设小康社会、构建社会主义和谐社会、实现建设创新型国家和人力资源强国的奋斗目标做出新的贡献。

(二) 发展思路

——以素质教育为主题。坚持育人为本、德育为先，把立德树人作为教育的根本任务，将素质教育贯穿于各级各类教育，贯穿于学校教育、家庭教育和社会教育，努力培养德智体美全面发展的社会主义建设者和接班人。

——以"普及、发展、提高"为主要任务。以中西部农村地区为重点，普及和巩固九年义务教育；以中等职业教育为重点，加快发展职业教育，培养高素质劳动者和高技能人才；以培养学生创新精神和实践能力为重点，着力提高高等教育质量，积极推进高水平大学和重点学科建设，提高高校人才培养、科技创新与服务能力，培养和造就一批杰出人才。

——以协调发展为主线。分区规划，分类指导，优化教育结构，完善教育体系，提高教育质量和效益，坚持公共教育资源向农村、中西部地区、贫困地区、边疆地区、民族地区倾斜，国家财政新增教育经费主要用于农村，逐步缩小城乡、区域教育发展差距，推动公共教育协调发展。

——以加强教师队伍建设为关键。加强和改进教师教育，强化教师培训，提高师资特别是农村师资水平。改革和完善教师管理制度，努力建设高素质教师队伍，培养和造就一批教育家。

——以体制和机制改革为动力。着力推进教育管理体制、投入体制、办学体制、学校内部管理体制改革，加强教育法制建设，依法治教，转变政府职能和管理方式，扩大教育对外开放，形成更加有利于教育发展的体制机制。

——以办好让人民群众满意的教育为宗旨。坚持教育的社会主义性质和公益性原则，把促进教育公平作为国家基本教育政策，加大对困难群体的扶持力度，认真解决社会关心的教育热点难点问题，保障人民享有接受良好教育的机会。

(三) 主要目标

1. 教育事业持续发展，教育体系更加完善。

全面普及和巩固九年义务教育，小学净入学率保持在99%以上，初中毛入学率达到98%以上，初中三年保留率达到95%。青壮年文盲率降到2%左右。学前教育和特殊教育进一步发展，学前三年毛入园率达到55%以上，努力普及有学习能力的残疾儿童少年的九年义务教育。高中阶段教育普及程度明显提高，在校生规模达到4510万人，毛入学率达到80%左右，中等职业教育与普通高中规模基本相当。高等教育要适当控制招生增长幅度，相对稳定招生规模，在学人数达到3000万人，毛入学率达到25%左右，其中普通本专科在校生规模达到2000万人，在学研究生约130万人，高等职业教育的招生规模继续保持在普通高等教育招生总量的一半左右。成人教育和继续教育得到较大发展，各类职业培训规模不断扩大，培训质量明显提高，年培训城乡劳动者达到上亿人次，其中农村劳动力转移培训和农民工培训达6000万人次。民办教育健康发展。中国特色社会主义现代化教育体系不断完善，学习型社会建设取得明显进展。

专栏2　　　　　　　　　教育事业发展2010年主要目标

|  | 2005年 | 2010年 | 2010年比2005年提高 |
| --- | --- | --- | --- |
| 学前教育阶段： |  |  |  |
| 学前三年毛入园率（%） | 41.4 | 55 | 13.6 |
| 义务教育阶段： |  |  |  |
| 初中毛入学率（%） | 95 | 98 | 3 |
| 初中三年保留率（%） | 92.8 | 95 | 2.2 |
| 扫盲： |  |  |  |
| 青壮年文盲率（%） | 3 | 2 | -1 |
| 高中阶段： |  |  |  |
| 毛入学率（%） | 52.7 | 80 | 27.3 |
| 在校生（万人） | 4031 | 4510 | 479 |
| 其中：普通高中 | 2409 | 2410 | 持平 |
| 中等职业教育 | 1600 | 2100 | 500 |
| 高等教育： |  |  |  |
| 毛入学率（%） | 21 | 25 | 4 |
| 在学总规模（万人） | 2300 | 3000 | 700 |
| 其中：普通本专科 | 1562 | 2000 | 438 |

续表

|  | 2005 年 | 2010 年 | 2010 年比 2005 年提高 |
| --- | --- | --- | --- |
| 研究生 | 98 | 130 | 32 |
| 成人本专科 | 436 | 600 | 164 |

2. 城乡、区域教育更加协调，义务教育趋于均衡。

欠发达地区与全国教育平均水平的差距逐步缩小。完成"两基"攻坚任务，初中毛入学率达到95%以上，青壮年文盲率降到4%以下。中等职业教育较快发展，基本建立城乡职业教育和培训网络。学前教育、高中阶段教育和高等教育规模稳步扩大。现代远程教育覆盖面显著扩大。

中等发达地区教育发展水平明显提高。农村义务教育得到切实巩固。多种形式的职业教育得到较大发展，建立比较完善的城乡职业教育与培训网络。学前教育进一步发展，高中阶段教育毛入学率达到80%左右，高等教育大众化水平进一步提高。城乡之间教育发展的差距明显缩小。

发达地区初步实现教育现代化。在高质量普及九年义务教育的基础上，基本普及学前教育，基本普及高中阶段教育，学前三年毛入园率和高中阶段教育毛入学率均达到85%以上，建立起较为完善的城乡一体化教育体系。

义务教育公共资源均衡配置取得重要进展，所有学校的办学条件和教学质量均达到基本标准。基本实现区域内义务教育的均衡发展。进一步做好教育支持西部开发、振兴东北地区等老工业基地和促进中部崛起等工作，教育发展更加适应区域经济社会发展需要。

3. 教育质量明显提高，创新能力稳步增强。

各级各类教育办学条件进一步改善。教师队伍整体素质特别是农村地区中小学教师水平明显提升。教育信息化程度显著提高。教育教学改革取得明显成效，学生的思想道德素质、科学文化素质和健康素质得到全面提高，创新精神和实践能力明显增强。

若干所高校成为国际知名高水平大学，建成一批世界一流学科，在培养和造就杰出人才方面取得重要进展，使我国高校在国际上的影响力显著上升。高校创新能力进一步增强，取得一大批高质量的科研成果，与经济社会发展的结合更加紧密，服务能力进一步提高。

4. 教育机会不断增加，国民受教育水平进一步提高。

15 岁以上人口平均受教育年限达到 9 年左右，新增劳动力平均受教育年限达到 11 年以上，从业人员中大专及以上学历的人员比例增至 10% 左右。

三 主要任务

（一）全面贯彻党的教育方针，全面实施素质教育

1. 切实加强德育工作。

进一步加强和改进中小学思想道德教育和大学生思想政治教育，提高学生的思想道德素质。以马克思主义为指导，深入开展中国特色社会主义共同理想教育，加强以爱国主义为核心的民族精神和以改革创新为核心的时代精神教育，多种形式地开展社会主义荣辱观教育。大力推进文明习惯的养成教育，继续加强国情和形势政策教育、法制教育、国防教育和民族团结教育。完成中小学德育课程标准修订工作，落实高校思想政治理论课新课程方案，推进研究生思想政治理论课改革，改进教学方法和考评办法，进一步增强吸引力、感染力和针对性、实效性。丰富和活跃校园文化生活，推广校园文化建设优秀成果。在学校全体教职员工中牢固树立育人为本的思想，不断加强学校德育和思想政治工作队伍建设，着力建设高水平的辅导员和班主任队伍。强化校园网络的应用与管理，掌握网络思想政治教育工作主动权。建立和完善学生社会实践的长效机制，促进学生学习成长与社会实践的有机结合。

2. 深化教育教学改革。

端正教育思想，转变教育观念，更新教育内容，改进培养模式和教育方法，倡导启发式教学，着力培养学生的创新思维、独立思考能力和动手能力。以促进学生全面发展为目标，改革和完善考试评价制度，探索综合评价、多样化选拔的招生录取机制。全面推进基础教育课程改革，建立对基础教育的质量评价和指导体系。克服片面追求升学率的错误倾向，切实减轻中小学生过重的课业负担，使学生有更多

的时间接触社会、接触生活、接触实践。加强对幼儿教育的科学研究。注重对残疾儿童少年生活能力和各种实用技能的培养。全面推进职业教育和高等教育的教育教学改革。坚持健康第一，加强和改进学校体育卫生工作，按国家规定开足上好体育课程并保证学生每天锻炼一小时，加强学生的心理健康教育和珍爱生命教育，切实提高学生的健康水平。加强和改进学校美育工作，提高学生审美素质。强化对学生课余活动和生活的引导与管理。倡导和组织学生积极参加各种有益的生产劳动和公益活动，增强学生热爱劳动和尊重劳动的观念，树立艰苦奋斗的精神。

3. 形成推进素质教育的合力。

各级政府和有关部门要树立和落实科学的人才观、正确的教育观，通力协作，加强相关制度的协调，改革偏重学历的人才评价体系和用人制度，建立实施素质教育的监测机制和表彰奖励机制，为实施素质教育创造良好的政策环境。建立素质教育评估检查体系，逐级考核各级政府落实素质教育工作的情况。加强学校教育、家庭教育和社会教育的结合，大力普及科学的家庭教育知识，提高家庭教育水平，社会各方面要共同加强对青少年的教育工作。加强对校园周边环境的治理整顿，进一步加强青少年校外活动场所的建设，各类公益性的文化、体育场所和设施要向学生免费或优惠开放，为青少年健康成长营造良好环境。

(二) 贯彻实施义务教育法，普及巩固九年义务教育

1. 确保义务教育的普及巩固。

落实义务教育经费保障新机制。制定出台生均公用经费基准定额，提高农村义务教育阶段中小学公用经费保障水平。如期实现西部地区"两基"攻坚目标。采取有效措施巩固义务教育普及的成果，把普及九年义务教育提高到一个新水平。发展农村学前教育，重视发展儿童早期教育。在大力发展中等职业教育的同时，稳步发展普通高中教育，着力提高教育质量和办学水平，继续办好内地西藏班、新疆高中班。

2. 推进义务教育均衡发展。

国家制订义务教育基本办学标准和质量标准，省级政府负责统筹

规划实施，县级以上政府要均衡配置教育资源。进一步加大薄弱学校改造力度，努力办好每一所学校，使各学校办学条件、经费投入和校长教师的配备及其待遇大致均衡。运用远程教育，共享优质教育资源。加大政府对困难地区和困难群体的支持力度，加大东部地区对西部地区农村教育发展的支持力度，做好各地区城市对农村学校的对口支援工作，努力缩小地区、城乡之间的差距。加大对民族地区的支持力度，推进民族中小学民汉"双语"教学，提高人口较少民族的教育水平。以输入地全日制公办中小学为主，与所在城市学生享受同等政策，解决农民工义务教育阶段子女入学问题。解决好农民工托留在当地子女的教育问题。重视女童教育，推进特殊教育学校建设。努力让每个孩子都能接受合格的义务教育。

3. 改善农村学校的办学条件。

落实农村义务教育阶段中小学校舍维修改造长效机制，确保校舍安全。加强基本办学条件建设，使所有农村中小学具备基本的校园、校舍、教学设备、图书和体育活动设施。实施中西部农村初中校舍改造工程和新农村卫生校园建设工程，逐步解决超大班额问题，加强农村学校的食堂、饮水设施和厕所建设，改善卫生条件。继续推进农村中小学现代远程教育工程，使所有农村初中具备计算机教室，所有农村小学具备卫星教学接收和播放系统，普及利用光盘教学或辅助教学，基本建成遍及乡村学校的远程教育网络。

| 专栏3 | 农村地区义务教育重点工程 |
| --- | --- |

西部地区农村寄宿制学校建设工程：
  2004—2007年，中央安排资金100亿元，重点支持尚未实现"两基"的西部农村地区，新建和改建7700余所农村寄宿制学校。
中西部农村初中校舍改造工程：
  "十一五"时期，中央安排资金100亿元，推动未纳入"两基"攻坚计划实施范围的中西部地区农村初中校舍改造，改善办学条件，提高初中三年保留率。
农村中小学现代远程教育工程：
  2003—2007年，中央和地方共同安排资金100亿元，为中西部地区3.75万所农村初中建设计算机教室，为38.4万所农村小学配备卫星教学接收设备，为11万个小学教学点配备教学光盘播放设备和成套教学光盘。

4. 提高农村义务教育师资水平。

实施农村教师培训计划，到2010年，使中西部地区50%的农村教师得到一次专业培训。充分发挥现代远程教育在提高农村地区师资教育教学水平中的作用。加强民族地区骨干教师和"双语"教师的培养培训。实施农村学校教师特设岗位计划，实施农村学校教育硕士师资培养计划，实施大学生志愿服务西部计划，引导大学毕业生到农村基层学校任教。加大城镇教师服务农村教育工作的力度，推进师范生到农村学校顶岗实习支教，使之成为经常性制度。完善农村中小学教师工资经费保障机制，确保工资按时足额发放。改善贫困边远地区农村教师的生活条件，努力解决贫困地区骨干教师流失问题。

(三) 加快发展职业教育，提高劳动者素质

1. 加快培养高素质劳动者和高技能专门人才。

实施国家技能型人才培养培训工程，加快培养生产、服务一线急需的技能型人才，特别是现代制造业和现代服务业紧缺的高素质高技能专门人才。实施国家农村劳动力转移培训工程和农村实用人才培训工程，促进农村劳动力的合理有序转移，提高进城农民工的职业技能和适应能力，加强"三教统筹"，促进"农科教"结合，培育有文化、懂技术、会经营的新型农民，为建设社会主义新农村服务。实施成人继续教育和再就业培训工程，加强对在职职工、初高中毕业生、城镇失业人员、农村转移劳动力的职业技能培训和创业培训。健全覆盖城乡的职业教育和培训网络，努力使城乡劳动力人人有知识、个个有技能。

2. 深化职业教育的教育教学改革。

坚持以就业为导向，积极开展订单式培养，大力推行校企合作、工学结合、半工半读的人才培养模式。更新教学内容，改进教学方法，提高学生的实践能力、职业技能和就业能力。加快建立弹性学习制度，逐步实施学分制和选修制。积极推动东西部之间、城乡之间职业院校实行联合招生、合作办学。加强对学生的职业道德教育和就业指导工作。优化职业教育专业结构，大力发展面向新兴产业和现代服务业的专业。

3. 加强职业教育基础能力建设。

继续实施职业教育实训基地建设计划，在重点专业领域建设2000

个专业门类齐全、装备水平较高、优质资源共享的实训基地。继续实施县级职教中心建设计划，重点扶持建设1000个县级职教中心。实施示范性高水平职业院校建设计划，重点建设1000所示范性中等职业学校和100所示范性高等职业院校。实施职业院校教师素质提高计划，支持师资培训工作，建立教师社会实践制度，加强"双师型"教师队伍建设。

| 专栏4 | 职业教育基础能力建设工程 |
|---|---|

中央投入100亿元，加强职业教育基础能力建设：

职业教育实训基地建设。在重点专业领域建成2000个专业门类齐全、装备水平较高、优质资源共享的职业教育实训基地。设立中央财政职业教育专项资金，以奖励等方式支持市场需求大、机制灵活、效益突出的实训基地建设。

县级职教中心建设。国家重点支持建设1000个县级职教中心，使其成为人力资源开发、农村劳动力转移培训、技术培训与推广、扶贫开发和普及高中阶段教育的重要基地。

高水平示范性院校建设。国家重点支持建设1000所高水平示范性中等职业学校和100所示范性高等职业院校，大力提升这些学校培养高素质技能型人才的能力，促进他们在深化改革、创新体制和机制中起到示范作用，带动全国职业院校办出特色、提高水平。

职业院校教师素质提高计划。地方各级财政要继续支持职业教育师资培养培训基地建设和师资培训工作，支持职业院校面向社会聘用工程技术人员、高技能人才担任专业课教师或实习指导教师，加强"双师型"教师队伍建设。

4. 营造职业教育发展的良好制度环境。

各级政府要切实把发展职业教育放在更加突出更加重要的位置，加强领导和统筹，建立、完善职业教育工作联席会议制度，协调处理好有关部门之间、学校与企业之间的关系，逐步增加公共财政对职业教育的投入，重点支持面向农村学生的中等职业教育发展，支持少数民族地区职业教育和成人教育发展。落实企业合理分担职业教育办学经费的相关政策，采取税收优惠等措施，鼓励企业为职业院校学生提供更多的实习岗位，支持行业企业参与职业教育办学和技能型人才培养，形成政府主导、行业企业与学校紧密合作的职业教育新格局。完善职业资格证书制度。逐步提高技能型人才的社会地位、经济收入和社会保障水平，形成全社会关心、重视和支持职业教育发展的良好氛围。

（四）着力提高高等教育质量，努力增强高校创新与服务能力

1. 切实提高人才培养质量。

切实把高等教育发展的重点放到提高质量上，着力培养学生的创

新精神和创新思维，增强学生的实践能力、创造能力和就业能力、创业能力。实施高等学校本科教学质量与教学改革工程，高校要把教学作为中心工作，加大教学投入，改善教学条件特别是实验实习条件。推动新一轮课程体系和教学内容改革，继续做好精品课程建设工作。加强教学研究，改进教学方法和手段，探索创新型人才的培养模式，倡导研究性学习和本科生科研活动，建立学生到企业和科研院所实习的长效机制。强化教学管理，改进教风和学风。加强教育教学质量监控，建立和完善高等教育的质量保证体系和高校教学质量评估制度。完善高校教学名师奖励制度，推动教授和名师讲授本科生基础课。积极推进研究生选拔方式和培养机制改革，鼓励高校与科研院所通过合作培养、联合培养等有效形式培养研究生。

2. 优化人才培养结构。

以社会需求为导向，积极调整学科布局和专业设置，加快培养经济、社会、文化、国防等方面的高素质人才，特别是农业、资源、能源和环境方面的紧缺人才。引导高校根据国内外人才市场的变化，适时调整招生专业和教育内容。优化高等职业教育、本科教育、硕士和博士研究生教育的结构。引导高校科学合理定位，办出水平，办出特色。加强统筹规划，适度控制高校数量的增长，优化结构与布局。继续做好对口支援西部地区高等学校工作。加强少数民族地区人才培养工作，继续办好普通高校民族班、民族预科班，实施好培养少数民族高层次骨干人才计划。

3. 造就和凝聚一支高层次创新人才队伍。

进一步实施高层次创造性人才计划，大力推进人才强校战略。构建优秀人才可持续发展的培养和支持体系，培养和汇聚一批具有国际领先水平的学科带头人和创新团队，培养和支持一大批优秀中青年学术带头人和数以万计的青年骨干教师。建立和完善有利于高校人才队伍建设的体制机制，形成有利于杰出人才脱颖而出的环境。加强学术道德建设，树立良好的学术风气，提高教师队伍的整体水平。积极推进以学科带头人为核心凝聚创新团队的组织模式，加强创新团队建设和杰出人才培养。支持教师参与重大科研和建设项目、企业关键技术攻关，鼓励自由探索。支持教师主持或参加国际重大科学研究计划和高水平国际学术领域的合作研究，提升在国际学术领域的影响力和竞争力。制定特殊政策措施，支持高校引进一批年富力强、世界一流的学术大师和科技尖子人才。

4. 进一步推进高水平大学和重点学科建设。

继续实施"211工程"和"985工程"，推进一流大学和高水平大学建设，尽快使若干所大学和一批重点学科达到或接近世界先进水平，努力造就大批杰出人才，成为建设创新型国家的重要力量。重视发展前沿新兴学科和交叉学科。通过高水平大学和重点学科建设的带动，在全国范围内初步形成布局合理、各具特色和优势的重点学科体系，使高校成为国家和地方解决经济、科技和社会发展重大问题的基地，推动高等教育整体水平的提高。

5. 提高高校科技创新与服务能力。

贯彻实施《国家中长期科学和技术发展规划纲要（2006—2020年）》，充分发挥高校在国家创新体系中的重要作用。鼓励和支持高校承担国家经济和社会发展的重大研究课题，特别是基础研究和前沿技术的战略性研究的课题，推动高等教育与科技创新的有机结合。加强高校科技创新平台建设，建成一批具有世界一流水平的国家重点实验室和国家工程技术研究中心。推进科研基础设施的开放与共享。加强校企合作、校际合作、高校和科研院所之间的合作，形成产学研结合的良性机制，强化高校科技成果转化和工程化能力建设，提高大学科技园的产业孵化能力。鼓励高校充分利用科技优势，为社会特别是农村广泛提供科技服务，为政府和企事业单位决策提供咨询服务。

6. 繁荣发展高校哲学社会科学。

充分发挥高校人才密集、力量雄厚、学科齐全的优势，深入推进马克思主义理论研究与建设工程。组织实施高校思想政治课教材、哲学社会科学重点教材的编写、审定和使用，建设充分体现马克思主义中国化最新成果，具有中国特色、中国风格、中国气派的哲学社会科学学科和教材体系。加强高校哲学社会科学骨干教师的研修和培训工作，培养和造就更多政治强、业务精、作风正的学术名家、学科带头人和中青年优秀人才。把握高校哲学社会科学发展的战略重点，确定重点领域，抓住重大课题，实施重大专项，建设创新基地，培育创新团队，切实提高高校哲学社会科学创新能力和服务能力。

（五）切实加强教师队伍建设，全面提高教师队伍素质

1. 加强教师教育与培训。

不断提高教师的师德水平和业务水平。倡导教师为人师表、教书育人、爱岗敬业、关爱学生的职业精神，增强教师的责任感和使命感。推进教师教育和师范院校改革，加强师范院校建设。吸引优秀青年读师范，鼓励优秀人才当教师。在教育部直属师范大学实行师范生免费教育，积累经验，逐步推开，鼓励更多的优秀青年终身做教育工作者。鼓励和支持具备条件的综合大学培养和培训中小学教师，逐步形成开放灵活、规范有序的教师教育体系，提高教师教育的层次和水平。加快实施全国教师教育网络联盟计划，进一步完善培训制度，创新培训机制，加强教师培训，进一步提高教师专业水平和学历水平。

2. 完善现代教师管理制度。

严格教师资格准入制度和中小学新任教师公开招聘制度，把好教师入口关。转换用人机制，实行教职工全员聘用制，进一步改革完善教师职务聘任制度。制定和完善吸引优秀人才从教的政策措施，建立吸引优秀人才到农村任教的机制。加强中小学编制管理，合理配置教师资源。建立区域内公办学校之间中小学教师和校长定期交流和轮岗制度。完善职业教育兼职教师的聘任与管理制度，积极鼓励职业院校从行业企业招聘教师。改进高校教师人事管理制度。完善教师岗位分类管理、公开招聘、业绩评价和薪酬分配办法。健全教师考核评价机制，严格管理，不断优化教师队伍。

3. 弘扬尊师重教的良好社会风尚。

各级政府要在政治上、思想上和生活上关心教师，努力改善教师尤其是农村教师的工作、学习和生活条件，解决实际困难，维护教师合法权益。切实依法保障教师的平均工资水平不低于或者高于国家公务员平均水平，并逐步提高。健全教师医疗、养老等社会保障制度。大力宣传优秀教师和教育工作者的模范事迹。

## (六) 加强学校领导干部队伍建设和党建工作

1. 加强学校领导干部队伍建设。

提倡教育家办学。选拔一批忠诚于党的教育事业、能力突出、潜心办学的优秀人才担任各级各类学校的主要领导。改进对学校主要领导干部的管理与考核制度，加强对各级各类学校领导干部的培训，不断提高领导学校发展与改革的能力。加强各级各类学校领导班子的思想建设、组织建设和作风建设，增强建设和谐校园的能力。坚持和完善高校党委领导下的校长负责制，贯彻民主集中制，努力形成党委统一领导、党政分工合作的运行机制。坚持和完善中小学校长负责制，强化学校领导班子任期考核。进一步加强中等职业学校领导班子建设。继续完善民办学校董事会、理事会领导的校长负责制。

2. 加强学校党建工作。

全面推进学校党的思想、组织、作风和制度建设，建立健全保持共产党员先进性的长效机制，提高党建工作水平。改进和创新学校基层党组织的工作和活动方式，扩大党的工作覆盖面，增强党组织的工作活力。做好在教师特别是青年教师和大学生中发展党员的工作。进一步推进学生党建工作。抓好民办高校党建工作，为民办高校的健康发展提供坚强有力的保证。

## (七) 加快构建现代化教育体系，积极推进学习型社会建设

1. 完善终身教育体系。

进一步理顺各级各类教育的关系，形成普通教育与职业教育、职前教育与继续教育相互衔接，学历教育与非学历教育、有组织学习与自学相互补充的良好格局，建立各级各类教育相互衔接、相互沟通的教育体系，为国民构筑更加畅通的成才之路。

2. 积极推进学习型社会建设。

完善教育资源服务与应用系统，促进全社会学习资源的整合与共享，建设开放、灵活、方便的全民学习、终身学习平台。构建学习型机关、学习型企业、学习型社区和学习型乡镇，努力形成全民学习、终身学习的理念和良好社会风尚。充分发挥各级各类学校在终身学习中的作用。改革成人教育办学模式，大力发展多样化的继续教育和社

区教育。加大投入，健全工作机制，巩固和扩大扫盲教育的成果。整合各类教育资源，建设城乡社区学习中心。办好老年大学，扩大覆盖面。实行职业资格证书与学历证书并重的制度。建立非义务教育阶段弹性学习制度，完善学分制，方便学习者分阶段完成学业。完善自学考试制度。积极发展非学历教育，鼓励自主学习，促进学习途径、模式和方法的多样化。

3. 加快教育信息化步伐。

以教育信息化带动教育现代化。大力发展现代远程教育，建设覆盖全国城乡的现代远程教育网络。多形式、多渠道向全国特别是中西部农村地区输送优质教育资源，提高农村学校的教育教学质量，并为农民学习实用技术服务，为农村基层党员和干部培训服务。加快普及信息技术教育，全面提高教师和学生运用信息技术的能力，实现信息技术与教育教学的有机结合。加快教育管理信息化，提高教育管理水平。努力构建教育信息化公共服务体系。继续加强教育信息化基础设施建设，加强农村学校现代远程教育网络建设和高校校园网建设，创建国家级教育信息化应用支撑平台。加快教育信息资源开发，形成国家信息教育资源服务体系。建立和完善教育信息化技术服务支撑体系。加快教学科研网络、教育政务信息化、高校数字图书馆等应用工程建设。加强教育信息化标准体系建设和专业人才培养，组织对关键技术问题的攻关，为教育信息化提供保障。

4. 进一步加强语言文字工作。

贯彻《中华人民共和国国家通用语言文字法》，巩固、发展汉语言文字规范化、标准化、信息化成果，大力推广普通话和推行规范汉字。提高学生普通话交际能力、汉字书写能力和语文应用能力，积极开展少数民族汉语课教师的普通话培训。加强普通话水平测试管理，开展汉字应用水平测试。加强语言文字规范标准和语言研究工程建设，推动中国文字的国际标准化和民族语言文字的信息化。

（八）加强教育国际合作与交流，提高教育对外开放水平

1. 坚持教育对外开放。

积极开展教育国际合作与交流，增强我国教育的国际竞争力。完

善中外教育工作磋商机制，构建双边、多边教育合作与交流平台。扩大对发展中国家教育援助。推进与外国政府互认学历学位。健全教育涉外法规体系和质量保障机制。鼓励高校积极参与国际教育服务竞争。

2. 扩大留学规模。

继续坚持"支持留学、鼓励回国、来去自由"的方针。改革和完善国家公派出国留学选派和管理制度，加大高层次人才选派力度，为我国重大科研攻关和重点学科建设服务。采取切实措施，大力吸引海外优秀人才回国工作，鼓励他们以多种形式为国服务。不断扩大来华留学教育规模，建立和完善来华留学教育工作的管理机制和模式，逐步提高来华留学的层次。

3. 推动中外合作办学。

全面落实《中华人民共和国中外合作办学条例》，积极引进国外优质教育资源。加强管理与引导，办好若干具有示范作用的中外合作办学机构和办学项目。推动我国高校与世界知名大学和科研机构进行"强强合作"和"强项合作"。

4. 加强汉语国际推广工作。

完善汉语国际推广的统筹协调机构，加快建设汉语国际推广基地和网络平台。加快推进孔子学院建设，规范管理、提高教学质量。适应多样化的需求，加强汉语国际推广教材的开发和应用，做好汉语国际推广教师的培训和选拔工作，改进汉语水平考试及其管理模式。加强汉语国际推广的研究工作。

（九）建立健全资助体系，保障家庭经济困难学生的受教育机会

1. 建立健全高校家庭经济困难学生资助体系。

建立高等教育国家奖学金助学金制度，加大资助力度，扩大受助学生比例，帮助家庭经济困难学生顺利完成学业。完善和落实国家助学贷款政策，改进高校毕业生到艰苦地区和行业工作的助学贷款国家代偿制度。继续实行高校家庭经济困难学生就学的"绿色通道"。鼓励社会捐资助学。

2. 完善中等职业教育资助政策体系。

建立中等职业教育国家助学金制度，资助所有农村学生和城市家庭

经济困难学生接受职业教育，国家资助两年，第三年实行学生工学结合、顶岗实习。鼓励地方政府、企业和社会团体设立多种形式的中等职业学校学生奖学金、助学金。完善以国家助学金为主，多种形式的奖学金、学生工学结合、顶岗实习、学校减免学费等为辅的资助政策体系。

3. 依法落实义务教育阶段资助政策。

在农村并逐步在城市免除义务教育阶段学杂费。全面落实对农村家庭经济困难学生免费提供课本和补助寄宿生生活费政策。城市低保家庭义务教育阶段学生也享受免除学杂费、免费提供课本和补助寄宿生生活费政策。

**四 保障措施**

（一）深化体制机制改革，增强教育发展的生机与活力

1. 推进教育管理体制改革。

进一步明确中央、省、市（地）、县、乡各级人民政府对教育的管理责任。实行国务院领导，省、自治区、直辖市人民政府统筹规划实施，县级人民政府为主管理的义务教育管理体制。完善中央和省级人民政府两级管理、以省级人民政府为主的高等教育管理体制。完善在国务院领导下，分级管理、地方为主、政府统筹、社会参与的职业教育管理体制。

进一步明确和落实各级各类学校的法律地位，完善学校法人制度，建立和完善现代大学制度。积极推进学校人事制度和收入分配办法改革。依法规范和落实学校办学自主权，鼓励学校开拓创新，办出风格和特色。继续推进高校后勤社会化改革，逐步建立健全新型高校后勤保障体系。

2. 建立健全学校内部管理制度。

建立健全办学规范、管理有序、监督有效、保障安全的学校内部管理制度。加强学校管理，推进科学民主办学和依法办学。建立和完善学校安全与卫生管理制度、安全预警机制，健全师生意外保险和医疗卫生保险制度及健康体检制度，努力建设平安、健康、文明的和谐校园。

3. 引导民办教育健康发展。

进一步贯彻落实《中华人民共和国民办教育促进法》及其实施条

例，引导民办教育健康发展。依法落实对民办学校的有关扶持政策，特别是税收优惠政策，保障民办学校教职工在业务培训、职务聘任、教龄和工龄计算等方面与同级同类公办学校教职工享受同等的权利，落实民办学校学生在升学、评奖评优等方面与同级同类公办学校学生享受同等的权利。政府对为民办教育事业做出突出贡献的集体和个人给予表彰奖励。

各级政府要切实加强对民办学校的规范管理，落实民办高校督导制度，实行民办学校年检制度，确保民办学校法人财产权。加强对民办学校招生工作的督察和财务状况的监管，督促民办高等学校稳定规模、规范管理、提高质量。尽快形成政府依法管理、民办学校依法办学、行业自律和社会监督相结合的管理格局。

（二）加大教育投入，加强经费管理

1. 加大公共财政对教育的投入力度。

明确各级政府提供教育公共服务的职责，并按照建立公共财政体制的要求，将教育列入公共财政支出的重点领域。各级政府要依法落实教育经费的"三个增长"，财政年度预算和执行结果都要达到教育经费支出的法定增长水平，并确保财政性教育经费增长幅度明显高于财政经常性收入增长幅度，逐步使财政性教育经费占国内生产总值的比例达到4%。

2. 完善教育经费保障机制。

政府对义务教育负全责，逐步将义务教育全面纳入公共财政保障范围。建立和完善中央和地方政府分项目、按比例分担的农村义务教育经费保障机制。高中教育以政府投入为主，逐步增加政府对职业教育的投入力度。在政府增加对高等教育投入的同时，鼓励和引导社会资金投入，形成政府投入与社会投入相互补充的高等教育投入格局。拓宽经费来源渠道，形成多元化的教育投入体制。制订各级各类学校办学条件基本标准和生均拨款标准。根据事业发展需要，不断增加预算内教育经费支出，提高生均经费标准，改善办学条件。各级政府教育经费支出，按照事权和财权相统一的原则，在财政预算中单独列项，并报同级人民代表大会批准且向社会公布，确保落实到位。完善教育财政转移支付制度。进一步落实税收优惠政策，积极鼓励企业、个人和社会团体对教育捐赠或出资办学，研究并适时出台对外商投资企业按照国民待遇原则征收教育费附加的有关政策。

3. 切实加强教育经费管理。

牢固树立勤俭办教育的思想，建立科学、规范的教育经费管理制度。改革拨款办法，建立激励和约束机制，完善公共教育经费绩效评价制度，进一步规范、改进各类学校的财务管理，加强项目管理，坚决反对一切浪费现象，反对学校建设中追求奢华的现象，努力提高经费使用效益。加强对公办学校贷款的管理，控制贷款规模，注重防范并努力化解贷款风险。严禁挪用、截留、挤占、平调教育经费。建立健全教育系统内部审计制度，完善监督机制并加大监督力度，预防和查处各种违法违规行为，确保经费安全。

（三）转变政府职能，加强依法治教

1. 加强教育法制建设。

加快完善中国特色社会主义教育法律法规体系。推进教育法、教师法、职业教育法、高等教育法和学位条例的修订工作，适时启动学校法、考试法、终身学习法、学前教育法和教育督导条例的起草工作。积极推动各地制定必要的配套性教育法规。

2. 改进教育行政管理。

明确各级教育行政部门的管理和服务职责，坚持依法行政，减少审批项目，规范行政审批。改进管理方式，更加注重运用法律、规划、拨款、标准、信息服务等手段，对教育进行宏观管理。全面加强教育规划工作，建立规划的动态调整和实施监测机制。完善科学、民主和依法决策机制，加大决策环节的制度化建设，推动教育政务公开工作，促进决策与管理的科学化和民主化。积极开展教育行政管理干部培训，提高行政管理干部素质。落实行政执法责任，加强行政执法工作，完善监督机制，健全权益救济制度。

3. 大力加强教育督导工作。

建立健全对地方各级政府履行教育职责的督导评价体系，建立和完善对学校科学有效的督导评估体系，逐步建立教育实施状况的监测体系。进一步改进教育督导的工作机制,逐步建立和完善督导检查的限期整改制度、督导检查结果的公报制度、教育重大问题的监测报告制度。进一步加强教育督导机构和队伍建设。

4. 从严治教,加强管理。

规范学校收费行为,坚决制止教育乱收费。实行义务教育免试就近入学,认真解决义务教育阶段"择校"问题,进一步规范公办高中收费政策,加强对高校收费项目和标准的管理。坚决执行教育收费公示和校务公开制度,接受广大群众和社会的监督。维护高校招生工作的公平公正。严格考试管理,确保考试安全、公正,继续实施高校招生"阳光工程",强化招生工作责任制和责任追究制,严格新生学籍电子注册制度。坚决制止非法社会中介机构参与高校招生。切实加强对各级各类学校的监督与管理,特别是对基本办学条件、办学行为和教学质量的监督与管理。依法规范各级各类学校的办学行为,切实维护学生的合法权益。大力加强教育系统党风廉政建设和行风建设,落实党风廉政建设责任制,强化责任追究,建立健全有教育系统特点的教育、制度、监督并重的惩治和预防腐败体系,抓好教育系统预防职务犯罪工作。

(四) 全社会共同努力,开创教育发展新局面

1. 加强各级政府对教育的统筹领导。

保证人民享有接受教育的机会,是政府义不容辞的职责。各级政府要切实把教育摆在优先发展的战略地位,列入重要议事日程,作为考核领导政绩的重要指标,确保教育优先发展落到实处。要研究解决教育发展和改革中的重大问题,深化相关领域改革,改善教育发展环境,为教育多办实事。要结合本地实际,制定科学的教育发展规划和政策措施,认真落实关于推动教育发展与改革的政策,组织实施好教育发展的重大工程项目,完善支持高校毕业生就业的政策措施,协调相关部门,做好毕业生就业工作。整治校园及周边环境,保障校园的安全、稳定。从人民群众的根本利益出发,妥善解决人民群众关心的教育热点难点问题。

2. 全社会共同努力推进教育事业发展。

教育事业的发展需要全社会的关心和支持。要深入动员、广泛宣

传，在全社会营造尊重劳动、尊重知识、尊重人才、尊重创造的氛围。鼓励社会各界和广大人民群众，采取多种形式和办法，支持学校建设，参与学校管理，积极为教育发展贡献力量。新闻媒体要以高度的社会责任感，坚持正确的舆论导向，加强舆论监督，积极宣传教育发展和改革的成就。加强文化建设，为青少年提供内容健康向上、具有艺术魅力的精神产品。充分发挥群众组织、社会团体在促进青少年健康成长等方面的积极作用，形成社会各界和广大人民群众共同关心、支持和参与教育发展与改革的局面。

# 国家中长期教育改革和发展规划纲要(2010—2020年)

(2010年7月29日)

根据党的十七大关于"优先发展教育,建设人力资源强国"的战略部署,为促进教育事业科学发展,全面提高国民素质,加快社会主义现代化进程,制定本《教育规划纲要》。

## 序　言

百年大计,教育为本。教育是民族振兴、社会进步的基石,是提高国民素质、促进人的全面发展的根本途径,寄托着亿万家庭对美好生活的期盼。强国必先强教。优先发展教育、提高教育现代化水平,对实现全面建设小康社会奋斗目标、建设富强民主文明和谐的社会主义现代化国家具有决定性意义。

党和国家历来高度重视教育。新中国成立以来,在以毛泽东同志、邓小平同志、江泽民同志为核心的党的三代中央领导集体和以胡锦涛同志为总书记的党中央领导下,全党全社会同心同德,艰苦奋斗,开辟了中国特色社会主义教育发展道路,建成了世界最大规模的教育体系,保障了亿万人民群众受教育的权利。教育投入大幅增长,办学条件显著改善,教育改革逐步深化,办学水平不断提高。进入21世纪以来,城乡免费义务教育全面实现,职业教育快速发展,高等教育进入大众化阶段,农村教育得到加强,教育公平迈出重大步伐。教育的发展极大地提高了全民族素质,推进了科技创新、文化繁荣,为经济发展、社会进步和民生改善做出了不可替代的重大贡献。我国实现了从人口大国向人力资源大国的转变。

当今世界正处在大发展大变革大调整时期。世界多极化、经济全球化深入发展，科技进步日新月异，人才竞争日趋激烈。我国正处在改革发展的关键阶段，经济建设、政治建设、文化建设、社会建设以及生态文明建设全面推进，工业化、信息化、城镇化、市场化、国际化深入发展，人口、资源、环境压力日益加大，经济发展方式加快转变，都凸显了提高国民素质、培养创新人才的重要性和紧迫性。中国未来发展、中华民族伟大复兴，关键靠人才，基础在教育。

面对前所未有的机遇和挑战，必须清醒认识到，我国教育还不完全适应国家经济社会发展和人民群众接受良好教育的要求。教育观念相对落后，内容方法比较陈旧，中小学生课业负担过重，素质教育推进困难；学生适应社会和就业创业能力不强，创新型、实用型、复合型人才紧缺；教育体制机制不完善，学校办学活力不足；教育结构和布局不尽合理，城乡、区域教育发展不平衡，贫困地区、民族地区教育发展滞后；教育投入不足，教育优先发展的战略地位尚未得到完全落实。接受良好教育成为人民群众强烈期盼，深化教育改革成为全社会共同心声。

国运兴衰，系于教育；教育振兴，全民有责。在党和国家工作全局中，必须始终坚持把教育摆在优先发展的位置。按照面向现代化、面向世界、面向未来的要求，适应全面建设小康社会、建设创新型国家的需要，坚持育人为本，以改革创新为动力，以促进公平为重点，以提高质量为核心，全面实施素质教育，推动教育事业在新的历史起点上科学发展，加快从教育大国向教育强国、从人力资源大国向人力资源强国迈进，为中华民族伟大复兴和人类文明进步做出更大贡献。

## 第一部分　总体战略
### 第一章　指导思想和工作方针

（一）指导思想。高举中国特色社会主义伟大旗帜，以邓小平理论和"三个代表"重要思想为指导，深入贯彻落实科学发展观，实施科教兴国战略和人才强国战略，优先发展教育，完善中国特色社会主义现代教育体系，办好人民满意的教育，建设人力资源强国。

全面贯彻党的教育方针，坚持教育为社会主义现代化建设服务，为人民服务,与生产劳动和社会实践相结合,培养德、智、体、美全面发展的社会主义建设者和接班人。

全面推进教育事业科学发展,立足社会主义初级阶段基本国情,把握教育发展阶段性特征,坚持以人为本,遵循教育规律,面向社会需求,优化结构布局,提高教育现代化水平。

(二)工作方针。优先发展、育人为本、改革创新、促进公平、提高质量。

把教育摆在优先发展的战略地位。教育优先发展是党和国家提出并长期坚持的一项重大方针。各级党委和政府要把优先发展教育作为贯彻落实科学发展观的一项基本要求,切实保证经济社会发展规划优先安排教育发展,财政资金优先保障教育投入,公共资源优先满足教育和人力资源开发需要。充分调动全社会关心支持教育的积极性,共同担负起培育下一代的责任,为青少年健康成长创造良好环境。完善体制和政策,鼓励社会力量兴办教育,不断扩大社会资源对教育的投入。

把育人为本作为教育工作的根本要求。人力资源是我国经济社会发展的第一资源,教育是开发人力资源的主要途径。要以学生为主体,以教师为主导,充分发挥学生的主动性,把促进学生健康成长作为学校一切工作的出发点和落脚点。关心每个学生,促进每个学生主动地、生动活泼地发展,尊重教育规律和学生身心发展规律,为每个学生提供适合的教育。努力培养造就数以亿计的高素质劳动者、数以千万计的专门人才和一大批拔尖创新人才。

把改革创新作为教育发展的强大动力。教育要发展,根本靠改革。要以体制机制改革为重点,鼓励地方和学校大胆探索和试验,加快重要领域和关键环节改革步伐。创新人才培养体制、办学体制、教育管理体制,改革质量评价和考试招生制度,改革教学内容、方法、手段,建设现代学校制度。加快解决经济社会发展对高质量多样化人才需要与教育培养能力不足的矛盾、人民群众期盼良好教育与资源相对短缺的矛盾、增强教育活力与体制机制约束的矛盾,为教育事业持续健康发展提供强大动力。

把促进公平作为国家基本教育政策。教育公平是社会公平的重要基础。教育公平的关键是机会公平，基本要求是保障公民依法享有受教育的权利，重点是促进义务教育均衡发展和扶持困难群体，根本措施是合理配置教育资源，向农村地区、边远贫困地区和民族地区倾斜，加快缩小教育差距。教育公平的主要责任在政府，全社会要共同促进教育公平。

把提高质量作为教育改革发展的核心任务。树立科学的质量观，把促进人的全面发展、适应社会需要作为衡量教育质量的根本标准。树立以提高质量为核心的教育发展观，注重教育内涵发展，鼓励学校办出特色、办出水平，出名师，育英才。建立以提高教育质量为导向的管理制度和工作机制，把教育资源配置和学校工作重点集中到强化教学环节、提高教育质量上来。制定教育质量国家标准，建立健全教育质量保障体系。加强教师队伍建设，提高教师整体素质。

## 第二章 战略目标和战略主题

（三）战略目标。到2020年，基本实现教育现代化，基本形成学习型社会，进入人力资源强国行列。

实现更高水平的普及教育。基本普及学前教育；巩固提高九年义务教育水平；普及高中阶段教育，毛入学率达到90%；高等教育大众化水平进一步提高，毛入学率达到40%；扫除青壮年文盲。新增劳动力平均受教育年限从12.4年提高到13.5年；主要劳动年龄人口平均受教育年限从9.5年提高到11.2年，其中受过高等教育的比例达到20%，具有高等教育文化程度的人数比2009年翻一番。

形成惠及全民的公平教育。坚持教育的公益性和普惠性，保障公民依法享有接受良好教育的机会。建成覆盖城乡的基本公共教育服务体系，逐步实现基本公共教育服务均等化，缩小区域差距。努力办好每一所学校，教好每一个学生，不让一个学生因家庭经济困难而失学。切实解决进城务工人员子女平等接受义务教育问题。保障残疾人受教育权利。

提供更加丰富的优质教育。教育质量整体提升，教育现代化水平明显提高。优质教育资源总量不断扩大，更好满足人民群众接受高质量教育的需求。学生思想道德素质、科学文化素质和健康素质明显提高。各类人才服务国家、服务人民和参与国际竞争能力显著增强。

构建体系完备的终身教育。学历教育和非学历教育协调发展,职业教育和普通教育相互沟通,职前教育和职后教育有效衔接。继续教育参与率大幅提升,从业人员继续教育年参与率达到50%。现代国民教育体系更加完善,终身教育体系基本形成,促进全体人民学有所教、学有所成、学有所用。

健全充满活力的教育体制。进一步解放思想,更新观念,深化改革,提高教育开放水平,全面形成与社会主义市场经济体制和全面建设小康社会目标相适应的充满活力、富有效率、更加开放、有利于科学发展的教育体制机制,办出具有中国特色、世界水平的现代教育。

(四)战略主题。坚持以人为本、全面实施素质教育是教育改革发展的战略主题,是贯彻党的教育方针的时代要求,其核心是解决好培养什么人、怎样培养人的重大问题,重点是面向全体学生、促进学生全面发展,着力提高学生服务国家服务人民的社会责任感、勇于探索的创新精神和善于解决问题的实践能力。

坚持德育为先。立德树人,把社会主义核心价值体系融入国民教育全过程。加强马克思主义中国化最新成果教育,引导学生形成正确的世界观、人生观、价值观;加强理想信念教育和道德教育,坚定学生对中国共产党领导、社会主义制度的信念和信心;加强以爱国主义为核心的民族精神和以改革创新为核心的时代精神教育;加强社会主义荣辱观教育,培养学生团结互助、诚实守信、遵纪守法、艰苦奋斗的良好品质。加强公民意识教育,树立社会主义民主法治、自由平等、公平正义理念,培养社会主义合格公民。加强中华民族优秀文化传统教育和革命传统教育。把德育渗透于教育教学的各个环节,贯穿于学校教育、家庭教育和社会教育的各个方面。切实加强和改进未成年人思想道德建设和大学生思想政治教育工作。构建大中小学有效衔接的德育体系,创新德育形式,丰富德育内容,不断提高德育工作的吸引力和感染力,增强德育工作的针对性和实效性。加强辅导员、班主任队伍建设。

坚持能力为重。优化知识结构,丰富社会实践,强化能力培养。着力提高学生的学习能力、实践能力、创新能力,教育学生学会知识技能,学会动手动脑,学会生存生活,学会做人做事,促进学生主动适应社会,开创美好未来。

坚持全面发展。全面加强和改进德育、智育、体育、美育。坚持文化知识学习与思想品德修养的统一、理论学习与社会实践的统一、全面发展与个性发展的统一。加强体育,牢固树立健康第一的思想,确保学生体育课程和课余活动时间,提高体育教学质量,加强心理健康教育,促进学生身心健康、体魄强健、意志坚强;加强美育,培养学生良好的审美情趣和人文素养。加强劳动教育,培养学生热爱劳动、热爱劳动人民的情感。重视安全教育、生命教育、国防教育、可持续发展教育。促进德育、智育、体育、美育有机融合,提高学生综合素质,使学生成为德、智、体、美全面发展的社会主义建设者和接班人。

专栏1　　　　　　　　　　教育事业发展主目标

| 指标 | 单位 | 2009年 | 2015年 | 2020年 |
| --- | --- | --- | --- | --- |
| 学前教育 | | | | |
| 幼儿在园人数 | 万人 | 2658 | 3400 | 4000 |
| 学前一年毛入园率 | % | 74.0 | 85.0 | 95.0 |
| 学前两年毛入园率 | % | 65.0 | 70.0 | 80.0 |
| 学前三年毛入园率 | % | 50.9 | 60.0 | 70.0 |
| 九年义务教育 | | | | |
| 在校生 | 万人 | 15772 | 16100 | 16500 |
| 巩固率 | % | 90.8 | 93.0 | 95.0 |
| 高中阶段教育* | | | | |
| 在校生 | 万人 | 4624 | 4500 | 4700 |
| 毛入学率 | % | 79.2 | 87.0 | 90.0 |
| 职业教育 | | | | |
| 中等职业教育在校生 | 万人 | 2179 | 2250 | 2350 |
| 高等职业教育在校生 | 人 | 1280 | 1390 | 1480 |
| 高等教育** | | | | |
| 在学总规模 | 万人 | 2979 | 3350 | 3550 |

续表

| 指标 | 单位 | 2009 年 | 2015 年 | 2020 年 |
| --- | --- | --- | --- | --- |
| 在校生 | 万人 | 2826 | 3080 | 3300 |
| 其中：研究生 | 万人 | 140 | 170 | 200 |
| 毛入学率 | % | 24.2 | 36.0 | 40.0 |
| 继续教育 从业人员继续教育 | 万人次 | 16600 | 29000 | 35000 |

注：* 含中等职业教育学生数；** 含高等职业教育学生数。

专栏 2　　　　　　　　人力资源开发主要目标

| 指标 | 单位 | 2009 年 | 2015 年 | 2020 年 |
| --- | --- | --- | --- | --- |
| 具有高等教育文化程度的人数 | 万人 | 9830 | 14500 | 19500 |
| 主要劳动年龄人口平均受教育年限 其中：受过高等教育的比例 | 年 % | 9.5 9.9 | 10.5 15.0 | 11.2 20.0 |
| 新增劳动力平均受教育年限 其中：受过高中阶段及以上教育的比例 | 年 % | 12.4 67.0 | 13.3 87.0 | 13.5 90.0 |

## 第二部分　发展任务
### 第三章　学前教育

（五）基本普及学前教育。学前教育对幼儿身心健康、习惯养成、智力发展具有重要意义。遵循幼儿身心发展规律，坚持科学保教方法，保障幼儿快乐健康成长。积极发展学前教育，到 2020 年，普及学前一年教育，基本普及学前两年教育，有条件的地区普及学前三年教育。重视 0—3 岁婴幼儿教育。

（六）明确政府职责。把发展学前教育纳入城镇、社会主义新农村建设规划。建立政府主导、社会参与、公办民办并举的办园体制。大力发展公办幼儿园，积极扶持民办幼儿园。加大政府投入，完善成本合理分担机制，对家庭经济困难幼儿入园给予补助。加强学前教育管理，规范办园行为。制定学前教育办园标准，建立幼儿园准入制度。完善幼儿园收费管理办法。严格执行幼儿教师资格标准，切实加强幼儿教师培养培训，提高幼儿教师队伍整体素质，依法落实幼儿教师地位和待遇。教育行政部门加强对学前教育的宏观指导和管理，相关部门履行各自职责，充分调动各方面力量发展学前教育。

（七）重点发展农村学前教育。努力提高农村学前教育普及程度。着力保证留守儿童入园。采取多种形式扩大农村学前教育资源，改扩建、新建幼儿园，充分利用中小学布局调整富余的校舍和教师举办幼儿园（班）。发挥乡镇中心幼儿园对村幼儿园的示范指导作用。支持贫困地区发展学前教育。

## 第四章　义务教育

（八）巩固提高九年义务教育水平。义务教育是国家依法统一实施、所有适龄儿童少年必须接受的教育，具有强制性、免费性和普及性，是教育工作的重中之重。注重品行培养，激发学习兴趣，培育健康体魄，养成良好习惯。到2020年，全面提高普及水平，全面提高教育质量，基本实现区域内均衡发展，确保适龄儿童少年接受良好义务教育。

巩固义务教育普及成果。适应城乡发展需要，合理规划学校布局，办好必要的教学点，方便学生就近入学。坚持以输入地政府管理为主、以全日制公办中小学为主，确保进城务工人员随迁子女平等接受义务教育，研究制定进城务工人员随迁子女接受义务教育后在当地参加升学考试的办法。建立健全政府主导、社会参与的农村留守儿童关爱服务体系和动态监测机制。加快农村寄宿制学校建设，优先满足留守儿童住宿需求。采取必要措施，确保适龄儿童少年不因家庭经济困难、就学困难、学习困难等原因而失学，努力消除辍学现象。

提高义务教育质量。建立国家义务教育质量基本标准和监测制度。严格执行义务教育国家课程标准、教师资格标准。深化课程与教学方法改革，推行小班教学。配齐音乐、体育、美术等学科教师，开足开好规定课程。大力推广普通话教学，使用规范汉字。

增强学生体质。科学安排学习、生活、锻炼，保证学生睡眠时间。大力开展"阳光体育"运动，保证学生每天锻炼1小时，不断提高学生体质健康水平。提倡合理膳食，改善学生营养状况，提高贫困地区农村学生营养水平。保护学生视力。

（九）推进义务教育均衡发展。均衡发展是义务教育的战略性任务。建立健全义务教育均衡发展保障机制。推进义务教育学校标准化建设，均衡配置教师、设备、图书、校舍等资源。

切实缩小校际差距，着力解决择校问题。加快薄弱学校改造，着力提高师资水平。实行县（区）域内教师、校长交流制度。实行优质普通高中和优质中等职业学校招生名额合理分配到区域内初中的办法。义务教育阶段不得设置重点学校和重点班。在保障适龄儿童少年就近进入公办学校的前提下，发展民办教育，提供选择机会。

加快缩小城乡差距。建立城乡一体化义务教育发展机制，在财政拨款、学校建设、教师配置等方面向农村倾斜。率先在县（区）域内实现城乡均衡发展，逐步在更大范围内推进。

努力缩小区域差距。加大对革命老区、民族地区、边疆地区、贫困地区义务教育的转移支付力度。鼓励发达地区支援欠发达地区。

（十）减轻中小学生课业负担。过重的课业负担严重损害儿童少年身心健康。减轻学生课业负担是全社会的共同责任，政府、学校、家庭、社会必须共同努力，标本兼治，综合治理。把减负落实到中小学教育全过程，促进学生生动活泼学习、健康快乐成长。率先实现小学生减负。

各级政府要把减负作为教育工作的重要任务，统筹规划，整体推进。调整教材内容，科学设计课程难度。改革考试评价制度和学校考核办法。规范办学行为，建立学生课业负担监测和公告制度。不得以升学率对地区和学校进行排名，不得下达升学指标。规范各种社会补习机构和教辅市场。加强校外活动场所建设和管理，丰富学生课外及校外活动。

学校要把减负落实到教育教学各个环节，给学生留下了解社会、深入思考、动手实践、健身娱乐的时间。提高教师业务素质，改进教学方法，增强课堂教学效果，减少作业量和考试次数。培养学生学习兴趣和爱好。严格执行课程方案，不得增加课时和提高难度。各种等级考试和竞赛成绩不得作为义务教育阶段入学与升学的依据。

充分发挥家庭教育在儿童少年成长过程中的重要作用。家长要树立正确的教育观念，掌握科学的教育方法，尊重子女的健康情趣，培养子女的良好习惯，加强与学校的沟通配合，共同减轻学生课业负担。

## 第五章　高中阶段教育

（十一）加快普及高中阶段教育。高中阶段教育是学生个性形成、自主发展的关键时期，对提高国民素质和培养创新人才具有特殊意义。注重培养学生自主学习、自强自立和适应社会的能力，克服应试教育倾向。到2020年，普及高中阶段教育，满足初中毕业生接受高中阶段教育需求。

根据经济社会发展需要，合理确定普通高中和中等职业学校招生比例，今后一个时期总体保持普通高中和中等职业学校招生规模大体相当。加大对中西部贫困地区高中阶段教育的扶持力度。

（十二）全面提高普通高中学生综合素质。深入推进课程改革，全面落实课程方案，保证学生全面完成国家规定的文理等各门课程的学习。创造条件开设丰富多彩的选修课，为学生提供更多选择，促进学生全面而有个性的发展。逐步消除大班额现象。积极开展研究性学习、社区服务和社会实践。建立科学的教育质量评价体系，全面实施高中学业水平考试和综合素质评价。建立学生发展指导制度，加强对学生的理想、心理、学业等多方面指导。

（十三）推动普通高中多样化发展。促进办学体制多样化，扩大优质资源。推进培养模式多样化，满足不同潜质学生的发展需要。探索发现和培养创新人才的途径。鼓励普通高中办出特色。鼓励有条件的普通高中根据需要适当增加职业教育的教学内容。探索综合高中发展模式。采取多种方式，为在校生和未升学毕业生提供职业教育。

## 第六章　职业教育

（十四）大力发展职业教育。发展职业教育是推动经济发展、促进就业、改善民生、解决"三农"问题的重要途径，是缓解劳动力供求结构矛盾的关键环节，必须摆在更加突出的位置。职业教育要面向人人、面向社会，着力培养学生的职业道德、职业技能和就业创业能力。到2020年，形成适应经济发展方式转变和产业结构调整要求、体现终身教育理念、中等和高等职业教育协调发展的现代职业教育体系，满足人民群众接受职业教育的需求，满足经济社会对高素质劳动者和技能型人才的需要。

政府切实履行发展职业教育的职责。把职业教育纳入经济社会发展和产业发展规划，促使职业教育规模、专业设置与经济社会发展需求相适应。统筹中等职业教育与高等职业教育发展。健全多渠道投入机制，加大职业教育投入。

把提高质量作为重点。以服务为宗旨，以就业为导向，推进教育教学改革。实行工学结合、校企合作、顶岗实习的人才培养模式。坚持学校教育与职业培训并举，全日制与非全日制并重。制定职业学校基本办学标准。加强"双师型"教师队伍和实训基地建设，提升职业教育基础能力。建立健全技能型人才到职业学校从教的制度。完善符合职业教育特点的教师资格标准和专业技术职务（职称）评聘办法。建立健全职业教育质量保障体系，吸收企业参加教育质量评估。开展职业技能竞赛。

（十五）调动行业企业的积极性。建立健全政府主导、行业指导、企业参与的办学机制，制定促进校企合作办学法规，推进校企合作制度化。鼓励行业组织、企业举办职业学校，鼓励委托职业学校进行职工培训。制定优惠政策，鼓励企业接收学生实习实训和教师实践，鼓励企业加大对职业教育的投入。

（十六）加快发展面向农村的职业教育。把加强职业教育作为服务社会主义新农村建设的重要内容。加强基础教育、职业教育和成人教育统筹，促进农科教结合。强化省、市（地）级政府发展农村职业教育的责任，扩大农村职业教育培训覆盖面，根据需要办好县级职教中心。强化职业教育资源的统筹协调和综合利用，推进城乡、区域合作，增强服务"三农"能力。加强涉农专业建设，加大培养适应农业和农村发展需要的专业人才力度。支持各级各类学校积极参与培养有文化、懂技术、会经营的新型农民，开展进城务工人员、农村劳动力转移培训。逐步实施农村新成长劳动力免费劳动预备制培训。

（十七）增强职业教育吸引力。完善职业教育支持政策。逐步实行中等职业教育免费制度，完善家庭经济困难学生资助政策。改革招生和教学模式。积极推进学历证书和职业资格证书"双证书"制度，推进职业学校专业课程内容和职业标准相衔接。完善就业准入制度，执行"先培训、后就业""先培训、后上岗"的规定。制定退役士兵接受职业教育培训的办法。建立健全职业教育课程衔接体系。鼓励毕业生在职继续学习，完善职业学校毕业生直接升学制度，拓宽毕业生继续学习渠道。提高技能型人才的社会地位和待遇。加大对有突出贡献高技能人才的宣传表彰力度，形成行行出状元的良好社会氛围。

## 第七章 高等教育

（十八）全面提高高等教育质量。高等教育承担着培养高级专门人才、发展科学技术文化、促进社会主义现代化建设的重大任务。提高质量是高等教育发展的核心任务，是建设高等教育强国的基本要求。到2020年，高等教育结构更加合理，特色更加鲜明，人才培养、科学研究和社会服务整体水平全面提升，建成一批国际知名、有特色、高水平的高等学校，若干所大学达到或接近世界一流大学水平，高等教育国际竞争力显著增强。

（十九）提高人才培养质量。牢固确立人才培养在高校工作中的中心地位，着力培养信念执着、品德优良、知识丰富、本领过硬的高素质专门人才和拔尖创新人才。加大教学投入。把教学作为教师考核的首要内容，把教授为低年级学生授课作为重要制度。加强实验室、校内外实习基地、课程教材等基本建设。深化教学改革。推进和完善学分制，实行弹性学制，促进文理交融。支持学生参与科学研究，强化实践教学环节。加强就业创业教育和就业指导服务。创立高校与科研院所、行业、企业联合培养人才的新机制。全面实施"高等学校本科教学质量与教学改革工程"。严格教学管理。健全教学质量保障体系，改进高校教学评估。充分调动学生学习积极性和主动性，激励学生刻苦学习，增强诚信意识，养成良好学风。

大力推进研究生培养机制改革。建立以科学与工程技术研究为主导的导师责任制和导师项目资助制，推行产学研联合培养研究生的"双导师制"。实施"研究生教育创新计划"。加强管理，不断提高研究生特别是博士生培养质量。

（二十）提升科学研究水平。充分发挥高校在国家创新体系中的重要作用，鼓励高校在知识创新、技术创新、国防科技创新和区域创新中做出贡献。大力开展自然科学、技术科学、哲学社会科学研究。坚持服务国家目标与鼓励自由探索相结合，加强基础研究；以重大现实问题为主攻方向，加强应用研究。促进高校、科研院所、企业科技教育资源共享，推动高校创新组织模式，培育跨学科、跨领域的科研与教学相结合的团队。促进科研与教学互动、与创新人才培养相结合。充分发挥研究生在科学研究中的作用。加强高校重点科研创新基地与科技创新平台建设。完善以创新和质量为导向的科研评价机制。积极参与马克思主义理论研究和建设工程。深入实施"高等学校哲学社会科学繁荣计划"。

（二十一）增强社会服务能力。高校要牢固树立主动为社会服务的意识，全方位开展服务。推进产学研用结合，加快科技成果转化，规范校办产业发展。为社会成员提供继续教育服务。开展科学普及工作，提高公众科学素质和人文素质。积极推进文化传播，弘扬优秀传统文化，发展先进文化。积极参与决策咨询，主动开展前瞻性、对策性研究，充分发挥智囊团、思想库作用。鼓励师生开展志愿服务。

（二十二）优化结构办出特色。适应国家和区域经济社会发展需要，建立动态调整机制，不断优化高等教育结构。优化学科专业、类型、层次结构，促进多学科交叉和融合。重点扩大应用型、复合型、技能型人才培养规模。加快发展专业学位研究生教育。优化区域布局结构。设立支持地方高等教育专项资金，实施中西部高等教育振兴计划。新增招生计划向中西部高等教育资源短缺地区倾斜，扩大东部高校在中西部地区招生规模，加大东部高校对西部高校对口支援力度。鼓励东部地区高等教育率先发展。建立完善军民结合、寓军于民的军队人才培养体系。

促进高校办出特色。建立高校分类体系，实行分类管理。发挥政策指导和资源配置的作用，引导高校合理定位，克服同质化倾向，形成各自的办学理念和风格，在不同层次、不同领域办出特色，争创一流。

加快建设一流大学和一流学科。以重点学科建设为基础，继续实施"985工程"和优势学科创新平台建设，继续实施"211工程"和启动特色重点学科项目。改进管理模式，引入竞争机制，实行绩效评估，进行动态管理。鼓励学校优势学科面向世界，支持参与和设立国际学术合作组织、国际科学计划，支持与境外高水平教育、科研机构建立联合研发基地。加快创建世界一流大学和高水平大学的步伐，培养一批拔尖创新人才，形成一批世界一流学科，产生一批国际领先的原创性成果，为提升我国综合国力贡献力量。

## 第八章 继续教育

（二十三）加快发展继续教育。继续教育是面向学校教育之后所有社会成员的教育活动，特别是成人教育活动，是终身学习体系的重要组成部分。更新继续教育观念，加大投入力度，以加强人力资源能力建设为核心，大力发展非学历继续教育，稳步发展学历继续教育。重视老年教育。倡导全民阅读。广泛开展城乡社区教育，加快各类学习型组织建设，基本形成全民学习、终身学习的学习型社会。

（二十四）建立健全继续教育体制机制。政府成立跨部门继续教育协调机构，统筹指导继续教育发展。将继续教育纳入区域、行业总体发展规划。行业主管部门或协会负责制订行业继续教育规划和组织实施办法。加快继续教育法制建设。健全继续教育激励机制，推进继续教育与工作考核、岗位聘任（聘用）、职务（职称）评聘、职业注册等人事管理制度的衔接。鼓励个人多种形式接受继续教育，支持用人单位为从业人员接受继续教育提供条件。加强继续教育监管和评估。

（二十五）构建灵活开放的终身教育体系。发展和规范教育培训服务，统筹扩大继续教育资源。鼓励学校、科研院所、企业等相关组织开展继续教育。加强城乡社区教育机构和网络建设，开发社区教育资源。大力发展现代远程教育，建设以卫星、电视和互联网等为载体的远程开放继续教育及公共服务平台，为学习者提供方便、灵活、个性化的学习条件。

搭建终身学习"立交桥"。促进各级各类教育纵向衔接、横向沟通，提供多次选择机会，满足个人多样化的学习和发展需要。健全宽进严出的学习制度，办好开放大学，改革和完善高等教育自学考试制度。建立继续教育学分积累与转换制度，实现不同类型学习成果的互认和衔接。

## 第九章　民族教育

（二十六）重视和支持民族教育事业。加快民族教育事业发展，对于推动少数民族和民族地区经济社会发展，促进各民族共同团结奋斗、共同繁荣发展，具有重大而深远的意义。要加强对民族教育工作的领导，全面贯彻党的民族政策，切实解决少数民族和民族地区教育事业发展面临的特殊困难和突出问题。

在各级各类学校广泛开展民族团结教育。推动党的民族理论和民族政策、国家法律法规进教材、进课堂、进头脑，引导广大师生牢固树立马克思主义祖国观、民族观、宗教观，不断夯实各民族大团结的基础，增强中华民族自豪感和凝聚力。

（二十七）全面提高少数民族和民族地区教育发展水平。公共教育资源要向民族地区倾斜。中央和地方政府要进一步加大对民族教育支持力度。

促进民族地区各级各类教育协调发展。巩固民族地区义务教育普及成果，确保适龄儿童少年依法接受义务教育，全面提高普及水平，全面提高教育教学质量。支持边境县和民族自治地方贫困县义务教育学校标准化建设，加强民族地区寄宿制学校建设。加快民族地区高中阶段教育发展。支持教育基础薄弱地区改扩建、新建一批高中阶段学校。大力发展民族地区职业教育。加大对民族地区中等职业教育的支持力度。积极发展民族地区高等教育。支持民族院校加强学科和人才队伍建设，提高办学质量和管理水平。进一步办好高校民族预科班。加大对人口较少民族教育事业的扶持力度。

大力推进双语教学。全面开设汉语文课程，全面推广国家通用语言文字。尊重和保障少数民族使用本民族语言文字接受教育的权利。全面加强学前双语教育。国家对双语教学的师资培养培训、教学研究、教材开发和出版给予支持。

加强教育对口支援。认真组织落实内地省市对民族地区教育支援工作。充分利用内地优质教育资源，探索多种形式，吸引更多民族地区少数民族学生到内地接受教育。办好面向民族地区的职业学校。加大对民族地区师资培养培训力度，提高教师的政治素质和业务素质。

国家制定优惠政策，鼓励支持高等学校毕业生到民族地区基层任教。支持民族地区发展现代远程教育，扩大优质教育资源覆盖面。

## 第十章　特殊教育

（二十八）关心和支持特殊教育。特殊教育是促进残疾人全面发展、帮助残疾人更好地融入社会的基本途径。各级政府要加快发展特殊教育，把特殊教育事业纳入当地经济社会发展规划，列入议事日程。全社会要关心支持特殊教育。

提高残疾学生的综合素质。注重潜能开发和缺陷补偿，培养残疾学生积极面对人生、全面融入社会的意识和自尊、自信、自立、自强的精神。加强残疾学生职业技能和就业能力培养。

（二十九）完善特殊教育体系。到2020年，基本实现市（地）和30万人口以上、残疾儿童少年较多的县（市）都有一所特殊教育学校。各级各类学校要积极创造条件接收残疾人入学，不断扩大随班就读和普通学校特教班规模。全面提高残疾儿童少年义务教育普及水平，加快发展残疾人高中阶段教育，大力推进残疾人职业教育，重视发展残疾人高等教育。因地制宜发展残疾儿童学前教育。

（三十）健全特殊教育保障机制。国家制定特殊教育学校基本办学标准，地方政府制定学生人均公用经费标准。加大对特殊教育的投入力度。鼓励和支持接收残疾学生的普通学校为残疾学生创造学习生活条件。加强特殊教育师资队伍建设，采取措施落实特殊教育教师待遇。在优秀教师表彰中提高特殊教育教师比例。加大对家庭经济困难残疾学生的资助力度。逐步实施残疾学生高中阶段免费教育。

## 第三部分　体制改革
## 第十一章　人才培养体制改革

（三十一）更新人才培养观念。深化教育体制改革，关键是更新教育观念，核心是改革人才培养体制，目的是提高人才培养水平。树立全面发展观念，努力造就德智体美全面发展的高素质人才。树立人人成才观念，面向全体学生，促进学生成长成才。树立多样化人才观念，尊重个人选择，鼓励个性发展，不拘一格培养人才。树立终身学习观念，为持续发展奠定基础。树立系统培养观念，推进小学、中学、大学有机衔接，教学、科研、实践紧密结合，学校、家庭、社会密切配合，加强学校之间、校企之间、学校与科研机构之间合作以及中外合作等多种联合培养方式，形成体系开放、机制灵活、渠道互通、选择多样的人才培养体制。

（三十二）创新人才培养模式。适应国家和社会发展需要，遵循教育规律和人才成长规律，深化教育教学改革，创新教育教学方法，探索多种培养方式，形成各类人才辈出、拔尖创新人才不断涌现的局面。

注重学思结合。倡导启发式、探究式、讨论式、参与式教学，帮助学生学会学习。激发学生的好奇心，培养学生的兴趣爱好，营造独立思考、自由探索、勇于创新的良好环境。适应经济社会发展和科技进步的要求，推进课程改革，加强教材建设，建立健全教材质量监管制度。深入研究、确定不同教育阶段学生必须掌握的核心内容，形成教学内容更新机制。充分发挥现代信息技术作用，促进优质教学资源共享。

注重知行统一。坚持教育教学与生产劳动、社会实践相结合。开发实践课程和活动课程，增强学生科学实验、生产实习和技能实训的成效。充分利用社会教育资源，开展各种课外及校外活动。加强中小学校外活动场所建设。加强学生社团组织指导，鼓励学生积极参与志愿服务和公益事业。

注重因材施教。关注学生不同特点和个性差异，发展每一个学生的优势潜能。推进分层教学、走班制、学分制、导师制等教学管理制度改革。建立学习困难学生的帮助机制。改进优异学生培养方式，在跳级、转学、转换专业以及选修更高学段课程等方面给予支持和指导。健全公开、平等、竞争、择优的选拔方式，改进中学生升学推荐办法，创新研究生培养方法。探索高中阶段、高等学校拔尖学生培养模式。

（三十三）改革教育质量评价和人才评价制度。改进教育教学评价。根据培养目标和人才理念，建立科学、多样的评价标准。开展由政府、学校、家长及社会各方面参与的教育质量评价活动。做好学生成长记录，完善综合素质评价。探索促进学生发展的多种评价方式，激励学生乐观向上、自主自立、努力成才。

改进人才评价及选用制度，为人才培养创造良好环境。树立科学人才观，建立以岗位职责为基础，以品德、能力和业绩为导向的科学化、社会化人才评价发现机制。强化人才选拔使用中对实践能力的考查，克服社会用人单纯追求学历的倾向。

## 第十二章　考试招生制度改革

（三十四）推进考试招生制度改革。以考试招生制度改革为突破口，克服一考定终身的弊端，推进素质教育实施和创新人才培养。按照有利于科学选拔人才、促进学生健康发展、维护社会公平的原则，探索招生与考试相对分离的办法，政府宏观管理，专业机构组织实施，学校依法自主招生，学生多次选择，逐步形成分类考试、综合评价、多元录取的考试招生制度。加强考试管理，完善专业考试机构功能，提高服务能力和水平。成立国家教育考试指导委员会，研究制订考试改革方案，指导考试改革试点。

（三十五）完善中等学校考试招生制度。完善初中就近免试入学的具体办法。完善学业水平考试和综合素质评价，为高中阶段学校招生录取提供更加科学的依据。改进高中阶段学校考试招生方式，发挥优质普通高中和优质中等职业学校招生名额合理分配的导向作用。规范优秀特长生录取程序与办法。中等职业学校实行自主招生或注册入学。

（三十六）完善高等学校考试招生制度。深化考试内容和形式改革，着重考查综合素质和能力。以高等学校人才选拔要求和国家课程标准为依据，完善国家考试科目试题库，保证国家考试的科学性、导向性和规范性。探索有的科目一年多次考试的办法，探索实行社会化考试。

逐步实施高等学校分类入学考试。普通高等学校本科入学考试由全国统一组织；高等职业教育入学考试由各省、自治区、直辖市组织。成人高等教育招生办法由各省、自治区、直辖市确定。深入推进研究生入学考试制度改革，加强创新能力考查，发挥和规范导师在选拔录取中的作用。

完善高等学校招生名额分配方式和招生录取办法，建立健全有利于促进入学机会公平、有利于优秀人才选拔的多元录取机制。普通高等学校本科招生以统一入学考试为基本方式，结合学业水平考试和综合素质评价，择优录取。对特长显著、符合学校培养要求的，依据面试或者测试结果自主录取；高中阶段全面发展、表现优异的，推荐录取；符合条件、自愿到国家需要的行业、地区就业的，签订协议实行定向录取；对在实践岗位上做出突出贡献或具有特殊才能的人才，建立专门程序，破格录取。

（三十七）加强信息公开和社会监督。完善考试招生信息发布制度，实现信息公开透明，保障考生权益，加强政府和社会监督。公开高等学校招生名额分配原则和办法，公开招生章程和政策、招生程序和结果，公开自主招生办法、程序和结果。加强考试招生法规建设，规范学校招生录取程序，清理并规范升学加分政策。强化考试安全责任，加强诚信制度建设，坚决防范和严肃查处考试招生舞弊行为。

### 第十三章　建设现代学校制度

（三十八）推进政校分开、管办分离。适应中国国情和时代要求，建设依法办学、自主管理、民主监督、社会参与的现代学校制度，构建政府、学校、社会之间新型关系。适应国家行政管理体制改革要求，明确政府管理权限和职责，明确各级各类学校办学权利和责任。探索适应不同类型教育和人才成长的学校管理体制与办学模式，避免千校一面。完善学校目标管理和绩效管理机制。健全校务公开制度，接受师生员工和社会的监督。随着国家事业单位分类改革推进，探索建立符合学校特点的管理制度和配套政策，克服行政化倾向，取消实际存在的行政级别和行政化管理模式。

（三十九）落实和扩大学校办学自主权。政府及其部门要树立服务意识，改进管理方式，完善监管机制，减少和规范对学校的行政审批事项，依法保障学校充分行使办学自主权和承担相应责任。高等学校按照国家法律法规和宏观政策，自主开展教学活动、科学研究、技术开发和社会服务，自主设置和调整学科、专业，自主制订学校规划并组织实施，自主设置教学、科研、行政管理机构，自主确定内部收入分配，自主管理和使用人才，自主管理和使用学校财产和经费。扩大普通高中及中等职业学校在办学模式、育人方式、资源配置、人事管理、合作办学、社区服务等方面的自主权。

（四十）完善中国特色现代大学制度。完善治理结构。公办高等学校要坚持和完善党委领导下的校长负责制。健全议事规则与决策程序，依法落实党委、校长职权。完善大学校长选拔任用办法。充分发挥学术委员会在学科建设、学术评价、学术发展中的重要作用。探索教授治学的有效途径，充分发挥教授在教学、学术研究和学校管理中的作用。加强教职工代表大会、学生代表大会建设，发挥群众团体的作用。

加强章程建设。各类高校应依法制定章程，依照章程规定管理学校。尊重学术自由，营造宽松的学术环境。全面实行聘任制度和岗位管理制度。确立科学的考核评价和激励机制。

扩大社会合作。探索建立高等学校理（董）事会，健全社会支持和监督学校发展的长效机制。探索高等学校与行业、企业密切合作共建的模式，推进高等学校与科研院所、社会团体的资源共享，形成协调合作的有效机制，提高服务经济建设和社会发展的能力。推进高校后勤社会化改革。

推进专业评价。鼓励专门机构和社会中介机构对高等学校学科、专业、课程等水平和质量进行评估。建立科学、规范的评估制度。探索与国际高水平教育评价机构合作，形成中国特色学校评价模式。建立高等学校质量年度报告发布制度。

（四十一）完善中小学学校管理制度。完善普通中小学和中等职业学校校长负责制。完善校长任职条件和任用办法。实行校务会议等管理制度，建立健全教职工代表大会制度，不断完善科学民主决策机制。扩大中等职业学校专业设置自主权。建立中小学家长委员会。引导社区和有关专业人士参与学校管理和监督。发挥企业参与中等职业学校发展的作用。建立中等职业学校与行业、企业合作机制。

## 第十四章　办学体制改革

（四十二）深化办学体制改革。坚持教育公益性原则，健全政府主导、社会参与、办学主体多元、办学形式多样、充满生机活力的办学体制，形成以政府办学为主体、全社会积极参与、公办教育和民办教育共同发展的格局。调动全社会参与的积极性，进一步激发教育活力，满足人民群众多层次、多样化的教育需求。

深化公办学校办学体制改革，积极鼓励行业、企业等社会力量参与公办学校办学，扶持薄弱学校发展，扩大优质教育资源，增强办学活力，提高办学效益。各地可从实际出发，开展公办学校联合办学、委托管理等试验，探索多种形式，提高办学水平。

改进非义务教育公共服务提供方式，完善优惠政策，鼓励公平竞争，引导社会资金以多种方式进入教育领域。

（四十三）大力支持民办教育。民办教育是教育事业发展的重要增长点和促进教育改革的重要力量。各级政府要把发展民办教育作为重要工作职责，鼓励出资、捐资办学，促进社会力量以独立举办、共同举办等多种形式兴办教育。完善独立学院管理和运行机制。支持民办学校创新体制机制和育人模式，提高质量，办出特色，办好一批高水平民办学校。

依法落实民办学校、学生、教师与公办学校、学生、教师平等的法律地位，保障民办学校办学自主权。清理并纠正对民办学校的各类歧视政策。制定完善促进民办教育发展的优惠政策。对具备学士、硕士和博士学位授予单位条件的民办学校，按规定程序予以审批。建立完善民办学校教师社会保险制度。

健全公共财政对民办教育的扶持政策。政府委托民办学校承担有关教育和培训任务，拨付相应教育经费。县级以上人民政府可以根据本行政区域的具体情况设立专项资金，用于资助民办学校。国家对发展民办教育做出突出贡献的组织、学校和个人给予奖励和表彰。

（四十四）依法管理民办教育。教育行政部门要切实加强民办教育的统筹、规划和管理工作。积极探索营利性和非营利性民办学校分类管理。规范民办学校法人登记。完善民办学校法人治理结构。民办学校依法设立理（董）事会，保障校长依法行使职权，逐步推进监事制度。积极发挥民办学校党组织的作用。完善民办高等学校督导专员制度。落实民办学校教职工参与民主管理、民主监督的权利。依法明确民办学校变更、退出机制。切实落实民办学校法人财产权。依法建立民办学校财务、会计和资产管理制度。任何组织和个人不得侵占学校资产、抽逃资金或者挪用办学经费。建立民办学校办学风险防范机制和信息公开制度。扩大社会参与民办学校的管理与监督。加强对民办教育的评估。

## 第十五章　管理体制改革

（四十五）健全统筹有力、权责明确的教育管理体制。以转变政府职能和简政放权为重点，深化教育管理体制改革，提高公共教育服务水平。明确各级政府责任，规范学校办学行为，促进管办评分离，形成政事分开、权责明确、统筹协调、规范有序的教育管理体制。中央政府统一领导和管理国家教育事业，制订发展规划、方针政策和基本标准，优化学科专业、类型、层次结构和区域布局。整体部署教育改革试验，统筹区域协调发展。地方政府负责落实国家方针政策，开展教育改革试验，根据职责分工负责区域内教育改革、发展和稳定。

（四十六）加强省级政府教育统筹。进一步加大省级政府对区域内各级各类教育的统筹。统筹管理义务教育，推进城乡义务教育均衡发展，依法落实发展义务教育的财政责任。促进普通高中和中等职业学校合理分布，加快普及高中阶段教育，重点扶持困难地区高中阶段教育发展。促进省域内职业教育协调发展和资源共享，支持行业、企业发展职业教育。完善以省级政府为主管理高等教育的体制，合理设置和调整高等学校及学科、专业布局，提高管理水平和办学质量。依法审批设立实施专科学历教育的高等学校，审批省级政府管理本科院校学士学位授予单位和已确定为硕士学位授予单位的学位授予点。完善省对省以下财政转移支付体制，加大对经济欠发达地区的支持力度。根据国家标准，结合本地实际，合理确定各级各类学校办学条件、教师编制等实施标准。统筹推进教育综合改革，促进教育区域协作，提高教育服务经济社会发展的水平。支持和督促市（地）、县级政府履行职责，发展管理好当地各类教育。

（四十七）转变政府教育管理职能。各级政府要切实履行统筹规划、政策引导、监督管理和提供公共教育服务的职责，建立健全公共教育服务体系，逐步实现基本公共教育服务均等化，维护教育公平和教育秩序。改变直接管理学校的单一方式，综合应用立法、拨款、规划、信息服务、政策指导和必要的行政措施，减少不必要的行政干预。

提高政府决策的科学性和管理的有效性。规范决策程序，重大教育政策出台前要公开讨论，充分听取群众意见。成立教育咨询委员会，为教育改革和发展提供咨询论证，提高重大教育决策的科学性。建立和完善国家教育基本标准。整合国家教育质量监测评估机构及资源，完善监测评估体系，定期发布监测评估报告。加强教育监督检查，完善教育问责机制。

培育专业教育服务机构。完善教育中介组织的准入、资助、监管和行业自律制度。积极发挥行业协会、专业学会、基金会等各类社会组织在教育公共治理中的作用。

## 第十六章　扩大教育开放

（四十八）加强国际交流与合作。坚持以开放促改革、促发展。开展多层次、宽领域的教育交流与合作，提高我国教育国际化水平。借鉴国际上先进的教育理念和教育经验，促进我国教育改革发展，提升我国教育的国际地位、影响力和竞争力。适应国家经济社会对外开放的要求，培养大批具有国际视野、通晓国际规则、能够参与国际事务和国际竞争的国际化人才。

（四十九）引进优质教育资源。吸引境外知名学校、教育和科研机构以及企业，合作设立教育教学、实训、研究机构或项目。鼓励各级各类学校开展多种形式的国际交流与合作，办好若干所示范性中外合作学校和一批中外合作办学项目。探索多种方式利用国外优质教育资源。

吸引更多世界一流的专家学者来华从事教学、科研和管理工作，有计划地引进海外高端人才和学术团队。引进境外优秀教材，提高高等学校聘任外籍教师的比例。吸引海外优秀留学人员回国服务。

（五十）提高交流合作水平。扩大政府间学历学位互认。支持中外大学间的教师互派、学生互换、学分互认和学位互授联授。加强与国外高水平大学合作，建立教学科研合作平台，联合推进高水平基础研究和高技术研究。加强中小学、职业学校对外交流与合作。加强国际理解教育，推动跨文化交流，增进学生对不同国家、不同文化的认识和理解。

推动我国高水平教育机构海外办学，加强教育国际交流，广泛开展国际合作和教育服务。支持国际汉语教育。提高孔子学院办学质量和水平。加大教育国际援助力度，为发展中国家培养培训专门人才。拓宽渠道和领域，建立高等学校毕业生海外志愿者服务机制。

创新和完善公派出国留学机制，在全国公开选拔优秀学生进入国外高水平大学和研究机构学习。加强对自费出国留学的政策引导，加大对优秀自费留学生资助和奖励力度。坚持"支持留学、鼓励回国、来去自由"的方针，提高对留学人员的服务和管理水平。

进一步扩大外国留学生规模。增加中国政府奖学金数量，重点资助发展中国家学生，优化来华留学人员结构。实施来华留学预备教育，增加高等学校外语授课的学科专业，不断提高来华留学教育质量。

加强与联合国教科文组织等国际组织的合作，积极参与双边、多边和全球性、区域性教育合作。积极参与和推动国际组织教育政策、规则、标准的研究和制定。搭建高层次国际教育交流合作与政策对话平台，加强教育研究领域和教育创新实践活动的国际交流与合作。

加强内地与港澳台地区的教育交流与合作。扩展交流内容，创新合作模式，促进教育事业共同发展。

## 第四部分　保障措施

### 第十七章　加强教师队伍建设

（五十一）建设高素质教师队伍。教育大计，教师为本。有好的教师，才有好的教育。提高教师地位，维护教师权益，改善教师待遇，使教师成为受人尊重的职业。严格教师资质，提升教师素质，努力造就一支师德高尚、业务精湛、结构合理、充满活力的高素质专业化教师队伍。

（五十二）加强师德建设。加强教师职业理想和职业道德教育，增强广大教师教书育人的责任感和使命感。教师要关爱学生，严谨笃学，淡泊名利，自尊自律，以人格魅力和学识魅力教育感染学生，做学生健康成长的指导者和引路人。将师德表现作为教师考核、聘任（聘用）和评价的首要内容。采取综合措施，建立长效机制，形成良好学术道德和学术风气，克服学术浮躁，查处学术不端行为。

（五十三）提高教师业务水平。完善培养培训体系，做好培养培训规划，优化队伍结构，提高教师专业水平和教学能力。通过研修培训、学术交流、项目资助等方式，培养教育教学骨干、"双师型"教师、学术带头人和校长，造就一批教学名师和学科领军人才。

以农村教师为重点，提高中小学教师队伍整体素质。创新农村教师补充机制，完善制度政策，吸引更多优秀人才从教。积极推进师范生免费教育，实施农村义务教育学校教师特设岗位计划，完善代偿机制，鼓励高校毕业生到艰苦边远地区当教师。完善教师培训制度，将教师培训经费列入政府预算，对教师实行每五年一周期的全员培训。加大民族地区双语教师培养培训力度。加强校长培训，重视辅导员和班主任培训。加强教师教育，构建以师范院校为主体、综合大学参与、开放灵活的教师教育体系。深化教师教育改革，创新培养模式，增强实习实践环节，强化师德修养和教学能力训练，提高教师培养质量。

以"双师型"教师为重点，加强职业院校教师队伍建设。加大职业院校教师培养培训力度。依托相关高等学校和大中型企业，共建"双师型"教师培养培训基地。完善教师定期到企业实践制度。完善相关人事制度，聘任（聘用）具有实践经验的专业技术人员和高技能人才担任专兼职教师，提高持有专业技术资格证书和职业资格证书教师比例。

以中青年教师和创新团队为重点，建设高素质的高校教师队伍。大力提高高校教师教学水平、科研创新和社会服务能力。促进跨学科、跨单位合作，形成高水平教学和科研创新团队。创新人事管理和薪酬分配方式，引导教师潜心教学科研，鼓励中青年优秀教师脱颖而出。实施海外高层次人才引进计划、"长江学者奖励计划"和"国家杰出青年科学基金"等人才项目，为高校集聚具有国际影响的学科领军人才。

（五十四）提高教师地位待遇。不断改善教师的工作、学习和生活条件，吸引优秀人才长期从教、终身从教。依法保证教师平均工资水平不低于或者高于国家公务员的平均工资水平，并逐步提高。落实教师绩效工资。对长期在农村基层和艰苦边远地区工作的教师，在工资、职务（职称）等方面实行倾斜政策，完善津贴补贴标准。建设农村艰苦边远地区学校教师周转宿舍。研究制定优惠政策，改善教师工作和生活条件。关心教师身心健康。落实和完善教师医疗养老等社会保障政策。国家对在农村地区长期从教、贡献突出的教师给予奖励。

（五十五）健全教师管理制度。完善并严格实施教师准入制度，严把教师入口关。国家制定教师资格标准，提高教师任职学历标准和品行要求。建立教师资格证书定期登记制度。省级教育行政部门统一组织中小学教师资格考试和资格认定，县级教育行政部门按规定履行中小学教师的招聘录用、职务（职称）评聘、培养培训和考核等管理职能。

逐步实行城乡统一的中小学编制标准，对农村边远地区实行倾斜政策。制定幼儿园教师配备标准。建立统一的中小学教师职务（职称）系列，在中小学设置正高级教师职务（职称）。探索在职业学校设置正高级教师职务（职称）。制定高等学校编制标准。加强学校岗位管理，创新聘用方式，规范用人行为，完善激励机制，激发教师积极性和创造性。建立健全义务教育学校教师和校长流动机制。城镇中小学教师在评聘高级职务（职称）时，原则上要有一年以上在农村学校或薄弱学校任教经历。加强教师管理，完善教师退出机制。制定校长任职资格标准，促进校长专业化，提高校长管理水平。推行校长职级制。

创造有利条件，鼓励教师和校长在实践中大胆探索，创新教育思想、教育模式和教育方法，形成教学特色和办学风格，造就一批教育家，倡导教育家办学。大力表彰和宣传模范教师的先进事迹。国家对做出突出贡献的教师和教育工作者设立荣誉称号。

## 第十八章　保障经费投入

（五十六）加大教育投入。教育投入是支撑国家长远发展的基础性、战略性投资,是教育事业的物质基础,是公共财政的重要职能。要健全以政府投入为主、多渠道筹集教育经费的体制,大幅度增加教育投入。

各级政府要优化财政支出结构,统筹各项收入,把教育作为财政支出重点领域予以优先保障。严格按照教育法律法规规定,年初预算和预算执行中的超收收入分配都要体现法定增长要求,保证教育财政拨款增长明显高于财政经常性收入增长,并使按在校学生人数平均的教育费用逐步增长,保证教师工资和学生人均公用经费逐步增长。按增值税、营业税、消费税的3%足额征收教育费附加,专项用于教育事业。提高国家财政性教育经费支出占国内生产总值比例,2012年达到4%。

社会投入是教育投入的重要组成部分。充分调动全社会办教育积极性,扩大社会资源进入教育途径,多渠道增加教育投入。完善财政、税收、金融和土地等优惠政策,鼓励和引导社会力量捐资、出资办学。完善非义务教育培养成本分担机制,根据经济发展状况、培养成本和群众承受能力,调整学费标准。完善捐赠教育激励机制,落实个人教育公益性捐赠支出在所得税税前扣除规定。

(五十七)完善投入机制。进一步明确各级政府提供公共教育服务职责,完善各级教育经费投入机制,保障学校办学经费的稳定来源和增长。各地根据国家办学条件基本标准和教育教学基本需要,制定并逐步提高区域内各级学校学生人均经费基本标准和学生人均财政拨款基本标准。

义务教育全面纳入财政保障范围,实行国务院和地方各级人民政府根据职责共同负担,省、自治区、直辖市人民政府负责统筹落实的投入体制。进一步完善中央财政和地方财政分项目、按比例分担的农村义务教育经费保障机制,提高保障水平。尽快化解农村义务教育学校债务。

非义务教育实行以政府投入为主、受教育者合理分担、其他多种渠道筹措经费的投入机制。学前教育建立政府投入、社会举办者投入、家庭合理负担的投入机制。普通高中实行以财政投入为主,其他渠道筹措经费为辅的机制。中等职业教育实行政府、行业、企业及其他社会力量依法筹集经费的机制。高等教育实行以举办者投入为主、受教育者合理分担培养成本、学校设立基金接受社会捐赠等筹措经费的机制。

进一步加大农村、边远贫困地区、民族地区教育投入。中央财政通过加大转移支付,支持农村欠发达地区和民族地区教育事业发展,加强关键领域和薄弱环节,解决突出问题。

健全国家资助政策体系。各地根据学前教育普及程度和发展情况,逐步对农村家庭经济困难和城镇低保家庭子女接受学前教育予以资助。提高农村义务教育家庭经济困难寄宿生生活补助标准,改善中小学生营养状况。建立普通高中家庭经济困难学生国家资助制度。完善普通本科高校、高等职业学校和中等职业学校家庭经济困难学生资助政策体系。完善助学贷款体制机制。推进生源地信用助学贷款。建立健全研究生教育收费制度,完善资助政策,设立研究生国家奖学金。根据经济发展水平和财力状况,建立国家奖助学金标准动态调整机制。

(五十八)加强经费管理。坚持依法理财,严格执行国家财政资金管理法律制度和财经纪律。建立科学化、精细化预算管理机制,科学编制预算,提高预算执行效率。设立高等教育拨款咨询委员会,增强经费分配的科学性。加强学校财务会计制度建设,完善经费使用内部稽核和内部控制制度。完善教育经费监管机构职能,在高等学校试行设立总会计师职务,提升经费使用和资产管理专业化水平。公办高等学校总会计师由政府委派。加强经费使用监督,强化重大项目建设和经费使用全过程审计,确保经费使用规范、安全、有效。建立并不断完善教育经费基础信息库,提升经费管理信息化水平。防范学校财务风险。建立经费使用绩效评价制度,加强重大项目经费使用考评。加强学校国有资产管理,建立健全学校国有资产配置、使用、处置管理制度,防止国有资产流失,提高使用效益。

完善学校收费管理办法,规范学校收费行为和收费资金使用管理。坚持勤俭办学,严禁铺张浪费,建设节约型学校。

## 第十九章 加快教育信息化进程

(五十九)加快教育信息基础设施建设。信息技术对教育发展具有革命性影响，必须予以高度重视。把教育信息化纳入国家信息化发展整体战略，超前部署教育信息网络。到2020年，基本建成覆盖城乡各级各类学校的教育信息化体系，促进教育内容、教学手段和方法现代化。充分利用优质资源和先进技术，创新运行机制和管理模式，整合现有资源，构建先进、高效、实用的数字化教育基础设施。加快终端设施普及，推进数字化校园建设，实现多种方式接入互联网。重点加强农村学校信息基础建设，缩小城乡数字化差距。加快中国教育和科研计算机网、中国教育卫星宽带传输网升级换代。制定教育信息化基本标准，促进信息系统互联互通。

（六十）加强优质教育资源开发与应用。加强网络教学资源体系建设。引进国际优质数字化教学资源。开发网络学习课程。建立数字图书馆和虚拟实验室。建立开放灵活的教育资源公共服务平台，促进优质教育资源普及共享。创新网络教学模式，开展高质量高水平远程学历教育。继续推进农村中小学远程教育，使农村和边远地区师生能够享受优质教育资源。

强化信息技术应用。提高教师应用信息技术水平，更新教学观念，改进教学方法，提高教学效果。鼓励学生利用信息手段主动学习、自主学习，增强运用信息技术分析解决问题能力。加快全民信息技术普及和应用。

（六十一）构建国家教育管理信息系统。制定学校基础信息管理要求，加快学校管理信息化进程，促进学校管理标准化、规范化。推进政府教育管理信息化，积累基础资料，掌握总体状况，加强动态监测，提高管理效率。整合各级各类教育管理资源，搭建国家教育管理公共服务平台，为宏观决策提供科学依据，为公众提供公共教育信息，不断提高教育管理现代化水平。

## 第二十章　推进依法治教

（六十二）完善教育法律法规。按照全面实施依法治国基本方略的要求，加快教育法制建设进程，完善中国特色社会主义教育法律法规。根据经济社会发展和教育改革的需要，修订教育法、职业教育法、高等教育法、学位条例、教师法、民办教育促进法，制定有关考试、学校、终身学习、学前教育、家庭教育等法律。加强教育行政法规建设。各地根据当地实际,制定促进本地区教育发展的地方性法规和规章。

(六十三)全面推进依法行政。各级政府要按照建设法治政府的要求,依法履行教育职责。探索教育行政执法体制机制改革,落实教育行政执法责任制,及时查处违反教育法律法规、侵害受教育者权益、扰乱教育秩序等行为,依法维护学校、学生、教师、校长和举办者的权益。完善教育信息公开制度,保障公众对教育的知情权、参与权和监督权。

(六十四)大力推进依法治校。学校要建立完善符合法律规定、体现自身特色的学校章程和制度,依法办学,从严治校,认真履行教育教学和管理职责。尊重教师权利,加强教师管理。保障学生的受教育权,对学生实施的奖励与处分要符合公平、公正原则。健全符合法治原则的教育救济制度。

开展普法教育。促进师生员工提高法律素质和公民意识,自觉知法守法,遵守公共生活秩序,做遵纪守法的楷模。

(六十五)完善督导制度和监督问责机制。制定教育督导条例,进一步健全教育督导制度。探索建立相对独立的教育督导机构,独立行使督导职能。健全国家督学制度,建设专职督导队伍。坚持督政与督学并重、监督与指导并重。加强义务教育督导检查,开展学前教育和高中阶段教育督导检查。强化对政府落实教育法律法规和政策情况的督导检查。建立督导检查结果公告制度和限期整改制度。

严格落实问责制。主动接受和积极配合各级人大及其常委会对教育法律法规执行情况的监督检查以及司法机关的司法监督。建立健全层级监督机制。加强监察、审计等专门监督。强化社会监督。

## 第二十一章 重大项目和改革试点

(六十六)组织实施重大项目。2010—2012年,围绕教育改革发展战略目标,着眼于促进教育公平,提高教育质量,增强可持续发展能力,以加强关键领域和薄弱环节为重点,完善机制,组织实施一批重大项目。

义务教育学校标准化建设。完善城乡义务教育经费保障机制，科学规划、统筹安排、均衡配置、合理布局。实施中小学校舍安全工程，集中开展危房改造、抗震加固，实现城乡中小学校舍安全达标；改造小学和初中薄弱学校，尽快使义务教育学校师资、教学仪器设备、图书、体育场地基本达标；改扩建劳务输出大省和特殊困难地区农村学校寄宿设施，改善农村学生特别是留守儿童寄宿条件，基本满足需要。

义务教育教师队伍建设。继续实施农村义务教育学校教师特设岗位计划，吸引高校毕业生到农村从教；加强农村中小学薄弱学科教师队伍建设，重点培养和补充一批边远贫困地区和革命老区急需紧缺教师；对义务教育教师进行全员培训，组织校长研修培训；对专科学历以下小学教师进行学历提高教育，使全国小学教师学历逐步达到专科以上水平。

推进农村学前教育。支持办好现有的乡镇和村幼儿园；重点支持中西部贫困地区充分利用中小学富余校舍和社会资源，改扩建或新建乡镇和村幼儿园；对农村幼儿园园长和骨干教师进行培训。

职业教育基础能力建设。支持建设一批职业教育实训基地，提升职业教育实践教学水平；完成一大批"双师型"教师培训，聘任（聘用）一大批有实践经验和技能的专兼职教师；支持一批中等职业教育改革示范校和优质特色校建设，支持高等职业教育示范校建设；支持一批示范性职业教育集团学校建设，促进优质资源开放共享。

提升高等教育质量。实施中西部高等教育振兴计划，加强中西部地方高校优势学科和师资队伍建设；实施东部高校对口支援西部高校计划；支持建设一批高等学校产学研基地；实施基础学科拔尖学生培养试验计划和卓越工程师、医师等人才教育培养计划；继续实施"985工程"和优势学科创新平台建设，继续实施"211工程"和启动特色重点学科项目；继续实施"高等学校本科教学质量与教学改革工程""研究生教育创新计划""高等学校哲学社会科学繁荣计划"和"高等学校高层次创新人才计划"。

发展民族教育。巩固民族地区普及九年义务教育成果，支持边境县和民族自治地方贫困县实现义务教育学校标准化；重点扶持和培养一批边疆民族地区紧缺教师人才;加强对民族地区中小学和幼儿园双语教师培养培训;加快民族地区高中阶段教育发展,启动内地中职班,支持教育基础薄弱县改扩建、新建一批普通高中和中等职业学校;支持民族院校建设。

发展特殊教育。改扩建和新建一批特殊教育学校,使市(地)和30万人口以上、残疾儿童少年较多的县(市)都有一所特殊教育学校;为现有特殊教育学校添置必要的教学、生活和康复训练设施,改善办学条件;对特殊教育教师进行专业培训,提高教育教学水平。

家庭经济困难学生资助。启动民族地区、贫困地区农村小学生营养改善计划;免除中等职业教育家庭经济困难学生和涉农专业学生学费;把普通高中学生和研究生纳入国家助学体系。

教育信息化建设。提高中小学每百名学生拥有计算机台数,为农村中小学班级配备多媒体远程教学设备;建设有效共享、覆盖各级各类教育的国家数字化教学资源库和公共服务平台;基本建成较完备的国家级和省级教育基础信息库以及教育质量、学生流动、资源配置和毕业生就业状况等监测分析系统。

教育国际交流合作。支持一批示范性中外合作办学机构;支持在高校建设一批国际合作联合实验室、研究中心;引进一大批海外高层次人才;开展大中小学校长和骨干教师海外研修培训;支持扩大公派出国留学规模;实施留学中国计划,扩大来华留学生规模;培养各种外语人才;支持孔子学院建设。

(六十七)组织开展改革试点。成立国家教育体制改革领导小组,研究部署、指导实施教育体制改革工作。根据统筹规划、分步实施、试点先行、动态调整的原则,选择部分地区和学校开展重大改革试点。

推进素质教育改革试点。建立减轻中小学生课业负担的有效机制;加强基础教育课程教材建设;开展高中办学模式多样化试验,开发特色课程;探索弹性学制等培养方式;完善教育质量监测评估体系,定期发布测评结果等。

义务教育均衡发展改革试点。建立城乡一体化义务教育发展机制;实行县(区)域内教师、校长交流制度;实行优质普通高中和优质中等职业学校招生名额合理分配到区域内初中的办法；切实解决区域内义务教育阶段择校问题等。

职业教育办学模式改革试点。以推进政府统筹、校企合作、集团化办学为重点，探索部门、行业、企业参与办学的机制；开展委托培养、定向培养、订单式培养试点；开展工学结合、弹性学制、模块化教学等试点；推进职业教育为"三农"服务、培养新型农民的试点。

终身教育体制机制建设试点。建立区域内普通教育、职业教育、继续教育之间的沟通机制；建立终身学习网络和服务平台；统筹开发社会教育资源，积极发展社区教育；建立学习成果认证体系，建立"学分银行"制度等。

拔尖创新人才培养改革试点。探索贯穿各级各类教育的创新人才培养途径；鼓励高等学校联合培养拔尖创新人才；支持有条件的高中与大学、科研院所合作开展创新人才培养研究和试验，建立创新人才培养基地。

考试招生制度改革试点。完善初中和高中学业水平考试和综合素质评价；探索实行高水平大学联考；探索高等职业学校自主考试或根据学业水平考试成绩注册入学；探索自主录取、推荐录取、定向录取、破格录取的具体方式；探索缩小高等学校入学机会区域差距的举措等。

现代大学制度改革试点。研究制定党委领导下的校长负责制实施意见。制定和完善学校章程，探索学校理（董）事会、学术委员会发挥积极作用的机制；全面实行聘任制度和岗位管理制度；实行新进人员公开招聘制度；探索协议工资制等灵活多样的分配办法；建立多种形式的专职科研队伍，推进管理人员职员制；完善校务公开制度等。

深化办学体制改革试点。探索公办学校联合办学、中外合作办学、委托管理等改革试验；开展对营利性和非营利性民办学校分类管理试点；建立民办学校财务、会计和资产管理制度；探索独立学院管理和发展的有效方式等。

地方教育投入保障机制改革试点。建立多渠道筹措教育经费长效机制；制定各级学校学生人均经费基本标准和学生人均财政拨款基本标准；探索政府收入统筹用于支持教育的办法；建立教育投入分项分担机制；依法制定鼓励教育投入的优惠政策；对长期在农村基层和艰苦边远地区工作的教师实行工资福利倾斜政策等。

省级政府教育统筹综合改革试点。探索政校分开、管办分离实现形式；合理部署区域内学校、学科、专业设置；制定办学条件、教师编制、招生规模等基本标准；推进县（市）教育综合改革试点；加强教育督导制度建设，探索督导机构独立履行职责的机制；探索省际教育协作改革试点，建立跨地区教育协作机制等。

## 第二十二章 加强组织领导

（六十八）加强和改善对教育工作的领导。各级党委和政府要以邓小平理论和"三个代表"重要思想为指导，深入贯彻落实科学发展观，把推动教育事业优先发展、科学发展作为重要职责，健全领导体制和决策机制，及时研究解决教育改革发展的重大问题和群众关心的热点问题。要把推进教育事业科学发展作为各级党委和政府政绩考核的重要内容，完善考核机制和问责制度。各级政府要定期向同级人民代表大会或其常务委员会报告教育工作情况。建立各级党政领导班子成员定点联系学校制度。有关部门要切实履行职责，支持教育改革和发展。扩大人民群众对教育事业的知情权、参与度。

加强教育宏观政策和发展战略研究，提高教育决策科学化水平。鼓励和支持教育科研人员坚持理论联系实际，深入探索中国特色社会主义教育规律，研究和回答教育改革发展重大理论和现实问题，促进教育事业科学发展。

（六十九）加强和改进教育系统党的建设。把教育系统党组织建设成为学习型党组织。深入学习马克思列宁主义、毛泽东思想、邓小平理论、"三个代表"重要思想以及科学发展观，坚持用发展着的马克思主义武装党员干部，教育广大师生。深入推动中国特色社会主义理论体系进教材、进课堂、进头脑。深入开展社会主义核心价值体系学习教育。

健全各级各类学校党的组织。把全面贯彻党的教育方针、培养社会主义建设者和接班人贯穿学校党组织活动始终，坚持社会主义办学方向，牢牢把握党对学校意识形态工作的主导权。高等学校党组织要充分发挥在学校改革发展中的领导核心作用,中小学党组织要充分发挥在学校工作中的政治核心作用。加强民办学校党的建设,积极探索党组织发挥作用的途径和方法。

加强学校领导班子和领导干部队伍建设,不断提高思想政治素质和办学治校能力。坚持德才兼备、以德为先用人标准,选拔任用学校领导干部。加大学校领导干部培养培训和交流任职力度。

着力扩大党组织的覆盖面,推进工作创新,增强生机活力。充分发挥学校基层党组织战斗堡垒作用和党员先锋模范作用。加强在优秀青年教师、优秀学生中发展党员工作。重视学校共青团、少先队工作。

加强教育系统党风廉政建设和行风建设。大兴密切联系群众之风、求真务实之风、艰苦奋斗之风、批评和自我批评之风。坚持标本兼治、综合治理、惩防并举、注重预防的方针,完善体现教育系统特点的惩治和预防腐败体系。严格执行党风廉政建设责任制,加大教育、监督、改革、制度创新力度,坚决惩治腐败。坚持从严治教、规范管理,积极推行政务公开、校务公开。坚决纠正损害群众利益的各种不正之风。

(七十)切实维护教育系统和谐稳定。加强和改进学校思想政治工作,加强校园文化建设,深入开展平安校园、文明校园、绿色校园、和谐校园创建活动。重视解决好师生员工的实际困难和问题。完善矛盾纠纷排查化解机制,完善学校突发事件应急管理机制,妥善处置各种事端。加强校园网络管理。建立健全安全保卫制度和工作机制,完善人防、物防和技防措施。加强师生安全教育和学校安全管理,提高预防灾害、应急避险和防范违法犯罪活动的能力。加强校园和周边环境治安综合治理,为师生创造安定有序、和谐融洽、充满活力的工作、学习、生活环境。

实施《教育规划纲要》是 21 世纪我国第一个中长期教育规划纲要,涉及面广、时间跨度大、任务重、要求高,必须周密部署、精心组织、认真实施,确保各项任务落到实处。

明确目标任务,落实责任分工。贯彻实施《教育规划纲要》,是各级党委和政府的重要职责。各地区各部门要在中央统一领导下,按照《教育规划纲要》的部署和要求,对目标任务进行分解,明确责任分工。国务院教育行政部门负责《教育规划纲要》的组织协调与实施，各有关部门积极配合，密切协作，共同抓好贯彻落实。

提出实施方案，制定配套政策。各地要围绕《教育规划纲要》确定的战略目标、主要任务、体制改革、重大措施和项目等，提出本地区实施的具体方案和措施，分阶段、分步骤组织实施。各有关部门要抓紧研究制定切实可行、操作性强的配套政策，尽快出台实施。

鼓励探索创新，加强督促检查。充分尊重人民群众的首创精神，鼓励各地积极探索，勇于创新，创造性地实施《教育规划纲要》。对各地在实施《教育规划纲要》中好的做法和有效经验，要及时总结，积极推广。对《教育规划纲要》实施情况进行监测评估和跟踪检查。

广泛宣传动员，营造良好环境。广泛宣传党的教育方针政策，广泛宣传优先发展教育、建设人力资源强国的重要性和紧迫性，广泛宣传《教育规划纲要》的重大意义和主要内容，动员全党全社会进一步关心支持教育事业的改革和发展，为《教育规划纲要》的实施创造良好社会环境和舆论氛围。

# 国家教育事业发展"十二五"规划纲要

教发〔2012〕9号

为全面实施《国家中长期教育改革和发展规划纲要（2010—2020年）》（以下简称《教育规划纲要》）和《国家中长期人才发展规划纲要（2010—2020年）》，依据《中华人民共和国国民经济和社会发展第十二个五年规划纲要》（以下简称《国家"十二五"规划纲要》），特制订本规划。

## 一　发展环境

"十一五"以来，我国教育改革发展成就显著，教育事业发展主要目标全面实现，有力支撑了国家战略目标的实现，为"十二五"时期教育改革发展奠定了坚实基础。教育普及水平显著提高，免费九年义务教育全面普及，职业教育发展实现重大突破，高中阶段教育毛入学率超过80%，高等教育毛入学率达到26.5%，高等教育大众化水平和人才培养质量进一步提升，继续教育进一步发展。高等学校科技创新与服务能力进一步增强，国家科技三大奖项中一半出自高等学校，人文社会科学领域三分之二成果由高等学校完成。教育公平迈出重大步伐，民族地区教育快速发展，城乡和区域教育差距缩小，国家助学制度进一步完善，进城务工人员随迁子女、农村留守儿童、残疾学生受教育权益得到更好保障。教育发展的基础更加坚实，教育投入明显增加，教师队伍建设取得新进展，一大批学校面貌焕然一新。语言文字工作得到进一步加强。教育改革开放呈现新格局，素质教育不断推进，义务教育经费保障机制不断完善，义务教育教师绩效工资制度开始实施，教育国际合作交流全面推进。

教育事业发展推动我国人力资源开发水平迈上新台阶，职业教育和高等教育输送了近6000万名毕业生，15岁以上人口平均受教育年限达到9年左右，有知识有文化的年轻一代成为新增劳动力的主体。我国教育实现了从人口大国向人力资源大国的转变，迈上由大到强的历史新征程。

专栏1　　　　教育事业"十一五"时期主要成就

|  | 2005年 | 2010年 | 比2005年提高 |
| --- | --- | --- | --- |
| 学前教育阶段： |  |  |  |
| 　学前三年毛入园率（%） | 41.4 | 56.6 | 15.2 |
| 义务教育阶段： |  |  |  |
| 　小学毕业生升学率（%） | 98.4 | 98.7 | 0.3 |
| 　初中毛入学率（%） | 95.0 | 100.1 | 5.1 |
| 　初中三年巩固率（%） | 92.8 | 93.8 | 1 |
| 　初中毕业生升学率（%） | 69.7 | 87.5 | 17.8 |
| 高中阶段： |  |  |  |
| 　毛入学率（%） | 52.7 | 82.5 | 29.8 |
| 　在校生（万人） | 4031 | 4671 | 640 |
| 　其中：普通高中（万人） | 2409 | 2427 | 18 |
| 　中等职业教育（万人） | 1600 | 2232 | 632 |
| 高等教育： |  |  |  |
| 　毛入学率（%） | 21 | 26.5 | 5.5 |
| 　在学总规模（万人） | 2300 | 3105 | 805 |
| 　其中：普通本专科（万人） | 1562 | 2232 | 670 |
| 　研究生（万人） | 98 | 154 | 56 |
| 　成人本专科（万人） | 436 | 536 | 100 |
| 高等学校科技创新 |  |  |  |
| 　普通高等学校获得授权的专利数（项） | 7399 | 43153 | 35754 |
| 　高等学校科技成果获国家奖数（项） | 143 | 198 | 55 |
| 15岁以上人口平均受教育年限（年） | 8.5 | 9.0 | 0.5 |
| 新增劳动力平均受教育年限（年） | 10.9 | 12.7 | 1.8 |

2010年，党中央、国务院召开了21世纪第一次全国教育工作会议，发布了《教育规划纲要》，指明了教育事业科学发展的方向，描

绘了教育改革发展的宏伟蓝图。全国上下积极贯彻《教育规划纲要》，相继启动实施一系列国家教育体制改革试点和重大教育工程项目，完善了公共教育投入的保障机制，出台了若干重大教育政策，各级党委政府更加重视教育，社会各界更加关心支持教育，广大教职员工以更加饱满的热情投身于教育事业，开启了教育改革发展全新的历史篇章。

"十二五"时期是全面建设小康社会的关键时期，是深化改革开放、加快转变经济发展方式的攻坚时期，也是贯彻落实《教育规划纲要》的关键五年。教育改革与发展面临着前所未有的机遇和挑战。

从现代化建设的要求看，经济社会发展对教育和人才的需求发生了深刻的变化。以加快转变经济发展方式为主线，推进经济结构战略性调整、建立现代产业体系，推进资源节约型、环境友好型社会建设，迫切需要进一步提高劳动者素质，调整人才培养结构，增加应用型、技能型、复合型人才的供给。面对当今世界的大发展大调整大变革和科技创新的新突破，迎接日益加剧的全球人才、科技和教育竞争，迫切需要全面提高教育质量，加快拔尖创新人才的培养，提高高等学校的自主创新能力，推动"中国制造"向"中国创造"转变。把保障和改善民生作为加快转变经济发展方式的根本出发点和落脚点，全面加强社会建设，迫切需要进一步完善基本公共教育服务体系，更加有力地推进教育公平。深化文化体制改革，推动社会主义文化大发展大繁荣，加强社会主义核心价值体系建设，迫切需要全面加强青少年思想道德教育，充分发挥教育的文化传承创新作用，增强我国文化软实力和中华文化影响力。总之，推进社会主义现代化，科技是关键，人才是核心，教育是基础。

从教育发展看，我国已进入了加快建设教育强国和人力资源强国的历史新阶段。到2020年要基本实现教育现代化，基本形成学习型社会，进入人力资源强国行列，必须在"十二五"时期奠定坚实的制度基础、人才基础和条件基础。教育要发展，根本靠改革。推进教育科学发展迫切要求把重大教育制度的改革创新作为着力点，改变一切不利于教育科学发展的观念和体制机制，积极引领教育的变革和转型。

教育要发展，关键在人才。提高教育现代化水平迫切要求把加强教师队伍建设摆在教育工作全局的突出位置，切实加强教师专业化建设，培养和造就一批杰出的教育家。教育要发展，条件是基础。办一流教育、出一流人才迫切需要加大对关键领域和薄弱环节的投入，不断提高各级各类学校信息化、现代化水平，增强教育的发展实力，为建设教育强国奠定坚实的物质基础。

人力资本投资是回报率最高的投资，往往能改变一个人、一个家庭的命运，也是促进就业、增加收入的根本所在，事关人民福祉。教育投入是支撑国家长远发展的基础性、战略性投资，必将加倍回报于经济社会发展。教育关系国计民生，关系民族未来。"十二五"时期，必须坚定不移地实施科教兴国战略和人才强国战略，克服当前教育存在的突出问题和困难，推动教育优先发展、科学发展，使教育更加符合建设中国特色社会主义对人才培养的需要，更加符合广大人民群众对教育的殷切期望，更加符合时代发展的潮流。

**二 指导思想、主要目标和基本思路**

（一）指导思想

高举中国特色社会主义伟大旗帜，以邓小平理论和"三个代表"重要思想为指导，深入贯彻落实科学发展观，贯彻落实党的十七届五中、六中全会和全国教育工作会议精神，贯彻落实国家教育、人才和科技规划纲要，全面贯彻党的教育方针，以科学发展为主题，以适应加快转变经济发展方式要求、创新和完善中国特色社会主义教育发展道路为主线，大力实施科教兴国战略和人才强国战略，加快建设人力资源强国，为全面完成《国家"十二五"规划纲要》目标任务服务，为全面实现《教育规划纲要》提出的宏伟目标奠定具有决定性意义的基础。

按照"优先发展、育人为本、改革创新、促进公平、提高质量"的工作方针，把育人为本作为根本要求，把促进公平和提高质量作为重点任务，以改革创新为动力，以优先发展为保障，以重大发展项目和改革试点为抓手，坚持尊重规律、科学发展和依法治教的原则，正确把握和处理好优先发展与服务全局、促进公平与注重效率、扩大规模与提高质量、整体推进与分类指导、立足国情与面向世界、改革发展与维护稳定等重要关系，力争在关键领域、薄弱环节和社会关注的热点难点问题上取得突破，推动教育事业在新的起点上实现科学发展，更好地服务于加快转变经济发展方式和人的全面发展。

（二）主要目标

"十二五"时期教育改革发展的总体目标是：全面提高教育服务现代化建设和人的全面发展的能力，为到2020年基本实现教育现代化，基本形成学习型社会，进入人力资源强国行列奠定坚实基础。主要目标是：

1. 教育事业发展目标。基本普及学前一年教育，农村学前一年毛入园率达到80%左右，城镇和经济发达地区农村基本普及学前三年教育，基本解决"入园难"问题。义务教育巩固率达到93%，农村义务教育阶段学校标准化率达到50%以上，基本实现远程教育班班通，实现县（市）域内义务教育初步均衡。基本普及高中阶段教育，毛入学率达到87%。职业教育和普通教育协调发展，职业学校专业实训基地达标率达到80%。高等教育毛入学率达到36%，毕业生就业率进一步提高，一批学科进入世界前列。义务教育阶段新增教师具备高一级学历的比例达到85%以上。完成新一轮教师全员培训，全面提高现有教师的专业能力。

2. 教育体系和制度建设目标。初步建成体现终身教育理念，以政府办学为主体，公办教育和民办教育共同发展，基本适应建设现代产业体系和加强社会建设需要的中国特色社会主义现代教育体系。覆盖城乡的基本公共教育服务体系基本建立，现代职业教育体系基本形成，高等教育和继续教育体系更加完善。教育体制更富活力，教育体制改革试点取得阶段性成果，教育制度创新取得重要突破，人才培养的体制机制更加适应社会主义市场经济的要求。建立起较为完善的保障教育优先发展的投入体制，2012年财政性教育经费占国内生产总值的比例达到4%，并保持稳定增长。教育法制更加完善。学校和教师的积极性、创造性得到进一步调动和发挥，形成全社会理解、支持和参与教育改革发展的氛围。

3. 教育支撑经济发展和科技创新目标。人力资源开发对经济发展的促进作用显著增强。人才培养结构调整取得重大进展，应用型、技能型、复合型人才的培养比重明显提高，初步建成与现代产业体系相适应的技术技能人才培养强国。新增劳动力平均受教育年限达到13.3年左右，主要劳动年龄人口中受过高等教育的比例达到15%以上。进城务工人员通过多种方式受到基本职业技能培训。从业人员的继续教育参与率达到40%左右。高等学校若干领域的科学研究水平达到或接近世界先进水平，取得一系列重大理论和科技创新成果，解决国家重大科技问题的能力显著提高，发明专利授权数大幅增加。高等学校成为国家知识创新、技术创新、国防科技创新、区域创新的重要基地。

4. 教育服务社会和文化建设目标。城乡之间和东中西部之间教育发展差距显著缩小，义务教育择校问题明显改善，人民群众对教育公平的满意度显著提高。进城务工人员随迁子女在公办学校接受免费义务教育的比例达到85%以上。形成覆盖城乡的职业教育培训体系，在促进就业和改善民生方面发挥更大作用。教育资助和保障体系基本覆盖到所有困难群体，保障水平不断提升。青少年健康素质不断提高，贫困地区儿童营养状况有较大改善。基本构建起大中小幼有效衔接，学校教育、家庭教育和社会教育有机结合的德育体系，社会主义核心价值体系教育不断深入，为实现社会主义文化强国的战略目标做出新贡献。

专栏2　　我国教育事业发展和人力资源开发"十二五"主要目标

|  | 2010年 | 2015年 |
| --- | --- | --- |
| 学前教育： |  |  |
| 　　幼儿在园人数（万人） | 2977 | 3700 |
| 　　学前一年毛入园率（%） | 81.7 | 90.0 |
| 　　学前两年毛入园率（%） | 70.9 | 75.0 |
| 　　学前三年毛入园率（%） | 56.6 | 65.0 |
| 九年义务教育： |  |  |
| 　　在校生（万人） | 15220 | 16100 |
| 　　巩固率（%） | 89.7 | 93.0 |

续表

|  | 2010 年 | 2015 年 |
| --- | --- | --- |
| 高中阶段教育： |  |  |
| 　　在校生（万人） | 4671 | 4500 |
| 　　其中：中等职业教育 | 2232 | 2250 |
| 　　毛入学率（%） | 82.5 | 87.0 |
| 高等教育： |  |  |
| 　　在学总规模（万人） | 3105 | 3350 |
| 　　在校生（万人） | 2922 | 3080 |
| 　　其中：研究生（万人） | 154 | 170 |
| 　　毛入学率（%） | 26.5 | 36.0 |
| 继续教育： |  |  |
| 　　从业人员继续教育（万人） | 18500 | 29000 |
| 人力资源开发： |  |  |
| 　　新增劳动力平均受教育年限（年） | 12.7 | 13.3 |
| 　　其中：受过高中阶段及以上教育的比例（%） | 67.0 | 87.0 |
| 　　主要劳动年龄人口平均受教育年限（年） | 9.6 | 10.5 |
| 　　其中：受过高等教育的比例（%） | 10.5 | 15.0 |
| 　　具有高等教育文化程度的人口数（万人） | 11964 | 15000 |

（三）基本思路

"十二五"时期教育改革发展的基本思路是：更新教育观念，坚持改革创新，抓好工作落实，提升基础能力，促进协调发展，服务国家战略。

更新教育观念。树立全面发展的观念和人人成才的观念，面向全体学生，促进学生成长成才；树立多样化人才观念，不拘一格培养人才；树立终身学习观念，为学生的全面发展奠定基础；树立系统培养观念，推进各级教育有效衔接，教学、科研、实践紧密结合，学校、家庭、社会密切配合；树立科学的质量观，尊重教育规律和学生身心发展规律，坚持德育为先，能力为重，全面实施素质教育，培养德智体美全面发展的社会主义建设者和接班人。

坚持改革创新。适应经济社会发展对人才培养的需求，以人才培养体制改革为核心，着力推进国家教育体制改革试点，完善现代教育体系和国家基本教育制度，系统推进管理体制、办学体制、学校制度、招生考试制度、投入保障机制改革，实施教育对外开放战略，为《教育规划纲要》的实施提供坚实有力的制度保障。

抓好工作落实。推进目标落实，将长期目标落实到今后五年的目标，将总体目标落实到分领域的目标，将全国目标落实到不同区域的目标。推进投入落实，完善教育经费保障制度，落实增加教育经费的各项政策，提高经费使用效益。推进项目落实，稳步推进各项重大发展项目和改革试点项目，确保取得成效。推进政策落实，优先解决人民群众当前最关心、社会反映最强烈的问题，办好让人民满意的教育。

提升基础能力。完善公共教育财政体制，实施重大工程项目，加强教育基础能力建设、教师队伍建设、教育科研能力建设，加快建设服务全民学习、终身学习的教育公共服务平台，形成支撑教育现代化、服务国家现代化的人才和物质基础。

促进协调发展。按照建设现代国民教育体系和终身教育体系的要求，积极发展学前教育，巩固提高义务教育，加快普及高中阶段教育，大力发展职业教育，全面提高高等教育质量，加快发展继续教育，支持民族教育、特殊教育发展。特别是加大对中西部地区、农村地区、边远贫困地区和民族地区教育的支持力度，加强学前教育和职业教育等薄弱环节，努力实现区域城乡和各级各类教育的协调发展。

服务国家战略。将服务加快转变经济发展方式的要求和理念贯穿到教育工作全局。进一步发挥教育人才培养、科学研究、社会服务和文化传承创新的作用，大力调整人才培养结构，扩大紧缺人才特别是技能型、应用型、复合型人才培养规模，着力提升人才培养质量。提升高等学校基础研究和高技术领域创新的能力。推进区域教育发展与国家区域发展、城镇化战略的紧密结合。发挥国民教育在文化传承创新中的基础性作用，让学校成为优秀文化传承的重要阵地和思想文化创新的重要源泉。

### 三 构建更加完善的教育体系

围绕经济社会发展需要，加强关键和薄弱环节，着重健全基本公共教育服务体系，建立现代职业教育体系，完善高等教育体系，推进继续教育体系建设。到2015年，形成更加完善的中国特色社会主义现代教育体系。

（一）健全基本公共教育服务体系

完善基本公共教育服务。按照基本公共服务普及普惠的要求，巩固城乡免费九年义务教育，促进义务教育均衡发展；基本普及高中阶段教育，重点加强中等职业教育；基本建立"广覆盖、保基本、多形式、有质量"的学前教育体系，重点发展农村学前教育。完善进城务工人员随迁子女、家庭经济困难学生和残疾学生的教育保障政策体系。基本建成服务全民的教育信息与资源共享平台。推广和规范使用国家通用语言文字，提升语言文字应用能力，推进语言文字规范标准和信息化建设。根据经济发展和教育发展水平、群众意愿，不断提高基本公共教育服务的总供给水平。探索多样化提供形式，积极引入竞争机制，完善基本公共教育服务的供给体制。

建立基本公共教育服务体系评价机制。研究制定基本公共教育服务体系监测与评价指标体系。以九年义务教育巩固率和高中阶段教育毛入学率为重点，开展对地方落实国家"十二五"规划纲要目标、推进基本公共教育服务体系建设情况的监测评价，引导地方加快完善基本公共教育服务体系，不断提高服务水平。

促进基本公共教育服务均等化。推动各级政府将基本公共教育服务均等化作为全社会基本公共服务均等化评价的核心指标。探索建立地方政府基本公共教育服务均等化能力评价体系，研究建立以基本公共教育服务均等化为导向的公共教育财政体制和分配方式。政府一般性转移支付向基本公共教育服务倾斜，重点扶持薄弱地区、薄弱学校、困难群体，努力让广大人民群众共同享有更加均等化的基本公共教育服务。

（二）建立现代职业教育体系

完善职业教育体系结构。编制《现代职业教育体系建设规划》，按照遵循规律、服务需求、明确定位、系统思考、整体设计、分类指导、分步实施的原则，完善职业教育的层次、布局和结构，健全制度、创新机制、完善政策，加快形成服务需求、开放融合、有机衔接、多元立交，具有中国特色、世界水准的现代职业教育体系框架，系统培养初级、中级和高级技术技能人才。

加强职业教育内部的有机衔接。遵循技术技能人才成长规律，打通和拓宽技术技能人才成长、成才通道。坚持面向人人，面向社会，实行学校职业教育、企业职业教育和社会化职业教育并举、学历职业教育与非学历职业教育并重、全日制职业教育与非全日制职业教育共同发展，促进职业教育办学类型和学习形式的多样化。完善中等和高等职业学校的布局结构，明确中等和高等职业学校定位，在各自层面上办出特色、提高质量。中等职业教育重点培养现代农业、工业、服务业和民族传统工艺振兴需要的一线技术技能人才；高等职业教育重点培养产业转型升级和企业技术创新需要的发展型、复合型和创新型的技术技能人才。完善高等职业教育层次，建立高级技术技能人才和专家级技术技能人才培养制度。积极推进中等和高等职业教育在人才培养目标、专业结构布局、课程体系和教材、教育教学过程、信息技术应用、人才成长途径、教师培养培训、行业指导作用、校企深度合作和教育评价改革等方面的衔接。统筹职业预备教育、职业教育和职业继续教育。建立开放沟通的职业教育学历、学位和职业资格证书制度，以工学结合、学分认证为基础，创新学习方式，积极推进学历证书和职业资格证书"双证融通"。鼓励有条件的地方和行业开展现代学徒制试点，企业根据用工需求与职业学校实行联合招生（招工）和培养。

促进职业教育与经济社会发展有机结合。着力推进政府主导、行业指导、企业参与的办学机制建设，落实各方主体责任；大力推行校企合作、工学结合、顶岗实习的人才培养模式，创新职业教育人才培养体制；完善政产学研的协作对话机制，推进行业企业全过程参与职业教育；积极探索多元主体合作共赢的集团化办学机制。充分发挥劳动力市场对人才培养的引导作用，根据产业需求优化专业结构，促进职业教育与劳动力市场的开放衔接，推动职业院校面向市场自主办学。加强行业指导能力建设，有效发挥行业在建立健全行业人才需求预测机制、行业人才规格标准和行业职业教育专业设置改革机制等方面的指导作用。鼓励各地、各行业从自身实际出发，实行多种形式的产教结合和校企合作，促进职业院校的专业设置与产业布局对接、课程内容与职业标准对接、教学过程与生产过程对接、学历证书与资格证书对接、职业教育与终身学习对接。建立职业教育与产业体系建设同步协调制度，实现职业教育体系与现代产业体系、公共服务体系的融合发展。

加强职业教育与普通教育、继续教育的相互沟通。建立"学分银行"，完善学分互认、累积制度，探索同一层次普通学校和职业学校之间的课程互设、学分互认、学生互转的机制，推动应用型本科课程进入职业院校。鼓励开放实训基地、示范专业、名师名课、精品课程等职业教育资源，为各类学生提供职业教育课程和技能培训。适度扩大高等职业学校单独招生试点规模，扩大应用型普通本科学校招收中等职业教育毕业生规模。建立社区和职业教育联动机制，鼓励职业院校探索社区化办学模式，满足社区群众多方面、多层次的教育需求。有效整合多种教育资源，统筹城乡、区域职业教育协调发展。切实加强面向农村的职业教育，推进职业教育、基础教育和成人教育三教统筹、农科教结合。

**专栏3　　改革职业教育办学模式和构建现代职业教育体系试点**

> 建立健全政府主导、行业指导、企业参与的办学体制机制，创新政府、行业及社会各方分担职业教育基础能力建设机制，推进校企合作制度化。开展中等职业学校专业规范化建设，加强"双师型"教师队伍建设，探索职业教育集团化办学模式。开展民族地区中等职业教育"9+3"免费试点，改革边疆民族地区职业教育办学模式和人才培养体制，加快民族地区、经济欠发达地区中等职业教育发展。开展地方政府促进高等职业教育发展综合改革试点。探索建立职业教育人才成长"立交桥"，构建现代职业教育体系。

（三）完善高等教育体系

优化高等教育宏观布局结构。将高等教育作为科技第一生产力和人才第一资源的重要结合点，加快建设一流大学和一流学科。以重点学科建设为基础，继续实施"985工程"和优势学科创新平台建设，继续实施"211工程"和特色重点学科项目。按照国民经济布局和城镇化体系建设要求，完善中央部属高等学校和重点建设高等学校的战略布局，加强区域高等教育中心建设，形成与国家生产力布局和社会发展需要相衔接的高等学校布局结构。

推进高等学校有特色、高水平发展。坚持稳定规模、优化结构、强化特色，走以质量提升为核心的内涵式发展道路。探索建立科学的高等学校分类体系，推进普通高等学校设置暂行条例的修订工作，研究制定核定普通高等学校规模暂行规定。调整和完善高等教育宏观政策，引导高等学校合理定位，办出特色。为高等学校创造开放、公平、有序竞争的发展环境，使各类高等教育都能涌现出一批有特色的一流学校。

支持地方高等教育发展。制订实施"十二五"高等学校设置规划，根据地方经济社会发展需要与支撑能力，优化地方高等学校布局结构。推动地方各级政府加大对高等教育的投入，促进区域内高等学校与企业、科研院所、社区的紧密结合，中央各项工程计划加大对办学有特色的地方高等学校的支持。进一步落实对地方所属行业特色高等学校的支持政策。

改进研究生培养体系。有序推进学科设置权下放，取消对研究生院设置的行政审批，优化研究生培养的布局结构。积极发展专业硕士研究生教育，开展专业硕士培养模式改革试点，探索科教结合、产教结合的培养模式；面向重大科技专项需求，开展工程博士培养试点，逐步形成学术学位和专业学位均衡发展的研究生培养体系。

加强高等学校创新服务体系。加强高等学校重点学科、科研创新重点基地、重大科技基础设施建设和创新团队建设，实现科技创新和人才培养能力的跃升。建设一批综合性国际联合研究中心、前沿技术实验室和区域创新中心。按照"需求导向、全面开放、深度融合、创新引领"的原则，实施高等学校创新能力提升计划，组建一批国家协同创新中心，探索协同创新长效机制。深入实施高等学校哲学社会科学繁荣计划，启动哲学社会科学基础研究中长期重大专项，加强人文社会科学重点研究基地建设。以重大现实问题为主攻方向，组织开展对全局性、战略性、前瞻性问题研究。实施高等学校"数字人文"建设计划，加快哲学社会科学领域的学科体系、理论和方法创新。鼓励高等学校开展战略决策咨询研究，瞄准国家经济社会发展重大问题，建设服务政府决策的智库。深化高等学校科研体制改革，推进重点学科基础研究改革试点,加快科研组织创新,促进科技教育资源共享,完善以科研成果质量和贡献为评价导向的激励机制。

发挥高等学校文化传承创新作用。创新文化人才培养模式,实施高端紧缺文化人才培养计划。将中华优秀文化和世界优秀文明成果融合到教学和学术创新活动中。建设一批高等学校文化创新平台。实施学术文化工程,加强对优秀传统文化思想价值的挖掘和阐发,积极研究吸收世界优秀文化,推出一批对文化传承创新具有重大影响的标志性成果。

| 专栏 4 | 高等学校创新能力提升计划 |
| --- | --- |

按照国家急需、世界一流的原则,充分发挥高等学校多学科、多功能的优势,以学科为基础,以改革为重点,以创新能力提升为突破口,建立一批相对独立、集人才培养和解决重大问题为一体的协同创新平台,构建多元、融合、动态、持续的协同创新模式与机制,推动知识创新、技术创新、区域创新的战略融合,培养一批拔尖创新人才,形成一批具有国际重大影响的学术高地、行业产业共性技术研发基地、区域创新发展的引领阵地和国家创新团队的主力阵营。

| 专栏 5 | 适应经济社会发展需求,改革高等学校办学模式试点 |
| --- | --- |

推进高等学校与地方、行业、企业合作共建,探索中央高等学校与地方高等学校合作发展机制,建设高等教育优质资源共享平台,构建高等学校产学研联盟长效机制。发挥行业优势,完善体制机制,促进行业高等学校特色发展,培养高水平专门人才。完善来华留学生培养体制机制,扩大留学生招生规模。探索高水平中外合作办学模式,培养国家紧缺的国际化创新人才,建立具有区域特色的国际教育合作与交流平台,完善中外合作办学质量保障机制,提高中外合作办学水平。加强内地高等学校与港澳地区知名高等学校合作办学,探索闽台地区高等学校教育合作交流新模式。

(四)推进继续教育体系建设

把发展继续教育作为建设学习型社会的重要战略举措。在全社会树立终身学习的理念,在终身学习框架内推动各级各类学校教育教学改革,加强对学习者学习兴趣和自主学习能力的培养。统筹学历、非学历的继续教育,大力发展面向社区、农村、中西部和民族地区的继续教育,加强经济社会发展重点领域紧缺专门人才的继续教育,形成"广覆盖、宽领域、多层次"的继续教育体系。

充分发挥现代信息技术在继续教育中的作用。以卫星电视、互联网为载体,联合高等学校、行业企业和社会组织,整合继续教育资源,建设开放、共享的继续教育服务平台,充分发挥大众传媒继续教育功能，努力为全体社会成员提供各种不受时间和空间限制、高质量的教育和学习服务。

发展多样化的继续教育机构。继续办好学校继续教育机构，发展社会化职业培训机构，以广播电视大学为基础建设开放大学，大力建设社区教育中心，完善自学考试制度，办好老年教育机构，形成覆盖城乡的继续教育网络。以企事业单位、政府机关、专业组织为重点推进学习型组织建设，建成一批示范性学习型组织。

制定和完善继续教育发展政策。推动各级政府成立跨部门继续教育协调机构。研究起草推进终身学习的法律法规。制订各领域继续教育发展规划。推动各级政府、行业和企事业单位加大对继续教育的投入。建立继续学习成果认证、学分积累和转换制度，促进不同类型教育之间的衔接和沟通，搭建通过各种学习途径成才的"立交桥"。

专栏6　　　　　用终身学习理念构建继续教育体系

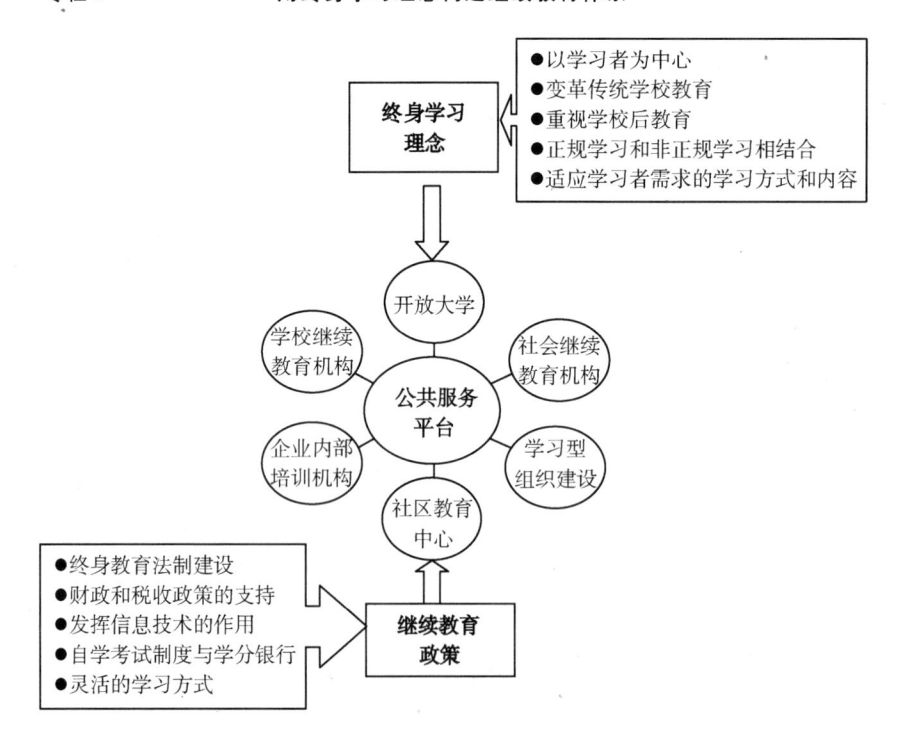

终身学习理念
- 以学习者为中心
- 变革传统学校教育
- 重视学校后教育
- 正规学习和非正规学习相结合
- 适应学习者需求的学习方式和内容

公共服务平台
- 开放大学
- 学校继续教育机构
- 社会继续教育机构
- 企业内部培训机构
- 学习型组织建设
- 社区教育中心

继续教育政策
- 终身教育法制建设
- 财政和税收政策的支持
- 发挥信息技术的作用
- 自学考试制度与学分银行
- 灵活的学习方式

### 四　创新国家教育制度

以人才培养体制改革为核心，以教育体制改革试点为突破口，以制度建设为导向，积极推动教育优先发展、教育公平和教育与经济社会结合制度化，推进教育宏观管理体制、办学体制和学校制度改革，着力完善教育标准、绩效和招生考试制度，强化教育督导制度，基本建立起科学的教育资源配置体制、管理运行体制和质量保障体制。

（一）落实教育"三个优先"的保障制度

推进教育"三个优先"的制度化建设。把优先发展教育作为党和国家全局工作中长期坚持的重大方针，形成保障教育优先发展的领导体制、决策机制和制度规范。把教育"三个优先"（经济社会发展规划优先安排教育发展，财政资金优先保障教育投入，公共资源优先满足教育和人力资源开发需要）落实到政府的规划编制、年度计划、财政预算、公共资源配置、政绩考核等各项工作中。加强区域教育发展规划与经济社会发展规划、城镇化规划、国土开发利用规划、产业振兴规划、科技规划和财政支持政策的有机衔接。

推动全社会更加重视人力资源开发投资。强化人力资本投资优先于物力资本投资的导向，研究人力资源积累和人力资本投资核算方法，促进全社会改变重物力资本投入、轻人力资本投入的倾向，加快国家人才储备、知识积累，充分发挥人力资源开发促进经济自主发展、科技自主创新、扩大中等收入者比重的作用。

建立教育优先发展的监督机制。建立教育优先发展问责制度。对各地区教育发展水平、各级政府优先发展教育的努力程度进行年度评价，纳入各级政府的政绩考核体系。完善政府及有关部门向人大、政协及其专门委员会定期报告教育工作的制度。

（二）完善教育公平制度

建立保障教育公平的制度体系。健全法制保障。把依法保障公民享有平等受教育的权利作为制定和修改教育法律法规的重要原则，清理有关行政规章和管理制度，完善教育行政执法制度和权利救济制度。完善资源配置制度。以义务教育均衡发展为重点，建立区域、城乡和校际差距评价指标体系，促进教育资源向重点领域、关键环节、困难地区和薄弱学校倾斜。以扶持困难群体为重点，建立全面覆盖困难群体的资助政策体系和帮扶制度。

健全保障教育公平的规则程序。各级政府和教育行政部门在实施重大教育政策及改革举措前，要制定实施程序、规则。对涉及学生切身利益的政策调整、规则变更必须广泛听取各方面意见。各级各类学校要公开办学条件、招生章程、规章制度。继续推进高等学校招生"阳光工程"，促进招生考试制度更加完善。规范高考加分政策和特殊类型招生工作并向社会公开。

（三）完善教育与经济社会结合的制度

促进教育与经济社会各领域融合发展。推动各级政府统筹区域发展和教育发展、产业发展和人才培养、科技创新和创新人才培养、公共服务体系和公共教育体系建设、城乡建设和城乡教育发展。建立地方特色优势产业和特色优势学科对接机制，促进人才培养链、科技创新链和产业价值链紧密结合。推动教育与经济社会协调发展示范区建设。

完善产学研合作机制。通过体制机制创新和政策项目引导，推动高等学校与企业、高等学校与科研院所、高等学校与地方政府、高等学校与高新区和开发区开展多种形式的产学研合作。充分发挥高等学校重点学科、重大科技创新平台的作用，办好大学科技园，探索高等学校科技成果转化和产业化有效机制，促进创新型中小型企业的孵化和发展壮大。支持高等学校与企事业单位共建实习和科研基地。鼓励各级政府出台引导高等学校开展科技创新、社会服务和发展文化创意产业的优惠政策。

推进职业教育产教合作、工学结合制度化。建立职业教育行业指导委员会。发挥国有大型企业在产教结合中的示范作用。推进职业教育法的修订工作，出台促进校企合作办法。企业支付给职业教育学生的实训实习工资支出，符合条件的可以在企业所得税前扣除。健全职业院校学生实习责任保险制度。发展以骨干职业院校为龙头、行业和大中型企业紧密参与的职业教育集团，探索职业教育集团的有效组织方式和运行模式。积极推进对生产教学过程一体化、校企一体化、职教基地和产业集聚区一体化的探索，把车间办到学校，把学校办到企业。

强化实践育人制度。制定中小学生校外实践办法和高等学校实践育人办法，增加实践教学比重，把学生走进科研院所、走进社区、走进企业、走进农田开展不同形式的实践活动列入教学安排。推动建立党政机关、城市社区、农村乡镇、企事业单位和社会服务机构接收学生实践的制度，推动各级政府出台进一步扩大实施公共文化、教育、体育设施向学生免费开放或优惠的政策。把企业家、科学家、工程师等各类人才请进学校，增强学生的科技意识、创业意识和创新精神。

（四）完善民办教育制度

落实促进民办教育发展的政策。依法落实民办学校、学生、教师与公办学校、学生、教师平等的法律地位。推动各级政府履行发展民办教育的职责，建立健全民办教育综合管理与服务体系，加快解决影响民办教育健康发展的法人性质、产权属性、教师权益、会计制度、社会监管等重点和难点问题。制定和完善支持民办教育发展的财政、税收、金融、收费、土地等政策。完善民办学校教师参加社会保险的办法，探索民办学校教师职业年金制度。对具备学士、硕士和博士学位授予单位条件的民办高等学校，按规定程序予以审批。推动县级以上人民政府设立专项资金用于资助民办学校。国家对发展民办教育做出突出贡献的组织、学校和个人给予奖励和表彰。

逐步建立民办学校分类管理制度。按照"学校自愿选择、政府分类管理"原则，开展营利性和非营利性民办学校分类管理试点，逐步建立分类管理制度和监管机制。新建民办学校必须符合法人条件，完善法人治理结构，落实法人财产权。重点完善民办学校章程建设、理（董）事会制度建设。完善独立学院管理和运行机制。建立健全民办学校财务、会计和资产管理制度，强化财务监管、风险监控和财务公开制度，完善民办学校学费收入监管制度。建立民办学校变更和退出机制。加大对非营利性民办学校支持力度，将非营利性民办教育纳入公共教育体系。政府采取购买服务、资金奖补、教师培训等办法，支持非营利性民办教育加快发展。

鼓励和规范社会化教育服务。发挥市场机制的作用，鼓励发展职业技能培训、专业资格教育、网络教育、早期教育服务。培育教育评估、监测、考试、管理等教育中介服务组织。有序开放和规范教具、教材等相关市场，完善产品和服务标准。

专栏 7　　改善民办教育发展环境，深化办学体制改革试点

> 探索营利性和非营利性民办学校分类管理办法。清理并纠正对民办教育的各类歧视政策，保障民办学校办学自主权。完善支持民办教育发展的政策措施，探索公共财政资助民办教育的具体政策，支持民办学校创新体制机制和育人模式，办好一批高水平民办学校。改革民办高等学校内部管理体制，完善法人治理结构，建立健全民办学校财务、会计和资产管理制度。

（五）创建现代学校制度

健全学校管理的法律规章制度。开展《学校法》的调研起草工作，依法理顺政府和学校的关系，探索建立具有中国特色的学校制度。以公办学校财政拨款制度、人事管理制度改革为重点，扩大学校办学自主权，保障教师和学生的民主管理权。发布实施高等学校章程制定办法，加强高等学校章程建设，明确学校的基本定位、服务面向、治理结构、基本管理制度，保障高等学校依法自主办学。到2015年，高等学校完成"一校一章程"的目标。

完善各类学校治理结构。制定"坚持和完善普通高等学校党委领导下的校长负责制实施意见"，健全重大问题学校党委集体决策制度。积极探索建立高等学校理（董）事会制度，健全社会支持和监督学校发展的制度。建立民主选举产生的学术委员会，探索教授治学的有效途径。健全高等学校的管理制度、议事规则与决策程序，推进高等学校科学民主决策机制建设，克服学校内部治理上的行政化倾向。加强中小学校管理能力建设，推动中小学全面设立家长委员会，并使家长委员会有重大事项知情权、参与决策权、评价权、质询权、监督权。探索行业企业参与的职业院校治理结构，积极探索实行理（董）事会决策议事制度和监督制度。

提高各类学校的服务管理能力。把育人为本的理念贯穿到学校工作的各个环节，以服务学生、服务家长、服务教师为导向，改进学校各项管理制度。加强学校常规管理、教学管理和安全管理。推进校务公开，贯彻落实《高等学校信息公开办法》和《关于推进中小学信息公开工作的意见》，研究制定信息公开的考核指标体系，畅通群众反映问题、表达合理诉求的渠道，充分发挥广大群众的监督作用。

**专栏 8　　改革高等教育管理方式，建设现代大学制度试点**

> 探索高等学校分类指导、分类管理的办法，落实高等学校办学自主权。推动建立健全大学章程，完善高等学校内部治理结构。建立健全符合高等学校特点的岗位设置管理制度，推进高等学校人事制度改革，改革高等学校基层学术组织形式及其运行机制。建立高等学校总会计师制度，完善高等学校内部财务和审计制度。改革学科建设绩效评估方式，完善以质量和创新为导向的学术评价机制。构建高等学校学术不端行为监督查处机制，健全高等学校廉政风险防范机制。

（六）创新教育家办学制度

坚持教育家办学。培养造就一批热爱教育、熟悉教育规律、拥有系统教育理论和丰富实践经验的教育家。制定各级各类学校校长的任职资格标准。改进高等学校主要领导选拔任用与管理、培训制度，努力使其成为社会主义政治家、教育家。探索建立中小学校长和幼儿园园长资格制度。中小学校长和幼儿园园长要具备丰富的教学（保教）经验，一般从教学一线选拔任用。鼓励从具有企业管理经验的人员中聘任职业院校领导干部。

改革校长选任制度。推动各地制定实施办法，开展面向全社会公开招聘和校内民主选拔各类学校校长试点，取得经验后加以推广。扩大中等职业学校和高等学校校长选任范围。

创造教育家成长的环境。健全校长考核评价制度，引导校长潜心办学。实施中小学校长国家级培训计划和校长、骨干教师海外研修计划，有针对性地开展校长任职培训、提高培训、高级研修和专题培训。实施中小学教学名师培养计划，修订《特级教师评选规定》。教育科研经费向实践性教学研究倾斜，鼓励教学科研工作者和优秀教师在教学一线长期开展基础性、持续性的教学实验。提高教学成果奖励中基层教学实验成果所占的比例，为教师成长创造良好的环境。

（七）完善教育行政管理制度

明确各级政府教育管理责任。以转变政府职能和简政放权为重点，深化教育管理体制改革，基本形成政事分开、权责明确、统筹协调、规范有序的教育管理体制。完善高等教育以省级政府为主的管理体制，充分发挥中心城市支持高等教育发展的作用。完善义务教育以县为主的管理体制，探索经济较发达地区乡镇政府支持义务教育、学前教育的有效机制。

转变政府管理教育的方式。减少和规范政府对学校的行政审批，培育专业教育服务机构，积极发挥行业协会、专业学会、教育基金会等各类社会组织在教育公共治理中的作用，提高各级教育行政部门综合运用立法、拨款、规划、信息服务、政策指导和必要的行政措施进行管理的能力。推进政校分开、管办分离。完善中国特色教育法律法规体系，大力推进依法治教、依法治校。落实教育行政执法责任制，做好申诉和行政复议工作，依法维护学校、学生、教师等法律关系主体的合法权益。

提高教育决策的科学化、民主化水平。完善教育决策咨询制度，充分发挥国家教育咨询委员会和各类教育决策咨询机构的重要作用。建立重大教育决策出台前充分论证和公开征求意见的制度。依托高等学校和科研机构建立一批教育科学决策研究基地，加强教育发展战略和政策研究。

（八）健全省级政府教育统筹制度

明确省级政府教育统筹的职责。省级政府统筹区域内各级各类教育改革发展，根据本地的实际情况，明确省以下各级政府的教育职责。明确省级政府促进基本公共教育服务均等化、统筹规划职业教育的责任。积极推动中央部委院校的省部共建，推动部属院校为地方经济社会发展服务。实施省级政府教育统筹综合改革试点，推动中央各有关部门向省级政府下放审批权。进一步明确教育部、其他中央部委和省级政府管理高等学校的职责和权限。研究制定省级政府依法审批设立专科学历高等学校的具体办法。

加强重大教育改革试点的省级统筹。按照"统筹规划、分步实施、试点先行、动态调整"的原则，国家分期分批选择部分地区和学校开展重大改革试点。省级政府加强试点工作领导，建立改革试点指导、监测、评估、交流机制，及时推广改革试点取得的重大成果。

建立省级政府教育统筹的考核评价体系。科学评估省级政府发展教育的努力程度和教育改革取得的成效，着重考察人民群众对教育的满意度、教育体制改革试点的推进和重大教育工程的实施。建立省域教育现代化评价体系。

| 专栏 9 | 重点领域和省级政府教育统筹综合改革试点 |
|---|---|

在一些地方开展基础教育、职业教育、高等教育、民办教育等重点教育领域和省级政府教育统筹综合改革试点，通过加强地方政府统筹和系统配套改革，探索解决制约教育发展特别是一些重点领域深层次矛盾的途径和方法，推动教育科学发展。

（九）建立健全教育标准和绩效评价制度

建立国家教育标准体系。建立标准修订机制，定期对相关教育标准适用性进行审查。设立国家教育标准中心，加强教育标准的研究和制定，到2015年初步形成国家教育标准体系。

完善标准实施和检验制度。开展教育标准的宣传、培训。落实教育行政部门实施标准的责任。鼓励教育中介组织积极参与标准的研究制定和实施检验。通过实施标准，推动学校达标建设，完善教育质量保障机制，推进教育评估科学化，促进学校管理规范化。

| 专栏 10 | 完善国家教育标准体系 |
|---|---|

建立健全具有国际视野、适合中国国情、涵盖各级各类教育的国家教育标准体系，具体包括六大类别：
一是各级各类学校建设标准。包括教学、生活、体育设施、劳动和实习实训场所以及仪器设备、图书资料等国家配备标准。
二是学科专业和课程体系标准。包括学科、专业、课程、教材等标准。
三是教师队伍建设标准。包括校（园）长、教师的编制标准、资格标准、考核标准、教师职业道德和教师教育标准。
四是学校运行和管理标准。包括学校生均拨款标准，学校行政、教学、服务行为的标准。
五是教育质量标准，包括德智体美等各方面的人才培养质量标准。
六是国家语言文字标准。

建立教育绩效评价制度。以服务经济社会发展和人的全面发展为导向，以人才培养质量为核心，制定科学评价政府、学校和教师的教育绩效评价指标体系。鼓励社会、家长、用人单位和第三方机构通过多种方式参与教育绩效评价。将校长、幼儿园园长和教师的绩效评价同绩效工资挂钩，并作为业绩奖励、职务（职称）晋升等的主要依据。将高等学校和职业院校的绩效同政府对学校的奖励性、竞争性教育拨款挂钩。加快科研评价制度改革，完善以创新和质量为核心的科研评价机制，切实减少行政对学术评价的干预。

（十）健全教育督导制度

加强教育督导工作。推进教育督导条例的制定与实施工作。建立义务教育均衡发展、中小学教育质量和学前教育、职业教育等督导评估制度。建立和完善督学责任区制度，推行督学巡视、督学报告制度，实行定期督导制度和督导结果报告公报制度。

推进督导机构建设。推动建立相对独立的教育督导机构，独立行使督导职能。建立督学资格认定制度，优化督学队伍结构，建设一支专兼职结合、专业化的督学队伍。

建立教育督导问责制度。坚持督学与督政相结合，加强对地方各级政府履行教育职责，学校规范办学行为、实施素质教育的督导检查。健全教育督导监测机制，强化限期整改制度，建立与督导检查结果相结合的奖励和问责制度，将督导检查结果作为考察干部和评价学校的重要依据。

（十一）改革考试招生制度

推进高等学校考试招生制度改革。成立国家教育考试指导委员会，对考试招生制度改革进行整体设计和评估论证，指导考试改革试点。开展高等学校分类入学考试改革，实行择优录取、自主录取、推荐录取、定向录取、破格录取等多种方式。有条件地区可对部分科目开展一年多次考试和社会化考试的试点。加强专业考试机构能力建设。推进国家考试题库建设。将高中学业水平考试和综合素质评价有机纳入高等学校招生选拔工作。支持各地推进高等职业院校招生改革。由省级政府确定成人高等教育招生办法。开展具有高中学历的复转军人免费接受成人高等教育和高等职业教育的单独招生试点。健全研究生招生考试制度，非全日制研究生试行一年多次资格考试、培养单位自主录取的制度。

深化中等学校考试招生制度改革。省级政府制订改革方案和时间表并公开征求社会意见。完善中等学校学业水平考试，建立综合素质评价体系，推行优质普通高中和中等职业学校招生名额合理分配到区域内初中的办法，将初中毕业生有序输送到普通高中、中等职业学校和综合高中。

## 五　调整人才培养与供给结构

按照服务需求、调整供给、完善机制的要求，大力推进人才培养结构的战略性调整，着力加强应用型、复合型、技能型人才培养。到 2015 年使我国人才资源总量增加 4250 万人，其中高技能人才总量达到 3400 万人，农村实用型人才总量达到 1300 万人，对现代产业体系和公共服务体系的支撑能力明显增强。

### （一）加快培养经济社会发展重点领域急需紧缺人才

加快培养战略性新兴产业急需人才。根据国家战略性新兴产业的规划和布局，鼓励高等学校参与国家产业创新发展工程，自主设立战略性新兴产业相关学科专业。国家支持在高等学校建立一批服务战略性新兴产业的创新人才培养和科技创新基地。加大高等学校基本科研业务费的投入力度，超前部署基础学科、前沿学科、交叉学科发展，缩小与发达国家科技创新的差距。

专栏 11　战略性新兴产业发展与新兴学科建设

| 战略性新兴产业：新一代信息技术产业、节能环保产业、新能源产业、生物产业、高端装备制造产业、新材料产业、新能源汽车 | 重点学科和创新平台建设向战略性新兴产业倾斜培养战略性新兴产业科技创新领军人才。<br>鼓励高水平大学参与国家重大科技专项和战略性新兴产业创新发展工程。<br>鼓励学校自主设置相关学科。<br>加快基础学科、前沿学科、交叉学科发展。<br>加强高等学校科技情报系统建设。 |
|---|---|

加快培养先进制造业和现代服务业急需人才。推动各地根据国家和区域重点产业结构调整规划，制订高等学校特色优势学科建设规划。加大对地方高等学校和行业特色高等学校工程、技术教育的扶持力度。加大对能源、交通水利建设、循环经济和生态保护等基础产业相关院校、学科的支持力度。加强装备工业和生产性服务业高技能人才培养。

加快培养面向"三农"的急需人才。加强农林水利高等学校和职业院校建设，培养适应现代农业发展和社会主义新农村建设的科技人才、技术人才、经营管理人才和农村实用人才。面向重点产粮区、蔬菜生产区、畜牧区、林区和渔业区，重点支持一批以设施农业、农业机械化、农产品加工、现代林业、现代牧业、远洋渔业等领域现代农业技术技能人才培养培训为特色的职业院校。联合职业院校和行业企业建设一批农民工文化补偿教育和职业技能培训基地。

加快培养文化、社会建设和公共服务急需人才。支持高等学校面向基层和社区加快培养公共管理、教育卫生、社会保障、城镇规划、文化创意、文化遗产保护、社区管理、健康服务、防灾减灾、心理咨询等各类公共服务与社会工作急需人才；推动职业院校面向县镇农村，有计划地培养提供公共服务、社区服务、家庭服务和养老服务的技术技能人才。

加快培养应对国际竞争的经济、管理、金融、法律和国际关系人才。通过产教结合、中外合作，吸引一流人才，学习和借鉴国外先进的课程体系和教学方法，建设一批具有世界水平的商学院、公共管理学院、金融学院、法学院。

重视培养国防人才。推动高等学校学科建设和国防人才培养、国防科技紧密结合。加强高等学校国防科研基地建设，鼓励高等学校积极参与军民结合产业发展重大科研项目，构建军民结合产学研合作创新平台，推动军地两用科技创新。积极参与国防重大科研项目。落实补偿学费和代偿国家助学贷款、退役后入学等优惠政策，鼓励高等学校应届毕业生应征入伍服义务兵役。加强国防生培养基地建设，探索高等学校与部队紧密结合、接力育人的有效机制，逐步推行国防生"3.5+0.5"培养模式，提高国防生军政素质。

专栏12　　　　　　　　　　重点产业发展与急需人才培养

| | |
|---|---|
| 改造提升制造业 | 改造提升高等学校理工学科，培养基础工艺、基础材料、基础元器件等研发和系统集成高端人才。实施卓越工程师教育培养计划。加快培养支撑装备制造业等先进制造业的高技能人才。 |
| 推动服务业大发展 | 加快培养金融、现代物流、高技术服务和商务服务等生产性服务业急需人才，加快培养商贸、旅游、家庭服务、养老护理等生活性服务业急需人才，开展服务业从业人员技能培训。 |
| 加快发展现代农业 | 加强农林院校和涉农专业学科建设，建设农业科技创新和农业科技人才、经营人才和管理人才培养基地。加快设施农业、农业技术推广、农业机械化等农村实用人才培养培训。 |

续表

| | |
|---|---|
| 加快水利体系建设 | 加强水利院校和相关学科建设，加快培养水旱灾害应急管理、水资源管理与水生态保护、泥沙治理、水土保持监测和治理、农村供水、节水灌溉、水利信息化等急需紧缺人才。 |
| 推动能源生产和利用方式变革 | 加强能源开发利用学科的建设，特别是加强新能源学科建设，加快培养石油、煤炭、核能、风能、太阳能、生物质能、地热能等开发利用的高端人才、复合型人才和一线技术技能人才。 |
| 构建综合交通运输体系 | 加快推进高校交通运输学科改革，加快培养公路、铁路、航运、水运、管道运输等专业技术人才和高技能人才。 |
| 全面提高信息化水平 | 培养新一代移动通信、下一代互联网、软件开发、集成电路、网络安全等信息技术拔尖创新人才。加快培养电子商务、电子政务等经济社会各领域信息化应用型人才。培养软件外包和电子信息设备生产技术技能人才。加强各级各类学校信息技术教育。 |
| 推进海洋经济发展 | 加强海洋高等院校、涉海职业院校及学科专业建设，加快海洋能源、环境、渔业、生物、海洋运输、滨海旅游、国际海洋事务等海洋经济专门人才培养。 |
| 大力发展循环经济 | 大力发展环境保护、污染防治、生态治理、循环经济等相关学科。开展资源节约、环境保护和可持续发展教育。 |

专栏13　　社会发展重点领域与急需人才培养

| | |
|---|---|
| 政法 | 完善政法人才培养体系，在高等学校建设高质量的法律学科，加快培养法院系统、检察院系统、公安系统、司法行政系统、律师系统等急需的政法人才。 |
| 宣传思想文化 | 加快培养马克思主义理论研究与宣传人才、经济社会发展急需的哲学社会科学人才、新闻传播和文化艺术人才。加快培养数字出版、游戏动漫、网络信息服务等创意策划、技术研发应用及管理服务人才。培养一大批有艺术造诣、熟悉市场、掌握文化产业运作规律的文化产业经营管理人才和公共文化服务管理人才。 |
| 医药卫生 | 培养临床医学、基础医学、公共卫生、中医药、药品医疗器械监督等领域高层次专业人才。加快培养卫生监督执法、卫生应急、精神卫生等社会急需人才。加快基层医疗服务机构急需的全科医师、基层公共卫生人员、乡村医生等人才培养。 |
| 防灾减灾 | 加快灾害预报与预警、防灾减灾工程设计管理、政策分析、损失与风险评估人才培养。 |
| 公共管理 | 加强基层社区管理人才培养培训，加强大学生村官队伍建设，重视培养基层社区服务人才。 |

（二）扩大应用型复合型技能型人才培养规模

扩大应用型、技能型人才培养比例。保持普通高中和中等职业学校招生规模大体相当，高等职业教育招生占普通高等教育招生规模的一半左右。地方高等学校以培养应用型、技能型人才为主。调整和优化研究生培养类型结构，加快发展专业学位研究生教育。

加强应用型、技能型人才学科专业建设。明确应用型、技能型学科专业的培养目标、课程标准和学位授予标准。普通本科学校要调整课程结构，增加应用性、实践性的课程，加强学生基本功训练。职业院校要完善专业教室、实训基地和企业实习相结合的技术技能训练流程。优化师资结构，鼓励从企业和科研院所聘请专兼职教师。改进招生办法，社会经验和实际技能要求比较强的学科专业，逐步增加面向基层和一线工作者招生的比例。

加强复合型人才培养。鼓励学校加强学科专业整合，逐步提高高等学校按学科专业大类招生的比例。将结构性过剩学科专业改造为适应经济社会发展需要的复合型、交叉型人才培养学科专业，促进多学科交叉融合。进一步完善学分制、主辅修制、双专业制和双学位制，拓展复合型人才培养渠道。

（三）建立人才培养与供给结构调整机制

完善人才需求预测与发布机制。整合政府部门和劳动力市场的信息资源，充分发挥行业企业作用，建立人才需求的预测和预警机制。建立分区域、分类别、分学科专业毕业生就业状况统计监测体系。完善人才需求调查和信息发布制度。加强高等学校和职业院校就业信息服务和指导机构建设，实施高等学校毕业生就业服务体系建设计划，进一步完善毕业生就业服务体系。

加强学科专业结构的宏观调控。完善以目录指导、规划引领、分类评估、计划调控、拨款引导为主要手段的调整机制。研究制定普通高等学校本科专业设置管理规定，下放研究生学科目录二级学科设置权，建立和完善新增学位授予单位服务特殊需求的学位授权项目审批制度。省级政府根据当地经济社会发展制订学科专业布局和建设规划。建立分学科、分专业的评估体系，引导学校调整学科专业设置和培养规模。对培养规模供过于求、就业水平持续过低或市场需求萎缩、就业面狭窄的学科和专业，实行招生计划调控，减少招生规模直至暂停招生。教育经费向培养急需紧缺人才以及艰苦行业人才的学科专业倾斜。

促进学校积极主动调整学科专业结构。推动高等学校和职业院校从学校的实际出发，以特色优势学科建设为引领，制订学科专业建设规划。调整结构性过剩学科专业，整合专业面过窄的学科专业，改造落伍陈旧学科专业。加强新设专业的师资队伍、办学条件建设。对不适应学科调整的教师进行转岗培训。

专栏14　　　　高等学校毕业生就业服务体系建设计划

> 建立促进高等学校毕业生就业的政策制度体系，进一步统筹毕业生到基层就业、自主创业的优惠政策。开辟和拓宽高等学校毕业生到城市社区、社会组织、农村基层等就业的渠道，完善服务期满有序流动的相关政策。建立完善学生职业发展和就业指导课程体系。构建科学、规范的就业统计工作体系和就业状况反馈机制。建设全国高等学校毕业生就业信息服务网络和监测服务体系，实现就业状况实时监测以及就业手续办理自动化。建立就业困难毕业生帮扶体系，实行实名动态援助机制。重点建设500个高等学校毕业生就业指导服务机构，培养一支高素质、专业化就业指导教师队伍。建立高等学校毕业生就业工作督导检查机制。

### 六　扩大和保障公平受教育机会

把促进公平作为国家基本教育政策，着力促进教育机会公平。积极推进农村义务教育学校师资、教学仪器设备、图书、体育场地达到国家基本标准，有效缓解城镇学校大班额问题，县（市）域内初步实现义务教育均衡发展；学前教育、中等职业教育和特殊教育等薄弱环节显著加强；教育资助制度全面覆盖各级各类学校的困难群体。

（一）加快发展学前教育

落实各级政府发展学前教育责任。推进《学前教育法》起草工作。明确地方政府作为发展学前教育责任主体。省级政府制订本区域学前教育发展规划，完善发展学前教育政策，加强学前教育师资队伍建设，建立学前教育的经费保障制度。以县（区）为单位编制并实施学前教育三年行动计划，合理规划学前教育机构布局和建设，并纳入土地利用总体规划、城镇建设和新农村建设规划。中央财政重点支持中西部地区和东部困难地区发展农村学前教育。加强对学前教育机构、早期教育指导机构的监管和教育教学的指导。

多种形式扩大学前教育资源。大力发展公办幼儿园。通过改造中小学闲置校舍和新建幼儿园相结合，重点加强乡镇和人口较集中的村幼儿园建设，边远山区和人口分散地区积极发展半日制、计时制、周末班、季节班、巡回指导、送教上门等多种形式的学前教育。落实城镇小区配套建设幼儿园政策，完善建设、移交、管理机制。城镇新区、开发区和大规模旧城改造时，同步建设好配套幼儿园。积极扶持民办幼儿园，采取政府购买服务、减免租金、以奖代补、派驻公办教师等方式引导和支持民办幼儿园提供普惠性服务。中央财政安排扶持民办幼儿园发展奖补资金，支持普惠性、低收费民办幼儿园。探索营利性和非营利性民办幼儿园实行分类管理。扶持和资助企事业单位办园、街道办园和农村集体办园。

多种途径加强幼儿教师队伍建设。各地根据国家要求合理确定生师比，核定公办幼儿园教职工编制，逐步配齐幼儿园教职工。实施幼儿教师、园长资格标准和准入（任）制度。切实落实幼儿园教职工的工资待遇、职务（职称）评聘、社会保险、专业发展等方面的政策。将中西部地区农村幼儿教师培训纳入"中小学教师国家级培训计划"；三年内对1万名幼儿园园长和骨干教师进行国家培训。各地五年内对幼儿园园长和教师进行一轮全员专业培训。

提高学前教育保教质量。修订《幼儿园工作规程》和《幼儿园教育质量评估指南》，发布《3—6岁儿童学习与发展指南》。规范幼儿园保教工作，坚持以游戏为基本活动，坚决纠正和防止"小学化"，促进儿童健康快乐成长。加强学前教育科学研究，推动学前教育和家庭教育相结合，依托幼儿园，利用多种渠道，积极开展公益性0—3岁婴幼儿早期教育指导服务。

专栏15　　　　建立健全体制机制，加快学前教育发展改革试点

明确政府职责，完善学前教育体制机制，构建学前教育公共服务体系。探索政府举办和鼓励社会力量办园的措施和制度，多种形式扩大学前教育资源。改革农村学前教育投入和管理体制，探索贫困地区发展学前教育途径，改进民族地区学前双语教育模式。加强幼儿教师培养培训。

专栏16　　　　　　　农村学前教育推进工程

支持中西部农村地区和东部困难地区新建和改扩建乡镇中心幼儿园以及村幼儿园，配备教育教学和卫生保健设备设施。办好中等幼儿师范学校、高等师范院校学前教育专业，建设一批幼儿师范专科学校，提高幼儿师资培养能力。

## （二）推动义务教育均衡发展

推进义务教育学校标准化建设。制订各地区义务教育学校标准化建设的实施规划。重点支持革命老区、边境地区、民族地区、集中连片贫困地区和留守儿童较多地区的义务教育学校标准化建设。着力解决县镇学校大班额，农村学校多人一铺和校外住宿以及留守儿童较多地区寄宿设施不足等问题。加强学校体育卫生设施、食堂、厕所等配套设施建设，提高学校教学仪器、图书、实验条件达标率。通过学区化管理、集团化办学、结对帮扶等模式，扩大优质教育资源。

均衡合理配置教师资源。县级教育行政部门统筹管理义务教育阶段校长和教师，建立合理的校长、教师流动和交流制度，完善鼓励优秀教师和校长到薄弱学校工作的政策措施。新增优秀师资向农村边远贫困地区和薄弱学校倾斜。

建立县（市）域义务教育均衡发展评价机制。教育部和各省、自治区、直辖市以签订义务教育均衡发展备忘录等形式，推动各地明确县（市）域内促进义务教育均衡发展的时间表和路线图。制定义务教育均衡发展和学校标准化建设的监测和评价体系，开展对义务教育均衡发展的专项督导检查，对基本实现义务教育均衡发展的县（市）予以表彰。国家和省级政府定期发布各地县（市）域义务教育均衡发展评估报告和督导报告。

| 专栏17　　推进义务教育均衡发展，多种途径解决择校问题改革试点 |
| --- |
| 推进义务教育学校标准化建设，探索城乡教育一体化发展的有效途径。创新体制机制，实施县域内义务教育学校教师校际交流制度，实行优质高中招生名额分配到区域内初中学校的办法，多种途径推进义务教育均衡发展。完善进城务工人员子女接受义务教育体制机制，探索非本地户籍常住人口随迁子女非义务教育阶段教育保障制度。完善寄宿制学校管理体制与机制，探索民族地区、经济欠发达地区义务教育均衡发展模式。建立健全义务教育均衡发展督导、考核和评估制度。 |

| 专栏18　　　　　　义务教育学校标准化建设工程 |
| --- |
| 完善城乡义务教育经费保障机制，提高保障水平。继续实施中小学校舍安全工程，中央财政重点支持中西部七度及以上地震高烈度且人口稠密地区校舍安全建设。继续实施中西部地区农村初中校舍改造工程，实施农村义务教育薄弱学校改造计划。重点支持革命老区、边境县、国贫县、民族自治县、留守儿童较多的县和县镇学校大班额问题突出的中西部县。 |

## (三) 大力发展中等职业教育

落实政府发展中等职业教育的责任。推动各级政府把办好中等职业教育作为促进就业、改善民生、保障社会稳定和促进经济增长的重要基础，将主要面向未成年人的中等职业教育作为基础性普惠性教育服务纳入基本公共教育服务范围。逐步完善中等职业教育公共财政保障制度，逐步实行中等职业教育免费制度，完善国家助学制度。

探索中等职业教育公益性的多种实现形式。创新中等职业教育办学机制，建立健全政府主导、行业指导、企业参与的办学机制。政府通过专项经费、补贴和购买服务等财政政策支持中等职业教育发展。鼓励各地统筹利用财政资金和企业职工教育培训经费，推动校企合作。探索政府、行业、企业、社会团体等通过合作、参股、租赁、托管等多种形式实行联合办学。

完善中等职业教育布局规划。以地市州或主体功能区为单位，按照本地区特色优势产业和公共服务需求，整合各类中等职业教育资源，优化布局，形成分工合理、特色明显、规模适当、竞争有序的职业教育网络。制定并实施中等职业学校建设标准。加快中等职业教育改革发展示范校、优质特色学校建设，加强特色优势专业平台和实训基地建设，完善中等职业学校教学生活设施。

## (四) 提高特殊教育的保障水平

扩大残疾人受教育机会。推动残疾人教育条例的修订工作。继续推进特殊教育学校建设，完善配套设施。推动各地加强各级各类学校建筑的无障碍设施改造，积极创造条件接收残疾人入学，扩大随班就读和普通学校特教班规模，提高残疾儿童少年九年义务教育和高中阶段教育普及程度。发展残疾儿童学前康复教育。扩大"医教结合"试点。积极开展针对自闭症儿童的早期干预教育。开展多种形式残疾人职业教育，使残疾学生最终都能掌握一项生存技能。推动出台和落实普通高等学校接收残疾人就学的鼓励政策，保障残疾人平等接受高等教育的机会。

提升特殊教育质量。加强特殊教育师资队伍建设，逐步提高特殊教育教师待遇，并在职务（职称）评聘、优秀教师表彰奖励等方面予以倾斜。制定特殊教育学校教师编制标准。推动各地制定明显高于普通教育的特殊教育公用经费标准。完善盲文、手语规范标准。完善盲文、聋哑、培智教科书政府采购和扶持政策。加强对特殊教育的教育教学改革的指导和督导检查，推动特殊教育学校不断提高教育质量。

| 专栏19 | 特殊教育学校建设工程 |
| --- | --- |
| 继续实施特殊教育学校建设工程，基本实现中西部市（地）和30万人口以上、残疾儿童较多的县（市），有1所独立设置的特殊教育学校。积极支持特殊教育师资培养基地、承担特殊教育任务的职业学校、高等学校和自闭症儿童特殊教育学校的建设。为现有特殊教育学校添置必要的教学、生活和康复训练设施，使之达到国家规定的特殊教育学校建设标准。 ||

（五）切实保障进城务工人员子女就学

保障进城务工人员随迁子女享受基本公共教育服务权利。健全输入地政府负责的进城务工人员随迁子女义务教育公共财政保障机制，将进城务工人员随迁子女教育需求纳入各地教育发展规划。加快建立覆盖本地进城务工人员随迁子女的义务教育信息服务与监管网络。鼓励各地采取发放培训券等灵活多样的形式，使新生代农民工都能在当地免费接受基本的职业教育与培训。推动各地制定非户籍常住人口在流入地接受高中阶段教育，省内流动人口就地参加高考升学以及省外常住非户籍人口在居住地参加高考升学的办法。

重视解决留守儿童教育问题。加快中西部留守儿童大县农村寄宿制学校建设，配齐配好生活和心理教师及必要的管理人员，研究解决寄宿制学校建成后出现的新情况、新问题。建立政府主导、社会参与的农村留守儿童关爱服务体系和动态监测机制，保障留守儿童入学和健康成长。

（六）完善学生资助政策

扩大资助覆盖面、加大资助力度。建立奖助学金标准动态调整机制。逐步提高中西部地区农村家庭经济困难寄宿生生活补助标准。各地结合实际建立学前教育资助制度，对家庭经济困难儿童、孤儿和残疾儿童入园给予资助，中央财政根据各地工作情况给予奖补。落实和完善普通高中家庭经济困难学生资助政策，完善研究生国家助学制度。

完善中等职业教育家庭经济困难学生、涉农专业学生免学费、补生活费制度。国家资助符合条件的退伍、转业军人免费接受职业教育。建立家庭经济困难学生信息库，提高资助工作规范化管理水平。

完善高等学校助学贷款制度。探索由财政出资或由国家资助管理机构向中央银行统借统还，国家和省级资助管理机构直接面向学生发放和回收助学贷款的办法。大力推进生源地信用助学贷款工作。完善国家代偿机制，逐步扩大代偿范围。

提高农村家庭经济困难中小学生营养水平。建立中小学生营养监测机制，鼓励各地采取多种形式实施农村中小学生营养餐计划，中央财政予以奖励和支持。

**七 提高人才培养质量**

把提高质量作为教育改革发展的核心任务，为全体学生提供更加丰富的优质教育。改革人才培养模式，将文化知识学习和思想品德修养、全面发展和个性发展、创新思维和社会实践紧密结合，到2015年基本建立科学的质量评价体系和有效的质量保障体系，青少年学生身心健康水平进一步提高，学习能力、实践能力、创新能力显著增强。

（一）建立教育质量评价体系

树立科学的教育质量观。坚持把促进学生健康成长作为学校一切工作的出发点和落脚点，在全社会宣传和推广素质教育的理念，形成尊重教育规律的环境和氛围。把促进人的全面发展、适应社会需要作为衡量教育质量的根本标准。坚持德育为先，能力为重，全面发展，把学生身心健康摆在首要位置。

形成科学的教育质量评价办法。开发体现德智体美全面发展、反映不同层次和不同类型人才培养要求的评价指标。强化学校质量主体意识，加强自我评价，完善质量内控机制，推动学校教学基本数据信息库建设。中、高等学校要充分发挥教师、学生在教育质量评估中的重要作用。探索学校评估、专业评估、国际评估等多种形式结合的教育教学质量评价办法。

加强质量评估机构和队伍建设。依托高等学校和教育科研机构，分门别类建设一批教育教学质量监测评估专门机构。鼓励社会中介组织对教育教学质量进行评估。加强各级教育行政部门和各级各类学校教育教学质量评估人员的培训，提升教育教学质量评估队伍素质。

减轻中小学生课业负担。建立中小学生课业负担监测和公告制度，加大对违反中小学办学行为规范行为的惩处力度。建立落实国家课程方案和标准的责任制度。建立各种教辅材料和课外补习班的管理制度，鼓励家长、社区和新闻媒体进行监督。到2015年，基本实现中小学生全面减负的目标。

**专栏20　　　　　　　　国家教育质量标准体系**

> 研究制定适应不同类型教育特点和规律、体现德智体美全面发展要求、可衡量、有针对性的教育质量标准体系。包括学前教育质量标准，义务教育质量标准，普通高中教育质量标准，中等职业教育质量标准，高等职业教育质量标准，本科教育质量标准，研究生教育质量标准；普通高等教育和职业教育学科专业质量标准；成人和网络本专科高等教育质量标准；语言文字教育质量标准；科研质量评价标准；教育质量评价标准等。
> "十二五"期间，重点完成义务教育质量标准、学前教育质量标准和中等职业教育质量标准，以及高等教育和职业教育主要学科门类质量标准的研制工作。

**专栏21　　　推进素质教育，切实减轻中小学生课业负担改革试点**

> 规范中小学办学行为，改进教育教学方法，改进考试评价制度，探索减轻中小学生过重课业负担的途径和方法。深化基础教育课程、教材和教学方法改革。整体规划大中小学德育课程，推进中小学德育内容、方法和机制创新，建设民族团结教育课程体系，探索建立"阳光体育运动"的长效机制。开展普通高中多样化、特色化发展试验，建立创新人才培养基地，探索西部欠发达地区普及高中阶段教育的措施和办法。研究制定义务教育质量督导评价办法，改革义务教育教学质量综合评价办法，建立中小学教育质量监测机制，探索地方政府履行推进素质教育职责的评价办法。

（二）加强和改进德育工作

构建大中小幼有效衔接的德育体系。根据不同年龄阶段学生的身心特点，规划德育目标、内容和课程体系，修订中小幼德育规程。以社会主义核心价值体系建设为核心，把理想信念教育、爱国主义教育、公民道德教育和基本素质教育贯穿始终并融入教育教学全过程。充分发挥德育课程、学科教学、社会实践和校园文化建设的协同作用。加强形势政策教育、民族团结教育、革命传统教育、改革开放教育、国防爱军教育，广泛开展民族精神教育、时代精神教育；注重培育学生热爱劳动、尊重实践、崇尚科学、追求真理的思想观念。办好家长学校，探索学校、家庭和社会协同育人的机制，营造有利于学生健康成长的社会环境。

创新学校德育方式方法。坚持教书育人、环境育人、实践育人、文化育人。开展德育内容、方式、方法以及课程、教材、评估监测指标体系的系统研究。实施大学生思想政治教育质量工程，开展大学生思想政治教育工作测评。加强班主任、辅导员和党团干部队伍建设。深入推进大学生素质拓展计划，完善大学生社会实践和志愿服务长效机制。

加强校园文化建设。建设优良的教风、学风、校风。加强学生党团组织、少先队和学生会建设，积极发展学生社团和兴趣小组。开展丰富多彩的具有时代特色的校园文化活动。优化、美化、绿化校园环境。引导高校凝练和培育大学精神。在高等学校加强崇尚诚信、科学、创新、贡献的学术文化建设，在职业院校推动现代工业文明进校园、企业文化进课堂。

（三）落实教学改革重大举措

深化基础教育课程改革。总结和推广基础教育课程改革成果，完善基础教育课程教材体系。深化语文、数学和科学课程改革，精选对学生终身发展有重要价值的课程内容，强化课程教材与社会发展、科技进步和学生经验的联系。实行基础教育课程专家咨询制度和公开征求公众意见的制度，完善基础教育课程教材管理制度。鼓励普通高中开设丰富多彩的选修课程。加强国家通用语言文字教学特别是听说读写训练。探索普通高中分层教学、走班制、学分制等教学管理制度改革。

加快职业教育教学改革。实施中等职业教育改革创新行动计划。根据社会经济发展需要，更新职业教育专业目录，加强专业课程、教材体系建设，变革教学内容、方法、过程和技术手段。制定职业教育人才培养标准，推动课堂教学、实践教学的改革。推动建设技能教室、标准化厂房、开放式实习基地和虚拟仿真实训系统。办好全国和地方、行业、学校各个层次的职业技能大赛，并把职业技能大赛成绩作为高一级学校招生的重要依据。

切实提高高等学校教学水平。牢固确立人才培养在高等学校工作中的中心地位。实施"本科教学工程"，加大教学投入。切实落实教授为低年级学生授课和优秀教师为本科一年级上课的制度。加强图书馆、实验室、实践教学基地、工程实训中心、计算中心和课程教材等基本建设。加强社会实践、毕业设计、岗位实习和学生参与科学研究等关键环节。启动实施"十二五"教材修编规划。出台普通高等学校本科教学评估工作意见,按照新的目标和标准,改进方式方法,实施新一轮高等学校教学评估。

切实加强体育、卫生和艺术教育工作。推动各级各类学校配齐音体美教师,配足器材设备,开好国家规定的音体美课程。广泛深入开展全国亿万学生阳光体育运动,全面实施《国家学生体质健康标准》,保证中小学生每天一小时校园体育活动。组织好全国大中小学生运动会、艺术展演活动和高雅艺术进校园活动。组织实施体育艺术"2+1"项目,使中小学生在校学习期间至少学会两项体育技能和一项艺术特长。加强学生用眼卫生教育,改善教室采光条件,落实教室照明标准,完善中小学生近视防控责任制度,有效降低学生近视率。多种形式加强学生心理健康教育。建立健全学校公共卫生工作网络,加强校医和保健医师队伍建设,提高学校防控突发公共卫生事件能力。加大学校饮用水、食堂、厕所等生活与卫生设施改造力度,加强食品安全与传染病防控工作。进一步完善学生体质健康监测制度。

专栏22　　　　中等职业教育改革创新行动计划(2010—2012年)

用三年时间实施十大计划,33个子项目。
十大计划是:提升中等职业教育支撑产业建设能力计划。教产合作与校企一体化办学推进计划。中等职业教育资源整合与东西合作推进计划。中等职业教育支撑现代农业及新农村建设能力提升计划。中等职业学校科学管理能力、校长能力建设计划。"双师型"教师队伍建设计划。创新中等职业学校专业与课程体系计划。中等职业教育信息化能力提升计划。完善中等职业教育宏观政策与制度建设计划。成人职业教育培训推进计划。

专栏23　　　　改革人才培养模式,提高高等教育人才培养质量试点

完善教学质量标准,探索通识教育新模式,建立开放式、立体化的实践教学体系,加强创新创业教育。设立试点学院,开展创新人才培养试验。实施基础学科拔尖学生培养试验计划。改革研究生培养模式,深化专业学位教育改革,探索和完善科研院所与高等学校联合培养研究生的体制机制。探索开放大学建设模式,建立学习成果认证和"学分银行"制度,完善高等教育自学考试、成人高等教育招生考试制度,探索构建人才成长"立交桥"。推进学习型城市建设。

(四)加强创新人才培养

加强创新意识和能力培养。把激发学生的学习兴趣、保护学生的好奇心作为教学改革重要标准,努力营造鼓励独立思考、自由探索、

勇于创新的良好环境。注重学思结合，知行统一，因材施教，推广启发式、探究式、讨论式、参与式教学方法。加强动手实践教学，增加学生参加生产劳动、社会实践和创新活动的机会。开展优异学生培养方式试验。

拓宽创新型人才的成长途径。按照培养造就新知识的创造者、新技术的发明者、新学科的创建者的要求，深入研究拔尖创新人才的特征和成长规律，有效识别具有创新潜质的学生。开好普通高中各种选修课，研究开发大学先修课程，探索建立高中学生大学先修制度，鼓励有条件的高中阶段学校和高等学校、科研院所、企业联合培养拔尖创新人才。支持部分高等学校探索建立科学基础、实践能力和人文素养融合发展的人才培养模式。推进高水平大学基础学科拔尖学生培养试验。实施卓越工程师、医师、农林和法律等人才教育培养计划。

加快研究生培养机制改革。全面创新研究生培养模式，完善以科学研究和实践创新为主导的导师负责制，推动高等学校与科研机构的联合培养，着重提高学术学位研究生综合素质和创新能力，强化专业学位研究生培养与行业的结合。推进研究生招生选拔制度改革。健全分类指导、自律为主、多元监控的质量保证监督制度。结合高等学校创新能力提升计划搭建协同创新平台，加强重点建设，加快政府管理方式改革和培养单位管理制度建设。

（五）完善教育质量保障机制

加强教育质量保障机构与制度建设。推动建立具有独立法人资格的专业认证机构，加强与国际高等教育评估及专业认证机构的联系和交流，在工程教育、医学教育等领域按照国际惯例开展专业认证工作。鼓励高等学校和职业院校参加国际质量管理认证。建立教育质量年度报告发布制度。

加大对提高教育质量各环节的投入。引导各级政府和学校把教育资源配置和学校工作重点集中到强化教学环节、提高教育质量上来。实施教育重大工程项目要与人才培养模式改革紧密结合。

| 专栏 24 | 职业教育基础能力建设工程 |
|---|---|

支持中等职业教育改革发展示范校和优质特色学校、示范性高等职业院校建设。支持适应区域经济产业发展要求的职业教育实训基地建设。实施职业学校教师素质提高计划,培训中、高等职业学校骨干教师,设立特聘兼职教师资助岗位。

| 专栏 25 | 提升高等教育质量工程 |
|---|---|

继续实施"985 工程"和优势学科创新平台建设,继续实施"211 工程"和特色重点学科项目。继续推进研究生教育创新计划。实施中西部高等学校基础能力建设工程,支持中西部地方高等学校加强实验室、图书馆建设。继续实施高等学校高层次创新人才计划和海外人才引进计划,培养造就一批学科领军人才和一大批青年学术骨干。继续实施高等学校本科教学质量与教学改革工程和高等学校哲学社会科学繁荣计划。逐步化解高等学校债务。

## 八 促进区域、城乡教育协调发展

服务国家区域发展战略,推动区域城乡教育协调发展。建立分区规划、分类指导的有效机制,到 2015 年,区域、城乡教育发展差距明显缩小,民族地区教育加快发展,东部地区基本实现教育现代化,教育对区域经济社会发展的支撑能力明显增强,内地(大陆)与港澳台地区教育交流与合作更加紧密。

(一)服务国家区域发展总体战略

提高对区域经济社会发展的支撑能力。贯彻落实国家关于推进新一轮西部大开发、全面振兴东北地区等老工业基地、大力促进中部地区崛起和积极支持东部沿海地区率先发展等区域发展总体战略,围绕区域发展的重点产业和特色优势产业,科学规划区域教育发展,调整区域教育布局结构、层次结构和人才培养结构。支持各经济区建立教育联动合作平台,更好服务区域经济社会发展。

对主体功能区实行差别化的教育政策。在优化开发和重点开发的城市化地区,加快发展高等教育和职业教育,提升为产业经济发展服务与贡献能力。加大对限制开发的重点生态功能区和农产品主产区财政转移支付力度,提供均等化的基本公共教育服务。在禁止开发的重点生态功能区探索实行财政全额承担基本公共教育服务的机制,大力发展职业教育与劳动力转移培训。在连片特困地区实施教育扶贫工程。

提升高等教育支撑区域发展的能力。推动高等学校全面融入区域经济社会发展战略和科技创新体系建设。支持环渤海、长三角、珠三角、哈长等区域建设高水平大学群，支持成渝、西安、武汉、长沙等地区建设中西部高等教育高地。支持沿海海洋高等学校建设和高等学校涉海专业发展。支持具有重要战略地位的西部边疆高等学校建设。

专栏 26　　　　　　　　　教育扶贫工程

> 在中国农村扶贫开发纲要所确定的连片特困扶贫攻坚地区实施教育扶贫工程，加快连片特困地区教育事业发展，将新生劳动力和富余劳动力转化为高素质劳动者，有效缓解自然环境承载压力，根本改变贫困落后面貌。推进中等职业教育免费政策，开展区域、城乡中等职业学校对口招生，加强片区内中等职业学校特色优势专业建设。面向生态保护区实施教育移民，提高连片特困地区家庭经济困难学生资助标准和扩大覆盖面。鼓励教师在边远艰苦地区长期从教。率先实施农村义务教育营养改善计划。实施面向贫困地区定向招生专项计划，面向集中连片特困地区生源，每年专门安排 1 万名左右专项高等学校招生计划，实行定向招生。加大现有国家教育发展项目对贫困地区的倾斜力度。

（二）加快缩小区域教育发展差距

加大对中西部教育发展支持力度。公共教育资源继续向中西部地区倾斜。加大东部发达地区支持中西部地区教育发展的力度，鼓励东部高等学校和职业院校扩大在中西部地区招生规模。继续实施支援中西部地区招生协作计划。支持中央部委属高等学校和东部地区高等学校对口支援西部地区高等学校。启动实施中西部高等教育振兴计划。

鼓励东部地区率先基本实现教育现代化。率先普及高中阶段教育和学前教育，加快推进教育信息化、现代化，积极推进义务教育阶段小班化，基本实现城乡教育一体化，加快提升高等学校科技创新与服务能力，在更高层次参与国际教育交流与合作，推进学习型社会建设，在完善教育体系、深化教育体制机制改革、调整教育结构等方面为全国教育现代化起引领示范作用。将解决进城务工人员子女就学问题作为衡量教育现代化水平的重要标准。

（三）推动民族教育加快发展

优先支持民族地区教育发展。提高义务教育普及巩固水平，2015 年义务教育巩固率达到 90%，少数民族人口青壮年文盲率下降到 5% 以下。加快民族地区学前教育发展，学前三年毛入园率达到 55%，双语地区学前两年教育基本覆盖。以中等职业教育为重点，加快民族地区高中阶段教育普及，在教育基础薄弱民族地区改扩建、新建一批中等职业学校和普通高中，接收初中毕业未升入普通高中就学的学生进入中等职业学校学习。支持人口较少民族的教育发展。完善对口支援机制，指导和协调各省市加强对口支援西藏、新疆、青海教育工作。

积极稳妥推进双语教育。在双语地区建立学前教育和中小学教育相衔接，国家课程为主体、地方课程为补充，师资和教学资源配套，教学模式适应学生学习能力的双语教育体系。加强双语幼儿园、义务教育寄宿学校、双语普通高中建设，根据实际推进各民族学生合校和混班教学。开发双语教育教材、课外读物、多媒体等教学资源，开展教学方法研究。建设一批双语教师培养培训基地，推进民族地区教师教育向培养双语、双师型教师转变。通过增加编制、定向培养、"特岗计划"、对口支援、加强培训等措施加强民族地区双语师资队伍建设，并在绩效工资发放、职务（职称）评聘等方面向双语教师岗位倾斜。建立双语教学质量评价与督导机制，完善与双语教学配套的升学考试、就业等政策措施。

加快民族地区人才培养。根据民族地区特点和实际，推广"9+3"中等职业教育模式，在部分地区实行"二一分段"或"3+1"初中职业教育。联合文化、旅游等部门重点支持一批以保护传承民族文化艺术、民间工艺特别是非物质文化遗产为特色的职业院校和特色专业。扩大高等学校和职业院校面向民族地区招生规模，到2015年普通本专科少数民族学生占全国在校生的比例达到8%。进一步完善内地民族班办学和管理体制，办好内地西藏、新疆班，提高民族预科班办学质量。启动实施少数民族高端人才培养计划，继续实施少数民族高层次骨干人才培养计划。积极支持民族地区高等学校和民族院校特色专业建设，培养民族地区留得住、用得上的各类人才。

加强民族团结教育。在各级各类学校广泛深入开展民族团结教育。深入开展形式多样的民族团结主题活动，鼓励内地学校与民族学校开展"结对子""手拉手"活动。组织修订适合各学段特点的民族团结教育教材。在基础教育和中等职业教育课程中，将基本的民族常识和民族政策作为重要内容，因地制宜地将民族文化和民族团结活动纳入地方课程和综合实践活动中。在高等学校思想政治理论课中，加强马克思主义民族观教育，在民族院校和部分民族地区高等学校开设马克思主义民族理论与政策课程。

专栏 27　　　　　　　　民族教育发展工程

> 落实中央要求，继续加大对西藏、新疆及四省藏区教育事业的支持力度。支持民族地区高中阶段教育基础薄弱县改扩建或新建普通高中学校。加大对边境地区学校建设和发展的支持力度。

（四）统筹城乡教育发展

制订城乡学校布局规划。按照常住人口规划学校布局。统筹考虑人口变化和城镇化趋势，科学推进中小学布局结构调整。加强新兴城市（区）和县镇的学校建设，引导学龄人口有序流动。合理规划农村学校布局，保留和办好必要的村小学和教学点。建立布局调整规划论证、听证制度，中小学校撤销与合并要公开征求意见，严禁强行撤并。

统筹规划城镇建设和学校布局。实行城市开发建设和学校建设同步规划，新农村建设和农村学校建设同步规划。鼓励优质教育资源向中小城市和城乡接合部延伸。探索高等学校和职业院校与高新技术开发区和产业聚集区配套建设，形成城市建设、产业发展、人才培养协调发展的产业生态系统。

探索城乡教育一体化发展机制。逐步统一城乡教育规划、建设标准、经费投入、师资配备和管理体制，探索城乡教育联动发展新模式，逐步实现城乡一体化。

合理规划学校的服务半径和办学规模。综合考虑人口、地理资源、环境、交通、经济等多重因素以及中小学、幼儿园的办学特点布局学校，确定学校服务半径，防止学生因上学距离过远而失学。鼓励采取开通校车等多种形式解决学生就学的交通问题。严格控制新建学校在校生规模，不搞超大规模学校。

（五）加强内地与港澳台地区的教育交流与合作

进一步提高内地（大陆）与港澳台地区教育交流与合作的实效。鼓励和支持港澳台地区教育机构到内地（大陆）合作办学、科研合作、互派教师授课、共同举办学术会议及建立产学研基地。进一步改进和完善内地（大陆）高等学校招收和培养港澳台地区学生的相关政策和办法，扩大招生规模。积极推动岛内全面承认大陆高等教育学历。

促进海峡两岸、内地与港澳地区的教育交流与合作进一步深化。搭建海峡西岸经济区与台湾、珠三角与港澳地区的教育交流合作平台，建设教育交流合作基地。支持珠海横琴新区和平潭综合实验区教育发展。鼓励和支持海峡两岸、内地与港澳地区相关机构建立合作关系，密切相互间的校际交流、学术交流和人员交流。

**九　实施教育对外开放战略**

坚持以开放促改革、促发展，提高我国教育的国际化水平。到2015年，我国教育体系更加开放，国际合作、区域合作、校际合作呈现新的格局，教育的国际、区域影响力和竞争力大幅度增强，初步建成亚洲最大的留学目的地国和有影响的国际教育、培训中心。

（一）开展多层次、宽领域的教育交流与合作

推动教育双边、多边和区域教育交流合作。扩大政府间学历学位互认，积极推进我国与周边国家以及联合国相关机构、欧盟、上海合作组织、东盟、非盟、阿盟、美洲国家组织等全球性和区域性组织的教育合作。培养、选派高级别专家进入相关国际组织，参与国际教育政策、规则和标准的研究和制定。完善涉外教育监管体系。

积极引进优质教育资源。鼓励各级各类学校和教育机构开展多种形式的国际交流与合作。重点支持一批示范性中外合作教育机构或项目。积极探索中外合作办学新模式。完善中外合作办学质量保障、办学评估、财务监控、信息披露和学生投诉等机制。有计划地引进世界一流的专家学者和学术团队，引进境外优秀教材。研究制定外籍教师聘任和管理办法，支持高等学校聘任外籍教师。

（二）提高我国教育的国际影响力

实施留学中国计划。到2015年全年来华留学人员达到36万人次，逐步扩大政府来华奖学金规模，重点资助发展中国家优秀学生。

积极参与国际学术交流。支持高等学校积极参与和举办具有国际

影响的高水平学术会议,加大资助优秀学者参加国际学术会议的力度。逐步将中外大学校长论坛办成具有品牌影响力的国际论坛。

积极参与文化"走出去"工程。支持国际汉语教育。完善孔子学院发展机制,加强国际汉语师资队伍建设,探索建立高等学校毕业生海外志愿者服务机制,推动汉语国际地位提升。组织对外翻译优秀学术成果和文化精品,建立面向外国青年的文化交流机制。向世界宣传我国教育改革发展的成就和经验。

(三) 提高服务国家对外开放能力

服务对外贸易、对外投资和对外援助。强化对外贸易特别是转变外贸方式急需人才的培养。紧密跟踪我国企业境外投资合作对各类人才的需求,努力实现投资、商品和人才同步"走出去"。加大对我国主要对外援助国急需人才的培养培训,更好地支持受援国经济社会发展。

加强国际问题研究。与有关部门共同研究制订区域和国别研究行动计划,组织高等学校对国家安全和世界各国的政治、经济、文化进行长期跟踪研究。加强高水平国际问题研究人才队伍建设,培养一批政治素质高、外语好、业务精、善于对外沟通并开展国际合作的专家学者。加强对非通用语人才和对发展中国家及中小国家研究人才的培养。建立一批区域和国别研究中心,为国家外交战略和参与经济全球化提供咨询服务。

加强边境学校建设。优先支持边境学校改善办学条件,引进优秀教师,提高办学水平。支持地处边疆、海疆的高等学校充分发挥服务国家外交、促进国际合作交流的作用,扩大招收相邻国家留学生规模,加大对外汉语教学,建立对外学术交流基地。

积极开展教育国际援助。配合国家外交战略,有计划地开展对发展中国家的教育援助,为发展中国家培养培训专门人才。把培养教师、医生、管理人员等受援国急需人才作为重点援助项目。鼓励高水平教育机构海外办学。

**专栏 28　　　　　　　教育国际交流合作工程**

> 支持、引导办好一批高水平中外合作办学机构和国际联合实验室。实施大学校长和骨干教师海外研修培训计划。实施出国留学资助计划，到 2015 年，国家公派出国留学规模达到 2.5 万人。实施留学中国计划，充分调动各方积极性逐步扩大来华留学规模，其中中国政府奖学金留学生规模 2015 年达到 5 万人，使我国成为亚洲最大的留学目的地国。继续支持孔子学院和孔子课堂建设，提高汉语的国际地位。

## 十　建设高素质专业化教师队伍

完善教师管理制度，建立中国特色教师教育体系，提高师德水平和教师专业能力，显著提高农村教师整体素质。到 2015 年，初步形成一支师德高尚、业务精湛、结构合理、充满活力的高素质专业化教师队伍，造就一批教学名师和学科领军人才。

### （一）加强和改革教师教育

**优化教师教育结构。** 调整优化教师教育布局结构，构建以师范院校为主体、综合大学积极参与、开放灵活的现代教师教育体系。根据教育事业发展，科学预测教师需求，合理规划师范教育规模、结构。提高师范生培养层次，根据培养质量和就业情况，调控师范院校、专业的招生规模。调整师范教育的宏观结构，加大学前教育、特殊教育、职业教育师资的培养力度。规划建设一批幼儿高等师范专科学校，加强学前教育学科专业建设。开展初中毕业起点五年制学前教育专科学历教师培养试点。

**改革师范生招生制度。** 师范生实行提前批次招生录取，加强录取过程中的面试环节，探索开展教师职业性向测试，将测试结果作为录取的重要参考依据，录取乐教、适教优秀学生攻读师范专业。

**完善师范生免费教育制度。** 建立免费师范生进入、退出和奖励机制，改进就业办法，确保免费师范毕业生到中小学任教。采取多种形式支持到农村任教的免费师范毕业生的专业成长和长远发展。鼓励地方发展师范生免费教育，采取提前招生、公费培养、定向就业等办法，吸引优秀学生攻读师范专业，为农村学校特别是农村边远地区学校培养大批下得去、留得住、干得好的骨干教师。

**创新教师教育培养模式。** 加强师范生师德和文化素质教育，注重通过文化熏陶培养教师气质。加强师范生教学基本功训练。提高新增教师国家通用语言文字应用能力。调整师范教育类专业设置和培养方案,推动学科专业教育与教师专业教育相结合,探索"4+1""4+2"中学教师培养模式。强化教学实践环节,落实师范生普遍到中小学和幼儿园教育实习一学期制度。建设一批教师教育改革实验区。积极推进教育硕士培养改革试点。

建立教师教育质量保障制度。制定实施中小学、幼儿园和职业学校教师专业标准、教师教育机构资质认证标准、教师教育质量评估标准、教师教育课程标准,实施师范教育类专业评估,探索教师教育机构资质认证,形成教师教育标准体系和质量保障制度。

(二)深化教师管理制度改革

加强师德师风建设。把师德表现作为教师资格认定和定期注册、绩效考核、职务(职称)聘任和评优奖励的首要依据,实行"师德"一票否决制。把师德教育渗透到职业培养、教师准入、职后培训和管理的全过程。切实贯彻落实《中小学教师职业道德规范》,制定实施中等职业学校教师职业道德规范、高等学校教师职业道德规范。每年组织推选全国教书育人楷模,大力宣传模范教师的先进事迹。修订教师和教育工作者奖励规定,完善国家教师表彰制度,对做出突出贡献的教师和教育工作者进行表彰奖励。

完善教师考核评价制度。建立以能力和业绩为导向、以社会和业内认可为核心、覆盖各类中小学教师的评价机制。完善中小学教师专业技术水平评价标准,国家制定基本评价标准,各地区制定具体评价标准。探索建立以同行专家评审为基础的中小学教师业内评价机制,健全工作程序和评审规则,建立评审专家责任制,推行评价结果公示制度。严禁简单用升学率和考试成绩评价中小学教师。加大教学工作在高等学校教师考核评价中的比重,探索实行学校、学生、教师和社会各界多元评价办法。

改革学校人事管理制度。制定高等学校教师编制标准和幼儿园教师配备标准。逐步实行城乡统一的中小学编制标准,对农村边远地区实行倾斜政策。鼓励地方政府在国家标准的基础上提高编制标准。按照"总量控制、统筹城乡、结构调整、有增有减"的原则,探索更加科学的编制管理办法。推动《教师资格条例》的修订工作，完善教师资格制度。制定中小学校长和教师专业发展标准，实施中小学教师资格考试改革和定期注册试点，建立"国标、省考、县聘、校用"的中小学教师职业准入和管理制度。建立五年为一周期的教师资格定期注册制度。扩大中小学教师职称制度改革试点，建立与事业单位岗位聘用制度相衔接、符合中小学教师职业特点的职务（职称）制度。制定中小学教师、高等学校教师和职业院校教师聘任制办法。建立健全招聘录用、考核评价、培训和退出等各级各类教师管理机制。全面实行聘任制度和岗位管理制度，实行新进人员公开招聘制度。推进管理人员职员制度建设。探索建立教师退出机制，不适应教学岗位需要的教师实行离岗培训，培训后仍然不能适应教师岗位要求的，可以实行调岗或另行安排工作；不符合教师资格标准要求的人员依法调整出教师队伍。

**专栏29　健全教师管理制度，加强教师队伍建设改革试点**

> 制定优秀教师到农村地区从教的具体办法，探索建立农村教师专业发展支持服务体系，创新农村义务教育阶段教师全员培训模式，多种措施加强农村中小学教师队伍建设。完善师范生免费教育政策，扩大实施范围。创新教师教育体系和培养模式，探索中小学教师和校长培训新模式，构建区域协作的教师继续教育新机制，建设支撑教师专业化发展的教学资源平台。完善民族地区双语教师培养培训模式。开展教师资格考试改革和教师资格定期注册试点，建立中小学新任教师公开招聘制度和办法，探索建立教师退出机制。探索中小学校长职级制，深化中小学教师职称制度改革。

（三）鼓励优秀人才长期从教、终身从教

提高教师的地位待遇。推进《教师法》的修订工作，依法保证教师平均工资水平不低于或者高于国家公务员的平均工资水平，并逐步提高。保障教师合法权益。全面落实义务教育学校教师绩效工资，稳步推进非义务教育学校教师绩效工资实施工作。对长期在农村和艰苦边远地区工作的教师，在工资、职务（职称）等方面实行倾斜政策，完善津贴补贴标准，逐步缩小城乡教师收入待遇差距。推动面向教师的社会保障房建设。落实和完善教师医疗、养老等社会保障制度。

创新农村教师补充机制。完善农村义务教育阶段学校教师特设岗位计划。积极推动地方采取到岗学费返还、补偿、代偿等措施吸引高等学校毕业生到农村任教。扩大实施农村学校教育硕士师资培养计划。坚持高年级师范生到农村学校教育实习一学期制度，健全城镇教师支援农村教师制度，完善鼓励支持新任公务员和大学生志愿者到农村学校支教的政策。

加强高等学校和职业院校教师队伍建设。鼓励各级政府设立专项资金，支持学校聘用拔尖创新人才，建设中青年创新团队，引进优秀外籍教师。继续实施海外高层次人才引进计划、长江学者奖励计划和国家杰出青年科学基金等人才项目。完善职业院校兼职教师制度，允许职业院校自主聘用专业技术人才、高技能人才担任专兼职教师，在职称、待遇上打破学历限制。创新薪酬分配方式，探索协议工资制等灵活多样的分配办法。

**专栏30　　　　　　义务教育教师队伍建设工程**

> 继续实施农村义务教育阶段学校教师特设岗位计划。实施农村学校薄弱学科教师培养计划，通过国家和地方各级政府实施的培训计划，五年内对全国义务教育、学前教育、特殊教育教师以及义务教育校长和农村幼儿园园长实施一轮全员培训。实施边远艰苦地区农村义务教育学校教师周转宿舍建设工程。

（四）实行教师全员培训制度

实施五年一周期的教师全员培训。各地制订教师培训规划，以农村教师为重点，开展分层分类分岗培训。中央财政支持实施教师国家级培训计划，主要支持农村教师培训，到2015年对550万名中西部农村教师普遍开展一次培训。扩大音乐、体育、美术、外语、科学等学科紧缺薄弱教师培训的规模，加强幼儿教师、特教教师和班主任培训。继续实施中小学教师教育技术能力建设计划，加强县级农村教师培训机构基础能力建设，整合资源，形成区域性农村教师学习与资源中心。落实学校公用经费5%用于教师培训的规定。中央和地方各级政府设立教师培训专项经费并纳入财政预算。

改进教师培训体制机制。完善教师培训项目管理制度和质量评估制度，建立健全教师培训项目招投标机制。创新教师培训模式，采取短期集中培训、带薪脱产研修、远程教育、学术交流、海外研修和校本研修等多种方式开展教师培训。建立教师培训与教师考核、教师资格再注册和职务聘任等相挂钩的机制。制定校本研修计划和管理制度。将学校业务骨干所承担的培训工作计入本人工作量，并在工资待遇、考核评定中予以充分体现。

加强教师专业实践。依托大型企业和高等学校建设一批职业教育教师培训基地，培训一批"双师型"骨干教师。落实职业院校教师企业实践制度，资助职业院校教师到企业参加实践，并纳入教师培训计划。依托高水平大学建立一批高等学校教师培训基地。推动高等学校与企业合作，加强工科专业教师的实践研修。

**十一　加强教育条件保障**

完善教育投入保障、使用和管理机制，实施教育重大工程项目，加强学校基础能力建设，加强学校运行保障，提高学校信息化和现代化水平，形成支撑国家"十二五"发展目标的保障体系和教育强国的物质基础。

（一）全面落实教育投入政策

切实加大财政性教育经费投入。健全政府投入为主，多渠道筹集经费的体制，增加教育投入。优化财政支出结构，把教育作为财政支出重点领域予以优先保障。严格按照教育法律法规规定，年预算和执行中的超收收入分配要体现法定增长要求，保障教育财政拨款增长明显高于财政经常性收入增长。推动新增财力向教育倾斜，提高财政教育支出占财政支出的比重，提高预算内基本建设投资用于教育的比重。统一内外资企业和个人教育费附加制度，全面开征地方教育附加费，落实从土地出让收益中按比例计算教育资金的政策，拓宽财政性教育经费来源渠道。

拓展社会投资渠道。推动完善财政、税收、金融和土地等优惠政策，鼓励和引导社会力量捐资、出资办学，推动有关部门出台教育捐赠便利性措施，落实公益性捐赠所得税前扣除政策。支持设立各种形式公益性教育基金会和学校基金会，拓宽社会教育捐赠的渠道。完善教育捐赠经费的监督管理制度。

完善非义务教育培养成本分担机制。制定非义务教育阶段收费标准调整的程序和办法。各级学校收费标准在基本稳定的基础上，依据经济发展状况、培养成本和群众承受能力逐步加以调整。

专栏31　　　完善教育投入机制，提高教育保障水平改革试点

> 探索政府收入统筹用于优先发展教育的办法，完善保障教育优先发展的投入体制。探索高等学校多渠道筹集办学经费的机制。根据办学条件基本标准和教育教学基本需要，研究制定各级学校生均经费基本标准。

（二）切实提高教育投入效益

加强教育规划与经费安排的衔接。坚持以规划引领投入、引领建设，通过科学规划提高教育投入的宏观效益。认真研究各级各类教育经费的宏观结构，通过科学安排增量，优化教育投入结构。制定并严格执行教育重大工程项目规划制度，严格按照规划安排教育项目，避免重复建设和浪费现象。

明确新增教育投入重点。新增教育投入主要用于促进教育公平和提高教育质量，集中力量解决制约教育改革发展中的瓶颈问题和事关人民群众切身利益的教育问题。中央财政继续加大对中西部地区的支持力度，中央安排的教育建设项目对西部地区和集中连片困难地区取消县级配套资金。省级财政重点支持本省农村和欠发达地区教育事业发展。

全面推进教育经费科学化、精细化管理。加强学校预算管理，提高学校经费管理水平。健全民主理财制度，对重大财务支出实行领导班子集体决策。稳步推行高等学校总会计师制度。加强经费监管，完善监督制度，对虚报数据、套取资金等违法违纪行为加大查处力度。严格教育经费审计制度，重点完善各级学校校长特别是高等学校领导干部经济责任审计制度。健全财务公开制度，制定各级各类学校定期公开财务收支的细则，确保各级政府和学校用好教育经费，发挥最大效益。

（三）加强学校基础设施建设

完善学校基本建设制度。政府保障公办义务教育阶段学校建设投入，公办幼儿园、中等职业学校、普通高中和高等学校基本建设以政府投资为主，多渠道筹措经费。推动地方各级政府统筹学校布局规划，完善"十二五"学校基本建设规划，科学安排教育基本建设投资，并

纳入基本建设规划、土地利用规划和城乡建设规划。建立中央预算内投资教育项目绩效评价制度。鼓励各级政府出台对各级各类学校基本建设规费的优惠政策。

化解学校建设债务风险。全面完成义务教育债务化解工作。基本化解中央部属高等学校债务风险。统筹研究解决农村普通高中学校债务。通过中央财政予以奖补等措施，推动地方各级政府化解学校债务风险。防止公办义务教育学校出现新的负债建设。

落实学校建设标准。继续完善各级各类学校建设标准，加强学校建设的专业指导和技术服务。推动高等学校和职业院校制定和完善校园建设规划。加强学校建设项目的规划设计和建设标准落实情况的监督检查，保证校舍安全、适用，防止追求建设豪华学校。

改进学校基本建设管理。积极探索"代建制"，鼓励各级政府探索学校基本建设融资机制。加强建设项目管理，严格项目资金管理，健全项目实施程序，做到程序公开透明，使所有教育项目可操作、可监控、可评估。

（四）提高学校运行保障能力

完善农村义务教育经费保障机制，建立义务教育学生公用经费标准动态调整机制。推动各地政府制定公办幼儿园、普通高中、职业院校和地方高等学校生均拨款标准和公用经费标准。创新学校拨款体制机制，促进教育财政政策和教育发展政策有机结合。在完善经费监管制度的基础上，扩大学校经费使用自主权。设立高等教育拨款咨询委员会，完善高等学校财政支出绩效评价体系，构建以绩效为导向的资源配置机制。

（五）加快实施教育信息化战略

超前部署教育信息网络。发布实施《教育信息化十年发展规划》，把教育信息化纳入国家信息化发展战略。加快中国教育和科研计算机网、中国教育卫星宽带传输网升级换代，全面推进下一代互联网建设与应用，建设先进的教育信息化基础设施。坚持标准先行，建立健全教育信息化标准体系。探索数字校园、智能教室建设，建立沟通学校、家庭、社区的学习网络。到 2015 年，教育信息化基础设施更加完善，农村中小学现代远程教育基本实现班班通,数字化校园覆盖率达到50%以上。

推动优质资源的开发、集成与共享。出台国家精品开放课程建设的实施意见,加快数字教育资源开发,启动建设国家优质教育资源中心。支持、引导、激励各级各类学校和社会机构开发优质教育资源,建立覆盖各级各类教育所有课程的教育资源库和公共服务平台。推进中国语言资源有声数据库建设,保护中华语言文化资源。

提高、发展教师的信息化技能。强化教师教育资源库建设,探索建设"未来教室",作为教师教育和实践创新的重要平台。开展教师信息技术应用全员培训,组建多种类型的教师网络学习共同体。到2015年,85%以上的教师基本具备运用信息技术开展教育教学的技能。推动信息化和教育教学改革有机结合,鼓励各地大胆应用信息技术开展教学改革试验。

提高学生的信息化学习与生存能力。加强各级各类学校信息技术教学,使学生学会运用信息技术自主学习。大力营造良好网络环境,强化校园网络的管理与规范,加强大学生思想政治教育网络平台建设。

建设全国教育管理信息系统。完善教育统计和基础信息系统。建立国家教育基础信息库,开发教育管理应用系统、决策支持系统、监测分析系统和面向社会的教育信息服务系统。在建设和应用中小学校舍安全工程信息化管理系统的基础上,建立教育基本建设信息化管理系统。

专栏32　　　　　　　教育信息化建设工程

提高农村中小学多媒体远程教学水平,为农村中小学75%的班级配备多媒体远程教学设备。中西部农村地区有计算机教室的中小学达到50%以上。积极推进数字化校园建设。整合、开发和引进各类优质教育资源,建设涵盖各级各类教育的国家优质教育资源库和共享服务平台。基本建成较完备的国家级和省级教育基础信息库以及教育质量、学生流动、资源配置和毕业生就业状况等监测分析系统。通过教育信息化带动教育现代化,推动教育内容、方法和手段深刻变革。

## 十二 组织实施

(一) 加强组织领导

加强教育规划实施的领导。把优先发展教育作为长期坚持的重大方针,并将落实"三个优先"的情况、实施《教育规划纲要》和本规划情况,作为各级教育行政部门贯彻落实科学发展观政绩考核的重要内容。健全规划实施的中期评估和年度监测制度,完善考核机制和问责制度。将各级党政领导班子成员定点联系的学校、联系责任和工作情况向社会公布。

加强和改进教育系统党的建设。加强党对学校工作的领导,坚持社会主义办学方向,牢牢把握党对学校意识形态工作的主导权。扎实推进教育系统创先争优活动和学习型党组织建设,提高教育系统各级党组织贯彻落实党的教育方针的能力。进一步加强民办学校党的建设,积极探索党组织发挥作用的途径和方法。健全各级各类学校党的组织,扩大覆盖面。加强在优秀青年教师、学生中发展党员工作,重视并加强学校共青团、少先队工作。进一步加强和改进大学生思想政治教育,创新高等学校网络思想政治教育。进一步加强学校领导班子和领导干部队伍建设,进一步完善领导班子和领导干部考核评价办法。加强教育行政管理干部培训,提升教育管理能力。开展一轮面向各省市教育行政部门负责人和校长的公共管理等方面的培训,提升与媒体和社会沟通及处置公共事件的能力。

加强教育系统党风廉政和行风建设。严格执行党风廉政建设责任制,加大教育、监督、改革、制度创新力度,基本形成体现教育系统特点的惩治和预防腐败体系。坚决惩治腐败和治理行业不正之风,深入开展专项治理,规范学校收费行为,树立和维护教育系统的良好形象。加强职业道德和学术道德建设,对严重违反职业道德和学术道德的行为加大惩处力度。

(二) 加强对规划实施的监督检查

落实责任分工。对规划提出的目标任务进行分解,明确责任分工,制定实施方案。对改革和发展的重点任务,制订时间表、路线图并向社会公布。加强国家和地方教育规划、教育总体规划和分项规划的衔接。

加强监测评估。组织对规划实施情况的中期评估和跟踪监测。教育行政部门定期发布教育改革发展动态，收集编辑教育改革发展案例，及时总结各地在实施规划中的经验教训，积极推广先进经验。

加强社会监督。及时向社会公布规划实施进展状况，主动接受家长、社会、媒体参与规划实施的监督。将社会各界对规划的意见和建议作为规划调整的重要依据。

（三）加强对教育改革与发展的宣传

构建立体化宣传网络。加强和改善对教育宣传工作的领导，推动各地各高等学校指定专门的通讯员、观察员、评论员和新闻发言人，通过培训、组织开展宣传活动等多种形式，提升教育新闻舆论引导能力。发挥教育电视台、报刊社作用，建立教育系统新闻宣传联络协调沟通机制，按照中央关于教育工作、关于宣传工作的要求，形成横向和各类媒体密切联系，纵向与各级教育部门、各级各类学校有效对接的立体化宣传网络。

做好宣传工作。提升各级教育宣传部门的组织策划能力，组织各级教育宣传部门深入挖掘、大力宣传教育战线的感人事迹，大力宣传各级党委政府重视教育的成功做法，大力宣传社会各界关心支持教育的先进典型，以典型人物、典型经验推动教育工作。制订教育系统"六五"普法规划，大力开展普法教育。

切实保障人民群众对教育工作的知情权、参与权和监督权。加大权威信息发布力度，大力宣传各地、各部门、各单位贯彻落实《教育规划纲要》和本规划的思路、举措、方案，及时了解人民群众的所思、所盼、所忧，积极回应人民群众的教育需求。加大对重大教育政策的宣传与引导，支持媒体对教育事件的全面准确报道，形成共同促进教育事业科学发展的良好舆论氛围。

（四）确保校园稳定安全和谐

深入开展平安校园、文明校园、绿色校园、和谐校园创建活动。完善学校突发事件应急管理机制，加强教育系统应对自然灾害能力建设。加强教育系统稳定风险评估和监测，建立高等学校安全稳定工作部省校三级联动研判制度。继续推进高等学校后勤改革，建立学生食堂运行长效机制。在各级各类学校建立健全有效的利益协调机制、诉求表达机制、矛盾调处机制、权益保障机制。

加强学校安全管理。研究制定学校安全的行政法规。完善学校内部安全管理制度,确保学校食品安全、人身安全、设施安全和活动安全。建立多部门合作的校园安全责任制,建立校园安全预防、监测和处置机制,建立数字化校园安全监管系统,有效防范校园恶性安全事件。会同相关部门开展校园周边治安综合治理。配合交通安全和管理部门,加强高等学校校园交通管理,加强中小学校车安全工作。

# 教育部关于 2013 年深化教育
# 领域综合改革的意见

教改〔2013〕1号

各省、自治区、直辖市教育厅（教委），新疆生产建设兵团教育局，部属各高等学校：

为深入贯彻落实党的十八大关于深化教育领域综合改革的要求和部署，现提出以下意见。

### 一 充分认识深化教育领域综合改革的紧迫性

教育规划纲要发布实施以来，国务院成立国家教育体制改革领导小组，发布开展国家教育体制改革试点总体方案，召开全国教育体制改革工作电视电话会议，按照顶层设计、试点先行、有序推进的原则，对教育改革进行系统部署，形成了在培养模式、办学体制、管理体制、保障机制四个方面，从国家统一实施、地方承担试点和基层自主改革三个层面推进教育改革的总体格局。目前，教育改革稳步推进，一些改革已取得明显进展，各地涌现出了许多好的经验和做法，成效开始显现，人民群众对教育的满意度明显提高，以改革促发展的势头良好，我国教育正站在新的起点上。

随着我国教育改革进入深水区、攻坚期，涉及面更广、关联度更高，破解深层次矛盾和问题难度更大，许多问题解决起来往往涉及多个部门职责，涉及多种政策配套，涉及多方利益调整，靠原来的单项改革办法或局部突破套路已难以奏效。教育改革仍存在亟待解决的问题，主要是各地改革进展不平衡，一些热点难点问题尚未有效解决，一些保障政策措施还不到位。党的十八大报告提出深化教育领域综合改革，是对教育改革提出的新要求，重点在深化，关键在综合。要用系统思维、全局意识和全球视野认识改革，用普遍联系观点设计改革，用统筹兼顾办法推进改革，进一步增强改革的系统性、整体性、协同性；要不断增强教育改革的自觉性、紧迫性、坚定性，在继续深入实施国家教育体制改革试点的基础上，牢固树立改革意识，提振教育改革信心，冲破思想观念束缚，突破利益固化藩篱，将改革贯穿教育工作始终，扎实把教育改革不断引向深入。

**二 准确把握深化教育领域综合改革的总要求**

（一）指导思想

高举中国特色社会主义伟大旗帜，深入学习贯彻党的十八大精神，以邓小平理论、"三个代表"重要思想、科学发展观为指导，全面落实教育规划纲要，以加快推进教育现代化、努力办好人民满意的教育为目标，以破解制约教育科学发展的关键领域和薄弱环节为突破口，以加快转变教育发展方式、完善推进教育改革的体制机制为着力点，不失时机深化教育领域综合改革。

（二）基本原则

——坚持正确方向。立足社会主义初级阶段基本国情，坚定不移走中国特色社会主义教育发展道路，坚持按规律办事，不断推动教育制度自我完善和发展，坚持服务大局，更加突出民生，把促进学生全面发展、健康成长作为改革出发点和落脚点，以改革增添活力，促进教育事业科学发展。

——加强整体谋划。综合考虑经济、社会对教育的影响，强化顶层设计，以发展出题目，以改革做文章，以稳定为前提，统筹改革力度、发展速度和社会可承受度；坚持全局和局部相配套、治标和治本相结合、渐进和突破相促进，进一步优化改革整体布局，系统推进改革。

——尊重基层首创。从基层实践创造和人民群众对教育多样化选择要求中完善政策，尊重实践，尊重基层，鼓励试验，大胆突破，保护基层改革积极性；从实际出发，分类指导，有序推进；深入实施改革试点，总结推广成功经验，以点带面，扩大改革成效。

——增强政策协调。凝聚改革共识，更加注重各级各类教育的相互联系及教育各要素的相互影响，更加注重上下左右各部门的相互配合和改革政策措施的相互促进，更加注重理论创新、制度创新和机制创新的有机衔接，更加注重社会各方参与，形成合力，顺利推进改革。

### 三 进一步聚焦深化教育领域综合改革突破口，在重点领域和关键环节取得重要进展

从人民群众反映强烈、制约教育事业科学发展的热点难点问题出发，深入分析问题产生的深层次体制机制障碍，聚焦改革重点；从工作有基础、社会有共识、群众能感知的环节入手，找准突破口；组织力量攻坚克难，尽快取得更具标志性、更具显示度的成效。

（一）改革人才培养模式

1. 推进考试招生制度改革。研究制定高考改革的总体目标和基本框架。推进普通本科与高职教育分类考试。督促各地落实进城务工人员随迁子女接受义务教育后在当地参加升学考试的方案。做好高中学业水平考试及综合素质评价改革试点。深化高校自主选拔录取改革试点；完善高校招生考试综合评价改革试点。研究提出高考英语科目一年多次考试实施办法。加大普通高校招生计划向中西部民族地区、贫困地区倾斜力度。实施好国家扶贫定向招生专项计划。积极推进研究生招生改革试点。推进普通高中考试招生制度改革。清理和规范高考加分政策，加强艺术、体育类等特殊类型招生和自主招生的监管，坚决查处违法违规行为。

2. 深化课程内容改革。坚持立德树人，加强小学、中学、大学语文和历史课程的整体设计和基本建设，完成大中小学相衔接的德育课程体系建设，探索语文、历史等学科渗透思想品德教育的方式方法，挖掘各门课程蕴含的德育资源，整合法制教育内容，增强德育工作针对性和实效性。深化中小学课程改革，加强课标制定、教材使用与考试评价的衔接。

3. 探索创新人才培养途径。深化高中办学模式多样化试验，加强高中学校特色建设，启动中小学与高校科研院所合作开展创新人才培

养试验。落实试点学院改革指导意见，加大支持力度，深入推进高校拔尖创新人才培养综合改革。鼓励和支持高校结合实际，探索通识教育新模式。开展地方高校技能型人才培养试点。组织实施科教结合协同育人行动计划。切实加强实践教学和创新创业教育。全面启动研究生教育综合改革。

4. 完善职业教育人才培养模式。建设现代职业教育体系，加快发展现代职业教育，推进技术技能人才系统培养的体系、制度、政策和机制建设。制定职业学校学生顶岗实习管理办法。开展委托培养、定向培养、订单式培养改革试点；选择示范性职业院校与重点行业企业合作开展现代学徒制试点。推动职业院校开展社区教育服务。大力发展面向农村的职业教育，服务"三农"，培养新型农民、职业农民。

5. 落实人才成长"立交桥"支撑措施。研究提出加强开放大学建设的指导意见，深化开放大学改革。统筹专业、课程和教材体系建设，推进职业教育学制改革。完善职业教育层次结构，建立多种形式中高职衔接的制度。制定学习成果认证和"学分银行"相关制度。

（二）改革办学体制

1. 改善民办教育发展环境。出台鼓励和支持民办教育发展的意见，落实支持民办教育发展的政策措施。吸引社会资金进入教育领域。出台营利性和非营利性民办学校分类管理的指导意见。全面清理针对民办教育的歧视政策。探索公办学校多种办学形式，完善独立学院管理办法。

2. 完善职业教育产教融合制度。研究制定职业教育校企合作促进办法。出台职业教育集团化办学的指导意见。提升行业指导职业教育的能力。建立健全行业企业参与办学的体制机制。建立职业学校与行业企业联动开发课程机制。

3. 落实高校办学自主权。进一步减少和严格规范政府对高等学校的行政审批，减少行政干预，落实高校办学自主权。加快大学章程建设，理顺大学、政府和社会的关系，规范高校办学行为。2013年所有试点高校都要制定章程。扩大公开选拔大学校长试点。

4. 扩大教育对外开放。扩大来华留学规模，落实《留学中国计划》，出台外国留学生招收和管理有关规定，提高来华留学教育水平。完善市场选择和淘汰机制，建立中外合作办学质量保障体系，支持办好一批高起点中外合作办学机构。实施《孔子学院发展规划（2012—2020年）》，充分发挥孔子学院综合文化交流平台作用。加强与港澳台地区的教育合作与交流。推进教育国家合作交流综合改革试验区建设。扩大省级教育行政部门在教育涉外管理方面职权。

（三）改革管理体制

1. 完善均衡发展义务教育机制。建立健全教育资源配置机制，重点向农村、边远、贫困、民族地区倾斜。加快推进义务教育学校标准化建设。全面启动实施集中连片地区教育扶贫工程。全面推行中小学教师交流制度。逐步消除义务教育薄弱校、大班额。着力解决大城市的中小学择校问题，各省（区、市）分别制订实施方案。开展义务教育均衡发展督导评估，国家公布各省（区、市）实现义务教育基本均衡县名单和比例。建立义务教育均衡发展奖励机制。

2. 落实省级政府教育统筹。健全中央和地方统筹有力、责权明确的教育管理体制。坚决实行简政放权，进一步推进中央向地方放权，扩大省级政府教育统筹权。对试点省份，有序下放学校设置、招生计划、学位点评审、学科建设等方面权限。分省制订省级政府加强教育统筹的工作方案，进一步细化目标任务。省级人民政府要切实负起加大教育统筹的职责，统筹落实推进各级各类教育协调发展职责，统筹落实城乡教育协调发展职责，统筹编制办学条件、教师编制、招生规模等基本标准，统筹确定合理教育支出结构。开展省级政府履行教育职责评价。

3. 健全教育监测评价机制。研制学生综合评价标准，探索建立中国特色教育质量监测评价办法。启动中小学生课业负担、学生体质健康状况、人民群众教育满意度的监测评估，2013年年底前，各县（市、区）公布辖区内所有学校监测结果。建立健全政府、行业、企业和第三方机构深度参与的职业教育质量监测评估体系。发挥社会组织、中介机构的教育评价作用。推广中小学"绿色评价"，组织开展试点。以质量、创新、贡献为导向，改进高校科研评价体系。健全教育质量监测评估机构。

4. 推进教育督导体制改革。发挥国务院教育督导委员会作用，建立健全教育决策、执行、监督既相互制约又相互协调的权力结构和运行机制，尽快完善县级以上人民政府负责教育督导的机构。全面落实《教育督导条例》，扩大督导范围，实现各级各类教育督导全覆盖，依法对各级各类教育进行督导。

5. 完善高校治理结构。加强高校教职工代表大会、学术委员会等相关机构建设，完善决策程序，规范高校内部权力运行，推进科学民主决策。全面落实校务公开，建立社会参与和监督高校办学的有效机制，加快形成高校自我发展、自我约束的良性机制。

（四）改革保障机制

1. 改革教师管理制度。设立专项资金，大幅提高中西部贫困地区、民族地区村小和教学点教师待遇，吸引优秀人才在村小和教学点长期从教。完善教师评价办法，全面落实师德表现一票否决制。完善教师资格制度，扩大教师"国标、省考、县聘、校用"改革试点。拓宽用人视野，多渠道补充教师。制定吸引政策，扩大职业学校"双师型"教师比例。建立教师退出机制。

2. 完善投入保障机制。健全各级政府教育经费分担机制，进一步明晰中央和地方的教育事权和财政支出责任。加快研究制定高等职业院校生均财政拨款标准。加强教育经费使用绩效评价和审计监督。

3. 改进教育信息化推进策略。以教育信息化带动教育现代化。引入市场机制，调动各方积极性，探索形成政府引导、市场驱动、多方参与、共建共享的教育信息化推进格局。推进信息技术与教学深度融合，改进教育教学方式和教育管理方式，促进教育公平与教育质量提升。研究制定相关标准，将信息技术应用能力纳入教师资格认证体系。

**四 进一步完善推进机制，形成推进教育领域综合改革的整体合力**

推进"深水区"的教育改革，必须采取综合改革的办法，统筹兼顾，上下结合，部门协调，建立健全强有力的推进机制，凝聚共识，减少阻力,增强引力,形成合力。

(一)加强统筹协调。中央有关部门要在国家教育体制改革领导小组的领导下,各负其责,切实承担起推进教育改革的责任,积极支持教育改革。要采取联合调研、部门会商等方式,共同研究解决教育改革重大问题,加强政策协调,建立改革重大政策突破机制。要发挥国家教育咨询委员会、国家教育考试指导委员会等机构的作用,完善工作机制,加强决策咨询,提高决策水平。发挥教育领域学会、协会在教育综合改革中的作用。各省(自治区、直辖市)也要结合实际,充分发挥本地区教育体制改革领导小组的作用,建立健全改革领导协调机制。

(二)加大激励引导。加大对国家教育体制改革试点的政策支持力度,支持改革条件成熟地区和学校先行先试。研究出台改革试点转示范的办法,确立一批改革示范项目,加大推广力度,充分发挥试点的引领和带动作用。动态调整国家教育体制改革试点项目,及时淘汰一批毫无进展、有名无实甚至发生偏差的项目,补充一批基础好、积极性高且初显成效的项目。通过召开座谈会或现场推进会等方式,在更大范围推广典型做法和经验。把改革试点成效作为资源配置的重要依据,对成效显著的地区和学校,以适当方式予以奖励。

(三)强化检查监督。组织完成国家教育体制改革试点项目中期评估,形成评估意见。密切跟踪改革试点进展,定期通报情况,加大督查力度,加快实施进度。各地、各部门要建立健全深化教育领域综合改革目标责任制,强化责任意识和责任约束,将任务分解到具体部门,明确分管领导,落实责任人,确保可衡量、可检查。建立健全重大改革决策稳定风险评估机制,切实维护教育系统和谐稳定。

(四)营造良好氛围。全面深入宣传教育改革,最大限度凝聚改革共识,争取各方理解支持,合理引导改革预期,进一步坚定改革信心,为改革营造良好舆论氛围。建立媒体深度参与宣传报道教育改革的机制。集中力量对改革取得重大成效的典型经验进行重点宣传。建立教育改革新闻通气和发布制度,及时发布改革信息,主动通报改革进展，掌握舆论主动权。建立教育改革新闻会商制度，加强舆情监测、研判，提高热点舆情应对能力。

教育部

2013 年 1 月 26 日

# 中西部高等教育振兴计划(2012—2020年)

教高〔2013〕2号

为贯彻落实《国家中长期教育改革和发展规划纲要（2010—2020年）》，振兴中西部高等教育，服务国家西部大开发、振兴东北地区等老工业基地和中部崛起战略的深入实施，服务区域经济社会发展需要，特制订《中西部高等教育振兴计划（2012—2020年）》（以下简称《振兴计划》）。

## 一 战略意义

中西部高等教育是我国高等教育的重要组成部分，普通高校数和在校生数接近全国三分之二，承担着为国家特别是中西部地区经济社会发展提供人才支持和智力支撑的重要使命。改革开放以来，特别是进入21世纪以来，中西部高等教育规模快速发展，为我国实现高等教育大众化做出了重要贡献；经费投入大幅增长，办学条件日益改善，教育教学改革逐步深化，办学水平稳步提高。

党中央、国务院高度重视中西部地区经济社会发展，深入实施一系列相关区域经济社会发展规划，为加快发展中西部高等教育提供了难得的历史机遇。国务院各部门和各地政府日益完善的政策支持体系，为加快发展中西部高等教育创造了良好条件。中西部地区转变经济发展方式的迫切需求，为振兴中西部高等教育提供了强劲的改革发展动力。中西部高等教育呈现出新的发展态势。但是，当前中西部高等教育仍然存在着诸多薄弱环节和突出问题。国家高水平大学和重点学科数量相对偏少，学科专业设置和师资队伍结构不尽合理，服务区域经济社会发展能力不强，教育观念相对落后，教育体制机制改革亟待深化。

振兴中西部高等教育,是深入实施西部大开发、振兴东北地区等老工业基地和中部崛起战略、促进区域协调发展的迫切需要,是促进边疆和民族地区经济社会跨越式发展和长治久安的必然要求,是提升中西部高等教育整体水平、全面提高高等教育质量、加快推进高等教育强国建设的重大举措。必须把振兴中西部高等教育作为推动高等教育改革发展的战略重点,抓住机遇,加快解决突出问题,促进中西部高等教育在新的历史起点上实现内涵式发展的新跨越。

### 二 指导原则

实施中西部高等教育振兴计划,要以科学发展观为指导,服务国家发展战略,适应中西部经济社会发展需要,整合中央和地方政策资源,发挥中西部地方政府和高校的积极性、主动性和创造性,努力提高办学质量和水平。

突出应用服务。加强应用型、复合型、技能型人才培养,加强应用研究和科研成果转化,增强社会服务能力。

支持区域急需。着重支持与区域经济社会发展契合度高的学科专业建设,着重支持区域支柱产业、特色领域等急需紧缺人才培养。

强化特色发展。因地因校制宜,明确发展定位,打造优势学科专业和团队,彰显办学特色。

发挥主体作用。强化地方和高校主体意识,系统规划,整体推进,提高自主发展能力和自我管理水平,实现可持续发展。

注重分类指导。根据中西部不同地区、不同高校特点,实行分类的政策引导和资源配置。

### 三 发展目标

到2020年,中西部高等教育结构更加合理,特色更加鲜明,办学质量显著提升,建成一批有特色、高水平的高等学校,为整体提升我国高等教育发展水平、建设高等教育强国奠定坚实基础。

中西部高校办学条件得到根本改善;高层次人才培养和引进取得明显成效,教师队伍素质整体提升;学科专业建设和人才培养更加适应经济社会发展和人的全面发展需要;体制机制改革取得较大进展;

国际化水平明显提高；文化传承创新能力显著增强；科学研究、科技成果转化对区域产业升级和社会发展的支撑度、贡献度大幅提升。

**四 主要任务**

（一）加强优势特色学科专业建设

1. 优化学位授权点布局。

加强中西部博士、硕士学位授予单位建设。加强对中西部高校"服务国家特殊需求博士人才培养项目"和"服务国家特殊需求硕士人才培养项目"试点工作的指导。引导中西部高校积极发展专业学位研究生教育。

2. 支持特色学科专业发展。

继续实施特色重点学科项目，对中西部地方高校的国家重点学科给予重点支持，提升学科服务经济社会发展的能力。开展专业综合改革试点，加大力度支持优势特色专业、战略性新兴产业相关专业和国防、海洋、农林、水利、地矿、石油等行业相关专业及服务民生专业建设。引导中西部高校优化本科和高职专业结构，支持增设以培养应用型、技能型人才为主的专业、区域经济社会发展急需人才相关专业。支持老工业城市调整改造和资源型城市可持续发展急需的学科专业和人才队伍建设。加强建设与发展涉及保护和弘扬优秀民族传统文化及西部地域特色文化、边疆文化、中原文化等地域特色文化的专业，以及民族传统工艺相关专业。

（二）加强人才队伍建设

3. 加强高层次人才队伍建设。

发挥高层次人才引领作用，建立优先支持政策机制。在"长江学者奖励计划""创新团队发展计划""新世纪优秀人才支持计划"等各项人才计划实施中，优先支持中西部高校。在推荐"千人计划""国家高层次人才特殊支持计划""青年拔尖人才支持计划"人选时向中西部高校倾斜。在"海外名师项目"中，重点支持中西部高校聘请一批具有国际一流水平的海外名师来校任教和合作科研。

4. 加强教师培养培训。

大力加强师德师风建设，建立长效机制，加强教师职业道德规范和制度建设,加强教师职业理想、职业道德、学术规范教育,形成良好学术道德和学术风气。以提升中青年教师教学科研水平为重点,大力开展教师培训工作。组建高校教师教学发展中心,促进教师培训工作制度化、常态化。实施"西部之光"等访问学者项目,支持中西部高校骨干教师到东部高水平大学研修访学。实施"千名中西部大学校长海外研修计划",进一步开阔中西部地区高校领导国际视野。在对口支援西部高校工作中,支持1万名西部受援高校教师和管理干部到支援高校进修锻炼。加强民族地区双语教师培养培训基地建设,培养培训一批双语教师,提高双语教学水平。培训一批民族团结教育课程主讲教师,加强民族团结教育课程建设。实施就业指导队伍培训项目,用五年时间,将中西部高校就业指导教师和就业工作骨干人员轮训一遍,提升就业指导水平。加大国家公派留学政策对中西部地区倾斜力度。

(三)深化教育教学改革

5. 推进本科教育教学改革。

发挥国家和省两级教改项目的引领示范作用,引导中西部地方高校深化教育教学改革、加强教学基本建设、提高人才培养质量。实施"中西部教师教育创新计划",支持部属师范大学与中西部师范院校组成教师教育联盟,协同推进教师教育人才培养模式改革与创新,大力提高未来教师培养质量。在"卓越教师教育培养计划"中,重点支持中西部高等师范院校面向中西部和农村地区培养优秀教师。在"卓越工程师教育培养计划"中,支持中西部高校开展与地方经济社会发展高度契合的学科专业领域的改革试点。在"卓越医生教育培养计划"中,重点支持中西部高校开展五年制临床医学和面向农村基层的全科医生人才培养模式改革试点,全面提高中西部高校医学人才培养质量。在"卓越法律人才教育培养计划"中,遴选建设西部地区基层法律人才教育培养基地,培养一批优秀基层法律人才。在"卓越农林人才教育培养计划"中,支持中西部高校建设一批农科教合作人才培养基地,培养一批优秀基层农林人才。加强就业创业教育和就业指导服务,促进中西部高校毕业生充分就业,提高就业质量。完善高校毕业生就业政策,引导和促进高校毕业生到民族地区、贫困地区、艰苦边远地区和农村、基层一线就业。

6. 推进研究生培养机制改革。

引导中西部高校研究生教育发展方式从注重规模发展向注重质量提升转变。大力推进与科研机构、其他高等学校联合培养研究生工作，着重提高学术学位研究生综合素质和创新能力。支持开展专业学位研究生教育综合改革试点工作，强化专业学位研究生培养与行业、企业的结合。

7. 推进高等职业教育改革。

按照现代职业教育体系建设目标，根据技术技能人才成长规律和系统培养要求，坚持德育为先、能力为重、全面发展，以就业为导向，加强学生职业技能、就业创业和继续学习能力的培养。推进工学结合、校企合作、顶岗实习，围绕区域支柱产业、特色产业，引入行业、企业新技术、新工艺，校企合办专业、共建实训基地、共同开发专业课程和教学资源。推动高职教育与产业、学校与企业、专业与职业、课程内容与职业标准、教学过程与生产服务工程有机融合。加快"双师型"教师队伍建设，建立技能型人才职业教育从教制度，完善专业教师到对口企事业单位定期实践制度，提升专业教师双师素质和教学能力。健全高等职业教育质量评价体系，把行业规范、职业标准和企业用人要求作为质量评价的重要依据，积极推进学历证书和职业资格证书"双证书"制度。引导和支持高职学校基础能力建设。

（四）提升科研创新水平

8. 加强科研平台建设。

加强中西部高校国家级科研平台培育和建设，新建一批体现中西部区域学科集群优势和特色的教育部重点实验室、工程研究中心和学科创新引智基地。鼓励探索新的科研组织模式和改革试点。加强中西部高校人文社会科学重点研究基地建设，推动与中央有关部门和地方政府共建一批重点研究基地，支持中西部高校和东部高校以基地为平台，开展人员交流与学术合作，建立学术联盟。

9. 加强科研经费和项目支持。

积极承担国家科研任务，有条件的中西部地区要逐步设立高校基本科研业务费专项资金。加大对中西部高校自然科学、哲学、社会科学研究项目支持力度，重点支持中西部高校服务区域发展的基础研究和特色研究项目，继续实施西部和边疆地区项目以及新疆、西藏项目，逐步扩大中西部高校受益范围。

（五）增强社会服务能力

10. 协同服务区域经济社会发展。

面向区域发展需求，开展多种形式的协同创新，与地方政府共建联合研究院、工业技术研究院、新农村发展研究院、软科学研究基地、技术应用与服务中心等校地合作平台，促进科研成果转化应用。完善地方高校服务区域经济社会发展机制。与地方政府、行业部门（协会）、龙头企业共建一批发展战略研究院，开展产业发展研究和咨询，充分发挥智囊团和思想库作用，积极开展咨政服务，为区域经济建设、政治建设、文化建设、社会建设以及生态文明建设服务。积极参与实施"高等学校创新能力提升计划"，提升服务区域发展能力。中西部高职学校要与地市政府密切合作，共建一批中小企业技术服务与促进中心，积极开展技术应用服务。鼓励中西部高校开展有关地区、国别国际问题研究，服务中西部对外开放和国家外交战略。

11. 加强继续教育服务能力建设。

推动中西部高校成人高等学历教育和非学历继续教育、电大远程开放教育教学综合改革，建设一批适应中西部经济社会发展需要的继续教育特色专业、品牌项目和精品课程。推动校校合作、校企合作、校地合作，新建一批中西部高校继续教育示范基地、实践教学基地和产学研基地，建成一批示范性继续教育校外学习中心站。在中西部地区高校优先安排国家继续教育公共信息管理与服务平台、"学分银行"建设。

（六）促进优质资源共享

12. 加强信息化公共服务平台建设。

加强中西部高校信息技术基础设施建设，充分利用互联网、广播电视网、移动通信网、卫星通信等载体发展现代远程教育。加强数字化教室、数字化图书馆等信息化条件建设，将东部高校和中西部中央部委属高校的优质教学资源输送到中西部地方高校。

13. 推进优质数字化资源共建共享。

结合国家开放大学建设，大力推进中西部信息技术与教育深度融合。加快中西部高校信息化建设，利用现代信息技术改造传统教学，推动教学方式方法改革。建立东中西部高校之间、中西部高校之间优质数字化资源共建共享机制。国家精品视频公开课程和精品资源共享课程，向中西部高校免费开放。完善数字化教学支持、使用、评价等服务体系，促进教育信息资源与课堂教学的有机结合，加速实现各种优质教育资源的集成共享。

（七）扩大中西部学生入学机会

14. 坚持新增招生计划向中西部高等教育资源短缺地区倾斜。

继续实施"支援中西部地区招生协作计划"，将招生计划增量和对东部高校调整出的生源存量计划投向中西部高等教育升学压力较大的地区。适度降低东部地区中央部门高校属地计划比例，继续将学校从属地调出计划及学校计划增量投向中西部优质高等教育资源相对较少的地区，逐步缩小东中西部地区招生录取率的差距。对中西部地区学科专业特色优势明显的地方高校，在研究生招生计划特别是博士生招生计划安排上予以倾斜支持。

15. 继续实施专项招生计划。

继续实施面向贫困地区定向招生专项计划，"十二五"期间，每年在全国招生计划中专门安排1万名左右以本科一批招生为主的指标，面向集中连片特困地区参加全国统考的考生，实行定向招生。适度扩大少数民族高层次骨干人才计划，在研究生招生计划中单列。继续支持高校开展"援藏计划"招生。积极为新疆7所高校安排高层次双语人才培养专项推荐免试生计划。适度扩大少数民族预科班、民族班、高校招收内地西藏班、内地新疆高中班毕业生以及"非西藏生源定向西藏就业"等专项招生计划，加快培养少数民族地区急需人才。

（八）优化院校布局结构

16. 优化中西部地区院校设置工作。

中西部各省份要根据地方经济社会发展需要与支撑能力，制订实施本地区"十二五"高等学校设置规划。教育部在高等学校设置工作中，对中西部地区实行单列审批，推动区域内高等教育协调发展。

17. 深入推进省部共建地方高校。

扩大省部共建范围，鼓励有关部门、行业与地方共建行业划转院校。统筹政策、资金等多方资源，推动共建高校深化体制机制改革，提升办学水平，增强为区域和行业产业发展服务的能力。

18. 加强中西部高校基础能力建设。

"十二五"期间，重点支持100所左右有特色、高水平的地方普通本科高校加快发展。围绕强化本科教学、提高本科教育教学质量，夯实办学基础，改善教学条件，提高学校本科教学基础能力。

19. 支持中西部高校提升综合实力。

在没有教育部直属高校的省份，"十二五"期间重点支持每个省份建设1所地方高水平大学。促进这些大学重点加强特色学科和师资队伍建设，提高人才培养质量和科学研究水平，增强为国家和区域经济社会发展服务的能力，扩大区域内优质高等教育资源，发挥高水平大学的示范、引领作用，带动本地区高等教育科学发展。

（九）加强交流与合作

20. 加强区域内外高校交流与合作。

充分发挥东部高校的支持带动作用，继续实施对口支援西部高校计划。扩大对口支援规模，使受援高校增加到100所。创新对口支援方式，继续实施团队式对口支援，根据受援高校的不同办学定位和办学特色，分类制订不同模式的团队式支援方案，以学科建设为重点，深入开展科研合作，共建优质教学资源和科研资源共享平台，促进受援高校的师资队伍水平、人才培养质量、科研服务能力和学校管理水平显著提升。推动中西部高水平大学对口支援省域内地方高校，发挥部属高校优质资源辐射作用，实现省域内高校资源共享、优势互补，提升高校办学整体水平，促进省域内高校协调发展。

21. 扩大对外交流与合作。

中西部高校要充分利用中国—东盟教育交流、中国—阿拉伯国家大学校长论坛等交流平台，扩展与周边国家教育交流与合作。在对口支援中建立支援高校、受援高校与国外高校的多方交流合作模式，提高中西部高校对外交流与合作水平。加强中外合作研究基地建设，积极参与建设国际合作联合实验室、研究中心，以及集科学研究、人才培养、学术交流于一体的新型基地。办好一批中外合作办学项目，引进国际先进理念和优质资源。

22. 支持中西部高校学生出国留学和回国创业发展。

支持中西部高校学生出国留学，在派出名额、学科选择、培养模式等方面向中西部高校倾斜。鼓励在外优秀留学人员参与中西部地区的教育、科技交流与合作。中西部地方政府和有关部门积极搭建留学人员回国发展平台，引导、带动和促成优秀留学人员赴中西部地区工作和创业。

23. 支持中西部高校接收来华留学生。

在中国政府来华留学奖学金项目、"中国—东盟双十万交流计划"等重点项目框架内，支持中西部高校扩大来华留学生规模，发挥特殊优势，更多招收周边国家来华留学生。加强留学生管理干部队伍建设，全面提升留学生管理队伍素质，推动中西部地区来华留学事业发展。

（十）健全投入机制

24. 完善中西部地方高校预算拨款制度。

地方政府要加大所属高校经费投入，健全投入机制。进一步完善中西部高校预算拨款制度，健全拨款标准动态调整机制。中央财政继续对中西部地方普通本科高校生均拨款给予奖补支持。要进一步加强高校财务管理，坚持依法理财，强化制度建设，完善监控机制，确保各项资金资产使用的规范、安全和有效。

25. 建立健全高校财务风险控制长效机制。

建立健全高校建设项目规划、银行贷款审批制度和高校债务情况动态监控机制，从严控制新增贷款，严格审批程序，规范高校贷款行为，促进高校持续健康发展。

26. 加大中西部地方高校家庭经济困难学生资助力度。

国家奖助学金名额和资金向中西部地方高校倾斜。生源地信用助学贷款风险补偿金和国家助学贷款奖补资金向中西部省份倾斜。继续实施学费补偿和国家助学贷款代偿办法，引导和鼓励高校毕业生到中西部地区和艰苦边远地区基层单位就业。

## 五　组织管理

《振兴计划》是全面支持中西部高等教育改革发展的综合性计划，覆盖范围广，必须周密部署、精心组织、认真实施，确保各项改革发展任务落到实处。

加强组织领导。教育部、国家发展改革委、财政部联合组建《振兴计划》实施工作领导小组，决定重大方针政策和实施方案，协调解决重大问题，指导《振兴计划》的组织实施工作。领导小组办公室设在教育部高等教育司。

加强省级统筹。中西部各省级教育、发展改革、财政部门要加强组织领导，强化对区域内高等教育的统筹，会同编制部门做好本地区高等教育发展规划，积极创造条件，完善支持所属高校改革发展的政策体系和工作机制。省级教育行政部门要加强对所属高校的业务指导和项目管理，确保计划顺利实施。

建立协商机制。充分发挥中央部委的综合协调作用，教育部、国家发展改革委、财政部与中西部各省（自治区、直辖市）和新疆生产建设兵团建立定期协商机制，及时共同研究协调解决重大问题。

强化高校责任。实施《振兴计划》的关键在高校，各高校要在充分调研论证的基础上，根据本校实际研究提出推进教育教学综合改革的实施方案、路线图和时间表，精心组织，扎实推进，确保达到预期成效。

加强监督评价。建立《振兴计划》实施情况的跟踪、监督机制。建立健全评价方式，充分发挥专家组织作用，定期组织各工程（项目）的绩效评价。加强工程（项目）管理和经费使用的审计工作，提高建设效益。

教育部、国家发改委、财政部<br>
2013 年 2 月 20 日

# 教育部关于印发《依法治教实施纲要（2016—2020年）》的通知

教政法〔2016〕1号

各省、自治区、直辖市教育厅（教委），各计划单列市教育局，新疆生产建设兵团教育局，部属各高等学校：

为贯彻落实党的十八大和十八届三中、四中、五中全会精神，进一步落实《国家中长期教育改革和发展规划纲要（2010—2020年）》提出的工作任务，落实《法治政府建设实施纲要（2015—2020年）》要求，全面推进依法治教，我部研究制定了《依法治教实施纲要（2016—2020年）》，现印发给你们。请结合本地区、本学校实际，认真组织学习宣传、贯彻落实，切实转变观念，以法治思维和法治方式推进教育综合改革，加快构建政府依法行政、学校依法办学、教师依法执教、社会依法支持和参与教育治理的教育发展新格局，全面推进教育治理体系和治理能力现代化。

各地和教育部直属高校贯彻落实《依法治教实施纲要（2016—2020年）》的情况，实践中形成的具有示范意义的典型和经验，请及时报我部政策法规司（法制办公室）。

教育部
2016年1月7日

## 依法治教实施纲要（2016—2020年）

党的十八届四中全会提出建设中国特色社会主义法治体系，建设社会主义法治国家的总目标。教育领域是全面依法治国系统工程的重要组成部分。为全面推进依法治教，促进教育治理体系和治理能力现代化，实现到2020年基本实现教育现代化的目标，制定本纲要。

## 一 总体要求

（一）指导思想。高举中国特色社会主义伟大旗帜，全面贯彻落实党的十八大和十八届三中、四中、五中全会精神，以马克思列宁主义、毛泽东思想、邓小平理论、"三个代表"重要思想、科学发展观为指导，深入学习贯彻习近平总书记系列重要讲话精神，坚持党的领导、人民当家做主、依法治国有机统一，坚定不移走中国特色社会主义法治道路，坚决维护宪法法律权威，牢固树立创新、协调、绿色、开放、共享的发展理念，全面贯彻党的教育方针，依法维护人民受教育权益、维护教育领域的公平正义、保障教育秩序的安全稳定，为深化教育综合改革，加快推进教育现代化提供有力法治保障。

（二）总体目标。到2020年，形成系统完备、层次合理、科学规范、运行有效的教育法律制度体系，形成政府依法行政、学校依法办学、教师依法执教、社会依法评价、支持和监督教育发展的教育法治实施机制和监督体系。青少年学生法治教育体系健全完备，教育部门领导干部、校长、教师法律素质与依法办事能力显著提升，在全社会遵法守法的进程中发挥表率和模范带头作用。

（三）基本原则。坚持党的领导，坚持人民主体地位，坚持法律面前人人平等，坚持依法治国与以德治国相结合，坚持从中国实际出发，切实加强党对教育工作和学校工作的领导，坚持依法行政、依法治校，坚定不移走中国特色社会主义教育发展道路，将教育事业改革发展全面纳入法制轨道。

## 二 构建完善的教育法律及制度体系

坚持教育立法和改革决策相衔接，做到重大改革于法有据，以法律规范引领和推动教育改革、促进和保障教育发展。坚持立、改、废、释并举，及时修订、完善教育法律法规和规章、规范性文件；恪守以人为本、立法为民理念，建立健全公开听证、公众参与、专家顾问咨询、委托第三方起草等制度，形成公开、民主、科学的立法程序和工作机制,着力提高教育法律法规和规章、规范性文件的制定质量。

(一)大力加强教育立法工作。配合立法机关尽快完成《民办教育促进法》修订案的审议,做好相关法规、规章的修订、调整工作。加快推进《职业教育法》修订、《学前教育法》起草、《学位条例》修订以及《终身学习法》等法律草案的起草工作,适时启动《教师法》修订工作,配合做好《家庭教育法》起草工作。积极推动教育行政法规建设,完成《残疾人教育条例》修订、《国家教育考试条例》《学校安全条例》等法规的起草工作。到2020年,在国家层面,基本形成适应实践需要、内容完备的教育法律、行政法规。

(二)积极推动教育地方性法规规章建设。支持各地结合本地教育发展特点和实践需要,制定有针对性的地方性法规。设立地方教育立法改革试点项目,建立专家咨询和经费支持机制,鼓励各地在终身学习、学前教育、普通高中教育、营利性教育机构监管、校企合作、家庭教育等教育法律规范尚存空白的领域,先行先试,以教育立法推动教育改革,为全国性教育立法积累经验。

(三)全面提高规章及规范性文件质量。建立教育规章、重要规范性文件制定规划制度,年初由法治工作机构汇总提出年度立法计划,统筹安排立法资源。优先在招生考试、师生权益维护、学校管理、教材管理、教学科研行为规范等领域,制定或者修订综合性规章。根据法定职权,抓紧制定出台各类教育标准、规范、程序。按照公开、公正、民主、科学的原则,进一步健全规章、规范性文件起草程序,涉及群众切身利益或者重大利益调整的,要采取座谈会、论证会、听证会等方式广泛听取意见。规范性文件出台前须由法治工作机构进行合法性审查,并不得设定或变相设定行政许可、行政处罚、行政强制等规定。凡规范、限制管理相对人行为、增加其义务或者涉及相关方权益的规章和规范性文件,一般应由法治工作机构组织起草或者独立审核,并按照法定要求和程序予以公布。

(四)建立规章和规范性文件清理长效机制。建立规章、规范性文件的解释和实施评估制度,对执行中出现歧义或者需要进一步明确的问题,制定机关要及时予以解释。要根据深化教育改革发展实践需要，以及上位法制定、修改、废止情况，及时清理有关规章、规范性文件。2017年底前，各级教育部门要完成对现行规章、规范性文件的清理工作，清理结果向社会公布。要建立规章、规范性文件目录和文本动态化、信息化管理，及时向社会公布立改废情况。

三 深入推进教育部门依法行政

按照职能科学、权责法定、执法严明、公开公正、廉洁高效、守法诚信的要求，遵循管办评分离的总体思路，加快形成法治化的教育行政管理体制，健全法律规范的实施与监督机制。

（一）依法全面履行教育行政管理职能。深入推进扩大省级政府教育统筹权改革，强化省级政府依法统筹推进区域内基本教育公共服务均等化职责，强化市县政府的执行职责。各级教育部门要依法进一步明确职能权限与责任，制定并公布权力清单、责任清单。切实按照法定职责必须为、法无授权不可为的原则，依法清理、精简行政权力，重点梳理在行政许可、行政处罚、学校管理等方面的职责。进一步推进教育行政审批制度改革，简政放权，建立规范、高效的审批制度流程，实行一个窗口受理，网上集中预受理和预审查，创造条件推进网上审批。加快推进内部机构的整合、调整，优化运行流程，提高运行效率，加强权力运行风险防控，切实提高监管能力和服务水平。

（二）推进决策科学化、民主化、法治化。健全依法决策机制，在重大决策中，全面落实公众参与、专家论证、风险评估、合法性审查和集体讨论决定的程序要求，确保决策制度科学、程序正当、过程公开、责任明确。事关教育全局发展和涉及群众切身利益的重大决策事项，应当广泛听取意见，建立重大教育决策事项的民意调查制度。提高专家论证和风险评估质量，建立教育决策咨询论证专家库，鼓励专家、专业机构长期跟踪研究重大教育问题。

（三）深化教育行政执法体制机制改革。适应教育管理需要，建立权责统一、权威高效的教育行政执法体制机制，着力解决教育领域执法不力问题，保证教育法律法规规章得到严格实施，推动教育管理的重心和方式向依靠行政执法等方式实施依法监管转变。加快建立教育综合执法机制，鼓励有条件的地方教育行政部门，调整内部机构设置和人员编制、整合执法力量，设立专门的执法机构、充实执法人员，实现相对集中行使执法权，对学校违规办学、违规招生、不执行国家课程标准、侵犯学生权益以及违背师德规范、违规有偿补课等行为开展综合执法。探索建立联合执法机制，积极会同财政、公安、工商、民政等部门，针对教育经费法定增长不到位、非法办学办班、义务教育学生辍学、教育辅导（服务）市场混乱等现象，按照属地管理原则，开展联合执法。对校园欺凌、性侵犯学生等违法犯罪行为建立"零容忍"机制，加强部门合作，会同政法部门依法严肃查处。积极创新执法体制与方式，鼓励地方根据教育管理的实践与需要，探索建立市县一体化的行政执法体制。积极利用信息化手段，创新执法方式，增强对教育违法行为及时发现、实时纠正的能力。制定教育行政执法手册，完善行政执法程序，规范教育行政许可、行政处罚、行政强制、行政检查的操作流程、执法文书等，建立健全行政裁量权基准制度。严格执行重大行政执法决定法制审核制度，未经法制审核或者审核未通过的，不得做出决定。推行行政执法公示制度，建立行政执法案卷归档、评查制度，建立行政执法责任制和责任追究制度。

（四）全面推进教育领域信息公开。坚持以公开为常态、不公开为例外原则，严格落实《政府信息公开条例》，积极推进教育行政部门、学校的决策、执行、管理、服务的信息公开，探索信息公开的新途径、新方式，重点推进教育经费预算、教育公共资源配置、入学规则与招生政策、重大教育建设项目批准和实施、重要改革事项等方面的信息公开。指导、监督学校全面履行信息公开义务。

（五）构建多元参与的教育治理体制。进一步依法健全教育督导制度，切实发挥教育督导机构和督学的作用。加快国家教育标准体系建设，改革、完善教育标准起草与审查机制，到2020年形成系统、完善的国家教育标准体系。完善教育领域的第三方评估机制，建立健全教师资格、学位、学业水平、教育质量、课程等领域的专业评价制度。加强对社会化教育活动规律特点的研究，健全市场监管标准、体制，发挥好市场机制在教育资源配置中的作用，形成多元参与的教育治理格局。完善体现教育系统特点的惩治和预防腐败制度体系和有效机制，营造风清气正的教育生态。

（六）健全教育领域纠纷处理机制。积极探索建立在法制框架内的多元化矛盾纠纷解决机制，引导公民、法人和其他社会组织通过法治途径，合法合理表达诉求，妥善处理各类教育纠纷。建立健全教育系统的法律顾问制度，依法积极应对诉讼纠纷，尊重司法监督。完善教育行政复议案件处理机制，规范办案流程，加大公开听证审理力度，依法加强对下级教育行政部门的层级监督。制定《教师申诉办法》《学生申诉办法》，健全教师和学生申诉制度。建立健全学生伤害事故调解制度，鼓励在市（地）或者县（区）设立由司法、教育部门牵头，公安、保监、财政、卫生等部门参加的学校学生伤害事故调解组织，吸纳具有较强专业知识和社会公信力、知名度、热心调解和教育事业的专业人员、家长代表等，组成调解委员会，发挥人民调解在学校学生伤害事故认定和赔偿中的作用。在招生、职务评聘、学术评价、学术不端行为认定等领域，探索试行专业裁量或者仲裁机制。创新信访工作机制，建立重大案件协商制度，积极运用法治方式处理信访案件。

**四　大力增强教育系统法治观念**

教育系统广大干部、师生特别是领导干部牢固树立社会主义法治观念，自觉办事依法、遇事找法、解决问题靠法，自觉守法、抵制违法，成为社会主义法治的忠实崇尚者、自觉遵守者、坚定捍卫者。

（一）实施教育系统法治观念提升工程。以多种形式，对教育系统全体干部、学校管理者、教师进行全员法治培训，着重增强法制观念，树立依法治教、依法执教的意识。分别研究制定教育部门领导干部、执法人员、学校管理者及教师的法制培训大纲，明确必修内容和考核办法。创新培训考核办法，建立依法治教案例库和教育系统领导干部法治能力评测工具。建立专项培训计划，着力抓好部门和学校主要负责人的法制能力培训，加强任职前的法制思维和法制素养考核评价，切实增强教育系统党员领导干部的纪律意识和规矩意识。到2020年，完成全员培训，实现领导干部全员考核。

（二）全面加强学生法制教育。要把加强青少年学生法制教育、培养学生法治观念,放在教育工作的突出位置,强化规则意识,倡导契约精神,弘扬公序良俗,实践法制的育人功能。编制《青少年法治教育大纲》,明确从基础教育到高等教育,各学段法治教育的目标、任务、内容和要求,切实将法制教育纳入国民教育体系。在中小学(含中等职业学校,下同)设立法制知识课程。鼓励各地积极探索以法制教育整合各类专项教育,编写地方法制教育教材,利用地方课程、校本课程,社会实践、班队会等课时,加强法制教育,并将义务教育阶段法制教育纳入教育经费保障范围。到2020年,建立科学、系统的学校法制教育课程、教材、师资体系。

(三)积极推进青少年法制教育实践基地建设。整合各种社会资源,争取财政专项支持,积极推动青少年法制教育实践基地建设。实践基地要建设成为集实践性、参与性、趣味性为一体的综合性校外法制教育场所,以相对集中的方式,为区域内的中小学校实施法制教育提供支持和服务。教育部将建设若干示范性基地,研制标准化的实践基地教学内容、课件资源和管理办法等,逐步加以推广。到2020年,争取在每个地级市至少建立1个实践基地。采取政府购买服务等方式,推动中小学生以多种方式参加法制教育社会实践。

(四)健全青少年法制教育支持体系。加大以教育部全国青少年普法网为核心的各级教育普法网建设,充分利用网络手段,促进优质法治教育资源的普及与推广,到2020年,做到全面覆盖。持续开展青少年法制教育课件大赛、青少年法制知识网络大赛,创办青少年法制教育专业期刊,支持创办大学生法制文化节等活动。建立青少年法制教育协同创新机制,大力推动对青少年法制教育的研究与资源开发,支持高等学校设立青少年法制教育方面的专业学位。积极利用中外人文交流机制等平台,推动青少年法制教育的国际交流与合作。完善与人大、司法及有关行政部门、社会组织的合作机制,健全青少年法制教育的社会支持网络,加强学校法制副校长、法制辅导员、法制教育志愿者队伍建设。

(五)着力提升中小学法制教育教师专业素质。采取多种措施,提高中小学法制教育教师的法律素质和教学能力。实施国家、省、市、县四级法制教育教师专业素质专项培训计划，实施中小学法制教育名师培育工程，建设若干师资培训基地。到 2020 年，每所中小学至少有 1 名教师接受 100 学时以上的系统法律知识培训，能够承担法制教育教学任务，协助解决学校相关法律问题。

**五　深入推进各级各类学校依法治校**

依法治校是依法治教的重要内容，也是推进法治社会建设，构建多层次、多形式法治创建活动的重要组成部分。要抓住重点，进一步深化落实 2012 年教育部发布的《全面推进依法治校实施纲要》，将各级各类学校的依法治校工作推向深入。

（一）大力推进学校依章程自主办学。全面完成高等学校章程制定与核准工作。在此基础上，健全章程核准后的执行和监督评价机制建设，督促学校以章程为统领，完善内部治理结构和规章制度。地方教育部门要结合实际，对普通中小学、中等职业学校章程建设提出指导意见，健全核准制度，加快推进章程建设。到 2020 年，全面实现学校依据章程自主办学。

（二）积极推进现代学校制度建设。按照法治原则和法律规范，加快建设依法办学、自主管理、民主监督、社会参与的现代学校制度，构建政府、学校、社会之间的新型关系。在高等学校深入落实《坚持和完善党委领导下的校长负责制的实施意见》《高等学校学术委员会规程》《学校教职工代表大会规定》《普通高等学校理事会规程（试行）》等文件、规章，推动党委会、校长办公会议事规则的完善，推动学术委员会、教职工代表大会以及理事会等制度的完善落实。加强中小学党组织建设，发挥基层党组织在中小学治理中的核心作用，健全校长负责制。制定出台《中小学家长委员会规程》，以健全家长委员会制度为重点，加强家长、社区对中小学事务的参与和监督。依法健全各类社团、协会以及其他社会组织在学校组织及开展活动的规则与要求，完善监督机制。

（三）完善师生权益保护机制。研究制定《关于加强学校安全风险防控机制的意见》，健全学校安全风险防控机制，探索建立学校安全风险顾问制度，形成妥善预防和解决学校安全问题的法治化框架，完善学校保险机制，进一步提高学校应对安全问题的能力。制定《未成年人学校保护规定》，与有关专业机构合作，探索建立青少年学生权益保护中心，依法健全学校未成年学生的权利保护机制。鼓励依托教职工代表大会、学生代表大会制度，健全完善学校的学生申诉、教师申诉制度，设立师生权益保护、争议调解委员会、仲裁委员会等机构，吸纳师生代表，公平、公正调处纠纷、化解矛盾。

（四）全面启动依法治校示范校创建活动。教育部制定发布依法治校评价体系和考核办法，指导各地全面启动依法治校考核机制和各级依法治校示范校创建活动。创新考核办法，建立学校自查、专家评审、行政部门复查以及第三方评估、社会评价等多元考核机制。到2020年，学校要全面达到依法治校的基本要求，形成一批高标准的依法治校示范校。

**六  健全组织保障和落实机制**

党的领导是全面推进依法治国的根本保障。推进依法治教必须坚持党总揽全局、协调各方，发挥教育部门、学校党组织的领导核心作用。各级教育部门和各级各类学校要切实增强依法治教的使命感、紧迫感和责任感，加强组织领导，强化工作责任，切实抓好落实。

（一）加强对依法治教的组织领导。各级教育部门要切实加强对依法治教工作的组织领导，将推进依法治教摆在工作全局的重要位置，制定年度工作要点和实施规划，明确任务、落实责任、切实推进。要积极推动党委、政府及有关部门建立依法治教领导小组或者协调机制，将依法治教纳入地方法治创建活动的整体框架，落实有关部门在依法治教中的法定职责，形成综合推进机制。要把依法治教、依法治校的情况纳入绩效考核和教育现代化评估等综合评价体系。完善领导干部选拔任用标准和机制，切实把法治思维和法治能力强、意识突出干部选拔到教育行政部门、学校的领导岗位上来。要在部门预算中列支教育法治专项经费，为推进依法治教提供必要的经费与条件保障。

（二）健全教育法治工作队伍。各级教育部门要通过职能调整、机构重组，明确和加强法治工作机构职能，充实法治机构人员力量。省和计划单列市教育部门要加强法治工作机构建设，鼓励市、县

（区）级教育部门根据实际，整合相关职能，设立负责法制工作的综合性机构，条件许可的，设立专门性机构。要充分发挥法制工作机构在推进依法行政中的核心作用，明确其在推进法治政府建设、重大行政决策合法性审查、立法和重要规范性文件制定、统筹教育行政执法、综合处理法律纠纷、普法宣传等方面的职能。积极推行并规范法律顾问制度，逐步建立以法制工作机构人员为主体、吸收专家和律师参加的法律顾问队伍，保证县级以上教育行政部门至少有1名法律顾问。

（三）建立学校法律服务和支持体系。各级教育部门要积极推动建立健全学校法律顾问制度。高等学校要有机构专门负责法律事务和依法治理工作，要聘任专任的法律顾问，建立健全面向师生的法律服务体系。中小学可视情况和需要配备法律顾问。地方教育部门可以采取政府购买服务、与律师协会开展合作、借助高校和研究机构力量等方式，为所辖区域内的中小学校配备法律顾问，建立未成年学生法律救助机制。

（四）构建教育法治智力支持体系。要大力加强教育法制的理论与实践研究，教育部和省级教育部门要探索设立教育法治研究基地或者专业智库，培育教育法制方面的专业研究力量；鼓励和推动教育法学学科建设，设立专业硕士学位。要围绕重要法律、法规、规章及规范性文件起草设立专门研究课题，采用年度招标、购买服务等模式，让研究机构、专业人员、社会组织等第三方广泛深入参与，提高教育立法的科学性、民主性。在教育科研课题设置中，要保留专门的教育法制内容，促进教育法学的繁荣与发展。推动教育法制专业学会的建设与发展。

（五）实施要求

全面依法治教是一项长期任务，涉及教育行政管理和学校内部治理的全过程和各环节，各地、各高校要将落实本纲要作为深化教育综合改革的重要途径，高度重视、认真实施，确保纲要的目标要求得以落实。

落实实施路径，创新工作方法。实施本纲要，要以试点引领，推动试点区域、单位，积极探索实践、积累经验，为全面推广奠定基础；

要与各级政府法治建设的整体要求、部署相结合，遵循教育的规律、特点，借助各方合力；要注重顶层设计与基层实践相结合，调动、保护基层和学校的积极性和主动性；既要循序渐进，夯实基础，又要针对教育实践出现的典型案例、热点问题，积极运用法治思维和法治方式寻求破解办法。

明确目标要求，制订实施规划。各地要根据本纲要提出的目标要求等，结合本地实际和地方政府提出的要求，制订或者修订完善本地方依法治教实施规划，明确提出时间进度和可检验的成果形式，分阶段、分步骤组织实施。省级教育行政部门的实施规划要报教育部备案。

完善工作机制，加强评估指导。各地、各高校要围绕本纲要要求，在部门、学校内部建立分工负责、合力推进的工作机制，健全推进举措。教育部和省级教育行政部门要建立依法治教资源共享平台和信息发布平台，及时总结依法治教的经验做法，推广成功经验；选择若干市、县作为依法治教的改革试点单位，指导、支持试点地方、单位创新依法治教的体制机制。教育部组织制定依法治教评价指标体系，分阶段，对地方各级教育行政部门和学校依法治教、依法治校的情况进行评估，树立一批依法治教的示范区域和经验典型，推动纲要的全面贯彻实施。

# 教育部　国务院学位委员会　国家语委关于宣布失效一批规范性文件的通知

教政法〔2016〕12号

各省、自治区、直辖市教育厅（教委），各计划单列市教育局，新疆生产建设兵团教育局，部属各高等学校：

根据《国务院办公厅关于做好行政法规部门规章和文件清理工作有关事项的通知》（国办函〔2016〕12号）要求，我部对不利于稳增长、促改革、调结构、惠民生的规范性文件进行了专项清理。经商有关部委和单位同意，决定宣布失效一批规范性文件，现将宣布失效的规范性文件目录予以公布。已失效的规范性文件不再作为行政管理的依据。

特此通知。

附件：宣布失效的规范性文件目录

教育部　国务院学位委员会　国家语委
2016年6月3日

附件　　　　宣布失效的规范性文件目录

| 序号 | 文件名称 | 发文机关 | 文号 |
| --- | --- | --- | --- |
| 1 | 转发三个关于贯彻落实国务院〔1978〕1号文件的经验材料 | 教育部 | （78）教普字923号 |
| 2 | 关于实施"高等学校文科教材编选规划"的通知 | 教育部 | （78）教高一字1143号 |

续表

| 序号 | 文件名称 | 发文机关 | 文号 |
| --- | --- | --- | --- |
| 3 | 关于出版高等学校文科教材几个具体问题的说明 | 教育部 | (79) 教高一字 018 号 |
| 4 | 关于加强外国教材引进工作的"规定"和暂行办法 | 教育部、外交部、财政部 | (79) 教高二字 003 号、(79) 外会文字 156 号、(79) 财国字 4 号 |
| 5 | 关于试行高等学校英语专业教学计划和教学大纲的通知 | 教育部 | (79) 教高一字 026 号 |
| 6 | 关于印发《加强外语教育的几点意见》的通知 | 教育部 | (79) 教高一字 027 号 |
| 7 | 关于边境县（旗）、市中小学民办教师转公办教师的通知 | 教育部、财政部、粮食部、国家民委、国家劳动总局 | (79) 教计字 454 号 |
| 8 | 关于印发高等学校德语专业、法语专业教学计划、教学大纲、教材编写计划的通知 | 教育部 | (79) 教高一字 083 号 |
| 9 | 转发文化部关于艺术院校师生观摩资料影片、文艺演出以及使用模特儿问题等文件 | 教育部 | (80) 教高一字 019 号 |
| 10 | 关于印发《外语院、系汉语课教学大纲（试行草案）》的通知 | 教育部 | (80) 教高一字 034 号 |
| 11 | 转发山东省教育、财政、农业厅文件 | 教育部 | (80) 教计字 237 号 |
| 12 | 印发高等学校文科公共英语课教学大纲及教材编写计划的通知 | 教育部 | (80) 教高一字 055 号 |
| 13 | 关于勤工俭学收益的纳税问题的答复 | 教育部、财政部 | (80) 教供字 042 号 |
| 14 | 关于地区、省辖市一级教育学院、教师进修学院教师评定职称的通知 | 教育部 | (80) 教师字 005 号 |
| 15 | 关于高校英语师资培训班聘请外籍教师经费等问题的通知 | 教育部 | (80) 教高一字 095 号 |
| 16 | 关于印发《广播电视大学学生学籍管理暂行规定》的通知 | 教育部 | (80) 教视字 018 号 |
| 17 | 印发《高等学校外语专业教材编审委员会暂行工作条例》的通知 | 教育部 | (81) 教高一字 002 号 |

续表

| 序号 | 文件名称 | 发文机关 | 文号 |
|---|---|---|---|
| 18 | 关于高中建立学生档案的通知 | 教育部 | （81）教学字007号 |
| 19 | 关于高等学校在校学生结婚规定的通知 | 教育部 | （81）教学字012号 |
| 20 | 关于高等学校教师赴外地任教期间工资待遇、生活津贴的暂行规定 | 教育部、财政部、国家劳动总局 | （81）教计资字139号、（81）财事字187号、（81）劳总薪字76号 |
| 21 | 关于高等学校制发毕业证书问题的通知 | 教育部 | （81）教学字036号 |
| 22 | 转发河北省关于整顿民办教师队伍经验的通知 | 教育部 | （81）教师字003号 |
| 23 | 关于下达《关于调整中、小学教职工工资中若干具体政策问题的处理意见》以及教育系统教职工升级人数和增加工资指标等的通知 | 教育部、国家人事局、国家劳动总局、财政部 | （81）教计资字261号 |
| 24 | 关于印发高等学校俄语专业教材编选计划的通知 | 教育部 | （82）教高一字028号 |
| 25 | 关于印发张承先副部长讲话和《〈关于调整中小学教职工工资中若干具体政策问题的处理意见〉有关问题的补充意见》的通知 | 教育部 | （82）教计资字023号 |
| 26 | 关于改进出国进修人员外语统考办法的意见 | 教育部 | （82）教高一字051号 |
| 27 | 关于试行高等师范院校文科三个专业教学大纲的通知 | 教育部 | （82）教高一字063号 |
| 28 | 转发《关于举办高等学校图书馆专业干部进修班的暂行规定》的通知 | 教育部 | （82）教高一字075号 |
| 29 | 印发《高等院校英语专业〈英美文学史与英美文学选读〉教学大纲（试行草案)》的通知 | 教育部 | （82）教高一字078号 |
| 30 | 关于颁发《全日制普通高等学校学生学籍管理办法》的通知 | 教育部 | （83）教学字001号 |
| 31 | 印发《关于加强高等学校管理专业教育的意见》的通知 | 教育部 | （83）教高二字017号 |
| 32 | 印发《关于加强高等工业学校管理类专业建设的意见》的通知 | 教育部 | （83）教高二字021号 |

续表

| 序号 | 文件名称 | 发文机关 | 文号 |
| --- | --- | --- | --- |
| 33 | 印发《关于发展和改革图书馆学情报学教育的几点意见》的通知 | 教育部 | (83)教高一字051号 |
| 34 | 印发《关于调整和发展高等学校文科教育的几点意见》的通知 | 教育部 | (84)教高一字015号 |
| 35 | 关于高等医学院校医学类各专业增开法医学课程的通知 | 教育部 | (84)教高二字020号 |
| 36 | 印发高等医学院校医学类各专业用《法医学教学大纲》（试行草案）的通知 | 教育部 | (84)教高二字021号 |
| 37 | 关于实行高等学校本科毕业与学士学位合一证书的通知 | 教育部、国务院学位委 | (84)教学字034号 |
| 38 | 关于试行全国高等教育自学考试指导委员会《高等教育自学考试汉语言文学专业考试计划》的通知 | 教育部 | (84)教考字009号 |
| 39 | 关于发布《中、小学公用经费参考定额》的通知 | 教育部 | (84)教计字225号 |
| 40 | 关于中等师范学校和全日制中小学教职工编制标准的意见 | 教育部 | (84)教计字239号 |
| 41 | 印发《关于高等学校开设电影课程的情况和意见》的通知 | 教育部 | (85)教高一字008号 |
| 42 | 关于试行全国高等教育自学考试指导委员会《高等教育自学考试哲学专业考试计划》的通知 | 教育部 | (85)教考字004号 |
| 43 | 关于试行全国高等教育自学考试指导委员会《高等教育自学考试法律专业考试计划》的通知 | 国家教委 | (85)教考字007号 |
| 44 | 关于制止用省、自治区、直辖市高等教育自学考试指导委员会的名义滥发学历证书的通知 | 国家教委 | (85)教考字010号 |
| 45 | 印发《关于发展和改革档案学教育的几点意见》的通知 | 国家教委、国家档案局 | (85)教高一字036号、国档联发（1985）15号 |
| 46 | 关于试行全国高等教育自学考试指导委员会《高等教育自学考试工业与民用建筑工程专业专科考试计划》的通知 | 国家教委 | (85)教考字011号 |

续表

| 序号 | 文件名称 | 发文机关 | 文号 |
|---|---|---|---|
| 47 | 关于中等专业学校经费问题几项原则规定的通知 | 国家教委、财政部 | （86）教计字111号 |
| 48 | 关于印发《普通高等学校接受委托培养学生管理工作暂行规定》的通知 | 国家教委 | （86）教学字002号 |
| 49 | 关于批转《大学英语教学大纲》（高等学校文理科本科用）的通知 | 国家教委 | （86）教高一字010号 |
| 50 | 颁发试行《关于制订职业高级中学（三年制）教学计划的意见》的通知及意见 | 国家教委 | （86）教职字008号 |
| 51 | 印发《关于职业中学经费问题的补充规定》的通知 | 国家教委 | （86）教计字109号 |
| 52 | 关于试行全国高等教育自学考试指导委员会《高等教育自学考试英语专业考试计划》的通知 | 国家教委 | （86）教考字001号 |
| 53 | 关于高等学校教师校外兼课酬金和教学工作量超额酬金的规定 | 国家教委、财政部、劳动人事部 | （86）教计字124号 |
| 54 | 关于印发《高等学校外语教材编审委员会工作条例》的通知 | 国家教委 | （86）教高一字032号 |
| 55 | 关于试行全国高等教育自学考试指导委员会《高等教育自学考试数学专业考试计划》的通知 | 国家教委 | （86）教考字009号 |
| 56 | 关于普通高等学校接收华侨、台湾、港澳青年进修、插班、旁听学习的通知 | 国家教委 | （86）教学字044号 |
| 57 | 公布《关于出版物上数字用法的试行规定》的联合通知 | 国家语委、国家出版局、国家标准局、国家计量局、国务院办公厅秘书局、中宣部新闻局、中宣部出版局 | 国语字［1987］第1号 |
| 58 | 关于印发《普通高等农林学校农科、林科、工科本科专业名称整理方案》的通知 | 国家教委 | （87）教高二字001号 |
| 59 | 关于高等学校学生退学后有关问题的补充通知 | 国家教委、劳动人事部 | （87）教学字002号 |

续表

| 序号 | 文件名称 | 发文机关 | 文号 |
|---|---|---|---|
| 60 | 关于试行《高等学校优秀教材奖励试行条例》及《一九八七年高等学校优秀教材评奖办法》的通知 | 国家教委 | （87）教材图字004号 |
| 61 | 关于修订《高等学校毕业生统一分配工作调遣费开支的规定》的通知 | 国家教委、财政部 | （87）教学字019号 |
| 62 | 关于社会力量办学的若干暂行规定 | 国家教委 | （87）教高三字014号 |
| 63 | 关于发出《高等学校毕业生见习暂行办法》的通知 | 国家教委、劳动人事部 | （87）教学字022号 |
| 64 | 关于批转试行贵州省高等教育自学考试公安管理专业基础科考试计划的通知 | 国家教委 | （87）教考字009号 |
| 65 | 关于重新印发《普通高等学校本、专科学生实行奖学金制度的办法》和《普通高等学校本、专科学生实行贷款制度的办法》的通知 | 国家教委、财政部 | （87）教计字139号 |
| 66 | 关于批转河北省高等教育自学考试文秘专业基础科考试计划的通知 | 国家教委 | （87）教考字008号 |
| 67 | 关于印发《全国普通高等学校医药本科专业目录》等文件的通知 | 国家教委 | （87）教高二字015号 |
| 68 | 关于做好普通高等学校医药本科专业整理工作的通知 | 国家教委 | （87）教高二字017号 |
| 69 | 关于做好中等师范学校普通话普及、巩固、提高工作的几点意见 | 国家语委、国家教委 | （87）国语字（1987）第18号、教师字（1987）第010号 |
| 70 | 关于印发《回国留学人员工作安排暂行办法》的通知 | 国家教委、国家科技委 | （87）教学字025号 |
| 71 | 关于试行《高等教育自学考试新闻学专业考试计划》的通知 | 国家教委 | （87）教考字012号 |
| 72 | 关于同意河南省开考物资管理专业及批转该专业考试计划的通知 | 国家教委 | （88）教考字001号 |
| 73 | 关于发布《现代汉语常用字表》的联合通知 | 国家语委、国家教委 | 国语字[1988]第3号 |
| 74 | 关于印发《普通高等医药院校本科专业设置审定意见》等文件的通知 | 国家教委 | （88）教高二字004号 |

续表

| 序号 | 文件名称 | 发文机关 | 文号 |
|---|---|---|---|
| 75 | 关于颁发《关于加强普通教育经费管理的若干规定》的通知 | 国家教委、财政部 | （88）教计字026号 |
| 76 | 关于发布《现代汉语通用字表》的联合通知 | 国家语委、新闻出版署 | 国语字［1988］第7号 |
| 77 | 印发《关于成人高等教育试行（专业证书）制度的若干规定》的通知 | 国家教委、人事部 | （88）教高三字006号 |
| 78 | 《关于减轻小学生课业负担过重问题的若干规定》《关于全日制普通中学端正办学方向、纠正片面追求升学率倾向的督导评估的几点意见》 | 国家教委 | （88）教督字001号 |
| 79 | 印发《关于进一步加强高等学校文科社会实践工作的意见》的通知 | 国家教委 | （88）教高一字006号 |
| 80 | 关于改善高等学校管理人员待遇的原则意见 | 国家教委 | （88）教干字012号 |
| 81 | 关于审批中专自学考试专业考试计划有关问题的通知 | 国家教委 | （88）教考字005号 |
| 82 | 关于公布《汉语拼音正词法基本规则》的联合通知 | 国家教委、国家语委 | 国语字［1988］第14号 |
| 83 | 关于社会力量办学几个问题的通知 | 国家教委 | （88）教高三字016号 |
| 84 | 关于印发《"一九八五年至一九九〇年高等学校文科教材编选计划"的补充计划》的通知 | 国家教委 | （88）教高一字012号 |
| 85 | 关于印发《高等学校英语专业基础阶段教学大纲》的通知 | 国家教委 | （88）教高一字016号 |
| 86 | 关于印发《特殊教育补助费使用办法》的通知 | 国家教委、国家计委、财政部、民政部、中国残联 | （89）教初字002号 |
| 87 | 关于清理整顿中小学收费项目有关问题的通知 | 国家教委、国家物价局、财政部 | （89）教财字010号 |
| 88 | 关于中小学危房修缮、改建工作的通知 | 国家教委 | （89）教财字011号 |

续表

| 序号 | 文件名称 | 发文机关 | 文号 |
|---|---|---|---|
| 89 | 关于试行《高等教育自学考试教育管理专业考试计划》的通知 | 国家教委 | (89)教考字002号 |
| 90 | 关于批转试行全国考委《高等教育自学考试数学专业本科段考试计划》的通知 | 国家教委 | (89)教考字001号 |
| 91 | 关于普通高等学校收取学杂费和住宿费的规定 | 国家教委、国家物价局、财政部 | (89)教财字032号 |
| 92 | 关于试行《高等教育自学考试农科农学专业、果树专业、蔬菜专业专科考试计划》的通知 | 国家教委 | (89)教考字003号 |
| 93 | 关于颁发《中等特殊教育师范学校教学计划（试行）》的通知 | 国家教委 | (89)教师字008号 |
| 94 | 关于批转试行全国考委《高等教育自学考试机械制造工艺与设备专业本科段考试计划》的通知 | 国家教委 | (89)教考字005号 |
| 95 | 关于批转试行全国考委高等教育自学考试电气工程、电子技术、计算机及其应用三个专业专科考试计划的通知 | 国家教委 | (89)教考字006号 |
| 96 | 关于调整研究生招生报名费收取标准的通知 | 国家教委、国家物价局、财政部 | 教财[1990]008号 |
| 97 | 关于修订发布《标点符号用法》的联合通知 | 国家语委、新闻出版署 | 国语字[1990]第5号 |
| 98 | 关于成人高等学校招生经费问题的通知 | 国家教委、国家物价局、财政部 | 教财[1990]034号 |
| 99 | 关于试行高等教育自学考试政治管理专业考试的通知 | 国家教委 | 教考[1990]1号 |
| 100 | 关于试行高等教育自学考试行政管理专业考试计划的通知 | 国家教委、人事部 | 教考[1990]2号 |
| 101 | 关于建立各地财政预算内教育经费安排情况报告制度的通知 | 国家教委 | 教财[1990]044号 |
| 102 | 关于跨省、自治区、直辖市办学招生广告审批权限的通知 | 国家教委 | 教成[1990]017号 |

续表

| 序号 | 文件名称 | 发文机关 | 文号 |
| --- | --- | --- | --- |
| 103 | 关于转发《国务院办公厅关于调整北京市中小学学杂费住宿费收费标准问题的复函》的通知 | 国家教委 | 教财〔1990〕059号 |
| 104 | 关于试行《高等教育自学考试畜牧专业专科考试计划》的通知 | 国家教委 | 教考〔1990〕4号 |
| 105 | 关于批转试行全国考委《高等教育自学考试汉语言文学专业本科段考试计划》的通知 | 国家教委 | 教考〔1990〕5号 |
| 106 | 关于国有资产管理工作的通知 | 国家教委 | 教财〔1990〕081号 |
| 107 | 关于颁发《中等师范学校德育大纲（试行）》等两个文件的通知 | 国家教委 | 教师〔1990〕004号 |
| 108 | 关于印发《关于制订职业高级中学（三年制）教学计划的意见》的通知 | 国家教委 | 教职〔1990〕017号 |
| 109 | 关于转发国务院办公厅国办发〔1990〕72号文件的通知 | 国家教委 | 教学〔1991〕1号 |
| 110 | 关于进一步加强高等学校学生宿舍管理的通知 | 国家教委 | 教政〔1991〕1号 |
| 111 | 关于做好高等师范专科学校招收中学民办教师工作的通知 | 国家教委 | 教学〔1991〕9号 |
| 112 | 关于印发《〈普通中等专业学校招生体检标准〉补充规定的通知》 | 国家教委、卫生部 | 教职〔1991〕9号 |
| 113 | 关于对中等师范学校普及普通话工作进行检查验收的通知 | 国家语委、国家教委 | 国语〔1991〕29号 |
| 114 | 关于切实做好"八五"期间残疾人教育工作的通知 | 国家教委、国家计委、财政部、民政部、劳动部、人事部、中国社会福利有奖募捐委员会、中国残疾人联合会 | 教基〔1991〕17号 |
| 115 | 关于普通高等学校本科毕业证书与学士学位证书分开制发的通知 | 国家教委、国务院学位委 | 教学〔1991〕24号 |
| 116 | 关于批转试行《高等教育自学考试中药专业考试计划》的通知 | 国家教委 | 教考〔1991〕4号 |

续表

| 序号 | 文件名称 | 发文机关 | 文号 |
| --- | --- | --- | --- |
| 117 | 关于印发《国家教委直属高等学校教育事业发展十年规划和"八五"计划纲要》的通知 | 国家教委 | 教直〔1991〕35号 |
| 118 | 关于解决灾区民办教师报酬和生活困难的几点意见 | 国家教委 | 教人〔1991〕78号 |
| 119 | 关于印发《国家教育委员会督学聘任暂行办法》的通知 | 国家教委 | 教督〔1991〕3号 |
| 120 | 关于积极组织高等学校参与浦东开发的意见 | 国家教委、上海市人民政府 | 教直〔1992〕4号 |
| 121 | 关于对中小学德育工作有关法规、文件落实情况进行督导检查的通知 | 国家教委 | 教督〔1992〕1号 |
| 122 | 关于颁发《职业高级中学学生学籍管理暂行规定》的通知 | 国家教委 | 教职〔1992〕3号 |
| 123 | 关于试行《普通高等学校学生安全教育及管理暂行规定》的通知 | 国家教委 | 教学〔1992〕7号 |
| 124 | 关于试行高等教育自学考试经济管理类专业考试计划的通知 | 国家教委 | 教考〔1992〕1号 |
| 125 | 关于印发《残疾儿童少年义务教育"八五"实施方案》的通知 | 国家教委、中国残联 | 教基〔1992〕16号 |
| 126 | 印发《关于加快中学教师学历培训步伐的意见》和《邹时炎同志在全国中小学教师培训工作研讨会上的讲话》的通知 | 国家教委 | 教师〔1992〕5号 |
| 127 | 关于做好学校治安综合治理工作的几点意见 | 国家教委 | 教政〔1992〕3号 |
| 128 | 印发《关于国家教委直属高校内部管理体制改革的若干意见》的通知 | 国家教委 | 教直〔1992〕37号 |
| 129 | 印发《关于国家教委直属高校深化改革,扩大办学自主权的若干意见》的通知 | 国家教委 | 教直〔1992〕38号 |
| 130 | 关于对高等师范院校普及普通话工作进行检查验收的通知 | 国家语委、国家教委 | 国语〔1992〕47号 |

续表

| 序号 | 文件名称 | 发文机关 | 文号 |
| --- | --- | --- | --- |
| 131 | 关于在部分省开展中专自学考试改革考试点工作的几点意见 | 国家教委 | 教考〔1992〕2号 |
| 132 | 关于发布《全面消除和杜绝中小学危房的规定》的通知 | 国家教委、财政部、国家计委 | 教财〔1992〕73号 |
| 133 | 关于印发《关于成人高等教育毕业证书统一印制及加强管理的若干规定》的通知 | 国家教委 | 教成〔1993〕2号 |
| 134 | 关于下发《普及九年义务教育评估验收办法》等三个文件的通知 | 国家教委 | 教督〔1993〕2号 |
| 135 | 关于颁发《普通中等专业学校专业目录》的通知 | 国家教委 | 教职〔1993〕8号 |
| 136 | 关于高等学校校办产业执行新财务会计制度有关问题的通知 | 国家教委、财政部 | 教财〔1993〕27号 |
| 137 | 关于颁发《中等职业技术学校职业道德教学大纲》（试用）的通知 | 国家教委 | 教职〔1993〕11号 |
| 138 | 关于印发《普通高等学校本科专业目录》等文件的通知 | 国家教委 | 教高〔1993〕13号 |
| 139 | 关于修改《普通高等学校本、专科学生实行贷款制度的办法》部分条款的通知 | 国家教委、财政部 | 教财〔1993〕59号 |
| 140 | 关于进一步做好高等学校勤工助学工作意见的通知 | 国家教委、财政部 | 教财〔1993〕62号 |
| 141 | 关于中等职业技术学校政治课课程设置的意见 | 国家教委 | 教职〔1993〕17号 |
| 142 | 关于印发《普通高等教育学历证书管理暂行规定》的通知 | 国家教委 | 教学〔1993〕12号 |
| 143 | 关于印发《中小学校校办产业周转金管理暂行办法》的通知 | 国家教委、财政部 | 教财〔1993〕89号 |
| 144 | 关于印发《普通高等学校研究生奖学金办法》的通知 | 国家教委、财政部 | 教财〔1994〕50号 |
| 145 | 关于转发《财政部、国家税务总局关于福利企业、学校办企业征税问题的通知》的通知 | 国家教委 | 教备〔1994〕2号 |

续表

| 序号 | 文件名称 | 发文机关 | 文号 |
| --- | --- | --- | --- |
| 146 | 关于颁发《国家级重点职业高级中学标准》的通知 | 国家教委 | 教职〔1994〕1号 |
| 147 | 关于印发《关于普通中等专业学校招生与就业制度改革的意见》的通知 | 国家教委 | 教职〔1994〕3号 |
| 148 | 关于普通中专招生体检工作的通知 | 国家教委 | 教职〔1994〕5号 |
| 149 | 关于印发《普通中等专业学校学生学籍管理规定》的通知 | 国家教委 | 教职〔1994〕4号 |
| 150 | 关于印发《关于进一步推进高等农林教育改革和发展的若干意见》的通知 | 国家教委、农业部、林业部 | 教高〔1994〕11号 |
| 151 | 关于试行高等教育自学考试国际贸易专业考试计划的通知 | 国家教委 | 教考〔1994〕1号 |
| 152 | 关于进一步建立健全教育内审制度的通知 | 国家教委 | 教审〔1994〕2号 |
| 153 | 关于社会力量举办的非学历高等教育机构名称问题的批复 | 国家教委 | 教成〔1994〕13号 |
| 154 | 关于印发《关于国家教委直属高校贯彻全国教育工作会议精神的意见》的通知 | 国家教委 | 教直〔1994〕13号 |
| 155 | 关于印发《关于国家教委直属高校积极推行办学与管理体制改革的意见》的通知 | 国家教委 | 教直〔1994〕14号 |
| 156 | 关于印发《国家教委直属企事业单位实行工资总额与经济效益挂钩试行办法》的通知 | 国家教委 | 教人〔1994〕112号 |
| 157 | 关于在外国来华留学生中执行《普通高等教育学历证书管理暂行规定》及其实施细则的通知 | 国家教委 | 教学〔1994〕21号 |
| 158 | 关于在"两基"督导评估中防止弄虚作假，反对形式主义的通知 | 国家教委 | 教督〔1995〕1号 |
| 159 | 关于颁发《研究生学籍管理规定》的通知 | 国家教委 | 教学〔1995〕4号 |

续表

| 序号 | 文件名称 | 发文机关 | 文号 |
| --- | --- | --- | --- |
| 160 | 关于颁发中等职业技术学校政治课《经济·政治》和《世界观·人生观》教学大纲（试用）的通知 | 国家教委 | 教职〔1995〕2号 |
| 161 | 关于颁发中等职业技术学校政治课《法律》教学大纲（试用）的通知 | 国家教委 | 教职〔1995〕3号 |
| 162 | 关于进一步做好"两基"评估验收工作的若干补充意见 | 国家教委 | 教督〔1995〕5号 |
| 163 | 关于印发《关于"九五"期间普通高等教育教材建设与改革的意见》的通知 | 国家教委 | 教高〔1995〕6号 |
| 164 | 关于颁发中等职业技术学校政治课《国情》教学大纲（试用）的通知 | 国家教委 | 教职〔1995〕7号 |
| 165 | 关于成立国家语委标准化工作委员会的通知 | 国家语委 | 国语字〔1995〕7号 |
| 166 | 关于社会力量办学管理体制问题的批复 | 国家教委 | 教成〔1995〕8号 |
| 167 | 关于健全中小学学生助学金制度的通知 | 国家教委、财政部 | 教财〔1995〕53号 |
| 168 | 关于改革国家教委直属院校学生贷款办法的通知 | 国家教委 | 教财〔1995〕58号 |
| 169 | 关于编制教育经费年度计划的通知 | 国家教委、财政部 | 教财〔1995〕77号 |
| 170 | 关于颁发《三年制中等幼儿师范学校教学方案（试行）》的通知 | 国家教委 | 教师〔1995〕1号 |
| 171 | 关于颁发《外国来华留学生经费管理办法》的通知 | 国家教委、财政部 | 教财〔1995〕79号 |
| 172 | 关于提高普通高等学校研究生奖学金标准的通知 | 国家教委、财政部 | 教财〔1996〕85号 |
| 173 | 关于试行全国高等教育自学考试指导委员会《高等教育自学考试经济管理类专业考试计划》的通知 | 国家教委 | 教考试〔1996〕2号 |
| 174 | 关于加强社会力量办学管理工作的通知 | 国家教委 | 教成〔1996〕7号 |

续表

| 序号 | 文件名称 | 发文机关 | 文号 |
| --- | --- | --- | --- |
| 175 | 关于印发《残疾儿童少年义务教育"九五"实施方案》的通知 | 国家教委、中国残联 | 教基[1996]8号 |
| 176 | 关于印发《关于加强教育督导队伍建设的几点意见》和《督学行为准则》的通知 | 国家教委 | 教督[1996]6号 |
| 177 | 关于印发《全日制普通高级中学思想政治课课程标准（试行）》的通知 | 国家教委 | 教基[1996]14号 |
| 178 | 关于同意吉林、福建、陕西、四川、广东五省进行高等教育学历文凭考试试点的批复 | 国家教委 | 教成[1996]10号 |
| 179 | 关于印发《委属高校校办产业国有资产保值增值考核试行办法》的通知 | 国家教委 | 教财[1996]96号 |
| 180 | 关于印发《关于师范教育改革和发展的若干意见》的通知 | 国家教委 | 教师[1996]4号 |
| 181 | 关于印发《中小学计算机教育五年发展纲要（1996—2000年）》的通知 | 国家教委 | 教基[1996]27号 |
| 182 | 关于印发《普通中小学校督导评估工作指导纲要（修订稿）》的通知 | 国家教委 | 教督[1997]4号 |
| 183 | 关于印发《关于深化文科教育改革的意见》的通知 | 国家教委 | 教高[1997]11号 |
| 184 | 关于印发《九年义务教育全日制小学写字教学指导纲要（试用）》的通知 | 国家教委 | 教基[1997]10号 |
| 185 | 关于印发《关于加强和改进职业学校德育工作的意见》的通知 | 国家教委 | 教职[1997]6号 |
| 186 | 关于印发《"九五"期间特殊教育补助费使用的几点意见》的通知 | 国家教委、财政部、民政部、中国社会福利有奖募捐委员会、中国残联 | 教基[1997]11号 |
| 187 | 关于实施《社会力量办学条例》若干问题的意见 | 国家教委 | 教成[1997]6号 |

续表

| 序号 | 文件名称 | 发文机关 | 文号 |
|---|---|---|---|
| 188 | 关于发布教育系统内部审计规范的通知 | 国家教委 | 教审〔1997〕2号 |
| 189 | 关于对国务院办公厅转发财政部《关于进一步做好教育科技经费预算安排和确保教师工资按时发放的通知》落实情况进行对照检查的通知 | 教育部 | 教财〔1998〕19号 |
| 190 | 关于对1998年申报对外汉语教师资格人员进行普通话水平测试的通知 | 国家语委语言文字应用管理司、教育部对外汉语老师资格审查委员会办公室 | 国语管〔1998〕5号 |
| 191 | 关于印发《普通高等学校本科专业目录（1998年颁布）》《普通高等学校本科专业设置规定（1998年颁布）》等文件的通知 | 教育部 | 教高〔1998〕8号 |
| 192 | 关于进一步深化学校住房制度改革，加快解决教职工住房问题的若干意见 | 教育部、建设部 | 教发〔1998〕23号 |
| 193 | 关于推进高等教育自学考试林业生态环境管理专业工作的通知 | 教育部、国家林业局、全国绿化委员会 | 教考试〔1999〕4号 |
| 194 | 关于商请解决民办大学学生假期购火车票优待问题的函 | 教育部 | 教学函〔1999〕1号 |
| 195 | 关于进一步深化普通高等学校招生考试制度改革的意见 | 教育部 | 教学〔1999〕3号 |
| 196 | 关于规范高等职业学校名称的通知 | 教育部 | 教发〔1999〕48号 |
| 197 | 关于严格控制社会力量办学评比活动的通知 | 教育部 | 教发〔1999〕59号 |
| 198 | 关于贯彻落实全面推进素质教育决定进一步加快中初等学校校办产业发展的若干意见 | 教育部 | 教财〔1999〕14号 |
| 199 | 关于成立教育部高等学校图书情报工作指导委员会的通知 | 教育部 | 教高〔1999〕5号 |
| 200 | 关于印发《关于加强教育督导与评估工作的意见》的通知 | 教育部 | 教督〔1999〕6号 |
| 201 | 关于印发《全国优秀博士学位论文评选办法》的通知 | 教育部、国务院学位委员会 | 教研〔1999〕2号 |

续表

| 序号 | 文件名称 | 发文机关 | 文号 |
| --- | --- | --- | --- |
| 202 | 关于调整外国留学生奖学金生活费标准的通知 | 教育部、财政部 | 教财〔1999〕22号 |
| 203 | 关于印发《关于在高等学校国家重点实验室和教育部重点实验室实行访问学者制度的意见》等两个文件的通知 | 教育部 | 教技〔1999〕5号 |
| 204 | 关于认真贯彻第三次全国教育工作会议精神进一步加强教育审计工作的若干意见 | 教育部 | 教财〔1999〕25号 |
| 205 | 关于加强中小学校舍危房修缮和改造的紧急通知 | 教育部 | 教财〔1999〕32号 |
| 206 | 关于印发《关于制定中等职业学校教学计划的原则意见》的通知 | 教育部 | 教职成〔2000〕2号 |
| 207 | 关于颁发中等职业学校语文等课程教学大纲（试行）的通知 | 教育部 | 教职成〔2000〕7号 |
| 208 | 关于印发《中等职业学校专业目录》和《关于中等职业学校专业设置管理的原则意见》的通知 | 教育部 | 教职成〔2000〕8号 |
| 209 | 关于印发《高等教育学历证书电子注册管理暂行规定》的通知 | 教育部 | 教学〔2001〕4号 |
| 210 | 关于重申保证高等教育质量，加强学历文凭、学位证书管理的通知 | 教育部 | 教学〔2001〕6号 |
| 211 | 关于印发《中等职业学校德育课课程设置与教学安排的意见》的通知 | 教育部 | 教职成〔2001〕2号 |
| 212 | 关于印发中等职业学校德育课课程教学大纲（试行）的通知 | 教育部 | 教职成〔2001〕3号 |
| 213 | 关于印发《关于"十五"期间普通高等教育教材建设与改革的意见》的通知 | 教育部 | 教高〔2001〕1号 |
| 214 | 关于印发《全国中小学危房改造工程实施管理办法》的通知 | 教育部、国家计委、财政部 | 教财〔2001〕7号 |
| 215 | 关于印发《现代远程教育技术规范（教学资源相关部分）V1.0版》的通知 | 教育部 | 教技〔2001〕1号 |

续表

| 序号 | 文件名称 | 发文机关 | 文号 |
|---|---|---|---|
| 216 | 关于成立2001—2005年教育部高等学校有关科类教学指导委员会的通知 | 教育部 | 教高函〔2001〕11号 |
| 217 | 关于继续做好农村教育费附加征收管理工作的通知 | 教育部、财政部、农业部 | 教财〔2001〕35号 |
| 218 | 关于切实做好部属高校2001年招生收费工作的通知 | 教育部 | 教财〔2001〕14号 |
| 219 | 关于印发《中等职业学校设置标准（试行）》的通知 | 教育部 | 教职成〔2001〕8号 |
| 220 | 关于商请解决民办高等教育学生火车优惠票价的函 | 教育部 | 教学函〔2001〕6号 |
| 221 | 关于印发《关于制定中等职业学校学生学籍管理规定的原则意见》的通知 | 教育部 | 教职成〔2001〕9号 |
| 222 | 关于成立2002—2006年教育部高等学校外语专业等科类教学指导委员会的通知 | 教育部 | 教高函〔2002〕16号 |
| 223 | 关于印发《现代远程教育技术标准体系和11项试用标准V1.0版》（简介）的通知 | 教育部 | 教技〔2002〕1号 |
| 224 | 关于印发《教育部2002年财政国库管理制度改革试点工作实施方案》的通知 | 教育部 | 教财函〔2002〕43号 |
| 225 | 关于印发全日制义务教育《思想品德课程标准（实验稿）》的通知 | 教育部 | 教基〔2003〕9号 |
| 226 | 关于对各地批准试办的独立学院进行检查清理和重新报批工作的通知 | 教育部 | 教发函〔2003〕247号 |
| 227 | 关于农村中小学危房改造工程的实施意见 | 教育部、国家发改委、财政部 | 教财〔2003〕5号 |
| 228 | 关于印发《2004年高等学校招生全国统一考试考务工作规定》的通知 | 教育部 | 教考试〔2004〕1号 |
| 229 | 关于语言文字应用研究"十五"科研规划项目中期检查、结项鉴定等工作安排的通知 | 国家语委科研规划领导小组办公室 | 教语科〔2004〕1号 |

续表

| 序号 | 文件名称 | 发文机关 | 文号 |
| --- | --- | --- | --- |
| 230 | 关于进一步加强农村中小学危房改造工程管理的意见 | 教育部、国家发改委、财政部、建设部 | 教财〔2004〕8号 |
| 231 | 关于推进职业教育若干工作的意见 | 教育部、财政部 | 教财〔2004〕9号 |
| 232 | 关于继续实施"985工程"建设项目的意见 | 教育部、财政部 | 教重〔2004〕1号 |
| 233 | 关于印发《中等职业学校德育大纲》的通知 | 教育部 | 教职成〔2004〕14号 |
| 234 | 关于开展示范性县级教师培训机构评估认定工作的通知 | 教育部 | 教师函〔2005〕4号 |
| 235 | 关于印发《中央财政支持的职业教育实训基地建设项目支持奖励评审试行标准》的通知 | 教育部、财政部 | 教财〔2005〕12号 |
| 236 | 关于印发《教育部（国家语委）民族语言文字科研项目管理补充规定》的通知 | 国家语委科研规划领导小组办公室 | 教语科〔2005〕1号 |
| 237 | 关于加强教育驻外干部队伍建设的若干意见 | 教育部 | 教党〔2005〕17号 |
| 238 | 关于印发《2006年高等学校招生全国统一考试考务工作规定》的通知 | 教育部 | 教考试〔2006〕1号 |
| 239 | 关于教育系统贯彻落实《国务院关于解决农民工问题的若干意见》的实施意见 | 教育部 | 教职成〔2006〕6号 |
| 240 | 关于民族语言文字规范标准建设与信息化项目中期检查、结项鉴定等工作安排的通知 | 国家语委科研规划领导小组办公室 | 教语科〔2006〕1号 |
| 241 | 关于加强农村义务教育经费保障机制改革督导工作的意见 | 教育部、财政部 | 教督〔2006〕7号 |
| 242 | 关于试点建设"优势学科创新平台项目"的意见 | 教育部、财政部 | 教重〔2006〕1号 |
| 243 | 关于规范普通中小学校检查、评估工作的意见 | 教育部 | 教督〔2007〕1号 |
| 244 | 关于进一步加强和改进对省级实现"两基"进行全面督导检查的意见 | 教育部 | 教督〔2007〕4号 |

续表

| 序号 | 文件名称 | 发文机关 | 文号 |
| --- | --- | --- | --- |
| 245 | 关于印发《普通高等学校新生学籍电子注册暂行办法》的通知 | 教育部 | 教学〔2007〕3号 |
| 246 | 关于规范高等教育学历认证工作的公告 | 教育部 | 教学〔2007〕5号 |
| 247 | 关于印发《2007年高等学校招生全国统一考试考务工作规定》的通知 | 教育部 | 教考试〔2007〕2号 |
| 248 | 关于加强对国家语委科研项目管理的通知 | 国家语委科研规划领导小组办公室 | 教语科〔2007〕1号 |
| 249 | 关于成立2007—2011年教育部高等学校外语专业等四个科类教学指导委员会的通知 | 教育部 | 教高函〔2007〕12号 |
| 250 | 关于认真做好2007年秋季学期国家免费教科书退费工作的通知 | 教育部、财政部 | 教财〔2007〕21号 |
| 251 | 关于印发《2008年全国招收攻读硕士学位研究生统一入学考试初试考务工作规定》的通知 | 教育部 | 教考试〔2007〕5号 |
| 252 | 关于在全国开展新农村卫生新校园建设工程试点的通知 | 教育部、财政部、农业部 | 教财〔2007〕27号 |
| 253 | 关于印发《2008年高等学校招生全国统一考试考务工作规定》的通知 | 教育部 | 教考试〔2008〕1号 |
| 254 | 关于调整外国留学生奖学金生活费标准的通知 | 教育部、财政部 | 教财〔2008〕7号 |
| 255 | 关于印发《2009年全国招收攻读硕士学位研究生统一入学考试考务工作规定》的通知 | 教育部 | 教考试〔2008〕4号 |
| 256 | 关于认真做好未"普九"县农村寄宿制学校建设工程实施工作的通知 | 教育部、财政部 | 教财〔2008〕22号 |
| 257 | 关于印发《高等学校招生全国统一考试考务工作规定》的通知 | 教育部 | 教考试〔2009〕2号 |
| 258 | 关于成立高等学校中学教师培养等三个科类教学指导委员会的通知 | 教育部 | 教师函〔2009〕2号 |

续表

| 序号 | 文件名称 | 发文机关 | 文号 |
| --- | --- | --- | --- |
| 259 | 关于成立第三届教育部高等学校图书情报工作指导委员会的通知 | 教育部 | 教高函〔2009〕12号 |
| 260 | 关于印发高等教育"211工程"三期建设规划的通知 | 教育部、国家发改委、财政部 | 教重〔2009〕1号 |
| 261 | 关于实施"特色重点学科项目"的意见 | 教育部、财政部 | 教研〔2009〕3号 |
| 262 | 关于提高中央部委所属普通高等学校博士研究生奖学金标准的通知 | 教育部、财政部 | 教财〔2009〕20号 |
| 263 | 关于印发《2010年全国招收攻读硕士学位研究生统一入学考试考务工作规定》的通知 | 教育部 | 教考试〔2009〕3号 |
| 264 | 关于公布普通高等学校可继续按艺术类专业招生办法招生的非艺术类本科专业名单的通知 | 教育部 | 教高函〔2009〕25号 |
| 265 | 关于补充高等教育"211工程"三期建设规划的通知 | 教育部、国家发改委、财政部 | 教重〔2010〕1号 |
| 266 | 关于成立国家基础教育课程教材专家咨询委员会的通知 | 教育部 | 教基二函〔2010〕1号 |
| 267 | 关于成立国家基础教育课程教材专家工作委员会的通知 | 教育部 | 教基二函〔2010〕2号 |
| 268 | 关于印发《2010年中小学教师国家级培训计划——示范性项目实施方案》的通知 | 教育部 | 教师〔2010〕1号 |
| 269 | 关于加快推进世界一流大学和高水平大学建设的意见 | 教育部、财政部 | 教重〔2010〕2号 |
| 270 | 关于印发《2011年全国招收攻读硕士学位研究生统一入学考试考务工作规定》的通知 | 教育部 | 教考试〔2010〕1号 |
| 271 | 关于继续实施"优势学科创新平台"建设的意见 | 教育部、财政部 | 教重〔2011〕1号 |
| 272 | 关于印发《2012年高等学校招生全国统一考试考务工作规定》的通知 | 教育部 | 教考试〔2012〕1号 |

续表

| 序号 | 文件名称 | 发文机关 | 文号 |
| --- | --- | --- | --- |
| 273 | 关于印发《2013年全国硕士学位研究生招生考试考务工作规定》的通知 | 教育部 | 教考试〔2012〕2号 |
| 274 | 关于印发《"985工程"建设管理办法》的通知 | 教育部、财政部 | 教重〔2013〕1号 |
| 275 | 关于印发《2013年高等学校招生全国统一考试考务工作规定》的通知 | 教育部 | 教考试〔2013〕1号 |
| 276 | 关于印发《2014年全国硕士学位研究生招生考试考务工作规定》的通知 | 教育部 | 教考试〔2013〕2号 |
| 277 | 关于外语教材编审问题及经费开支办法的补充通知 | 教育部办公厅 | （80）教高一厅字005号 |
| 278 | 关于高等教育自学考试专业考试计划、课程自学考试大纲审定出版等问题的通知 | 教育部办公厅 | （85）教考厅002号 |
| 279 | 关于禁止高等学校学生酗酒的通知 | 国家教委办公厅 | （88）教政厅字003号 |
| 280 | 关于重申不要成立"同乡会"一类学生团体的通知 | 国家教委办公厅 | 教政厅〔1991〕4号 |
| 281 | 关于解决义务教育教材试验班数学学科初、高中内容衔接问题的通知 | 国家教委办公厅 | 教基厅〔1992〕5号 |
| 282 | 关于切实做好教育收费工作的通知 | 国家教委办公厅 | 教财厅〔1992〕9号 |
| 283 | 关于普及九年义务教育和扫除青壮年文盲县（市、区）评估验收工作几个问题的通知 | 国家教委办公厅 | 教督厅〔1993〕3号 |
| 284 | 关于印发《部分省市加强中小学收费管理工作座谈会会议纪要》的通知 | 国家教委办公厅 | 教财厅〔1993〕6号 |
| 285 | 关于做好1994年普通高等学校收费工作意见的通知 | 国家教委办公厅 | 教财厅〔1994〕2号 |
| 286 | 关于转发北京市教育局对中小学校实行统一收费卡制度的通知 | 国家教委办公厅 | 教财厅〔1994〕3号 |
| 287 | 关于印发《部分省市中小学收费管理工作座谈会纪要》的通知 | 国家教委办公厅 | 教财厅〔1994〕9号 |

续表

| 序号 | 文件名称 | 发文机关 | 文号 |
| --- | --- | --- | --- |
| 288 | 关于加强考试统计分析工作的几点意见 | 国家教委办公厅 | 教考试厅〔1995〕1号 |
| 289 | 普通高等教育"九五"国家级重点教材立项、管理办法 | 国家教委办公厅 | 教高厅〔1996〕5号 |
| 290 | 关于印发《全国中小学计算机教育领导小组第三次会议纪要》的通知 | 国家教委办公厅 | 教基厅〔1996〕6号 |
| 291 | 教育系统内部审计工作考核办法（试行） | 国家教委办公厅 | 教审厅〔1996〕6号 |
| 292 | 关于印发《高等教育学历文凭考试试点工作实施意见》的通知 | 国家教委办公厅 | 教考试厅〔1996〕13号 |
| 293 | 关于实行社会力量办学许可证制度有关问题的通知 | 国家教委办公厅、劳动部办公厅 | 教成厅〔1997〕16号 |
| 294 | 关于进一步加强教育系统内部审计工作的几点意见 | 教育部办公厅 | 教财厅〔1998〕11号 |
| 295 | 关于进一步做好当前中初等学校校办产业工作的几点意见 | 教育部办公厅 | 教财厅〔1998〕12号 |
| 296 | 关于明确教育部社会力量办学管理办公室职能的通知 | 教育部办公厅 | 教发厅〔1999〕3号 |
| 297 | 关于在普通高等学校招生全国统一考试外语科中逐步增加听力考查的通知 | 教育部办公厅 | 教考试厅〔2000〕1号 |
| 298 | 关于加强全国教育统一考试管理和考风考纪工作的意见 | 教育部办公厅 | 教考试厅〔2000〕3号 |
| 299 | 关于加强考试管理、狠刹各种违纪、舞弊歪风的意见 | 教育部办公厅 | 教考试厅〔2000〕5号 |
| 300 | 关于印发《"支持示范性职业技术学院建设"项目管理办法》的通知 | 教育部办公厅 | 教发厅〔2000〕14号 |
| 301 | 关于对高等教育自学考试和高等教育学历文凭考试毕业证书电子注册有关问题说明的函 | 教育部办公厅 | 教考试厅〔2001〕11号 |
| 302 | 关于下发高等教育自学考试和高等教育学历文凭考试证书注册转换软件的通知 | 教育部办公厅 | 教考试厅〔2001〕30号 |

续表

| 序号 | 文件名称 | 发文机关 | 文号 |
|---|---|---|---|
| 303 | 关于加强高等职业（高专）院校师资队伍建设的意见 | 教育部办公厅 | 教高厅〔2002〕05号 |
| 304 | 关于认真做好国家奖学金评定工作的通知 | 教育部办公厅 | 教财厅〔2002〕5号 |
| 305 | 关于全额上缴预算外收入的通知 | 教育部办公厅 | 教财厅〔2003〕7号 |
| 306 | 关于进一步加强高等教育自学考试组织管理工作的通知 | 教育部办公厅 | 教考试厅〔2003〕1号 |
| 307 | 关于试行中国政府奖学金来华留学生新医疗保险方案的通知 | 教育部办公厅 | 教外厅函〔2003〕16号 |
| 308 | 关于进一步加强中等职业学校实习管理工作的通知 | 教育部办公厅 | 教职成厅〔2003〕2号 |
| 309 | 关于成立《规范汉字表》研制领导小组的通知 | 教育部办公厅 | 教语信厅〔2003〕1号 |
| 310 | 关于印发《大学英语课程教学要求（试行）》的通知 | 教育部办公厅 | 教高厅〔2004〕01号 |
| 311 | 关于成立第二届教育部高等学校文化素质教育指导委员会和第二届教育部高等学校图书情报工作指导委员会的通知 | 教育部办公厅 | 教高厅〔2004〕11号 |
| 312 | 关于大学英语四、六级考试管理工作分工调整的通知 | 教育部办公厅 | 教高厅〔2004〕10号 |
| 313 | 关于成立第三届全国大学英语四、六级考试委员会的通知 | 教育部办公厅 | 教高厅函〔2004〕17号 |
| 314 | 关于成立中国高等教育文献保障体系"十五"建设项目管理委员会和专家委员会的通知 | 教育部办公厅 | 教高厅函〔2004〕30号 |
| 315 | 关于印发《2005年普通高考英语、日语、俄语听力考试有关考务要求》的通知 | 教育部办公厅 | 教考试厅〔2005〕3号 |
| 316 | 关于印发《2005年国家教育统一考试网上评卷工作考务管理办法》的通知 | 教育部办公厅 | 教考试厅〔2005〕5号 |
| 317 | 关于在高校哲学社会科学学科专业中进一步深入开展"三项学习教育"活动的通知 | 教育部办公厅 | 教高厅函〔2005〕30号 |

续表

| 序号 | 文件名称 | 发文机关 | 文号 |
| --- | --- | --- | --- |
| 318 | 关于加强教育驻外干部队伍建设的实施意见 | 教育部办公厅 | 教人厅〔2005〕5号 |
| 319 | 关于加强专项督导检查管理的意见 | 教育部办公厅 | 教督厅〔2005〕2号 |
| 320 | 关于印发《2006年普通高考英语、日语、俄语听力考试有关考务要求》的通知 | 教育部办公厅 | 教考试厅〔2006〕3号 |
| 321 | 关于启动实施全国中小学班主任培训计划的通知 | 教育部办公厅 | 教师厅〔2006〕3号 |
| 322 | 关于教育部直属高等学校校庆问题的通知 | 教育部办公厅 | 教直厅〔2006〕1号 |
| 323 | 关于印发《教育部直属高校、事业单位国有资产使用和处置行为管理授权审批暂行办法》的通知 | 教育部办公厅 | 教财厅〔2007〕4号 |
| 324 | 关于印发《2007年普通高等学校招生全国统一考试英语、日语、俄语听力考试有关考务要求》的通知 | 教育部办公厅 | 教考试厅〔2007〕3号 |
| 325 | 关于印发《2007年国家教育统一考试网上评卷工作考务管理办法》的通知 | 教育部办公厅 | 教考试厅〔2007〕4号 |
| 326 | 关于进一步加强和改进高等学校本科专业备案和审批管理工作的通知 | 教育部办公厅 | 教高厅〔2007〕02号 |
| 327 | 关于印发《大学英语课程教学要求》的通知 | 教育部办公厅 | 教高厅〔2007〕03号 |
| 328 | 关于做好"211工程"三期建设项目规划编制及论证工作的通知 | 教育部办公厅、国家发改委办公厅、财政部办公厅 | 教重厅〔2008〕2号 |
| 329 | 关于印发《加强教育部直属高校财政拨款结余资金管理暂行办法》的通知 | 教育部办公厅 | 教财厅〔2008〕3号 |
| 330 | 关于印发《高校学生科技创业实习基地认定办法（试行）》的通知 | 教育部办公厅、科技部办公厅 | 教技厅〔2010〕2号 |
| 331 | 关于组织实施"国培计划——2010年普通高中课改实验省教师远程培训项目"的通知 | 教育部办公厅 | 教师厅函〔2010〕5号 |

续表

| 序号 | 文件名称 | 发文机关 | 文号 |
|---|---|---|---|
| 332 | 关于组织实施"国培计划——2010年'知行中国'小学班主任教师培训项目"的通知 | 教育部办公厅 | 教师厅函〔2010〕4号 |
| 333 | 关于组织实施"国培计划—2010年中小学骨干教师研修项目"的通知 | 教育部办公厅 | 教师厅函〔2010〕6号 |
| 334 | 关于组织实施"国培计划——2010年农村义务教育学校教师远程培训项目"的通知 | 教育部办公厅 | 教师厅函〔2010〕7号 |
| 335 | 关于遴选推荐"国培计划"专家库人选的通知 | 教育部办公厅 | 教师厅函〔2010〕9号 |
| 336 | 关于组织2010年"国培计划"—中西部农村骨干教师培训项目申报和发布项目招标指南的通知 | 教育部办公厅、财政部办公厅 | 教师厅函〔2010〕10号 |
| 337 | 关于做好2010级免费师范生招生录取有关工作的通知 | 教育部办公厅 | 教师厅函〔2010〕11号 |
| 338 | 关于组织实施"国培计划—2010年中小学体育艺术骨干教师培训项目"的通知 | 教育部办公厅 | 教师厅函〔2010〕12号 |
| 339 | 关于组织实施国培计划—中小学心理健康教育骨干教师培训项目的通知 | 教育部办公厅 | 教师厅函〔2010〕13号 |
| 340 | 关于做好国培计划教师培训机构遴选工作的通知 | 教育部办公厅 | 教师厅函〔2010〕14号 |
| 341 | 关于组织开展"国培计划"培训课程资源征集、遴选、推荐活动的通知 | 教育部办公厅 | 教师厅函〔2010〕17号 |
| 342 | 关于公布国培计划（2010）—中西部农村骨干教师培训项目方案评审结果的通知 | 教育部办公厅、财政部办公厅 | 教师厅函〔2010〕19号 |
| 343 | 关于组织实施2011年"知行中国"——初中班主任教师培训项目的通知 | 教育部办公厅 | 教师厅函〔2011〕17号 |
| 344 | 关于组织实施"国培计划（2011）"——县级教师培训机构培训者远程培训项目的通知 | 教育部办公厅 | 教师厅函〔2011〕21号 |

续表

| 序号 | 文件名称 | 发文机关 | 文号 |
|---|---|---|---|
| 345 | 关于组织实施"国培计划"（2011）——义务教育骨干教师远程培训项目的通知 | 教育部办公厅 | 教师厅函〔2011〕22号 |
| 346 | 关于开展示范性县级教师培训机构评估认定工作的通知 | 教育部办公厅 | 教师厅函〔2011〕26号 |
| 347 | 关于印发《教育部基础教育课程教材专家工作委员会章程》的通知 | 教育部办公厅 | 教基二厅函〔2011〕13号 |
| 348 | 关于全国教师教育课程资源专家委员会换届的通知 | 教育部办公厅 | 教师厅函〔2011〕13号 |
| 349 | 关于做好2011年"中小学教师国家级培训计划"实施工作的通知 | 教育部办公厅、财政部办公厅 | 教师厅〔2011〕2号 |
| 350 | 关于组织实施"国培计划（2011）"——中小学教师示范性集中培训项目的通知 | 教育部办公厅 | 教师厅函〔2011〕18号 |
| 351 | 关于组织实施"国培计划"——中小学骨干少先队大队辅导员培训项目的通知 | 教育部办公厅、团中央办公厅、全国少工委办公室 | 教师厅函〔2011〕20号 |
| 352 | 关于做好2012届教育部直属师范大学免费师范毕业生就业工作的通知 | 教育部办公厅 | 教师厅〔2011〕4号 |
| 353 | 关于开展免费师范毕业生就业工作专项检查的通知 | 教育部办公厅 | 教师厅函〔2011〕9号 |
| 354 | 关于做好2012年"国培计划"实施工作的通知 | 教育部办公厅、财政部办公厅 | 教师厅〔2012〕3号 |
| 355 | 关于印发《2012年普通高等学校招生全国统一考试评卷工作考务管理办法（试行）》的通知 | 教育部办公厅 | 教考试厅〔2012〕2号 |
| 356 | 关于转发湖北省"课外访万家"活动方案的通知 | 教育部办公厅 | 教师厅函〔2012〕4号 |
| 357 | 关于开展中小学教师队伍建设专项督导自查工作的通知 | 教育部办公厅 | 教师厅函〔2012〕18号 |
| 358 | 关于做好2013届教育部直属师范大学免费师范毕业生就业工作的通知 | 教育部办公厅 | 教师厅函〔2012〕19号 |

续表

| 序号 | 文件名称 | 发文机关 | 文号 |
| --- | --- | --- | --- |
| 359 | 关于做好2013年"国培计划"实施工作的通知 | 教育部办公厅、财政部办公厅 | 教师厅〔2013〕2号 |
| 360 | 关于开展代课教师问题联合督查的函 | 教育部办公厅 | 教师厅函〔2013〕5号 |
| 361 | 关于下达职业院校教师素质提高计划2013年度项目任务的通知 | 教育部办公厅 | 教师厅函〔2013〕9号 |
| 362 | 关于做好2014届教育部直属师范大学免费师范毕业生就业工作的通知 | 教育部办公厅 | 教师厅函〔2013〕11号 |
| 363 | 关于做好2014年中小学幼儿园教师国家级培训计划实施工作的通知 | 教育部办公厅、财政部办公厅 | 教师厅〔2014〕1号 |
| 364 | 关于印发《关于开展对博士、硕士学位授权点定期评估工作的几点意见》的通知 | 国务院学位委 | 学位办〔2005〕19号 |
| 365 | 关于调整学位证书版式及格式内容的通知 | 国务院学位委、教育部 | 学位办〔2007〕25号 |
| 366 | 关于推荐使用学位服的通知 | 国务院学位委办公室 | 学位办〔1994〕22号 |
| 367 | 关于转发《法律硕士专业学位研究生指导性培养方案》及其说明的通知 | 国务院学位委办公室 司法部法规教育司 | 学位办〔1999〕41号 |
| 368 | 关于博士、硕士学位论文答辩有关问题的通知 | 国务院学位委办公室 | 学位办〔2003〕26号 |
| 369 | 关于印发《"211工程"建设实施管理办法》的通知 | "211工程"部际协调小组办公室 | 211部协办〔2003〕1号 |
| 370 | 关于使用博士和硕士学位证书英文副本的通知 | 国务院学位委办公室 | 学位办〔2004〕14号 |
| 371 | 关于调整学士学位证书外文副本格式的通知 | 国务院学位委办公室 | 学位办〔2005〕8号 |
| 372 | 关于调整新版学位证书启用时间的通知 | 国务院学位委办公室 | 学位办〔2007〕54号 |
| 373 | 关于印发《西部地区农村寄宿制学校建设工程专项资金管理暂行办法》的通知 | 教育部"两基"攻坚办 | 攻坚办〔2004〕7号 |

续表

| 序号 | 文件名称 | 发文机关 | 文号 |
|---|---|---|---|
| 374 | 关于印发《西部地区农村寄宿制学校建设工程土建项目管理暂行办法》的通知 | 教育部"两基"攻坚办 | 攻坚办〔2004〕8号 |
| 375 | 关于印发《国家西部地区农村寄宿制学校建设工程项目学校管理暂行办法》的通知 | 教育部"两基"攻坚办 | 攻坚办〔2006〕6号 |
| 376 | 关于进一步严格"寄宿制工程"专项资金管理的通知 | 教育部"两基"攻坚办 | 攻坚办〔2006〕7号 |
| 377 | 关于印发《普通高等学校招生全国统一考试标准化实施规划》的通知 | 国家教育委员会 | （89）教试字001号 |
| 378 | 关于印发《高中毕业会考后普通高校招生全国统一考试工作实施方案（试行）》的通知 | 国家教育委员会 | 教试〔1991〕1号 |
| 379 | 关于印发《试卷保密室、答卷保管室管理办法》和《试卷印制、运送工作管理办法》的通知 | 国家教育委员会办公厅 | 教试厅〔1992〕1号 |
| 380 | 教育部办公厅关于印发《2004年国家教育统一考试网上评卷工作考务管理办法》的通知 | 教育部办公厅 | 教考试厅〔2004〕3号 |
| 381 | 关于印发《国家教委直属高校推举校长的规定（试行）》的通知 | 国家教委党组 | 教党〔1994〕98号 |
| 382 | 关于严格干部管理程序的通知 | 国家教委党组 | 教党〔1996〕42号 |

# 第三部分

# 中央教育部高等学校暂行规程

(1950年8月14日)

### 第一章　总纲

第一条　中华人民共和国高等学校的宗旨：为根据中国人民政治协商会议共同纲领第五章的规定，以理论与实际一致的教育方法，培养具有高级文化水平，掌握现代科学和技术的成就，全心全意为人民服务的高级建设人才。

第二条　高等学校的具体任务如下：

一　根据中国人民政治协商会议共同纲领，进行革命的政治及思想教育，肃清封建的、买办的、法西斯主义的思想，树立正确的观点和方法，发扬为人民服务的思想；

二　适应国家建设的需要，进行教学工作，培养通晓基本理论并能实际运用的专门人才，如工程师、教师、医师、农业技师、财政经济干部、语文和艺术工作者；

三　运用正确的观点和方法，研究自然科学、社会科学、哲学、文学、艺术，以期有切合实际需要的发明、著作等成就；

四　普及科学和技术的知识，传播文学和艺术的成果。

第三条　高等学校包括大学及专门学院两类。为适应国家建设的急需，得设立专科学校，其规程另定之。

第四条　大学及专门学院的设立与停办，由中央人民政府教育部（以下简称中央教育部）报请中央人民政府政务院（以下简称政务院）决定之。

第五条  大学及专门学院设若干学系，其设立或变更，由中央教育部决定之。

第六条  大学如有必要，得设学院，并在学院内设若干学系，学院及学系的设立或变更，由中央教育部决定之。

第七条  大学及专门学院修业年限，依各该系课程的繁简分别规定以三年至九年为原则。

第八条  大学及专门学院为培养及提高师资，加强研究工作，经中央教育部批准，得设研究部或研究所，其规程另定之。

第九条  大学及专门学院为适应国家建设的急需，经中央教育部批准，得附设专修科及训练班。

## 第二章  入学

第十条  凡年满十七岁、身体健康、在高级中学或同等学校毕业或有同等学力，经入学考试及格者，不分性别、民族、宗教信仰，均得入学。

第十一条  大学及专门学院对于有相当于高中毕业程度的下列学生：（一）具有相当工作历史的革命干部；（二）工农青年；（三）少数民族学生；（四）华侨学生。应予以入学及学习的特别照顾。其办法另定之。

## 第三章  课程、考试、毕业

第十二条  大学及专门学院各系课程，应根据国家建设的需要及理论与实际一致的原则制定。课程标准另定之。

第十三条  大学及专门学院应将各课目的教学计划及教学大纲，报请中央教育部备案。

第十四条  大学及专门学院学生，须于最后一学年确定专题经系主任核准，由教学研究指导组主任或其指定的教师指导，撰写毕业论文或专题报告。在特殊情形下毕业论文，得以他种工作成绩代替之。

第十五条  大学及专门学院考试，分为入学考试、平时考试、学期考试及毕业考试。

第十六条  大学及专门学院学生，依照规定课程修业期满，成绩及格者，由学校报请中央教育部核准发给毕业证书。

第十七条　大学及专门学院教师，分为教授、副教授、讲师、助教四级，均由校（院）长聘任，报请中央教育部备案。

第十八条　教学研究指导组（以下简称教研组）为教学的基本组织，由一种课目或性质相近的几种课目之全体教师组成之；各教研组设主任一人，由校（院）长就教授中聘任，报请中央教育部备案。其职责如下：

一　领导本组全体教师，讨论及制定本组课目的教学计划与教学大纲；

二　领导及检查本组的教学工作和研究工作；

三　领导与组织本组学生的自习、实验及实习。

### 第五章　行政组织

第十九条　大学及专门学院采校（院）长负责制，大学设校长一人，专门学院设院长一人，其职责如下：

一　代表学校；

二　领导全校（院）一切教学、研究及行政事宜；

三　领导全校（院）教师、学生、职员、工警的政治学习；

四　任免教师、职员、工警；

五　批准校（院）务委员会的决议。

第二十条　大学及专门学院得设副校（院）长一人或二人，协助校（院）长处理校（院）务，校（院）长缺席时代行其职务，副校（院）得兼任教务长。

第二十一条　大学及专门学院设教务长一人，必要时得设副教务长，对校（院）长负责，由校（院）长就教授中遴选提请中央教育部任命之。其职责如左：

一　计划、组织、督导、检查全校（院）各系及各教研组的教学工作；

二　计划、组织、督导、检查全校（院）的科学研究工作；

三　校（院）长及副校（院）长均缺席时代行其职务。

第二十二条　大学及专门学院设总务长一人，对校（院）长负责，主持全校（院）的行政事务工作。由校（院）长提请中央教育部任命之。

第二十三条　大学及专门学院图书馆，设馆长或主任一人，对教务长负责，主持图书馆一切事宜，由校（院）长聘任，报请中央教育部备案。

第二十四条　大学及专门学院的系，为教学行政的基层组织，各设主任一人，受教务长领导（在设有学院之大学，则受教务长与院双重领导）；由校（院）长就教授中聘任，报请中央教育部备案。其职责如下：

一　计划并主持本系的教学行政工作；

二　督导执行本系教学计划；

三　领导并检查本系教学计划；

四　考核本系学生成绩；

五　总结本系教学经验；

六　提出有关本系教职员任免的建议；

第二十五条　大学设有学院者各院设院长一人，由校长就教授中聘任，报请中央教育部备案。其职责如下：

一　计划并主持本院教学行政工作；

二　督导本院各系执行教学计划；

三　提出本院各系主任人选的建议。

第二十六条　大学及专门学院在校（院）长领导下设校（院）务委员会，由校（院）长、副校（院）长、教务长、副教务长、总务长、图书馆长（主任）、各院（大学中的学院）院长、各系主任、工会代表四人至六人及学生会代表二人组成之，校（院）长为当然主席。校（院）务委员会的职责如下：

一　审查各系及各教研组的教学计划、研究计划及工作报告；

二　通过预算和决算；

三　通过各种重要制度及规章；

四　议决有关学生奖惩重大事项；

五　议决全校（院）重大兴革事项；

校（院）务委员会得设常务委员会及各种专门委员会。

第二十七条　大学及专门学院在教务长领导下举行教务会议，若干系主任的联席会议及若干教研组主任的联席会议；在总务长领导下举行总务会议；在各系主任领导下举行系务会议。大学设有学院者，在院长领导下举行院务会议，代替系主任联席会议。

### 第六章　社团

第二十八条　大学及专门学院的工会、学生会等社团应团结全校（院）员工、学生，协助学校完成教学及行政计划，推动全校（院）员工、学生的政治、业务与文化学习，并增进员工、学生的生活福利。

第二十九条　大学及专门学院得成立各种学术团体，以促进科学、文化的提高与普及。

### 第七章　附则

第三十条　现有大学或专门学院因实际困难，不能完全实施本规程中关于行政组织的规定者，得报经大行政区教育部（文教部）审核后，转报中央教育部批准，变通执行。

第三十一条　私立大学及专门学院除遵守本规则外，并须遵守《私立高等学校管理暂行办法》。

第三十二条　本规程由中央教育部报经政务院批准后颁布施行，其修改同。

# 中央教育部专科学校暂行规程

(1950 年 8 月 14 日)

第一条　为适应国家建设的急需,根据高等学校暂行规程第三条的规定,设立专科学校,以理论与实际一致的教育方法,培养能掌握现代科学和技术的成就,全心全意为新民主主义建设服务的专门技术人才。

第二条　专科学校的具体任务如下:

一　根据中国人民政治协商会议共同纲领,进行革命的政治及思想教育,肃清封建的、买办的、法西斯主义的思想,树立正确的观点和方法,发扬为人民服务的思想;

二　适应国家建设的急需,进行教学工作,培养通晓基本理论并能实际运用的专门技术人才,如工业技师、农业技师、教师、医师、药剂师、财政经济干部、文艺工作人员等;

三　普及科学和技术的知识,传播文学和艺术的成果。

第三条　专科学校的设立和停办,由中央人民政府教育部(以下简称中央教育部)或与政府其他业务部门协商决定之。

第四条　专科学校得分设若干学科,其设立或变更,由中央教育部或与政府其他业务部门协商决定之。专科学校经中央教育部批准,得附设训练班。

第五条　专科学校修业年限,依各该科课程的繁简,分别定为二年至三年。

第六条　凡年满十七岁、身体健康、在高级中学或同等学校毕业或有同等学力,经入学考试及格者不分性别、民族、宗教信仰,均得入学。

第七条　专科学校对于具有相当于高中毕业程度的下列学生：（一）具有相当工作历史的革命干部；（二）工农青年；（三）少数民族学生；（四）华侨学生；应予以入学学习的特别照顾，其办法另定之。

第八条　专科学校学生依照规定课程修业期满，成绩及格者，由学校报请中央教育部核准发给毕业证书。

第九条　专科学校各科课程，应根据国家建设的需要及理论与实际一致的原则制定，课程标准另定之。

第十条　专科学校应将各课目的教学计划及教学大纲，报请中央教育部备案。

第十一条　专科学校考试分为入学考试、平时考试、学期考试及毕业考试。

第十二条　专科学校教师，分为教授、副教授、讲师、助教四级，均由校长聘任，报请中央教育部备案。

第十三条　教学研究指导组（以下简称教研组）为教学的基本组织，由一种课目或性质相近的几种课目的全体教师组成之；各教研组设主任一人，由校长就教授中聘任，报请中央教育部备案。其职责如下：

一　领导本组全体教师，谈论及制定本组课目的教学计划与教学大纲；

二　领导及检查本组的教学工作；

三　领导与组织本组学生的自习、实验与实习。

第十四条　专科学校采校长负责制，设校长一人，由中央教育部任命之。其职责如下：

一　代表学校；

二　领导学校一切教学及行政事宜；

三　领导全校教师、学生、职员、工警的政治学习；

四　任免全校教师、职员、工警；

五　批准校务委员会的决议。

第十五条　专科学校设教务主任一人，对校长负责，掌理全校教学工作，由校长就教授中聘任，报请中央教育部备案。其职责如下：

一　计划、组织、督导、检查全校各科及各教研组的教学工作；

二　校长缺席时，代行其职务。

第十六条　专科学校设总务主任一人，对校长负责，主持全校的行政事务工作。由校长聘任，报请中央教育部备案。

第十七条　专科学校图书馆，设主任一人，对教务主任负责，主持图书馆一切事宜，由校长聘任，报请中央教育部备案。

第十八条　专科学校的科，为教学行政的基层组织，各设主任一人，对教务主任负责，由校长就教授中聘任，报请中央教育部备案。职责如下：

一　计划并主持本科的教学行政工作；

二　督导执行本科教学计划；

三　领导并检查本科学生的自习、实习及实习；

四　考核本科学生成绩；

五　总结本科教学经验；

六　提出有关本科教职员工任免的建议。

第十九条　专科学校在校长领导下设校务委员会，由校长、教务主任、总务主任、图书馆主任、各科主任、工会代表四人至六人及学生会代表二人组成之，校长为当然主席。校务委员会的职权如下：

一　审查各科及各教研组的教学计划及工作报告；

二　通过预算和决算；

三　通过各种重要制度、规章；

四　议决有关学生重大奖惩事项；

五　议决全校重大兴革事项。

校务委员会得设常务委员会及各项专门委员会。

第二十条　专科学校在教务主任领导下举行教务会议，及若干教研组主任的联席会议，在总务主任领导下举行总务会议；在各科主任领导下举行科务会议。

第二十一条　专科学校的工会、学生会等社团应团结全校员工、学生，协助学校完成教学及行政计划，推动全校员工学生的政治、业务与文化学习,并增进员工、学生的生活福利。

第二十二条 专科学校得成立各种学术团体,以促进科学技术的提高与普及。

第二十三条 私立专科学校除遵守本规程外,并须遵守《私立高等学校管理暂行办法》。

第二十四条 本规程由中央教育部报经政务院批准后颁布施行,其修改同。

# 全国工学院调整方案

(1951 年 11 月 3 日，教育部发布)

一　一九五二年全国工学院本科生及专修科与专科学校学生共招二万九千五百名。（如不经调整，只能招一万五千名）其中百分之五十五为专修科与专科学校学生，百分之四十五为本科生。

二　以华北、华东、中南三个地区的工学院为重点做适当的调整，其调整方案如下：

1. 将北京大学工学院、燕京大学工科方面各系并入清华大学。清华大学改为多科性的工业高等学校，校名不变。将清华大学的文、理、法三学院及燕京大学的文、理、法方面各系并入北京大学。北京大学成为综合性的大学。燕京大学校名撤销。

2. 将南开大学的工学院及津沽大学的工学院合并于天津大学。

3. 将浙江大学改为多科性的工业高等学校，校名不变。将之江大学的土木、机械两系并入浙江大学；浙江大学的文学院合并于之江大学。

4. 将南京大学的工学院划分出来和金陵大学的电机工程系、化学工程系及之江大学的建筑系合并成为独立的工学院。

5. 将南京大学、浙江大学两个航空工程系合并于交通大学，成立航空工程学院。

6. 将武汉大学的矿冶工程系、湖南大学的矿冶系、广西大学的矿冶系、南昌大学的采矿系调整出来，在湖南长沙成立独立的矿冶学院，以培养有色金属的采矿冶炼人才为主，并增设采煤系及钢铁冶炼系。

7. 将武汉大学的水利系、南昌大学的水利系、广西大学土木系的水利组合并，成立水利学院，仍设于武汉大学。

8. 将中山大学的工学院、华南联合大学的工学院、岭南大学工程方面的系科及广东工业专科学校合并成为独立的工学院。

三　此外，东北三个工学院暂不予变动，但须实行重点分工，具体方案由三校负责人做进一步的研究。西南工业专科学校航空工程专科，则并入北京工业学院（即原华北大学工学院）。

四　同一地区的工学院系，决定实行分工；如交通大学、同济大学的各系已做出具体分工的方案。关于全国同样系的分工，得召开分系专业会议讨论。

五　为了加强全国工学院的政治思想教育的领导，各工学院有准备地试行政治辅导员制度，设立专人担任各级政治辅导员，主持政治学习思想改造工作。

关于实现上述调整方案和增招学生计划的经费，几经磋商，拟定了预算，在原订教育经费概算以外另拨专款支用。估计用革命的精神，因陋就简的办法，能解决问题。

为实现上述各项决议，还有下列几个问题需要解决：

第一，一九五二年全国高等学校拟招收新生五万名，其中工学院招二万九千五百名，其他院系招二万零五百名。但一九五二年全国高级中学毕业生只有三万六千名，即使全部投考高等学校，也尚差一万四千名左右。拟请商同有关方面从在职干部或其他人员中抽调年龄较轻、具有相当文化水平的人补足此数。

第二，工学院师资将逐年不够，全国工学院现有助教一千三百名，一九五二年尽量提升为讲师教工程一类的基础课程，又因新生骤增，必须补充一千五百名助教（内九百十七名为工学院助教，其余为理学院及政治课助教），此数希望商同中央人民政府人事部在一九五二年毕业生中留用补充。

第三，一九五二年八、九月间，新生即将入学，房屋必须先期修建，仪器亦须尽先定购或买材料自制，因此经费的拨给必须及时。请政务院通知有关部门对各校修建工作特别是购料、承包等，予以协助。

第四，各业务部门仍有向各大学拉聘教师现象，望能做有效地制止。除我们主动地密切与各有关部门的联系外，也希望各业务部门更进一步地协助各校解决师资及实习的困难。特别内地各校更需要附近厂矿的协助。

第五，根据各方统计，全国各工学院在一九五二年如招足二万九千五百名学生，已达饱和程度，请政务院通知各工业部门及地方人民政府，勿再零星委托各校办理短期班。若必须委托办理，应在有关系科的原定招生名额内调剂，不另增加招生名额。

# 教育部关于全国高等学校 1952 年的调整设置方案

(1952 年 5 月，教育部发布)

为适应国家建设的需要，整顿与加强综合大学，发展专门学院，首先是工业学院，自 1951 年起，全国高等学校根据国家建设的整个计划和各地区的具体情况，有计划有步骤地开始进行全面或重点调整，预计两年内基本完成。

## 华北区

### 一　综合大学

（一）北京大学：由原北京大学、清华大学、燕京大学三校文学院、理学院系科，南京大学、武汉大学和中山大学三校的哲学系、北京师范大学及辅仁大学外文系的一部分及北京大学、清华大学、燕京大学、辅仁大学四校经济系理论部分合并组成。附设工农速成中学。

（二）南开大学：由原南开大学、津沽大学两校文学院、理学院系科，天津大学理学院合并组成。南开大学、津沽大学两校原有的财经学院合并暂附设在南开大学。附设工农速成中学。

### 二　高等工业学校

（一）清华大学：由原清华大学、北京大学两校工学院及燕京大学工科各系科、察哈尔工业大学水利系、天津大学采矿系二年级、石油钻探组、石油炼制系、北京铁道学院材料鉴定专修科合并组成为多科性高等工业学校。附设工农速成中学。

（二）天津大学：由原天津大学、南开大学、津沽大学三校工学院系科，北京铁道学院建筑系及清华大学、北京大学、燕京大学三校化工系的一部及唐山铁道学院化工系合并组成为多科性高等工业学校。附设工农速成中学。

（三）北京地质学院（新设）：由原北京大学、清华大学、天津大学、唐山铁道学院四校地质系科、组合并成立。

（四）北京钢铁工业学院（新设）：由北京工业学院、唐山铁道学院、山西大学工学院、西北工学院等校冶金系科技北京工业学院采矿、钢铁机械、天津大学采矿系金属组等系科合并成立。

（五）北京航空工业学院（新设）：由北京工业学院航空系、清华大学航空系、四川大学航空系合并成立。

（六）中国矿业学院：原中国矿业学院，清华大学、天津大学、唐山铁道学院三校采矿系采煤组及唐山铁道学院洗煤组并入。

（七）北京铁道学院：由原北京铁道学院、唐山铁道学院、哈尔滨铁道学院三校运输、管理、财经等系科合并组成。

（八）唐山铁道学院：由原唐山铁道学院、北京铁道学院、哈尔滨铁道学院三校机械、重机、土木等系科合并组成。

（九）山西大学工学院：由原山西大学工学院独立改设。

### 三 高等师范学校

（一）北京师范大学：由原北京师范大学、辅仁大学各系科合并组成（辅仁大学财经，政治及师范大学，辅仁大学两校外文系的一部分除外）。附设工农速成中学。

（二）天津师范学院（新设）：由原津沽大学师范学院、天津市教师学院合并成立。

（三）山西大学：原山西大学师范学院、理学院合并改为高等师范学校，校名不改。附设师范专科。

（四）北京体育学院（新设）。

### 四 高等农业学校

（一）北京机械化农业学院（新设）：由北京农业大学农业机械系、北京机耕学校即农业专科学校合并成立。

（二）北京林学院（新设）：由北京农业大学、河北农学院、平原农学院三校森林系合并成立。

（三）内蒙古畜牧兽医学院（新设）：由河北农学院、平原农学院两校畜牧兽医系合并成立（设归绥）。

### 五　高等财经学校

中央财经学院（新设）：由原北京大学、清华大学、燕京大学、辅仁大学四校经济系财经部分与中央财政学院各系科合并成立。

### 六　高等政法学校

北京政法学院（新设）：由原北京大学、清华大学、燕京大学三校政治、法律系与辅仁大学社会系民政组合并成立。

## 华北区

### 一　综合大学

（一）复旦大学：由原复旦大学、沪江大学、圣约翰大学、震旦大学四校文学院（复旦大学德文组除外）、上海学院文科、浙江大学人类学系、上海市戏剧专科学校戏剧文学科及复旦大学、交通大学、同济大学、浙江大学、沪江大学、大同大学六校理学院及复旦大学、南京大学、金陵大学、安徽大学、震旦大学、上海学院六校经济系合并组成。附设工农速成中学。

（二）南京大学：由原南京大学、金陵大学两校文学院（南京大学哲学系除外）、理学院各系科、中山大学、齐鲁大学天文系等合并组成。附设工农速成中学。

（三）山东大学：由原山东大学文学院、理学院及齐鲁大学文学院各系科山东大学海洋研究所、山东大学农学院水产系及厦门大学海洋系理化部分合并组成。原山东大学医学院暂附设在山东大学。附设工农速成中学。

### 二　高等工业学校

（一）交通大学：由原交通大学、同济大学、大同大学、震旦大学、武汉交通学院、沪江大学等校机械、电机、造船等系科，上海市立工业专科学校动力、电力、造船科与中华工商专科学校、华东交通专科学校二年制机械科合并组成。附设工农速成中学与工农预备班。

（二）同济大学：由原同济大学、交通大学、圣约翰大学、大同大学、震旦大学、上海市工业专科学校、中华工商专科学校、华东交通专科学校土木系科，同济大学测量系，南京大学、圣约翰大学、之江大学三校建筑系与山海市工业专科学校市政、结构二科合并组成。附设工农速成中学。

（三）浙江大学：由原浙江大学、之江大学两校工学院系科（浙江大学土木水利组与之江大学建筑系除外）合并组成为多科性工业高等学校。

（四）南京工学院：由原南京大学、金陵大学、江南大学三校土木、机械、电机、化工、食口工业等系科浙江大学农化系、农产制造组与南京大学食品工业系、制糖科合并组成。

（五）华北航空学院（新设）：由原南京大学、交通大学、浙江大学三校航空系合并成立（设南京）。

（六）华北水利学院（新设）：由原交通大学、同济大学、南京大学、浙江大学四校水利系及华北水利专科学院合并成立（设南京）。

（七）华北化工学院（新设）：由原交通大学、大同大学、震旦大学、东吴大学、江南大学五校化工系合并成立（设上海）。

（八）华北纺织工学院：由原华北纺织工学院各系科，南通学院纺织系、染化系与中南纺织专科学校纺织科合并组成。

（九）山东工学院：由原山东工学院与山东大学工学院机械、电机、化工等系科合并组成。附设工农速成中学。

（十）山东大学工学院：由原山东大学工学院山东工学院土木、纺织等系科合并组成。

三 高等师范学校

（一）华东师范学校：由原华东师范大学各系科、圣约翰大学理学院各系，大同大学、沪江大学、圣约翰大学、震旦大学四校教育系与浙江大学地理系合并组成。附设工农速成中学。

（二）华东体育学院（新设）：由原华东师范大学、南京大学、金陵大学三校体育系科合并成立（设上海）。

（三）南京师范学院：由原南京大学师范学院系科、金陵大学师范系科、震旦大学托儿专修科合并组成。附设工农速成中学。

（四）浙江师范学院：由原浙江大学、之江大学两校教育、中文、外文系及浙江大学师范专科、俄文专修科合并组成。

（五）山东师范学院：由原山东师范学院与齐鲁大学物理、化学、生物三系部分合并组成。

（六）苏南师范学院：由原苏南文化教育学院各系科、东吴大学文理系科、江南大学数理系合并组成。附设工农速成中学。

（七）苏北师范专科学校：由原附设在扬州中学、私立通州师范学校、苏北师资训练学校三部分的师范专修班合并组成。附设工农速成中学。

**四　高等农业学校**

（一）南京农学院：由原南京大学、金陵大学两校农学院各系科（两校森林系科及园艺系、南京大学食品工业系与金陵大学植物系外）、浙江大学、厦门大学、福州大学三校农经系与浙江大学畜牧兽医系、农化系土壤组合并形成。

（二）华北林学院（新设）：由原南京大学、金陵大学与浙江大学三校农学院森林系科合并成立。

（三）苏北农学院（新设）：由原南通学院农科、江南大学农艺系与苏南文化教育农业教育系合并成立（设南通）。

（四）山东农学院：由原山东农学院、山东大学农学院各系科（山东大学农学院水产系、山东农学院农化系除外）与南通大学、金陵大学两校园艺系部分合并组成。

（五）福建农学院：由原厦门大学、福州大学两校农学院各系科（两校农经系除外）合并组成。

（六）浙江农学院：由原浙江大学农学院农艺、园艺、植病、蚕桑四系与南京大学、金陵大学两校园艺系部分合并组成。

（七）上海水产学院：由原上海水产专科学校改设成立。

**五　高等医科学校**

（一）上海医学院：原上海医学院、浙江大学理学院药学系并入。

（二）上海第二医学院（新设）：由原圣约翰大学医学院、震旦大学医学院与同德医学院合并成立。

（三）南京医学院：原南京大学医学院独立改称。

（四）山东医学院：由原山东医学院与齐鲁大学医学院合并组成。

（五）浙江医学院：由原浙江医学院与浙江大学医学院合并组成。

（六）苏北医学院：由原南通学院医科独立改设。

（七）安徽医学院：原东南医学院改名。

（八）华北药学院（新设）：由原齐鲁大学理学院药学系、华北药学专科学校及东吴大学药学专修科合并成立（设南京）。

**六 高等财经学校**

（一）上海财经经济学院：由原上海财政经济学院、浙江财政经济学院、复旦大学、沪江大学、大同大学三校财政经济学院各系科、圣约翰大学、东吴大学、东吴法学院、上海学院、江南大学、中华工商专科学校、立信会计专科学校及上海商业专科学校等校财经系科合并组成。设院本部及夜校部。

（二）山东财经学院（新设）：由原山东会计专科学校各系科与齐鲁大学经济系合并成立。

**七 高等政法学校**

华东政法学院（新设）：由原复旦大学、南京大学、安徽大学、震旦大学、上海大学、东吴法学院六校法律系与复旦大学、南京大学、沪江大学、圣约翰大学四校政治系合并成立。设院本部及夜校部（设上海）。

**八 高等艺术学校**

（一）中央音乐学院华东分院：原中央音乐学院上海分校，金陵大学音乐系并入。

（二）中央戏剧学院华东分院：由原上海戏剧专科学校各科、山东大学艺术系戏剧组及苏南文化教育学院电化教育专修科合并组成。

（三）华东艺术专科学校（新设）：由原山东大学艺术系音乐、美术二组、上海美术专科学校绘画科、工商美术科、艺术教育科、音乐科及苏州美术专科学校动画科与绘画科部分合并组成（设上海）。

**九 其他**

（一）安徽大学：由原安徽大学文学院、理学院各系科及皖南师范学院专修科、皖北师范专修科两校合并组成为高等师范学校，校名不变。附设工农速成中学。原安徽大学农学院本年暂不独立，仍附在安徽大学。复旦大学茶叶专修科，南京大学、金陵大学两校农学院蚕桑师资设备并入安徽大学农学院。

（二）厦门大学：原厦门大学，福州大学财经学院各系科并入。附设工农速成中学。

（三）福州大学：原福州大学，福建师范学院并入。

### 东北区

#### 一 综合大学

东北人民大学：原东北人民大学改设。新设：中国语文、历史、俄文、数学、物理、化学、经济、法律等系。附设工农预备班。

#### 二 高等工业大学

（一）东北工学院：由原东北工学院、大连工学院、哈尔滨工业大学三校采矿、冶金等系科合并组成。

（二）东北地质学院（新设）：由原东北地质专科学校、东北工学院地质系与山东大学地矿系合并成立（设长春）。

（三）大连工学院：由原大连工学院、东北工学院、哈尔滨工业大学三校化工系合并组成。

（四）哈尔滨工业大学：由原哈尔滨工业大学、东北工学院、大连工学院三校机械、电机、土木等系科合并组成。

（五）哈尔滨铁道学院：由原哈尔滨铁道学院、北京铁道学院、唐山铁道学院三校电信、信号等系科合并组成。

#### 三 高等医科学校

东北药学院：原东北医科大学药学院独立改称（设沈阳）。

#### 四 高等农业学校

（一）沈阳农学院（新设）：由原复旦大学农学院移设，东北水利专修科并入。

（二）东北林学院（新设）：由东北农学院森林系与黑龙江农业专科学校森林科合并成立（设哈尔滨）。

### 五 高等财经学校

（一）东北财经学院（新设）：由原东北财政专门学校、东北银行专门学校、东北计划统计学院及东北人民大学财政信贷、会计统计两系合并成立（设沈阳）。

（二）东北合作专科学校：原东北合作专门学校，东北人民大学及东北商业专门学校两校合作系科并入。

（三）东北商业专科学校：原东北商业专门学校。东北人民大学贸易系并入。

## 中南区

### 一 综合大学

（一）中山大学：由原中山大学、岭南大学、华南联合大学三校文、理、政治、财经各院系及广东法商学院合并组成。设文理各系暂附设财经学院。

（二）武汉大学：原武汉大学。华中大学经济系并入。附设水利学院：由武汉大学、南昌大学、湖南大学、广西大学三校水利系科，河南大学水利系部分及广西大学农田水利专修科合并组成。

### 二 高等工业学校

（一）中南矿冶学院（新设）：由武汉大学、湖南大学、广西大学三校矿冶系及南昌大学采矿系、中山大学地质系合并成立（设长沙）。

（二）华南工学院：由原中山大学、岭南大学、华南联合大学三校工学院系科合并组成。武汉交通学院桥梁专修科及广东工专并入。

### 三 高等师范学校

（一）华中大学：由原华中大学与湖北省教育学院合并组成。广西大学生物系并入。

（二）华南师范学院：原华南师范学院，岭南大学教育系并入。

（三）河南大学：由原河南大学改为师范学院性质、河南师范专科学校并入，校名不改。

### 四 高等医科学校

（一）华南医学院：由原中学大学与岭南大学两校医学院合并组成。

（二）河南医学院：由原河南大学医学院独立改称。

### 五　高等农业学校

（一）华中农学院：由武汉大学农学院与湖北农学院合并组成。

（二）华南农学院：由原中山大学与岭南大学两校农学院合并组成。

（三）河南农学院：原河南大学农学院独立改称。

（四）广西农学院：原广西大学农学院独立改称。

（五）江西农学院：原南昌大学农学院、江西兽医专科学校及江西农业专科学校合并组成。


## 西南区

### 一　高等工业学校

（一）重庆工学院：由原重庆大学工学院地质、采矿、冶金、电机、机械等系，贵州大学机械、电机、地质三系，四川大学地质组，石油专科学校及西南工业专科学校、川南工业专科学校、西昌技艺专科学校三校机械科、电机科合并组成。

（二）重庆土木建筑学院（新设）：由原重庆大、贵州大学、川北大学三校土木系，重庆大学建筑系，西南工业专科学校、川南工业专科学校、西昌技艺专科学校两校建筑科合并成立。

（三）四川化工学院（新设）：由原重庆大学、四川大学、川北大学三校化工系，川南工业专科学校、西南工业专科学校、西昌技艺专科学校、乐山技艺专科学校四校化工科，西南农学院、四川大学农学院两校农产制造系科及乐山技艺专科学校造纸科合并成立（设泸县）。

（四）重庆纺织专科学校（新设）：由原乐山技艺专科学校纺织染科与成都职业学校合并成立。

### 二　高等农业学校

（一）四川农学院：四川大学农学院独立改称。

（二）云南农学院：云南大学农学院独立改称。

（三）贵州农学院：贵州大学农学院独立，川北大学农科并入。

（四）西南农学院：原西南农学院，乐山技艺专科学校蚕桑科并入。

附注：华西大学、川北大学调整方案未定。

## 西北区

一　西北俄文专科学校（新设）：由西北大学、兰州大学两校俄文系科合并成立（设西安）。

二　西北畜牧兽医学院。由原西北畜牧兽医学院与西北农学院畜牧，兽医两系合并组成。

三　新疆八一农学院：新设（设迪化）。

（以上系各地区主要调整部分，个别系科的调整为列入。）

# 国务院转发教育部关于恢复和办好
# 全国重点高等学校的报告的通知

(1978年2月17日)

中央、国务院原则同意教育部《关于恢复和办好全国重点高等学校的报告》，现转发给你们，望遵照执行。

恢复和办好全国重点高等学校是一项战略性措施，对于推动教育战线的整顿工作，迅速提高高等教育的水平，尽快改变教育事业与社会主义革命和建设严重不相适应的状况，是完全必要的。因此，办好全国重点高等学校，不仅是教育部门的任务，各省、自治区、直辖市和各部委都要给予足够的重视，加强对有关院校的领导，积极支持全国重点高等学校的工作。

为了加强各部委对面向全国和面向地区的全国重点高等学校和非重点高等学校的领导，需要对这些院校的领导体制进行必要的调整。少数院校由有关部委直接领导，多数院校由有关部委和省、市、自治区双重领导，以部委为主。调整领导体制的交接工作，分别由各部委与有关省、自治区、直辖市商办，争取早日完成。在交接工作完成以前，各省、自治区、直辖市应继续抓紧这些院校的工作，抓紧整顿、充实和加强各院校领导班子，注意防止发生工作脱节等现象。交接工作完成后，各省、自治区、直辖市要根据分工规定，继续加强领导，协助有关部委把院校办好。

鉴于全国计划会议已经按照现行计划管理体制，对一九七八年各项计划做了安排，各省、自治区、直辖市和各部委正在逐级向下布置。为避免发生脱节现象，已纳入一九七八年地方计划的各有关高等学校的劳动、经费、基建投资、统配和部管物资等计划，仍由各省、自治区、直辖市负责安排执行，不予变动。

各全国重点高等学校要深刻理解所肩负的重要责任，要谦虚谨慎，戒骄戒躁，树雄心，立壮志，兢兢业业，艰苦奋斗，为在本世纪内把我国建设成为具有四个现代化的社会主义强国，做出更大的贡献。

1978年2月17日

## 教育部关于恢复和办好全国重点高等学校的报告

根据党的十一大的政治报告中提出的"要采取强有力的措施，扩大和加快各级各类教育事业发展的规模和速度，提高教育质量，以配合各项经济事业和科学技术事业的发展，适应社会主义革命和建设的需要"的号召，以及邓小平同志关于办好一批重点学校的指示精神，我部就恢复和办好一批全国重点高等学校问题，分别听取了各方面的意见，进行过多次研究，起草了恢复和办好全国重点高等学校的意见征求意见稿，于一九七七年十月二十日分送各省、自治区、直辖市革委会和国务院有关部委，征求意见。他们基本上同意征求意见稿，同时也提出一些补充和修改意见。据此，我们对原稿又做了修改。现将《关于恢复和办好全国重点高等学校的意见》（见附件）和有关问题报告如下：

一　全国重点高等学校原为六十四所（不包括军委所属三所院校），一九七○年前后撤销四所，截至发文日期尚有六十所。我部在征求意见稿中建议在这六十所的基础上适当扩大，增加到七十七所。各省、自治区、直辖市和有关部委要求再增加二十八所，共达一百零五所。从长远需要来看，这个数量不能算多，但考虑到学校原有基础和师资等条件，特别是高等教育的发展不能不受到经济基础的制约。从国民经济的现实情况出发，全国重点高等学校的数量，截至发文日期尚不宜增加过多，以便集中力量，办好一批重点院校，早见成效。同时，考虑到有些省、自治区、直辖市和有关部委积极办好高等学校的迫切要求和一些高等学校的具体情况，我们意见，全国重点高等学校的数量,可以适当增加一些,第一批拟定为八十八所,约占现有高等学校总数四百零五所的百分之二十二。

二 由于林彪,特别是"四人帮"动辄挥舞"条条专政"的大棒,搞乱了中央与地方的关系,也搞乱了建国以来逐渐形成的高等学校领导体制,使毛主席一再强调的中央和地方的两个积极性难以充分发挥,造成许多院校办学的困难。我们意见,高等学校的领导体制应根据与面向相适应的原则,进行必要的调整。

面向全国和面向地区的全国重点高等学校,少数院校可由国务院有关部委直接领导;多数院校由有关部委和省、自治区、直辖市双重领导,以部委为主。面向本省、自治区、直辖市的全国重点高等学校,原则上由本省、自治区、直辖市领导,有关部委要给予支持。

各省、自治区、直辖市和有关部委普遍要求对面向全国和面向地区的非重点高等学校加强部委的领导。对于这些院校,拟参照全国重点高等学校的领导体制,也实行少数院校由有关部委直接领导;多数院校由部委和省、自治区、直辖市双重领导,以部委为主(领导分工,除院校一级副职领导干部的任免、调动,经部委和省、自治区、直辖市商得一致后,由部委负责审批外,可与全国重点高等学校相同)。这样,有利于各有关部委对本行业的高等学校统筹规划,充分发挥有关部委办学的积极性。根据各方面的意见,这部分院校共有八十所。为此,我们拟定了《国务院各部委领导的非重点高等学校名单》(注解:因学校情况有所变化,该名单略),一并上报。

改变这些高等学校领导体制的工作,需要各省、自治区、直辖市和部委从全局出发,充分协商,妥善解决各项具体问题,避免工作脱节和拖延。我们准备会同有关部委共同研究改变领导体制的具体细则和实施办法,征求省、自治区、直辖市意见后,组织实施,争取早日完成交接工作。

鉴于全国计划会议已经按照现行计划管理体制,对一九七八年劳动、经费、基建投资、统配和部管物资等计划做了安排,各省、自治区、直辖市和各部委正在逐级向下布置。如果中途改变计划管理体制,难免发生脱节现象。因此,我们意见,已经纳入一九七八年地方计划的有关高等学校的各项计划，仍由各省、自治区、直辖市负责安排执行，不再变动。

三　在征求意见的过程中，有的省、自治区、直辖市和部委提出，对山东海洋学院、上海化工学院及其分院等几所全国重点高等学校和部委领导的非重点高等学校的归属、面向等做些调整。我们考虑，这些问题涉及许多具体情况，需要一定的时间与有关方面充分协商，不宜仓促处理。目前以维持现状暂不调整为好。待今后经过一段工作，有关方面充分协商取得一致意见后，再行报批。

四　要处理好中央和地方的关系。各部委对一部分高等学校加强领导后，应在专业设置、招生和分配毕业生的工作中，适当照顾这些院校所在省、自治区、直辖市的需要。有关部委和省、自治区、直辖市可区别院校的不同科类，对专业设置、招生和分配毕业生的留成比例，商得初步意见后，纳入国家计划。

五　"四人帮"对教育战线的干扰破坏十分严重，特别是对高等教育的破坏更为突出。截至发文日期高等学校普遍存在着师资缺乏，校舍紧张，教学科研设备陈旧落后、损坏严重的情况。全国重点高等学校现有的师资、校舍、设备等条件，难以完成国家所赋予的教学、科研任务，急需采取强有力的措施，尽快加以解决。因此，有关部委和省、自治区、直辖市对解决全国重点高等学校的师资、经费、校舍、设备等方面的实际困难，要切实给予大力支持，以促使这些院校大干快上。

六　许多理工科高等学校所设专业分属几个行业，几年来已逐渐形成有关专业分别由有关部委归口的办法。这种办法有利于各部委对有关专业的布局、方向、规模和安排科研任务等进行统筹规划，在高等教育的发展中起了积极作用。今后各部委对所属院校加强领导后，如何继续做好非所属院校有关专业的归口工作，还需要我部与有关部委共同研究，妥善解决。

七　办好全国重点高等学校是时代赋予我们的使命，关系到为在本世纪内把我国建设成为具有现代农业、现代工业、现代国防、现代科学技术的伟大的社会主义强国，教育战线能否源源不断地提供大量又红又专的人才。因此，请各级党委，各省、自治区、直辖市，国务院各部委，对办好全国重点高等学校给予足够的重视，并在具体工作中给予积极支持。

以上报告，妥否？请批示。

中共教育部党组<br>1978 年 1 月 27 日

**附件：**

### 关于恢复和办好全国重点高等学校的意见

一 "文革"十年来，教育战线遭受林彪、"四人帮"的干扰破坏，情况十分严重。他们对高等教育的破坏尤为突出，致使高等学校的培养能力和教育质量大幅度下降，造成教育事业与社会主义革命和社会主义建设严重不相适应的状况。为了尽快改变这种状况，不断扩大培养能力，迅速提高教育质量，使高等学校在为把我国建设成为具有现代农业、现代工业、现代国防、现代科学技术的伟大的社会主义强国的斗争中，充分发挥积极作用。当前急需在普遍进行整顿的同时，加强领导，集中力量，抓紧恢复和办好一批全国重点高等学校。力争在较短的时间内，使这些院校尽早培养出又红又专的高质量的各种人才，尽快拿出具有较高水平的科学研究成果，不断总结出办学经验，在建立一个适合我国情况，适应社会主义经济基础的教育制度方面，在向科学技术现代化进军中，发挥骨干作用。

在教育实践中，全国重点高等学校要带动一般院校共同前进；一般院校要推动全国重点高等学校向更高的水平发展。重点带一般，一般促重点，相互提高，加速发展。根据社会主义革命和建设的需要及国民经济的可能条件，逐步扩大全国重点高等学校的范围，使高等教育事业为建设伟大的社会主义现代化强国贡献更大的力量。

二 全国重点高等学校要贯彻落实党的知识分子政策，充分调动广大教师的社会主义积极性。要努力提高教育质量，为社会主义革命和社会主义建设有计划地培养又红又专的高质量的各种人才。要充分发挥高等学校是科学研究一个重要方面军的作用，积极开展科学研究工作，努力承担国家和地方的科研任务，为赶超世界先进科学技术水平做出成绩。要不断总结和积累教育改革和科学研究的新鲜经验，为迅速提高我国高等教育水平贡献力量。要切实贯彻勤工俭学，勤俭办学的方针。

三　研究确定全国重点高等学校的原则是：现有师资、设备、校舍等办学条件较好，能够较快地扩大培养能力、提高教育质量、开展科学研究工作，为实现四个现代化做出较大贡献；体现教育事业的社会主义方向，和独立自主，自力更生，艰苦奋斗，勤俭建国的方针；加强薄弱环节和薄弱地区，加速边疆少数民族地区高等教育事业的建设。

由于"四人帮"对国民经济的破坏严重，当前国家的经济力量还难以为高等教育提供更多的人力、物力、财力。为了能够使有限的力量，较为集中地用于较少的院校，早见成效，第一批全国重点高等学校的数量不宜增加过多。拟恢复原有六十所，增加二十八所，共为八十八所，各校名称详见《全国重点高等学校名单》。（注解：因学校情况有所变化，该名单略）

四　为了切实办好全国重点高等学校，必须采取强有力的措施，扎扎实实地做好各项工作。

根据有利于党的领导，有利于发挥中央和地方两个积极性，有利于在教学和科学研究工作中早见成效的原则，对全国重点高等学校要实行统一领导，分级管理。教育部应根据党中央、国务院的指示，研究制定有关全国重点高等学校的具体方针、政策和实施办法等。有关部委和省、自治区、直辖市应结合本行业、本地区的情况，组织所属全国重点高等学校贯彻执行。面向全国和面向地区的全国重点高等学校，除少数院校实行有关部委直接领导外，多数院校实行有关部委和省、自治区、直辖市双重领导，以部委为主。部委负责贯彻教育事业的具体方针、政策；在国家统一计划下，负责院校的规划，专业设置，招生计划，分配毕业生，人员编制，劳动工资计划，科学研究，生产，教材，经费，外汇，基本建设，统配、部管物资和进口仪器设备供应等；协助省、自治区、直辖市检查督促有关院校对党的方针、政策的贯彻执行。省、自治区、直辖市负责院校的党的建设、人事工作和政治思想工作，检查督促党的方针、政策和教育事业具体方针、政策的贯彻执行，组织经验交流，基本建设设计、施工，地方物资供应等。院校一级领导干部（包括党和行政的正、副职）的任免、调动，经部委和省、自治区、直辖市商得一致后，由部委报请中央、国务院审批；处系一级领导干部的任免、调动，经省、市、自治区和部委商得一致后，由省、自治区、直辖市负责审批。有关重大原则问题的处理，有关部委和省、自治区、直辖市要协商解决。面向本省、自治区、直辖市的全国重点高等学校，原则上由本省、自治区、直辖市领导，有关部委要给予支持。

加强党的领导，抓紧各院校领导班子的建设。争取在半年左右，配备好各院校的领导干部。全国重点高等学校的领导班子，要坚决贯彻执行党中央的路线和各项方针、政策，认真学习马列和毛主席著作，忠诚党的教育事业，坚持参加集体生产劳动，密切联系群众，实事求是，开展批评与自我批评，艰苦奋斗，团结战斗，熟悉业务，又红又专，成为全校师生员工的带头人。

加强师资队伍的建设。从科研、生产部门选调部分专门人才，到全国重点高等学校任专职或兼职教师。有计划地选留高等学校普通班、研究班的优秀毕业生，补充教师队伍。采取以老带新、参加科研、短期进修等多种形式，不断地提高现有教师的政治思想水平和业务工作能力。

健全后勤机构，选派热心为大家服务，勤勤恳恳，甘当无名英雄的人充实后勤队伍，认真做好后勤工作，切实保证教学、科研、生产和生活的必要条件。

# 国务院学位委员会关于审定学位授予单位的原则和办法

(1981年2月24日,国务院学位委员会发布)

根据中华人民共和国学位条例第八条的规定,制定《关于审定学位授予单位的原则和办法》如下:

一 为了保证所授学位具有应有的学术水平,必须认真做好学位授予单位的审定工作。在审定学位授予单位时,要按学科、专业,从学术力量、教学工作质量、科学研究基础等方面加以综合考察,坚持条件,严格审核,保证质量。目前暂不具备条件的单位,可努力创造条件,今后经审核、评议,确已具备授予学位的条件,可增列为学位授予单位。

二 凡经国务院批准建立的高等学校,其本科所设专业按教育部关于大学本科教学计划的原则规定,达到以下几项要求者,可列入授予学士学位单位。

(一)能开出全部课程,其中多数课程由具有讲师以上职称的教师讲授,教学质量较好。

(二)实验课程能基本开齐,具有一定的质量。

(三)有一定数量的讲师以上职称的教师指导学生做毕业论文(毕业设计或其他毕业实践环节)。

(四)各项考核制度健全。

三 凡经教育部批准招收研究生的高等学校和国务院有关部门批准招收研究生的科学研究机构,其招生学科、专业已具备下列条件,能持续地培养攻读硕士学位研究生,可列入授予硕士学位单位。

（一）有学术水平较高，在教学或研究工作中有成绩，目前正在从事科学研究的教授、副教授（研究员、副研究员或相当职称的人员）担任指导教师。

（二）高等学校应能为攻读硕士学位研究生开出必修或选修基础理论、专业理论和较高水平的实验技术课程；科学研究机构应有研究生院，或与高等学校合作，能为硕士研究生开出上述各项课程；或配备足够有教学质量，指导硕士研究生学习上述各项课程。

（三）在培养研究生的有关学科方面，有确定的科学研究方向和项目，能解决研究生做硕士论文所需要的科学实验设备和有关的图书、资料。

（四）研究生考核管理制度健全。

四　授予博士学位的单位及其学科、专业，主要限于全国重点高等学校和国务院有关部门主管的科学研究机构中，具有下列条件，确能培养攻读博士学位研究生的重点学科。少数其他单位的个别重点学科，具备下列条件者，也可列入。

（一）有学术造诣较高、在教学或研究工作中成绩显著、目前正在从事较高水平的科学研究工作并获得一定成果的教授（研究员或相当职称的人员）担任指导教师。少数新兴学科、边缘学科和国家所需发展的学科，有学术造诣较高、在研究工作中成绩显著的副教授（副研究员或相当职称的人员）担任指导教师。

（二）能为攻读博士学位研究生提供充分的学习条件，保证研究生完成课程学习。

（三）在培养研究生的有关学科方面，属于全国同类学科中学术水平较高的，有较好的科学研究基础，并承担国家重点科学研究项目或国务院各部委和省、自治区、直辖市重点科学研究项目或其他有重要价值、学术水平较高的科学研究项目，能解决研究生做博士论文所需要的科学实验设备及有关图书资料。

（四）研究生考核管理制度健全。

五　各级学位授予单位及其学科、专业名单，均经国务院学位委员会报国务院批准公布。学位授予单位审定工作的领导，采取分级归

口负责的办法。报批手续如下:

(一)高等学校和科学研究机构符合上述规定条件的学科、专业,经本单位学术委员会讨论通过后,由本单位向主管部门提出申请,并报送有关材料,供审核。

(二)高等学校及其专业,是否授予学士学位,以学校的主管部门为主进行审核。

国务院各部委主管的学校,由各部委审核后,提出名单报教育部,并抄送学校所在省、直辖市、自治区高教(教育)局(厅);地方主管的学校,由本省、直辖市、自治区高教(教育)局(厅)审核提出名单报教育部。

全部授予学士学位的高等学校及其专业名单,由教育部复核后,报国务院学位委员会。

(三)高等学校和科学研究机构及其学科、专业,是否授予硕士学位,按系统为主进行审核。

国务院各部委主管的学校,分别由各部委审核汇总。地方主管的农业、林业、医学、艺术、体育、民族等院校,由省、直辖市、自治区高教(教育)局(厅)初审,分别报农业部、林业部、卫生部、文化部、国家体委、国家民委审核汇总;地方主管的综合大学、工科院校、师范院校和其他院校,由省、直辖市、自治区高教(教育)局(厅)初审,报教育部审核汇总。

中国科学院主管的科学研究机构,由中国科学院审核汇总。国务院各部委主管的自然科学研究机构,分别由各部委审核汇总。地方主管的自然科学研究机构,由省、直辖市、自治区科学或科学技术干部局提出初步意见,报国务院科学技术干部局,由国务院科学技术干部局会同国务院有关部委审核汇总。中国社会科学院主管的科学研究机构,由中国社会科学院审核汇总;国务院各部委和地方主管的社会科学研究机构,在各部委和省、直辖市、自治区主管部门初审的基础上,报中国社会科学院审核汇总。

国务院各有关部门汇总提出名单时,应经部一级学术委员会、科学技术委员会(或相当的学术组织)审核,或专门组织有关学科的专家会议审核。如少数学科、专业,在本部门审核有困难时,可委托有关部门代为审核。

国务院各有关部门汇总提出的授予硕士学位的单位及其学科、专业名单,报国务院学位委员会。国务院学位委员会召开学科评议组会议,加以复核。

(四)高等学校和科学研究机构及其学科、专业,是否授予博士学位,由国务院学位委员会学科评议组为主进行审核。

国务院有关部委参照上述第(三)项的办法,分别初步审核提出授予博士学位的单位及其学科、专业名单,报国务院学位委员会。国务院学位委员会召开学科评议组会议,加以审核。

(五)军队系统各级学位授予单位及其学科、专业的审定办法,由总政治部参照本办法,另行制定。

# 普通高等学校设置暂行条例

国发〔1986〕108号

## 第一章 总则

第一条 为了加强高等教育的宏观管理，保证普通高等学校的教育质量，促进高等教育事业有计划、按比例地协调发展，制定本条例。

第二条 本条例所称的普通高等学校，是指以通过国家规定的专门入学考试的高级中学毕业学生为主要培养对象的全日制大学、独立设置的学院和高等专科学校、高等职业学校。普通高等学校的设置，由国家教育委员会审批。

第三条 国家教育委员会应当根据经济建设和社会发展的需要、人才需求的科学预测和办学条件的实际可能，编制全国普通高等教育事业发展规划，调整普通高等教育的结构，妥善地处理发展普通高等教育同发展成人高等教育、中等专业教育和基础教育的关系，合理地确定科类和层次。

第四条 国家教育委员会应当根据学校的人才培养目标、招生及分配面向地区以及现有普通高等学校的分布状况等，统筹规划普通高等学校的布局，并注意在高等教育事业需要加强的省、自治区有计划地设置普通高等学校。

第五条 凡通过现有普通高等学校的扩大招生、增设专业、接受委托培养、联合办学及发展成人高等教育等途径，能够基本满足人才需求的，不另行增设普通高等学校。

## 第二章 设置标准

**第六条** 设置普通高等学校，应当配备具有较高政治素质和管理高等教育工作的能力、达到大学本科毕业文化水平的专职校（院）长和副校（院）长。同时，还应当配备专职思想政治工作和系科、专业的负责人。

**第七条** 设置普通高等学校，须按下列规定配备与学校的专业设置、学生人数相适应的合格教师。

（一）大学及学院在建校招生时，各门公共必修课程和专业基础必修课程，至少应当分别配备具有讲师职务以上的专任教师二人；各门专业必修课程，至少应当分别配备具有讲师职务以上的专任教师一人。具有副教授职务以上的专任教师人数，应当不低于本校（院）专任教师总数的10%。

（二）高等专科学校及高等职业学校在建校招生时，各门公共必修课程和专业基础必修课程，至少应当分别配备具有讲师职务以上的专任教师二人；各门主要专业课程至少应当分别配备具有讲师职务以上的专任教师一人。具有副教授职务以上的专任教师人数，应当不低于本校专任教师总数的5%。

（三）大学及学院的兼任教师人数，应当不超过本校（院）专任教师人数的四分之一；高等专科学校的兼任教师人数，应当不超过本校专任教师的三分之一；高等职业学校的兼任教师人数，应当不超过本校专任教师的二分之一。少数地区或特殊科类的普通高等学校建校招生，具有副教授职务以上的专任教师达不到（一）、（二）项要求的，需经国家教育委员会批准。

**第八条** 设置普通高等学校，须有与学校的学科门类和规模相适应的土地和校舍，保证教学、生活、体育锻炼及学校长远发展的需要。普通高等学校的占地面积及校舍建筑面积，参照国家规定的一般高等学校校舍规划面积的定额核算。普通高等学校的校舍可分期建设，但其可供使用的校舍面积，应当保证各年度招生的需要。

**第九条** 普通高等学校在建校招生时，大学及学院的适用图书，文科、政法、财经院校应当不少于八万册；理、工、农、医院校应当不少于六万册。高等专科学校及高等职业学校的适用图书，文科、政法、财经学校应当不少于五万册；理、工、农、医院校应当不少于四万册。并应当按照专业性质、学生人数分别配置必需的仪器、设备、标本、模型。理、工、农院校应当有必需的教学实习工厂或农（林）场和固定的生产实习基地；师范院校应当有附属的实验学校或固定的实习学校；医学院校至少应当有一所附属医院和适应需要的教学医院。

第十条 设置普通高等学校所需的基本建设投资和教育事业费，须有稳定的来源和切实的保证。

### 第三章　学校名称

第十一条 设置普通高等学校，应当根据学校的人才培养目标、学科门类、规模、领导体制、所在地等，确定名实相符的学校名称。

第十二条 称为大学的，须符合下列规定：

（一）主要培养本科及本科以上专门人才；

（二）在文科（含文学、历史、哲学、艺术）、政法、财经、教育（含体育）、理科、工科、农林、医药等八个学科门类中，以三个以上不同学科为主要学科；

（三）具有较强的教学、科学研究力量和较高的教学、科学研究水平；

（四）全日制在校学生计划规模在五千人以上。但边远地区或有特殊需要，经国家教育委员会批准，可以不受此限。

第十三条 称为学院的，须符合下列规定：

（一）主要培养本科及本科以上专门人才；

（二）以本条例第十二条第（二）项所列学科门类中的一个学科为主要学科；

（三）全日制在校学生计划规模在三千人以上。但艺术、体育及其他特殊科类或有特殊需要的学院，经国家教育委员会批准，可以不受此限。

第十四条 称为高等专科学校的，须符合下列规定：

（一）主要培养高等专科层次的专门人才；

（二）以本条例第十二条第（二）项所列学科门类中的一个学科

为主要学科；

（三）全日制在校学生计划规模在一千人以上。但边远地区或有特殊需要的学校，经国家教育委员会批准，可以不受此限。

第十五条　称为高等职业学校的，须符合下列规定：

（一）主要培养高等专科层次的专门人才；

（二）以职业技术教育为主；

（三）全日制在校学生计划规模在一千人以上。但边远地区或有特殊需要的学校，经国家教育委员会批准，可以不受此限。

## 第四章　审批验收

第十六条　国家教育委员会每年第三季度办理设置普通高等学校的审批手续。设置普通高等学校的主管部门，应当在每年第三季度以前提出申请，逾期则延至下一年度审批时间办理。

第十七条　设置普通高等学校的审批程序，一般分为审批筹建和审批正式建校招生两个阶段。完全具备建校招生条件的，也可以直接申请正式建校招生。

第十八条　设置普通高等学校，应当由学校的主管部门邀请教育、计划、人才需求预测、劳动人事、财政、基本建设等有关部门和专家共同进行论证，并提出论证报告。论证报告应当包括下列内容：

（一）拟建学校的名称、校址、学科门类、专业设置、人才培养目标、规模、领导体制、招生及分配面向地区；

（二）人才需求预测、办学效益、高等教育的布局；

（三）拟建学校的师资来源、经费来源、基建计划。

第十九条　凡经过论证，确需设置普通高等学校的，按学校隶属关系，由省、自治区、直辖市人民政府或国务院有关部门向国家教育委员会提出筹建普通高等学校申请书，并附交论证报告。国务院有关部门申请筹建普通高等学校，还应当附交学校所在地的省、自治区、直辖市人民政府的意见书。

第二十条　普通高等学校的筹建期限，从批准之日起，应当不少于一年，但最长不得超过五年。

第二十一条　经批准筹建的普通高等学校，凡符合本条例第二章规定的，按学校隶属关系，由省、自治区、直辖市人民政府或国务院有关部门向国家教育委员会提出正式建校招生申请书，并附交筹建情况报告。

第二十二条　国家教育委员会在接到筹建普通高等学校申请书，或正式建校招生申请书后，应当进行审查，并做出是否准予筹建或正式建校招生的决定。

第二十三条　为保证新建普通高等学校的办学质量，由国家教育委员会或它委托的机构，对新建普通高等学校第一届毕业生进行考核验收。

第二十四条　经批准建立的普通高等学校，从批准正式建校招生之日起十年内，应当达到审定的计划规模及正常的教师配备标准和办学条件。国家教育委员会或它委托的机构负责对此进行审核验收。

## 第五章　检查处理

第二十五条　凡违反本规定有下列情形之一的，由国家教育委员会区别情况，责令其调整、整顿、停止招生或停办：

（一）虚报条件，筹建或建立普通高等学校的；

（二）擅自筹建或建校招生的；

（三）超过筹建期限，未具备招生条件的；

（四）第一届毕业生经考核验收达不到规定要求的；

（五）在规定期限内，达不到审定的计划规模及正常的教师配备标准和办学条件的。

## 第六章　附则

第二十六条　对本条例施行前设置或变更学校名称的普通高等学校，应当参照本条例，进行整顿。整顿办法，由国家教育委员会另行制定。

第二十七条　本条例由国家教育委员会负责解释。

第二十八条　本条例自发布之日起施行。

# 国务院批转国家教委关于加快改革和积极发展普通高等教育意见的通知

(1993年1月12日)

各省、自治区、直辖市人民政府，国务院各部委、各直属机构：

国务院同意国家教委《关于加快改革和积极发展普通高等教育的意见》，现转发给你们，请认真贯彻执行。

高等教育担负为社会主义事业培养建设者、接班人和发展科技、文化的重大任务，对解放和发展生产力起着很重要的促进作用。为了更好地适应我国社会主义现代化建设的需要，必须加快改革和积极发展普通高等教育。各级政府和国务院各部门，要高度重视和积极支持普通高等教育的改革和发展，加强对有关高等学校改革工作的领导，切实解决学校的实际困难和问题，使普通高等教育的改革和发展沿着党的十四大指引的方向胜利前进。

1993年1月12日

**关于加快改革和积极发展普通高等教育的意见**

20世纪90年代是我国社会主义现代化建设的关键时期，抓住有利时机加快改革开放和现代化建设步伐，夺取有中国特色社会主义事业的更大胜利，这是摆在全党全国人民面前的战略任务。高等教育担负为社会主义事业培养建设者、接班人和发展科技、文化的重大任务，对解放和发展生产力起着重要的促进作用。高等教育战线的全体同志，要增强责任感和紧迫感，认真学习贯彻党的十四大精神和邓小平同志建设有中国特色社会主义的理论，解放思想，振奋精神，加快、加大高等教育改革的步伐和力度，努力开创高等教育改革和发展的新局面。

一　高等教育改革和发展的指导思想是，遵循党的十四大精神，以建设有中国特色社会主义的理论和"一个中心、两个基本点"的基本路线为指针，解放思想，为适应改革开放和现代化建设的需要，适应社会主义市场经济体制和政治、科技、文化体制改革的要求，加快高等教育改革开放的步伐，探索办好有中国特色的社会主义高等学校的新路子，在20世纪90年代，使我国高等教育的发展在质量、数量、结构和效益等方面达到一个新的水平，并为21世纪的更大发展和提高打下坚实基础。高等教育的改革和发展，要有利于为以经济建设为中心的社会主义事业服务，促进经济和社会的全面发展；有利于调动学校的广大师生员工和社会各界的积极性；有利于全面贯彻党的教育方针，提高教育质量和办学效益，培养德智体全面发展的社会主义事业建设者和接班人。

高等教育改革和发展的主要任务是：坚持社会主义办学方向，改革高等教育办学和管理体制，转变政府管理部门职能，扩大学校办学自主权，改革学校内部管理体制和运行机制，深化教育和教学改革，探索高等教育发展的新路子。通过改革达到：规模有较大发展，结构更加合理，质量上一个台阶，效益有明显提高，到20世纪末，初步建立起有中国特色的社会主义高等教育体系。

二　改革原有的由国家包办高等教育的单一体制和模式，探索适应社会主义市场经济体制、调动社会办学积极性、多种形式和途径发展高等教育的新路子。经过改革和试验，我国高等学校逐步形成国家投资为主，学生缴费和社会集资为辅；学生缴费和社会集资为主，国家资助为辅；民办自费；企业办学等多种办学的形式。

高等教育的发展，要坚持走内涵发展为主的道路，首先使现有学校达到合理的办学规模，同时进一步发挥学校的办学潜力，提高整体效益。到二〇〇〇年，规模效益应有明显提高，校均规模本科院校由现在的二千五百人提高到三千五百人左右，专科院校由一千人提高到二千人左右。积极鼓励和支持社会力量兴办民办高等学校，尽快制定民办普通高等学校有关条例,加强引导和管理。目前,确有必要新设置高等学校,要按照国务院发布的《普通高等学校设置暂行条例》(国发[1986]108号),由国家教委高等学校设置评议委员会进行评议后,提交国家教委审批。国家教委和各地有关部门要加强对学历文凭的管理,以保证高等教育的规格和水平,不断提高教育质量。

三 高等教育的发展要充分发挥各地区的积极性,因地制宜,合理布局,优化结构。在国家统筹规划指导下,省、自治区、直辖市人民政府根据实际情况分别确定各自的发展目标和重点,并注意地区间的合作和互补。经济发展水平高的地区,要更多地增加对高等教育的投入,加快改革步伐和发展速度。对经济基础薄弱和教育规模偏小的地区,要积极创造条件,采取有力措施,使这些地区的高等教育有一个适当的发展速度,以适应当地经济发展的需要。对少数民族地区,国家和地方政府都要采取特殊政策和措施,积极扶持少数民族高等教育的发展。

在层次上,大力发展专科教育,特别着重发展面向广大农村、中小企业、乡镇企业和第三产业的专科教育;努力扩大研究生的培养数量,实现高层次人才培养基本上立足于国内。在科类上,稳定基础学科的规模,适当发展新兴和边缘学科,重点发展应用学科。

四 发展高等教育必须把提高教育质量放在突出的地位。有条件的省、自治区、直辖市和国务院有关部门着重办好一二所代表本地区、本行业先进水平的高等学校和一批重点学科、专业。在此基础上,国家教委会同国务院有关综合部门有计划地选择其中一批代表国家水平的高等学校和学科、专业,列入国务院已原则批准的"211工程"计划(面向21世纪,在全国重点办好一百所大学),分期滚动实施。对于列入"211工程"计划的高等学校和学科、专业,中央(包括各有关部门)和地方两级教育部门,要采取适当的特殊政策,进一步扩大这些学校的办学自主权。力争到21世纪初,我国有一批高等学校和学科、专业进入世界先进行列,在教育质量、科研水平和学校管理等方面能与国际著名大学相比拟。

五 进一步改革原有的国家集中计划和政府直接管理的办学体制,

逐步建立和完善国家统筹规划和宏观管理、学校面向社会自主办学的新体制。

高等教育办学体制的改革是要理顺政府、社会和学校三者之间的关系，按照政事分开的原则，使高等学校真正成为自主办学的法人实体，明确学校的权利和义务、利益和责任，进一步促进学校面向社会自主办学。国家要加强高等教育的立法工作，尽快制定高等教育法、高等学校组织法等。政府要转变职能，简政放权，由对学校的直接行政管理，转变为运用法律、经济、评估和信息服务以及必要的行政手段进行宏观管理。保证学校拥有充分的依法办学的自主权，在专业设置、招生、指导毕业生就业、教育教学、科学研究、筹措和使用经费、机构设置、人事安排、职称评定、工资分配、对外交流和学校管理等方面拥有有关法律、法规规定的权限。学校要善于行使属于自己的权力，承担好自己的责任，建立起主动适应国家经济建设和社会发展需要的自我激励、自我发展、自我约束的运行机制。社会各界要积极支持和直接参与高等学校的建设和人才培养、评估办学水平和教育质量，为学校提供生产实习和社会实践基地，公平、择优录用毕业生，逐步为学校提供社会化服务。

六　高等教育管理体制的改革方向是，逐步实行中央与省（自治区、直辖市）两级管理、两级负责为主的管理体制。国务院各部门重点管理好直接关系国家经济、社会发展全局并在高等教育中起示范作用的骨干学校和行业性强、地方不便管理的学校。在中央与地方的关系上，中央管理部门要简政放权，加强地方政府的管理职能，中央主要负责大政方针、宏观规划和监督检查，对地方所属高等学校的具体政策、制度、计划的制定和实施以及对学校的领导和管理，责任和权力均交给地方，进一步加强省、自治区、直辖市对设在本地区的国务院各部门所属高等学校的协调作用。在国家教委和国务院各主管部门的关系上，国家教委负责统筹规划、政策指导、组织协调、信息服务、监督检查，各部门所属学校的专业设置、招生计划、经费筹措、学生就业等管理的责任和权限逐步归国务院各主管部门。国务院有关部门要加强对本行业专门人才的需求预测，协助国家教委指导本行业培养全国专门人才的规划工作。随着国务院各部门职能的转变和直属企业的下放，对部门所属高等学校的办学体制和管理体制，要区别不同情况，采取继续由中央部门办、中央部门与地方政府联合办、下放给地方办、企业集团参与管理等办法，进行改革试点。下放给地方办的，要将学校的事业费和基建投资基数划拨给地方政府。这项改革涉及面广、难度大，要采取积极稳妥的步骤，先在若干部门试点，成熟一个改革一个。这是今后一段时间内的一项重要改革，要认真做好。

七　改革高等教育投资体制，逐步建立财政拨款为主、多渠道筹措经费的投资体制。中央和地方的有关部门都要按照"两个增长"的原则，增加对高等教育的拨款，满足高教事业发展的基本需要。学校也要改变单纯依靠财政拨款的观念，走多渠道筹措教育经费的路子。要研究制定社会、企业、个人和校办产业等多渠道为高等学校筹措办学经费的具体制度和办法。

高等教育属于非义务教育，要改革学生上大学由国家"包"下来的制度。学生上大学原则上均应缴费，缴费标准要考虑到人民群众的承受能力，由学校报主管部门或省、自治区、直辖市人民政府确定。同时，国家、企事业单位、社会团体和学校均可设立奖学金，对品学兼优的学生给予奖励，对毕业后定向就业的学生予以资助；银行设立贷学金，学校积极开展勤工助学，对家庭经济有困难的学生提供帮助；对部分国家必须重点保证的、特殊的学校和专业，实行专项奖学金或提高奖学金的数额。这些改革，要与调动学生的学习主动性和积极性紧密联系起来，要与招生和毕业生就业制度改革配套进行。

八　进一步改革招生和毕业生就业制度。高等学校招生计划体制，实行国家任务计划和调节性计划相结合。国家任务计划是重点保证国家重点项目、国防建设、文化教育、基础学科和高技术研究，以及边远地区、某些艰苦行业所需专门人才。国家任务计划由学校主管部门报国家教委核定后下达。对国家任务计划人才的培养，学校主管部门要保证足够的事业费和基建经费。在保证完成国家任务计划的前提下，要逐步扩大调节性计划，逐步扩大招收自费生和委托培养生的比重，调节性计划由学校主管部门根据需要和实际办学条件确定。

进一步改进招生和入学考试办法。坚持德智体全面考核、以文化考试为主、择优录取的原则。要在高中毕业省级会考的基础上，减少高考统一考试科目，录取时参考会考成绩。对在培养人才方面有特殊要求的学校或专业，经过批准可以按系统或地区，联合或单独组织招生考试，并按有关规章录取新生。为有利于高等学校按照各自的特色、风格和专业要求培养人才，把选拔新生的职权放给学校。要注意选拔农村、边远地区以及基层单位有一定实践经验的优秀人才入学。地方招生部门通过职能转变，负责有关报名、考试和录取的组织工作，为学校招生提供服务。建立和完善招生过程的监察制度。

改革高等学校毕业生"包当干部"和由国家"统包统配"的就业制度。随着社会主义市场经济体制的建立和劳动人事制度的改革，在国家政策指导下，实行高等学校大多数毕业生自主择业的就业制度。近期内，国家任务计划招收的学生，原则上由国家负责安排就业，学校与用人单位"供需见面"落实毕业生就业方案，并积极推行毕业生与用人单位"双向选择"的办法。调节性计划中，委托和定向培养的学生按合同就业，自费生自主择业，有关部门要加强毕业生就业的指导和服务工作。

九 积极稳妥地推进高等学校内部管理体制改革。要逐步进行校内人事、分配、住房、医疗和退休养老保险制度以及后勤服务企业化、社会化等改革，理顺关系、转换机制、调整结构、精简机构、优化队伍、改善条件、提高待遇，调动广大教职工的积极性，增强学校内在的办学活力和主动适应国民经济和社会发展需要的能力，不断提高教育质量、科研水平和办学效益。进行校内管理体制改革，要在学校主管部门的领导下，取得学校所在省、自治区、直辖市人民政府的领导和支持，积极稳妥地进行。要从实际出发，积极试验，统筹兼顾，逐步展开。争取在最近几年内全国高等学校在实行内部管理体制的改革方面取得显著成绩。

十 继续加强和改进德育工作。要进一步加强和改进马克思主义理论教育和思想政治教育，用建设有中国特色社会主义的理论武装学生，加强党的基本路线教育及爱国主义、集体主义和社会主义的教育。

要紧密联系我国社会主义建设实际，加强社会实践，使广大学生坚定建设有中国特色社会主义的信念，走与工农相结合的道路，逐步树立科学的世界观和为人民服务的人生观，增强抵御和平演变、抵御资本主义和封建主义腐朽思想侵蚀的能力，珍惜和维护安定团结的政治局面。要通过实践，不断探索和总结在改革开放条件下加强德育工作的经验，继续加强和改进思想政治工作体系，充实德育内容、改善德育工作的形式和方法，努力建设好一支以精干的专职人员为骨干、专兼职结合的思想政治工作队伍，进一步提倡教书育人、管理育人、服务育人，把建立优良的校风、学风，优化育人环境作为经常性工作落到实处。

十一　深化教学改革、提高教育质量，是高等教育改革的核心。要按照"面向现代化，面向世界，面向未来"的要求，全面贯彻执行党的教育方针，逐步建立与社会主义市场经济体制相适应、符合学生成长规律、具有竞争活力的教学制度，努力提高教育质量。

要继续和发扬我国高等教育的优良传统，大胆吸收和借鉴当今世界先进的教育经验，进一步转变教育思想，更新教育观念。要继续拓宽专业面，加大教学内容和教学方法改革的力度，逐步建立和完善适应我国社会主义建设和现代科技、文化发展趋势的教学内容体系和课程结构，着重培养学生的素质和能力。要加强实验室建设，充实和更新教学仪器设备，大力推进现代化教育手段的应用。

要进一步贯彻落实教育与生产劳动相结合的方针，采取多种形式，大力加强学校与科研部门、企业事业单位等的密切联系和合作，争取社会各方面更多地参与高等学校人才培养工作。进一步巩固和发展实习基地、三结合基地、厂校合作委员会、产学研联合体等，实行教学、科研、生产（社会实践）三结合，促使学校教育和教学过程与社会主义建设实际紧密结合。

要逐步建立和完善与学校面向社会自主办学新体制相适应的教学管理制度和运行机制。要充分发挥各校优势，根据经济建设和社会发展的需要，规划专业设置、调整专业方向、制订教学计划和教学大纲、选编教材和组织实施教学。学校要引入竞争和激励机制，进一步完善学分制，实行合理淘汰和优秀生奖励制度等，经过改革试验，形成既有严格管理又有利于调动教与学两方面积极性和主动性的教学管理制度；建立既符合教育规律又生动活泼的教学运行机制。教育行政管理部门要通过修订专业目录和专业设置条例，制定各科类、专业的基本培养规格和主要课程的教学基本要求，积极开展教学研究和教学评估，建立高等学校教学工作和人才质量评价体系，在用人单位设立人才质量测试点等，加强对教学工作的宏观管理和指导。

十二 改革研究生教育。要根据社会主义建设和学科发展的需要，加快研究生教育的发展，改善结构和布局，进一步明确不同类型研究生的培养目标和规格，在满足教学、科研岗位所需人才的同时，着重加强应用人才的培养，注意吸收在职人员接受研究生教育，在一些行业试行专业学位制度。要理顺研究生教育和学位授权体系的关系，加快下放硕士学位授权点和博士生指导教师审核权的试点工作，同时建立和完善质量监督、评价制度。改进研究生招生办法，进一步完善培养过程，继续进行和扩大研究生兼做助教（协助教学）、助研（协助科研）、助管（协助管理）的试点，改善研究生培养的物质条件，提高教育质量，在20世纪内力争有一批学校和重点学科的研究生教育进入世界先进水平。

十三 高等学校科学技术工作要认真贯彻国家的科技方针，坚持科技是第一生产力的思想，坚持面向经济建设，坚持同教学相结合，努力攀登科技高峰。充分调动科技队伍的积极性，在把主要力量投入为国民经济建设服务的同时，要保持一支精干队伍稳定持续地开展基础性研究，巩固并再建一批国家级重点实验室；在组织优势力量承担国家"攀登计划""八六三"高技术计划和科技攻关计划等重大任务的同时，引导广大科技人员走向社会，面向市场，积极开展经济和社会发展中急需的应用、开发研究。要大力加强科技成果推广应用工作，建设一批工程研究中心和中试基地，促进科技成果的商品化、产业化和国际化。哲学、社会科学研究要把社会主义建设和改革中急需解决的重大理论和实际问题作为主攻方向。

要改革原有计划经济体制下形成的科技管理体制。科技机构要引入竞争机制，人员要合理分流、优化组合，不同类型的机构采取不同管理制度，实行开放、流动和定期评估。要加强多种形式的产、学、研合作，形成一批与产业界密切结合的人才培养与研究、开发基地。要建立合理的科技投入机制，在国家继续加强对科技投入的同时，积极开拓科技投资渠道，增加科技贷款和设立高新技术开发风险投资基金。

十四 积极发展以高新技术产业为主的校办产业。校办产业要有利于加强学校与社会的联系，促进教育和教学改革，有利于筹集教育资金，增强办学实力。要组织高校的科技力量，积极投身国民经济建设主战场，面向生产第一线进行研究开发，多渠道、多层次地转化科技成果，积极进入高新技术产业开发区，有计划、有重点、有选择、讲求实效地发展科技产业。因地因校制宜，利用学校的优势，积极发展经济、科技、文教的信息咨询和服务的第三产业。国家要增加用于支持校办产业发展的贷款规模，并在税率上予以优惠；尽快制定校办产业行政法规，使校办产业有法可依。学校要加强领导，采取人员分流、企业化管理等办法，努力在实践中探索适合本地区、本部门、本学校情况的发展校办产业的多种模式。

十五 加强教师队伍建设。20世纪90年代，高等学校教师队伍进入新老交替的重要时期，学术带头人和骨干教师的培养、补充迫在眉睫。要采取各种有力措施，以加强培养中青年学术带头人为重点，优化教师队伍结构。要采取多种形式促进教师和社会的密切联系，聘请实际工作部门有较高水平的专家到校任教。要把师资队伍建设和学校整体改革有机地结合起来，把教师的工资、住房、医疗、退休等问题摆到改革的重要议事日程上。要下决心采取重大政策和措施，积极改善教师的工作、学习和生活条件，对有突出贡献的教师给予重奖，并形成规范化的奖励制度。国家建立与公务员工资制度脱钩的教育系统工资制度，制定高等学校教师的基本工资标准，学校主管部门和学校有权适当增加教师的地区或校内津贴，不同地区、不同学校的教师可以有不同的实际工资标准，克服平均主义和论资排辈的倾向，按贡献大小适当拉开档次。要进一步改革专业技术职务评聘工作，进一步下放教师任职资格评审权，并制定有关政策，体现正确的政策导向。要发挥国家、集体、个人三方面的积极性，加快教师住房建设，争取实现三年解困、五年改善的目标。

十六　进一步扩大对外开放，积极开展国际交流与合作，是我国高等教育事业发展的一项重要方针。要加强和重视对国外高等教育的研究，大胆吸收和借鉴人类文明发展的一切优秀成果和世界各国发展和管理高等教育的成功经验。要积极创造有利于国际合作与交流的条件与环境，进一步制定和完善有关政策，改进教育外事工作管理办法；要根据我国高等教育改革发展的需要，扩大和搞活国际教育、学术和科技交流合作；要改进派遣留学、进修人员和引进国外智力的工作；积极创造条件，适当扩大和加强接受来华留学生、选派出国任教教师、对外汉语教学以及在境外联合办学等工作；尽快制定境外机构和个人在华办学条例，欢迎和鼓励境外机构和个人，依照我国的法律和方针政策，来华捐资助学和联合办培训中心、研究中心和校内分院等。

十七　各级政府要加强对高等教育改革的领导。高等学校的重大改革方案的实施，必须经主管部门批准，有计划、有步骤地进行。改革要经过试点、总结经验后，逐步推广。对深化改革中遇到的各种问题，各级领导部门要积极加以引导和管理，帮助高等学校解决各种实际困难。

# 教育部关于全面提高高等教育质量的若干意见

(2012年3月16日)

各省、自治区、直辖市教育厅（教委），新疆生产建设兵团教育局，有关部门（单位）教育司（局），部属各高等学校：

为深入贯彻落实胡锦涛总书记在庆祝清华大学建校100周年大会上的重要讲话精神和《国家中长期教育改革和发展规划纲要（2010—2020年）》，大力提升人才培养水平、增强科学研究能力、服务经济社会发展、推进文化传承创新，全面提高高等教育质量，现提出如下意见。

（一）坚持内涵式发展。牢固确立人才培养的中心地位，树立科学的高等教育发展观，坚持稳定规模、优化结构、强化特色、注重创新，走以质量提升为核心的内涵式发展道路。稳定规模，保持公办普通高校本科招生规模相对稳定，高等教育规模增量主要用于发展高等职业教育、继续教育、专业学位硕士研究生教育以及扩大民办教育和合作办学。优化结构，调整学科专业、类型、层次和区域布局结构，适应国家和区域经济社会发展需要，满足人民群众接受高等教育的多样化需求。强化特色，促进高校合理定位、各展所长，在不同层次不同领域办出特色、争创一流。注重创新，以体制机制改革为重点，鼓励地方和高校大胆探索试验，加快重要领域和关键环节改革步伐。按照内涵式发展要求，完善实施高校"十二五"改革和发展规划。

（二）促进高校办出特色。探索建立高校分类体系，制定分类管理办法，克服同质化倾向。根据办学历史、区位优势和资源条件等，确定特色鲜明的办学定位、发展规划、人才培养规格和学科专业设置。加快建设若干所世界一流大学和一批高水平大学，建设一批世界一流学科，继续实施"985工程""211工程"和优势学科创新平台、特色重点学科项目。加强师范、艺术、体育以及农林、水利、地矿、石油等行业高校建设，突出学科专业特色和行业特色。加强地方本科高校建设，以扶需、扶特为原则，发挥政策引导和资源配置作用，支持有特色高水平地方高校发展。加强高职学校建设，重点建设好高水平示范（骨干）高职学校。加强民办高校内涵建设，办好一批高水平民办高校。实施中西部高等教育振兴计划，推进东部高校对口支援西部高校计划。完善中央部属高校和重点建设高校战略布局。

（三）完善人才培养质量标准体系。全面实施素质教育，把促进人的全面发展和适应社会需要作为衡量人才培养水平的根本标准。建立健全符合国情的人才培养质量标准体系，落实文化知识学习和思想品德修养、创新思维和社会实践、全面发展和个性发展紧密结合的人才培养要求。会同相关部门、科研院所、行业企业，制定实施本科和高职高专专业类教学质量国家标准，制定一级学科博士、硕士学位和专业学位基本要求。鼓励行业部门依据国家标准制定相关专业人才培养评价标准。高校根据实际制订科学的人才培养方案。

（四）优化学科专业和人才培养结构。修订学科专业目录及设置管理办法，建立动态调整机制，优化学科专业结构。落实和扩大高校学科专业设置自主权，按照学科专业设置管理规定，除国家控制布点专业外，本科和高职高专专业自主设置，研究生二级学科自主设置，在有条件的学位授予单位试行自行增列博士、硕士一级学科学位授权点。开展本科和高职高专专业综合改革试点，支持优势特色专业、战略性新兴产业相关专业和农林、水利、地矿、石油等行业相关专业以及师范类专业建设。建立高校毕业生就业和重点产业人才供需年度报告制度，健全专业预警、退出机制。连续两年就业率较低的专业，除个别特殊专业外，应调减招生计划直至停招。加大应用型、复合型、技能型人才培养力度。大力发展专业学位研究生教育，逐步扩大专业学位硕士研究生招生规模，促进专业学位和学术学位协调发展。

（五）创新人才培养模式。实施基础学科拔尖学生培养试验计划，建设一批国家青年英才培养基地，探索拔尖创新人才培养模式。实施卓越工程师、卓越农林人才、卓越法律人才等教育培养计划，以提高实践能力为重点，探索与有关部门、科研院所、行业企业联合培养人才模式。推进医学教育综合改革，实施卓越医生教育培养计划，探索适应国家医疗体制改革需要的临床医学人才培养模式。实施卓越教师教育培养计划，探索中小学特别是农村中小学骨干教师培养模式。提升高职学校服务产业发展能力，探索高端技能型人才系统培养模式。鼓励因校制宜，探索科学基础、实践能力和人文素养融合发展的人才培养模式。改革教学管理，探索在教师指导下，学生自主选择专业、自主选择课程等自主学习模式。创新教育教学方法，倡导启发式、探究式、讨论式、参与式教学。促进科研与教学互动，及时把科研成果转化为教学内容，重点实验室、研究基地等向学生开放。支持本科生参与科研活动，早进课题、早进实验室、早进团队。改革考试方法，注重学习过程考查和学生能力评价。

（六）巩固本科教学基础地位。把本科教学作为高校最基础、最根本的工作，领导精力、师资力量、资源配置、经费安排和工作评价都要体现以教学为中心。高校每年召开本科教学工作会议，着力解决人才培养和教育教学中的重点难点问题。高校制定具体办法，把教授为本科生上课作为基本制度，将承担本科教学任务作为教授聘用的基本条件，让最优秀教师为本科一年级学生上课。鼓励高校开展专业核心课程教授负责制试点。倡导知名教授开设新生研讨课，激发学生专业兴趣和学习动力。完善国家、地方和高校教学名师评选表彰制度，重点表彰在教学一线做出突出贡献的优秀教师。定期开展教授为本科生授课情况的专项检查。完善国家、地方、高校三级"本科教学工程"体系，发挥建设项目在推进教学改革、加强教学建设、提高教学质量上的引领、示范、辐射作用。

（七）改革研究生培养机制。完善以科学研究和实践创新为主导的导师负责制。综合考虑导师的师德、学术和实践创新水平，健全导师遴选、考核等制度，给予导师特别是博士生导师在录取、资助等方面更多自主权。专业学位突出职业能力培养，与职业资格紧密衔接，建立健全培养、考核、评价和管理体系。学术学位研究生导师应通过科研任务，提高研究生的理论素养和实践能力。推动高校与科研院所联合培养，鼓励跨学科合作指导。专业学位研究生实行双导师制，支持在行业企业建立研究生工作站。开展专业学位硕士研究生培养综合改革试点。健全研究生考核、申诉、转学等机制，完善在课程教学、中期考核、开题报告、预答辩、学位评定等各环节的研究生分流、淘汰制度。

（八）强化实践育人环节。制定加强高校实践育人工作的办法。结合专业特点和人才培养要求，分类制定实践教学标准。增加实践教学比重，确保各类专业实践教学必要的学分（学时）。配齐配强实验室人员，提升实验教学水平。组织编写一批优秀实验教材。加强实验室、实习实训基地、实践教学共享平台建设，重点建设一批国家级实验教学示范中心、国家大学生校外实践教育基地、高职实训基地。加强实践教学管理，提高实验、实习实训、实践和毕业设计（论文）质量。支持高职学校学生参加企业技改、工艺创新等活动。把军事训练作为必修课，列入教学计划，认真组织实施。广泛开展社会调查、生产劳动、志愿服务、公益活动、科技发明、勤工助学和挂职锻炼等社会实践活动。新增生均拨款优先投入实践育人工作，新增教学经费优先用于实践教学。推动建立党政机关、城市社区、农村乡镇、企事业单位、社会服务机构等接收高校学生实践制度。

（九）加强创新创业教育和就业指导服务。把创新创业教育贯穿人才培养全过程。制定高校创新创业教育教学基本要求，开发创新创业类课程，纳入学分管理。大力开展创新创业师资培养培训，聘请企业家、专业技术人才和能工巧匠等担任兼职教师。支持学生开展创新创业训练，完善国家、地方、高校三级项目资助体系。依托高新技术产业开发区、工业园区和大学科技园等，重点建设一批高校学生科技创业实习基地。普遍建立地方和高校创新创业教育指导中心和孵化基地。加强就业指导服务，加快就业指导服务机构建设，完善职业发展和就业指导课程体系。建立健全高校毕业生就业信息服务平台，加强困难群体毕业生就业援助与帮扶。

（十）加强和改进思想政治教育。全面实施思想政治理论课课程方案，推动中国特色社会主义理论体系进教材、进课堂、进头脑。及时修订教材和教学大纲，充分反映马克思主义中国化最新成果。改进教学方法，把教材优势转化为教学优势，增强教学实效。制定思想政治理论课教师队伍建设规划，加大全员培训、骨干研修、攻读博士学位、国内外考察等工作力度。加强马克思主义理论学科建设，为思想政治理论课提供学科支撑。实施高校思想政治理论课建设标准，制定教学质量测评体系。加强形势与政策教育教学规范化、制度化建设。实施立德树人工程，提高大学生思想政治教育工作科学化水平。创新网络思想政治教育，建设一批主题教育网站、网络社区。推动高校普遍设立心理健康教育和咨询机构，开好心理健康教育课程。增强教师心理健康教育意识，关心学生心理健康。制定大学生思想政治教育工作测评体系。启动专项计划，建设一支高水平思想政治教育专家队伍，推进辅导员队伍专业化职业化。创新学生党支部设置方式，加强学生党员的教育、管理和服务，加强在学生中发展党员工作，加强组织员队伍建设。加强爱国、敬业、诚信、友善等道德规范教育，推动学雷锋活动机制化常态化。推进全员育人、全过程育人、全方位育人，引导学生自我教育、自我管理和自我服务。

（十一）健全教育质量评估制度。出台高校本科教学评估新方案，加强分类评估、分类指导，坚持管办评分离的原则，建立以高校自我评估为基础，以教学基本状态数据常态监测、院校评估、专业认证及评估、国际评估为主要内容，政府、学校、专门机构和社会多元评价相结合的教学评估制度。加强高校自我评估，健全校内质量保障体系，完善本科教学基本状态数据库，建立本科教学质量年度报告发布制度。实行分类评估，对二〇〇〇年以来未参加过评估的新建本科高校实行合格评估，对参加过评估并获得通过的普通本科高校实行审核评估。开展专业认证及评估，在工程、医学等领域积极探索与国际实质等效的专业认证，鼓励有条件的高校开展学科专业的国际评估。对具有三届毕业生的高职学校开展人才培养工作评估。加强学位授权点建设和研究生培养质量监控,坚持自我评估和随机抽查相结合,每五年对博士、硕士学位授权点评估一次。加大博士学位论文抽检范围和力度,每年抽查比例不低于5%。建立健全教学合格评估与认证相结合的专业学位研究生教育质量保障制度。建设学位与研究生教育质量监控信息化平台。

(十二)推进协同创新。启动实施高等学校创新能力提升计划。按照国家急需、世界一流要求,坚持"需求导向、全面开放、深度融合、创新引领"原则,瞄准世界科技前沿,面向国家战略和区域发展重大需求,以体制机制改革为重点,以创新能力提升为突破口,通过政策和项目引导,大力推进协同创新。探索建立校校协同、校所协同、校企(行业)协同、校地(区域)协同、国际合作协同等开放、集成、高效的新模式,形成以任务为牵引的人事聘用管理制度、寓教于研的人才培养模式、以质量与贡献为依据的考评机制、以学科交叉融合为导向的资源配置方式等协同创新机制,产出一批重大标志性成果,培养一批拔尖创新人才,在国家创新体系建设中发挥重要作用。

(十三)提升高校科技创新能力。实施教育部、科技部联合行动计划。制定高校科技发展规划。依托重点学科,加快高校国家(重点)实验室、重大科技基础设施、国家工程技术(研究)中心以及教育部重点实验室、工程技术中心建设与发展。积极推进高校基础研究特区、国际联合研究中心、前沿技术联合实验室和产业技术研究院、都市发展研究院、新农村发展研究院等多种形式的改革试点,探索高校科学研究面向经济社会发展、与人才培养紧密结合、促进学科交叉融合的新模式。

(十四)繁荣发展高校哲学社会科学。实施新一轮高校哲学社会科学繁荣计划。积极参与马克思主义理论研究和建设工程,推进哲学社会科学教学科研骨干研修,做好重点教材编写和使用工作,形成全面反映马克思主义中国化最新成果的哲学社会科学学科体系和教材体系。推进高校人文社会科学重点研究基地建设,新建一批以国家重大需求为导向和新兴交叉领域的重点研究基地,构建创新平台体系。加强基础研究,强化应用对策研究,促进交叉研究,构建服务国家需要与鼓励自由探索相结合的项目体系。瞄准国家发展战略和重大国际问题，推进高校智库建设。重点建设一批社会科学专题数据库和优秀学术网站。实施高校哲学社会科学"走出去"计划，推进优秀成果和优秀人才走向世界，增强国际学术话语权和影响力。

（十五）改革高校科研管理机制。激发创新活力、提高创新质量，建立科学规范、开放合作、运行高效的现代科研管理机制。推进高校科研组织形式改革，提升高校科研管理水平，加强科研管理队伍建设，增强高校组织、参与重大项目的能力。创新高校科研人员聘用制度，建立稳定与流动相结合的科研团队。加大基本科研业务费专项资金投入力度，形成有重点的稳定支持和竞争性项目相结合的资源配置方式。改进高校科学研究评价办法，形成重在质量、崇尚创新、社会参与的评价方式，建立以科研成果创造性、实用性以及科研对人才培养贡献为导向的评价激励机制。

（十六）增强高校社会服务能力。主动服务经济发展方式转变和产业转型升级，加快高校科技成果转化和产业化，加强高校技术转移中心建设，形成比较完善的技术转移体系。支持高校参与技术创新体系建设，参与组建产学研战略联盟。开展产学研合作基地建设改革试点，引导高校和企业共建合作创新平台。瞄准经济社会发展重大理论和现实问题，加强与相关部门和地方政府合作，建设一批高水平咨询研究机构。支持高校与行业部门（协会）、龙头企业共建一批发展战略研究院，开展产业发展研究和咨询。组建一批国际问题研究中心，深入研究全球问题、热点区域问题、国别问题。

（十七）加快发展继续教育。推动建立继续教育国家制度，搭建终身学习"立交桥"。健全宽进严出的继续教育学习制度，改革和完善高等教育自学考试制度。推进高校继续教育综合改革，引导高校面向行业和区域举办高质量学历和非学历继续教育。实施本专科继续教育质量提升计划、高校继续教育资源开放计划。开展高校继续教育学习成果认证、积累和转换试点工作，鼓励社会成员通过多样化、个性化方式参与学习。深入开展和规范以同等学力申请学位工作。

（十八）推进文化传承创新。传承弘扬中华优秀传统文化，吸收借鉴世界优秀文明成果。加强对前人积累的文化成果研究，加大对文史哲等学科支持力度，实施基础研究中长期重大专项和学术文化工程，推出一批标志性成果，推动社会主义先进文化建设。发挥文化育人作用，把社会主义核心价值体系融入国民教育全过程，建设体现社会主义特点、时代特征和学校特色的大学文化。秉承办学传统，凝练办学理念，确定校训、校歌，形成优良校风、教风和学风，培育大学精神。组织实施高校校园文化创新项目。加强图书馆、校史馆、博物馆等场馆建设。面向社会开设高校名师大讲堂，开展高校理论名家社会行等活动。稳步推进孔子学院建设，促进国际汉语教育科学发展。推进海外中国学研究，鼓励高校合作建立海外中国学术研究中心。实施当代中国学术精品译丛、中华文化经典外文汇释汇校项目，建设一批国际知名的外文学术期刊、国际性研究数据库和外文学术网站。

（十九）改革考试招生制度。深入推进高考改革，成立国家教育考试指导委员会，研究制订考试改革方案，逐步形成分类考试、综合评价、多元录取的高校考试招生制度。改革考试内容和形式，推进分类考试，扩大高等职业教育分类入学考试试点和高等职业教育单独招生考试。改革考试评价方式，推进综合评价，探索形成高考与高校考核、高中学业水平考试和综合素质评价相结合的多样化评价体系。改革招生录取模式，推进多元录取，逐步扩大自主选拔录取改革试点范围，在坚持统一高考基础上，探索完善自主录取、推荐录取、定向录取、破格录取的方式，探索高等职业教育"知识＋技能"录取模式。改革高考管理制度，推进"阳光工程"，加快标准化考点建设，规范高校招生秩序、高考加分项目和艺术体育等特殊类型招生。实施支援中西部地区招生协作计划，扩大东部高校在中西部地区招生规模。推进硕士生招生制度改革，突出对考生创新能力、专业潜能和综合素质的考查。推进博士生招生选拔评价方式、评价标准和内容体系等改革，把科研创新能力作为博士生选拔的首要因素，完善直博生和硕博连读等长学制选拔培养制度。建立健全博士生分流淘汰与名额补偿机制。

（二十）完善研究生资助体系。加大研究生教育财政投入，对纳入招生计划的学术学位和专业学位研究生，按综合定额标准给予财政拨款。建立健全研究生教育收费与奖学助学制度。依托导师科学研究或技术创新经费，增加研究生的研究资助额度。改革奖学金评定、发放和管理办法，实行重在激励的奖学金制度。设立国家奖学金，奖励学业成绩优秀、科研成果显著、社会公益活动表现突出的研究生。设立研究生助学金，将研究生纳入国家助学体系。

（二十一）完善中国特色现代大学制度。落实和扩大高校办学自主权，明确高校办学责任，完善治理结构。发布高校章程制定办法，加强章程建设。配合有关部门制定并落实坚持和完善普通高校党委领导下的校长负责制实施办法，健全党政议事规则和决策程序，依法落实党委职责和校长职权。坚持院系党政联席会议制度。高校领导要把主要精力投入到学校管理工作中，把工作重点集中到提高教育质量上。加强学术组织建设，优化校院两级学术组织构架，制定学术委员会规则，发挥学术委员会在学科建设、学术评价、学术发展中的重要作用。推进教授治学，发挥教授在教学、学术研究和学校管理中的作用。建立校领导联系学术骨干和教授制度。加强教职工代表大会、学生代表大会建设，发挥群众团体的作用。总结推广高校理事会或董事会组建模式和经验，建立健全社会支持和监督学校发展的长效机制。

（二十二）推进试点学院改革。建立教育教学改革试验区，在部分高校设立试点学院，探索以创新人才培养体制为核心、以学院为基本实施单位的综合性改革。改革人才招录与选拔方式，实行自主招生、多元录取，选拔培养具有创新潜质、学科特长和学业优秀的学生。改革人才培养模式，实行导师制、小班教学，激发学生学习主动性、积极性和创造性，培养拔尖创新人才。改革教师遴选、考核与评价制度，实行聘用制，探索年薪制，激励教师把主要精力用于教书育人。完善学院内部治理结构，实行教授治学、民主管理，扩大学院教学、科研、管理自主权。

（二十三）建设优质教育资源共享体系。建立高校与相关部门、科研院所、行业企业的共建平台，促进合作办学、合作育人、合作发展。鼓励地方建立大学联盟，发挥部属高校优质资源辐射作用，实现区域内高校资源共享、优势互补。加强高校间开放合作，推进教师互聘、学生互换、课程互选、学分互认。加强信息化资源共享平台建设，实施国家精品开放课程项目，建设一批精品视频公开课程和精品资源共享课程，向高校和社会开放。推进高等职业教育共享型专业教学资源库建设，与行业企业联合建设专业教学资源库。

（二十四）加强省级政府统筹。加大省级统筹力度，根据国家标准，结合各地实际，合理确定各类高等教育办学定位、办学条件、教师编制、生均财政拨款基本标准，合理设置和调整高校及学科专业布局。省级政府依法审批设立实施专科学历教育的高校，审批省级政府管理本科高校学士学位授予单位，审核硕士学位授予单位的硕士学位授予点和硕士专业学位授予点。核准地方高校的章程。完善实施地方"十二五"高等教育改革和发展规划。加大对地方高校的政策倾斜力度，根据区域经济社会发展需要，重点支持一批有特色高水平地方高校。推进国家示范性高等职业院校建设计划，重点建设一批特色高职学校。

（二十五）提升国际交流与合作水平。支持中外高校间学生互换、学分互认、学位互授联授。继续实施公派研究生出国留学项目。探索建立高校学生海外志愿服务机制。推动高校制定本科生和研究生中具有海外学习经历学生比例的阶段性目标。全面实施留学中国计划，不断提高来华留学教育质量，进一步扩大外国留学生规模，使我国成为亚洲最大的留学目的地国。以实施海外名师项目和学科创新引智计划等为牵引，引进一批国际公认的高水平专家学者和团队。在部分高校开展聘请外籍人员担任"学术院系主任""学术校长"试点。推动高校结合实际提出聘用外籍教师比例的增长性目标。做好高校领导和骨干教师海外培训工作。支持高职学校开展跨国技术培训。支持高校境外办学。支持高校办好若干所示范性中外合作办学机构，实施一批中外合作办学项目。

（二十六）加强师德师风建设。制定高校教师职业道德规范。加强职业理想和职业道德教育，大力宣传高校师德楷模的先进事迹，引导教师潜心教书育人。健全师德考评制度，将师德表现作为教师绩效考核、聘用和奖惩的首要内容，实行师德一票否决制。在教师培训特别是新教师岗前培训中，强化师德教育特别是学术道德、学术规范教育。制定加强高校学风建设的办法，完善高校科研学术规范，建立学术不端行为惩治查处机构。对学术不端行为者，一经查实，一律予以解聘，依法撤销教师资格。

（二十七）提高教师业务水平和教学能力。推动高校普遍建立教师教学发展中心，重点支持建设一批国家级教师教学发展示范中心，有计划地开展教师培训、教学咨询等，提升中青年教师专业水平和教学能力。完善教研室、教学团队、课程组等基层教学组织，坚持集体备课，深化教学重点难点问题研究。健全老中青教师传帮带机制，实行新开课、开新课试讲制度。完善助教制度，加强助教、助研、助管工作。探索科学评价教学能力的办法。鼓励高校聘用具有实践经验的专业技术人员担任专兼职教师，支持教师获得校外工作或研究经历。加大培养和引进领军人物、优秀团队的力度，积极参与"千人计划"，实施"长江学者奖励计划"和"创新团队发展计划"，加强高层次人才队伍建设。选择一批高校探索建立人才发展改革试验区。实施教师教育创新平台项目。建立教授、副教授学术休假制度。

（二十八）完善教师分类管理。严格实施高校教师资格制度，全面实行新进人员公开招聘制度。完善教师分类管理和分类评价办法，明确不同类型教师的岗位职责和任职条件，制定聘用、考核、晋升、奖惩办法。基础课教师重点考核教学任务、教学质量、教研成果和学术水平等情况。实验教学教师重点考核指导学生实验实习、教学设备研发、实验项目开发等情况。改革薪酬分配办法，实施绩效工资，分配政策向教学一线教师倾斜。鼓励高校探索以教学工作量和教学效果为导向的分配办法。加强教师管理，完善教师退出机制，规范教师兼职兼薪。加强高职学校专业教师双师素质和双师结构专业教学团队建设，鼓励和支持兼职教师申请教学系列专业技术职务。依法落实民办高校教师与公办高校教师平等法律地位。

（二十九）加强高校基础条件建设。建立全国高校发展和建设规划项目储备库及管理信息系统，严格执行先规划、后建设制度。通过多种方式整合校园资源，优化办学空间，提高办学效益。完善办学条件和事业发展监测、评价及信息公开制度。加快推进教育信息化进程，加强数字校园、数据中心、现代教学环境等信息化条件建设。完善高等学历教育招生资格和红、黄牌学校审核发布制度，确保高校办学条件不低于国家基本标准。积极争取地方政府支持，缓解青年教师住房困难。

（三十）加强高校经费保障。完善高校生均财政定额拨款制度，建立动态调整机制，依法保证生均财政定额拨款逐步增长。根据经济发展状况、培养成本和群众承受能力，合理确定和调整学费标准。完善财政捐赠配比政策，调动高校吸收社会捐赠的主动性、积极性。落实和完善国家对高校的各项税收优惠政策。推动高校建立科学、有效的预算管理机制，统筹财力，发挥资金的杠杆和导向作用。优化经费支出结构，加大教学投入。建立项目经费使用公开制度，增加高校经费使用透明度，控制和降低行政运行成本。建立健全自我约束与外部监督有机结合的财务监管体系，提高资金使用效益。

中华人民共和国教育部

2012年3月16日

# 高等教育专题规划

教高［2012］5号

为贯彻落实《国家中长期教育改革和发展规划纲要（2010—2020年）》，推动高等教育在新的历史起点上科学发展，特制定本专题规划。

## 序　言

教育是国家发展、民族振兴、社会进步的基石。高等教育是国力强大、民族昌盛、社会文明的重要推动力，承担着培养人才、发展科技、服务社会和传承创新文化的重要任务。高等教育作为科技第一生产力和人才第一资源的重要结合点，在国家发展中具有十分重要的地位和作用。

新中国成立以来，特别是改革开放以来，我国高等教育改革发展取得了举世瞩目的成就，进入了大众化阶段，实现了历史性的跨越；初步形成了中国特色社会主义高等教育体系，为我国经济社会发展提供了强有力的智力支撑与人才保障。我国目前高等教育在学总规模居世界第一位，具有高等教育学历的从业人员总数居世界第二位，已经成为高等教育大国。

同时，相对于国家发展的新需求和人民群众的新期盼，必须清醒认识到，我国高等教育还不完全适应经济社会发展和人民群众接受良好教育的要求，同国际先进水平相比还有明显差距；管理体制和运行机制不完善，办学活力不足，办学特色不鲜明。提高质量已经成为高等教育改革发展最核心最紧迫的任务。

世界各发达国家经济、科技、文化的强盛，都与建设高等教育强国进程紧密相伴。面向现代化、面向世界、面向未来，走中国特色现代高等教育发展之路,建设高等教育强国,是全面建设小康社会、推进创新型国家建设、全面提升我国综合国力和国际影响力、竞争力的必然要求,也是到2020年基本实现教育现代化、基本形成学习型社会、进入人力资源强国行列的必然要求,是时代赋予我国高等教育崇高庄严的历史使命。

### 一 指导思想

高举中国特色社会主义伟大旗帜,以邓小平理论和"三个代表"重要思想为指导,深入贯彻落实科学发展观,全面贯彻党的教育方针,遵循高等教育规律,坚持育人为本,实施素质教育,围绕提高质量,改革创新、优化结构、办出特色,主动适应经济社会发展和人的全面发展需要,培养造就数以千万计的高素质专门人才和一大批拔尖创新人才。

推进高等教育改革创新。更新教育思想观念,改革人才培养模式,健全质量评价体系,创新管理体制机制,完善现代大学制度。

推进高等教育科学发展。以培养人才为根本,统筹高等学校的教学、科研和社会服务协调发展;以适应社会需求为导向,统筹各类型各层次高等学校协调发展;以支持中西部高等教育为重点,统筹区域高等教育协调发展;以形成学习型社会为目标,统筹普通高等教育与继续教育协调发展。

### 二 战略目标

全面提高高等教育质量,建设高等教育强国。到2020年,高等教育结构更加合理,特色更加鲜明,人才培养、科学研究和社会服务整体水平全面提升;建成一批国际知名、有特色、高水平的高等学校,若干所大学达到或接近世界一流大学水平;高等教育国际竞争力显著增强,基本形成中国特色、世界水平现代高等教育体系,实现内涵式发展的历史性跨越。

高等教育大众化水平稳步提升。到2020年在学总规模达到3550万人,毛入学率达到40%,主要劳动年龄人口中接受高等教育的比例达到20%,具有高等教育文化程度的人数比2009年翻一番。

高等教育人才培养质量全面提高。学生思想道德素质、社会责感、创新精神和实践能力明显增强,人才培养更加适应经济社会发展和人的全面发展需要。

高等学校科学研究水平显著提升。自主创新能力明显增强,成为国家知识创新、技术创新、国防科技创新、区域创新和文化传承创新的重要基地。若干学科领域研究达到或接近世界领先水平。

高等学校社会服务能力显著增强。在成果转化、决策咨询、继续教育、文化传播、科学普及等方面发挥更大作用,对综合国力提升和区域经济社会发展做出更大贡献。

高等教育结构进一步优化。办学层次类型、学科专业结构和区域布局更趋合理,高等学校各安其位,各展所长,办出特色。

高等教育改革取得新突破。教育教学改革更加深入,体制机制更富活力,高等学校与社会合作更加紧密,中国特色现代大学制度更加完善。

高等教育国际化水平明显提高。国际交流与合作更加广泛,国际影响力和竞争力显著增强。

### 三 主要任务

(一) 提高人才培养质量

1. 坚持育人为本。

坚持把促进学生健康成长作为高等学校一切工作的出发点和落脚点,把促进人的全面发展和适应社会需要作为衡量人才培养水平的根本标准,培养信念执着、品德优良、知识丰富、本领过硬的高素质专门人才和拔尖创新人才。

牢固确立育人为本、德育为先、能力为重、全面发展的育人观。全面推进素质教育,把社会主义核心价值体系融入人才培养全过程,深入推动中国特色社会主义理论体系进教材、进课堂、进头脑,引导学生形成正确的世界观、人生观、价值观,着力培养学生服务国家服务人民的社会责任感、勇于探索的创新精神、善于解决问题的实践能力。

牢固确立人才培养在高等学校工作中的中心地位。高等学校各项工作都要紧密围绕人才培养,资源配置优先保障人才培养。把教学作为教师考核的首要内容,把教授为本科低年级学生授课作为重要制度,建立有效的政策措施和管理机制,激励和引导教师重视教学。切实保障教学经费投入,加强图书资料、实验室、校内外实习基地、课程教材等教学基本建设。利用好校内校外、国际国内优质教育资源,为学生成人成才提供全方位的支持。

牢固确立教书育人是教师的首要职责。教师要把主要精力投入到人才培养工作中,关心关爱学生,潜心教书育人,积极开展教育教学改革与实践,充分调动学生学习的积极性和主动性,激励学生刻苦学习、努力成才。

2. 推进高等职业教育改革。

更新教育观念,突出人才培养的针对性、灵活性和开放性,突出学生职业道德和职业精神培养。坚持以服务为宗旨,以就业为导向,走产学研结合的发展道路,以提高质量为核心,以合作办学、合作育人、合作就业、合作发展为主线,深化高等职业教育教学改革。不断深化校企合作、工学结合、顶岗实习的人才培养模式改革,开展职业技能竞赛,增强学生就业能力。

提升办学基础能力,中央和地方政府共同加大投入,探索"校中厂""厂中校"等实习实训基地建设模式,加强教学资源建设和信息技术应用,保障基本办学条件。加强"双师型"教师队伍建设,改革教师评聘制度,建设专兼结合"双师"结构的专业教学团队;拓宽企业专业技术人员担任专兼职教师的渠道,形成企业一线技术骨干参与专业建设与人才培养工作的有效机制,提高持有专业技术资格和职业资格证书的"双师型"教师比例。建立健全高等职业教育质量保障体系,吸收行业、企业参与质量评价。

3. 深化本科教育教学改革。

以人才培养体制改革为重点,深化教育教学改革,关键是更新教育教学观念,核心是改革人才培养模式,目的是提高人才培养质量。

更新教育教学观念,树立全面发展观念、人人成才观念、多样化人才观念、终身学习观念和系统培养观念。注重创新性,培养批判性思维和跨学科思维,增强学生的创新精神和创新能力;注重综合性,拓宽学生的知识面，提高学生综合能力素质；注重实践性，强化实践教学，提高学生解决实际问题的能力；注重开放性，培育学生的国际视野和尊重多元文化的博大胸怀；注重选择性，为学生创造更加灵活多样的学习机会。

大力改革人才培养模式。紧密围绕经济社会发展的现实需要，遵循教育规律和人才成长规律，根据学校的办学定位和人才培养目标，优化知识结构，深化课程体系、教学内容和教学方法改革，注重在科学研究中培养人才，注重在社会实践中培养人才，加强文化素质教育，开设高水平通选课程，促进文理交融，形成各具特色的多样化人才培养模式。支持高等学校与有条件的普通高中合作，开展创新人才培养研究与试验。

重视学生在学习中的主体地位。注重学思结合，倡导启发式、探究式、讨论式、参与式教学。注重因材施教，改进培养方式，建立学习困难学生的帮扶机制。注重教学管理改革，积极推进以选课制、弹性学制等为主要内容的学分制改革，完善促进学生综合素质提高和个性发展的评价方式，形成有利于学生自主学习、主动学习的良好机制。

4. 推进研究生培养机制和模式改革。

大力推进研究生培养机制和培养模式改革，营造创新氛围。建立以科学与工程技术研究为主导的导师责任制和导师项目资助制，推行产学研联合培养研究生的"双导师制"，开展高等学校与科研院所联合培养研究生改革试点。以提升博士研究生的科研创新能力为重点，改进研究生论文审查和答辩制度，建立研究生培养质量追踪机制，着力提高研究生培养质量。合理确定高等学校研究生与导师的比例。根据不同学科专业的特点和服务面向，制定应用型与学术型研究生培养规格。大力推进专业学位研究生教育改革和发展，探索符合专业学位研究生教育规律的办学管理体制和培养模式，着力提高专业学位研究生教育水平和人才培养质量。

5. 改革高等学校考试招生制度。

积极稳妥推进考试招生制度改革，按照有利于科学选拔人才、促进学生健康发展、维护社会公平的原则，促进高等学校考试招生改革与高中课程改革相结合、与学生综合素质评价改革相结合、与高等学校录取模式改革相结合，逐步形成分类考试、综合评价、多元录取的高等学校考试招生制度。深化考试内容和形式改革，加快建立着重考查学生素质和能力的综合评价体系，探索实施部分科目一年多次考试。逐步实施高等学校分类入学考试。深入推进研究生入学考试制度改革，优化考核评价体系，加强科研创新能力和综合素质考查。完善高等学校招生名额分配方式。推进高等学校选拔录取模式和方式改革，建立健全有利于优秀人才选拔的录取机制。完善考试招生信息公开和社会监督制度，深入实施"阳光工程"，加强考试招生工作的法制化建设，加强考试招生管理的信息化建设，强化考试安全责任。

6. 加强创新创业教育和就业指导服务。

大力推进高等学校创新创业教育工作。面向全体学生，突出专业特色，加强创新创业教育课程体系建设，把创新创业教育有效纳入专业教育和文化素质教育。加强创业教育教材建设，加强创新创业教师队伍建设，建立一支专兼结合的高素质创新创业教育教师队伍，并在教学考核、职称评定、培训培养、经费支持等方面给予倾斜支持。

以国家大学科技园为主要依托，重点建设一批"高等学校学生科技创业实习基地"，将创新创业教育和实践活动成果有机结合，切实扶持一批学生通过创新创业教育实现自主创业。

国家支持设立高等学校创新创业教育基地，充分发挥基地的辐射作用，全面推进创新创业教育。省级教育行政部门和高等学校要建立创新创业教育教学质量监控系统，鼓励有条件的高等学校建立创新创业教育研究机构。加强创新创业理论研究和经验交流。

建立和完善高等学校毕业生就业服务体系。完善高等学校毕业生就业政策，鼓励毕业生到城乡基层、中西部地区、民族地区、贫困地区和艰苦边远地区、中小企业就业和自主创业；加强就业创业教育和就业指导服务，加强就业指导课程和就业指导队伍建设，提升就业指导水平；为毕业生提供方便、快捷、有效的就业信息服务，进一步提高就业质量；建立和完善就业困难毕业生的帮扶制度；完善高等学校毕业生就业状况监测与评价反馈机制。

7. 加强和改进大学生思想政治教育。

坚持全员育人、全过程育人、全方位育人。围绕构建社会主义核心价值体系的要求，以理想信念教育为核心、以爱国主义教育为重点，以思想道德建设为基础，以学生全面发展为目标，把大学生思想政治教育渗透于高等学校的各个方面，贯穿于教育教学的各个环节。注重发挥学生自我教育功能，引导、支持学生积极投身社会实践，在基层一线砥砺品质、了解国情，在同人民群众的密切联系中锤炼作风，在实践中发现新知、运用真知，在解决实际问题的过程中增长才干。制定实施大学生思想政治教育工作测评体系，形成加强和改进大学生思想政治教育工作的长效机制。

发挥思想政治理论课主渠道作用，贴近实际、贴近生活、贴近学生，加强教材建设、教师队伍建设、教学方法改革，增强针对性实效性和吸引力感染力。实施高等学校思想政治理论课建设标准，改进研究生思想政治理论课教学。发挥日常思想政治教育主阵地作用，加强校园文化建设、学生党团组织建设、网络思想政治教育、心理健康教育，帮助学生排忧解难。

加强辅导员、班主任队伍建设。鼓励优秀教师兼任班主任，完善辅导员聘任制度，提高辅导员、班主任理论水平和工作能力，努力建设一支热爱学生工作、责任心强和具有奉献精神的高素质辅导员、班主任队伍。

8. 完善人才培养质量评价制度。

加强中央和省级政府对人才培养质量的宏观监控，加强高等学校人才培养过程评估和目标评估相结合的内部教育教学质量评价制度建设，鼓励社会专门机构和用人单位参与对高等教育质量进行监督和评价。制定高等教育人才培养质量标准，建立科学规范的高等学校教学评估制度。逐步开展对高等学校学科、专业等水平和质量评估。建立高等学校统一信息平台，实现教学状态数据信息共享。建立高等学校质量年度报告发布制度。在工程、医学等领域开展有用人单位参与的专业认证工作，积极推动我国加入国际专业认证组织。探索与国际高水平教育评价机构合作，形成中国特色高等学校评价模式。

(二) 提高科学研究水平

1. 加强科学研究与技术创新。

增强高等学校自主创新能力。大力支持高水平大学以国家和区域战略需求为导向，承担重大科技任务和重大科技基础设施建设项目；鼓励地方高等学校以地方产业发展需要为指引，主动服务产业升级和企业技术创新。坚持服务国家目标与鼓励自由探索相结合，加强基础研究。坚持产学研用结合，以重大现实问题为主攻方向，开展应用研究。积极适应经济社会发展重大需求，开展国家急需的战略性研究、探索科学技术尖端领域的前瞻性研究、涉及国计民生重大问题的公益性研究。促进科学研究、技术创新与人才培养的有机结合，在高水平科研实践中培养创新团队和创新人才，以高水平科学研究支撑高质量高等教育。

2. 繁荣发展哲学社会科学。

以建设具有中国特色、中国风格、中国气派的哲学社会科学为根本任务，大力推进社会主义核心价值体系建设，全面提升人才培养、科学研究、社会服务、文化传承创新的能力和水平。积极参与马克思主义理论研究和建设工程，深入实施高等学校哲学社会科学繁荣计划，基本建成高等学校哲学社会科学创新体系。

3. 创新科研管理体制机制。

深化科研管理体制改革，建设监督有力、管理科学规范、责权关系明晰、开放合作有序、组织运行高效的现代科研管理体制，激发科研活力，提高研究质量。积极推进协同创新，促进高等学校、科研院所、企业科技教育资源共享，推动高等学校创新科研组织模式，完善开放合作的研究机制，加强高等学校重点研究基地与科技创新平台建设，建立横跨高等学校、企业和科研院所的开放型研究平台，鼓励高等学校与海外教育、科研机构、企业建立联合实验室或研究开发中心。推进科研评价机制改革，调整高等学校科研政策导向，坚持服务于经济社会发展现实需要和创新人才培养，完善以创新和质量为导向的科研评价机制。充分发挥研究生在科学研究中的作用，支持研究生参与或承担科研项目，鼓励本科生参与科学研究与技术创新。推进高等学校对外开展深入稳定的高水平科研交流与合作，提高国际学术影响力和科技竞争力。

（三）提高社会服务能力

以服务国家科学发展为主题，以服务加快转变经济发展方式为主线，不断增强服务经济社会发展能力。鼓励高等学校探索全方位、多样化的社会服务模式。自觉参与推动战略性新兴产业加快发展，促进产学研用紧密融合，加快科技成果转化和产业化步伐，着力推动"中国制造"向"中国创造"转变。自觉参与推动区域协调发展，积极参与推进西部大开发、振兴东北地区等老工业基地、促进中部地区崛起、支持东部地区率先发展的进程，以服务和贡献开辟自身发展新空间。自觉参与推动学习型社会建设，适应全民学习、终身学习的时代需要，加快发展继续教育。加强科学普及工作，提高公众科学素质和人文素质。鼓励师生开展社会实践和志愿服务。充分发挥高等学校智囊团和思想库作用，积极参与决策咨询，主动开展前瞻性、战略性、对策性研究，为国家和地方经济建设、政治建设、文化建设、社会建设以及生态文明建设服务。积极加强国际问题研究，服务国家外交战略。积极推进文化传播，继承、弘扬优秀传统文化，发展先进文化。

（四）加强大学文化建设

以马克思主义为指导，建设体现社会主义特点、时代特征和学校特色的大学文化。丰富大学文化的内涵，统筹推进精神文化、制度文化、环境文化建设。积极发挥文化育人作用，推动大学文化建设与人才培养有机结合，潜移默化中培养学生的主动精神和创造性思维，掌握前人积累的文化成果，扬弃旧义，创立新知，并传播到社会、延续至后世。着力加强学术道德建设，开展科学道德与学风建设宣讲活动，引导师生秉持科学精神、信守科学道德、遵循科研规范、恪守科技伦理，积极营造鼓励独立思考、自由探索、勇于创新的良好环境，不断培育崇尚科学、追求真理的思想观念。尊重和保护个性发展，引导师生在发展个人兴趣专长和开发优势潜能的过程中，在正确处理个人、集体、社会关系的基础上保持本色、彰显个性。着力加强校风、教风和学风建设，引导学生树立正确的思想观念、价值取向和行为方式。

传承弘扬中华民族优秀传统文化，吸收借鉴世界各国文明成果，创新发展社会主义先进文化，引领社会文明风尚；积极开展对外文化交流，增强我国文化软实力和中华文化国际影响力，努力为推动人类文明进步做出积极贡献。

（五）建设高水平教师队伍

1. 加强师德建设。

建立长效机制，加强教师职业道德规范和制度建设，加强教师职业理想、职业道德、学术规范教育，形成良好学术道德和学术风气，克服学术浮躁，严肃查处学术不端行为。加强教师岗位管理，健全教授为本科低年级学生授课基本制度。完善教师评价标准，将师德表现和教学工作实绩作为教师考核、聘用（聘任）的首要内容，把教学特别是教书育人效果作为教师考核的核心指标，激励教师为人师表、潜心治学、教书育人。

2. 提高教师待遇地位。

改善教师待遇，完善学校内部收入分配激励机制，向教学一线的教师倾斜，引导和保障教师专心教学。提高教师地位，关心教师健康，积极宣传先进典型，形成更加浓厚的尊师重教社会风尚，使教师成为最受社会尊重的职业。

3. 大力提高中青年教师业务水平。

参与实施国家杰出青年科学基金、"青年千人计划""青年英才开发计划"。通过实施"高等学校哲学社会科学繁荣计划""新世纪优秀人才支持计划""高等学校青年骨干教师培养计划"，加大对中青年教师的培养支持力度。提升中青年教师学历层次，大力提高具有博士学位教师比例。健全中青年教师定期培训制度，通过国内外进修、岗前与在岗培训、挂职锻炼、驻厂研修、社会实践、网络培训等方式，加大教师培训力度，强调"老中青"相结合，不断提高中青年教师的教学水平、科研创新和社会服务能力。构筑中青年人才国际交流和竞争平台，提高国际化水平。

4. 大力培养学科领军人才和创新团队。

进一步做好做强"长江学者奖励计划""创新团队发展计划"等

高层次人才计划，依托国家重大工程、重点学科和研究基地、重大科研项目以及国际学术交流合作，在各学科领域努力造就一批具有战略眼光、能够把握世界科技发展趋势和国家战略需求的学术领军人物，培育一批跨学科、跨领域的科研与教学相结合的高水平创新团队。

积极参与马克思主义理论研究和建设工程、"文化名家工程""四个一批"人才培养工程，继续办好哲学社会科学教学科研骨干研修班，着力培养造就一批马克思主义理论家特别是中青年理论家、一批高水平哲学社会科学人才，打造一支政治立场坚定、理论素养深厚的外向型哲学社会科学专家队伍。确立若干重点研究领域，培育并长期支持一批高水平哲学社会科学创新团队，推动形成哲学社会科学领域的中国学派。

5. 汇聚国际优秀教师。

加大海外高层次人才引进工作力度，积极参与实施"千人计划"，完善"春晖计划""高等学校学科创新引智计划""留学回国人员科研启动基金""海外名师项目"和"学校特色项目"计划实施办法，有计划地引进一批具有国际学术影响力的学科领军人物、高端人才、学术团队和一大批具有国际先进水平的优秀教师。高水平大学要逐步实现在全世界范围内选聘优秀教师。

6. 统筹推进管理人才、辅导员和教辅人员队伍建设。

加强高等学校管理人才队伍建设。推进高等学校管理人员职员制。有组织、有计划地开展高等学校管理人才和中青年后备干部培训。举办中外大学校长论坛。重视加强高等教育行政管理人才队伍建设。

推进高等学校辅导员队伍建设。严格按照《普通高等学校辅导员队伍建设规定》，配备、选聘辅导员。加强高等学校辅导员骨干海内外研修培训。完善普通高等学校辅导员评聘教师职务办法，解决好从事大学生思想政治教育人员的教师职务聘任问题。

注重高等学校教辅人员队伍建设。建立健全有利于教辅人员发展的岗位、职称（职务）聘任、考核评价和薪酬分配办法，增强对优秀人才的吸引力。加强教辅人员职业道德教育和专业技能培训。支持高水平大学培养一批高级工程实验技术人才。

（六）加快高等教育信息化建设

1. 加强信息化公共服务平台建设。

加大高等教育信息技术基础设施建设力度，增强科学决策服务能力。发展现代远程教育和网络教育，进一步提升中国教育和科研计算机网（CERNET）、教育卫星传输网、校园网络等信息技术基础设施建设水平。加强高等教育优质教学资源数字化共享服务平台建设，建成高水平数字图书馆、国家精品课程库、教学名师库、高等学校教学基本状态数据库、国家教育考试题库、高等学校学生管理与服务信息系统等，加快开放公共教育资源。加强国家级人文社会科学信息数据中心建设和高等学校人文社会科学文献中心建设，建成一批社会调查数据库、统计分析数据库、基础文献数据库、案例集成库等专题数据库。完善数字化教学支持、使用、评价等服务体系，促进教育信息资源与课堂教学的有机结合，加速实现各种优质教育资源的集成共享。构建高等教育管理信息系统。

2. 加强高等学校数字校园建设。

大力推进高等学校数字校园建设，改进教育管理模式，全面实现高等学校教学、科研、管理、服务和文化建设的网络化、信息化和数字化，提升管理效率和水平。加强数字化科技协作支撑环境建设，提高实验室、工程中心等高等学校科研机构的信息化建设水平，建立科研数据与成果的网络共享机制。

3. 利用信息技术推进高等教育教学改革。

积极推进基于网络的人才培养模式、教学内容和教学方法的改革，推进校际课程互选、学分互认与转移。建设满足学生自主学习需要、能提供全方位学习支持和服务的内容丰富、科学合理、特色鲜明的网上教学平台。鼓励教师利用网上教学平台进行辅助教学。鼓励高等学校充分利用信息技术开发多样化的数字化学习资源，促进基于网络平台的各类教育资源整合共享，提高教学效果、水平和质量。

（七）提升高等教育国际化水平

1. 加强对外交流与合作。

进一步扩大教育开放，开展全方位、多层次、宽领域的教育国际交流与合作，加大引进海外智力和优质教育资源的力度，提升高等教育国际影响力和竞争力。鼓励高等学校积极开展国际教育科研和学术交流。推进教师互派、学生互换、学分互认和学位互授联授。扩大在校生海外校际交流规模，让更多学生获得海外学习、研究经历，提高学生跨文化学习研究能力。到2020年，高水平大学实现具有海外学习经历在校生比例的阶段性目标。设立以我为主、面向境外的教育科研项目，吸引高水平人才来华开展教育科研工作。积极开展与港澳台地区的教育交流与合作，拓展合作领域，深化合作内涵，提高合作成效。主动参与世界教育政策、规则、标准的研究和制定，积极开展国际教育质量保障和评价活动。

2. 扩大出国留学规模。

创新和完善国家公派出国留学机制，选派一流学生到世界一流大学和科研机构，师从一流导师，着力培养一批具有国际视野和国际水平的拔尖创新人才。加强对自费出国留学的政策引导，加大对优秀自费留学生资助和奖励力度，培养更多能够参与国际事务和国际竞争的人才。

3. 扩大来华留学规模。

加强对外宣传和招收留学生工作，完善以外语为学习工作语言、以汉语为生活语言的培养方式。通过设立面向境外学生的奖学金等多种方式，吸引更多外国学生来华留学。到2020年，接受高等学历教育的留学生达到15万人，部分"985工程"高等学校的留学生人数接近或达到在校生数的10%。努力提高我国高等学校办学的国际化水平。

4. 提升对外教育服务能力。

推动我国高水平教育机构到海外办学、提供教育服务。办好若干所示范性中外合作学校和一批中外合作办学项目。鼓励高职学校为海外投资企业培养高技能人才。积极开展汉语国际教育，稳步推进海外孔子学院和孔子课堂建设，传播中华优秀文化。加大教育国际援助力度，为发展中国家培养培训高级专门人才。

（八）改革高等教育体制机制

1. 深化办学体制改革。

坚持教育公益性原则，健全政府主导、社会参与、办学主体多元、办学形式多样、充满生机活力的办学体制，形成以政府办学为主体、全社会积极参与、公办高等教育和民办高等教育共同发展的格局。调动全社会参与的积极性，进一步激发教育活力，满足人民群众对高等教育的多层次、多样化需求。

2. 深化管理体制改革。

以转变政府职能和简政放权为重点，深化高等教育管理体制改革，提高公共教育服务水平。改变直接管理高等学校的单一方式，综合应用立法、拨款、规划、信息服务、政策指导和必要的行政措施，减少不必要的行政干预。明确各级政府责任，规范办学行为，促进管办评分离，形成政事分开、权责明确、统筹协调、规范有序的高等教育管理体制。中央政府统一领导和管理国家教育事业，制定发展规划、方针政策和基本标准，优化学科专业、类型、层次结构和区域布局。整体部署教育改革试验，统筹区域协调发展。省级教育部门负责落实国家方针政策，开展教育改革试验，根据职责分工负责区域内教育改革、发展和稳定。

进一步加大省级教育部门对区域内高等教育的统筹。完善以省级政府为主管理高等教育的体制，合理设置和调整高等学校及学科、专业布局，提高管理水平和办学质量。依法审批设立实施专科学历教育的高等学校，审批省级政府管理本科院校学士学位授予单位和已确定为硕士学位授予单位的学位授予点。统筹推进高等教育综合改革，促进教育区域协作，提高高等教育服务区域经济社会发展的水平。

3. 落实和扩大高等学校办学自主权。

教育部门要树立服务意识，改进管理方式，完善监管机制，减少和规范对高等学校的行政审批事项，依法保障高等学校充分行使办学自主权和承担相应责任。高等学校按照国家法律法规和宏观政策，自主开展教学活动、科学研究、技术开发和社会服务，自主设置和调整学科、专业，自主制定学校规划并组织实施，自主设置教学、科研、行政管理机构，自主确定内部收入分配，自主管理和使用人才，自主管理和使用学校财产和经费。

4. 完善中国特色现代大学制度。

完善治理结构。公办高等学校要坚持和完善党委领导下的校长负责制。健全议事规则与决策程序，依法落实党委、校长职权。完善大学校长选拔任用办法。改革高等学校内部管理体制，建立充满活力、富有效率、更加开放的体制机制。充分发挥学术委员会在学科建设、学术评价、学术发展中的重要作用。探索教授治学的有效途径，充分发挥教授在教学、学术研究和学校管理中的作用。充分发挥教职工代表大会在民主管理和民主监督、维护教职工合法权益等方面的重要作用。坚持和完善学生代表大会制度，充分发挥其作为学校与学生之间的桥梁纽带作用。探索建立高等学校理事会或董事会，健全社会支持和监督学校发展的长效机制。

加强章程建设。各类高等学校应依法制定章程，依照章程规定管理学校。尊重学术自由，营造宽松的学术环境。深化人事制度改革，全面实行聘用制度和岗位管理制度，建立符合高等学校特点的新型、灵活的用人机制。确立科学的考核评价和激励机制。

5. 建立促进高等学校与社会紧密联系的新机制。

加强部省共建，统筹政策、资金等多方资源，增强高等教育为区域和地方经济社会发展服务的能力。加强部门共建，发挥行业优势，拓展高等学校发展空间，增强高等学校为行业服务能力，建立教育和产业的互动机制。建立高等学校和科研院所、企业之间的战略联盟，积极探索资源共享机制，合作办学、合作育人、合作科研、合作发展。积极探索高等学校与科研机构、企业联合培养博士生的机制。制定校企合作政策法规，明确政府、高等学校、企业、科研机构在学生实习实训中的责任和义务，加强政府投入、税收优惠，在企业建立稳定的大学生实习基地，完善企业接收学生实习实训和教师实践制度，形成高等学校与科研院所、行业、企业联合培养人才的新机制。

（九）优化结构办出特色

1. 引导高等学校办出特色。

加快建设若干所世界一流大学和一批高水平大学，建设一批世界一流学科，增强国家核心竞争力。支持具有行业学科特色的院校发展，为行业持续发展和区域经济社会发展提供理论、技术与人才支撑。加强地方本科高等学校建设，为地方经济社会发展服务。加强高等职业学校建设，为生产、建设、服务和管理一线提供高素质技能型人才。促进民办高等学校加强内涵建设，科学合理地设置学科专业，提高教育教学质量，办出一批高水平、有特色的民办高等学校。

2. 优化学科专业结构。

围绕国家、区域经济社会发展战略、产业结构调整升级和特殊行业实际需要，统筹修订研究生和本科学科专业目录，建立动态调整机制，不断推进学科专业建设，完善区域布局，形成学科专业特色。构建国家和省级高等学校学科专业人才需求预测、预警系统和毕业生就业监测反馈系统。

3. 优化人才培养结构。

重点扩大各类应用型、复合型、技能型人才培养规模，重视培养具有国际视野、通晓国际规则、能够参与国际事务和国际竞争的国际化人才。高等职业教育着力培养高素质技能型人才，本科教育要更加重视培养应用型和复合型人才。硕士研究生教育要加快发展专业学位教育，到2015年，专业学位研究生占硕士研究生的比例超过50%。

4. 加强高等学校分类管理。

研究高等学校分类依据，建立分类体系，实行分类建设、分类管理、分类评价，发挥政策指导和资源配置的作用，引导高等学校合理定位、各安其位、办出特色、办出水平。支持有条件的地区开展高等学校分类管理试点工作。

（十）统筹区域高等教育发展

1. 鼓励东部地区高等教育率先发展。

扩大省级政府统筹高等教育的权限，推动东部地区高等教育率先发展，建成若干高等教育强省（市），为高等教育改革发展发挥带动作用。开展高等教育综合改革试点。

2. 支持中西部地区高等教育加快发展。

以提高中西部高等学校人才培养质量、科学研究水平和社会服务和文化传承创新能力为目标，重点支持一批中西部本科高等学校加快发展，提高中西部高等教育发展水平，支撑中西部区域经济、社会和文化建设的快速发展。

扩大实施支援中西部地区招生协作计划，努力提高中西部高等教育资源相对短缺地区的高等教育入学率，促进高等教育入学机会公平。鼓励和引导高等学校毕业生到中西部地区就业、创业。

3. 加大对口支援工作力度。

继续推进东西部高等学校对口支援工作，增加支援项目，显著提升受援高等学校的师资队伍水平、人才培养质量、科研服务能力、学校管理水平。有计划、大批量、多方位选派西部高等学校教师、管理人员和技术人员到东部地区高等学校进修学习。鼓励开展科研合作，共建优质教学资源和科研资源共享平台。

（十一）加强高等学校党的建设

1. 加强和改进党对高等学校的领导。

紧紧围绕高等学校中心工作，全面加强和改进党的思想建设、组织建设、作风建设、制度建设和反腐倡廉建设，不断提高高等学校党的建设科学化水平。牢牢把握党对高等学校意识形态工作的主导权，以坚强有力的思想、政治和组织保证，确保高等学校社会主义的办学方向，确保党的教育方针得到全面贯彻落实。坚持和完善公办高等学校党委领导下的校长负责制，充分发挥高等学校党委的领导核心作用，加强领导班子和干部队伍、人才队伍建设，提高领导班子思想政治素质和办学治校能力。加强对学校工会、共青团、学生会等群众组织的领导，支持他们依照国家法律和各自的章程独立自主地开展工作。加强对教职工代表大会的领导，支持教职工代表大会正确行使职权。切实加强高等学校统战工作，充分发挥民主党派和党外人士的参政议政、民主监督作用。建立健全惩治和预防腐败体系，落实好党风廉政建设和反腐败各项要求。切实维护高等学校安全稳定，努力建设和谐校园。

2. 切实加强高等学校党组织和党员队伍建设。

加强学习型党组织建设，构建多层次、多渠道的党员经常性教育培训体系，坚持用马克思主义中国化最新成果武装党员干部和广大师生头脑，指导实践。深入开展创先争优活动，争科学发展之先，创和谐校园之优，建立健全激发学校基层党组织和党员创先争优内在动力的长效机制。切实做好发展党员工作，重点在优秀青年教师、优秀大学生中发展党员，按照"党建带团建"的要求，做好推荐优秀团员做党员的发展对象工作，保证党员质量。推进高等学校基层组织工作创新，建立和完善院（系）级党政联席会议制度，创新学生党支部的设置方式和活动方式，发挥院（系）单位党组织的政治核心作用和基层党支部的战斗堡垒作用，推动人才培养、学术研究、科技创新、社会服务、后勤保障和学校管理等各项工作。以优良党风促进校风、学风建设。切实加强民办高等学校党建工作，建立专兼结合、专职为主的党务工作者队伍，发挥党组织的政治核心作用。

## 四 重大项目

### （一）高等教育人才培养质量提高计划

1. 继续实施"高等学校本科教学质量与教学改革工程"。

重点建设一批本科专业，引导学校调整专业结构，突出办学特色。建设高等学校教师发展中心，搭建教师沟通、交流、帮扶、发展平台，提高中青年教师教学水平和教学研究水平。开展学生创新创业训练，提高学生发现问题、分析问题、解决问题的能力和创业能力。加强实验实践平台建设，建设一批基础较好、稳定性强、满足多校共享需要的学生实习示范基地，促进学生尽早接受专业训练、掌握专业技能、增强实践动手能力、提高专业素养。

2. 实施"基础学科拔尖学生培养试验计划"。

在高水平研究型大学的优秀基础学科建设一批拔尖学生培养基地，从数学、物理、化学、生物、计算机科学等学科中，每年动态选拔一批特别优秀的本科生，创新人才培养模式，建立高等学校拔尖学生重点培养体制机制，形成拔尖创新人才培养的良好氛围，努力使受计划支持的学生成长为未来相关基础学科领域的领军人物，并逐步跻身国际一流科学家队伍。

3. 实施"卓越人才教育培养计划"。

实施卓越工程师、医生、法律人才、教师等教育培养计划，与部门行业联合制定人才培养标准，改革人才培养模式和评价方式，强化实践教学环节，建设一批国家级大学生实践教育基地，探索建立高校与科研院所、行业企业联合培养人才的新机制，培养造就一大批富有创新精神、实践能力强、适应经济社会发展需要的各类高素质专门人才。

4. 实施"新建本科院校办学基础能力提升计划"。

引导新建本科院校加强校企合作和资源共享，支持建设一批校外实训基地，全面提升新建本科院校基础能力。继续办好新建本科院校党委书记和校长培训班，加快提升新建本科院校领导治校理政能力。支持新建本科院校推进教育教学改革、人才培养质量保障体系建设、校企合作机制改革和创新创业教育等，提高应用型人才培养水平，增强服务区域经济社会发展能力。

5. 继续实施"研究生教育创新计划"。

开展全国专业学位研究生教育综合改革试点，大力推进专业学位研究生培养模式和管理机制的改革和创新；实施工程技术领军人才培养计划，开展工程博士专业学位教育；建立全国研究生学术交流平台，举办全国研究生暑期学校和全国博士生学术论坛，营造研究生教育创新氛围；设立优秀研究生导师奖，鼓励研究生导师教书育人；设立博士研究生学术新人奖，吸引和奖励优秀博士研究生投身高水平科学研究；继续评选全国优秀博士学位论文，提升博士研究生的科研创新能力。设立研究生国家奖学金；建立学位与研究生质量监督体系，保证研究生教育质量。

6. 实施"高等学校网络思想政治教育计划"。

创新高等学校网络思想政治教育阵地建设，加快推进学生网上互动社区建设和管理，着力加强中国大学生在线网站建设，重点培育若干满足学生全面发展、德育为先、健康成长需要的主题示范网站，支持共青团、学生会组织利用网络新媒体建立坚持正面引导、服务广大学生的网络化组织和工作体系，发挥学生自我教育功能，精心打造一批在大学生思想政治教育方面作用突出的辅导员博客，培养造就一批能持续跟踪和熟练运用微博等新媒体、在网络上有一定影响力和号召力的网络思想政治教育骨干，不断提高利用网络开展大学生思想政治教育、维护校园和谐稳定的能力和水平。

（二）中西部高等教育振兴计划

重点支持一批有特色高水平中西部地方本科高等学校发展，促使这些高校提高人才培养质量和办学水平，为中西部经济社会又好又快发展提供人才保证和智力支撑。继续实施东部高校对口支援西部高校计划，创新对口支援工作模式，联合开展科研活动，联合进行人才培育，共建优质教学资源和科研资源共享平台。扩大实施"支援中西部地区招生协作计划"，争取到2015年，协作计划规模达到20万人，推动形成促进区域高等教育协调发展和入学机会公平的新机制。

（三）高水平大学和重点学科建设计划

1. 继续实施"985工程"和"优势学科创新平台"建设。

通过"985工程"持续重点支持，加快推进世界一流大学和高水平大学建设。"985工程"建设学校的整体水平、综合实力、自主创新能力进一步提高，国际竞争力显著提升，在造就学术领军人物和集聚创新团队、培养拔尖创新人才、创新体制机制等方面取得突破。为建设创新型国家、实现从人力资源大国向人力资源强国转变做出更大贡献。

实施"优势学科创新平台"建设，以国家发展急需的重点领域和重大需求为导向，围绕国家发展战略和学科前沿，紧密结合教学和拔尖创新人才培养，重点建设一批优势学科创新平台，在造就学术领军人物和集聚创新团队、培养拔尖创新人才、创新体制机制等方面取得突破。

2. 继续实施"211工程"和"特色重点学科项目"。

通过"211工程"建设，重点建设一批高水平大学和一批重点学科，使其在教育质量、科学研究、管理水平和办学效益等方面有明显提高，在高等教育改革特别是管理体制改革方面有明显进展，成为立足国内培养高层次人才、解决经济建设和社会发展重大问题的基地。

通过实施"特色重点学科项目"，大幅提升学科自主创新能力和为国家和区域经济社会发展以及为行业服务的能力，推动学科水平的提高，进一步深化和完善高等教育管理体制改革。

（四）高等学校科学研究促进计划

1. 实施"高等学校创新能力提升工程"。

进一步加强对教育部重点实验室和教育部工程研究中心的支持，

为建设国家级科研基地做好培育。实施基础研究特区试点，营造符合基础研究发展规律的人才培养和科学研究环境。建设一批产学研基地，加强产学研用结合，加快科技成果转化。建设科教结合示范基地，鼓励高等学校和科研院所依托优势学科、国家级平台联合开展创新人才培养以及前沿研究。实施新一轮学科创新引智计划。加强国防科研，实施"十二五"装备预研教育部支撑计划项目。择优支持一批重大科技项目。实施精品科技期刊工程。加强战略研究。完善高等学校基本科研业务费制度和科研评价机制。

2. 深入实施"高等学校哲学社会科学繁荣计划"。

贯彻落实《教育部关于深入推进高等学校哲学社会科学繁荣发展的意见》，以提高科研创新能力和社会服务水平为重点，以构建高等学校哲学社会科学创新体系为目标，实施高等学校马克思主义理论研究和建设推进计划、人文社会科学重点研究基地建设计划、哲学社会科学咨政服务计划和优秀成果推广计划、哲学社会科学"走出去"计划、高等学校"数字人文"建设计划、哲学社会科学人才队伍建设计划，实施哲学社会科学基础研究中长期重大专项，改进科研评价，整体推进科研诚信和学风建设。

（五）高等学校师资队伍水平提升计划

1. 继续实施"长江学者奖励计划"。

在高等学校国家重点学科、重点研究基地等平台设置长江学者特聘教授、讲座教授岗位，通过提供奖金、配套科研经费等方式，支持高等学校面向海内外公开招聘自然科学、技术科学和哲学社会科学领域的中青年学界精英全职工作或短期合作研究，培养集聚一批具有国际影响的学科领军人才。

2. 继续实施"创新团队发展计划"。

以长江学者、国家杰出青年基金获得者等中青年拔尖创新人才为核心，依托重点科研基地和重点学科，每年择优遴选并稳定支持一批自然科学、哲学社会科学领域的优秀创新群体，加快建成一批国内一流、有重要影响的创新团队，推动高等学校科研组织模式创新。

3. 继续实施"新世纪优秀人才支持计划"。

面向全国高等学校，对具有较高学术水平和发展潜力的高等学校优秀青年学术带头人和拟全职回国的海外优秀青年留学人才进行资助，支持他们开展创新性研究工作，加速培养造就一大批青年拔尖创新人才。支持高等学校引进一批具有国际一流水平的外籍专家或学者来华任教和合作科研，提升高等学校学科建设水平和人才培养质量。

**五　组织实施**

加强组织领导。教育部负责专题规划实施的指导、协调、督促和检查工作。各省级教育部门要按照本专题规划的部署、结合各地制定的教育规划纲要，制定本地高等教育发展规划，创造条件，完善政策体系，健全实施机制，扎实推进高等教育改革发展。

分工落实任务。教育部根据本专题规划，牵头分解工作任务，落实工作责任，确保各项重点举措落实到位。各省级教育部门、各部委高校的主管部门和高等学校要根据本专题规划的总体要求，制订本地区、本部门和本校的实施方案和项目计划。

加大经费投入。完善高等教育以举办者投入为主、受教育者合理分担培养成本、学校设立基金会接受社会捐赠等筹措经费的机制。各地要进一步加大对高等教育的投入，按照培养层次和学科专业特点，逐步提高公办高等学校生均拨款标准。中央建立支持地方高等教育发展的转移支付机制，促进区域协调发展。高等学校要积极通过社会捐赠等形式，广泛吸引社会资金投入，多渠道增加教育经费。同时，加强资金管理，切实提高资金使用效益。

加强监督考核。教育部以本专题规划为依据，建立专题规划实施情况的跟踪、监督机制和定期公布制度，加强对各省级教育行政部门的工作考核。特别是要加强教育审计工作，确保专项经费的使用程序规范、专款专用、效益明显。各省级教育行政部门也要建立相应的规划实施检查评估机制，加强过程管理，提高专题规划实施效益。

营造良好环境。充分调动广大师生员工和教育工作者的积极性，鼓励他们投身高等教育改革。坚持正确的舆论导向，充分利用广播、电视、报刊、网络等媒体，大力宣传、及时推广改革实践的新思路、新办法、新举措，通过典型报道、示范引导，进一步增进共识、统一思想，营造全社会关心、重视、支持高等教育改革发展的良好环境。

# 第四部分

# 各大行政区高等学校管理暂行办法

(1950 年 5 月 5 日政务院颁布)

为着目前更有效地管理全国高等学校（包括大学、独立学院及专科学校），除华北区高等学校由中央教育部直接领导外，本院特做如下决定：

各大行政区高等学校暂由各大行政区教育部或文教部代表中央教育部领导。

各大行政区校长、副校长由各大行政区最高行政机关提名，经中央教育部同意后，由部呈经政务院提请中央人民政府委员会任免；独立学院院长、副院长及专科学校校长、副校长由各大行政区最高行政机关提名，经中央教育部同意后，提请政务院任免。

各大行政区高等学校的重要方针。除由中央教育部做一般性的统一规定外，各大行政区教育部或文教部亦得做适应地方性之规定，但须报请中央教育部核准后始得执行。

各大行政区高等学校的预算、决算由各大行政区教育部或文教部审核后，呈报中央教育部备案。

除上第二、三、四条以外有关各大行政区高等学校的事项，如学校之设置、合并或停办，应专案报请中央教育部核准；学校组织与课程，教职员工名册，学生名册，毕业生名册，新生名册等应在一定时限内向中央教育部报告；临时发生的重大事项，须随时向中央教育部报告；定期综合性报告的时限暂定每两月（双月底）一次。

私立高等学校校长、副校长之聘任与解聘及学校之立案或撤销立案，由各大行政区教育部或文教部核准后，呈报中央教育部备案；其余有关高等学校事项，除本条所规定者及预决算外，适用第一、三、五条之规定。

# 私立高等学校管理暂行办法

(1950年7月28日政务院第43次政务会议批准，1950年8月14日教育部公布)

第一条 为加强领导并积极扶植与改造私立高等学校，以适应国家建设需要，特制定本办法。

第二条 私立高等学校（大学、专门学院及专科学校）方针、任务、学制、课程、教学及行政组织，均须遵照《高等学校暂行规程》及《专科学校暂行规程》办理。

第三条 私立高等学校经大行政区教育部或文教部（以下简称大行政区教育部）审查，其办学成绩优良而经费确属困难者，得报请中央人民政府教育部（以下简称中央教育部）批准酌予补助。

第四条 私立高等学校的行政权、财政权及财产所有权均应由中国人掌握。

第五条 全国私立高等学校，无论过去已经立案与否，均需重新申请立案。申请时，由校董会详开下列各事项，报经大行政区教育部审查后，转报中央教育部核准立案：

(1) 学校名称及其所在地；

(2) 学校沿革；

(3) 校董会章程；

(4) 校董姓名、年龄、籍贯、学历、经历及住址；

(5) 校地及校舍之平面图及说明书；

(6) 资产、资金或其他收入之详细项目及证明文件；

(7) 图书仪器、标本、校具等设备状况；

(8) 本年度经费预算表；

(9) 教学与行政组织、编制、课程及各种规章；

(10) 教职员履历表；

(11) 学生一览表。

第六条 私立高等学校校（院）长及副校（院）长由校董会任免，其他主要人员，由校（院）长任免，报经大行政区教育部核准转报中央教育部备案。

第七条 私立高等学校，应将教学、行政及经费等情况，按期报经大行政区教育部审核后，转报中央教育部备案。

第八条 私立高等学校不得以宗教科目为必修科或强迫学生参加宗教仪式与活动。

第九条 私立高等学校的资金、资产、校地、校舍房屋与一切设备，其所有权尚未移转于学校者，应办移转手续。

第十条 私立高等学校的财产，不得移作学校经费以外之用。其校产不经由大行政区教育部转报中央教育部核准，不得为物权之转移。

第十一条 私立高等学校如欲停办或变更，其校董会须于学年结束五个月前报经大行政区教育部审查转报中央教育部核准。如经核准停办，应由校董会报请大行政区教育部批准，组织财产清理委员会处理校产；其处理办法由大行政区教育部报请中央教育部核准。

第十二条 私立高等学校办理不善或违背法令时，大行政区教育部得报请中央教育部批准令其改组校董会，更换校长，改组或停办学校。

第十三条 华北五省二市之私立高等学校，由中央教育部依照以上各项规定直接管理。

第十四条 本办法由中央教育部报经政务院批准后颁布施行，其修改同。

# 教育部关于加强对学校政治思想教育的领导的指示

(1950年10月13日)

（一）全国各地自解放以来，对教育普遍地进行了改造整顿工作，在课程的改革上、政治思想的进行上，均获得了一定的成绩。但最近在新区土改政策的学习中，部分地区发生了严重的偏向和缺点。如湖南省部分中等学校搬用农村斗争的方式，斗争教员，斗争学生，甚至有因校长是地主，学校里发动斗争会罚他跪六小时的，严重地违反争取、团结、改造知识分子的政策，使得人心惶惶，多数教职员不敢暴露思想，达不到改造提高的目的。有的地区在整顿旧教育过程中，对原有教职员，采取打击和清洗的办法，任意撤换校长和教员，以致人人自危不能安心工作。湖北省部分地区大量动员教职员工去搞中心工作，妨碍了系统教学的正常进行；而该省教育厅在其布置土改学习的通知中，竟错误地规定要在学校中"严格检查教职员中过去和现在，有无瞒田夺佃、私卖倒卖、欺压农民等行为""若不坦白承认错误而发生上列事情时，就必须送交当地政府依法惩办。"如按此种精神执行，势必促成在学校中对地富家庭出身的教职员进行清算斗争，而杜绝他们进步的机会，结果将会影响文化科学的正常开展，使学校陷于混乱，影响教育前途甚大。

（二）各地文教机关和学校，必须彻底认识：对旧教育的改革，是一个长期而细腻的工作，拖延改革固然是不对的，性急粗暴草率从事也是不对的，应该是有计划有步骤而且谨慎地进行；对教职员和学生，不管其家庭出身怎样，均应本着争取、团结、改造的政策，通过教育说服的方式，积极鼓励其前进，切勿以斗争、孤立、强迫反省，或单纯清洗的办法来处理。

（三）前述各地区之偏向，虽已由有关领导机关及时纠正，但各地文教机关应该吸取经验教训，加强对各级学校之领导，提高警惕深入检查，防止性急粗暴的偏向发生；另一方面应认清团结知识分子是为要改造、求进步，而不是姑息妥协；因而必须注意坏分子借口团结知识分子的政策，在土改中钻政策空子的不法行为，以免人民的学校脱离人民，并影响人民政府的威信。

# 关于高等学校领导关系的决定

(1950年7月28日，政务院第四十三次政务会议通过)

全国高等学校以由中央人民政府教育部统一领导为原则。为使高等教育更有效地为国家建设服务，并简化行政手续，以利学校工作的进行，特对高等学校的领导关系作如下的决定：

(一) 中央人民政府教育部（以下简称中央教育部）对全国高等学校（军事学校除外，以下同）均负有领导的责任，各大行政区人民政府或军政委员会教育部或文教部（以下简称大行政区教育部）均有根据中央统一的方针政策，领导本区高等学校的责任。

1. 凡中央教育部所颁布的关于全国高等教育的方针、政策与制度，高等学校法规，关于教育原则方面的指示，以及对于高等学校的设置变更或停办，大学校长、专门学院院长及专科学校校长的任免，教师学生的待遇，经费开支的标准等决定，全国高等学校均应执行。某一地区、某一学校得因特殊情况做因时因地制宜的决定，但须事先经大行政区教育部建议或审查，报请中央教育部核准。

2. 中央教育部为及时了解情况、研究问题、总结经验，得指定某一学校直接向部做专件报告。各大行政区教育部对本区高等学校亦有同样职权。

3. 在全国高等教育经费未由中央教育部统一分配以前，各大行政区高等教育建设计划及高等教育经费分配计划，由各大行政区教育部负责制订报请中央教育部批准施行。

(二) 华北区内高等学校，除已交由省政府领导者外，由中央教育部直接领导。其他各大行政区内高等学校，暂由中央教育部委托各大行政区教育部直接领导；中央教育部得视条件，有计划有步骤地将各地区高等学校收归中央教育部直接领导。各地高等学校应与所在地省、市人民政府密切联系，省、市人民政府对当地高等学校应在政治学习、参观实习、警卫及一般人事等方面予以积极协助。

（三）综合性大学及与几个业务部门有关的专门学院，归中央或大行政区教育部直接领导。教育部关于此类学校的业务教育及参观实习，应与政府其他有关部门密切联系，会商办理，各有关部门应积极负责予以具体帮助和指导。只与某一业务部门有关或主要与某一业务部门有关的高等学校，其日常行政、教师调整配备、经费管理、设备及参观实习等事宜，得由中央或各大行政区人民政府或军政委员会有关部门直接领导。各有关部门应增设管理教育的人员或机构，负责执行上述领导的任务，但仍须执行上述（一）项各款之规定。

（四）根据上述原则，高等学校的领导关系如有必要变更时，必须有计划、有步骤、有准备地进行，并须经有关方面协商妥帖后，由中央教育部以命令行之。

（五）本决定由中央人民政府政务院公布施行。

# 中央人民政府教育部关于实施高等学校课程改革的决定

(1950年8月3日)

（一）中华人民共和国的高等学校的宗旨。对根据中国人民政治协商会议共同纲领关于文化教育政策的规定。以理论与实际一致的教育方法，培养具有高度文化水平，掌握现代科学与技术的成就，并全心全意为人民服务的高级建设人才。

（二）一年来，全国高等学校的教育内容，已经经过了初步的改革，也收到了一定成效，但现有高等学校课程中相当大的部分还不是新民主主义的，即还不是民族的、科学的、大家的，还不能符合新中国建设的需要。因此全国高等学校的课程，必须根据共同纲领第四十六条的规定，实行有计划有步骤的改革，连到理论与实际的一致。一面克服「为学术而学术」的空洞的教条主义的偏向，力求与国家建设的实际相结合，这是我们现有高等学校主要的努力方向；另一方面要防止忽视理论学习的狭隘实用主义或经验主义的偏向。

（三）全国高等学校应根据共同纲领第四十条和第四十七条规定，废除政治上的反动课程，开设新民主主义的革命政治课程，借以肃清封闭的、买办的、法西斯主义的思想，发展为人民服务的思想。

（四）高等学校应以学系为培养专门人才的教学单位，各系课程应密切配合国家经济、政治、国防和文化建设当前与长期的需要，在系统的理论知识的基础上，实行适当的专门化；应根据精简的原则，有重点地设置和加强必需的和重要的课程，删除那些重复的课程和不必需的课程和内容，并力求各种学科的相互联系和衔接。在删除重复和不必需的课程和内容时必须经过深思熟虑和多方面的讨论,绝不可轻率从事。各校开设课程应按照国家建设的实际需要,不应因人设课。

（五）为加强教学与实际相结合,高等学校应与政府各业务部门及其所属的企业和机关,建立密切的联系。高等学校的教师应与上述部门的工作,生产和科学研究,做适当的配合;应该有计划地组织学生的实习和参观,并将这种实习和参观,作为教学的重要内容。政府各业务部门为了有效地培养国家建设人才,应以通过教育部,协助高等学校的教育、实习和研究,作为自己部门本事业务的构成部分。对于实习学生,各业务部门负有与教育部共同领导的责任。

（六）为适应培养大量建设人才的需要,各高等学校应视其具体条件,在教育部领导下,协助各建设业务部门,设立各种专修科、训练班或函授班,其课程与各有关业务部。

# 教育部关于全国高等学校马克思列宁主义、毛泽东思想课程的指示

(1952年10月7日)

根据国家今后的政治任务及三年来全国高等学校政治理论课程教学实际情况的发展和要求，以及为了加强和提高学生的系统理论教育，关于全国高等学校马克思列宁主义、毛泽东思想课程的开设，我部特做以下的规定：

（一）综合性大学及财经艺术等学院应依照第一、二、三年级次序分别开设"新民主主义论""政治经济学"及"辩证唯物论与历史唯物论"，工、农、医等专门学院依照第一、二年级次序分别开设"新民主主义论"及"政治经济学"。

（二）三年的专科学校开设课程及先后次序与工、农、医等专门学院相同，二年得专科学校不修"政治经济学"，二年的专修科第一年级及一年的专修科均修"新民主主义论"，二年级以上财经性质的专科学校或专修科第一年级可同时开始"政治经济学"。

（三）各类型高等学校及专修科（一年的专修科除外）准备自1953年度起开设"马列主义基础"，学习时数与"政治经济学"相同。

（四）"新民主主义论""政治经济学"及"辩证唯物论与历史唯物论"各为一学年的课程，在讲授"新民主主义论"前两周或三周应增加关于"新民主主义论教学目的"的学习，以端正学生的学习态度。

（五）高等师范学校各系科的政治课程，在本部师范教育司发给各地参考的"师范学校教学计划草案"（已发）及"师范专科学校教

学计划草案"（即发）上已另有规定，各校如目前尚无条件试行，应根据以上（一）（二）（三）（四）各条规定办理。

（六）各大行政区教育（文教）部应根据本规定制订全区或重点地区的实施计划，统一教学步骤，进行具体领导，并须将该项教学计划及进度报我部备核。各课教学情况书面汇报（包括全区综合汇报及重点个别学校汇报）应与每学期期中及期末分别向我部汇报各一次。

（七）在进行教学工作中，希各区选择较好的讲授提纲或讲稿报来我部。

（八）本规定全国高等学校应自1952年度起开始实施。

以上各项，希你部通令所属各高等学校贯彻执行为要。

附件：全国高等学校马克思列宁主义毛泽东思想课程设立种类及上课时数表、政治经济学参考书目介绍（均略）。

# 政务院关于修订高等学校领导关系的决定

(1953年5月29日,政务院第一百八十次
政务会议通过,1953年10月11日公布)

为使高等教育密切联系实际,有计划地培养各类高级建设人才,以适应国家大规模经济建设的需要,中央人民政府高等教育部[①]必须与中央人民政府各有关业务部门密切配合,有步骤地对全国高等学校实行统一与集中的领导。因此,特修改一九五〇年八月二日中央人民政府政务院公布的《关于高等学校领导关系的决定》,对高等学校的领导关系做如下的决定:

一 中央高等教育部根据国家的教育方针、政策与学制,遵照中央人民政府政务院关于全国高等教育的各项决定与指示,对全国高等学校(军事学校除外,以下同)实施统一的领导。

凡中央高等教育部所颁布的有关全国高等教育的建设计划(包括高等学校的设立或停办、院系及专业设置、招生任务、基本建设任务)。财务计划、财务制度(包括预决算制度、经费开支标准、教师学生待遇等)。人事制度(包括人员任免、师资调配等)。教学计划、教学大纲、生产实习规程,以及其他重要法规、指示或命令,全国高等学校均应执行。其有必要变通办理时,须经中央高等教育部或由中央高等教育部报请政务院批准。

二 为利于高等学校的发展、建设及教学密切结合实际,关于各高等学校的直接管理工作,得按下列原则由中央高等教育部与中央有

---

[①] 根据1949年9月27日中国人民政治协商会议第一届全体会议通过的《中华人民共和国中央人民政府组织法》第二十二条的规定,1952年11月15日,中央人民政府委员会第十九次会议决定,从中央人民政府教育部中分设中央人民政府高等教育部。

关业务部门分工负责；

（一）综合性大学由中央高等教育部直接管理。

（二）与几个业务部门有关的多科性高等工业学校由中央高等教育部直接管理。但如中央高等教育部认为必要，得与某中央有关业务部门协商，委托其管理。

（三）为某一业务部门或主要为某一业务部门培养干部的单科性高等学校，可以委托中央有关业务部门负责管理。但如有关业务部门因实际困难不能接受委托时，应由中央高等教育部管理。

（四）对某些高等学校，中央高等教育部及中央有关业务部门认为直接管理暂时有困难时，得委托学校所在地的大区行政委员会或省、市人民政府或民族自治区人民政府负责管理。

三　管理高等学校的中央各业务部门和地方政府，应按照政务院及中央高等教育部有关高等教育的各项规定，管理所属高等学校的各项工作并向中央高等教育部提出建议和报告。其具体职责由中央高等教育部与中央有关业务部门稽查本决定的精神商订之。中央各业务部门和地方政府管理高等学校，如果有规定未尽事宜应与中央高等教育部协商处理。

四　管理高等学校的中央各业务部门应设专管机构，与中央高等教育部经常密切联系，并在其指导下，切实负责执行管理高等学校的工作。管理高等学校的中央各业务部门和地方政府的首长应经常关心和定期检查此项管理工作之进行。

五　关于高等学校的专业课教材、设备、生产实习、科学研究及其他有关与生产企业机关合作事项，中央高等教育部应与中央及地方各有关业务部门协商处理。各有关业务部门应积极予以协助。

六　各高等学校应与所在地大区行政委员会及省、市人民政府密切联系，取得其指导与帮助。各大区行政委员会和省、市人民政府对当地高等学校负有指导、监督的责任，对学校的政治领导、干部学习、基本建设、一般人事及警卫等工作尤应予以积极的帮助和指导；但非经中央高等教育部批准，不得擅令学校停课、放假或改变学校的教学计划。

七　一九五〇年八月二日颁布之《关于高等学校领导关系的决定》自本决定公布施行之日起废除。

# 高等教育部关于发布高等学校培养研究生暂行办法(草案)的通知

(1953 年 11 月 27 日)

兹将我部拟定的"高等学校培养研究生暂行办法(草案)"发给你校,希即试行。在试行中如有问题和意见,可随时报部,以便汇集研究后将原案酌予修改。

附件:

**高等学校培养研究生暂行办法(草案)**

一 根据1951年政务院关于学制改革的决定:"大学和专门学院得设立研究部,修业年限为二年以上,招收大学及专门学院毕业生或具有同等学力者,与中国科学院及其他研究所配合,培养高等学校的师资和科学研究人才",特制定本暂行办法。

二 凡聘由苏联专家(或人民民主国家的专家)或师资条件较好的高等学校均应担负培养研究生的任务,其目的为培养高等学校师资和科学研究人才。

三 研究生毕业后应能讲授所学专业的一、二门课程并具有一定的科学研究能力。研究生学习年限定为二年至三年。

四 凡具有下列条件之一者,得为研究生:

(一)高等学校的助教、毕业生(不包括专修科毕业生)经中央高等教育部选派者;

(二)高等学校毕业(包括任职二年以上的专修科毕业生)或具有同等学力者,由中央一级机关、团体调派,经中央高等教育部同意并经考试及健康检查合格者。

五　研究生的招收于每届高等学校毕业生毕业时办理一次，担任培养研究生的学校及每年招收研究生的计划，由中央高等教育部指定与制定之。

六　研究生所学习之专业，由中央高等教育部统一规定（业务部门调派者，由原单位提出经中央高等教育部同意），不得中途调换。

七　凡担任培养研究生的高等学校，应指定一位副校（院）长负责领导有关研究生的各项工作，并应在教务处下设研究生科或专职干部掌管日常工作（已设有研究部的高等学校，研究生科应设于研究部下）。

八　教研组（室）是培养研究生的基层组织。研究生的学习应在指导教师的指导下进行。研究生的指导教师由苏联专家（或人民民主国家的专家）担任，或由教研组（室）所选定之教授、副教授担任。指导研究生的时间应作为教师总工作量的一部分。

九　培养研究生的教学计划，由指导教师根据不同专业及修业年限拟定，经教研组（室）通过，教务长同意，校（副）长核准，并报中央高等教育部备案。

马列主义理论、俄文课程及教育实习均应列入教学计划以内。

十　研究生须根据教学计划订出个人学习计划，经指导教师同意后按计划进行学习。

十一　研究生在学习期间为教研组（室）成员之一、但与助教有所不同，其主要任务为学习。研究生应根据教学计划，参加教研组（室）内有关的教学内容、教学方法的研究和讨论。

十二　研究生除教育实习外，在指导教师同意下，亦可结合其所学专业，参加部分教学工作。其教学工作时间，包括教育实习在内，第一学年不得超过全学年学习总时数（每周学习时数以 54 小时为限）10%，第二、三学年不得超过 20%。教育实习不给报酬。其他教学工作时间，可按助教的工资标准折算，给予津贴。其津贴费在教师编制的工资总额内调剂支报。

十三　研究生学习成绩低劣，经教研组（室）讨论认为确无培养前途者，经校（院）长批准，得停止其学习，并报请中央高等教育部，另行分配工作。

十四　研究生经毕业考试及格或通过毕业论文答辩者准予毕业，并发给毕业证书。其因故未能完成教学计划者，经校（院）长核转中央高等教育部批准后可延长其毕业期限。

十五　研究生的调动及毕业分配由中央高等教育部统一管理之。其由各高等学校、机关和厂矿企业调派带职学习者，毕业后仍回原单位工作。

十六　各高等学校、机关和厂矿企业调派带职学习的研究生应由原单位给以原薪待遇，其他研究生则享受研究生助学金待遇。

十七　研究生在学习期间得享有使用学校教学及科学研究设备的权利。

十八　研究生应严格遵守学校的规章和制度。

十九　本暂行办法如有未尽事宜，修改权属于中央高等教育部。

# 中共中央关于讨论和试行教育部直属高等学校暂行工作条例(草案)的指示

(1961年9月15日)

教育部直属高等学校暂行工作条例(草案),已经中央原则批准。这个条例草案,在教育部直属的二十六所高等学校,要在全体师生员工中进行讨论,各校要把意见汇集起来送给教育部;同时,在这些学校中,应该试行这个条例草案,以便积累经验。这个条例草案,也发给各省、直辖市、自治区和中央各部委及其所属的一切全日制高等学校,在全体师生员工中进行讨论,并且请各省、市、自治区和中央各部委把讨论中的意见汇集起来,送给教育部;至于在这些学校中,是否试行,如何试行,由各省、市、自治区和中央各部委自己决定,并且报告中央,中央暂不做统一规定。这个条例草案,经过广泛讨论和试验之后,将再行修改,成为正式文件公布,现在暂不向高等学校以外公布,不在报刊上发表,也不在外籍师生中进行传达和讨论。

新中国成立十二年来,我国高等教育在数量上的发展和质量上的提高,都有很大的成绩,是旧社会里所梦想不到的。十二年来,我国高等教育大致可以分为三个时期。第一个时期,是从国民党和帝国主义手里,把全部高等学校接收过来,这个工作是做得好的。第二个时期,是进行院系调整和教学改革,这个工作总的说来也是做得好的,教学的质量有所提高,但是发生了一些教条主义的生搬硬套的缺点。一九五七年经过反对资产阶级右派的斗争,我国政治战线,思想战线的社会主义革命取得了决定性的胜利。在这个胜利的基础上,从一九五八年起,中共中央和国务院进一步决定在教育工作中贯彻执行教育为无产阶级政治服务，教育与生产劳动相结合的方针，这个方针是正确的马克思列宁主义的方针，从此，我国高等教育的发展进入了一个新时期。

自一九五八年起，三年以来，高等教育工作的成绩是显著的，主要是：（一）在学校中确立了党的领导。（二）贯彻执行党的教育方针，建立了我国社会主义高等教育的根本制度。（三）师生的政治面貌起了很大的变化，他们对待生产劳动的态度，对待劳动人民的态度，有了显著的改进。（四）教师队伍壮大起来。新教师大批成长，老教师也有进步。（五）一批新专业从无到有地建立起来。科学研究取得不少成果。有些科系的教学水平有了提高。（六）数量上发展很大，为国家培养了大批干部。

但是，我们在工作中同时也暴露了不少缺点。主要的缺点是：（一）数量上发展过快。（二）同党外知识分子的团结合作，特别是同老教师的团结合作，在很多学校被忽视了。工作中出现了一些简单化的做法，因而影响了一部分教师和学生的积极性。有些学校由于党内民主不够，也影响了一部分党员的积极性。（三）劳动过多，科学研究过多，社会活动过多，对课程的不适当的大合大改，对生活安排、劳逸结合、设备和仪器的管理、学校的总务工作等注意不够，以及学校工作中的其他缺点，使有些高等学校一部分课程的教学质量降低了，特别是一部分基础课程的教学质量降低了。

高等教育中所取得的成绩，是根本的。我们的教育方针，为实现知识分子与工农群众相结合找到了一条具体的途径。这是一件关系到长远的将来的大事。所以必须充分估计我们的成绩，并且一定要把这些成绩巩固下来。巩固成绩的办法，绝对不是什么改变我们的教育方针，而是改正工作中的缺点。应该认识到，十二年来，特别是这三年来，经验是非常丰富的。其中有许多成功的经验，也有一部分错误的经验。不论成功的经验还是错误的经验，都是我们宝贵的财富。为了巩固成绩，改正缺点，需要认真总结这些经验，进一步定出高等教育工作中的一套具体办法，使全体干部和师生充分地认识到，应该做什么，不应该做什么，应该怎样做，不应该怎样做，以保证党的教育方针的真正贯彻。教育部直属高等学校暂行工作条例（草案）的制定，其意义就在于此。

中央认为，目前在高等学校工作中，应该着重解决以下几个主要问题：（一）高等学校必须以教学为主，努力提高教学质量。生产劳动、科学研究、社会活动的时间，应该安排得当，以利教学。（二）正确执行党的知识分子政策，团结一切可以团结的知识分子，为社会主义高等教育服务。正确执行百花齐放、百家争鸣的方针，提高学术水平。（三）实行党委领导下的以校长为首的校务委员会负责制，充分发挥校长、校务委员会和各级行政组织的作用。（四）做好总务工作，保证教学和生活的物质条件。（五）改进党的领导方法和领导作风，加强思想政治工作。学校中党的领导权力集中在学校党委一级，系的总支委员会对行政工作起保证和监督的作用。条例草案关于这些问题所做各项具体规定大体是恰当的。条例草案中的各项规定，还会有不很完备，不很恰当的地方，在试行和征求各方面的意见以后，还要作进一步修改。

高等学校中党的领导必须继续加强，不应该放松和削弱。党的领导必须保证党的方针、政策的正确贯彻；坚持群众路线，充分调动全体师生员工的积极性；做好团结党外知识分子的工作，并且热情帮助他们进行思想的自我改造。党的领导干部必须努力学习业务，不但要红，而且要专，并且要善于和教学人员，特别是有经验的老教师合作，领导和使用他们来进行工作，为他们创造必要的条件，支持他们把工作做好。中央要求，高等学校的各级党组织和全体党员，应更紧密地团结起来，和全体师生员工一道，同心同德，继续高举总路线、"大跃进"、人民公社三面红旗，克服自然灾害和实际工作中的缺点所造成的暂时困难。坚持教育为无产阶级政治服务，教育与生产劳动相结合的方针，继续鼓足干劲，巩固成绩，克服缺点，使我国的高等教育，更好地为我国的社会主义建设服务。

这个条例草案对全国所有的全日制高等学校来说，是有示范性质的，各省、市、自治区和各部委所属的学校，都应该讨论这个文件。但是，这些学校情况是不相同的。各省、市、自治区，各部委，应该根据对所属全日制高等学校的调查研究，分别情况，首先对重点高等学校，然后对其他高等学校，规定出适合情况的具体办法。

中央这个指示，应该在所有全日制高等学校的全体党员中进行讨论，并且在全体师生员工中宣读，根据指示的精神对条例草案进行讨论，提出修改意见。在党内党外讨论这个条例草案的时候，必须使师生员工畅所欲言，以达到集思广益，弄清思想，团结一致，群策群力，把教学和其他工作做好的目的。

1961年9月15日

## 中华人民共和国教育部直属高等学校暂行工作条例（草案）
### 第一章　总则

一　高等学校的基本任务，是贯彻执行教育为无产阶级的政治服务、教育与生产劳动相结合的方针，培养为社会主义建设所需要的各种专门人才。

根据毛泽东同志提出的"我们的教育方针，应该使受教育者在德育、智育、体育几方面都得到发展，成为有社会主义觉悟的有文化的劳动者"，高等学校学生的培养目标是：

具有爱国主义和国际主义精神，具有共产主义道德品质，拥护共产党的领导，拥护社会主义，愿为社会主义事业服务、为人民服务；

通过马克思列宁主义、毛泽东著作的学习，和一定的生产劳动、实际工作的锻炼，逐步树立无产阶级的阶级观点、劳动观点、群众观点、辩证唯物主义观点；

掌握本专业所需要的基础理论、专业知识和实际技能，尽可能了解本专业范围内科学的新发展；

具有健全的体魄。

二　高等学校必须以教学为主，努力提高教学质量。

必须正确处理教学工作与生产劳动、科学研究、社会活动之间的关系。生产劳动、科学研究、社会活动的时间应该安排得当，以利教学。

在教学中，必须发挥教师的主导作用。高等学校必须继续努力培养又红又专的教师队伍。

三　在高等学校中，必须加强党的领导，加强党和非党的团结合作。

必须正确执行群众路线。要调动教师的积极性，认真教好学生，调动学生的积极性，认真做到身体好、学习好、工作好，调动职工的积极性，认真做好工作。

必须正确执行党的知识分子政策，团结一切可以团结的教授、副教授、讲师、助教和其他具有专门知识技能的人，调动一切积极因素，为社会主义的高等教育事业服务。

四　高等学校必须贯彻执行百花齐放、百家争鸣的方针，在毛泽东同志"关于正确处理人民内部矛盾的问题"中提出的六项政治标准的前提下，积极发展各种学术问题的自由讨论，以利于提高教学质量，提高学术水平，促进科学文化的进步和繁荣。

在自然科学中，必须提倡不同的学派和不同的学术见解，自由探讨，自由发展。

在哲学、社会科学中，为着发展马克思列宁主义理论，必须批判地继承历史文化遗产，吸收其中一切有价值的东西，必须研究和批判现代资产阶级的各种学说。在人民内部，在马克思列宁主义者内部，探讨各种学术问题，都必须允许不同的见解，自由讨论。

必须积极提倡和热心帮助知识分子的思想改造。但是，在处理具体问题的时候，必须正确划分政治问题、世界观问题、学术问题之间的界线，政治问题又必须严格划分人民内部矛盾和敌我矛盾的界线。不许用对敌斗争的方法来解决人民内部的政治问题、世界观问题和学术问题，也不许用行政命令的方法、少数服从多数的方法来解决世界观问题和学术问题。

五　高等学校应该努力树立理论与实际统一、高度的革命性和严格的科学性统一的学风。

六　在高等学校中，必须贯彻执行勤俭办学的方针，发扬艰苦奋斗的传统，反对铺张浪费。

必须加强总务工作机构，提高工作效率，改进物资供应工作，保证教学工作的顺利进行。

必须关心群众生活，实行劳逸结合，认真办好伙食，保护师生员工的健康。

努力改善校舍、图书资料、实验设备等物质条件，为教学和科学研究服务。

七　教育部直属高等学校，行政上受教育部领导，党的工作受省、市、自治区党委领导。省、市、自治区党委和学校党委对这些学校的领导，应该根据中共中央、国务院的方针、政策和教育部的各项有关规定办事。

高等学校的规模不宜过大。教育部直属高等学校规模的确定和改变，学制的改变和改革，都必须经过教育部批准。

**第二章　教学工作**

八　为了保证以教学为主，高等学校平均每学年应该有八个月以上的时间用于教学。学生参加生产劳动的时间一般为一个月至一个半月。在教学计划以外，不对学生规定科学研究任务。生产劳动过多、科学研究过多、社会活动过多等妨碍和削弱教学工作的现象，应该纠正。

高等学校每学年应该有两个月至两个半月的假期。在假期中，学校和校外单位不要向师生随便布置工作任务。

九　高等学校的专业设置，应该根据国家的需要、科学的发展和学校的可能条件来决定。专业设置不宜过多，划分不宜过窄。每个学校应该努力办好若干重点专业。专业的设置、变更和取消，必须经过教育部批准。

各专业都要制订教学方案、教学计划，确定培养目标、课程设置，并且对讲课、实验、实习、自习、考查、考试、学年论文或课程设计、毕业论文或毕业设计等教学环节做出合理的安排。既要保证教学质量，又不要使学生负担过重。学校必须按照教育部制订或者批准的教学方案、教学计划组织教学工作。

各门课程要按照教学方案、教学计划的要求，制定教学大纲，选用或者编写教材，少数专门课程和某些新开课程至少要有讲授提纲。教材必须在上课以前供应学生。有计划地进行教材建设工作。鼓励水平较高、经验较多的教师，在若干年内，逐步为各门课程编出优秀的教科书。

事业设置、教学方案、教学计划、教学大纲和教材要力求稳定，不得轻易变动。课程和学科体系的重大改变，必须经过教育部批准。

高等学校应该积极举办函授教育。

十　高等学校各专业都必须加强政治理论课程的教学，指导学生认真学习马克思列宁主义、毛泽东著作，学习国内外形势和党的方针政策，进行共产主义道德品质的教育。

政治理论课程的教学时间，理、工科占总学时的百分之十左右；文科一般占总学时的百分之二十左右。

十一　在教学中必须正确贯彻理论联系实际的原则。必须克服轻视理论、轻视书本知识的错误观点。同时，要通过生产劳动，以及实验、实习、社会调查、社会活动等，使学生获得必要的直接知识和实际锻炼。

切实加强基础理论和基本知识课程的教学。基础课程的教学，应该首先要求把本门课程的基础理论学好，不要过分强调结合专业和勉强联系当前实际。基础课程要由有经验的教师担任讲授。

切实加强基本技能训练。例如：理、工科的生产实习、实验、运算、绘图和某些必要的工艺训练；师范的教学实习；文科的阅读（包括文言文的阅读）、写作、资料工作、调查工作和使用工具书的训练。各科学生中文写作应该做到文理通顺，并且至少掌握一种外文，具备能够比较熟练地阅读专业书刊的能力。

专业课程的教学应该使学生掌握必需的专业知识和技能，同时尽可能了解本专业范围内最新的科学成就和发展趋向。有些课程的部分内容，可以采取现场教学的方式。

毕业设计在可能的条件下，应该结合生产实际，选择现实的题目，同时也可以做假拟的题目。

十二　为了使学生增进知识，活跃思想，提高识别能力，应该根据课程的特点和需要，在教学大纲中规定介绍各重要学派的观点。必要时，还可以分别开设介绍不同学派的课程。

在文科，要创造条件，在高年级开设介绍资产阶级哲学、经济学等课程。

学校要根据教学的需要和教师的专长，在高年级开设选修课程。

学校要适当地组织各种学术讲座、专题报告、学术讨论会，吸收教师和学生自由参加。

教师可以讲授自己的学术见解，但是应该保证完成教学大纲的要求。备课主要依靠教师个人。在自愿的原则下，可以辅以集体备课。集体备课是为了集思广益，不对教师按照何种学术观点讲课做出规定。

十三 在教学中起主导作用的是教师。课堂讲授是教学的基本形式，教师必须努力提高课堂讲授的水平。其他各种教学环节，都要在教师的指导下进行。

教师要认真地传授自己的知识和经验，负责地教育学生和严格地要求学生，启发学生的主动性和积极性，注意因材施教。

教师要注意听取学生对教学的意见和要求，改进教学工作，做到教学相长。

十四 学习必须依靠个人的刻苦钻研。学生个人之间在学习的基础、才能、努力程度等方面的差别是客观存在的，不能强求一律。不应该采取一些不正确的集体学习的方式，人为地拉平这些差别，阻碍一部分优秀学生学习上的进步。同学之间适当的互相帮助和互相探讨是应该提倡的，但是必须自愿，并且防止流于形式。不能把个人的独立钻研同个人主义混为一谈。

必须保证学生有充分的自习时间，自习时间不能移作别用。

学生成绩的考核，应该以本人的成绩为依据，不能以集体的成绩代替个人的成绩。

在学校中，不要搞学习竞赛运动。

## 第三章 生产劳动

十五 学生参加生产劳动的主要目的，是养成劳动习惯，向工农群众学习，同工农群众密切结合，克服轻视体力劳动和体力劳动者的观点。同时，通过生产劳动，更好地贯彻理论联系实际的原则。

学生参加生产劳动，主要是参加校内外的工、农业生产和其他体力劳动。各专业的学生，一般都要参加这类劳动。

生产实习属于教学范围，其中的体力劳动不计入所规定的每年一个月到一个半月的生产劳动时间之内。

十六　必须根据各专业的特点，分别确定师生参加生产劳动的内容、方式和时间。

有一些专业，例如工科的大部分专业，生产实习中的体力劳动较多，一般生产劳动可以少参加一些。

个别特殊专业的师生，根据实际情况，可以只参加少量轻微的生产劳动，或者不参加生产劳动。

根据需要，劳动时间可以分散，也可以集中。各种生产劳动要有适当的安排，以便学生得到多方面的锻炼。

教师参加生产劳动，一般平均每年半个月到一个月。男教师年龄在四十五岁以上，女教师年龄在四十岁以上的，不参加体力劳动。

十七　生产劳动应该有计划地进行。学校每学年应该根据教学计划同校内外有关方面协商，定出全校师生参加生产劳动的计划，报请省、市、自治区教育厅局批准执行。计划经过批准以后，不再变更。校外任何机关，都不得向学校自行布置劳动任务，随意调用劳动力。学校有权拒绝计划以外的劳动任务或者调用劳动力。如果有特殊情况，需要在计划之外增加劳动任务，必须报请教育部批准，并且计算在师生参加体力劳动的时间之内。

十八　学校可以根据专业的需要和可能条件，举办小型的工厂，或者同校外的工厂、农场建立固定的联系。

学校的工厂有两类。主要的一类是实习和实验性工厂，这一类工厂，主要为教学和科学研究服务，不以经济收益为目的，但是要努力提高管理水平，厉行节约，杜绝浪费；另一类是少数有条件的学校，结合专业所举办的生产性的工厂。举办这类工厂，必须经过教育部和国家计划委员会批准。这类工厂可以生产经国家鉴定合格的定型产品，生产任务应该列入国家或者地方的计划，并且实行独立的经济核算，自负盈亏。

实习和实验性工厂所需要的劳动力，除了本校师生以外，可以配备一定数量的专职职工，指导学生学习生产技能，并且试制某些产品。生产性的工厂，要根据生产任务，配备必要的专职职工，以便维持正常生产，保证产品质量。

学校同校外的工厂、农场建立固定的联系，应该订立合同，双方互相承担一定的义务。

十九 注意劳动保护。体弱和有病的师生可以不参加生产劳动。女教师和女学生不参加重体力劳动；在月经期间，应该停止体力劳动。师生参加工农业劳动，应该根据他们的体质、年龄和性别的特点，适当规定劳动定额，或者不规定劳动定额。师生不参加劳动竞赛。在校外劳动时必须注意妥善安排师生的伙食、住宿和医疗。

二十 在生产劳动中，必须加强组织领导，做好思想教育工作，建立必要的考核制度。

师生参加生产劳动有一部分是社会公益性质的，不取报酬。除此以外，受益单位应该付给适当的劳动报酬。劳动收入由学校支配，主要用于师生公共福利事业和补贴学生参加劳动的衣物消耗。

师生因病、因事少参加了生产劳动的，事后不必再补。

严禁把生产劳动作为惩罚手段。

## 第四章 研究生培养工作

二十一 高等学校应该重视培养研究生的工作，根据教师条件和科学研究的基础，招收研究生，培养科学研究人才和高等学校师资。

培养研究生，必须选拔优秀人才，严格保证质量，宁缺毋滥。

研究生从当年高等学校的毕业生中，或者从本校的青年教师中选拔，也可以由其他单位选送。研究生应该思想进步、身体健康、大学毕业或者具有同等程度，年龄一般在三十五岁以下，并且要经过审查和入学考试，合格者方得录取。

学校还可以选拔在校工作两年以上、成绩优良的教师，为在职研究生。研究生的学习期限，一般为三年，在职研究生一般为五年。研究生在一年半至两年内，在职研究生在三年至四年内，应该通过所学课程的考试。不能如期通过考试、又无特殊理由，应该取消研究生或者在职研究生的资格。在职研究生，通过规定的课程考试后，学校应该让他脱产一年，从事毕业论文的工作。

二十二　研究生都要有指导教师和具体的培养计划。指导教师由学术水平较高的教师担任。教学研究室要领导和检查研究生的培养工作。

研究生在导师指导下，学习专门课程，掌握某一专题范围内科学的最新成果，并且进行科学研究工作。科学研究时间应该占整个学习时间的一半左右。科学研究成果必须写成论文，并且进行答辩。研究生毕业论文的答辩，由国家考试委员会主持。

二十三　少数有条件的高等学校，经教育部批准，可以试办研究院，培养较多数量的研究生。

## 第五章　科学研究工作

二十四　高等学校应该积极地开展科学研究工作，以促进教学质量和学术水平的提高。

根据国家的统一安排，经过教育部的批准，学校可以适当承担国家的科学研究任务。高等学校的科学研究工作应该同科学研究机关、生产部门建立必要的联系。高等学校也可以接受有关部门的委托，协助解决某些科学技术问题。分配科学研究任务的部门要负责解决研究需要的条件。

二十五　高等学校的科学研究工作，应该根据国家当前和长远的需要，以及学校的具体情况来确定。在科学研究的选题上，社会科学应该兼顾理论、历史、现状三个方面。自然科学应该兼顾基础理论、国民经济中的重大问题、新科学技术三个方面，理论的研究应该放在重要地位。

高等学校应该把教科书和教学参考书的编著，当作一项重要的科学研究工作。

二十六　高等学校的科学研究工作，应该有计划、有重点地进行。教学研究室应该有比较固定的科学研究方向。科学研究计划要力求把国家的需要同教师本人的专长结合起来，鼓励不同学派和不同学术见解的自由探讨。应该支持教师根据本人的特长、志趣和学术见解自由选题，进行研究，并且在工作条件上尽可能给予帮助。

高等学校安排科学研究的任务和进度，应该从实际条件出发，留有余地，重点科学研究项目不要太多。

科学研究成果应该经过严格的审查或者鉴定，重要的应该经过国家指定的单位审查或者鉴定。优秀的成果应该给予奖励。研究成果的公布应该经过规定的批准手续。

科学研究工作，不搞竞赛和突击献礼。

二十七　高等学校开展科学研究的主要力量是教师。教师应该在保证完成教学任务的前提下，积极参加科学研究。对于新担任教学工作的教师和开新课的老教师，主要要求他们把教学工作做好，可以少参加或者不参加科学研究。

教师的科学研究时间，应该根据各校的教学任务和科学研究任务来安排，有的学校可以较多，有的学校可以较少，一般可以占全校教师工作时间的百分之十到百分三十。各个教师参加科学研究的时间，应该由系和教学研究室根据实际情况，商同教师本人来决定。如果有特殊需要，经过校长批准，可以抽出少量教师在一定时期集中进行科学研究。

学校应该为一部分学术上造诣较深的教授，配备研究工作的助手。助手不能随便调动。

二十八　高等学校学生参加科学研究的目的，在于获得从事科学研究的训练，培养独立工作能力。高年级学生参加科学研究应该在教师指导下，按照教学计划规定的时间进行，不允许随便停课进行科学研究。对低年级学生不规定科学研究任务。

学业特别优良的学生，在课余进行科学研究工作，应该得到鼓励和帮助。

## 第六章　教师和学生

二十九　高等学校教师的根本任务，就是认真教好学生，完成教学任务。为此，教师应该努力学习马克思列宁主义、毛泽东著作，自觉地进行思想的自我改造，认真钻研业务，不断提高自己的思想政治水平和业务水平。

必须充分发挥老教师的作用。要团结他们，热情地帮助他们进步，发挥他们的专长，鼓励他们在学术上做出成绩。

必须有计划地培养和提高青年教师。对那些有特殊才能的、做出较大成绩的讲师和助教，采取重点培养的办法，为他们创造各种条件，帮助他们迅速成长。

新老教师应该紧密团结。青年教师要尊敬老教师，虚心地向老教师学习，老教师要把自己的学术专长和教学经验，传授给青年教师。彼此取长补短，共同提高。

三十　切实保证教师的业务工作时间。严格执行中央关于保证知识分子至少有六分之五的工作日用在业务工作上的决定。教师的政治理论学习，应该根据自愿原则，学习时间不做硬性规定。党团工会的会议和社会活动，在通常情况下，应该控制在六分之一的工作日以内。必须大力精简会议，改进工作方法，提高工作效率。尽量减少教师的兼职，兼任行政职务的教师也必须保证必要的业务工作时间。

教学以外的业务工作时间和业余时间，除学校统一规定的重大政治活动以外，由教师自己支配，不实行上下班制度。

建立教授、副教授和讲师的轮流休假制度，使他们能够有一段集中的时间从事进修、科学研究或者其他工作。

三十一　教师所从事的事业和所任课程，不得轻易变动。不得随便抽调教师或者给教师布置各种额外的任务，妨碍教学工作。

教师的队伍要力求稳定，教育部直属高等学校教师的调动必须经过教育部批准。

学校应该定期地对教师进行考核。教师的教学职别（教授、副教授、讲师、助教）的确定和提升，要根据他们担任的教学任务、教学质量和学术水平。对其中优秀的，应该不受资历、学历的限制。

三十二　高等学校学生要努力学习，刻苦钻研，学好功课。

学生要努力提高思想政治觉悟和道德品质，积极参加生产劳动锻炼，自觉地培养劳动人民的思想感情。

学生要严格地遵守国家法令、校规和学习纪律。

学生要尊敬师长。

学生要注意锻炼身体，增强体质。

三十三　学生应该积极参加必要的集体活动。同时要保证学生在学习和生活中应有的个人自由。

学生的课余时间，除学校统一规定的重大政治活动以外，一律由学生自己支配。学生必须参加的集体活动，非有特殊情况，不得安排在星期六晚上和星期日。学生的课外学习和文娱、体育等活动，都必须认真贯彻自愿参加的原则，允许自由结合，不要强求一律、事事集体。个人的习惯和爱好，只要不妨害集体利益，不得限制和干涉。

民兵训练的时间不宜过多。

学生的社会活动时间，包括党团员的组织生活，在通常情况下每周不得超过六小时。注意减轻学生的社会工作和事务工作，必要的工作可以多几个人分担，不要集中在少数人身上。不要使学生中的党团干部工作负担过重，以免影响他们的学习和健康。

三十四　班是学生学习的基本单位。班成立班委会，由学生选举产生。班委会也是学生会的基层组织。

班委会的主要任务是：向教师和行政反映有关学习的情况和意见，督促同学遵守学习纪律；按照自愿原则，适当组织某些课外活动。

班的组织和活动必须力求简化，以免形成活动过多，负担过重。

三十五　学校对于在道德品质、学习、生产劳动等方面有优秀表现的学生，应该予以奖励和表扬。

对于破坏学校纪律的学生，应该分别情况给予批评教育，或者给予警告、记过、留校察看直至开除学籍的处分。

对于学习成绩低劣，不宜继续在校学习的学生，应该令其退学。

三十六　必须健全对学生学籍的管理制度。非经教育部和国家计划委员会的批准，学校及校外任何部门不得抽调未毕业的学生。

在国家规定的招生计划之外，教育部直属高等学校不再接受任何单位委托代为培训学生。

## 第七章　物质设备和生活管理

三十七　高等学校必须逐步改善物质设备，加强生活管理工作，为教学和科学研究服务，为师生员工的生活服务。

总务工作应该尽可能集中到学校的总务部门，各系协助办理，以便系和教学研究室能够集中力量搞好教学和科学研究工作。

三十八　高等学校必须根据教学和科学研究的需要，加强图书馆和资料室的建设工作和管理工作。图书资料的管理工作，应该从便利读者出发，不断提高服务质量，逐步加强资料整理、索引编制。加强图书馆之间的联系和协作。采取有效措施，防止图书资料的丢失和损坏。珍贵的图书资料，尤其应该切实加以保护。

三十九　高等学校实验室的建设，应该由学校统一规划，有步骤、有重点地进行。某些重要的实验室，既要满足当前教学和科学研究工作的要求，又要适当照顾今后的发展，争取逐步达到现代科学技术的水平。购置仪器设备，必须对使用效率、本校技术条件等进行切实的审查，反对盲目求全求精，力求把财力、物力用在最需要的地方，避免浪费或者使用不当等现象。

加强实验室的管理工作，建立严格的安全制度。对仪器设备建立科学的保管和使用制度，定期做好物资清查和设备维修工作，并且保持整洁和良好的秩序，使仪器设备经常处于完善可用的状态。仪器设备应该按照精密、贵重、稀缺的程度，由学校、系和教学研究室三级分别掌管，并且建立必要的责任制度和奖惩制度。

应该选派有经验的教师担任实验室主任，并且要选派一些优秀教师去做实验工作，不要轻易调动，使他们逐步成为精通有关实验原理、实验方法和实验技能的专门人才，以便提高实验的科学水平。

四十　高等学校应该根据学校规模和校舍的实际情况，进行规划，有步骤地改善教学与生活用房的状况，加强对现有房屋的管理、保护和维修工作。

四十一　认真办好食堂，加强民主管理。学校可以根据条件，进行蔬菜和副食品的生产。

学校要加强对保健工作的领导，做好疾病的预防和治疗工作，注意清洁卫生，增进师生员工的健康。

四十二　财务工作必须精打细算，厉行节约。一切开支都必须严格遵守财务制度。采购物资必须遵守国家的规定和市场管理。要定期清查账目，杜绝浪费和贪污现象。

四十三　高等学校必须加强对总务工作的领导，选派得力干部，充实总务部门。要加强教学辅助人员和行政职工的思想教育，办好职工业余学校，不断提高他们的政治、文化和业务水平。

在职工中，要树立为教学和科学研究工作服务、为全校师生员工的生活服务的思想，要表扬和奖励他们中的先进人物和服务时间较久、认真工作的老职工。学校要教育师生尊重职工的劳动，克服一切轻视职工、轻视总务工作的错误观点。

## 第八章　思想政治工作

四十四　高等学校的思想政治工作在学校党委员会的领导下进行。思想政治工作的任务是：

在全校师生员工中宣传马克思列宁主义、毛泽东思想，宣传党的总路线和各项方针政策，不断地提高他们的思想政治觉悟和道德品质；

团结全校师生员工，充分调动他们的积极性，贯彻执行党的教育方针，保证学校的教学工作和其他各项工作任务的完成。

四十五　一切思想政治工作，都必须有利于形成又有集中又有民主，又有纪律又有自由，又有统一意志又有个人心情舒畅、生动活泼的政治局面。

思想政治工作必须遵循毛泽东同志关于正确处理人民内部矛盾的理论，严格区分敌我矛盾和人民内部矛盾。对于人民内部矛盾，又必须区别各种不同性质的问题。凡属人民内部的问题，都必须根据"团结—批评—团结"的原则，采取民主的方法、和风细雨的方法、自我教育的方法来解决。不能采取简单粗暴的、强制压服的方法。在人民内部，不容许用对敌斗争的方法。

四十六　在思想政治工作中，必须正确处理红与专的关系。

红首先是指的政治立场。对于高等学校的师生，红的初步要求，就是拥护共产党的领导，拥护社会主义，愿意为社会主义事业服务。在这个基础上，还应该积极地对他们进行无产阶级的、共产主义的世界观的教育。但是，世界观的改造，是一个长期的、逐步实现的自我改造过程，应该耐心地做工作，不能操之过急，对于不同的人，不能一律要求。

思想政治工作不但要管红，而且要管专。红与专应该是统一的，只专不红，只红不专，都是不对的。高等学校师生的红，不但应该表现在政治思想方面，而且应该表现在他们教学和学习的实际行动中。

只有坚持反对共产党的领导，坚持反对社会主义，才叫作白。把在业务上比较努力，但是在政治上进步较慢，或者政治上处于中间状态的人，指为走"白专道路"，是不对的。

四十七　必须加强对青年进行艰苦奋斗建设社会主义的教育。应该反复宣传毛泽东同志所说的："要使全体青年们懂得，我们的国家现在还是一个很穷的国家，并且不可能在短时间内根本改变这种状态，全靠青年和全体人民在几十年时间内，团结奋斗，用自己的双手创造出一个富强的国家。社会主义制度的建立给我们开辟了一条达到理想境界的道路，而理想境界的实现还要靠我们的辛勤劳动，有些青年人以为到了社会主义社会就应当什么都好了，就可以不费气力享受现成的幸福生活了，这是一种不实际的想法。"

四十八　思想政治工作要经常地进行，细水长流，深入细致，讲求实效，反对形式主义。要在教学、生产劳动和群众生活的各个方面，结合各类人员的实际情况和特点进行工作。

在学校中开展群众性的政治运动，必须根据中央的指示，在省、市、自治区党委领导下进行。

在学校中开展群众性的政治运动，要做妥善的安排，不得妨碍教学计划的完成。

四十九　毕业生应该进行毕业鉴定。鉴定的目的，是肯定学生在校期间的进步，指出他们现存的缺点，明确今后的努力方向。鉴定的内容应该包括政治思想、学习、劳动和健康情况等方面。政治思想方面的鉴定，要着重于根本的政治态度和思想状况，不必涉及生活细节。鉴定必须实事求是，允许本人申述或者保留不同意见，并且记录本人的不同意见。

五十　为了加强思想政治工作，在一、二年级设政治辅导员或者班主任，从专职的党政干部、政治理论课教师和其他青年教师中挑选有一定政治工作经验的人担任。同时，要逐步培养和配备一批专职的政治辅导员。

### 第九章 领导制度和行政组织

五十一 高等学校的领导制度，是党委领导下的以校长为首的校务委员会负责制。

高等学校的校长，是国家任命的学校行政负责人，对外代表学校，对内主持校务委员会和学校的经常工作。设副校长若干人，协助校长分工领导教学、总务等方面的工作。根据工作的需要，可以设教务长和总务长，分管教学、总务工作。

高等学校设立校务委员会，作为学校行政工作的集体领导组织。学校工作中的重大问题，应该由校长提交校务委员会讨论，做出决定，由校长负责组织执行。

高等学校校务委员会由校长、副校长、党委书记、教务长、总务长、系主任、若干教授和其他必要人员组成。校务委员会的人数不宜过多，党外人士一般应该不少于三分之一。人选由校长商同学校党委员会提出名单，报请教育部批准任命。正副校长担任校务委员会的正副主任。

校务委员会在校长的主持下，讨论和决定学校工作中的重大问题：

学校的教学工作、生产劳动、研究生培养、科学研究、物质设备、生活管理和思想政治工作等计划；

各系工作中的某些重大问题；

招生计划、毕业生分配、师资培养、教师职务提升等工作；

制定和修改全校性的规章制度；

审查通过学校的预算、决算；

其他重大事项。

在校务委员会闭会期间，校长可以召集行政会议，讨论和处理学校的日常行政工作。

五十二 系是按照专业性质设置的教学行政组织。

系主任是系的行政负责人。系主任在校长的领导下，主持系务委员会和系的经常工作。根据工作需要，系可设副主任若干人，协助系主任分工领导教学、科学研究、生活管理和生产劳动等方面的工作。

系务委员会是全系教学行政工作的集体领导组织。系内的重大工作问题，应该由系主任提交系务委员会讨论，做出决定，由系主任负责组织执行，并且报告校长和校务委员会。系务委员会由正副系主任、系党总支书记、教学研究室主任及教师若干人组成，由系主任提名，报校务委员会通过，由校长任命。系的正副主任担任系务委员会正副主任。

系务委员会负责执行学校党委员会、校务委员会的决议和校长的指示，并且讨论和决定本系工作中的重大问题：

有关教学、研究生培养、科学研究和生产劳动等工作；

组织和开展学术活动；

有关教学、科学研究、生活的物质条件的保证问题；

学生的升级、留级、退学和奖惩等事项；

其他重要事项。

系务委员会闭会期间，系主任可以召集行政会议，讨论和处理系的日常工作。

五十三　教学研究室是按照一门或者几门课程设置的教学组织。教学研究室主任，在系主任或者教务长领导下，全面负责教学研究室的工作。根据工作需要，可设副主任，协助主任工作。

教学研究室主任的主要职责是：

领导和组织执行教学计划、选编教材、拟定教学大纲、编制教学日历等教学工作，科学研究工作和学术活动；

组织教师的进修工作和研究生的培养工作；

领导所属实验室、资料室的建设和管理工作。

教学研究室工作中的重大问题，应该提交教学研究室会议讨论。

## 第十章　党的组织和党的工作

五十四　高等学校的党委员会，是中国共产党在高等学校中的基层组织，是学校工作的领导核心，对学校工作实行统一领导。高等学校中，党的领导权力应该集中在学校党委员会一级，不应该分散。

学校党委员会的主要任务是：

领导校务委员会，贯彻执行党的教育方针和其他各项方针政策；

完成上级党委和行政领导机关布置的任务；

做好思想政治工作；

进行党的建设工作；

讨论学校中的人事问题，向上级和校务委员会提出建议；

领导学校的共青团、工会、学生会和其他群众组织，团结全校师生员工。

学校党组织应该善于发挥学校行政组织和行政负责人的作用，不要包办代替。

学校党组织一定要和党外人士密切合作，充分调动他们的积极性，认真听取他们的意见，善于同他们一起商量问题，进行工作。

五十五 系的党总支委员会的主要任务，是做好思想政治工作和党的建设工作；团结和教育全系人员，贯彻执行学校党委员会、校务委员会的决议，保证和监督系务委员会决议的执行和本系各项工作任务的完成。

系的党总支委员会可以就本系的工作问题，向系主任和系务委员会提出建议。

五十六 在教师、职工和学生中应该分别建立党的支部。

教师和职工中的党支部的主要任务，是做好思想政治工作和党的建设工作，教育党员模范地完成自己的工作任务，团结和教育本单位的全体人员，保证各项工作任务的完成。教师中的党员按一个或者几个教学研究室组成支部，党支部要支持和帮助教学研究室主任做好工作。

学生中的党支部的主要任务，是做好思想政治工作和党的建设工作，教育党员以自己的模范行动，影响和带动同学完成学习任务。

五十七 高等学校的党组织必须加强对共青团、工会、学生会和其他群众组织的领导，使它们真正发挥党联系群众的纽带作用。

共青团应该更好地发挥党的助手作用。班级的共青团支部应该教育团员积极完成学习任务，模范地遵守学习纪律和各项规章制度；帮助党组织和行政组织进行思想政治工作；做好团的建设工作；协助班委会开展工作，但是不要包办代替。系的分团委或者团总支委员会，在系的党总支委员会领导下进行工作。学生中的党支部是否领导团支部的工作，可以由学校党委员会根据具体情况来决定。班上的党小组和党员，应该支持团支部和班委会做好工作，但是不能代表党组织领导团支部和班委会的工作。

工会应该在党的领导下，在自己的成员中，加强思想教育，做好生活福利工作。

学生会应该在党的领导下，团结全体同学，努力做到身体好，学习好，工作好。

五十八　高等学校的党组织应该根据党章的规定，在教师、学生和职工中有计划地发展党员，健全党的组织生活。

加强对党员的马克思列宁主义、毛泽东思想的教育，党的方针政策的教育。加强党员的党性锻炼。教育党员密切联系群众，反映群众的意见。

党员应该起模范作用，没有任何特权。

五十九　高等学校中的各级干部，都必须认真执行"党政干部三大纪律、八项注意"。

三大纪律是：（一）如实反映情况。（二）正确执行党的政策。（三）实行民主集中制。

八项注意是：（一）参加劳动。（二）以平等的态度对人。（三）办事公道。（四）不特殊化。（五）工作要同群众商量。（六）没有调查没有发言权。（七）按照实际情况办事。（八）提高政治水平。

高等学校中党的领导干部一定要努力学习，不断提高思想水平、理论水平、政策水平。努力钻研，力求精通业务。认真总结经验，逐步掌握我国社会主义的高等教育工作的规律，提高领导水平。

六十　高等学校中的党组织，必须严格遵守民主集中制，实行集体领导和分工负责相结合的原则。一切重大问题，都必须开会讨论，不能由书记个人决定。各级党组织都要按照职权范围办事。凡不在自己权限内的问题，必须向上级请示报告。上级的方针、政策，必须坚决贯彻执行，有不同的意见，应该向上级反映，但是不得自行其是，以保证党的统一领导和统一行动。

　　高等学校中的党组织，一定要改进领导作风和领导方法。一定要下决心摆脱许多行政事务工作，腾出手来，抓学校工作中的重大问题，抓思想政治工作、党的建设工作、团结人的工作。一定要深入到教师中去、学生中去、职工中去，调查研究，了解情况，发现问题，同群众一起商量，提出解决问题的主张和办法。只有这样，才能真正加强党的领导。

# 中共中央、国务院关于加强高等学校统一领导、分级管理的决定（试行草案）

(1963年5月21日)

一　为了加强对高等学校的领导和管理，中共中央和国务院决定，对高等学校实行中央统一领导，中央和省、市、自治区两级管理的制度。

在高等教育工作中，各地区、各部门、各学校，都要贯彻执行中央统一的方针政策；都要遵守中央统一规定的教学制度和其他重要的规章制度；都要按照全国统一的高等教育事业规划和计划办事。

在中共中央和国务院的统一领导下，中华人民共和国教育部（以下简称中央教育部），国务院其他各部、委（以下简称中央各业务部门）和省、市、自治区人民委员会，对高等学校的管理工作进行适当的分工合作，共同办好高等学校。

各中央局代表中央对大区内的高等教育工作，进行经常的督促和检查。各省、市、自治区党委应该加强对本地区高等学校的领导，并协同中央教育部和中央各业务部门，把办好全国重点高等学校，作为当前高等教育中的首要任务。

二　中央教育部是在中共中央和国务院的直接领导下，管理全国高等学校的行政机关，其主要的职责如下：

（一）编制高等教育的发展规划和事业计划，审核高等学校的设置、停办和领导管理关系的改变，提出高等学校的发展规模和修业年限的方案，报国务院批准。批准高等学校的专业设置。

（二）规定高等学校教学计划和教学大纲的制定原则，并组织制定指导性的教学计划和教学大纲；统一规划高等学校通用教材的选编和审查工作；拟定高等学校师生参加生产劳动、生产实习等规章制度。

（三）制定高等学校科学研究工作的规章制度；推动高等学校科学研究工作的开展和学术交流；审核高等学校科学研究机构的设置、调整和撤销的方案。

（四）确定招收研究生的高等学校名单、专业和招生计划，对高等学校的研究生培养工作实行统一的管理。

（五）组织高等学校的招生工作；协助国家计划委员会编制高等学校毕业生和研究生统一的分配计划；主持和配合有关部门管理高等学校毕业生的劳动实习工作。

（六）提出任免直接管理的高等学校正、副校院长的建议，报国务院批准；制定高等学校教师的培养、进修、提升和调动的规章制度；审批高等学校教授、副教授的名单。

（七）对高等学校的思想政治工作、教学工作、科学研究工作和学生的生产劳动，进行督促和检查。

三 中央各业务部门协同中央教育部分工管理一部分高等学校，其主要的职责如下：

（一）根据国务院颁布的规章制度和中央教育部的规定，拟定在直接管理的高等学校中的实施办法。

（二）对高等教育的发展规划、事业计划和直接管理的高等学校的发展规模、专业设置和修业年限提出建议。

（三）根据中央教育部规定的原则和分工办法，制定指导性的教学计划和教学大纲，选编和审查通用教材，安排高等学校学生在本部门所属厂矿、企业、事业单位进行生产实习，和组织教学经验的交流工作。管理分配到本部门及直属单位的高等学校毕业生的劳动实习工作。

（四）对直接管理的高等学校的思想政治工作、教学工作、科学研究工作、培养研究生工作、师资培养工作、总务工作和学生的生产劳动，进行督促和检查。

（五）提出任免直接管理的高等学校正、副校院长的建议，经中央教育部转报国务院批准。

四 省、市、自治区人民委员会，在省、市、自治区党委统一领导下，根据中央规定的方针政策、各项计划和规章制度，对本地区内高等学校进行下列工作：

（一）督促检查高等学校贯彻执行中央的方针政策、各项计划和规章制度。

（二）对本地区高等学校的设置、撤销和调整，学校的发展规模，专业设置和修业年限提出建议；对直接管理的高等学校的事业计划提出建议。

（三）协助中央教育部和中央各业务部门，检查高等学校教学工作的情况，交流教学经验，提高教学质量。

（四）加强高等学校的思想政治工作；负责安排学校师生的社会活动和生产劳动；解决学校生活和其他由地方负责的物资供应问题；对学校的总务工作进行督促和检查；会同有关部门管理高等学校毕业生的劳动实习工作。

（五）负责领导直接管理的高等学校的各项工作；提出任免直接管理的高等学校正、副校院长的建议，经中央教育部转报国务院批准。

省、市、自治区高教（教育）厅、局，在省、市、自治区人民委员会的领导下，应该切实做好上述行政管理工作，直接管理一部分高等学校，并在工作中同时对中央教育部负责。各省、市、自治区有关业务厅、局，可以协同高教（教育）厅、局分工管理与本部门业务有关的高等学校，并在工作中接受中央有关业务部门的业务指导。

五 中央教育部、中央各业务部门和各省、市、自治区人民委员会，可以根据需要并依照本决定的精神，分别制定管理高等学校的教学工作、科学研究、生产劳动、总务工作和师资培养、干部管理等方面的具体办法。中央各业务部门和各省、市、自治区人民委员会所制定的具体管理办法，应该报送中央教育部审核后实行。

文化革命运动已结束，而高等学校尚未招生时，可以由学校组织他们下乡下厂参加生产劳动。

# 中共中央、国务院决定改革高等学校招生考试办法,并决定将一九六六年高等学校招生工作推迟半年进行的通知

中发〔66〕298号

鉴于目前大专学校和高中的文化大革命正在兴起,要把这一运动搞深搞透,没有一定的时间是不行的。有不少大专学校和中学,资产阶级的统治还根深蒂固,无产阶级和资产阶级的斗争十分尖锐激烈。在大专学校和高中,把文化革命运动搞深搞透,将对今后学校教育产生极为深远的影响。同时,高等学校招生考试办法,解放以来虽然不断地有所改进,但是基本上没有跳出资产阶级考试制度的框框,不利于贯彻执行党中央和毛主席提出的教育方针,不利于更多地吸收工农兵革命青年进入高等学校。这种考试制度,必须彻底改革。这样也需要有一定的时间来研究和制定新的招生办法。

中共中央和国务院考虑到上述情况,决定一九六六年高等学校招收新生的工作推迟半年进行,一方面,使高等学校和高中有足够的时间彻底搞好文化革命,另一方面使实行新的招生办法有充分的时间做好一切准备。

为了不影响高级中学接收新生和新学年开学,高中的应届毕业生,凡本校的文化革命运动尚未结束的,可以由学校妥善安排时间和住地,继续把文化革命运动搞深搞透;在本校文化革命运动已结束,而高等学校尚未招生时,可以由学校组织他们下乡下厂参加生产劳动。

1966年6月13日

# 中共中央、国务院关于改革高等学校招生工作的通知

中发〔66〕379号

高等学校招生，是关系到培养无产阶级革命事业接班人的重大问题，是一项严肃的政治任务。

解放以来，高等学校招生考试办法，虽然不断地有所改进，但是基本上没有跳出资产阶级考试制度的框框，不利于贯彻执行党中央和毛主席提出的教育方针，不利于更多地吸收工农兵革命青年进入高等学校。这种招生办法，必须彻底改革。

一　按照毛主席关于使受教育者在德育、智育、体育几方面都得到发展，成为有社会主义觉悟的有文化的劳动者的教育方针，从一九六六年招收的新生起，各地要向学生宣布：将来毕业以后，必须服从国家分配，可以分配当技术人员、干部、教员，也可以分配当工人、农民。国家分配做什么，就做什么。一定要彻底打破过去大学毕业生只能分配当脑力劳动者的资产阶级的框框。各地要加强对学生的思想教育，使学生懂得这是逐步缩小脑力劳动与体力劳动的差别、防止产生修正主义和资本主义复辟的根本措施之一。各地并要教育本届高中毕业生，高中毕业以后，不论升学或者就业，都是服从国家和人民的需要；是否继续升学，一定要服从祖国的挑选，国家分配做什么就做什么，被选上升学的就升学，需要分配到农村或工厂参加生产劳动的，就积极参加生产劳动，需要分配参加其他工作的，就积极参加其他工作。

今年高中毕业生除国防有关部门按特殊需要挑选以外，仍同以往

一样，应该首先满足高等学校招生的需要；在高等学校招生以前，各单位不能自行招收高中毕业生。

二　根据中央关于领导体制适当下放，充分发挥地方积极性的精神，从今年起，招生工作下放到省、市、自治区办理；教育部负责编制各高等学校招生计划和检查各地贯彻执行中央的方针政策以及完成招生任务的情况。

三　高等学校招生，应该首先保证全国重点学校（包括半工半读的重点学校）所需的新生的质量。各地在办理高等学校招生工作中，一定要有全国一盘棋的观点，服从总的招生计划，反对只顾自己地区的需要，把"尖子"都留下来的本位主义思想。今年分省市分部门的招生计划，由国家计委和教育部联合下达。各高等学校招生分配计划和其他若干具体事项，由教育部根据本通知精神，另行规定。

四　从今年起，高等学校招生，取消考试，采取推荐与选拔相结合的办法。高等学校招生的推荐与选拔，应在各地党委统一领导下，采取群众路线的方法进行。首先由中学根据统一规定的政治审查标准、健康检查标准和高中毕业生的平时成绩，经过学校领导、教师和学生的党团组织共同评议，把德智体三方面条件较好的学生推荐出来，然后由县委或市（区）委组织的由各有关部门参加的招生委员会进行审查，最后集中到省、市、自治区，在省、市、自治区党委的领导下，由高等学校统一招生委员会按照基层党委和中学的推荐意见，并参考学生的志愿择优录取。各地在分配推荐名额时，应大于选拔名额（即招生计划数字），以便从中选拔。

对于在阶级斗争、生产斗争和科学实验三大革命运动中经受过一定锻炼的、政治思想好、年龄在二十五周岁以下（个别特殊情况的可以超过二十五周岁；理工科一般年龄应小一些）、具有高中毕业或相当于高中毕业文化程度、劳动两年以上的工人、贫下中农、劳动青年，以及退伍军人、在职干部（包括中小学教师）、四清工作队员，也采取推荐与选拔相结合的办法，由所在单位的基层推荐到县或市的招生机构审查，然后推荐到省、市、自治区的招生委员会负责加以选拔，保送入学。

对于高中二年级个别在校学生，如果政治思想好，身体健康，提前学完高中三年的主要课程的，也可按上述规定办法，由中学负责审定推荐。

五　高等学校选拔新生，必须坚持政治第一的原则。应该贯彻执行党的阶级路线，对于工人、贫下中农、革命干部、革命军人、革命烈士子女以及其他劳动人民的子女，凡是合乎条件的，应该优先选拔升入高等学校。至于剥削阶级家庭出身的应届高中毕业生，一定要经过严格审查，对于那些在政治上确实表现好的，也允许挑选适当数量的人升入高等学校。在处理政治、学业、健康三者的关系上，必须重在政治表现，要在保证政治质量的前提下，结合学业和健康条件，择优录取。

高等学校在审查学生的学业条件时，理工农医类应该注意选拔数学、物理、化学、外国语成绩较好的学生；文史类应该注意选拔语文、政治常识成绩较好的学生。

六　中央和国务院已经发出通知，一九六六年高等学校招收新生的工作推迟半年进行。现在决定，本年度高等学校录取新生的时间，从一九六七年一月一日开始，至一月底结束。

七　高等学校招生办法的改变，是一项具有重大意义的革命性的措施，可能会遇到一些思想阻碍，会产生一些新的问题。各省、市、自治区党委和高等学校党委，要特别注意加强对招生工作的领导，充分做好思想工作，对教师、学生、家长进行深入的宣传教育，保证中央关于高考制度改革的精神顺利贯彻执行。为此，各省、市、自治区要组织强有力的高等学校统一招生委员会，下属各县、市也要组织强有力的招生委员会。各级党委应当有得力的负责同志主持招生委员会的工作，有关部门和高等学校应当派得力的负责同志参加招生委员会的工作。

今年招生工作结束后，各省、市、自治区和高等学校，应认真总结经验，使其逐步形成一套更加完善的招生制度。

1966年6月13日

# 国务院转批教育部关于 1977 年高等学校招生工作的意见

国发［1977］112 号

国务院同意教育部关于《1977 年高等学校招生工作的意见》，现转发给你们，望研究执行。

高等学校招生工作，直接关系大学培养高级专门人才的质量，影响中小学教育，涉及各行各业和千家万户，是一件大事。为快出人才，早出成果，尽速改变教育与社会主义事业发展严重不适应的状况，在本世纪末把我国建设成伟大的社会主义现代化强国，各地要加强对招生工作的领导，深入批判"四人帮"的反革命修正主义路线，努力提高招收新生的质量，切实把优秀青年拔上来。要认真总结经验，逐步健全和完善无产阶级的招生制度。

1977 年 10 月 12 日

附件一：

**教育部关于 1977 年高等学校招生工作的意见**

党的第十一次全国代表大会，标志着我国社会主义革命和建设进入了新的发展时期。我国工人阶级和全国人民伟大而光荣的历史使命，是要在本世纪末把我国建设成为具有现代农业、现代工业、现代国防和现代科学技术的社会主义强国。在党中央带领下，我们要高举毛主席的伟大旗帜，抓纲治国，继续革命，为实现伟大领袖和导师毛主席为我们作出的、敬爱的周总理遵照毛主席的指示在三届人大和四届人大的政府工作报告中宣布的宏伟蓝图而努力奋斗。实现四个现代化，对迫切需要培养和造就大批又红又专科建设人才。伟大领袖和导师毛主席在1957年就曾指出："为了建设社会主义，工人阶级必须有自己的技术干部的队伍，必须有自己的教授、教员、科学家、新闻记者、文学家、艺术家和马克思主义理论家的队伍。这是一个宏大的队伍，人少了是不成的。"高等学校是培养高级专门人才的重要基地。我们要进一步改革招生制度，努力提高招收新生的质量，以适应社会主义革命和建设事业发展的需要。

28年来，毛主席的革命路线在教育战线上始终占主导地位。在毛主席的英明领导和周总理的亲切关怀下，招生工作和教育战线的其他工作一样，都取得了很大的成绩。实行统一招生、统一分配，体现了社会主义制度的优越性；采取了一系列有效措施，使大学招收的学生中工农及其子女的比例逐年增加；为各条战线输送了大批建设人才，他们辛勤劳动，为人民出了力，为社会主义事业做出了巨大贡献，不少人已成为骨干力量。

"四人帮"的干扰破坏使招收新生的质量逐年下降，破坏了工人阶级知识分子队伍的建设，造成了各条战线科技人员青黄不接的严重状况，拖了四个现代化的后腿。

我们必须高举毛泽东思想的伟大旗帜，深入揭批"四人帮"的反革命修正主义路线，分清是非，肃清流毒，全面地政策地贯彻执行毛主席的"教育必须为无产阶级政治服务，必须同生产力劳动相结合。使受教育者在德育、智育、体育几方面都得到发展，成为有社会主义觉悟的有文化的劳动者"的教育方针。要采取强有力的措施，切实把优秀青年选拔上来。要实行两条腿走路的方针，广开才路；要坚持自愿报名，认真进行文化考试，择优录取。快出人才，早出成果，加速完成"建立无产阶级知识分子的队伍的重大战略任务"，为在本世纪末把我国建设成为伟大的社会主义现代化强国做出贡献。

一 招生对象、条件

凡是工人、农民、上山下乡和回乡知识青年（包括按政策留城而尚未分配工作的）、复员军人、干部和应届高中毕业生，年龄20岁左右，不超过 25 周岁，未婚。对实践经验比较丰富并钻研有成绩或确有专长的，年龄可放宽到 30 岁，婚否不限（要注意招收 1966、1967 两届高中毕业生）。符合下列条件者，均可申请报名：

1. 政治历史清楚，拥护中国共产党，热爱社会主义，热爱劳动，遵守革命纪律，决心为革命学习。

2. 具有高中毕业或相当于高中毕业的文化水平（在校的高中生，成绩特别优良，可自己申请，由学校介绍，参加报考）。

3. 身体健康。

## 二　招生办法

为了保证招收新生的质量，在各级党委领导下，贯彻群众路线根据德、智、体全面衡量，择优录取的原则，实行自愿报名，统一考试，地市初选，学校录取。省、市、自治区批准的办法。

1. 自愿报名。各级领导要积极支持和鼓励优秀青年报名。符合招生条件者，均可向自己所在的单位报名，按学校和学科类别填写两至三个报考志愿。由公社、厂矿、机关、学校等单位按招生条件进行审核，符合条件者，报县（区）招生委员会批准后，参加统一考试。

2. 统一考试。考试的目的主要是了解掌握基础知识的状况和分析问题、解决问题的能力。今年的考试分文理两类。文科考试科目：政治、语文、数学、史地。理科考试科目为：政治、语文、数学、理化。报考外语专业的加试外语。由省、市、自治区拟题，县（区）统一组织考试。

3. 地市初选。地（市）招生委员会组织评卷，根据考试成绩提出参加政审、体检的名单，并征求所在单位群众的意见。

由公社或厂矿、机关、学校的党组织负责政审。主要看本人的政治表现。

按照现行的体检标准，由县（区）统一组织，到指定医院进行体检。

地（市）招生委员会根据政审、考试和体检的情况提出初选名单（全省的初选总数应为录取总数的两倍或稍多于两倍）。并汇总全部材料报省、市、自治区招生委员会。

4. 学校录取，省、市、自治区批准。在省、市、自治区招生委员会的领导下，组织招生院校对地（市）上报的初选名单及全部材料进行认真审查。参考本人志愿，德、智、体全面衡量，择优确定录取名单，报省、市、自治区招生委员会批准后，由学校签发入学通知书。

根据专业的不同情况，对考试成绩的要求，可以有所侧重。

录取学生时要优先保证重点院校。

医学院校要注意招收表现好的赤脚医生，师范院校要注意招收表现好的民办教师，农业院校要注意招收表现好的农业科技积极分子。

要注意招收少数民族学生，文化程度可适当放宽，但入汉语授课院校的要具有一定的汉语听写能力。

要注意招收一定数量的台湾省级青年、港澳青年和归国华侨青年。

要注意招收女学生。

今年招收应届高中毕业生的比例，占省、市、自治区招生总数的20%—30%。以选优为原则，可高于过低于这个比例。

解放军干部、战士到地方院校学习，由中国人民解放军总政治部根据本文件精神，制定具体办法。

艺术、体育院校或专业的招生，由文化部、国家体委根据本文件精神，制定具体办法。

学生入学三个月内，发现有不符合招生条件和手续的，报请学校所在的省、市、自治区招生委员会批准，在有关单位的协助下，退回原单位，原单位应予接受。

### 三 招生计划和分配计划

普通高等学校招生和毕业生分配按照国家计划执行，必须注意做到专业对口，学以致用。面向全国的院校及专业实行全国招生，面向地区的院校及专业在地区范围内招生，面向省、市、自治区的院校在本省、市、自治区招生。

学生毕业后，除"社来社去"外，由国家统一分配。分配计划由国家计委负责制定，调配计划由教育部负责制定。面向本省、市、自治区院校的毕业生，原则上由本省、市、自治区分配，国家根据需要，进行适当调剂。

#### 四　招生经费和学生待遇

高等学校招生经费由地方教育事业经费开支。

参加统一考试者缴报名费五角，用于招生工作所需的费用。赴考的往返路费、体检费和食宿费等，均由本人自理，录取新生的赴校路费，国家职工由原单位按火车硬座或轮船最低一级舱位发给车船费；其他学生因路途较远、家庭经济确有困难的，可持证明向所在县（区）招生委员会申请补贴。所有新生赴校期间的食宿费、行李托运费等，均由本人自理。

国家职工入学时工龄满五年的，在校学习期间，工资由原单位照发，毕业后一般回原单位，其他学生从今年开始。一律实行人民助学金制度，具体办法由教育部、财政部另定。

国家职工在校学习期间仍计算工龄。

#### 五　有计划地招收"社来社去"的学生

遵照毛主席的有关指示，为了普及大寨县，实现农业现代化，部分普通高等学校为社队有计划地培养专门人才，实行"社来社去"是正确的。今后，农业院校及其他院校的某些专业，可根据农村社队的需要，采取多种形式有计划地举办"社来社去"班。学生由公社选送，年龄和文化程度可适当放宽。毕业后回社队，结合所学专业，适当安排。

实行"社来社去"的，在招生时都要向学生讲清楚，切实做好思想教育工作。

纳入国家招生计划上普通高等学校学制在一年以上的"社来社去"的学生，在校期间转户口，其口粮、副食品供应和生活待遇，应同普通班学生一样，学生毕业后户口转回原社队。

#### 六　进修班、研究生招生

进修班主要是根据教学、科研和工、农业生产的实际需要，侧重某一方面的进修提高招收的学生必须具备所学专业的一定的基础知识和实践经验，年龄适当放宽，婚否不限。进修班招生、采取单位选送，学校录取的办法。要注意专业对口，学以致用。毕业后回原单位。进修班学生在校学习期间，工资由原单位照发。

有条件的普通高等学校要积极招收研究生，努力培养一批水平较高的又红又专的各类专门研究人才。

## 七　共大、七·二一大学、五·七大学招生

共产主义劳动大学、七·二一大学、五·七大学，是加速培养和造就大批又红又专建设人才的重要方面，要大力发展，认真办好，努力提高教育质量。招生条件和办法，由各省、市、自治区和中央有关部门根据实际情况制定。

要积极发展业余、电视、广播、函授大学，认真总结办学经验。

## 八　中等专业学校招生

中等专业学校招生办法，参照本文件的精神，由各省、市、自治区和国务院有关部、委自行制定。

## 九　坚决反对"走后门"等不正之风

要发扬党的优良传统和作风，坚决抵制和纠正不正之风。对群众揭发"走后门"的问题，一定要及时调查了解，情况属实，坚决不予录取，已入学的要退回原单位。对"走后门"的人要进行批评教育，情况恶劣的及招生工作人员中营私舞弊的应予必要的纪律处分。

## 十　加强党对招生工作的领导

各级党委要加强对招生工作的领导。

省、地、县建立高等学校招生委员会。由党委负责同志挂帅，有关部门负责人和教师代表参加。

在各级党委的领导下，招生委员会要坚持党的基本路线，认真贯彻执行毛主席的无产阶级革命路线、方针、政策。要将今年的招生办法在群众中公布，广泛宣传大学招生的重要意义。要深入进行政治思想教育。教育青年树立为革命努力攀登文化科学高峰的雄心壮志。接受祖国的挑选，录取后要为革命而学习，服从国家的统一分配，到祖国最需要的地方，去到最艰苦的地方去。没被录取，要坚守工作岗位愉快的上山下乡。抓革命，促生产，在实践中学习提高。各级领导要注意工作方法改进领导作风，深入基层抓好典型总结经验以点带面，切实把招生工作搞好。

在省外要招生任务的院校，可以派出招生人员由省、市、自治区统一组成招生组在当地党委和招生委员会领导下进行工作。

今年招生推迟到第四季度进行，1977年的新生，于明年二月底以前

入学。从1978年起，普通高等学校，六月份开始招生，九月上旬开学。

各省、市、自治区，在不违背本文件规定的基本原则下，可结合当地实际情况，做一些具体实施性的规定。

附件二：
## 关于高等学校招收研究生的意见

党的十一大政治报告指出："要在20世纪最后1/4时间内把我国建设成为伟大的社会主义的现代化强国，迫切需要培养和造就大批又红又专的建设人才。"培养科技人才，教育是基础。高等学校，特别是重点高等学校凡是教师条件和科学研究基础比较好的，应从今年起，办好普通班的同时，积极招收研究生，初步意见如下：

一 培养目标

研究生的培养目标是：在马克思列宁主义和毛泽东思想的指导下，遵循党的教育方针，坚持又红又专，坚持理论联系实际，培养具有社会主义觉悟的，熟悉马克思主义，具有系统而坚实基础理论、专业知识和科学实验的技能，至少熟练地掌握一门外国语，身体健康，能够独立进行科学研究工作的科学技术和马列主义理论研究人才，研究生毕业后，主要从事科学研究工作和高等学校的教师。

二 专业范围

招收研究生，要从实现我国社会主义现代化的需要出发，重点放在填补国家科学事业的空白和赶超世界科技先进水平的基础科学、边缘科学，和与工业、农业、国防有密切关系的最新科学技术的研究方面。在哲学、社会科学方面，要积极招收研究生，加强马列主义理论队伍的建设，对那些行将断线缺门、后继乏人的学科和专业，应当优先考虑，以尽快解决"青黄不接"的现象。

招收研究生的计划，由学校提出，经省、市、自治区教育部门审核后报教育部，经批准后纳入国家计划。

三 研究生的条件、来源和招收办法

研究生的条件是政治历史清楚，拥护中国共产党，热爱社会主义，热爱劳动，遵守革命纪律，决心为革命学习，具有大学毕业文化程度，具有一定的研究才能和专业特长。有专业特长和研究才能的工农兵、在职职工不受学历限制，但须具有同等的文化程度。研究生从工厂、农村、学校、部队、机关、企事业单位和科研单位选拔，和从应届大学毕业的学生中选留。成绩特别优良、确实具有研究才能的高中学生和大学生，经学校推荐也可报考。从应届大学毕业生中选留的研究生，一般不超过 30 岁。从工厂、农村、学校、部队和科研单位选拔的，不受此限，最大不得超过 35 岁。要注意招收 1963 年、1964 年、1965 年年入学的大学毕业生，加以培养提高。

研究生的招生办法是：自愿报名，单位推荐，文化考试，择优录取。在省、市、自治区招生委员会统一领导下，由招收的学校进行政治审查，文化考试合格后，报考省、市、自治区招生委员会批准录取。

招收研究生，可以跨学校、跨行业、跨地区进行挑选。有关的专家，可以根据招收条件积极推荐有研究才能的青年参加考试。各部门、各单位要从国家需要的全局出发，主动推荐和积极支持选拔工作。

要无产阶级政治挂帅，德、智、体全面衡量，择优录取，严格保证质量。坚决抵制"走后门"等不正之风。入学后，三个月内发现不合格者，要耐心细致地做好思想政治工作，并坚决退回选送单位。

**四 学制和培养方法**

研究生的学制一般分为三年。

要组织研究生认真学习马列和毛主席著作，走"五·七"道路。要合理安排时间，至少必须保证研究生有 50% 的时间从事学习和研究。

要根据国家需要、学科特点，确定研究生的学习内容和研究课题，开设必要的基础理论、专业和外语课程，坚持边学习边研究。

研究生的培养方法，可以采取招收研究生班集体培养，也可个别培养；可以采取指导教师负责制，也可以成立研究生指导小组集体负责制。指导教师名单，都要经过学校主管部门批准。要建立必要的学习制度。研究生毕业时，要经过考试。写出论文、毕业设计或科学技术总结，并经过有关的学术委员会审查，合格者，予以毕业，不合格者，予以结业。

### 五　分配

研究生毕业后，根据国家需要和学以致用的原则，应当由国家统一分配，由学校主管部门提出分配计划，经过国家计委批准后实行。

### 六　待遇

招收研究生要列入国家劳动计划和教育事业计划。

有关单位凭研究生录取通知书办理迁离和上报户口及粮油关系。

研究生在校学习期间的待遇，拟暂定为：国家正式职工被录取为研究生后，在校学习期间，由原单位发给原工资，学生家庭生活有困难的，由原单位酌情补助。应届大学毕业生和其他人员被录取为研究生后，由原培养单位发给助学金，其标准可按学校所在地普通高等学校应届毕业生工资标准的90%发给。另外，为了解决学生本人在校学习期间生活和学习的困难补助，可由学校按每人每月二至四元的标准，编造预算，由学校统一掌握使用。

研究生赴考的往返路费、体检费和食宿费等，均由本人自理。录取后的赴校路费，国家职工由原单位按火车硬座或轮船最低一级舱位发给车船票。应届大学毕业生录取为研究生后，赴校路费由原毕业的学校发给。其他人员录取后，赴校路费与高等学校录取的新生待遇相同。

如果录取为研究生的原工资低于研究生助学金数额时，可按助学金标准由学校补发差额。

# 教育部关于讨论和试行《全国重点高等学校暂行工作条例》（试行草案）的通知

(78) 教高字 948 号

各省、市、自治区文办、教育局（高教局），国务院各有关部委教育局，各重点高等学校：

原《教育部直属高等学校暂行工作条例（草案）》（高教60条），数月前我们即组织部内外的有关人员着手进行修改工作，中间曾将修订草案提交全国教育工作会议讨论。会后，我们又根据这次会议所提的意见进行研究，再次做了修订，改成这份《全国重点高等学校暂行工作条例》（试行草案），现在发给你们，共同讨论和试行。兹将几个有关问题说明和通知如下：

（一）本草案准备日后继续加工修改，作为全国重点高等学校的基本法规。草案发下后，要在重点高等学校的全体师生员工中进行讨论，并开始试行。这个草案的基本精神也适用于全国其他普通高等学校。这些学校的师生员工也应进行讨论；如何试行，由各省、市、自治区和中央有关部委研究决定。根据中央领导同志指示，这个草案经过高等学校的广泛讨论和一个时期的试行，将再作修改，提交明年全国教育大会讨论通过后，请中央审批，作为正式文件公布。

（二）原高教60条是得到毛主席肯定的好文件，我们在这次修订时，采取的原则是：对基本精神和主要内容一律不动，只做一些必要的修改。具体说，凡是被"四人帮"搞乱了的是非，都旗帜鲜明地予以澄清，而对1961年以来教育的新发展、新精神，则要加以补充，特别是对于新时期的总任务，实现社会主义的四个现代化的要求，更要充分反映。总之，力求完整地、准确地体现毛主席的思想和教育根本方针。

（三）这次修订原高教60条，各章名称，基本未变。仅将原第七章的"物质设备和生活管理"中关于实验室和图书资料工作，移到了"教学工作"一章，其余内容专门列为"后勤工作"一章；将原"领导制度和行政组织"一章改名为"领导体制和行政组织"。此外，各章的次序和某些条款，也略有调整和修改。经过修订，本草案仍为十章六十条。

（四）按照五届人大的规定，今后高等学校实行党委领导下的校长分工负责制。由于建国以来，我国高等学校还从未实行过这一体制，对于我们来说，这是一个新事物、新问题，亟须在今后试行中，注意摸索、积累和认真总结经验。另外，本草案还规定：在系一级实行党总支领导下的系主任分工负责制。这就要求高等学校系一级的党政负责人，特别是担任党总支领导工作的同志，要在不断提高马列主义水平的基础上，努力学好业务，逐步掌握社会主义高等教育工作的规律。务求通过领导体制的上述变革，对办好高等学校，提高教育质量，起到积极作用。

（五）由于高等学校领导体制的改变，过去作为学校行政工作集体领导组织的校务委员会，已经不存在了。这次修订草案中规定：高等学校要设立学术委员会。成立这种组织，不仅有利于学校科学研究的开展和学术水平的提高，而且便于高等学校，特别是少数著名的重点大学，开展国际学术交流活动。同时，学术委员会也可以作为学校的一种咨询机构，有利于贯彻群众路线和发扬民主，更好地发辉一些专业人员的积极作用。请你们在试行中注意摸索和总结经验。

（六）试行本草案，是关系到高教战线端正教育方向，提高教育质量的一件大事，希望各省、市、自治区、中央有关部委教育部门和各高等学校都能充分重视，抓紧抓好。要注意掌握广大师生员工的思想动向，了解他们的意见和要求，要对高等学校的成绩和缺点做出切合实际的估计，有计划、有重点地解决一些亟待解决的问题。在试行过程中，各省、市、自治区、中央有关部委教育部门和各校领导，都应深入实际，抓好典型，具体指导。我们要求：1979年2月底以前，请各省、市、自治区教育（高教）局和我部直属高等学校就试行情况和对本草案的修改意见，向我部做一专题报告。

1978年10月4日

## 全国重点高等学校暂行工作条例（试行草案）
### 第一章　总则

一　高等学校的基本任务，是贯彻执行"教育为无产阶级的政治服务、教育与生产劳动相结合"的根本方针，培养社会主义革命和社会主义建设所需要的各种专门人才，做出高水平的科学成果，为实现我们党在新时期的总任务而奋斗。

根据毛泽东同志提出的"我们的教育方针，应该使受教育者在德育、智育、体育几方面都得到发展，成为有社会主义觉悟的有文化的劳动者"，高等学校学生的培养目标是：

具有爱国主义和国际主义精神，具有共产主义道德品质，热爱中国共产党，热爱社会主义，自觉自愿为社会主义事业服务，为人民服务；

通过马克思列宁主义、毛泽东思想的学习和参加三大革命运动的实践，逐步树立无产阶级的阶级观点、劳动观点、群众观点、辩证唯物主义观点；

掌握本专业所需要的基础理论、专业知识和实际技能，尽可能了解本专业范围内科学的新发展，培养分析问题、解决问题的能力，比较熟练地运用一种外国语阅读专业书刊；

具有健全的体魄。

二　高等学校必须以教学为主，努力提高教学质量。

必须正确处理教学工作与生产劳动、科学研究、社会活动之间的关系。生产劳动、科学研究、社会活动的时间应该安排得当，以利教学。

在教学中，必须发挥教师的主导作用。高等学校必须继续努力培养又红又专的教师队伍。

三　高等学校是科学研究的一个重要方面军，要逐步增加科学研究的比重，认真搞好科学研究，建设成为既是教学中心、又是科学研究中心，努力为实现四个现代化做出积极贡献。

四　在高等学校中，必须加强党的领导，加强党和非党的团结合作。

必须正确执行群众路线。要调动教师的积极性，认真教好学生。调动学生的积极性，认真做到身体好、学习好、工作好。调动职工的积极性，认真做好工作。

必须正确执行党的知识分子政策。知识分子是脑力劳动者，从政治立场这个基本方面来看，绝大多数是站在工人阶级立场上的，是无产阶级自己的一部分，是我们党的一支依靠力量。对于他们身上还存在的缺点、错误，要用批评和自我批评的方法加以解决。对于资产阶级世界观没有得到根本改造，或者受到资产阶级的影响比较深的知识分子，只要他们不是反党反社会主义的，也要按照党的团结、教育、改造的政策，发挥他们的专长，尊重他们的劳动，关心和热情帮助他们进步，不要嫌弃他们。

五　高等学校必须贯彻执行百花齐放、百家争鸣的方针，在毛主席《关于正确处理人民内部矛盾的问题》中提出的六项政治标准的前提下，积极开展各种学术问题的自由讨论，以利于提高教学质量，提高学术水平，促进科学文化的进步和繁荣。

在自然科学中，必须鼓励各种不同的学派和不同的学术见解，自由探讨，自由发展。

在哲学、社会科学中，为发展马克思列宁主义理论，必须批判地继承历史文化遗产，吸收其中一切有价值的东西。必须研究和批判现代资产阶级的各种学说。在人民内部，在马克思列宁主义者内部，探讨各种学术问题，都必须允许不同的见解，自由讨论。

必须正确划分政治问题、世界观问题和学术问题之间的界线，政治问题又必须严格划分人民内部矛盾和敌我矛盾的界线。不许用对敌斗争的方法来解决人民内部的政治问题、世界观问题和学术问题，也不得用行政命令的方法，少数服从多数的方法来解决世界观问题和学术问题。

要注意向外国学习,应该善于把学习与独创结合起来,努力做到"洋为中用"。

六 高等学校应该努力树立理论与实际统一,高度的革命性和严格的科学性统一的学风。

七 在高等学校中,必须贯彻执行勤俭办学的方针。发扬艰苦奋斗的传统,反对铺张浪费。

必须加强后勤工作机构,提高工作效率,改进物资供应工作,保证教学工作和科学研究工作的顺利进行。

必须关心群众生活,实行劳逸结合,认真办好伙食,保护师生员工的健康。

努力改善校舍、图书资料、实验设备等物质条件,为教学和科学研究服务。

八 国务院各部委所属重点高等学校,行政上受各部委领导,党的工作受省、市、自治区党委领导。省、市、自治区所属重点高等学校,行政和党的工作均受省、市、自治区党委领导。省、市、自治区党委和学校党委对这些学校的领导,应该根据中共中央、国务院的方针、政策和教育部的各项有关规定办事。

## 第二章 教学工作

九 为了保证以教学为主,高等学校平均每学年应该有八个月以上的时间用于教学。学工、学农、学军,各类学校可以有所侧重,一般每年一个月至一个半月。在教学计划以外,不对学生规定科学研究任务。

高等学校每学年应该有一个半月至两个月的假期,在假期中学校和校外单位不要向师生随便布置工作任务。

每周至多安排一个半天和一个晚上进行形势教育、党团组织生活和班级活动。

十 高等学校的专业设置应该根据国家的需要、科学的发展和学校的条件来决定。专业设置不宜过多,划分不宜过窄。应该及时进行专业调整,努力办好若干重点专业。专业的设置、变更和取消必须经过教育部批准。

各专业都要制定教学方案、教学计划，确定培养目标、课程设置，并且对讲课、实验、实习、自习、讨论、社会调查、考查、考试、学年论文或课程设计、毕业论文或毕业设计等教学环节做出合理的安排。既要保证教学质量，又不要使学生负担过重。学校必须按照教育部制定或者批准的教学方案、教学计划组织教学工作。

各门课程要按照教学方案、教学计划的要求，制定教学大纲，选用或者编写教材。少数专门课程和某些新开课程至少要有讲授提纲。教材必须在上课以前供应学生。有计划地进行教材建设工作。鼓励水平较高、经验较多的教师，在若干年内，逐步为各门课程编出优秀的教科书。

专业设置、教学方案、教学计划、教学大纲和教材要相对稳定，不得轻易变动。课程和学科体系的重大改变，必须经过教育部批准。

高等学校应该积极开办函授教育，支持电视、广播教育。

十一　高等学校各专业都必须加强政治理论课的教学，指导学生认真学习马克思列宁主义、毛泽东思想，学习国内外形势和党的方针政策，进行共产主义道德品质的教育。

政治理论课的教学时间，理工农医各科和外语专业占总学时的百分之十左右；文科一般占总学时的百分之二十左右。

十二　在教学中必须正确贯彻理论联系实际的原则。必须克服轻视理论、轻视书本知识的错误观点，同时，要通过生产劳动以及实验、实习、社会调查、社会活动等，使学生获得必要的直接知识和实际锻炼。

切实加强基础理论和基本知识课程的教学。基础课程的教学，应该首先要求把本门课程的基础理论学好，不要过分强调结合专业和勉强联系当前实际。基础课程要由有经验的教师担任讲授。

切实加强基本技能训练。例如：理工农医各科要搞好实验、实习、运算、绘图和某些必要的工艺及有关现代技术的训练；师范的教学实习；文科要搞好阅读（包括文言文的阅读）、写作、资料工作、调查工作和使用工具书的训练；外语专业要扎实抓好语音、语调、基本词汇、基础语法等基本功的训练，培养学生听、说、读、写、译"五会"的能力。各科学生，中文写作应该做到文理通顺，并且至少掌握一种外文，具备能够比较熟练地阅读专业书刊的能力。专业课程的教学应该使学生掌握必需的专业知识和技能，同时尽可能了解本专业范围内最新的科学成就和发展趋向。

体育课教学应该使学生学习必要的知识和技能，掌握锻炼身体的科学方法，增强体质，以利学习。

毕业设计，在可能的条件下，应该结合生产实际，选择现实的题目，同时也可以做假拟的题目。

十三 为了使学生增进知识，活跃思想，提高识别能力，应该根据课程的特点和需要，在教学大纲中规定介绍各重要学派的观点。必要时，还可以分别开设介绍不同学派的课程。

在文科，高年级要开设资产阶级哲学、经济学等的研究和批评的课程。在条件不具备的情况下，可以先设介绍资产阶级哲学、经济学等课程。

外语专业要创造条件，有领导、有计划地组织高年级学生阅读外国报刊，收听外台广播。

各专业要根据教学的需要和教师的专长，开设若干选修课程，并逐步加大选修课的比重。

学校要积极地组织各种学术讲座、专题报告、学术讨论会，吸收教师和学生自由参加。

教师可以讲授自己的学术见解，但是应该保证完成教学大纲的要求。

十四 在教学中起主导作用的是教师。课堂讲授是教学的基本形式，教师必须努力提高课堂讲授的水平。其他各种教学环节，都要在教师指导下进行。

教师要认真地传授自己的知识和经验，负责地教育学生和严格地要求学生，启发学生的主动性和积极性，注意因材施教。

教师要注意听取学生对教学的意见和要求，改进教学工作，做到教学相长。

十五　学习必须依靠个人的刻苦钻研。学生个人之间在学习的基础、才能、努力程度等方面的差别是客观存在的，不能强求一律。不应该采取一些不正确的集体学习的方式，人为地拉平这些差别，阻碍一部分优秀学生学习上的进步。同学之间适当的互相帮助和互相探讨是应该提倡的，但是必须自愿，并且要防止流于形式。不能把个人的独立钻研同个人主义混为一谈。

必须保证学生有充分的自习时间，自习时间不能移作别用。

要逐步试行学分制。学习确实优秀的学生，经过考核，可以免修一部分课程，可以跳级，可以提前毕业。

十六　高等学校实验室的建设，应该由学校统一规划，有步骤、有重点地进行。某些重要的实验室，既要满足当前教学和科学研究工作的要求，又要适当照顾今后的发展，争取逐步达到现代科学技术的水平。要建设校属的计算中心和现代化实验中心，以充分发挥大型、精密的现代化仪器设备的作用。购置仪器设备，必须对使用效率、本校技术条件等进行切实的审查，反对盲目求全求精，力求把财力、物力用在最需要的地方，避免浪费或者使用不当等现象。

加强实验室的管理工作，建立严格的安全制度。对仪器设备建立科学的保管和使用制度，定期作好物资清查和设备维修、标定工作，并且保持整洁和良好的秩序，使仪器设备经常处于完善可用的状态。仪器设备应该按照精密、贵重、稀缺的程度，由学校、系和教学研究室三级分别掌管，并且建立必要的责任制度和奖惩制度。

应该选派有经验的教师、实验工作人员担任实验室主任，并且要选派一些优秀教师去做实验工作，不要轻易调动，使他们逐步成为精通有关实验原理、实验方法和实验技能的专门人才，以便提高实验的科学水平。

学校要解决发展电化教学，逐步实现教学手段现代化。

十七　高等学校必须根据教学和科学研究的需要，加强图书馆和资料室的建设工作和管理工作，逐步实现图书资料管理工作的现代化。图书资料的管理工作应该从便利读者出发，不断提高服务质量，逐步加强资料整理、索引编制。加强图书馆之间的联系和协作。采取有效措施，防止图书资料的丢失和损坏。珍贵的图书资料，尤其应该切实加以保护。

要发挥校系两级的积极性，逐步加强情报资料的收集、积累、整理和编译，以适应教学、科学研究工作的需要。要配备和培养一批外文好、懂业务、有一定分析能力的人员，长期从事情报资料工作。

## 第三章 科学研究工作

十八 高等学校开展科学研究的目的是：提高教学质量和学术水平，完成一定的科学研究任务，促进学科的发展，为赶超世界先进水平，实现四个现代化做出积极贡献。

高等学校的科学研究工作，应该根据国家的科学技术发展规划、学校原有的工作基础，以当代世界先进科学水平为起点，制定长远规划和具体实施计划，逐步确定教学研究室、研究室（所）的长远科学研究方向。科学研究方向要相对稳定，不要轻易变动。在选题上，社会科学应该兼顾理论、历史、现状三个方面，要大力加强教育科学的研究。自然科学应该兼顾基础学科、技术学科、新兴科学技术三个方面。理论的研究应该放在重要地位。

高等学校应该把教科书、教学参考书的编著和新型实验仪器设备的研制作为重要的科学研究工作。

十九 各校的科学研究工作要在全面安排的基础上，分轻重缓急，突出重点。对于国家下达的重大研究课题，尤其是国家重点科学研究项目，要优先安排，加强领导，组织好校际和校内各方面力量的协作，确保任务完成。学校应该同科学研究机关、生产部门建立密切的联系，也可以接受有关部门的委托，协助解决某些科学技术问题。委托任务的部门要负责解决科学研究需要的条件。

二十 高等学校开展科学研究的主要力量是教师和研究生。高年级学生、教辅人员、工程技术人员、情报资料人员也要解决参加科学研究。高等学校的教师应该既要从事教学工作，又要从事科学研究工作。学校应该根据教学、科学研究任务和教师本人的实际情况，对教师的工作统筹安排。有的以教学为主，兼作科学研究工作；有的以科学研究为主，兼搞教学；少量的科专搞科学研究工作。以上三类人员可有计划地适当轮换。教师的科学研究时间，一般可以占全校教师工作时间的百分之三十左右。

学校应该为一部分学术上造诣较深的教授，配备研究工作的助手。助手不能随便调动。

高等学校学生参加科学研究的目的，在于获得从事科学研究的训练，培养独立工作能力。高年级学生参加科学研究应该在教师指导下，按照教学计划进行。对低年级学生不规定科学研究任务。学业特别优良的学生，在课余进行科学研究工作，应该得到鼓励和帮助。

研究生的科学研究工作应该纳入学校科学研究计划。

根据科学技术发展的需要，高等学校要有计划地恢复、充实和新建一批科学研究机构，各研究机构要逐步形成自己的特色，其重点科学研究机构应该成为高等学校和国家开展某一方面研究的中心。要配备一定实力的专职科学研究人员。科学研究机构也应承担一定的教学任务，专职科学研究人员可以和教师适当进行交流。

二十一　科学研究成果应该经过严格的审查或者鉴定，重要的应该经过国家指定的单位审查或者鉴定。优秀的成果应该给予奖励。研究成果的公布应该经过规定的批准手续。校、系要解决开展学术活动，坚决参加国内和国际的交流，以利活跃学术空气。要加强科技情报工作，要办好社会科学和自然科学的学报，要搞好校内外的协作，坚决反对本位主义和技术封锁等资产阶级作风。

## 第四章　生产劳动

二十二　学生参加生产劳动的主要目的，是养成劳动习惯，向工农群众学习，同工农群众密切结合，克服轻视体力劳动和体力劳动者的观点。同时通过生产劳动，更好地贯彻理论联系实际的原则。

二十三　学生参加生产劳动，要考虑专业特点，以对口劳动为主，同时也要安排一定时间参加其他劳动。

有一些专业，例如工科大部分专业，生产实习中的体力劳动较多，一般生产劳动可以少参加一些。

个别特殊专业的师生，根据实际情况，可以只参加少量轻微的生产劳动，或者不参加生产劳动。

根据需要，劳动时间可以分散，也可以集中。各种生产劳动要有适当的安排，以便学生得到多方面的锻炼。

教师参加生产劳动，一般平均每年半个月到一个月。男教师年龄在五岁十以上，女教师年龄在四十五岁以上的，不参加体力劳动。

二十四　生产劳动应该有计划地进行。学校每学年应该根据教学计划同校内外有关方面协商，定出全校师生参加生产劳动的计划。

校外任何机关，都不得向学校自行布置劳动任务，随意调用劳动力。

二十五　学校可以根据专业的需要和可能条件，创办小型的工厂，或者同校外的工厂、农场建立固定的联系。

学校的工厂有两类。主要的一类是实习和实验性工厂。这一类工厂，主要为教学和科学研究服务，不以经济收益为目的，但是要努力提高管理水平，厉行节约，杜绝浪费。另一类是少数有条件的学校，结合专业所举办的生产性的工厂。举办这类工厂，必须经过主管部委和省、市、自治区计划委员会批准。这类工厂可以生产经国家鉴定合格的定型产品，生产任务应该列入国家或者地方的计划，并且实行独立的经济核算。

实习和实验性工厂所需要的劳动力，除了本校师生以外，可以配备一定数量的专职职工，指导学生学习生产技能，并且试制某些产品。生产性的工厂，要根据生产任务，配备必要的专职职工，以便维持正常生产，保证产品质量。

高等农林院校，则应创办农场、林场，为教学和科学研究服务，同时进行生产，为国家创造财富。为了维持正常生产，也应配备一定数量的专职职工。

二十六　在生产劳动中，必须加强组织领导，做好思想教育工作，建立必要的考核制度。

师生因病、因事少参加了生产劳动的，事后不必再补。

严禁把生产劳动作为惩罚手段。

要注意劳动保护。体弱和有病的师生可以不参加生产劳动。女教师和女学生不参加重体力劳动；在月经期间，应该免除体力劳动。师生参加工农业劳动应该根据他们的体质、年龄和性别的特点，适当规定劳动定额，或者不规定劳动定额。师生不参加劳动竞赛。在校外劳动时必须注意妥善安排师生的伙食、住宿和医疗。

## 第五章 研究生培养工作

二十七 高等学校应该重视研究生的培养工作，根据教师条件和科学研究的基础，招收研究生，培养科学研究人才和高等学校师资。

培养研究生，必须选拔优秀人才，严格保证质量，宁缺毋滥。

研究生从当年高等学校的毕业生中，或者从本校的青年教师中选拔，也可以由其他单位选送。研究生应该思想进步、身体健康、大学毕业或者具有同等程度，年龄一般在三十五岁以下，并且要经过审查和入学考试，合格者方可录取。

学校还可以选拔在校工作两年以上、成绩优良的教师和职工为在职研究生。研究生的学习期限，分为三年制、二年制和四年制三种。三年制的研究生，既要完成课程学习，又要完成毕业论文；二年制的研究生，主要完成课程学习任务，并进行一定的科学研究能力的训练；四年制的研究生，是根据国家需要和学校条件，从二年制毕业的研究生中，择优选拔，再培养两年，着重进行科学研究和写论文的工作。在职研究生的学习期限，一般为三年至五年。研究生在一年半至两年内，在职研究生在三年至四年内，应该通过所学课程的考试。不能如期通过考试、又无特殊理由，应该取消研究生或者在职研究生的资格，作为肄业处理。在职研究生，通过规定的课程考试后，学校应该让他脱产一年，从事毕业论文的工作。

二十八 研究生的培养，一般采取专家与集体相结合的办法，成立研究生指导小组，由学术水平较高的专家负责，充分发挥集体的作用。某些学科和专业可以采取导师负责培养的办法。教学研究室要领导和检查研究生的培养工作。

研究生在研究生指导小组或导师的指导下，按照研究生的具体培养计划，学习必要的基础理论、外语和专门课程，掌握某一专题范围内的科学最新成果，并且进行科学研究工作。科学研究时间应该占整个学习时间的一半左右。科学研究成果必须写成论文，并且进行答辩。

研究生毕业论文答辩应经过学校学术委员会评议，校长批准，合格者予以毕业。

二十九　少数有条件的高等学校，经教育部批准，可以办研究院，逐步提高研究生的比例，培养较多数量的研究生。

## 第六章　教师和学生

三十　高等学校教师的根本任务，就是认真教好学生，完成教学和科学研究任务。为此，教师应该努力学习马克思列宁主义、毛泽东思想，自觉地进行思想的自我改造，认真钻研业务，不断提高自己的思想政治水平和业务水平。

必须充分发挥老教师的作用。要团结他们，热情地帮助他们进步，发挥他们的专长，鼓励他们在学术上做出成绩。

必须十分注意培养和提高中年教师。在条件许可的情况下，应该安排他们集中一段时间进修或参加科学研究工作，使他们迅速提高学术水平，以更好地发挥承上启下的骨干作用。

必须有计划地培养和提高青年教师。对那些有特殊才能的、做出较大成绩的讲师和助教，应采取重点培养的办法，为他们创造各种条件，帮助他们迅速成长。

新老教师应该紧密团结，青年教师要尊敬老教师，虚心地向老教师学习，老教师要把自己的学术专长和教学经验传授给青年教师。彼此取长补短，共同提高。

实验员、图书管理员、资料员是学校教学、科学研究工作的一支重要力量，要重视对他们的使用、培养和提高，使他们成为精通本行的专门人才，以提高教学和科学研究的水平。

对实验工作人员试行实验员、技术员、工程师的职称。图书管理工作人员和资料员试行图书管理（资料）员、助理图书管理（资料）研究员、图书管理（资料）副研究员、图书管理（资料）研究员的职称。

三十一　切实保证教师的业务工作时间。严格执行中央关于保证知识分子至少必须有六分之五的工作日用在业务工作上的决定。政治学习时间和内容，应该根据教师的工作特点恰当安排。党团工会的会议和社会活动，在通常情况下，应该控制在六分之一的工作日以内。必须大力精简会议，改进工作方法，提高工作效率。尽量减少教师的兼职，兼任行政职务的教师也必须保证必要的业务工作时间。

教学以外的业务工作时间和业余时间，除学校统一规定的重大政治活动以外，由教师自己支配，不实行上下班制度。

建立教授、副教授和讲师的轮流休假制度，使他们能够有一段集中的时间从事进修、科学研究或者其他工作。

三十二　教师所从事的专业和所任课程，不得轻易变动。不得随便抽调教师或者给教师布置各种额外的任务，妨碍教学工作。

教师的队伍要力求稳定，高等学校副教授以上的教师调出教育战线，需经教育部批准。

学校应该定期地对教师进行考核。教师的职称（教授、副教授、讲师、助教）的确定和提升，要根据他们担任的教学和科学研究任务、教学质量和学术水平。对其中优秀的，应该不受资历、学历的限制。

三十三　高等学校的学生要努力学习，刻苦钻研，学好功课。

学生要努力提高思想政治觉悟和道德品质，积极参加生产劳动锻炼，自觉地培养劳动人民的思想感情。

学生要严格地遵守国家法令、校规和学习纪律。

学生要尊敬师长。

学生要注意锻炼身体，增强体质。

三十四　学生应该积极参加必要的集体活动。同时要保证学生在学习和生活中应有的个人自由。

学生的课余时间，除学校统一规定的重大政治活动以外，一律由学生自己支配。学生必须参加的集体活动，非有特殊情况，不得安排在星期六晚上和星期日。学生的课外学习和文娱、体育等活动，都必须认真贯彻自愿参加的原则，允许自由结合，不要强求一律、事事集体。个人的习惯和爱好，只要不妨害集体利益，不得限制和干涉。

民兵训练的时间不宜过多。

学生的社会活动时间，包括党团员的组织生活，在通常情况下，每周不得超过六小时。注意减轻学生的社会工作和事务工作，必要的工作可以多几个人分担，不要集中在少数人身上。不要使学生中的党团干部工作负担过重，以免影响他们的学习和健康。

三十五　班是学生学习的基本单位。班成立班委会，由学生选举产生。班委会也是学生会的基层组织。

班委会的主要任务是：向教师和行政部门反映有关学习的情况和意见，督促同学遵守学习纪律；按照自愿原则，适当组织某些课外活动。

班的组织和活动必须力求简化，以免形成活动过多，负担过重。

三十六　学校对于在政治思想、学习、生产劳动等方面有优秀表现的学生，应该予以奖励和表扬。

对于破坏学校纪律的学生，应该分情况给予批评教育，或者给予警告、记过、留校察看直至开除学籍的处分。

对于成绩低劣，不宜继续在校学习的学生，应该令其退学。

三十七　必须健全对学生学籍的管理制度。非经教育部和国家计划委员会的批准，学校及校外任何部门不得抽调未毕业的学生。

在国家规定的招生计划之外，重点高等学校不接受任何单位委托代为培训学生。

## 第七章　后勤工作

三十八　高等学校的后勤工作，是搞好教学、科学研究的重要保障。学校领导要把后勤工作经常提到议事日程上，当做一件大事，认真抓紧抓好。

后勤工作必须保障教学和科学研究的物质设备、器材供应，搞好生活管理。

后勤工作应该尽可能集中到学校的后勤部门，各系协助办理，以便系和教学研究室能够集中力量搞好教学和科学研究工作。

三十九　高等学校应该根据学校规模和校舍的实际情况进行规划，有步骤地改善教学与生活用房的状况，加强对现有房屋管理、保护和维修工作。

四十　认真办好食堂，加强民主管理，逐步创造条件，自行制作面包和各种快餐,给师生员工提供就餐方便。

努力办好托儿所、幼儿园。

学校要加强对保健工作的领导,做好疾病的预防和治疗工作,注意清洁卫生,增进师生员工的健康。

四十一　财务工作必须精打细算,厉行节约。一切开支都必须严格遵守财务制度。采购物资必须遵守国家的规定和市场管理。要定期清查账目,反对不正之风,杜绝浪费和贪污现象。

四十二　高等学校必须加强对后勤工作的领导,选派得力干部,充实后勤部门。要加强教学辅助人员和职工的思想教育,办好职工业余学校,不断提高他们的政治、文化和业务水平。

要开展以执行岗位责任制为中心的劳动竞赛,开展技术革新,提高管理水平,提高劳动效率,提高服务质量。

在职工中,要树立为教学和科学研究工作服务、为全校师生员工的生活服务的思想,要表扬和奖励他们中的先进人物和服务时间较久、认真工作的老职工。学校要教育师生尊重职工的劳动,克服一切轻视职工、轻视后勤工作的错误观点。

## 第八章　思想政治工作

四十三　高等学校的思想政治工作在学校党委员会的领导下进行。思想政治工作的任务是:

在全校师生员工中宣传马克思列宁主义、毛泽东思想,宣传党在新时期的总任务和各项方针、政策,坚持无产阶级的政治方向,不断地提高他们的思想政治觉悟,使每个师生员工认识他们所从事的工作和学习,同建设社会主义现代化强国的关系,鼓励和动员他们以革命的精神,群策群力,为完成学校的各项任务而奋斗;要不断改造世界观,大力培养和发扬无产阶级的好思想、好品德、好作风,批判资产阶级,同一切不良倾向做斗争。

四十四　一切思想政治工作,都必须有利于形成又有集中又有民主,又有纪律又有自由,又有统一意志又有个人心情舒畅、生动活泼的政治局面。

思想政治工作必须遵循毛主席关于正确处理人民内部矛盾的理论,

严格区分敌我矛盾和人民内部矛盾。对于人民内部矛盾，又必须区别各种不同性质的问题。凡属人民内部的问题，都必须根据"团结——批评——团结"的原则，采取民主的方法、和风细雨的方法、自我教育的方法来解决。不能采取简单粗暴的、强制压服的方法。在人民内部，不容许用对敌斗争的方法。

四十五　在思想政治工作中，必须正确处理红与专的关系。

红首先是指政治立场。对于高等学校的师生，红的初步要求，就是热爱共产党的领导，热爱社会主义，自觉自愿为社会主义事业、为人民服务。在这个基础上，还应该积极地对他们进行无产阶级的、共产主义世界观的教育。但是，世界观的改造，是一个长期的、逐步实现的自我改造过程，应该耐心地做工作，不能操之过急。对于不同的人，不能一律要求。

思想政治工作不但要管红，而且要管专。红与专应该是统一的，只专不红，只红不专，都是不对的。高等学校师生的红，不但应该表现在政治思想方面，而且应该表现在他们教学和学习的实际行动中。

只有政治上反动、反党、反对社会主义的，才叫作白。把在业务上比较努力，但是在政治上进步较慢，或者政治上处于中间状态的人，指为走"白专道路"，是不对的。

四十六　必须加强对学生进行艰苦奋斗建设社会主义的教育。应该反复宣传毛主席所说的："要使全体青年们懂得，我们的国家现在还是一个很穷的国家，并且不可能在短时间内根本改变这种状态，全靠青年和全体人民在几十年时间内，团结奋斗，用自己的双手创造出一个富强的国家。社会主义制度的建立给我们开辟了一条到达理想境界的道路，而理想境界的实现还要靠我们的辛勤劳动，有些青年人以为到了社会主义社会就应当什么都好了，就可以不费气力享受现成的幸福生活了，这是一种不实际的想法。"

要对学生进行革命传统教育，个人利益服从革命利益、全心全意为人民服务的教育，共产主义道德品质的教育和社会主义法制教育。

四十七　思想政治工作要经常地进行，深入细致，讲求实效，反对形式主义。要深入到教学、科学研究和后勤工作中去，结合各类人员的实际情况和特点进行工作。

在学校中开展群众性的政治活动,要做妥善的安排,不得妨碍教学计划的完成。

四十八　毕业生应该进行毕业鉴定。鉴定的目的,是肯定学生在校期间的进步,指出他们现存的缺点,明确今后的努力方向。鉴定的内容应该包括政治思想、学习、劳动和健康情况等方面。政治思想方面的鉴定,要着重于根本的政治态度和思想状况,不必涉及生活细节。鉴定必须实事求是,允许本人申述或者保留不同意见,并且记录本人的不同意见。

四十九　为了加强思想政治工作,在一、二年级设政治辅导员或者班主任,从专职的党政干部、政治理论课教师和其他青年教师中挑选有一定政治工作经验的人担任。

政治辅导员都要既做学生思想政治工作,又要坚持业务学习,有条件的要坚持半脱产,担任一部分教学任务。政治辅导员可以适当轮换。

## 第九章　领导体制和行政组织

五十　高等学校的领导体制,是党委领导下的校长分工负责制。

高等学校的校长,是国家任命的学校行政负责人,对外代表学校,对内主持学校的日常工作。高等学校设副校长若干人,协助校长分工领导教学、科学研究、后勤等方面的工作。

学校的教学、科学研究、后勤工作中的重大问题,一定要经过党委员会讨论,当委员会做出决定后,由校长负责执行。校长可召集有副校长、系主任、行政办事机构负责人和其他有关人员参加的校务会议讨论和处理日常行政工作中的重要问题。学校党委员会要支持以校长为首的全校行政指挥系统行使职权,并监督和检查他们的工作。

学校行政设立精干的办事机构,负责人事、教学、科学研究、生产劳动、后勤等项工作。

学校各办事机构,要面向基层,注意改进工作作风,精简会议,提高办事效率。

在党委领导下定期举行师生员工代表大会,听取校领导的工作报告，讨论学校有关重大问题，对学校的工作提出批评、建议，对学校的领导干部进行监督。

五十一　高等学校设立学术委员会。在校长或副校长领导和主持下，对学校教育事业发展规划、科学研究工作和研究生培养工作中的重大问题提出建议，审查、鉴定科学研究成果，评议研究生的毕业论文、毕业设计，参与提升教授、副教授工作的审议，主持校内学术讨论会，组织参加国内和国际学术交流活动等。

五十二　系是按照学科性质设置的教学行政组织。实行系党总支委员会（或分党委）领导下的系主任分工负责制。

系主任是系的行政负责人。系主任在校长的领导下，主持系的日常工作。根据工作需要，系可设副主任若干人，协助系主任分工领导教学、科学研究、生产劳动和生活管理等方面的工作。

系设立精干的办事机构，负责处理日常工作。

凡属行政方面的问题，由系主任召集副系主任、教学研究室主任及有关人员参加的系务会议讨论处理。重大问题，提交系总支委员会（或分党委）讨论决定，报学校党委员会批准后执行。

为了加强基础课的教学工作，有些学校可设立基础课教学研究部，相当于系一级教学行政组织。

五十三　教学研究室是按专业或课程设置的教学组织。教学研究室主任，在系主任领导下，全面负责教学研究室的工作。根据工作需要，可设副主任，协助主任工作。

教学研究室主任的主要职责是：

领导和组织执行教学计划、选编教材、拟定教学大纲、编制教学日历等教学工作、科学研究工作和学术活动；

组织教师的进修工作和研究生的培养工作；

领导所属实验室、资料室的建设和管理工作。

教学研究室工作中的重大问题，应该提交教学研究室会议讨论。

## 第十章　党的组织和党的工作

五十四　高等学校的党委员会，是中国共产党在高等学校中的基层组织，是学校工作的领导核心，对学校工作实行统一领导。

学校党委员会的主要任务是：

贯彻执行党的教育方针和其他各项方针政策；

完成上级党委和行政领导机关布置的任务；

做好思想政治工作；

进行党的建设工作；

讨论学校中的人事问题，向上级提出建议；

领导学校的共青团、工会、学生会和其他群众组织，团结全校师生员工。

学校党委员会下设立精干的办事机构，负责组织、宣传、青年、统战、武装和保卫等项工作。机构的设置可视学校规模和工作实际需要而定。

学校党组织应该善于发挥学校行政组织和行政负责人的作用，不要包办代替。

学校党组织一定要和党外人士密切合作，充分调动他们的积极性，认真听取他们的意见，善于同他们一起商量问题，进行工作。

五十五 系党总支委员会（或分党委）领导全系工作，贯彻执行学校党委员会的决议，讨论和决定系内重大问题，报学校党委员会批准后执行；

做好思想政治工作和党的建设工作。

五十六 在教师、职工和学生中应该分别建立党的支部。

教师和职工中的党支部要发挥战斗堡垒作用。主要任务是做好思想政治工作和党的建设工作，教育党员模范地完成自己的工作任务，团结和教育本单位的全体人员，保证各项工作任务的完成。教师中的党员按一个或者几个教学研究室组成支部，党支部要支持和帮助教学研究室主任做好工作。

学生中的党支部的主要任务，是做好思想政治工作和党的建设工作，教育党员以自己的模范行动，影响和带动同学完成学习任务。

五十七 高等学校的党组织必须加强对共青团、工会、学生会和其他群众组织的领导，使他们真正发挥党联系群众的纽带作用。

共青团应该更好地发挥党的助手作用。班级的共青团支部应该教育团员积极完成学习任务。模范地遵守学习纪律和各项规章制度；帮助党组织和行政组织进行思想政治工作；做好团的建设工作；协助班委会开展工作，但是不要包办代替。系的分团委或者团总支委员会，在系的党总支委员会（或分党委）领导下进行工作。学生中的党支部是否领导团支部的工作，可以由学校党委员会根据具体情况来决定。班上的党小组和党员，应该支持团支部和班委会做好工作，但是不能代表党组织领导团支部和班委会的工作。

工会应该在党的领导下，在自己的成员中，加强思想教育，做好生活福利工作。

学生会应该在党的领导下，团结全体同学，努力做到身体好，学习好，工作好。

五十八　高等学校的党组织应该根据党章的规定，在教师、学生和职工中有计划地发展党员，健全党的组织生活。加强对党员的马克思列宁主义、毛泽东思想的教育，党的方针、政策的教育。加强党员的党性锻炼。教育党员密切联系群众，反映群众的意见。

党员应起模范作用，没有任何特权。

五十九　高等学校的各级党组织，必须坚持"要搞马克思主义，不要搞修正主义；要团结，不要分裂；要光明正大，不要搞阴谋诡计"的三项基本原则，恢复和发扬党的优良传统和作风。

高等学校中的各级干部，都必须认真执行"党政干部三大纪律、八项注意"。

三大纪律是：（1）认真执行党中央的政策和国家的法令，积极参加社会主义建设。（2）实行民主集中制。（3）如实反映情况。

八项注意是：（1）关心群众生活。（2）参加集体劳动。（3）以平等的态度对人。（4）工作要同群众商量，办事要公道。（5）与群众打成一片，不特殊化。（6）没有调查，没有发言权。（7）按照实际情况办事。（8）提高无产阶级的阶级觉悟，提高政治水平。

高等学校中党的领导干部，都要在提高马克思列宁主义水平的基础上，学业务，学技术，做到又红又专，努力使自己成为精通政治工作和业务工作的专家。认真总结经验，逐步掌握我国社会主义的高等教育工作的规律，提高领导水平。

六十　高等学校中的党组织，必须严格遵守民主集中制，实行集体领导和分工负责相结合的原则。一切重大问题，都必须开会讨论，不能由书记个人决定。各级党组织都要按照职权范围办事。凡不在自己权限内的问题，必须向上级请示报告。上级的方针、政策，必须坚决贯彻执行，有不同的意见，应该向上级反映，但是不得自行其是，以保证党的统一领导和统一行动。

高等学校中的党组织，一定要改进领导作风和领导方法。一定要下决心摆脱许多行政事务工作，腾出手来，抓好学校工作中的重大问题，抓好党的建设和领导班子的建设，抓好思想政治工作和团结他人的工作。一定要深入到教师、学生、职工中去，调查研究，了解情况，发现问题，同群众一起商量，提出解决问题的主张和办法。只有这样，才能真正加强党的领导。

# 关于在部分全国高等重点院校试办研究生院的几点意见

(1984年8月8日,教育部发布)

一 为了适应我国社会主义现代化建设的需要,加强研究生培养和管理工作,为国家培养数量较多、质量较高的博士生和硕士生,决定在部分全国重点高等院校试办研究生院。

二 试办研究生院的条件:

在全国重点高等院校中,学科、专业比较齐全,科学研究基础较好;有较多能够指导博士生和硕士生的教授、副教授和学科、专业学位授权点;有多年培养研究生工作的经验,管理制度比较健全;有供博士生、硕士生使用的专业实验室,并配有必需的实验设备和测试手段,图书资料比较齐全。

三 研究生院是在校(院)长领导下具有相对独立职能的研究生教学和行政管理机构,应有单独的人员编制和经费预算。

研究生院建立后,统一领导研究生工作。研究生院有权召集学校主管研究生工作的各有关处长、系主任、教研室主任和指导教师会议,布置和检查研究生工作。招收研究生的系(所)要加强对研究生培养工作的领导。

四 研究生院的组织机构:

1. 研究生院设院长一人,副院长一人至两人,院长由相当于高等院校校(院)长一级的专家担任。

2. 研究生院可根据招生、培养、政治思想工作、管理、学位等项工作的需要,本着精简原则,设置必要的机构。系(所)是管理研究生的基层单位，也要建立相应的管理研究生机构，或配专职研究生管理人员。

3. 研究生院的后勤工作由学校统一管理，不另设机构。研究生应有必要的专用的实验室、仪器设备、图书资料，一般的实验室、仪器设备、图书资料与本科生共同使用。

五　研究生院的职责：

1. 研究制订研究生培养的长远规划；制定年度招生计划；组织招生工作。

2. 组织制定培养研究生的各项规章制度；审批各专业培养方案；加强研究生课程建设；积极改善研究生论文工作的条件。

3. 组织领导研究马克思主义理论课教学和思想政治工作。

4. 加强管理机构的建设，统一管理研究生的学籍。

5. 严格遴选研究生的指导教师，加强导师队伍的建设。

6. 根据国务院学位委员会的授权，办理有关博士和硕士学位的审核和授予事宜。

7. 集中使用研究生业务费及有关研究生的专门经费。

8. 开展对外联系，聘请国内和国外专家讲学，组织学术交流，编辑出版研究生学位论文集和研究生学术刊物。

9. 检查研究生培养和学位授予质量，组织交流研究生培养和学位授予工作的经验。

1984 年 8 月 8 日

# 国务院学位委员会授权部分学位授予单位 审批硕士学位授权学科、专业的试行办法

(1986年4月15日，国务院学位委员会发布)

一　经国务院学位委员会批准自行审批硕士学位授权学科、专业的学位授予单位，是受国务院学位委员会委托行使审批权。审核工作必须依据《中华人民共和国学位条例》《中华人民共和国学位条例暂行实施办法》和《国务院学位委员会关于审定学位授予单位的原则和办法》三个文件的精神，按照第三批学位授予单位审核工作的有关规定进行，做到坚持标准，严格要求，保证质量，公正合理。

二　学位授予单位自行审批硕士学位授权学科、专业的学科范围和条件。

(一)学位授予单位自行审批硕士学位授予权的学科范围是：综合大学和师范院校的哲学、经济学、法学、教育学、文学、历史学和理学门类，以及综合大学中与理学密切相关的工学门类各学科、专业；理工科院校的工学门类以及与工学门类密切相关的理学门类各学科、专业；医学院校的医学门类各学科、专业；农林院校和科研机构的农学门类各学科、专业；中国科学院各学部的理学和工学门类各学科、专业；中国社会科学院研究生院的哲学、经济学、法学、文学、历史学门类的各学科、专业。

(二)属于上述门类的学科、专业，应具备下列条件才可自行审批：

1. 在《高等学校和科研机构授予博士和硕士学位的学科、专业目录》(试行草案)(简称《专业目录》，下同)中的一级学科范围内，首批和第二批授权学科、专业点中，至少有一个学科、专业已有博士

学位授予权，或者至少有两个学科、专业已有硕士学位授予权。

2. 学科、专业名称一般应是已列入《专业目录》的。属于新兴和边缘学科、专业，《专业目录》未列入的，在自行审批前，应将新增学科、专业的名称及其理由报国务院学位委员会办公室，经征得国务院学位委员会学科评议组有关评议分组的同意后，方可审批。学位授予单位不得自行决定授予硕士学位的学科、专业名称。

三 自行审批硕士学位授权学科、专业的办法：

（一）申请有权授予硕士学位的学科、专业，由所在的教研（研究）室提出，经学位评定分委员会讨论同意后，报学位评定委员会。同时报送《申请授予硕士学位学科、专业简况表》和《申请培养学位研究生指导教师简况表》。对于不符合本办法所规定的自行审批范围的学科、专业，学位评定委员会不应受理。

（二）学位评定委员会组织专门小组进行同行评议。

1. 学位评定委员会根据申请硕士学位授权的学科、专业，参照《专业目录》中一级学科的范围，组织相应的评议小组。

2. 评议小组至少由7人组成，其成员应是相同学科的教授、副教授或相当职称的专家，其中教授或相当职称的专家不少于2—3人。评议小组组长一般应由博士生指导教师担任。必须有外单位专家参加评议工作，可以聘请为评议小组成员，也可聘请为通信评议员，总数不少于3人。通信评议员不计入评议小组成员人数。在评议前1个月，学位评定委员会应将评议的有关材料送通信评议员审核。通信评议员对申请硕士学位授权的学科、专业是否符合条件提出意见。对通信评议员的意见要充分重视，并对外保密。

3. 评议小组成员受学位授予单位学位评定委员会的委托，以专家身份参加工作，不代表所属单位或其他个人。

4. 评议小组应认真学习有关文件，坚持原则，秉公办事。评议时应当充分发扬民主，树立科学的学风，使每个成员都能畅所欲言，发表各种不同意见。评议内容，对外保密。

5. 评议小组对申请硕士学位授予权的学科、专业逐个评议。学科、专业点的主要学术带头人应向评议小组报告本学科、专业的学术梯队，取得的科研成果，当前从事的科研工作，实验室设备和培养研究生等方面的情况，并回答评议小组提出的问题。

6. 评议小组在听取报告，审核有关材料，充分评议的基础上，进行无记名投票表决。获得评议小组过半数成员同意者，作为通过。评议小组向学位评定委员会提出硕士学位授权学科、专业的名单。

（三）学位评定委员会对各评议小组提出的名单逐个审核后，进行无记名投票表决，获得全体成员过半数同意者，作为通过。由学位评定委员会批准，报主管部门和国务院学位委员会备案后，由国务院学位委员会统一公布。

（四）学位授予单位要认真做好备案工作。备案材料包括：

1. 学位授予单位关于自行审批硕士学位授权学科、专业的情况报告；

2. 硕士学位授权学科、专业名单汇总表；

3. 《申请硕士学位授权学科、专业简况表》和《申请培养学位研究生指导教师简况表》；

4. 通信评议员评议意见（原件复制）；

5. 评议小组成员和通信评议员简况；

6. 评议小组投票表决情况。

以上材料均一式二份。

四　批准进行试点的各学位授予单位对硕士学位授权学科、专业的自行审批，应与国务院学位委员会分批审核学位授予单位的统一部署同步进行，具体时间由各单位根据实际情况自行安排。

五　各学位授予单位应根据本试行办法，结合本单位的实际情况，制定自行审批硕士学位授权学科、专业的具体办法，报主管部门和国务院学位委员会备案后施行。

六　各学位授予单位自行审批的硕士学位授权学科、专业，报国务院学位委员会备案后，国务院学位委员会如认为有必要，可授权学科评议组或其成员，对审批的硕士学位授权学科、专业的情况进行检查或复议。也可采取其他适当措施进行检查。如发现有不符合条件者，或未按规定程序审批的，将撤销其学位授予权，或停止或撤销学位授予单位自行审批权。

# 普通高等学校定向招生、定向就业暂行规定

国家教委〔88〕教学字013号

为了保证工作环境比较艰苦的地区和行业能得到一定数量的毕业生，高等学校按国家招生计划的一定比例实行"定向招生，定向就业"，为此制定本规定。

## 第一章 定向范围

第一条 国家教委、中央其他部门所属高等学校可面向内蒙古、广西、贵州、云南、西藏、甘肃、青海、宁夏、新疆等九省区，以及国家重点建设项目中工作环境比较艰苦的单位定向。

第二条 国家教委所属学校除第一条规定范围外，还可面向农业、林业、地质、能源、建材、气象、国防军工、解放军等部门中，个别工作环境比较艰苦的单位定向。

第三条 农业、林业、能源、地质、气象、建材、测绘、轻工、司法、国防军事系统所属的某些学校，可分别按隶属关系面向农场、牧场、生产建设兵团、林区、林场、矿区、油田、野外地质队、水电施工基地、远洋捕捞生产船队、海水淡水养殖场、气象台站、盐场、劳改劳教场所，以及国防军工三线等地区定向；农业、林业院校应注意为农村培养农村中学专业技术课师资。

第四条 省、自治区、直辖市所属学校可面向教育基础比较薄弱的老革命根据地、少数民族聚居地区、山区、边远地区的县，以及工作环境比较艰苦的行业定向，中央部门所属学校为地处上述地区的本部门所属企事业单位培养人才可实行定向。

## 第二章 定向计划编制原则和程序

第五条 国家教委所属高等学校

（一）各有关部门、地区根据本部门、地区经济和社会发展的需要，参照历年毕业生分配名额，分别向国家教育委员会、有关高等学校提出分学校、分专业的定向需要计划。

（二）学校参照定向部门、地区的需要，编制分部门、地区的定向招生来源建议计划，其比例不超过年度国家任务招生总数的百分之五，学校在各省（区）定向招生数（含为中央部门所属单位定向数）不得超过在该省（区）招生名额的50%。学校分专业定向计划报国家教委备案。

（三）国家教育委员会根据定向部门、地区的需要，综合平衡学校编制的定向招生来源建议计划，与普通高等学校招生来源计划一并下达执行。

第六条 中央其他部门所属高等学校

（一）中央其他部门所属高等学校定向比例一般不超过当年国家任务招生计划总数的百分之五。

（二）中央部门分学校定向招生来源建议计划，由主管部门报国家教育委员会审核下达，分专业定向招生来源计划，由主管部门下达并报国家教委备案。

第七条 省、自治区、直辖市所属高等学校

各省、自治区、直辖市教育主管部门根据人才培养规划和定向地区、行业的需要，确定适当比例，制订定向计划。本科学校定向比例不宜过大。

第八条 定向生可以安排在定向分配地区招收，也可以在生源数量较多、质量较好的地区招收，毕业后到定向地区工作。

## 第三章 招生

第九条 定向计划是国家任务招生计划的一部分，要认真贯彻德、智、体全面考核、择优录取的原则，切实保证新生质量。

第十条 填报志愿

（一）各中学、普通高等学校招生办公室、各有关单位应动员考生报考定向招生的志愿，立志建设家乡，建设边疆，到艰苦地方建功立业。

（二）省、自治区、直辖市普通高等学校招生办公室向考生公布高等学校在本地区招收定向生人数、专业、定向招生及就业的地区等。

（三）选报定向志愿的考生，应填写《定向生志愿表》（一式四份），由考生及其家长签字，县、市招生办公室盖章，放入考生档案。被学校录取的新生，由学校在《定向生志愿表》上盖章。交考生报考的省、自治区、直辖市招生办公室一份，定向就业的部门或省、自治区、直辖市高校毕业生分配部门一份，学生及所在学校各存一份。

《定向生志愿麦》由省、自治区、直辖市招生办公室制定。

第十一条　录取

（一）高等学校应根据考生填写的定向志愿录取定向生，并在录取通知中注明定向地区或部门。

（二）高等学校录取定向生，一般与非定向生执行同一录取分数标准，在院校录取控制分数线以上如果不能完成定向招生来源计划，可在该院校录取分数线以下二十分以内择优录取，如仍不能完成计划，学校可以将计划调往考生数量较多，质量较好的地区招生，或在原地区招收非定向生。

## 第四章　在校期间的待遇

第十二条　定向生免缴学杂费。

第十三条　定向生除享受国家规定的普通全日制高等学校在校生的待遇外，还根据学习成绩和表现享受定向奖学金。

定向奖学金由接受定向生的地区或部门，根据国家教育委员会下达的定向计划确定的名额设立。

定向奖学金的发放标准和办法由接收定向生的部门、地区根据国务院国发［1986］72号文件的精神及国家教育委员会、财政部（87）教计字139号文件的规定拟订。

## 第五章　定向生在校管理及就业政策

第十四条　定向生在校期间的管理，按原教育部（83）教学字001号文颁发的《全日制普通高等学校学生学籍管理办法》执行。

第十五条　学习成绩优秀的定向生经所在单位同意可以报考研究生。毕业后仍回原定向地区或部门就业。

第十六条　招生时没有完成定向招生计划的学校，可在新生中征求志愿，为申请定向奖学金的学生补办定向手续。

第十七条　定向生毕业后，依招生时确定的地区或部门范围内实行"双向选择"就业。即主管毕业生分配的部门负责向本地区、本部门有关单位推荐，毕业生选报志愿，用人单位考核录用。

如定向地区或部门因情况变化不再需要，定向生可按国家任务招收的学生的方式就业。经教育拒不去定向地区或单位工作的毕业生，须退还所得全部奖学金，补交学杂费，并向学校缴纳部分培养费。

定向生的服务期限，一般不应超过六年（含见习期一年），服务期满，允许其流动。

## 第六章　职责分工

第十八条　省、自治区、直辖市教育主管部门、中央有关部委教育司（局），会同毕业生工作部门。负责制定本部门、地区所属学校定向计划；向国家教委和有关高等学校提出定向招生生源建议计划，落实并制定定向奖学金发放办法。

第十九条　有关省、自治区、直辖市普通高等学校招生委员会办公室、有关高等学校，按定向招生计划负责组织报名、录取工作。

第二十条　省、自治区、直辖市和中央有关部委主管毕业生分配的部门应配合高等学校做好定向生的思想教育工作，定期了解定向生的学习、生活情况，加强同定向生的联系，制定必要的政策，鼓励吸引他们毕业后到定向地区或部门工作。对定向生的就业，要先分考虑各校、各专业特点，把品学兼优的毕业生安排到能发挥其专长的岗位上。

## 第七章　附则

第二十一条　本规定由国家教育委员会负责解释。

第二十二条　本规定自1989年度招生起施行。

# 国家教委关于印发《关于重点建设一批高等学校和重点学科点的若干意见》的通知

(教重[1993]3号)

中共中央、国务院发布的《中国教育改革和发展纲要》(简称《纲要》)和《国务院批转国家教委关于加快改革和积极发展普通高等教育意见的通知》,对今后一段时期我国高等教育的改革与发展做出了全面部署。为落实两个文件中提出的有关重点建设高等学校和重点学科点的要求,我委制定了《关于重点建设一批高等学校和重点学科点的若干意见》,现将这个意见印发你们,请遵照执行,并请将执行情况及时报告我委。

各部门和地区要全面贯彻落实《纲要》和1992年全国普通高等教育工作会议精神,对本部门、本地区高等教育的改革和发展做出统筹规划,提出具体落实措施。在此基础上,有条件的部门、地区应着力办好一所高等学校和一批重点学科点。

今年此项工作的重点是,少数具备条件的中央部委和省市,在全面贯彻《纲要》和普通高等教育工作会议精神的同时,可以先走一步,做好重点建设高等学校及重点学科点的可行性论证和主管部门的预审工作,有关具体事项另行通知。

1993年7月15日

**关于重点建设一批高等学校和重点学科点的若干意见**

一　根据中共中央、国务院发布的《中国教育改革和发展纲要》

和《国务院批转国家教委关于加快改革和积极发展普通高等教育意见的通知》，决定设置"211工程"重点建设项目，即面向21世纪，重点建设100所左右的高等学校和一批重点学科点。

实施这一工程，将有力地推动高等教育体制的改革，提高我国高等教育的教育质量、科研和管理水平，实现高层次人才的培养立足国内的原则，为我国进入21世纪储备骨干人才。加快国家经济建设、促进科学技术和文化发展，增强综合国力和国际竞争能力，保证我国现代化建设的第三步战略目标的实现，并使我国高等教育在国际上占有重要位置。这是一项为迎接21世纪的挑战，适应现代化建设事业的需要，加快改革和积极发展我国高等教育而采取的重大战略决策。

二 工程建设的目标是：经过十年或者更长一点时间的努力，使相当一批高等学校和重点学科点能够成为培养高层次专门人才和解决国家经济建设、科技和社会发展重大科技问题的基地，在教育质量、科学研究和管理等方面处于国内先进水平，并有一定的国际影响。其中若干所高等学校和部分重点学科点达到或接近世界先进水平。基本形成适应社会主义现代化建设需要、结构布局合理、水平较高、各具特色的重点学科点和示范带头学校，建立适应社会主义市场经济体制和政治、科技体制改革需要的高等教育新体制。

三 工程建设的中心任务是：提高高等学校的教育质量、科研水平和办学效益。为此，有关高等学校要努力建设一支有良好政治业务素质、结构合理、相对稳定的教师队伍，造就一大批学术造诣较深、在国内外有一定影响的学术带头人和骨干教师；要加强思想政治教育工作，提高学生的全面素质；要调整学科、专业结构，加强学科建设，深入进行教学改革，更好地适应经济建设和社会发展需要；要较大幅度地改善仪器设备、图书情报和通讯等办学物质条件，加强实验室建设，明显增强科研实力；要吸取国外先进经验，增强国际交流，扩大国际影响。有关部门要为重点建设的高等学校提供优惠政策，进一步扩大学校的办学自主权，加速形成学校主动适应社会需要，自我激励、自我发展、自我约束的运行机制。

四 重点建设的高等学校，按不同学校类型，在具备一定前提条件的基础上择优遴选。

前提条件是：办学思想端正，领导班子团结有力，改革取得一定成效；教学、生活等基本设施较好，本科教育水平较高，学校所在地区、部门有统筹合理的教育发展规划。

遴选条件是：有一支质量较高的师资队伍；教学科研水平较高、条件较好；具备一定数量的硕士点、博士点和重点学科点，高层次专门人才培养的数量较多、质量较高；科研经费较多，成果显著，对国家建设贡献较大；能多渠道筹措办学经费，办学效益较高；在国内外有一定的学术影响；学校建设和综合改革的目标明确，建设经费比较落实。

五　高等学校重点学科点的选择原则是：学科发展方向意义重大、具有特色和优势；有国内公认、国际上有一定影响的学术带头人和梯队合理的高水平学术队伍；教学科研水平处于国内领先地位，在国际上也有一定的影响，人才培养和科学研究成绩突出；有良好的教学科研条件和国内外学术交流基础。

已经国家教委批准的高等学校重点学科点，按照评选、建设重点学科点的有关规定和本工程要求进行重新认定。根据工程建设需要，将分批增补部分重点学科点。经认定和批准的高等学校重点学科点，列入本工程。

六　工程采取分期分批滚动实施的办法。首先鼓励有条件的主管部委和地方政府，着力办好一所代表本行业、本地区先进水平的高等学校和一批重点学科点，支持发展对国民经济建设至关重要的新兴交叉和空白薄弱学科。在此基础上，将逐步选择整体条件较好、建设资金落实、代表国家水平和合理布局需要的高等学校和重点学科点，陆续列入本工程。

七　工程建设所需资金的筹措，采取国家投资和多渠道集资相结合的方式，充分调动各方面的积极性。中央部委、地方所属高等学校和重点学科点的重点建设经费主要由各部委和地方政府安排。有关部委和地方政府要大力支持项目学校和重点学科点的建设，投入必要的资金。提倡和支持中央部委、地方、企业集团共同建设。有关高等学校和重点学科点也要增强自身发展的能力，注意吸收国内外有关单位和个人的捐赠，多渠道筹措建设资金。

八　国家成立"211工程"协调小组，负责工程的宏观决策和指导。国家教委成立"211工程"领导小组，下设"211工程"办公室，具体负责工程的规划实施以及有关事项的协调和管理工作。有关主管部门和学校根据需要，可以确定相应的管理机构，负责项目的执行和管理。

国家教委将聘请学术声望较高、管理经验丰富、办事公正的专家，负责对本工程宏观规划、项目立项和实施提供咨询意见。

九　工程建设项目的立项，采取专家咨询和行政部门决策相结合的方式进行，遵循科学、民主和平等竞争原则，增加透明度，充分发挥专家和舆论监督作用。

立项程序分为预审、预备立项、评审和批准立项等四个主要步骤，按照国家教委的统一部署进行。首先由有关高等学校进行项目可行性论证，完成后向主管部门申请预审；预审通过后由主管部门向国家教委申请预备立项，经审核同意后即可预备立项；在预备立项后，视重点建设的进度及效果，由主管部门向国家教委正式推荐申报，国家教委将视条件，分批组织专家评审，通过后由国家教委会同有关主管部门批准，即正式立项，下达项目建设任务书。

十　列入本工程的高等学校和重点学科点是国家重点建设项目，实行项目目标管理。要强化项目论证，加强项目的检查和监督，讲求效益。列入项目的学校和重点学科点应按时上报反映项目执行情况的年度报告，定期接受中期评估。评估成绩优秀者，给予一定的鼓励；评估成绩不合格者，要限期改正；多次评估不合格者，取消各项优惠政策，不再列入本工程。项目完成时，将聘请有关专家根据工程建设目标、条件和建设任务书，对项目的完成情况进行验收，并向社会公布验收结果。

十一　为保证这一工程的顺利实施，要逐步建立公正客观的评价体系，以加强重点建设的科学管理工作，要组织相应的研究和人员培训，重视有关高等学校重点建设信息的采集和分析，建立高水平的管理信息系统。

十二 重点建设高等学校和重点学科点的工作，必须在全面落实《中国教育改革和发展纲要》的基础上进行，各中央部委和地方政府应统筹发展各级各类教育，防止因加强高等教育而削弱其他教育，防止因对重点建设学校和重点学科点的投入而影响其他学校和学科点的正常投入。有关高等学校要按照实事求是的原则，做好重点建设工作。

# 关于新形势下加强和改进高等学校党的建设和思想政治工作的若干意见

教政〔1993〕4号

**一 大力加强和改进新形势下高等学校党的建设和思想政治工作**

当前，我国进入了加快改革开放和现代化建设、发展社会主义市场经济的新的历史阶段，高等教育的改革与发展也迈出了新的步伐。新的形势，既为高等党校加强和改进党的建设和思想政治工作创造了良好的条件和机遇，提供了强大的动力，也出现了一些新的情况和问题，对高等学校党的建设和思想政治工作提出了更高的要求。因此，越是改革开放，发展社会主义市场经济，越是加快高等教育的改革与发展，越要加强党对高等学校的领导，加强和改进党的建设和思想政治工作，充分发挥党的政治优势。

在新形势下，高等学校党的建设和思想政治工作的基本任务是：以建设有中国特色社会主义的理论为指导，坚定、全面地贯彻党的基本路线和教育方针，积极落实《中国教育改革和发展纲要》。紧紧围绕高等教育的改革和发展，密切结合教学、科研和其他业务工作的实际，开展党的建设和思想政治工作，动员和团结广大党员、师生员工努力完成高校肩负的培养社会主义现代化建设高级专门人才、发展科技文化、促进现代化建设的重大任务。

各级党委和政府，各级教育部门和高等党校，必须高度重视新形势下党的建设和思想政治工作，真抓实干，进一步贯彻中发〔1990〕12号文件精神，落实四次全国高等学校党的建设工作会议提出的各项任务，切实加强和改进高等学校党的建设和思想政治工作，保证和促进高等教育上新台阶,更好地完成培养社会主义事业建设者和接班人的根本任务,为社会主义现代化建设服务。

## 二 坚持用建设有中国特色社会主义的理论武装全体党员和教育师生员工

坚持用邓小平建设有中国特色社会主义的理论武装广大党员和教育师生员工,将广大党员和师生员工的认识和行动统一到党的十四大精神上来,提高坚持党的基本路线的自觉性,是高等学校党的建设和思想政治工作的首要任务。

当前,学习马列主义、毛泽东思想,要以学习邓小平建设有中国特色社会主义的理论为中心内容,进一步加强党的基本路线和爱国主义、集体主义、社会主义教育,进行近代史、现代史和中华民族优秀文化传统的教育,进行新时期伟大创业精神的教育,进行教育改革和发展的教育,促进党员和师生员工树立正确的理想、信念、人生观、价值观,反对资产阶级自由化,抵制一切剥削阶级腐朽思想的侵蚀,为高等学校的改革和发展提供强大的精神动力和思想保证。

学习邓小平建设有中国特色社会主义的理论,要坚持理论联系实际的方针,密切联系我国改革开放和现代化建设以及高等学校改革和发展的实际,全面、深刻地领会和掌握邓小平建设有中国特色社会主义理论的基本内容和精神实质,贯彻落实《中国教育改革和发展纲要》。着重引导广大党员和师生员工认清加快改革开放和现代化建设、发展社会主义市场经济对高等教育的深刻影响和更高要求,解放思想,实事求是,牢固树立高等教育必须为以经济建设以及国际经济、技术竞争的需要,抓住机遇,深化改革,积极发展,推动高等教育上新台阶,并始终注意克服和消除市场活动中的消极影响,反对拜金主义、享乐主义和极端个人主义,正确处理好国家、集体和个人之间的各种利益关系。

深入进行邓小平建设有中国特色社会主义理论的学习、教育要注意分层次、校级领导要坚持中心组学习制度,将学习理论同调查研究、指导解决学校改革与发展的重大问题结合起来,掌握领导学校改革和发展的主动权。充分利用党校,采取集中轮训或研讨的方式组织好其他干部的学习，提倡学习理论同学习经济知识、教育管理等知识相结合，不断提高全面贯彻党的基本路线和教育方针的坚定性。党员和师生员工主要通过党的组织生活、政治学习、课程教学、参观考察、社会实践和结合科研等工作，深入学习和把握邓小平建设有中国特色社会主义的理论，并用以指导和促进本职工作。学习中要防止形式主义，不断提高实效。

### 三 进一步加强党对高等教育改革和发展的领导

贯彻落实《中国教育改革与发展纲要》，积极推进高等教育的改革和发展，是当前高等党校的中心任务。在改革和发展中，学校党组织要充分发挥坚强的核心作用。校党委要加强领导，抓好重大改革措施的决策，制定改革和发展方案，必须深入调查研究，广泛听取群众意见，开展充分的研究、论证，然后由党委集体讨论做出决定；要抓好改革的试点，及时总结和推广典型经验，有步骤地分段实施；要围绕改革和发展加强党的自身建设，在改革和发展中充分发挥党总支的政治核心作用、党支部的战斗堡垒作用和党员的先锋模范作用；要组织党员、广大师生员工认真学习党的路线、方针、政策和《纲要》精神，进一步统一认识，并结合改革过程中人们普遍关心的问题和切身利益，有针对性地做好思想工作，化解矛盾，协调关系，理顺情绪，最大限度地调动广大党员和师生员工投身教育改革和发展的积极性、主动性、创造性。要充分发挥工会、共青团、民主党派等组织的作用，做好改革和发展中的思想工作。高校是青年学生集中的地方，要高度重视高校共青团的工作。高校党委要直接领导校团委的工作。

为加强党对高等学校的领导，保证和推进改革和发展的顺利进行，省、自治区、直辖市党委、政府和高等学校，在机构改革中，要保证必要的党的工作和思想政治教育的工作机构和编制。

### 四 进一步加强校级领导班子建设

政治坚定，勇于改革，勤政廉洁，团结协调，实干高效，能带领群众办好有中国特色的社会主义高等党校的校领导集体，是高等学校深化改革，积极发展，完成所肩负的重大任务的关键。各高等学校要从实际出发，进一步加强领导班子的思想、组织、作风建设。当前应强调的是要深入学习和积极、全面、正确地贯彻邓小平同志的重要谈话和党的十四大精神，保持坚定的信念和清醒的头脑，增强党性，开拓进取，要加强组织观念，以党和人民的利益以及学校的事业为重，维护领导班子的团结和权威，要保持和广大群众的密切联系，全心全意为人民服务。为此，要进一步完善和落实领导干部学习、培训制度，健全和坚持党代会、党委会制度，集体领导和个人分工负责制度，领导干部联系群众和基层制度，党员领导干部过双重组织生活制度，领导干部考核和民主评议制度，以及领导干部接受群众监督和廉政建设等制度。要把培养接班人的工作作为关系坚持党的基本路线一百年不动摇的一件大事来抓。按照"革命化、年轻化、知识化、专业化"方针和德才兼备原则，选拔一批45岁人员继续加强后备干部队伍建设，通过培训进修、轮岗锻炼、基层实践、以老带新等方式，切实加强对后备干部的培养。后备干部实行动态管理，定期进行考核，不符合条件的要及时调整，实践中脱颖而出的优秀人才要及时选拔、补充，始终保持后备干部队伍的质量和活力。

高等党校的领导体制仍按中发［1990］12号文件精神，原则上实行党委领导下的校长负责制。党委在党校中处于领导核心地位，对党校工作实行统一领导。校长全面负责学校的行政工作，并根据党委的集体决策，具体负责组织实施。党委要对学校工作中诸如改革和发展的规划和方案、年度工作计划、系处级以上干部任免、晋职晋级工作方案、经费预决算、基建大项目安排以及投产发展计划等重大问题做出决策，并围绕党和学校的中心工作加强党的建设和思想政治工作。党委对学校重大问题的决策要充分听取并尊重校长的意见，支持行政领导根据党委决策，在职责范围内独立负责地开展工作。

坚持民主集中制是坚持和完善党委领导下的校长负责制的关键。凡属重大问题，要充分发扬民主，在广泛听取干部、群众意见以及党政主要领导沟通思想的基础上，由党委或党委常委集体讨论决定，对一时难于达成共识的问题，一般不急于付诸表决，进一步调查研究和民主协商后，再讨论决定；集体做出决定后，个人应无条件地服从和执行，绝不能在议论和行动上搞自由主义。

经过上级党组织批准的少数高校可以继续进行校长负责制的试点，这些高等学校的党委应充分发挥政治核心作用。

### 五　加强和改进马克思主义理论课和思想政治教育课建设

马克思主义理论课和思想政治教育课是学生思想政治教育的主渠道，是社会主义的本质特征之一。加强和改进"两课"教育是摆在我们面前的一项紧迫任务。"两课"要贯彻理论联系实际的方针和"少而精""要管用"的原则，以增强说服力和有效性为目标，以改进教学内容和方法为重点，注意相辅相成，深入进行教学改革。

要在坚持马克思列宁主义基本原理的前提下，根据各自的学科特点更新、充实、调整教学内容。要贯彻邓小平建设有中国特色社会主义的理论，及时改革不适应形势发展要求的教学内容，注重吸收和反映建设有中国特色社会主义伟大实践中产生的新的科学理论成果，增强帮助青年学生形成科学的世界观、人生观的内容，调整课程间不必要的重复内容。注意加强教学的针对性，从理论和实践的结合上，回答学生普遍关心的"热点"问题，对当前国际共产主义运动，我国的改革开放和社会主义现代化建设，建立和发展社会主义市场经济，高等教育的改革与发展等方面问题及时进行研究和讲解，特别要重视社会主义市场经济条件下的理想、信念和人生观、价值观的教育，帮助学生运用马克思主义的立场、观点、方法来分析问题，解决问题，沿着正确的方向健康成长。课程设置和教学时数安排原则上要执行国家教委的规定，这方面的改革试点要经上级教育主管部门批准，有领导、有步骤地进行。"两课"改革中的成功经验，要及时总结，逐步推广。

要大力改进教学方法，注意运用课堂讨论、社会实践、演讲答辩等多种方式和现代化教学手段，不断提高教学效果。

要加强"两课"教师队伍的建设，在补充人员、阅读文件、培训提高、参观考察、出国交流、职称评定、奖酬金分配等方面实行倾斜政策。可从校党政班干部中和社会上聘请一些符合条件的兼职教师，加强"两课"的教学力量，促进理论同实际的结合。加强"两课"教师对学生马列学习小组、党章学习小组和一些哲学社会科学社团活动的指导，组织他们深入开展马克思主义理论的学习和研究，把课内外的学习和研究活动有机结合起来，相互促进。

各级党政教育部门和高校党政领导要重视和加强对"两课"教育工作的领导，把"两课"作为重点课程来建设。要增加对"两课"的教育投入，改善教学、科研条件，协调有关职能部门支持"两课"教育工作。建立健全校系领导定期听课制度和师生评课制度，促进教育质量的提高，要将"两课"教学改革作为学校教学改革的重要组成部分，"两课"教师队伍建设作为整个学校教师队伍建设的重要组成部分，把"两课"教育工作的状况作为评估学校工作和领导班子实绩的重要条件。

### 六 进一步加强党总支和支部的建设

党总支和党支部要紧密围绕改革与发展、教学与科研等任务积极主动地开展工作。要结合系（院）建设、教研室建设和学生班集体建设加强党的基层组织建设，在教育改革和教学科研中发挥党总支的政治核心作用、党支部的战斗堡垒作用和共产党员的先锋模范作用，坚持用教育改革和教学、科研，以及教书育人、管理育人、服务育人的实际成效作为考察党的基层组织建设和党先锋模范作用的主要标准。

切实做好发展党员工作，把青年教师和学生作为培养和发展党员的重点。建立健全共青团组织向党组织推荐优秀团员作为党组织培养、发展对象的制度，不断扩大青年教师和学生中要求入党的积极分子队伍，通过党校、党章学习小组、个别重点考察和帮助等方式加强对申请入党的积极分子的培养。坚持党员标准，积极做好党员发展工作，逐步做到青年教师骨干中党员比重较大，学生中低年级班有党员，高年级班有党支部或党小组。特别要重视在中青年骨干教师中培养和发展党员的工作。在扩大党员数量的同时，始终注意保证和提高党员的质量。

要加强对党总支和党支部负责人的考察、选拔工作，注意把政治业务素质好、在群众中有较高威信的党员选为党总支或党支部书记；搞好党的总支书记和支部书记的培训，增强他们在新形势下做好基层党的工作和思想政治工作的奉献精神和工作能力；调整政策，采取措施，调动党总支书记和党支部书记做好党的建设和思想政治工作和积极性。党总支书记和党支部书记的工作量计算、岗位津贴和其他待遇与系（院）主任（院长）、教研室主任同等对待。党总支书记和支部书记应分别参与系（院）、教研室重大问题的研究、决定。

坚持和健全党总支和党支部的工作制度。党总支要定期召开总支委员会、党政联席会和党政领导民主生活会。党支部要定期组织支部活动，定期召开以交流思想，开展批评和自我批评为主要内容的组织生活会，党总支和党支部要会同有关行政组织搞好师生员工的政治学习，建立健全党员同党外同志的联系制度，注意做好党员和非党同志的思想政治工作。党委要制定和完善党总支和党支部工作制度，并定期研究党总支和党支部的建设问题及时加强指导。

**七　进一步加强政工干部队伍建设**

高等学校党务和政工干部是办好学校不可缺少的重要力量，都是教育工作者。其中从事学生思想政治教育的专职人员和兼任教学、科研工作的党务、政工干部是教师队伍的一部分。要继续贯彻中发〔1990〕12号文件精神，努力建立一支以精干的专职人员为骨干、专兼职相结合的政工队伍。对党务和政工干部，在工作上要提出高要求，在政治和业务素质上要坚持高标准，并在力所能及的范围内提高他们的生活待遇。要从实际出发，采取特殊政策，培养一批又红又专的党务和政工干部骨干；保证和促进骨干队伍的巩固和提高。加强党务、政工干部的脱产和在职培训，在妥善处理好学习与工作关系的前提下，有计划地输送专职党务、政工干部到各级党校或教育行政学院培训、进修，鼓励在职攻读第二学位、硕士或博士学位，不断提高专职党务、政工干部的政治素质和工作能力。重视组织和吸收党务和政工干部出境、出国考察，了解世界，开阔视野。他们的留学、进修，列入教师公派出国计划。提倡专职党务和政工干部兼做一定的思想政治教育和其他方面的教学、科研工作，部分业务教师兼做一些党务和思想政治工作。优秀本科生、研究生毕业留校从事两年至四年党务和思想政治工作后，实行分流，或向党政干部发展，或安排在职攻读学位，或向业务教师发展，着力培养一批熟悉教学、科研业务的青年党政工作骨干。教师兼做党务和思想政治工作的实绩应视同业务工作态度，在评定专业技术职务、计算工作量和发放奖酬金等方面给予充分考虑。思想政治工作是一门科学。党务、政工干部承担思想政治教育和其他方面的教学、科研工作的，要评聘专业技术职务。可在总的评聘指标中，按照比例划出数额，进行评聘；没有承担思想政治教育和其他方面的教学或科研工作的，由学校在内部管理体制改革中根据实际情况分别解决好他们的职称和待遇问题。各省、自治区、直辖市和有关部、委要根据本地、本部门的实际情况，制定解决这个问题的具体办法，党务和政工干部的住房、工资、津贴和其他生活待遇要与同届毕业的教师基本保持相当。

要进一步发动广大教师、干部和职工教书育人、管理育人和服务育人，形成宏大的育人队伍。

# 研究生院设置暂行规定

教研 [1995] 1 号

第一条 为了加强研究生院设置的宏观管理，提高研究生教育质量和办学效益，促进研究生教育基地建设，根据国务院《高等教育管理职责暂行规定》，制定本规定。

第二条 本规定所称的研究生院，主要是指在承担研究生培养任务的高等学校中组织实施研究生教育工作的管理机构。

科研机构一般不设研究生院。确有条件和需要的，可与承担研究生培养任务的高等学校联合，以高等学校为主申请设置研究生院。

第三条 设置研究生院应当符合国家经济建设、社会发展和科技进步对高层次专门人才的需求，以及研究生教育的发展规划。

第四条 设置研究生院的高等学校，应当全面贯彻国家的教育方针，具有较高的办学水平和良好的办学基础，其整体实力和本科教育水平在全国同类高等学校中居于前列，在国内外具有一定的影响。

1. 学校本科和研究生教育质量较高。在有关本科生和研究生教育质量检查评估中评价优良，社会各界对学校及其毕业生反映较好。

2. 学校师资队伍结构合理。师资队伍中博士、硕士学位获得者比例较高；高级专业技术职务人员比例合理，学术水平较高；学校评聘高级专业技术职务及遴选研究生指导教师严格。

3. 学校主干学科专业水平较高、办学效益较好。在学校设置的本科专业中，硕士和博士学位授权学科、专业覆盖较宽，并有若干学科居国内领先水平。在校研究生有一定规模；研究生与本科生之比、博士生与硕士生之比，应达到一定的要求。

4. 学校科研水平较高，科研条件较好。科研任务、高水平教学和科研成果较多，教师人均科研经费较高，对国家经济建设、社会发展和科技进步贡献较大；教学、实验设备先进，国内外学术交流广泛。

5. 研究生教育管理制度完备，管理机构健全，管理工作水平较高，已有十届以上的博士生教育经验。

第五条　研究生院设置，由国家教育委员会负责规划、审批。

第六条　国家教育委员会根据研究生院设置工作需要，聘请有关专家组成研究生院设置专家咨询组。专家咨询组根据有关申报材料和评估结果，通过公正民主的评议，向国家教育委员会提出咨询意见。

第七条　设置研究生院；需经过试点阶段。

拟设置研究院的高等学校，应由其主管部门按照统一部署，向国家教育委会提出试办研究生院的申请。

经批准试办研究生院试办期一般为3年。试办期满，应由其主管部门向国家教育委员会提交试办研究生院工作总结和正式建院申请。

国家教育委员组织对试办研究生院进行考核评估。试办合格的，批准其正式建院。

第八条　研究生院应全面贯彻国家的教育方针，认真执行国家研究生教育与学位工作的有关法规和政策，在学校统一领导下，履行以下职责：

1. 组织学校研究生教育的改革，参与有关学校发展问题的决策，开展研究生教育研究工作；

2. 据国家计划、科技发展、社会需要和可能条件，研究制定学校研究生教育发展的中长期规划和年度招生计划；

3. 制订研究生教育的各项规章制度，做好研究生教育管理的日常工作，遴选研究生指导教师，加强研究生管理干部队伍建设，对研究生教育和学位授予质量进行检查和评估；

4. 加强学科建设，参与制订学校学科建设规划，调整和优化学科结构，促进新兴学科、交叉学科和高新技术的发展；

5. 统一管理有关研究生教育的各种经费、基金，合理使用研究生教学和管理人员编制，参与确定学校涉及研究生教育的建设项目和经费预算；

6. 承担上级部门和学校委托的其他工作。

第九条 研究生院设院长一人，由校长或副校长兼任；副院长一人至三人，其中应有一位主持研究生日常全面工作的专职副院长。

研究生院应根据其职责及承担的任务，本着精简高效的原则，设置职能处、室。研究生院不单设后勤机构。

研究生院应有必要人员编制和单独的经费预算。

第十条 研究生院可召集主管研究生工作系主任（院长、所长）、学校职能部门负责人会议，协调有关工作。

第十一条 有以下情形之一的，由国家教育委员会给予通报批评、限期整顿、取消试办研究生院、停办研究生院等处罚决定，对有关责任人员，依法给予行政处分：

未经国家教育委员会批准，擅自试办或建立研究生院的；

研究生院办学条件达不到规定要求的；

在有关研究生院的考核评估中不合格的；

严重违反有关研究生教育和学位工作的规章、条例的。

第十二条 对国家教育委员会做出的取消试办研究生院、停办研究生院的处罚决定不服，可以依法申请行政复议。

第十三条 本规定自发布之日起施行。

# 关于深化高等教育体制改革的若干意见

（国办发［1995］43号）

一　我国高等教育体制在历史上几经变动，原有的国家集中计划、中央部门和地方政府分别办学并直接管理的体制，是与当时高度集中计划经济体制相适应的。在当时的历史条件下，发挥了中央各业务部门和地方政府的积极性，促进了高等教育的发展，培养了大批专门人才，基本上适应了当时社会主义建设的需要，为当时的经济建设和社会发展做出了重要贡献。

二　党的十一届三中全会以后，我国高等教育得到了长足发展，随着经济、政治、科技体制改革的深化，高等教育体制改革不断深入开展，取得了一定的成效，积累了许多有益的经验。特别是近几年来，在改革办学体制、管理体制、投资体制、招生和毕业生就业制度、学校内部管理体制等方面都取得了不同程度的新进展。社会各方面积极参与办学，开始打破由政府包揽办学的格局；政府对高等教育的管理职能正向宏观转移，逐步扩大了学校面向社会依法办学的自主权；开展了多种形式的联合办学、共建共管和有条件的学校进行合并等改革试验，逐步加强了省、自治区、直辖市人民政府对高等教育的统筹权，高等教育的结构、布局有所改善；以财政拨款为主、多渠道筹措教育经费的机制逐步形成，一些学校的办学条件正在逐步改善；招生和毕业生就业制度改革不断推进，逐步实行学生缴费上学、大多数毕业生在一定范围内"供需见面""双向选择"的制度；学校内部管理体制改革逐步深化，增强了办学活力等。

但是，从总体上说，高等教育体制改革的进程仍然滞后于经济体制改革和社会发展，与社会主义市场经济体制的建立不相适应。这主要表现在：高等学校的举办者、管理者、办学者之间的责、权、利没有明确划分和规范，政府直接管理的职能没有完全转变，学校仍缺乏面向社会自主办学的应有权力和自我约束机制；中央教育行政部门、其他业务部门以及地方政府教育行政部门、其他业务部门分别办学与管理形成的条块分割局面尚未根本扭转，专门人才的供求没有社会化；学校规模较小，师生比特别是教职工与学生比例偏高，学生缴费上学不规范、公费生与自费生"双轨制"的弊端日益突出等。这些问题的存在，使得学校、专业的结构和地区布局不够合理；单科类型、行业性强的学校过多，专业面过窄；部分学校和专业重复设置、"小而全"自成体系、办学效益不高。

三 当前，随着现代科学技术的发展和社会主义市场经济体制的建立，社会、经济、科技、文化等结构正在发生重大变革，对各类人才的需求也正在发生新的变化；政府机构、职能的变化以及企业管理体制的改革，带来的领导管理方式、经费来源、投资体制和人才需求的重大变化，使高等学校，特别是中央业务部门所属的300多所高等学校中的大多数学校遇到的问题日益突出。解决这些问题的根本出路在于深化高等教育体制改革。高等教育体制改革的各个方面是相互联系的有机整体，目前，要特别着重抓好管理体制的改革。

四 高等教育管理体制改革是涉及高等学校布局及结构、中央与地方的职责分工、政府与学校的关系等对我国教育发展有全局性影响的改革，是高等教育体制改革的重点和难点，要按照《中国教育改革和发展纲要》的要求，认真总结历史经验教训，要方向明确、态度积极，努力探索、措施得力，步子稳妥、逐步到位。

高等教育管理体制改革，要有利于高等教育的结构、布局更加合理，更加适应我国社会、经济、科技和文化发展的需要，更好地为社会主义现代化建设服务；有利于高等学校举办者、管理者、办学者职责分明，职能规范，管理有序；有利于充分调动各级政府、全社会和学校广大师生员工的积极性，共同支持和办好学校；有利于高等学校增强办学活力，不断提高教育质量和学术水平，提高办学效益。

五　高等教育管理体制改革的目标是，争取到2000年或稍长一点时间，基本形成开办者、管理者和办学者职责分明，以财政拨款为主多渠道经费投入，中央和省、自治区、直辖市人民政府两级管理、分工负责，以省、自治区、直辖市人民政府统筹为主，条块有机结合的体制框架。

要通过深化改革和立法，划分、规范开办者、管理者、办学者的权力与义务。开办者主要是投资开办学校、提供必要的办学条件、提出学校主要学科和专业的服务面向及人才培养要求、对办学实施目标监督等。开办者可以是各级政府及有关部门，也可以是企业、事业、具有法人资格的社会团体或公民个人，他们可以单独，也可以联合开办。开办者应有代表参加高校的相应的管理机构（如校董会等）。教育行政管理者主要是国务院和省、自治区、直辖市两级教育行政部门，负责统筹规划和宏观管理全国或本省、自治区、直辖市的高等教育，行使教育行政管理权。两级政府的其他有关部门在政府授权范围内实施教育管理。政府部门的教育行政管理要简政放权，转变职能，由直接行政管理转变为运用规划、法律、经济、评估、信息服务以及必要的行政手段实行宏观管理。要逐步扩大省、自治区、直辖市人民政府对本地区所有高等学校的统筹、协调管理权。办学者是具有法人资格的高等学校。学校作为独立办学的法人实体，要依法充分行使自主办学权力，在专业设置、招生、指导毕业生就业、教育教学、科学研究、技术开发、筹措和使用经费、机构设置、人事安排、职称评定、工资分配、对外交流和学校管理等方面拥有法律、法规规定的权限，真正实行面向社会依法自主办学。

要通过深化改革，逐步把一部分中央部门所属的学校转由省、自治区、直辖市人民政府管理或由中央部门与地方政府共同建设和共同管理；倡导学校之间合作办学、企业和科研单位参与办学和管理；要按照优化教育资源配置和提高办学规模效益的原则，逐步对有条件的高等学校进行合理调整和合并，特别是在同一地方规模较小、科类单一、专业设置重复的学校要打破原隶属关系的限制，积极创造条件进行适当的调整或合并。通过深化高等教育管理体制改革，扩大学校面向社会依法自主办学的权利,逐步淡化和改变学校单一的隶属关系和单纯为本部门培养人才的办学格局。加强省、自治区、直辖市人民政府对本地区所有高等学校的统筹规划、协调、调整和管理,逐步变条块分割为条块有机结合。

六 积极促进那些专业通用性强、地方建设有需要的中央部门所属院校转由省、自治区、直辖市人民政府领导和管理。

——这部分院校转由省、自治区、直辖市人民政府管理后,在保持学校业已形成的学科特色的同时,要根据地方经济和社会发展的需要,调整原有的学科和专业结构;这部分院校转由地方管理以后,首先要对地方做贡献,为地方培养所需的人才,在招生方面要对地方倾斜,在主要为地方服务的同时,仍应满足部门、行业对部分人才的特殊需要。中央原主管部门要继续关心和支持学校的发展,保持必要的业务指导。

——地方政府要从本地区社会、经济发展的长远目标出发,把学校的发展纳入本地区高等教育发展的总体规划,充分发挥这类院校的作用;要逐步增加对学校的投入,不断改善办学条件,保证把学校办得更好。

——这些院校转由省、自治区、直辖市人民政府管理后,要保证政府财政拨款教育经费的正常投入。教育事业费要足额划拨给地方政府;在建工程(项目)的基建费一般应由中央原主管部门负责解决;学校在划转以前的已完成的基建项目欠款应由中央原主管部门指导并帮助学校解决;未达到原计划规模但尚未开工的基建工程的基建费以及其他专项投资等划拨的具体办法,由中央原主管部门商有关部门后与地方政府签订协议确定;在划转时,对困难较大的部属院校,中央原主管部门可商国务院有关部门共同给予一次性的资助;其劳动工资计划相应转由省、自治区、直辖市人民政府管理。

这项工作难度比较大,要通过充分协商,积极试点,成熟一所办理一所。国务院财政、计划、人事和教育等各有关职能部门要在政策上给予支持,并在经费上给予适当补助,促进这项工作的进展。

七 从长远看,国家教委和中央业务部门仍要继续办好管好少数有代表性的骨干学校，以取得对高校发展改革及各有关行业人才培养、学科发展等宏观指导所必要的直接经验；对一些行业性强而一个省（自治区、直辖市）需要量有限、不便管理的学校，有关部门要继续办好。

这部分学校也要扩大服务面向，在为本部门、本行业服务的同时，也要为所在地区社会发展与经济建设多做贡献，在招生和培养人才方面也要适当向当地倾斜；也要面向社会争取各方面的支持，多渠道筹集办学资金；要通过深化改革，不断提高教育质量、办学水平和办学效益，真正起到示范和带头作用。

八 积极推进中央部门与地方政府共同建设、共同管理高等学校的改革试验，淡化学校单一的隶属关系观念，拓宽学校的服务面向，加强条块结合。

——这类学校在投资渠道基本不变的情况下，实行中央部门与省、自治区、直辖市人民政府双重领导，共建、共管，既可以中央部门为主，也可以地方政府为主，具体分工由共建双方通过签订协议确定。对于实行共建的学校，必要时可以成立由共建双方为主、有关方面参加的学校协调领导机构。

——共建学校的主管部门，应保证教育事业费、基本建设费的正常投入。对于以地方政府为主管理的共建学校，中央主管部门应继续发挥本部门、行业在业务指导、提供信息、毕业生就业、科学研究等方面的有利条件，做好促进、协调和服务工作。

——地方政府应对共建学校给予包括学科建设在内的多方面支持，特别是在地方政策性补贴以及其他地方性经费资助方面，应逐步做到与省属院校同等待遇，在引进人才、征用土地、减免城市建设配套费等方面给予优惠政策；地方政府及其高等教育主管部门，应充分利用和发挥共建学校的学科及专业优势，为本地区的经济建设和社会发展服务。

——共建学校要根据部门、行业和地方的需要，扩大为地区服务的专业和招生的比例，树立首先为地方培养人才及进行科技服务的观念。同时，要积极、主动地加强与地方企事业等单位的联系，争取社会各方面的支持，促进自身的建设与发展。

——有些与省、自治区、直辖市人民政府共建的学校也可加强与所在省、自治区、直辖市的市、县人民政府的联系，为所在地的社会、经济发展发挥积极作用，积极争取所在地各方面的支持，并通过适当方式吸收当地有关方面参与学校的建设和发展。

中央部门与地方政府共建学校的试点已经在若干部门和地方展开，初步显示了对部门、地方和学校都有利的优越性。要进一步扩大这项改革的试点范围，创造更丰富的经验。

九 积极开展多种形式的合作办学试验。距离相近的不同类型、不同科类的学校，开展学校之间的合作办学，在自愿互利的基础上，实行资源共享、优势互补、学科交叉、协同发展，共同提高办学水平和效益。

——学校之间的合作办学，应征得学校主管部门和所在省、自治区、直辖市的同意和支持，在学校之间充分酝酿的基础上报国家教委备案。各校的主管部门和独立的法人地位保持不变，但要自愿组成合作办学的协调机构进行协商和管理。

——合作办学的高等学校，要通过互聘教师、互相承认学分、共同开展科学研究和技术开发、联合培养研究生、合作开展对外交流活动、实行计算机联网、共用图书资料和教学、科研试验设施、共办产业以及共同建设公共服务设施等，充分挖掘各校潜力，真正做到互惠、互利、互补，共同发展，共同提高。

——省、自治区、直辖市人民政府及其教育行政管理部门，要对本地区高等学校的合作办学进行统筹、协调和指导，促进其进行实质性的合作，并在人、财、物等方面给予优惠政策和具体的支持。

——合作办学的高等学校，如果条件成熟，可以进行实质性合并，形成一个独立办学的法人实体。

十 积极创造条件，促进部分学科互补的或一些规模较小、科类单一、设置重复的学校进行合并。合并学校的目的在于优化某一地区或全国高等教育的结构和布局，合理使用有限的教育资源与经费，提高教育质量和办学效益。特别是有些省、自治区、直辖市规模较小的、单科性的或由地方政府各业务厅局主管的高等院校较多，结构和布局不尽合理，应结合中央各有关部门在本地区所办高等院校的情况，加强统筹规划，进行必要的调整或合并，优化结构和布局，提高办学水平和效益。

——对高等学校的合并要采取审慎的态度，要经过充分的酝酿和科学的论证，要按照国务院《普通高等学校设置暂行条例》规定程序进行审批。

——在合并和调整中，不应将高等专科学校升格为本科院校而影响高等专科教育的发展；不能改变师范院校的性质而削弱师范教育；原则上，不宜将地方院校并入中央部门所属院校而扩大中央部门所属院校的规模。

十一　鼓励企业、企业集团、科学研究单位积极参与高等学校的办学和管理。这项改革的目的在于加强学校与企业、科研单位的联系，促进教育、科研、生产三结合，增加教育经费来源，增强学校的办学活力和提高教育质量，同时促进企业、科研单位的发展和提高。

——参与办学和管理的企业、科研单位，可以通过参加相应的管理机构，也可以通过与学校签订协作办学协议等方式，探索促进产学研结合，互利互惠，共同发展的途径。协作办学各方可以在平等互利的原则下，共同建立实验室和教学、科研、生产三结合基地，联合进行人才培养、科学研究、技术开发等实质性的协作。

中央部门可与企业或企业集团共同举办高等专科学校；高等专科学校也可以加入大型企业集团，或者进行其他改革试验，积极探索高等学校多种形式的办学途径。

十二　高等教育体制改革是一项牵动面很大的工作，要加强对这项工作的领导，认真处理好各方面的关系，切实解决改革过程中可能出现的各种问题。

各级领导要加强调查研究，统一认识，制定总体的计划和切实可行的措施，积极推动这项改革的不断深入发展。高等教育管理体制改革，不是简单地把学校"下放"与"上收"，不是将原来"条条"管理简单地改为"块块"管理而继续自成体系，而是要建立与经济、政治、科技、文化体制改革相适应的，有利于高等教育事业的发展和改革的新的高等教育管理体制。因此，必须认真总结和吸取历史的经验教训，区别不同情况，采取多种形式，经过试点和不断总结经验，积极探索高等教育管理体制改革的新途径。要防止历史上曾经出现过的简单地换"婆婆"和"一放就乱、一乱就收"的现象重演；防止"一刀切"、一哄而起和搞形式主义。

中央各主管部门、各省、自治区、直辖市人民政府以及有关高等学校要从大局出发，采取积极态度，加强协作，对改革过程中出现的问题采取协商、合作的办法加以解决。特别是高等教育体制改革的各项工作都有赖于投资和财务管理体制改革的深化，有关方面应加强调查研究，积极进行试点，加强投资和财务管理体制改革的力度，促进高等教育管理体制的改革。在体制改革和转轨过程中，原主管部门不能削弱对学校的领导或减少对学校的投资，而应加强领导和增加投入，大力支持地方政府把学校办得更好。接收中央部门所属的学校或进行统筹管理的地方政府，要充分考虑有关部门、行业的需要和利益，充分发挥这些学校的作用。对签有协议进行多种形式联合办学的各方的领导，要遵守协议，同心协力，共同把学校办好。各级政府及有关部门、各高等学校要共同努力，为实现《中国教育改革和发展纲要》提出的高等教育体制改革目标，为使我国高等教育的办学水平、教育质量和办学效益上一个新台阶而做出贡献。

# 中华人民共和国学位条例

(1980年2月12日第五届全国人民代表大会常务委员会第十三次会议通过，根据2004年8月28日第十届全国人民代表大会常务委员会第十一次会议《关于修改〈中华人民共和国学位条例〉的决定》修正)

第一条　为了促进我国科学专门人才的成长，促进各门学科学术水平的提高和教育、科学事业的发展，以适应社会主义现代化建设的需要，特制定本条例。

第二条　凡是拥护中国共产党的领导、拥护社会主义制度，具有一定学术水平的公民，都可以按照本条例的规定申请相应的学位。

第三条　学位分学士、硕士、博士三级。

第四条　高等学校本科毕业生，成绩优良，达到下述学术水平者，授予学士学位：

（一）较好地掌握本门学科的基础理论、专门知识和基本技能；

（二）具有从事科学研究工作或担负专门技术工作的初步能力。

第五条　高等学校和科学研究机构的研究生，或具有研究生毕业同等学力的人员，通过硕士学位的课程考试和论文答辩，成绩合格，达到下述学术水平者，授予硕士学位：

（一）在本门学科上掌握坚实的基础理论和系统的专门知识；

（二）具有从事科学研究工作或独立担负专门技术工作的能力。

第六条　高等学校和科学研究机构的研究生，或具有研究生毕业同等学力的人员，通过博士学位的课程考试和论文答辩，成绩合格，达到下述学术水平者，授予博士学位：

（一）在本门学科上掌握坚实宽广的基础理论和系统深入的专门知识；

（二）具有独立从事科学研究工作的能力；

（三）在科学或专门技术上做出创造性的成果。

第七条　国务院设立学位委员会，负责领导全国学位授予工作。学位委员会设主任委员一人，副主任委员和委员若干人。主任委员、副主任委员和委员由国务院任免。

第八条　学士学位，由国务院授权的高等学校授予；硕士学位、博士学位，由国务院授权的高等学校和科学研究机构授予。

授予学位的高等学校和科学研究机构（以下简称学位授予单位）及其可以授予学位的学科名单，由国务院学位委员会提出，经国务院批准公布。

第九条　学位授予单位，应当设立学位评定委员会，并组织有关学科的学位论文答辩委员会。

学位论文答辩委员会必须有外单位的有关专家参加，其组成人员由学位授予单位遴选决定。学位评定委员会组成人员名单由学位授予单位确定，报国务院有关部门和国务院学位委员会备案。

第十条　学位论文答辩委员会负责审查硕士和博士学位论文、组织答辩，就是否授予硕士学位或博士学位作出决议。决议以不记名投票方式，经全体成员三分之二以上通过，报学位评定委员会。

学位评定委员会负责审查通过学士学位获得者的名单；负责对学位论文答辩委员会报请授予硕士学位或博士学位的决议，做出是否批准的决定。决定以不记名投票方式，经全体成员过半数通过。决定授予硕士学位或博士学位的名单，报国务院学位委员会备案。

第十一条　学位授予单位，在学位评定委员会做出授予学位的决议后，发给学位获得者相应的学位证书。

第十二条　非学位授予单位应届毕业的研究生，由原单位推荐，可以就近向学位授予单位申请学位。经学位授予单位审查同意，通过论文答辩，达到本条例规定的学术水平者，授予相应的学位。

第十三条　对于在科学或专门技术上有重要的著作、发明、发现或发展者，经有关专家推荐，学位授予单位同意，可以免除考试，直接参加博士学位论文答辩。对于通过论文答辩者，授予博士学位。

第十四条　对于国内外卓越的学者或著名的社会活动家，经学位授予单位提名，国务院学位委员会批准，可以授予名誉博士学位。

第十五条　在我国学习的外国留学生和从事研究工作的外国学者，可以向学位授予单位申请学位。对于具有本条例规定的学术水平者，授予相应的学位。

第十六条　非学位授予单位和学术团体对于授予学位的决议和决定持有不同意见时，可以向学位授予单位或国务院学位委员会提出异议。学位授予单位和国务院学位委员会应当对提出的异议进行研究和处理。

第十七条　学位授予单位对于已经授予的学位，如发现有舞弊作伪等严重违反本条例规定的情况，经学位评定委员会复议，可以撤销。

第十八条　国务院对于已经批准授予学位的单位，在确认其不能保证所授学位的学术水平时，可以停止或撤销其授予学位的资格。

第十九条　本条例的实施办法，由国务院学位委员会制定，报国务院批准。

第二十条　本条例自1981年1月1日起施行。

# 教育部关于印发《关于进一步加强高等学校本科教学工作的若干意见》的通知

教高〔2005〕1号

各省、自治区、直辖市教育厅（教委），新疆生产建设兵团教委，有关部门（单位）教育司（局），部直属高等学校：

我部于2004年12月在北京召开了第二次全国普通高等学校本科教学工作会议，会议全面总结1998年第一次教学工作会议以来高等学校教学工作取得的成就和经验，围绕"大力加强教学工作，切实提高教学质量"的主题，研究了加大教学投入，强化教学管理，深化教学改革，以更多的精力、更大的财力进一步加强教学工作的政策和措施。在此基础上，研究制定了《关于进一步加强高等学校本科教学工作的若干意见》。现将《若干意见》和周济同志在第二次全国普通高等学校本科教学工作会议上的讲话印发你们，请认真贯彻执行，并将执行中的有关情况及时报告我部。

附件：一　关于进一步加强高等学校本科教学工作的若干意见
　　　二　大力加强教学工作，切实提高教学质量——周济同志在第二次全国普通高等学校本科教学工作会议上的讲话（略）

教育部
2005年1月1日

附件一：
### 关于进一步加强高等学校本科教学工作的若干意见

近年来，我国现代化建设快速发展，高等教育规模持续扩大，高等教育体制改革不断深入，高等学校教学工作面临着许多新情况、新问题，任务更加艰巨。因此，必须坚持科学发展观，实现高等教育工作重心的转移，在规模持续发展的同时，把提高质量放在更加突出的位置，培养数以千万计德智体美全面发展的高素质专门人才和一大批拔尖创新人才。为落实《2003—2007年教育振兴行动计划》，实施高等学校教学质量与教学改革工程，现就今后一个时期进一步加强高等学校本科教学工作提出以下意见。

1. 加强高等学校本科教学工作的指导思想是：坚持以马克思主义、毛泽东思想、邓小平理论和"三个代表"重要思想为指导，坚持党和国家的教育方针，牢固确立人才培养是高等学校的根本任务，牢固确立质量是高等学校的生命线，牢固确立教学工作在高等学校各项工作中的中心地位；按照"巩固、深化、提高、发展"的总要求，自觉遵循教育教学规律，以更多的精力、更大的财力进一步加强教学工作，全面提高人才培养质量。

2. 加强高等学校本科教学工作的主要任务和要求是：着眼于国家发展和人才的全面发展需要，加大教学投入，强化教学管理，深化教学改革，坚持传授知识、培养能力、提高素质协调发展，更加注重能力培养，着力提高大学生的学习能力、实践能力和创新能力，全面推进素质教育。

3. 加大教学经费投入，确保教学运行需要。高等学校要调整经费支出结构，切实把教学工作作为经费投入的重点，加大对教学经费的投入力度，学校学费收入中用于日常教学的经费不得低于25%，用以保障教学业务、教学仪器设备修理、教学差旅、体育维持等教学开支。要大幅度增加实践教学专项经费，尽快改变实践教学经费严重不足的状况。各地教育行政部门要与同级财政部门积极协调，共同研究制订生均教育事业费拨款标准，确保高等学校生均教育事业费拨款及时、足额到位。教育部将定期向社会公布各高等学校教学经费投入情况，并将其作为教学工作评估的重要指标之一。

4. 强化教学管理，确保教学工作正常秩序。高等学校要根据新形势的要求，结合本校实际，健全和完善各项教学工作规章制度。要通过制度建设，规范教师社会兼职和校外活动，促使教师把主要精力投入教学工作，并引导教师正确处理教学与科研的关系；规范教学管理人员的岗位职责，促使管理人员把主要精力投入管理和服务工作；规范学生的行为，促使学生把主要精力投入学习活动。要采取措施，确保各项规章制度严格执行，并对执行情况进行严格考核。要加强教学管理队伍建设，加大新形势下教学管理规律的研究，不断提高教学管理水平。

5. 深化教学改革，优化人才培养过程。高等学校要根据经济社会发展对人才的需求，调整和设置学科专业，不断优化学科专业结构，加强新设置专业建设和管理，把拓宽专业口径与灵活设置专业方向有机结合。要科学制订人才培养目标和规格标准，把加强基础与强调适应性有机结合，着力培养基础扎实、知识面宽、能力强、素质高的人才，更加注重学生能力培养。要继续推进课程体系、教学内容、教学方法和手段的改革，构建新的课程结构，加大选修课程开设比例，积极推进弹性学习制度建设。要切实改变课堂讲授所占周学时过多的状况，为学生提供更多的自主学习的时间和空间。有条件的高校要积极推行导师制，努力为学生全面发展提供优质和个性化的服务。各地教育行政部门和高等学校要通过教学改革立项等机制，鼓励教师开展教学理论研究、教学实践探索和优质教学资源开发。

6. 以社会需求为导向，走多样化人才培养之路。高等学校要根据国家和地区、行业经济建设与社会发展的需要和自身特点，科学定位，办出特色，办出水平。要根据不同专业的服务面向和特点，结合学校实际和生源状况，大力推进因材施教，探索多样化人才培养的有效途径。各地教育行政部门要紧密结合本地经济社会发展需要，科学规划本地高等学校布局结构、层次结构和科类结构，引导学校明确办学思想，找准学校的定位。各地教育行政部门和高等学校要根据本地、本校的办学基础和社会需要，建设品牌专业，形成优势和特色。教育部将用政策导向等多种手段，形成一批在不同类型高等学校中起示范带头作用的学校。

7. 强化教师教学工作制度，完善教师教学考核机制。高等学校要把教授、副教授为本科学生上课作为一项基本制度，教授、副教授每学年至少要为本科学生讲授一门课程，连续两年不讲授本科课程的，不再聘任其担任教授、副教授职务。要完善青年教师和研究生从事助教工作的制度。要把教师承担教学工作的业绩和成果作为聘任（晋升）教师职务、确定津贴的必要条件。要完善教师教学效果考核机制，大力表彰奖励在教学工作第一线做出突出贡献的教师，同时，对教学效果不好，学生反映强烈的教师，不应继续聘任其从事教学工作。要鼓励和推进名师上讲台，积极聘请国内外著名专家承担讲课任务或开设讲座。高等学校广大教师要积极探索教学规律，研究和改革教学内容与教学方法，不断提高教学水平。

8. 加强教材建设，确保高质量教材进课堂。高等学校要提倡和鼓励学术水平高、教学经验丰富的教师，根据教学需要编写高质量的各种类教材。对发展迅速和应用性强的课程，要不断更新教材内容，积极开发新教材，并使高质量的新版教材成为教材选用的主体。对教学内容相对稳定的基础课程，要大力锤炼精品教材，并把精品教材作为教材选用的主要目标。各级教育行政部门和高等学校要以实施马克思主义理论研究和建设工程为契机，加强哲学社会科学学科体系和教材体系建设，组织编写出版一批具有中国特色、中国风格和中国气派的哲学社会科学教材。要健全、完善教材评审、评介和选用机制，严把教材质量关。

9. 加大教学信息化建设力度，推进优质教学资源共享。各级教育行政部门和高等学校要确保高质量完成1500门国家精品课程建设任务，大力推进校、省、国家三级精品课程体系建设，形成多学科、多课程的网络共享平台。要建设仪器设备共享系统和数字化图书馆等，加快信息化教学环境建设的进程。要鼓励教师共享精品课程等优质教学资源，按照教育规律和课程特点，推动多媒体辅助教学，不断提高教学效果。国家重点建设的高等学校所开设的必修课程，使用多媒体授课的课时比例应达到30%以上，其他高等学校应达到15%以上。

10. 大力加强实践教学，切实提高大学生的实践能力。高等学校要强化实践育人的意识，区别不同学科对实践教学的要求，合理制定实践教学方案，完善实践教学体系。要切实加强实验、实习、社会实践、毕业设计（论文）等实践教学环节，保障各环节的时间和效果，不得降低要求。大学生毕业设计（论文）要贴近实际，严格管理，确保质量。要不断改革实践教学内容，改进实践教学方法，通过政策引导，吸引高水平教师从事实践环节教学工作。要加强产学研合作教育，充分利用国内外资源，不断拓展校际之间、校企之间、高校与科研院所之间的合作，加强各种形式的实践教学基地和实验室建设。教育部将适时启动基础课程实验教学示范中心建设项目，推动高校实践环节教学改革，并把实践教学作为教学工作评估的关键性指标。

11. 积极推动研究性教学，提高大学生的创新能力。高等学校的所有实验室和图书资料室都要向学生开放，建立大学生尽早进入实验室的基本制度和运行机制。要增加综合性与创新性实验，提供丰富的教学参考资料，积极推进讨论式教学、案例教学等教学方法和合作式学习方式，引导大学生了解多种学术观点并开展讨论、追踪本学科领域最新进展，提高自主学习和独立研究的能力。要让大学生通过参与教师科学研究项目或自主确定选题开展研究等多种形式，进行初步的探索性研究工作。

12. 继续推进素质教育，促进学生德智体美全面发展。高等学校要切实加强大学生思想政治教育，提高大学生的思想政治素质。各门课程、各教学环节都要贯彻素质教育的思想。要注重第一课堂和第二课堂的有机结合，积极面向非本专业学生开设文学、历史、哲学、艺术，以及社会科学和自然科学等方面的课程，提升大学生的人文和科技素养，增强社会责任感，为大学生的可持续发展奠定基础；第二课堂要贴近学生的学习和生活，鼓励开展以提高大学生多方面能力和扩展学生专业知识为目标的课余活动。高校教师要重视通过课内教学和课外辅导等切实提高大学生的素质，要加强对学生课外活动的引导。

13. 以大学英语教学改革为突破口，提高大学生的国际交流与合作能力。高等学校要全面推广和使用大学英语教学改革的成果，大力推进基于计算机和校园网的大学英语学习，建立个性化教学体系，切实提高大学生英语综合应用能力，特别是听说能力。以非英语通用语种作为大学公共外语教学要求的院校和专业，也要根据英语教学改革的思路推进改革。要提高双语教学课程的质量，继续扩大双语教学课程的数量。积极鼓励高等学校在本科教学领域开展国际交流与合作。

14. 加强学风建设，营造良好的育人环境。高等学校要营造体现社会主义特点、时代特征和学校特色的校园文化。要以丰富多彩的教育教学活动，加强对大学生的法制教育、诚信教育和心理健康教育，培养大学生自强不息、诚实守信、勇于探索的精神，形成严谨的学术风气。学生要以学为主，勤奋刻苦；教师要教书育人，为人师表。要坚持依法治教，严明学习纪律，严格考试管理、严肃考场纪律、严格评分标准，坚决遏制考试作弊现象，对于违反学校纪律的学生，要按照有关规定严肃处理。

15. 加强高等学校教学工作评估，完善教学质量保障体系。教育部实施定期进行教学评估制度和高校教学基本状态数据年度公布制度，有计划地开展学科专业等专项教学评估工作，逐步建立政府、高校和社会有机结合的高等教育质量保障体系。重视不同类型高校的办学定位和特点，按照分类指导的原则，进一步完善教学工作评估指标体系。要充分发挥教学评估的激励和导向作用，将评估结果作为学校增设专业、确定招生计划、进行资源分配等有关工作的重要依据。高等学校要努力探索和建立本校教学质量保证与监控机制。

16. 切实加强对本科教学工作的领导。各级教育行政部门要充分认识加强本科教学工作的重要意义，制定有关政策和措施，把提高本科教育质量作为评价和衡量高等学校工作的重要依据，确保各项要求落到实处。各高等学校的党政一把手作为教学质量的第一责任人，要统筹学校的各项工作，把主要精力真正转移到教学工作上来，把质量意识落实到具体工作之中，不断推进高等学校的观念创新、制度创新和工作创新，开创本科教育教学工作新局面。

# 教育部关于组织申报国家教育体制
# 改革试点的通知

教改函〔2010〕1号

各省、自治区、直辖市教育厅（教委），新疆生产建设兵团教育局，有关部门（单位）教育司（局），部属各高等学校：

《国家中长期教育改革和发展规划纲要（2010—2020年）》公开征求意见以来，社会各界积极建言献策，很多地方希望先行先试。为做好《规划纲要》贯彻落实工作，扎实有序地推进教育改革，决定从今年开始，在全国范围分区域、有步骤地开展改革试点。为制定《国家教育体制改革试点总体方案》，现将《深化教育体制改革工作重点》印发给你们，请紧密结合实际，确定改革重点，研究改革措施，提出申报国家教育体制改革试点的方案。

试点工作的主要目的是：着力破除制约教育事业科学发展的体制机制障碍，着力解决人民群众关心的重点难点问题和突出矛盾，以促进公平为重点，以提高质量为核心，从关键环节入手，推进培养体制、办学体制、管理体制、保障机制等方面的系统改革，在义务教育均衡发展、职业教育能力建设、高等教育质量提升等方面取得新进展，积极探索办好学前教育、高中教育、民族教育、特殊教育的政策措施，为全面深入推进教育体制机制改革积累经验。

试点工作的重点内容是：创新人才培养模式改革，明确政府发展学前教育职责，推进义务教育均衡发展，减轻中小学生课业负担，职业教育办学模式改革，流动人口子女在流入地平等接受义务教育和参加升学考试，推进高等学校招生考试制度改革，落实高校办学自主权，改进高等教育管理方式，提高中外合作办学水平，构建人才成长立交桥，改善民办教育发展环境，加强农村教师队伍建设，完善教育投入保障机制，改革教育行政管理方式等。

申报国家教育体制改革试点的要求是：有一定工作基础、愿意先行先试的地区和学校，选择一项或几项申报改革试点。每项改革都要提出试点方案，包括改革事项、改革目标、改革措施、保障条件、试点周期、需要的支持政策等内容。各地教育行政部门要按照鼓励体制机制创新、有利于扩大教育资源的原则，在与相关部门充分协商论证的基础上，形成本地教育改革试点方案，经省级政府同意后，以省（自治区、直辖市、兵团）为单位于5月30日前报送教育部。中央部委所属高等学校改革试点方案按隶属关系报送。

国家教育体制改革试点按照分省申报、专家评审、协商论证、综合平衡、统一部署的原则确定，优先选择改革目标明确、政策措施具体、支持力度大、示范性强的试点方案，综合形成国家总体方案。未列入国家总体方案的试点，由各地自行组织实施。国家试点地区和单位，将根据综合改革的需要和各地试点进展情况，适时进行动态调整。

附件：深化教育体制改革工作重点.doc

中华人民共和国教育部<br>2010年5月14日

附件：

## 深化教育体制改革工作重点

根据党中央、国务院关于教育改革与发展的总体要求，按照2010年《政府工作报告》推进教育改革的重要部署，为做好《国家中长期教育改革和发展规划纲要（2010—2020年）》启动实施工作，特提出如下深化教育体制改革工作重点。

### 一 指导思想和基本原则

指导思想。以邓小平理论和"三个代表"重要思想为指导，深入贯彻落实科学发展观，全面贯彻党的教育方针，立足基本国情，遵循教育规律，以促进公平为重点，以提高质量为核心，解放思想，大胆突破，激发活力，努力形成有利于教育事业科学发展的体制机制。

基本原则。坚持以人为本，着力解决重大现实问题。从人民群众关心的热点难点问题入手，着力破除体制机制障碍，努力解决深层次矛盾，把人民是否满意作为检验教育改革的根本标准，把促进人才的全面发展、适应经济社会需要作为推进教育体制改革的出发点和落脚点。坚持统筹谋划，确保改革协调有序推进。搞好总体设计，正确处理改革发展稳定的关系，立足当前与兼顾长远相结合，综合改革与专项改革相结合，着眼于事关全局的关键领域和薄弱环节，有计划、有步骤地平稳推进，确保改革的科学性、系统性。坚持因地制宜，鼓励各地各校大胆试验。要把整体部署和局部试点结合起来，充分发挥地方、学校和师生的主动性、积极性、创造性，鼓励各地各校紧密结合实际，积极探索，勇于创新，增强教育事业改革发展的内在动力，形成全社会共同推进教育改革的良好局面。

**二 重点任务**

（一）培养体制改革

1. 推进教育教学内容、方法改革。组织开展教育观念、教学方法大讨论。改革教学内容、教育方法和评价制度。探索减轻中小学生课业负担、推进素质教育的有效途径和方法。完善国家基础教育课程教材管理制度。适应时代要求和学生身心发展特点，系统规划大中小学德育课程。加强民族团结教育课程建设。完善有关民族地区和内地民族班"双语"教育课程体系。

2. 推进高等学校招生考试制度改革。成立国家教育考试指导委员会。研究深入推进普通高校招生考试制度改革的意见。深化高考综合改革、高校自主选拔录取改革，扩大本科与高职分类考试、录取模式等改革试点。完善考试招生信息发布制度。

3. 创新人才培养模式。开展拔尖创新人才培养模式改革试点。启动新一轮研究生教育创新计划，全面推进研究生培养机制改革。开展研究生专业学位培养模式综合改革试点，优化研究生培养类型结构。探索和完善科研院所与高等学校联合培养博士生的体制机制。开展

"985 工程"建设改革创新试点。启动实施卓越工程师、卓越医师教育培养计划，推进工程教育、医学教育改革。

4. 探索构建人才成长立交桥。开展中等职业教育与高等职业教育、继续教育衔接试点。探索建立学习成果认证和"学分银行"制度。开展普通高等学校继续教育课程认证、学分积累和转换试点。研究制订高等教育自学考试专业课程改革方案。创新工作机制，开展学习型社会建设试点。

（二）办学体制改革

1. 改革职业教育办学模式。探索政府、行业、企业及社会各方分担职业教育基础能力建设机制。推进校企合作，完善职业教育集团化办学的体制机制，促进资源共享、合作共赢。研究制定政策措施，深入推进东部与西部、城市与农村中等职业学校联合招生合作办学，扩展合作领域和规模。修订职业教育专业目录。

2. 落实高等学校办学自主权。开展大学内部治理结构改革试点。推动建立健全大学章程。建立高等学校总会计师制度。调整高等教育学科专业目录，改革专业设置管理办法，建立适应经济社会发展需要的专业设置动态调整机制。

3. 改善民办教育发展环境。清理并纠正歧视民办教育的政策和做法。开展营利性和非营利性民办学校分类管理试点。探索公共财政支持民办教育具体政策。健全民办教育财务、会计和资产管理制度。探索独立学院管理和发展的有效方式。

4. 提高中外合作办学水平。改进中外合作办学审批管理办法，探索建立质量保障制度。引进优质教育资源。制定国外高水平大学来华合作办学计划。完善政策，扩大来华留学规模。

（三）管理体制改革

1. 明确政府发展学前教育职责。探索政府举办和鼓励社会力量办园的措施和制度。研究制定幼儿园规范管理意见。

2. 推进义务教育均衡发展。多种途径解决择校问题。推进中小学校标准化建设。探索城乡教育一体化发展的有效途径。推进区域内校长、教师流动。扩大优质高中招生名额合理分配到区域内初中试点。

探索公办学校多种办学形式，扩大优质教育资源的覆盖面。探索流动人口子女在流入地平等接受义务教育和参加升学考试的办法。探索促进内地与民族地区教育对口支援、交流协作的有效途径和机制。

3. 改进高等教育管理方式。开展高等学校分类指导、分类管理试点。推进行业、地方与高校共建，探索共建新模式，建立产学研联盟长效机制。制定省级政府依法审批设立实施专科学历教育高等学校的具体办法。改革学位授权审核制度，强化省级政府对区域增列学位授权点的统筹权限。扩大研究生院单位设置博士学位授权点自主权。设立高等教育拨款咨询委员会。制定逐步缩小高等学校入学机会区域差距的政策措施。

4. 深化教育行政管理改革。研究制定教育质量基本标准。成立国家教育质量监测评估机构。加强教育督导，探索有效履行督导职能的体制机制。研究制订地方政府履行教育职责的评价办法。

（四）保障机制改革

1. 加强教师队伍建设。重点加强农村教师队伍建设。研究制订优秀教师到农村贫困地区从教的具体措施。开展农村边远地区教师特殊岗位津贴试点。开展农村学校教师周转房建设试点。研究制订中小学教师公开招聘办法。进一步建立健全教师资格制度，启动教师资格注册制度试点。探索中小学、中职校长职级制。制订并实施中小学教师和校长培训计划。开展大中小学校长和骨干教师海外研修培训。建立完善职业学校教师企业实践制度，研究制订职业学校兼职教师管理办法。全面规划有关民族地区和内地民族班"双语"教师队伍建设，探索建立"双语"教师保障制度。

2. 完善教育投入保障机制。开展建立多渠道筹措教育经费长效机制试点。探索政府收入统筹用于支持教育的办法。建立健全教育投入绩效评估和加强经费使用管理和监督的政策措施。制定各级学校生均经费基本标准和生均财政拨款基本标准。完善家庭经济困难学生资助体系，建立健全各级各类学生资助政策。

3. 加快推进教育信息化。启动国家"金教"工程顶层设计。筹建国家优质教育资源中心。重点加强农村学校信息基础建设。探索开放大学建设模式。

4. 加强学风和廉政建设。完善以质量和贡献为导向的学术评价机制。探索建立学术不端行为监督、查处机制。完善教育系统惩治和预防腐败体系，健全高校廉政风险防范机制。

5. 推进教育出版和高校附属医院改革。深化出版体制改革，实现转企改制，组建中国教育出版集团。研究拟定高等学校附属医院管理体制改革意见，加强医学人才临床能力培养。

### 三 工作要求

（一）加强组织领导。各地各单位要充分认识教育体制改革的紧迫性、复杂性、艰巨性，高度重视，精心谋划，把教育体制改革工作作为事关教育事业科学发展的大事来抓。要根据国家总体要求，在当地党委和政府的领导下，提出符合自身实际的改革意见，确定改革重点，制定改革方案，研究改革措施，注重改革实效。改革方案的设计和改革试点的进行，都必须坚持科学精神，遵循客观规律，防止形式主义，确保改革积极稳妥推进。

（二）精心组织试点。各地各单位要在统筹考虑的基础上做好试点工作，发挥示范带动作用。对确定的改革试点，要加强协调指导，及时研究新情况、新问题，不断完善改革措施。承担国家改革试点任务的地方和单位，要确保组织到位、措施到位、保障到位，按计划进度开展试点任务。试点中的好经验、好做法、好成果，请及时报送教育部。

（三）搞好宣传推广。教育体制改革十分复杂，关系人民群众切身利益，受到社会各界高度关注。重大政策出台前要充分论证，发扬民主，广聚众智。对在改革实践中涌现的新思路、新办法、新举措，只要有利于教育事业科学发展，都应给予保护和支持。要尊重广大教师的首创精神，认真总结各地各校成功经验，组织交流，积极推广。要多做问需于民、问计于民的工作，多做政策宣传、解疑释惑的工作，多做增进共识、统一思想的工作，营造全社会关心、重视和支持教育改革的良好氛围。

# 高等学校章程制定暂行办法

(2011 年 12 月 28 日)

**第一章　总则**

第一条　为完善中国特色现代大学制度，指导和规范高等学校章程建设，促进高等学校依法治校、科学发展，依据教育法、高等教育法及其他有关规定，制定本办法。

第二条　国家举办的高等学校章程的起草、审议、修订以及核准、备案等，适用本办法。

第三条　章程是高等学校依法自主办学、实施管理和履行公共职能的基本准则。高等学校应当以章程为依据，制定内部管理制度及规范性文件、实施办学和管理活动、开展社会合作。

高等学校应当公开章程，接受举办者、教育主管部门、其他有关机关以及教师、学生、社会公众依据章程实施的监督、评估。

第四条　高等学校制定章程应当以中国特色社会主义理论体系为指导，以宪法、法律法规为依据，坚持社会主义办学方向，遵循高等教育规律，推进高等学校科学发展；应当促进改革创新，围绕人才培养、科学研究、服务社会、推进文化传承创新的任务，依法完善内部法人治理结构，体现和保护学校改革创新的成功经验与制度成果；应当着重完善学校自主管理、自我约束的体制、机制，反映学校的办学特色。

第五条　高等学校的举办者、主管教育行政部门应当按照政校分开、管办分离的原则，以章程明确界定与学校的关系，明确学校的办学方向与发展原则，落实举办者权利义务，保障学校的办学自主权。

第六条　章程用语应当准确、简洁、规范，条文内容应当明确、具体，具有可操作性。

章程根据内容需要，可以分编、章、节、条、款、项、目。

## 第二章　章程内容

第七条　章程应当按照高等教育法的规定，载明以下内容：

（一）学校的登记名称、简称、英文译名等，学校办学地点、住所地；

（二）学校的机构性质、发展定位，培养目标、办学方向；

（三）经审批机关核定的办学层次、规模；

（四）学校的主要学科门类，以及设置和调整的原则、程序；

（五）学校实施的全日制与非全日制、学历教育与非学历教育、远程教育、中外合作办学等不同教育形式的性质、目的、要求；

（六）学校的领导体制、法定代表人，组织结构、决策机制、民主管理和监督机制，内设机构的组成、职责、管理体制；

（七）学校经费的来源渠道、财产属性、使用原则和管理制度，接受捐赠的规则与办法；

（八）学校的举办者，举办者对学校进行管理或考核的方式、标准等，学校负责人的产生与任命机制，举办者的投入与保障义务；

（九）章程修改的启动、审议程序，以及章程解释权的归属；

（十）学校的分立、合并及终止事由，校徽、校歌等学校标志物、学校与相关社会组织关系等学校认为必要的事项，以及本办法规定的需要在章程中规定的重大事项。

第八条　章程应当按照高等教育法的规定，健全学校办学自主权的行使与监督机制，明确以下事项的基本规则、决策程序与监督机制：

（一）开展教学活动、科学研究、技术开发和社会服务；

（二）设置和调整学科、专业；

（三）制定招生方案，调节系科招生比例，确定选拔学生的条件、标准、办法和程序；

（四）制定学校规划并组织实施；

（五）设置教学、科研及行政职能部门；

（六）确定内部收入分配原则；

（七）招聘、管理和使用人才；

（八）学校财产和经费的使用与管理；

（九）其他学校可以自主决定的重大事项。

第九条　章程应当依照法律及其他有关规定，健全中国共产党高等学校基层委员会领导下的校长负责制的具体实施规则、实施意见，规范学校党委集体领导的议事规则、决策程序，明确支持校长独立负责地行使职权的制度规范。

章程应当明确校长作为学校法定代表人和主要行政负责人，全面负责教学、科学研究和其他管理工作的职权范围；规范校长办公会议或者校务会议的组成、职责、议事规则等内容。

第十条　章程应当根据学校实际与发展需要，科学设计学校的内部治理结构和组织框架，明确学校与内设机构，以及各管理层级、系统之间的职责权限，管理的程序与规则。

章程根据学校实际，可以按照有利于推进教授治学、民主管理，有利于调动基层组织积极性的原则，设置并规范学院（学部、系）、其他内设机构以及教学、科研基层组织的领导体制、管理制度。

第十一条　章程应当明确规定学校学术委员会、学位评定委员会以及其他学术组织的组成原则、负责人产生机制、运行规则与监督机制，保障学术组织在学校的学科建设、专业设置、学术评价、学术发展、教学科研计划方案制定、教师队伍建设等方面充分发挥咨询、审议、决策作用，维护学术活动的独立性。

章程应当明确学校学术评价和学位授予的基本规则和办法；明确尊重和保障教师、学生在教学、研究和学习方面依法享有的学术自由、探索自由，营造宽松的学术环境。

第十二条　章程应当明确规定教职工代表大会、学生代表大会的地位作用、职责权限、组成与负责人产生规则，以及议事程序等，维护师生员工通过教职工代表大会、学生代表大会参与学校相关事项的民主决策、实施监督的权利。

对学校根据发展需要自主设置的各类组织机构，如校务委员会、教授委员会、校友会等，章程中应明确其地位、宗旨以及基本的组织与议事规则。

第十三条　章程应当明确学校开展社会服务、获得社会支持、接受社会监督的原则与办法，健全社会支持和监督学校发展的长效机制。

学校根据发展需要和办学特色，自主设置有政府、行业、企事业单位以及其他社会组织代表参加的学校理事会或者董事会的，应当在章程中明确理事会或者董事会的地位作用、组成和议事规则。

第十四条　章程应当围绕提高质量的核心任务，明确学校保障和提高教育教学质量的原则与制度，规定学校对学科、专业、课程以及教学、科研的水平与质量进行评价、考核的基本规则，建立科学、规范的质量保障体系和评价机制。

第十五条　章程应当体现以人为本的办学理念，健全教师、学生权益的救济机制，突出对教师、学生权益、地位的确认与保护，明确其权利义务；明确学校受理教师、学生申诉的机构与程序。

## 第三章　章程制定程序

第十六条　高等学校应当按照民主、公开的原则，成立专门起草组织开展章程起草工作。

章程起草组织应当由学校党政领导、学术组织负责人、教师代表、学生代表、相关专家，以及学校举办者或者主管部门的代表组成，可以邀请社会相关方面的代表、社会知名人士、退休教职工代表、校友代表等参加。

第十七条　高等学校起草章程，应当深入研究、分析学校的特色与需求，总结实践经验，广泛听取政府有关部门、学校内部组织、师生员工的意见，充分反映学校举办者、管理者、办学者，以及教职员工、学生的要求与意愿，使章程起草成为学校凝聚共识、促进管理、增进和谐的过程。

第十八条　章程起草过程中，应当在校内公开听取意见；涉及关系学校发展定位、办学方向、培养目标、管理体制，以及与教职工、学生切身利益相关的重大问题，应当采取多种方式，征求意见、充分论证。

第十九条  起草章程，涉及与举办者权利关系的内容，高等学校应当与举办者、主管教育行政部门及其他相关部门充分沟通、协商。

第二十条  章程草案应提交教职工代表大会讨论。学校章程起草组织负责人，应当就章程起草情况与主要问题，向教职工代表大会做出说明。

第二十一条  章程草案征求意见结束后，起草组织应当将章程草案及其起草说明，以及征求意见的情况、主要问题的不同意见等，提交校长办公会议审议。

第二十二条  章程草案经校长办公会议讨论通过后，由学校党委会讨论审定。

章程草案经讨论审定后，应当形成章程核准稿和说明，由学校法定代表人签发，报核准机关。

## 第四章  章程核准与监督

第二十三条  地方政府举办的高等学校的章程由省级教育行政部门核准，其中本科以上高等学校的章程核准后，应当报教育部备案；教育部直属高等学校的章程由教育部核准；其他中央部门所属高校的章程，经主管部门同意，报教育部核准。

第二十四条  章程报送核准应当提交以下材料：

（一）核准申请书；

（二）章程核准稿；

（三）对章程制定程序和主要内容的说明。

第二十五条  核准机关应当指定专门机构依照本办法的要求，对章程核准稿的合法性、适当性、规范性以及制定程序，进行初步审查。审查通过的，提交核准机关组织的章程核准委员会评议。

章程核准委员会由核准机关、有关主管部门推荐代表，高校、社会代表以及相关领域的专家组成。

第二十六条  核准机关应当自收到核准申请2个月内完成初步审查。涉及对核准稿条款、文字进行修改的，核准机关应当及时与学校进行沟通，提出修改意见。

有下列情形之一的，核准机关可以提出时限，要求学校修改后，重新申请核准：

（一）违反法律、法规的；

（二）超越高等学校职权的；

（三）章程核准委员会未予通过或者提出重大修改意见的；

（四）违反本办法相关规定的；

（五）核准期间发现学校内部存在重大分歧的；

（六）有其他不宜核准情形的。

第二十七条　经核准机关核准的章程文本为正式文本。高等学校应当以学校名义发布章程的正式文本，并向本校和社会公开。

第二十八条　高等学校应当保持章程的稳定。

高等学校发生分立、合并、终止，或者名称、类别层次、办学宗旨、发展目标、举办与管理体制变化等重大事项的，可以依据章程规定的程序，对章程进行修订。

第二十九条　高等学校章程的修订案，应当依法报原核准机关核准。

章程修订案经核准后，高等学校应当重新发布章程。

第三十条　高等学校应当指定专门机构监督章程的执行情况，依据章程审查学校内部规章制度、规范性文件，受理对违反章程的管理行为、办学活动的举报和投诉。

第三十一条　高等学校的主管教育行政部门对章程中自主确定的不违反法律和国家政策强制性规定的办学形式、管理办法等，应当予以认可；对高等学校履行章程情况应当进行指导、监督；对高等学校不执行章程的情况或者违反章程规定自行实施的管理行为，应当责令限期改正。

## 第五章　附则

第三十二条　新设立的高等学校，由学校举办者或者其委托的筹设机构，依法制定章程，并报审批机关批准；其中新设立的国家举办的高等学校，其章程应当具备本办法规定的内容；民办高等学校和中外合作举办的高等学校，依据相关法律法规制定章程，章程内容可参照本办法的规定。

第三十三条　本办法自 2012 年 1 月 1 日起施行。

# 教育部　财政部关于实施高等学校创新能力提升计划的意见

教技〔2012〕6号

各省、自治区、直辖市教育厅（教委）、财政厅（局），有关部门（单位）教育、财务司（局），教育部直属各高等学校：

为贯彻落实胡锦涛总书记在庆祝清华大学建校100周年大会上的重要讲话精神，积极推动协同创新，促进高等教育与科技、经济、文化的有机结合，大力提升高等学校的创新能力，支撑创新型国家和人力资源强国建设，决定实施"高等学校创新能力提升计划"（以下简称"2011计划"），并对计划实施提出以下意见：

## 一　实施意义

（一）实施"2011计划"，是落实胡锦涛总书记清华大学百年校庆重要讲话精神的重大举措。全面提高高等教育质量是总书记讲话的主线，创新能力是提高质量的灵魂。贯彻落实总书记讲话，迫切需要通过大力推进协同创新，鼓励高等学校同科研机构、行业企业开展深度合作，建立战略联盟，促进资源共享，在关键领域取得实质性成果，实现高等学校创新能力的显著与持续提升。

（二）实施"2011计划"，是加快创新型国家建设的重要支撑。当今世界，创新已成为经济社会发展的主要驱动力，创新能力成为国家竞争力的核心要素。面对日新月异的科技进步，迫切需要转变创新理念和模式，加快以学科交叉融合为基础的知识、技术集成与转化，加快创新力量和资源整合与重组，促进政产学研用紧密结合，支撑国家经济和社会发展方式的转变。

（三）实施"2011计划"，是推动我国教育与科技、经济、文化紧密结合的战略行动。长期以来，我国创新力量各成体系，创新资源分散重复，创新效率不高，迫切需要突破自主创新的机制体制障碍，促进社会各类创新力量的协同创新，促进教育与科技、经济、文化事业的融合发展，提高国家整体创新能力和竞争实力。

## 二 指导思想

按照"国家急需、世界一流"的要求，瞄准科学前沿和国家发展的重大需求，以重点学科建设为基础，以机制体制改革为重点，以创新能力提升为突破口，大力推动协同创新，充分发挥高等教育作为科技第一生产力和人才第一资源重要结合点在国家发展中的独特作用，支撑经济社会又好又快发展。

## 三 基本原则

需求导向。紧密围绕科技、经济和社会发展中的重大需求，通过协同创新，重点研究和解决国家急需的战略性问题、科学技术尖端领域的前瞻性问题以及涉及国计民生的重大公益性问题。

全面开放。面向各类高等学校开放，不限定范围，不固化单位，广泛吸纳科研院所、行业企业、地方政府以及国际创新力量等，形成多元、开放、动态的组织运行模式。

深度融合。引导和支持高等学校与各类创新力量开展深度合作，探索创新要素有机融合的新机制，促进优质资源的充分共享，加快学科交叉融合，推动教育、科技、经济、文化互动，实现人才培养质量和科学研究能力的同步提升。

创新引领。以机制体制改革引领协同创新，以协同创新引领高等学校创新能力的全面提升，推动高等教育的科学发展，加快世界一流大学和高水平大学建设步伐，促进国家自主创新、科技进步和文化繁荣。

## 四 总体目标

充分发挥高等学校多学科、多功能的优势，积极联合国内外创新力量，有效整合创新资源，构建协同创新的新模式与新机制，形成有利于协同创新的文化氛围。建立一批"2011协同创新中心"，集聚和培养一批拔尖创新人才，取得一批重大标志性成果，成为具有国际重大影响的学术高地、行业产业共性技术的研发基地、区域创新发展的引领阵地和文化传承创新的主力阵营。推动知识创新、技术创新、区域创新的战略融合，支撑国家创新体系建设。

**五 重点任务**

（一）构建协同创新平台与模式

以人才、学科、科研三位一体的创新能力提升为核心，坚持"高起点、高水准、有特色"，充分利用高等学校已有的基础，汇聚社会多方资源，大力推进高等学校与高等学校、科研院所、行业企业、地方政府以及国际社会的深度融合，探索建立适应于不同需求、形式多样的协同创新模式。

1. 面向科学技术前沿和社会发展的重大问题，依托高等学校的优势特色学科，与国内外高水平的大学、科研机构等开展实质性合作，吸引和聚集国内外的优秀创新团队与优质资源，建立符合国际惯例的知识创新模式，营造良好的学术环境和氛围，持续产出重大原始创新成果和拔尖创新人才，逐步成为引领和主导国际科学研究与合作的学术中心。

2. 面向行业产业经济发展的核心共性问题，依托高等学校与行业结合紧密的优势学科，与大中型骨干企业、科研院所联合开展有组织创新，建立多学科融合、多团队协同、多技术集成的重大研发与应用平台，形成政产学研用融合发展的技术转移模式，为产业结构调整、行业技术进步提供持续的支撑和引领，成为国家技术创新的重要阵地。

3. 面向区域发展的重大需求，鼓励各类高等学校通过多种形式自觉服务于区域经济建设和社会发展。支持地方政府围绕区域经济发展规划，引导高等学校与企业、科研院所等通过多种形式开展产学研用协同研发，推动高等学校服务方式转变，构建多元化成果转化与辐射模式，带动区域产业结构调整和新兴产业发展，为地方政府决策提供战略咨询服务，在区域创新中发挥骨干作用。

4. 面向我国社会主义文化建设的迫切需求，整合高等学校人文社会科学的学科和人才优势，推动与科研院所、行业产业以及境外高等学校、研究机构等开展协同研究，构建多学科交叉研究平台，探索建立文化传承创新的新模式，加强文化对外表达和传播能力建设，发挥智囊团和思想库作用，为提升国家文化软实力、增强中华文化国际影响力、推动人类文明进步做出积极贡献。

(二) 建立协同创新机制与体制

坚持政府主导与市场机制相结合，突破制约高等学校创新能力提升的内部机制障碍，打破高等学校与其他创新主体间的体制壁垒，把人才作为协同创新的核心要素，通过系统改革，充分释放人才、资本、信息、技术等方面的活力，营造有利于协同创新的环境氛围。

1. 构建科学有效的组织管理体系。成立由多方参与的管理机构，负责重大事务协商与决策，制定科学与技术的总体发展路线，明确各方责权和人员、资源、成果、知识产权等归属，实现开放共享、持续发展。

2. 探索促进协同创新的人事管理制度。建立以任务为牵引的人员聘用方式，增强对国内外优秀人才的吸引力和凝聚力，造就协同创新的领军人才与团队。推动高等学校与科研院所、企业之间的人员流动，优化人才队伍结构。

3. 健全寓教于研的拔尖创新人才培养模式。以科学研究和实践创新为主导，通过学科交叉与融合、产学研紧密合作等途径，推动人才培养机制改革，以高水平科学研究支撑高质量人才培养。

4. 形成以创新质量和贡献为导向的评价机制。改变单纯以论文、获奖为主的考核评价方式，注重原始创新和解决国家重大需求的实效，建立综合评价机制和退出机制，鼓励竞争，动态发展。

5. 建立持续创新的科研组织模式。充分发挥协同创新的人才、学科和资源优势，在协同创新中不断发现和解决重大问题，形成可持续发展、充满活力和各具特色的科研组织模式。

6. 优化以学科交叉融合为导向的资源配置方式。充分利用和盘活现有资源，集中优质资源重点支持，发挥优势和特色学科的汇聚作用，构建有利于协同创新的基础条件，形成长效机制。

7. 创新国际交流与合作模式。积极吸引国际创新力量和资源，集聚世界一流专家学者参与协同创新，合作培养国际化人才，推动与国外高水平大学、科研机构等建立实质性合作，加快我国高等学校的国际化发展进程。

8. 营造有利于协同创新的文化环境。构建自由开放、鼓励创新、宽容失败的学术氛围，倡导拼搏进取、敬业奉献、求真务实、团结合作的精神风尚。

**六 管理实施**

（一）组织管理

教育部、财政部联合成立领导小组，负责顶层设计、宏观布局、统筹协调、经费投入等重大事项决策。领导小组下设办公室，负责规划设计、组织实施、监督管理等工作，办公地点设在教育部。

成立专家咨询委员会，为重大政策、总体规划、中心遴选、管理实施等提供咨询。委员会由来自有关部门、高等学校、科研机构、行业企业、社会团体的专家组成。

充分体现公开、公平、公正的要求，建立第三方评审机制。确定相对独立的第三方机构，负责遴选评审专家、组织评审、开展定期检查和阶段性评估等工作。

（二）操作实施

"2011计划"从2012年开始实施，四年为一周期，按照培育组建、评审认定、绩效评价三个阶段开展。在充分培育并达到申报要求的前提下，由协同创新体联合提出"2011协同创新中心"的认定申请。国家每年组织一次评审，按照一定数量和规模，择优遴选不同类型的协同创新中心。

1. 培育组建。高等学校应按照"2011计划"的精神和要求，加强组织领导和顶层规划，积极推进机制体制改革，充分汇聚现有资源，广泛联合科研院所、行业企业、地方政府以及国际社会的创新力量开展协同创新。通过前期培育，确定协同创新方向，选择协同创新模式，组建协同创新体，营造协同创新的环境氛围，形成协同创新的新机制和新优势，为参与"2011计划"奠定基础。

2. 评审认定。在高等学校为主组成的协同创新体充分培育并取得良好成效基础上，联合提交协同创新中心认定申请。申请认定的协同创新体应满足科学前沿和国家需求的重大方向、具备开展重大机制体制改革的基础与条件、具有解决重大问题的综合能力和学科优势等基本条件。领导小组办公室对认定申请进行初审后，委托第三方机构组织专家评审。领导小组根据评审结果进行审议后，对符合条件的协同创新体，批准认定为"2011协同创新中心"。

3. 绩效评价。经批准认定的"2011协同创新中心"应进一步完善组织管理机制，落实相关条件，整合多方资源，优化规章制度和运行管理办法，强化责任意识，加强过程管理，加快实现预期目标。教育部、财政部建立绩效评价机制，按照协同创新中心确定的任务与规划，加强目标管理和阶段性评估。对于执行效果不佳或无法实现预期目标的"2011协同创新中心"，要及时整改或予以裁撤。

（三）支持方式

发挥协同创新的引导和聚集作用，充分利用现有各类资源和条件，广泛吸纳社会多方面的支持和投入。面向行业产业发展的协同创新中心，要发挥行业部门和骨干企业的主导作用，汇聚行业、企业、社会等方面的投入与支持；面向区域发展的协同创新中心，要发挥地方政府的主导作用，建立地方投入和支持的长效机制，吸纳企业、社会等方面的支持；面向科学前沿、社会发展和文化传承创新的协同创新中心，要充分利用国家已有的各方面资源，发挥集聚效应。

中央财政设立专项资金，对经批准认定的"2011协同创新中心"，可给予引导性或奖励性支持。

为积极推进"2011计划"的实施，保障"2011协同创新中心"的机制体制改革，根据实际情况和需求，有关部门、地方、高校等应在人事管理、人才计划、招生指标、科研任务和分配政策等方面给予优先或倾斜支持，形成有利于协同创新的政策汇聚区。

中华人民共和国教育部　中华人民共和国财政部
2012年3月15日